楚国风俗志

宋公文　张君　著

楚学文库

张正明　主编
刘玉堂　执行主编

长江出版传媒
湖北教育出版社

图书在版编目（CIP）数据

楚国风俗志 / 宋公文，张君著. -- 武汉 ：湖北教育出版社，2024.5
（楚学文库）
ISBN 978-7-5564-4397-0

Ⅰ. ①楚… Ⅱ. ①宋… ②张… Ⅲ. ①风俗习惯史—中国—楚国(?-前223) Ⅳ. ①K892

中国国家版本馆CIP数据核字(2023)第112177号

楚国风俗志 CHUGUO FENGSU ZHI

出品人	方 平	责任编辑	邓珍珍
封面设计	蔡立国	责任校对	李庆华
美术编辑	李 枫 何亦明	责任督印	刘牧原

出版发行	长江出版传媒	430070 武汉市雄楚大道 268 号
	湖北教育出版社	430070 武汉市雄楚大道 268 号
经销	新华书店	
网址	http://www.hbedup.com	
印刷	湖北新华印务有限公司	
地址	武汉市硚口区长风路 31 号	
开本	787mm×1092mm 1/16	
印张	30.25	
字数	418 千字	
版次	2024 年 5 月第 1 版	
印次	2024 年 5 月第 1 次印刷	
书号	ISBN 978-7-5564-4397-0	
定价	158.00 元	

总　序

光阴荏苒，岁月不居，弹指间《楚学文库》初版问世已近三十个春秋。蓦然回首，当年的盛况仍历历在目：《楚学文库》甫一亮相，即在北京召开了出版座谈会与楚学研讨会，著名学者季羡林、张岱年、何兹全、任继愈、邹衡、庞朴、黄展岳、俞伟超、黄景略、瞿林东、刘梦溪、王渝生、徐敏、白翠琴和主编张正明等先生欣然赴会，畅所欲言，对《楚学文库》给予了高度评价，称其“是本世纪楚文化研究成果的一次重要总结和集中展示”，为“区域文化研究树立了里程碑”，“对其他地域文化的研究必将产生强大的推动作用”，《光明日报》以《光彩神州，丰润中华》为题，整版刊发了与会学者的精彩发言。李学勤先生因故未能莅临盛会，特意致函主编张正明先生，盛赞《楚学文库》“不愧为楚文化研究的集大成之作”。社会反响异常强烈，文化史学界更是好评如潮，虽多次重印，某些专著仍一书难求。

然而，自《楚学文库》出版以来，有关楚文化的考古发现层出不穷，出土文献联翩而至，相关研究成果亦如雨后春笋，学术界对楚文化的认知已由量的积累上升到质的飞跃，加之初版《楚学文库》已难以购全，因此，增补、修订《楚学文库》成为学术界和广大读者的共同心愿。湖北教育出版社审时度势，毅然决然对《楚学文库》进行增修，堪称远见卓识之举！

相较于原版《楚学文库》，增修版至少有如下优长。

一是体量增大，即所收专著数量增加。初版《楚学文库》共有专著18部，除《楚人的纺织与服饰》尊重作者意愿未纳入外，其他17部全部纳入增修版，并在此基础上增加了3部专著，即张正明先生的《楚文化史》，刘彬徽、刘长武先生的《楚系金文汇编》和宋公文先生的《楚令尹制研究》，共计20部。其中，《楚系金文汇编》弥补了初版有简帛文字研究而无铜器铭文研究的缺憾，与原《楚系简帛文字编》可谓珠联璧合，便于人们在一套丛书中得窥楚文字之全豹；《楚令尹制研究》不仅填补了楚令尹制度研究的空白，还为楚官制研究向纵深推进提供了有益的借鉴，二书的重要意义不言而喻。尤其值得关注的是张正明先生《楚文化史》的收入，该书堪称海内外第一部全面、系统、深入研究楚文化的精品力作，不仅在楚学界具有开榛辟莽之功，而且在中国区域文化乃至中华传统文化研究领域享有盛誉，其影响力并未因时光流逝而消减。回想起1987年《楚文化史》横空出世，旋即在历史文化学界掀起一股先睹为快的热潮，书中锦句如“从楚文化形成之日起，华夏文化就分成了北南两支：北支为中原文化，雄浑如触砥柱而下的黄河；南支即楚文化，清奇如穿三峡而出的长江……”等，一时为楚文化研究者和爱好者广泛征引传诵，几近“有井水处皆歌柳词”之情状。正是由于《楚文化史》一书思接千载，视通万里，新意纷披，文采斐然，故虽屡屡再版，依然洛阳纸贵。此次其被纳入增修版，与初版中的《楚史》相映生辉，更利于人们对楚国历史文化的全面认识和整体把握。

二是内容增加，即每部专著都增添了新的内容。近30年间，随着湖北枣阳九连墩楚墓、河南新蔡葛陵楚墓、湖北宜昌万福垴遗址等的发掘，尤其是湖北荆门郭店楚简和上海博物馆、清华大学、安徽大学珍藏的战国竹简等出土文献陆续问世，极大地丰富了楚文化的内容。各位作者秉持精益求精的态度，对新资料悉心梳理、精细甄别，进而充实到原书相关部分，从而使原著更加丰满。

三是精度更高，即匡谬正误，推陈出新。随着新材料的出现、新方法的运用和新技术手段的推广，楚文化研究高潮迭起。增修版各位作者在充分吸收最新研究成果的基础上，提出了一系列新的见解，纠正了原著中存在的谬误，廓清了初版中某些模糊的认识，调整了不甚合理的结构，文字表述也更加准确、精炼和畅达。

人们常常以章太炎先生的“前修未密，后出转精”来形容作品的初版和修订版的差别，我们虽不敢如此自诩，但增修版的质量超越初版则是毋庸置疑的。时值《楚学文库》初版问世29周年和主编张正明先生仙逝18年之际，湖北教育出版社历经9年艰苦细致的工作，郑重推出《楚学文库》增修版，充分体现出该社对学术的尊崇、对事业的执着和对楚文化研究一如既往的关心与支持，其中也饱含着对张正明先生的敬重和缅怀。

作为忝列张正明先生门墙的弟子，我承蒙湖北教育出版社真诚而盛情的邀请，有幸主持了《楚学文库》的增修工作。受命之日，我即摒弃其他琐务，全身心恭奉其事，未敢有丝毫懈怠。因为从某种意义上说，我把这项工作当作是恩师张正明先生布置的一次特殊作业，只不过评判这次作业的不再是恩师，而是广大热心的读者。

因我学识浅陋和能力有限，各位作者增修的时间也较为仓促，增修版错讹之处在所难免，诚望读者诸君不吝指正。

刘玉堂

2024年4月28日

于武汉东湖之滨

编者献辞*

楚学是一个正在开拓中的学术园地，从初辟草莱到蔚成气象，还不满半个世纪。

楚学的任务是对楚国的历史和文化做多层面的、全方位的研究，需要众多志士仁人为它献出智慧和辛劳。

楚学的对象自成一个博大精深的体系，从神话、传说到信史，从石器时代、铜器时代到铁器时代，从天文、历法到地理，从物质形态的、精神形态的到制度和风俗，从民族、语言到文字，到玉帛到干戈，从科学到巫术，从老、庄的"玄览"到屈、宋的"流观"，从事象到模式，等等，凡上古文化涉及的一切，无所不包。只靠一个学科或者几个学科的力量，断难窥其堂奥而得其神髓。

中国的古代文化是多元复合的，它的主体华夏文化是二元耦合的。所谓二元，就方位来说是北方与南方，就流域来说是黄河与长江，就代表性的始祖来说是黄帝与炎帝，就象征性的灵物来说是龙与凤，就学术的主流来说是儒家与道家，就风格的基调来说是雄浑、谨严与清奇、灵巧。早在先秦，就形成了这样的格局。春秋战国时代的华夏文化，北方以晋（韩、赵、魏）为表率，南方则由楚独领风骚。近数十年来，学术界论及中国古代文化，大抵重北轻南，重河轻江，重黄轻炎，重龙轻凤，重儒轻道，总之，不免失之偏颇。要全面地认识中国古代文化，不可不研究楚学。

世界的古代文化更是多元复合的，它的主体即旧大陆的古代文化也是二元耦合的。这个二元，简单地说来，就是西方与东方。从公元

* 本文系 1995 年版《楚学文库》编者献辞。

前6世纪中到公元前3世纪中，西方的希腊与东方的楚竞辉齐光，宛如太极的两仪。然而，近百余年来，学术界论及世界古代文化，往往重西轻东，也不免有偏颇之失。要全面地认识世界古代文化，也不可不研究楚学。

我们奉献给读者的这套《楚学文库》，结集了晚近的楚学专著，总计有书18部。出齐之后，则非仅一斑，而足使读者获睹楚国历史文化的全豹。

对于学术问题，见仁见智是正常的现象。我们的编纂宗旨是择善而取，不拘流派，不分门户，不求千口一腔。各部专著分开来看，都自成一家言。整套文库合起来看，则可谓："纷总总其离合兮，斑陆离其上下。"

《楚学文库》编委会

目　录

导　论

一

早在20世纪三四十年代，国内外人文学界便注意到研究先秦国别史和区域型文化的重要性。时至今日，已形成了楚文化、秦文化、三晋文化、燕齐文化、邹鲁文化、吴越文化、巴蜀文化等几个独立的研究领域。其中，最令世界瞩目的就是楚文化研究，它已经被称为“楚学”。与秦、吴越、巴蜀相比，楚文化研究可凭借的文献资料要丰富、翔实得多；与三晋、燕齐、邹鲁文化相比，楚文化研究可参照的考古成果又要丰硕、辉煌得多。十几座楚城池，几千座楚墓葬，在近几十年间相继被勘察、发掘、清理出来。上古文化的精华和神秘主义的代表——“巫学”集大成于楚国，最富有智慧和启示意义，体现东方思维特点的老、庄哲学及中国文学史上的奇葩——《楚辞》也产生于楚国或楚文化圈，这就使楚文化比其他区域型文化具有更大的魅力，更多的意境。除文史学科外，一批从事音乐、美术、舞蹈、建筑、民俗、小说和影视研究与创作的专家、学者也被吸引到楚文化研究领域中来，形成了一个立体交叉研究的学者群。楚文化本身的特征，决定了它在先秦文化史研究的各个领域中具有无可比拟的特殊、重要的地位。

二

楚文化的特征可概括为：兼容性、独创性、中介性和集成性。

楚族源于“祝融八姓”集团，是一个与夏、商、周在族源上不同、在远古文化背景上也不尽相同的民族。它有一些自身的文化传统和个性，并且一直保持下来，但是，它又一直实行文化开放政策，犹如大海受纳百川一样，对于其他民族的文化采取了兼收并蓄、杂陈博致的态度。从有关楚国的文献记载和出土文物、简帛中，可以发现来自古埃及、印度、巴比伦、西亚、西伯利亚和环太平洋地区的多种文化因子。这就是它的兼容性，体现了一个民族宽阔的胸襟与气度。

楚人也时时意识到他们是帝颛顼高阳氏的后裔、火神祝融的贵胄，非夏非夷的地位与身份，对于他们来讲，不是尴尬、耻辱，而是一种无上的荣耀。为了非夏非夷——既有别于华夏，又有别于蛮夷，楚人在国君尊号、百官职名、军队编制、法制刑律、历法月令、典籍名称诸方面，都别出心裁、自成一格。除了这类源于荣誉心和自负感的独创外，楚国还有不少源于灵气、悟性和智慧的独特创造，它们体现在器物造型、图案花纹、冠履衣裳、乐器道具、诗歌舞蹈以及巫术哲学等众多方面。正是这多种类型的独创，将楚国、楚人和楚文化与他国、他国人、他国文化泾渭分明地截然划开。

在先秦的自然与文化地理版图上，楚国恰好处在东南西北之中，它东南连接着吴越，西南沟通着西南夷，西面与巴、蜀相毗邻，西北面与秦、戎相接壤，北面最为通晓华夏文化，事实上也可算作华夏中的一员。与诸夏相比，楚人由于其优越的地理位置，又最为通晓诸夷的文化，尤其是西南夷、巴蜀和吴越等南方民族的文化。北方文化南向传播，要以楚人为通译和中介，南方文化北向扩散，也要以楚人为通译和中介。这也是一种文化上的优势：第一，楚国与诸夏和诸夷之间在文化的传播、接收上存在着时间差，诸夏、诸夷的文化因子首先传到楚国，然后再分别向两个方向（准确地说是四个或八个方向）传播。楚国能够较早、较便利地吸收和利用各种外来的文化信息，以丰沛、鲜活的外来文化之水滋润、建构和完善自身的文化体系与内涵。第二，楚国的文化中介者身份，使它的文化接收机制与功能优于其他民族，诸夷不能接收的华夏文化和诸夏不能接收的诸夷文化，楚国一般都能接收。楚文化之所以具有莫大的神秘感和吸引力，一个很重要的原因就是，楚文化中含有一些不为中原诸夏所接纳的成分，而这些成分是不能按华夏文化的编码规则来加以解释的。

如果说兼容性使楚文化光大，独创性使楚文化优美，中介性使楚文化神奇，那么，集成性则使楚文化崇高，造起了一座又一座镌有楚文化印记的丰碑：由不同时间、不同地区和族团的巫师阶层传述下来的百科全书式的巫术知识，在楚国最后完成了它的总纂和著录工作，成为旷古奇书——《山海经》；先秦隐士与狂士阶层的零碎言论和见解，由两位南派道家分别加工、提炼并再创作为《老》《庄》二书；有别于风、雅、颂，传唱于江淮流域的“南音”“南风”“楚歌”，被楚人改造、升华成了奇诡、瑰丽、缠绵、哀婉的新诗体——“楚辞”。除了上举数种不朽之作外，在青铜器、漆木器、丝绸、钟磬乐舞、园林建筑、书法美术诸方面，楚人也都取得了集前代之大成、登峰造极的成就。

三

楚文化的特性决定了楚文化研究具有如下意义：

1. 楚国由于其优越的人文地理环境，特殊而良好的文化建构与机制，而成为先秦时期东亚地区的一个重要的文化中心和作坊。因此，了解先秦华夏文化的运作、建构过程及先秦文化的全貌，必将有助于对楚文化的透彻了解。

2. 先秦时期华夏文化向南方、西南方的传播，是以楚国为中介来进行的，许多古老的华夏文化与习俗因子至今仍存活在西南少数民族地区，如泼水节、火把节、三月三、春季的祭龙仪式、大年初一的汲新水习俗，均可在先秦华夏文化习俗中找到原型。如果不认识楚国的中介作用和楚文化这一中介环节，那就无法重构华夏文化——西南少数民族文化这一文化传播的事实，而且也不懂得利用现在仍存活于西南少数民族地区的各种古老的文化、习俗来重构先秦华夏文化。

3. 先秦时期的东亚大陆文化是开放型的文化，而不是闭塞型的文化，作为一种区域性文化的楚文化即是这种开放型的典型代表。通过对楚文化内包含的各种外来文化因子的辨析，可以揭示上古世界文化交流的诸多事实。

四

楚文化研究的重点之一就是楚国的风俗。风俗是一种文化中比较具体、外在、凝固，具有鲜明的地域性和民族性，代表着传统和文化惯力的一个层面。风俗就是传统。与文化构成的其他层面相比，它的传承性大于变异性，突出的是强制性、集体性、全民性，而不是自由任性和个体性、阶级性。它与主导型文化和精英文化不同，它比较粗糙、比较低级、比较俗气，但是，它表现得丰富、多样、鲜活。而且，构成上层主导型文化的“礼”即源于俗，“法”也源于氏族（或下层社会）习惯，精英文化虽然是个体或小群体的自由创造和独立表达，其形式也比较精致、高雅、即兴，它的创造和表达的框架与源泉却仍然是风俗。一种文化可能的变异幅度和发展向度，都决定于它的风俗。风俗譬如绘画的材料和工具。因此，我们说风俗本质上又是最内在、最深沉、最强有力的一个文化层面。没有风俗，也就没有文化史。风俗是文化的载体和母本。我们要发现一种文化体系的基底设计和编码规则，从风俗入手恐怕是最合适的途径。另外，由于风俗具有凝固性、传承性、下层性等特性，所以当一种文化的主导层面消失之后，它的风俗层面的内容却能以不同的变异形态继续存活数百年乃至数千年。对于楚国历史文化来讲，不论文献记载多么翔实（事实上楚文化研究也存在着一个“文献不足征”的问题），出土文物多么丰富，要想全面复现或了解它，仍然有很多缺环。这就需要借助于民俗学的手段，充分利用现在仍存活于汉族民间和少数民族中的楚文化习俗因子，使之成为第三重资料和证据。

但是迄今为止，学术界的研究重点并没有放在楚国的风俗方面，给予较多关注的是楚史、楚文化、楚器物、楚艺术、楚地理和《楚辞》。其结果是：谈形而上的问题，有时流于空疏；谈形而下的问题，难免失于琐碎；不乏现代的理性观照，但很少立足于楚文化网络和楚人特有的世界观及理解方式上的切实探讨。要解决这些问题，办法之一，就是花大力气对楚国风俗作一番专门的研究。这种研究并不只是搜集、罗列各种楚国风俗事象，而是既着眼于风俗的形式，又着眼于风俗的内涵；既注意到各个风俗事象之间的内在联系及共时态的表现形式，又注意到各个风俗种类及事象的历时性演变轨迹，和它在大文化系统中所占据的位置与相应的功能。它要求的是生动、有机、全面地把握。

有关楚国风俗的研究，并不是一个枯燥乏味的课题。源远流长，千姿百态，异彩纷呈，涉及社会生活方方面面的楚风俗，原就分外撩人兴味。楚国风俗的丰富性，不仅要超过先秦时期任一国别风俗，而且还可与中原诸夏风俗的总和相颉颃，甚至有过之。楚国风俗的丰富性，体现在形式多样、种类繁多、构造复杂、色彩强烈等方面。例如，楚人传承的有些节日，在中原却不见传承，有些节日，虽然中原有所传承，或者原来就是从中原传入楚国的，但在楚国这类节日的庆典规模更大，场面更热烈，更具有狂欢的气息。又如，中原流传的占卜方法，楚人都能熟练使用，但楚人使用的一些占卜方法，却并不全为中原诸夏所掌握。楚风俗之所以比中原风俗更多样、更独特、更强烈、更鲜明，原因在于楚国有优越的经济地理环境，高度发达的巫术文化，后来居上的生产力水平，活泼奔放的民族性格，以及前述楚文化所具有的四个基本特性。司马迁曾在《史记·货殖列传》中对楚国的风俗与经济地理作过如下概括：

> 越、楚则有三俗。夫自淮北沛、陈、汝南、南郡，此西楚也。其俗剽轻，易发怒，地薄，寡于积聚。
>
> ……
>
> 楚越之地，地广人希，饭稻羹鱼，或火耕而水耨，果隋蠃蛤，不待贾而足，地势饶食，无饥馑之患，以故呰窳偷生，无积聚而多贫。是故江、淮以南，无冻饿之人，亦无千金之家。

班固在《汉书·地理志》中也曾就同样的问题作过概括：

楚有江汉川泽山林之饶；江南地广，或火耕水耨。民食鱼稻，以渔猎山伐为业，果窳蠃蛤，食物常足。故呰窳偷生，而亡积聚，饮食还给，不忧冻饿，亦亡千金之家。信巫鬼，重淫祀。而汉中淫失枝柱，与巴蜀同俗。汝南之别，皆急疾有气势。江陵，故郢都，西通巫、巴，东有云梦之饶，亦一都会也。

优越的经济地理环境，使楚人可用较粗放的农耕渔猎方式就能获得衣食，比中原人较少生存之忧与劳作之苦，心情自然开朗，性格也自然活泼，闲暇时间也相对要多一些。这样，也就有条件来发展、丰富和开展各项民俗事象与活动，例如，节日就可以安排得更多一些，节日的欢庆时间也可以更长一些。楚人又“信巫鬼，重淫祀”，他们传承的巫术及占卜方法自然也要复杂一些，各种神鬼、祠庙及祭祀性的节日或定期的赛神集会自然也多一些，各种禁忌、迷信传说、神话故事、祭祀鬼神的仪式及其名目，肯定也要繁夥一些。楚人“剽轻，易发怒”，“急疾有气势”，这种率真任情的性格融入民俗中，就表现为奔放、热烈和酒神型迷狂。楚国社会贫富分化不显著，“无冻饿之人，亦无千金之家”，氏族平等精神保留较多，这就使得楚国的许多民俗活动具有全民性，而且形成了极其盛大的传统场面。楚国生产力自春秋开始获得突飞猛进的发展，以此为基础，楚人的衣食住行及各种娱乐、消费，也就在内容与形式两个向度上均得到尽善尽美的发展。例如舟舆和服饰的种类越来越多，制作越来越精，层台越修越高，园林离宫规划、经营得越来越美，室内装饰与食物的制作越来越讲究，音乐、舞蹈也发展到“以金石瓠竹之昌大、嚣庶为乐”，“郑卫妖玩，来杂陈些”。比起上述几点影响楚俗的因素来，应该着重指出的是，数千年无文字记载的先楚族团历史，和有文字记载独立族体、国体的八百年楚国历史，有机地积淀、凝聚在楚国风俗中的繁如星汉般的文化因子，当是决定楚风俗丰富性的更重要的一个因素。

内涵与形式上的丰富性，使得有关楚国风俗的研究成为一项既有意义又有价值而且异常艰苦的工作。

第一章 饮食

饮食是物质文化和社会风俗各组成部分中最能反映民族或地区特色的部分。早在先秦、西汉时期人们就将饮食的内容和方式判为划分族类的重要标准。《礼记·王制》曰："中国戎夷，五方之民，皆有性也，不可推移。东方曰夷，被发文身，有不火食者矣；南方曰蛮，雕题交趾，有不火食者矣；西方曰戎，被发衣皮，有不粒食者矣；北方曰狄，衣羽毛穴居，有不粒食者矣。"先秦时期楚国饮食系统属于华夏饮食系统中的一个分支，楚国饮食与中原诸国的饮食俱处在高级饮食阶段，在食谱内容和烹饪手法上，楚国与中原也基本相同。楚国饮食与中原饮食的差别主要表现在食物来源、主食构成、烹饪口味和部分主、副食品种不同等方面。形成这些差别的主要原因，是华夏族团中的楚族在南迁后逐渐吸收、融合了一些南方蛮族和东南吴越的饮食风俗。挟南北两大饮食系统和烹饪技艺之长的楚国，自然地成为先秦时的美食之乡。《战国策·楚策三》记苏秦说："楚国之食贵于玉。"价格反映质量，食贵说明食物制作得精美。这一点可从楚人自己和汉人对楚国饮食的夸诩和评价中得到印证。《楚辞·招魂》称楚国贵族"食多方些"。王逸注曰："方，道也……人人晓味，故饮食之和，多方道也。"五臣注云："营造饮食，亦多方略。"《淮南子·齐俗训》曰："荆吴芬馨，以啖其口。"

第一节 食物来源和构成

两汉时人对这个问题已作过概括。前引司马迁《史记·货殖列传》曰："楚越之地，地广人希，饭稻羹鱼，或火耕而水耨，果隋蠃蛤，不待贾而足，地势饶食，无饥馑之患，以故呰窳偷生，无积聚而多贫。是故江、淮以南，无冻饿之人，亦无千金之家。”“饭稻”是以稻米为主食。“羹鱼”是将鱼煮成羹汤，作为菜肴助食。“果隋”又写作“果??”，意指包裹。“蠃蛤”即今淡水中的硬壳动物螺蛤。张守节《正义》云：“楚越水乡，足螺鱼鳖，民多采捕积聚，??叠包裹，煮而食之。”又云：“食螺蛤等物，故多蠃弱而足病也。《淮南子》云：‘古者民食蠃蚘之肉，多疹毒之患’也。”“言江淮以南有水族，民多食物，朝夕取给以偷生而已。不为积聚，乃多贫也。”上引记载及注解，可以说勾勒出了楚国食物构成与来源的一个大致轮廓，即在主食方面楚人以稻食与北方以粟食形成了明显的区别，在副食方面楚人以畜牧、捕猎和采集品为主，而以园圃种植物为辅，其中以鱼羹和包裹烤熟的螺蛤为日常主要副食和菜肴，更是充分显示出南方饮食文化的特点。值得指出的是，楚国的饮食风俗分为上层、下层两个层次，下层的饮食风俗与东南吴、越两国属于一个系统。汉《盐铁论·论菑》曰：“越人美蠃蚌而简太牢。”晋《博物志》卷一曰：“东南之人食水产，西北之人食陆畜；食水产者龟蛤螺蚌以为珍味，不觉其腥臊也。”隋《玉烛宝典》曰：“煮龟蒸鉏，南方妨食水族耳，非内地所行。”这些记载都切中了包括楚国下层人民在内的南方饮食风俗的特征。

以稻米为主食，在我国南方有着七千年以上的悠久历史。从东南沿海的河姆渡新石器遗址到江汉地区的屈家岭新石器遗址中，均发现了粳、籼稻谷的痕迹或遗物。据舒之梅介绍，在“楚都江陵纪南城内陈家台战国时期的铸造作坊遗址西部，发现五处被火烧过的稻米遗迹，最大的一处长约 3.5 米，宽约 1.5 米，厚 5~8 厘米”。[①] 另据周世荣介绍，马王堆一号汉墓出土的稻谷有籼、粳、粘、糯四种[②]，该墓属于西

① 楚国经济发展脉络［J］. 江汉论坛，1984（4）.

② 周世荣 . 从马王堆出土古文字看汉代农业科学［J］. 农业考古，1983（1）；凤凰山一六七号汉墓遣册考释［J］. 文物，1976（10）.

汉前期墓，可以大致反映先秦时楚人的农业状况和饮食构成。文献对楚人的主食也有所记载，除前引《货殖列传》外，《周礼·职方氏》记荆州“其谷宜稻”。《史记·滑稽列传》载楚人食马肉要佐“以粮稻”。为了“水耨”稻田的需要，楚人曾在江汉平原和皖西平原大规模地兴修水利工程。《史记·河渠书》载：“西方则通渠汉水、云梦之野。”《淮南子·人间训》记：“孙叔敖决期思之水，而灌雩娄之野。”楚国还因地制宜地规划、建立了一批生产、囤积稻米的基地。《史记·越王句践世家》曰：“雠、庞、长沙，楚之粟也。”《淮南子·泰族训》曰：“阖闾伐楚，五战入郢，烧高府之粟。”这两处提到的“粟”皆是粮食的代称，犹如言“谷”，实际主要指稻。稻对于中原居民来讲，不是常食之物，它虽被列入“五谷”之中，但排列次序却是：黍、稷、麦、菽、稻。除了稻米外，楚人也种植、食用其他旱地作物。如《天问》“咸播秬黍”，秬黍，即黑黍。《招魂》“稻粢穱麦，挐黄粱些”。其中，粢即是穄。《苍颉篇》曰：“穄，大黍也，似黍而不黏，关西谓之糜。”《大招》：“五谷六仞。”五谷，指稻、稷、麦、豆、麻五种粮食作物。据介绍，“长沙皇后冢汉墓出土了数量较多的小米”，马王堆一号汉墓出土了粟、黍、大豆、小豆、大麦、小麦等农作物品种。[①] 文献与考古提供的证据表明，北方有的粮食品种，楚国也都有。不过，在食用次序上，楚人将稻摆在第一位。除了自种外，楚人还以交换、逼贡或抢夺的方式从他国获得旱地作物，如《左传》哀公十七年载：“楚白公之乱，陈人恃其聚而侵楚。楚既宁，将取陈麦。”

楚人的基本副食品除鱼之外以肉类和蔬菜类为主，这两大类副食品是从畜牧、捕猎、园圃种植和采集等方式获得的。南方的畜牧业在新石器时代已非常繁荣。考古学者在屈家岭中期遗址内发现了一些“猪、狗

① 周世荣. 从马王堆出土古文字看汉代农业科学［J］. 农业考古，1983（1）；凤凰山一六七号汉墓遣册考释［J］. 文物，1976（10）.

残骨遗骸和陶塑动物陶鸡、陶羊”。[①]据宋兆麟等介绍，南方的氏族部落还最早驯养出了水牛、鸭或鹅[②]。楚人南迁后，江汉地区的畜牧业发展更为兴旺。在战国时期的“江陵望山一号墓出土的铜鼎里，就有牛、羊、猪、鸡等的遗骸，在一件长方形的竹筒里也有许多鸡的大腿骨”。[③]《国语·楚语下》记观射父云：“其祭典有之曰：国君有牛享，大夫有羊馈，士有豚（猪）犬之奠，庶人有鱼炙之荐。”除天子、诸侯祭牲取自官牧外，卿、大夫、士的祭牲皆为家畜之物。庶人祭祀及饮食虽不用牲肉，但也普遍养有家畜和家禽。《史记·项羽本纪》载：楚怀王孙心流落民间，为人牧羊。《庄子·让王篇》载：“楚昭王失国，屠羊说走而从于昭王，昭王反国”，屠羊说复返于“屠羊之肆”。这供羊肆屠宰的羊无疑也是来自民间。楚国官牧畜养的主要是马、牛、猪等大、中型牲畜。《左传》昭公七年记楚申无宇云：“马有圉，牛有牧。”《说苑·奉使》记楚有豚尹，郭仁成说，豚尹“当系王家养猪的主持者”。[④]楚国也是先秦时期最早池塘养鱼的几个方国之一。李璠等说：“东汉赵晔著的《吴越春秋》有越王勾践在会稽时范蠡说有鱼池两处可以养鱼，又据《吴郡诸山录》有吴王鱼城在田间当时养鱼于此的记载，也可证明在公元前5世纪，至少在长江下游池塘养鱼已是相当普遍了。”[⑤]楚国与吴、越的自然条件相同，在越国主持池塘养鱼的又是楚人范蠡，因而可以推测楚国的池塘养鱼开始得还要早一些。除池塘养鱼外，稻田养鱼可能也是包括楚人在内的南方民族人工繁殖鱼群的一个重要方法。陈增垣《池塘养鱼学》指出：“稻田养鱼在我国有悠久的历史，远在三国时代，就已巧妙地鱼稻并作，以增加生产，尤以西南几省极为普遍，东南、华南各省山区稻田养鱼也很普遍。”稻田养鱼的传统在现在的苗族中还在延

---

① 王劲．江汉地区新石器时代文化综述［J］．江汉考古，1980（1）．

② 宋兆麟，黎家芳，杜耀西．中国原始社会史［M］．北京：文物出版社，1983:（266）．

③ 陈振裕．湖北农业考古概述［J］．农业考古，1983（1）．

④ 楚国农业考辨四题（下）［J］．求索，1984（2）．

⑤ 生物史［M］．北京：科学出版社，1979：121.

续。杨昌雄推测楚人“饭稻羹鱼”的饮食习惯与稻田养鱼的生产经营方式密切相关，苗族稻田养鱼是对楚国传统养鱼方式的继承。[①] 这一推测是比较可信的。当然，对于以鱼类为日常主要珍馐的楚人来讲，人工养鱼与捕捞野生鱼类相比，只是一种补充方式，楚人主要是以后一种方式来满足食鱼的需要的。《说苑·贵德》载：“孔子之楚，有渔者献鱼甚强。孔子不受，献鱼者曰：‘天暑远市，卖之不售，思欲弃之，不若献之君子。’”这被献的鱼就是野生的而非家养的，因为家养的鱼可以待时捕捞，而并不需要在盛暑之时过量捕捞。

春秋战国时期，楚国的园圃蔬菜、水果种植也非常普遍。《周礼·地官·载师》曰：“凡任地，国宅无征，园廛二十而一，近郊十一，远郊二十而三，甸、稍、县、都，皆无过十二，唯其漆林之征，二十而五。”园廛征税率低，应是各国通制，这制度是楚国园圃种植业兴旺发展的一个重要原因。《楚史梼杌·虞丘子》载，庄王“赐虞丘子菜地三百（户）”。《韩诗外传》载：“楚有士曰申鸣，治园以养父母。”《庄子·天地篇》载：“子贡南游于楚，反于晋，过汉阴，见一丈人方将为圃畦。”这三条记载表明，春秋战国时期楚国已有了一批以园圃种植为业的依附农民和个体农户。楚国种植、栽培的蔬菜品种相当繁多。《新序》载：“梁之边亭与楚之边亭皆种瓜。”《夏小正》四月“王瓜秀”。《礼记·月令》记作“王瓜生”。据考，《夏小正》属于南方的作品，因而，王瓜当是楚国种植的瓜果品种之一。王瓜，又名土瓜，在植物分类中属于葫芦科。江陵纪南城凤凰山八号汉墓竹简一四八记载有“菰”，墓中发现的相应遗存物为甜瓜子。[②]《招魂》记楚人食“菰粱”。菰粱，又名蒋实、雕葫、茭白、茭瓜、茭笋，是多年水生草本的禾本科植物，在我国的栽培历史很长，被列为“六谷”之一。在江陵望山一号和二号

① 杨昌雄．试论苗族稻田养鱼是对楚国传统养鱼方式的继承［Z］.

② 金立．江陵凤凰山八号汉墓竹简试释［J］．文物，1976（6）.

楚墓中还发现有调味蔬菜生姜和小茴香。[①]另据马王堆一号汉墓简文载，该墓随葬的蔬菜有芋、葵（冬葵、冬苋菜）、芥、菘、葑（白菜）等。[②]楚人水果品种较之蔬菜更多。《吕氏春秋·本味》记楚有“江浦之橘，云梦之柚”。《战国策·赵策》载：“云梦橘柚之地。”《庄子·山木篇》记孔子困于陈、蔡，“食杼栗”。陈、蔡在战国时纳入楚境，陈、蔡之杼栗也变成了楚国的出产。《左传》昭公十二年记楚先王熊绎“唯是桃弧、棘矢以共御王事”，桃即桃树，《夏小正》记：正月“桃则华”。棘，是枣的原生品种，也就是野生酸枣。考古发现还补充了文献记载的不足。在江陵望山一号和二号楚墓中除发现了板栗和柑橘外，还发现了樱桃和梅。[③]在长沙东郊西周古文化遗址中发现过桃核，在马王堆一号和二号汉墓简文和帛书中分别提到了枣、柿和石榴，[④]一号汉墓中还发现了“砂梨”。[⑤]

捕猎和采集也是楚人获取食物的两种重要方式。捕猎和采集物，既是贵族席上的美味佳肴，也是下层人民的基本食物。楚国地处南方，气候温暖，土壤肥沃，野生动、植物的种类数量均远远多于北方，这是捕猎和采集物在楚人饮食构成中占有较大比重的一个重要原因。《史记·货殖列传》载：“江陵故郢都，西通巫巴，东有云梦之饶。”“云梦之饶”即是指云梦湖沼地区有着丰富的动植物资源，如《战国策·宋卫策》曰：“荆有云梦，犀兕麋鹿盈之。”除云梦外，江汉、洞庭、沅湘等地区也皆饶有出产。《吕氏春秋·本味》说楚有“洞庭之鱄”、东海之鲕、醴水之鳖。《战国策·楚策四》说蔡圣侯食“湘波之鱼”。《宋卫策》云：“江汉鱼鳖鼋鼍为天下饶。”见于屈赋记载，楚人常食用的鱼类有鳙（大

①③ 陈振裕.湖北农业考古概述［J］.农业考古，1983（1）.

②④ 周世荣.从马王堆出土古文字看汉代农业科学［J］.农业考古，1983（1）.

⑤ 康定心，康广志.考古释《招魂》［J］.江汉论坛，1983（1）.又，《山海经·中山经·中次九山》騩山“又东二百里，日葛山……其木多柤栗橘櫾”。据考，“騩山即夔山，今湖北秭归县地之山”。（温少峰《山海经新探》）吴郁芳说：葛山“当位于今秭归与宜昌的西陵峡中”。从橘树的分布看楚人的迁徙及楚疆的开拓［J］.江汉论坛，1987（12）.

龟）、鲮（鲤）、鲼（鲫）等等。另外，《韩非子·说林下》载：“渔者持鳝。”鳝鱼主要产于南方，也应在楚人食用的鱼类之中。楚人猎取的鸟兽种类也相当广泛。《左传》文公元年载：楚成王“请食熊蹯而死”。《楚史梼杌·好猎第十九》载楚庄王曰：“吾猎以求士也。其榛丛刺虎豹者，吾以是知其勇也。”《战国策·楚策四》记庄辛说楚襄王曰：黄鹄“昼游乎江河，夕调乎鼎鼐”。又记：“见兔而顾犬，未为晚也。”另见于屈赋记载，楚人所食禽类还有“鹄”、“鸿”（大雁）、“凫”、“鹑”、“鸧”（鸧鹤）、“鹜”等等。楚人食用的许多动物都是北方人一般吃不到的稀有美味。《吕氏春秋·本味》曰：“肉之美者：猩猩之唇。”这猩唇之味，楚人就品尝过了。《梦史梼杌·养由基第二十》载：“楚庭尝有神白猿，楚之善射者莫能中，庄王自射之，搏矢而熙；使养由基射之，矫弓操矢而往，未之发，猿拥柱而号哭，发之则应矢而下。”《本味》又称：“肉之美者：……旄象之约。”“旄”指旄牛，“象”即大象，“约”谓尾巴。旄牛，楚人可以通过与巴蜀、滇濮交易换得，楚地本身也有出产。《国语·楚语下》记王孙圉曰：楚“有薮曰云连徒洲，金、木、竹箭之所生也。龟、珠、角、齿、皮、革、羽、毛，所以备赋”。韦昭注云：“毛，牦（旄）牛尾，所以注竿首。”象以及犀、兕、扬子鳄等大型动物也是包括楚国在内的南方的特产。《战国策·楚策三》云：“黄金、珠玑、犀、象出于楚。”《尔雅·释地》云：“南方之美者，有梁山之犀象焉。”《左传》定公四年载：楚昭王使箴尹固“执燧象以奔吴师”。杜预注曰：“烧火燧系象尾，使赴吴师，惊却之。”这些大型动物的皮被楚人用于制兵革，脂肉则被烹煮成美味佳肴。苏轼《渚宫》诗称：楚王“大鼎千石烹蛟螭”，可能就是指的楚王烹扬子鳄为食。鱼类中的鳖、鼋在北方也是稀世美味。《国语·鲁语下》载：“公父文伯饮南宫敬叔酒，以露睹父为客。羞鳖焉，小。睹父怒，相延食鳖，辞曰：‘将使鳖长而后食之。’遂出。”鲁、郑两国的公卿贵族视鼋为异味，即充分证明鳖、鼋（大鳖）在中原极为难得。而在楚国鳖、鼋却是很寻常的食物了。20 世纪 80 年代以来，两湖地区考古发现先秦、西汉时期楚地居民的食谱中，兽类有华南野兔、家犬、家猪、梅花鹿等，鸟类有雁、鸳鸯、鸡、鸭、雉、鹤、斑鸠、喜鹊、麻雀、竹鸡等，鱼类有鳡、鳜、鲤、鲫、刺鳊、银鲴、鲢、鳙等。① 考古资料与文献记载适相补充。楚国的捕猎活动分为官方组织的集体围猎和渔民、猎户的个体捕猎两种形式。《楚辞·招魂》乱辞："献岁发春兮，汨吾南征……青骊结驷兮齐千乘，悬火延起兮玄颜烝。步及骤处兮诱骋先，抑骛若通兮引车右还。与王趋梦兮课后先。"写的是楚王在初春率数千之众围猎于云梦的情景。《左传》宣公十二年载：邲之战，楚方的许伯、乐伯、摄叔赴晋垒致师，归途中为晋师追击，"乐伯左射马，而右射人，角不能进。矢一而已。麋兴于前，射麋丽龟。晋鲍癸当其后，使摄叔奉麋献焉，曰：'以岁之非时，献禽之未至，敢膳诸从者。'"按，《周礼·天官·兽人》云"夏献麋"，可见楚人除了传统性的大规模春猎外，在一年之中还要举行多次有针对性的专项狩猎。楚人捕获的禽兽及鱼类，一部分用于尝鲜，一部分则制成干肉（或腊肉）、干鱼以备不时之需。《庄子·外物》"索我于枯鱼之肆"，枯鱼之肆即是专门出售干鱼的市场。楚人捕猎野物除了自给外，也向外输出，如《逸周书·王会》载，南方贡品中有"长沙鳖"。《竹书纪年》载：周厉王元年，"楚人来献龟、贝"。《史记·货殖列传》载："陈在楚夏之交，通鱼盐之货。"《管子·轻重戊》载："管子告楚之贾人曰：'子为我致生鹿二十，赐子金百斤，什至而金千斤也。'"

文献与考古资料表明，楚人采集的天然植物副食品种类也相当多。《夏小正》四月"秀幽"。《礼记·月令》曰："苦菜秀。"秀指开花，是楚人在夏正四月苦菜开花时采之为食。《楚辞·九歌·山鬼》"采三秀兮于山间"，旧解"三秀"为芝草，实则也可解作三种野菜。《国语·楚

① 周世荣.从马王堆出土古文字看汉代农业科学[J].农业考古，1983(1)；高耀亭.马王堆一号汉墓随葬品中供食用的兽类［J］.文物，1973（9）；长沙马王堆一号汉墓［M］.北京：文物出版社，1973；后德俊.楚人和鱼［J］.中国烹饪，1980（5）.

语上》“屈到嗜芰”，韦昭注曰：“芰，菱也。”今湖北方言称之为“菱角”。《招魂》中提到的采菱曲便是楚地滨水渔家的少女采摘菱角时唱的歌。《孔子家语》载：“楚庄王渡江中流，有物大如斗，圆而赤，直触王舟，舟人取之，王大怪，使聘鲁向孔子，孔子曰：‘此所谓萍实也，可剖而食之，吉祥也，惟霸者能得焉。’”此事另见载于《说苑》卷十八。该卷还记载曰：“楚王渡江得萍实，大如拳，赤如日，剖而食之美如蜜。”《吕氏春秋·本味》载：“果之美者：……汉上石耳。”石耳，今俗称地皮菜或地卷皮，味道非常鲜美，尤适宜于作汤羹。《本味》又载：“菜之美者：……云梦之芹。”芹有旱芹、水芹两种，云梦之芹属水芹，古又名“楚葵”。《本味》另载：“和之美者：……招摇之桂，越骆之菌。”《大荒东经》有“招摇山”，据考，该山在楚国东境。越骆即雒越，在楚国南境。这桂、菌皆属于和脍时用的调味香料。《楚辞·大招》“吴酸蒿蒌”，王夫之《楚辞通释》曰：“吴酸，吴人善腌诸菜，若蘘荷蒌蒿之属，皆盐藏冷酸，用以和脍。”据马王堆汉墓遣册记载，西汉初期楚人食用的野菜或野生调味香料的品种有：笋苴（笋干）、冬葵、芥菜子、藕、茱萸、扶于（荸荠）、蘘荷、逢（葑，白菜）。[①] 这些野生蔬果也应是先秦时楚人采集的对象。

第二节　主、副食种类和加工、烹调技艺

先秦时期的饮食结构粗略地划分就是食和饮，较细地划分则为饭、膳、馐、饮四大类。饭，是用谷物做成的主食；膳，是用肉类制成的菜肴；馐，是用谷物制成的甜食和点心；饮，指各种饮料，它包括各类酒、浆、水和稀粥。饭、膳、馐皆属于食，其中，饭为主食，膳、馐为副食。在主食上，楚人主要是粒食脱壳的谷物。在谷物脱壳这一粗加工阶段，楚人便制作得很细致。楚人所食稻米通常称作“糈”，糈是加工

① 周世荣 . 从《楚辞·招魂》看马王堆竹简《遣册·饮食》[Z].

得很细的精米。《惜诵》“梼（舂）木兰”“凿申椒”，便均是以加工精米的方式为原型的。经过加工的稻谷和其他谷物做成熟饭的具体做法主要是“蒸”。湖北江陵所出春秋铜器鄀伯簠铭文曰：“鄀白（伯）受用其吉金乍（作）其元妹叔嬴为心賸（媵）𫷷（馈）簠，子子孙孙其永用之。”[①]鄀国在春秋时期为楚所灭，鄀、楚两国的饮食应大致相同，馈簠也就是蒸饭所用的簠。馈，《玉篇》曰：“半蒸饭。”张舜徽《说文解字约注》云：“湖湘间人作饭，先以米下水煮之，俟其半熟，漉出蒸之曰馈。盖馈之为言坟也，言一蒸之后，渐高起也。”楚人除了吃精米蒸成的饭外，还喜欢吃混合了两种或两种以上谷物蒸成的香饭。《招魂》曰：“稻粢穱麦，挐黄粱些。”王逸《楚辞章句》曰：“挐，糅也。言饭则以秔稻糅稷，择新麦糅以黄粱和而柔嬬，且香滑也。”洪兴祖补注引《本草》云：“黄粱出蜀、汉，商、浙间亦种之，香美逾于诸粱，号为竹根黄。”按上引注解，可知这是以籼米与稷、新麦与黄粱分别相揉合蒸煮而成的颗粒松散或黏稠两种类型的香饭。《大招》：“设菰粱只。”菰与粱合蒸也是一种混合饭。此外，以楚地特产的黑黍做成的饭更是一种闻名于世的香饭。《吕氏春秋·本味》曰：“饭之美者：……南海之秬。”《尔雅》：“秬，黑黍。”楚国贵族还经常食用一种“肉饭”。《史记·滑稽列传》记楚人烹马肉，“馈以姜枣，荐以木兰，祭以粮稻”，经这种方法做成的肉饭与周人的名肴“八珍”颇为相似。[②]在楚国，供行旅、征战和劳作时食用的干粮，主要有“粻”“糗”两种。《离骚》“精琼靡（粉）以为粻”，意思是将大米碾成粉屑后再蒸成米糕。《惜诵》：“愿春日以为糗芳。”糗，旧解为“糒”或“干饭屑”，均欠明了。实则，糗是煮熬米、麦制成的一种干粮。楚人尤擅长于制作果糗或蜜糗。马王堆一号汉墓简四六载：“𣗥一笥”“𣗥糗（糗）一笥”。[③]𣗥，《说文》训

① 江陵岳山大队出土一批春秋铜器［J］. 文物，1982（10）.

② 礼记·内则.

③ 周世荣. 从马王堆出土古文字看汉代农业科学［J］. 农业考古，1983（1）.

为“酸小枣”，但墓中所见实物却是大枣，可知“棘糗”即大枣糗。马王堆汉墓简文还载有“唐（糖）扶于（荸荠）糗一笥”“密（蜜）糗一笥”[①]，这两种糗是分别以糖、荸荠、蜂蜜与小麦合熬而成的。

楚国的馐类食品也饶有特色。《招魂》云：“粔籹蜜饵，有怅惶些。”“粔籹”是用蜜糖和米面熬成的糕点，“蜜饵”制作方法与粔籹相同，也以蜜糖为配料，主料则是用的黍、饵，后世称作粉饼、糕，或“膏环饵”，但在制作方法上不尽与楚人的方法相同。“怅惶”，又名为饧，即饴糖。刘德谦解释说：“粔籹亦即膏环，据《齐民要术》记载，膏环是用米粉合糖，做成环状，在油里煎炸而成的形状类似今天‘焦圈’的合糖炸糕。蜜饵，即施蜜的饼饵，饵是豆粉和米粉合蒸的糕饼。怅惶即为饴糖块。”[②]这个解释也可参考。另据长沙马王堆汉简载，西汉初期楚地还有两种饼类食品，简一二二“幞足（焙炷）一笥”，简一二三“卵糈（蛴）一器”。[③]按《集韵》，幞足或作焙炷、逾蛀，属饼类。卵，蛋也。粢，《说文》曰：“稻饼也。”周世荣说：“‘卵粢’应属米类加工蛋饼。”[④]然则“幞足”为麦面粉制成的饼子，卵粢为蛋米饼。这两种饼也应是先秦时楚人的常食之物。粥在古代被归入“饮”的类别，但实际上介于食与饮之间，并且更接近于食，今天习称“粥”为稀饭，便很恰当了。楚人比较喜欢食用豆粥。长沙马王堆三号汉墓简文记载有“熬菽（豆）一笥”[⑤]，熬菽，即煮豆粥。《夏小正》五月“菽糜”，《礼记·月令》曰：“糜粥饮食。”从《夏小正》的记载来看，楚人食豆粥的习俗相沿甚久。

在膳类食物方面，楚国制作的花色品种更多，充分显示出楚人精湛超绝的烹饪技艺。仅据《楚辞》“二招”的记述，楚国的名菜肴便有十多种。以下分别介绍。

①④ 周世荣．从马王堆出土古文字看汉代农业科学［J］．农业考古，1983（1）．
② 一份很有价值的古食谱——《楚辞·招魂》食物构成略说［J］．文史知识，1985（4）．
③⑤ 周世荣．从《楚辞·招魂》看马王堆竹简《遣册·饮食》［Z］．

1.“肥牛之腱，臑若芳些”。腱，旧解作筋头、筋肉、大筋或膂腱肉，疑当是牛腿肌肉。牛腿肌肉饱满，筋条粗韧，不易煮烂，所以紧接着便提到“臑若”，臑若即是熟烂的意思。

2.“和酸若苦，陈吴羹些”。王逸注云：“言吴人工作羹，和调甘酸，其味若苦而复甘也。”今按：羹，音郎，即今日说的“汤”。先秦时甜味取自蜜汁和蔗浆，酸味得之于酱菜，“和酸若苦”的制作方法也就是在酱菜汤中渗入少许蜜汁或蔗浆汁。由于先秦时吴人工于制作酱菜，喜食酱菜汤，故这种菜也就称为“吴羹”。①

3.“胹鳖炮羔，有柘浆些”。胹与臑同，均是煮，炮是在肉的外层涂上泥浆或料浆炙烤；柘浆即甘蔗汁。王逸注曰：“言复以饴蜜胹鳖炮羔，令之烂熟，取藷蔗之汁为浆饮也。或曰：胹鳖炮羔，和牛五藏为羔臛，骛为羹者也（‘或曰’以上文字据孙诒让《札迻》卷十二校改）。”今按，两说当以前说近是，王逸为东汉时南郡宜城人，其时去古未远，且本身为楚地人氏，熟悉楚菜的做法，从他所作注解的次序来看也是倾向于前一说，故前一种说法大体上是可信的。

4.“鹄酸臇凫，煎鸿鸧些”。鹄即鸿鹄，凫是野鸭，鸿是鸿雁，鸧为鸧鹤。臇是较稠的肉羹，煎即油煎。这里提到的两道菜，一道的做法是用酸浆烹鹄、凫为羹，一道是用油煎鸿、鸧。

5.“露鸡臛蠵，厉而不爽些”。露鸡，即野鸡。蠵为大龟。臛是不加佐菜的纯肉羹。两道菜的具体做法是，煮野鸡，煨大龟，不加任何佐菜，保持鸡肉和大龟本来的香味。所谓“厉而不爽”便是指这种肉汤味道清洌纯正而不杂。这种类型的肉汤在先秦及汉代又被称为“大羹”或“白羹”。

6.“内鸧鸽鹄，味豺羹只”。内乃肭字的通假，肭，是肥的意思。

---

① 《招魂》：“和酸若苦，陈吴羹些。”袁庆述解释说：“此‘吴’亦为‘大’，‘吴羹’即‘大羹’。《左传》桓公三年：‘大羹不致……昭其俭也。’注云：‘大羹肉汁，不致五味。’”（《〈楚辞〉楚语札释十例》，《求索》1983年第1期）按此，则“吴羹”并非吴人所做的肉羹，而是不掺香料的保持鲜肉风味的一种羹。

这是一种肉羹，制作的程序是先将鸧、鸽、黄鹄和酸、甜佐料放入鼎中煮烂，然后再将豺肉放进去煮熟就成了。

7. “鲜蠵甘鸡，和楚酪只”。这道菜的做法是，在大龟羹中调以饴蜜，煮一段时间后再将肥鸡肉投入，同时掺入少许的酸浆。

8. “醢豚苦狗，脍苴莼只”。醢是肉酱，苦为胆汁，苴莼即蘘荷。这是两道菜，一道是将清蒸猪肉蘸肉酱吃，一道是将烤熟的狗肉蘸掺入了苦胆和蘘荷丝的肉酱吃。

9. “吴酸蒿蒌，不沾薄只”。蒿、蒌均为水生植物。蒿，一名蘩草，又名白蒿。蒌，一名香草，又名蒿、毛蒌。这两种植物的茎部皆脆美可食，又可做成腌菜，待腌成后再煮熟、切碎，吃起来酸甜适中，格外爽口开胃。

10. “炙鸹烝凫，煔鹑敶只”。炙，即燔、烤。煔，是煮肉汤。这是三道菜，一道是烤鸧鸹，一道是烝凫雁，一道是煮鹌鹑汤。

11. “煎鲼脽雀，遽爽存只”。鲼即鲋鱼，脽与臛同，是不掺菜的纯肉羹。这两道菜可分别称之为“煎鲋鱼”和“臛黄雀”。

通过“二招”的记述，可以发现楚人非常讲究美食、烹饪技艺极高，仅仅十余道菜肴，楚人就用了臛、羹、炮、醢、脍、炙、蒸、煔、煎等九种手法，而且在制作一种菜时往往还是数种烹饪手法结合起来使用。特别值得一提的是，“王子婴次之炒炉”，炉高 11.3 厘米，长 45 厘米，宽 36.6 厘米，形若长方盘，即是专用于煎炒的器具。1978 年在随县曾侯乙墓里又出土了一件青铜炒炉（有说是“炙炉”），上层盘内盛着一条鲫鱼、一条鳙鱼（有说是一条白鲢鱼），下层盘内放置着木炭[①]，这件实物便有力地证实了《大招》“煎鲼”记载的可靠性。此外，在湖北江陵望山和河南信阳长台关战国楚墓中也出土有装着木炭的铜

① 陈振裕．湖北农业考古概述［J］．农业考古，1988（1）．另参见冷吾、杜世中．一件两千四百二十年前的火锅［J］．江汉考古，1986（1）．

炉。[①]这两件铜炉的性质当与现在的火锅性质相似，是置于案上供边食用、边为食物加热的一种火炉。楚人在制作和食用熟菜方面大致有如下几个特点：

1. 喜欢食羹。羹是肉汤，在“二招”所列十余道菜中，“吴羹”“胹鳖”“鹄酸臇凫”“臛蠵”“鲜蠵”“豺羹”“吴酸蒿蒌”“粘鹑”“臛雀”等九道菜便属于肉汤。在马王堆汉墓竹简与木牌上，我们还可发现一些饶有楚地特色的肉菜羹，如“鹿隽”“鹿肉鲍鱼笋白羹”“鹿肉芋白羹”“小菽（豆）鹿胁白羹”等。另外，还有一些用“熬”的方法做成的熟肴，如“熬鹄（鹄）”“熬鶮（鹤）”“熬凫”“熬雁”“熬炙姑（鹧鸪）”“熬阴鹑（禽鹌）”“熬爵（雀）”“熬兔”等等。[②]“熬”与“羹”均是水煮肉食，故“熬×”实际上与“×羹”并无多大区别。《淮南子·人间训》记：“令尹子国啜羹而热。”《韩非子·外储说左下》记：令尹孙叔敖自奉甚俭，“粝饭菜羹”，这两条记载表明，在楚国不论贵族还是庶人都喜欢啜羹，以羹为日常主肴。

2. 喜欢将数种肉类拼在一起合烧，如“鹄酸臇凫”是将鸿鹄和野鸭一起熬羹；“内鸧鸽鹄，味豺羹只”是将三种禽肉与豺肉放在一起熬羹。

3. 嗜食野味。在十余种菜中，只有牛、鸡、羊羔、狗、猪五种为家畜家禽，其余均为捕猎获得的野味。

4. 讲究味料。《招魂》在谈到熟菜时第一句话就是“大苦咸酸，辛甘行些”。按王逸注与洪兴祖补注，先秦时五味中的苦味得之胆、豆豉和苓菜，咸味得之于盐，酸味得之于腌制品，辛（辣）味得之于椒、姜和蒜，甘（甜）味得之饴糖、蔗汁和蜂蜜。但从考古发掘来看，茶可能也是“大苦”的调味品之一。长沙马王堆一、三号汉墓出土的简文中均

① 湖北江陵三座楚墓出土大批重要文物［J］. 文物，1966（5）；河南信阳楚墓出土文物图录，图五四.

② 周世荣. 从《楚辞·招魂》看马王堆竹简《遣册·饮食》［Z］.

有“槚一笥”的记载。周世荣认为：“槚（贾）就是茶树，茶，古代写作‘荼’。《尔雅·释木》：‘贾，苦荼。’根据陆羽《茶经·一之源》：‘其名一曰茶，二曰贾，三曰蔎，四曰茗，五曰荈’。……古代茶叶可作羹饮，在马王堆简文中多次提到‘苦羹’……据《长沙马王堆一号汉墓》释文中说：‘苦指苦荼而言。苦羹，当指苦荼的肉羹。’”[①] 楚国的五味调料一般在烹饪前即已按比例配制好了。《九章·惜诵》云：“惩于羹者而吹齑兮。”“齑”就是烹调前已切碎的醢酱和捣成细末的姜、蒜、椒等酸辣味料。在五味的配合上，楚人根据烹饪对象而采用苦与辣，咸与酸，酸与甜，酸、甜与苦等多种配合。不过，比较而论，楚人更嗜好甜，尤其是酸。如“胹鳖”是将蔗汁合水煮鳖，“鹄酸臇凫”是以酸酢之浆烹鹄、凫为羹，“鲜蠵甘鸡”是以饴糖（甜）和炸酪（酸）为调味汁，“豺羹”是“先定甘酸”，“吴酸蒿蒌”则完全是以腌制的白蒿和毛蒌煮成酸味十足的菜羹。楚人和吴人嗜食甘酸之味，早在先秦两汉便有了口碑。《淮南子·本经》曰：“煎熬焚炙调齐和之适，以穷荆吴甘酸之变。”高诱注云：“二国善酸咸之和。”另外《大招》云：“鼎臑盈望，和致芳只。”后一句话就指掺用椒姜及其他咸、酸佐料。《黄帝内经素问·异法方宜论》说，东方之民“食鱼而嗜咸（咸之变为酸）”，南方之民“嗜酸而食胕”，亦证明重酸味是先秦乃至后世东南楚吴菜系的一大特色。楚人嗜羹喜酸的饮食特点，在考古中也得到了证实。长沙马王堆汉墓遣册记录了九种羹，其中苦羹两种：“牛苦羹一鼎”“狗苦羹一鼎”，酸羹七种：“牛首夸（菇）羹一鼎”“羊夸羹一鼎”“承夸羹一鼎”“豚夸羹一鼎”“狗夸羹一鼎”“雉夸羹一鼎”“鸡夸羹一鼎”[②]，甜羹、咸羹则未之见。据杨昌雄介绍，楚族嗜酸的习俗及若干烹饪和饮食方法在现在的苗族中尚有遗存。他说：“至今苗族人民仍喜欢‘煮酸汤鱼’。……方法是：用洗净的铁锅，把掺有酸辣椒、花椒等香料的水煮到快要沸涨，

① 周世荣．从马王堆出土古文字看汉代农业科学［J］．农业考古，1983（1）．

② 周世荣．从《楚辞·招魂》看马王堆竹简《遣册·饮食》［Z］．

紧接着提起已洗净的鱼，在鱼的主鳃盖骨下部位，轻轻割一小刀，然后用两手分据鱼头鱼身，一挤一掰，鱼的苦胆便自会冒出来；根据鱼的大小，再从鱼的背上割它几刀，让鱼有活气，就放在沸涨的酸汤水里烧鱼，配上适量的食盐以及广菜等，熟透即可。煮好后，用大碗或菜钵装好，摆在桌上，另配有花椒、大蒜的辣椒蘸碟，用筷子将鱼肉拈起来，蘸上辣椒水而食之，其味无穷。”①

先秦时期的膳可分为热膳和冷膳，“二招”所列举的各种菜肴皆属于热膳，而用腌、腊等手法冷加工而成的各种冷膳却基本没有提到。其他文献记载和考古发掘出的竹简资料表明，楚人也非常擅长冷膳的制作。

1. 肉类。在楚国，宰割家畜和捕获野兽后，除一部分肉用于制作熟肴外，大部分的肉皆制成干肉和肉酱，以备随时食用。干肉，通常又称作“脯”和“腊”。先秦时有不施香料和施加香料两种干肉。郑玄《周礼·腊人》注曰：“薄折曰脯，捶而施姜桂曰锻脩。”意思是，不加香料晒干者名为“脯”，经捶击后加姜、桂等香料晒干者名为“锻脩”。由于楚人比北方居民更讲究食味，而且楚地盛产香料作物，故楚国的干肉一般都是加了香料的。考古工作者在江陵凤凰山一六七号汉墓中发现过肉脯的记载和残存物，该墓简二四载：“小脯检一枚”，相应实物为“小椭圆奁一，内盛肉食”，简二五：“大脯检一枚”，相应实物为盛肉的“大椭圆奁一”。② 另外，在长沙马王堆汉墓也发现了“鹿脯一笥”和焦肉、腊兔肉的记载③，其中“焦肉”即酥肉，今日又名“肉松”，显然就是“锻脩”。先秦时期楚人基本实行的是两餐制，即朝食和夕食。两餐之间，有的便以脯和糗作为点心充饥，如《国语·楚语下》载：楚“成王闻子文之朝不及夕也，于是乎每朝设脯一束，糗一筐，以羞子文”。

① 杨昌雄．试论苗族稻田养鱼是对楚国传统养鱼方式的继承［Z］．

② 凤凰山一六七号汉墓遣册考释［J］．文物，1976（10）．

③ 周世荣．从马王堆出土古文字看汉代农业科学［J］．农业考古，1983（1）；高耀亭．马王堆一号汉墓随葬品中供食用的兽类［J］．文物，1973（9）．

干鱼或鱼脯，楚人习称为“枯鱼”。江陵凤凰山一六七号汉墓简六六载：“固鱼一枚。”考释者谓：“《汉书·货殖传》：‘鲰鲍千钧。’注：‘鲰，膊鱼也，即今不著盐而干者也。’《广雅·释诂》：‘膊，曝也。’‘固鱼’疑即‘膊鱼’，即《汉书》之‘鲰’。”[①]可参。《韩非子·外储说左下》记孙叔敖日常食用者有“枯鱼之膳”。楚地鱼类资源丰富，将吃不完的鲜鱼制成枯鱼并以之为膳，当是一种极具普遍性的饮食方式。肉酱是将肉切碎后掺入香料和醢酱制成的肉类冷肴。《礼记·内则》“大夫燕食，有脍无脯，有脯无脍”，就是说大夫一级的贵族宴宾酬客，有了脯作为冷肴，就不再需要肉酱了。由此可见，肉酱也属于冷肴的类别。肉酱是楚人很喜欢吃的一种菜肴。《大招》“醢豚”即是将小猪剁碎做成的肉酱。先秦的楚地肉酱尚未见有残存物出土，但西汉初期的楚地墓葬中却屡见以肉酱作为随葬品。江陵凤凰山一六七号汉墓简三七载：“脍卑匮二”，“随葬盛有肉酱状食物的漆盘二对”。简四七载：“肉酱一器”，“随葬一竹笥，上有墨书‘肉酱’二字”。[②]凤凰山八号汉墓简一六二亦载：“月（肉）酱一伤。”[③]另外，长沙马王堆一号汉墓简三四载：“鹿会（脍）一器”[④]，估计也是鹿肉酱。

2. 蔬菜类。楚人对蔬菜进行“冷”加工有腌、晒干和蒸熟后使之发酵等方式。前引王夫之《楚辞通释》：“吴人善腌诸菜，若蘘荷蒌蒿之属，皆盐藏令酸，用以和脍。”说的就是楚人和吴人腌菜的典型方式。这样方式在两湖、江浙等吴楚故地一直沿袭至今。20世纪下半叶两湖考古发现的一些西汉初期的墓葬中多随葬有酱菜。如马王堆汉墓竹简记有：“婺（骛）俞（蝓一狳）”“瓜酱一资”。[⑤]江陵凤凰山八号汉墓简一六一载：“蹁酱一伤”[⑥]；一六七号汉墓简五〇载：“辦酱一器”。考释者说：“随葬一竹笥，上有墨书‘醢’字。《周礼·醢人》：‘醢人掌

①② 凤凰山一六七号汉墓遣册考释［J］. 文物，1976（10）.
③⑥ 金立. 江陵凤凰山八号汉墓竹简试释［J］. 文物，1976（6）.
④⑤ 周世荣. 从《楚辞·招魂》看马王堆竹简《遣册·饮食》［Z］.

共五齐七菹。醢酱之物，宾客亦如之。’注：‘齐菹酱属，醢人者皆须醢成味。贾公彦疏：‘醢人连言酱者，并豆酱亦掌。’马王堆一号汉墓随葬陶罐上的木牌上书‘□辦酱’。辦酱可能是一种豆酱。”[①] 简三〇载：“酱杞一枚”，杞即卮，“随葬酱色卮一”。[②] 与腌菜、酱菜不同，干菜一般不能直接食用，而是用作加工熟膳时的菜料。长沙马王堆汉墓竹笥与木牌上记录的干菜有“瓜苴（干）”“笋苴（干）[③] 和“襄荷苴（干）”。[④]

除了加工、烹饪食物的技艺外，在食物保鲜方面楚人也有自己的特长。《诗·豳风·七月》：“二之日凿冰冲冲，三之日纳于凌阴（冰室）”。《周礼·天官·凌人》载：“掌冰。正岁，十有二月，令斩冰，三其凌，春始治鉴。凡外内饔之膳羞，鉴焉；凡酒浆之酒醴，亦如之。祭祀，共冰鉴，宾客共冰，大丧共夷槃冰。夏颁冰，掌事，秋刷。”这两条均说的是周王室的凿冰、藏冰及颁冰活动。春秋时期诸侯公室也备有藏冰之室。《越绝书·外传·记地传》记勾践冰室曰：“休谋石室，食于冰厨……冰室者，所以备膳羞也。”《吴地传》记曰：“阊门外郭中冢者，阖闾冰室也。”但是列国卿大夫家一般没有冰室，需要用冰时须得呈请公室颁冰。《礼记·大学》：“伐冰之家，不畜牛羊。”郑玄注曰：“伐冰之家，卿大夫以上丧祭用冰。”与诸国相比，楚国不仅王室有冰室，卿大夫家也设有冰室。《左传》襄公二十一年记：楚贵族薳子冯，“方暑，阙（掘）地，下冰而床焉”。这“冰”，当系薳子冯的冰室所藏。在藏冰的冰室内储藏食物自然是最为理想的了。

---

①② 凤凰山一六七号汉墓遣册考释［J］. 文物，1976（10）.

③ 楚国农业考辨四题（下）［J］. 求索，1984（2）.

④ 周世荣 . 从《楚辞·招魂》看马王堆竹简《遣册·饮食》［Z］。不过，作者在该文中将“苴”释为“菹”，并说：“苴（菹）即酢菜”，也就是盐腌的酸菜。谨录以备参。

第三节　酿酒技艺和饮酒风尚

在周代的各个方国中要数楚国饮酒的风气最盛。《左传》等先秦文献中有关楚人饮酒的记载远比膳食方面的记载为多。《左传》成公十六年载：楚晋战于鄢陵，双方酣战一日，晋军秣马厉兵准备明日再战，楚王“闻之，召（司马）子反谋。榖阳竖献饮于子反，子反醉而不能见”。结果，楚军因主将醉酒只得连夜撤退。子反酒醒后受到楚共王和令尹子重的责难，不得不引咎自刎。春秋时期因主将醉酒而打败仗的事，仅此一例。这个事例很典型地反映出楚人嗜酒的风习。《左传》襄公三十年记载了一个不是发生在楚国的故事，“郑伯有嗜酒，为窟室（地下室），而夜饮酒，击钟焉”。类似这样的故事在楚国也有，而且排场更大。《左传》成公十二年载：晋卿郤至访问楚国，“楚子享之，子反相，为地室而悬（钟鼓）焉。郤至将登，金奏作于下”。楚宫地室除用作“地下音乐厅”外，还常常被用作聚众夜饮狂欢的场所。《楚辞·招魂》记云：“铿钟摇簴，揳梓瑟些。娱酒不废，沈日夜些。兰膏明烛，华镫错些。”这段文字真切地描绘出楚国贵族燃起明烛，敲奏编钟，饮酒作乐，醉生梦死的情景。其地点很可能就是在地室中，因为在地室中逐乐可以避人耳目，更加放纵不羁。

楚人酿酒的技艺、手法相当高明，酒的种类也多，皆为上品。在楚国最具传统特色的酒是香茅酒。《左传》僖公四年记管仲代表齐桓公与诸侯之师宣布楚罪，其中一条是“尔贡苞茅不入，王祭不共，无以缩酒”。杜预注曰：“包，裹束也。茅，菁茅也。束茅而灌之以酒为缩酒。”按：缩酒即沥酒、纵酒。《广雅》：“缩，皁，枥也。”王念孙《疏证》曰：“《方言》：‘枥，梁、宋、齐、楚、北燕之间，或谓之缩，或谓之皁。’”缩与枥通，则缩自亦可与沥通。缩又通“纵”，《礼记·檀弓上》：“古者冠缩缝，今也衡缝。”郑玄注曰：“缩，纵也。”纵作动词用，则可训倾注。杨伯峻解释苞茅缩酒的具体方法说：“苞即包裹之包，茅即《禹贡》之菁茅，茅之有毛刺者。古人拔此茅而束之，故曰包茅。缩酒者，一则用所束之茅漉酒去滓；一则当祭神之时，束茅立之，以酒自上浇下，其糟则留在茅中，酒汁渐渐渗透下流，像神饮之也。”[①]我们认为，利用苞茅上的毛刺黏附酒糟来滤酒，使酒液清澄纯净，只是苞茅的用途之一，苞茅的另一用途是它有一种特殊的芬芳气味，在过滤酒液的同时，还使酒液带上了它的香味。苞茅，又名灵茅、萧茅和香蒿。《诗·大雅·生民》“取萧祭脂”，意思就是用萧茅和牛油混烧，产生出一种浓郁的香味，以礼享上帝。苞茅只是周人用以滤酒的物品之一。用苞茅滤过的酒，据《周礼·春官·司尊彝》及郑玄注，称作“缩酌”。除“缩酌”外，其他种类的酒都是用竹筐来过滤。苞茅是楚人所处的江淮流域的特产。《史记·孝武本纪》曰：“江淮间一茅三脊，为神藉。”《集解》云：“孟康曰：‘所谓灵茅也。’”从“缩酌”用苞茅及苞茅的产地这两个因素来看，“缩酌”（香茅酒）应是原产于楚地的一种传统名酒。据贾公彦《周礼·司尊彝》疏，缩酌过滤前的勾兑方法是将事酒与醴齐相掺合。事酒属清酒类，醴齐属浊酒类。郑玄《天官·酒正》注云：“郑司农云：‘事酒，有事而饮也’。玄谓事酒酌有事者之酒，其酒则今之醳酒也。”醳酒冬酿春成，含酒精度数低于昔酒和清酒。醴齐，即今“伏汁酒”（米酒），《说文》：“醴，酒一宿孰也。”《玉篇》：醴，甜酒也。一宿孰也。”江陵凤凰山八号墓简一六三载：“甘酒一伤”[②]，甘酒即醴酒。该山一六七号汉墓遣册又载，“椴酒一器”，释者谓：“椴即酟，《说文》：一宿酒也。”[③]凡此均证明楚人酿造、饮用醴酒。事酒与醴齐相掺合后再用苞茅过滤的“缩酌”，无疑是一种低度的香茅酒。春秋战国时期，楚国在生产传统名酒的同时，又发明、酿制出了一些饶有楚地特色、合乎楚人口味的新酒品种。《招魂》在铺陈美酒时云：“胹鳖炮羔，有柘浆些。”“瑶浆蜜勺，实羽觞些。”“华酌既

① 春秋左传注（第一册）.
② 金立 . 江陵凤凰山八号汉墓竹简试释［J］. 文物，1976（6）.
③ 凤凰山一六七号汉墓遣册考释［J］. 文物，1976（10）.

陈，有琼浆些。”浆，通常指的是解酒、助酒的甜饮料。柘浆，指的是甘蔗汁。《汉书·郊祀志》“泰尊柘浆析朝酲”，应劭曰：“取甘柘汁以为饮也。”瑶浆和琼浆，清胡文英《屈骚指掌》分别解为白酒和红酒。今按《招魂》所述，瑶浆盛于“羽觞”，琼浆盛于“华酌”。觞，又名觚，即酒杯；酌，是从酒樽中提酒用的酒斗，由此可见瑶浆和琼浆均是接近于酒类的饮料，而不是纯粹的甜水。又，盛琼浆的“华酌”的华，也就是花，五臣即云：“华酌，谓置华（花）于酒中。”看来，“琼浆”当是掺入了桂花一类芳香型植物花朵的甜酒。《楚辞·九歌》也提到两种甜酒：“奠桂酒兮椒浆”，桂酒、椒浆当是掺入了桂、椒的清酒。楚人日常酿造和饮用的低度酒还有“清糟”“清馨”等品种。《招魂》“挫糟冻饮，酎清凉些”。挫，就是除掉；冻，即冰镇；糟，是酒滓。“挫糟”，即剔除酒糟，提取较纯的酒汁。事实上，楚人还有啖食酒糟和糟汁的习惯。《楚辞·渔父》曰：“众人皆醉，何不铺其糟，而歠其釃？”釃，一作醨。王逸注曰：“糟、醨皆酒滓。”《招魂》所说的“冻饮”和“酎清凉”，是饮酒的两种方法。“冻饮”是将冰块置于酒壶外使之成为冻酒，“酎清凉”则是将酒壶浸入冷水中使之成为凉酒。这都是楚人在夏季的饮酒方法。1978 年湖北随县曾侯乙墓出土了两件冰（温）酒器，这种器物是由两种容器组合而成，里面的方壶形容器是盛酒的，每个方壶中均有一把铜勺，外面的方鉴形器在夏季用来盛冰或凉水，在冬季则用来盛热水。[①] 冰（温）酒器的出土证实了《招魂》的记载。除《招魂》外，《大招》“清馨冻饮，不歠役只”，也是说在夏季饮用冰冻的“泛齐”类低度米酒。于省吾在《释四方和四方辛的两个问题》一文中说：“楚辞大招的‘清馨冻饮，不歠役只’，‘役’字旧均不得其解。实则役应读为烈，烈谓酒之醲厚酷烈者。这是说，以清淡馨香凉爽之酒为饮，而不歠其酷烈者。”[②] 此说甚是。在夏季饮用低度甜酒是符合饮食卫生的良

① 后德俊．从冰（温）酒器看楚国用冰［J］．江汉考古，1983（1）．

② 甲骨文字释林［M］．中华书局，1983（10）．

好习惯，但对于楚人来讲，饮用低度酒又似乎是一种偏好。据周世荣介绍，“马王堆汉墓简文中有‘鞠一石布囊一’，三号汉墓中有‘鞠二石布囊一’……‘鞠’就是酒母……《汉书·食货志》载：‘一酿用粗米，二斛，曲一斛，得成酒六斛六斗。’这里不仅规定了酿酒时米和用曲的比例，而且还有出酒的数量多少。根据这一比率推测，这种酒的浓度一定很低。在汉代，今湖南衡阳酃湖盛产‘酃渌（醁）酒’，古籍中常载‘邻湖水湛然绿色，取以酿酒，其味甘美’。马王堆汉墓中出土的漆器大部分是酒器，据简文记载：‘髹画橦（镩）一，有盖，盛湿酒’，又有四件容‘四斗’的枋壶盛‘米酒’。其中还有十七件‘君幸酒’漆耳杯，据记载其容量四至七升不等。根据酒杯的容量推知，当时酒的浓度一定不高，否则一般人不会有这么大的海量。故‘邻录酒’也很可能是甜酒之类”[①]。显然，马王堆汉墓墓主的饮酒习尚及墓简提到的“温酒”“米酒”和汉代即已闻名于世的邻录酒，均属于楚人的饮酒习尚、酿酒技艺和名酒品种在汉代的传流。不过，楚人也并非不酿制和饮用含酒精浓度较高的酒。《大招》曰：“四酎并孰（熟），不涩嗌只。”朱熹《楚辞集注》曰：“酎，三重酿酒。秦月令曰：‘春酿之，孟夏始成。’汉亦以夏酿，八月乃成。此云四酎，则是四重酿矣。”清段玉裁《说文解字注》介绍“酎酒”的酿造方法说：“《广韵》作‘三重酿酒’，当从之。谓用酒为水酿之，是再重酒也。次又用再重之酒为水酿之，是三重之酒也。”四酎，则是以三重之酒为水再酿而成的度数很高的醇酒。“不涩嗌只”，楚人酿造的“四酌”酒的入口感也甚佳，味道清醇、爽口。如果楚人不掌握熟练高超的酿酒技艺是绝不可能做到这一点的。《大招》还提到一种楚国名酒：“吴醴白蘖，和楚沥只。”王逸注曰：“再宿为醴，米麹也。”“沥，清酒也。言使吴人酴醴。和以白米之麹，以作楚沥，其清酒尤酴美也。”清酒也是度数很高的一种酒，它冬酿夏熟，色清味浓，而以吴国的酿醴（甜酒）为水，和以楚国的白米与酒曲酿造出

① 周世荣．从《楚辞·招魂》看马王堆竹简《遣册·饮食》[Z]．

的这种清酒——楚沥，自然更是别具一番风味了。前引《左传》成公十六年记楚司马子反醉酒军中，《左传》昭公十一年又记："楚子伏甲而飨蔡侯于申，醉而执之。"这两次醉酒均与饮用了楚国的"烈性酒"有关。据传世彝器铭文载，楚国王室的酿酒机关名为"集酬"。《三代古金文存》卷三第12页著录安徽寿县出土铸容鼎铭文曰："铸容为集酬为之。"陈秉新《寿县楚器铭文考释拾零》说："集酬读为内酋，是楚王室司酿之所，其长相当于《礼记》的大酋。"[①]楚国出产的各色名酒当主要是由"集酬"机构内的世职工役酿造出来的。除了自酿酒外，楚国还以责贡、求贿和购买等多种方式进口其他地区、侯国的土产名酒，如明董说《七国考·楚职官》引许慎《淮南注》曰："楚令诸侯，鲁、赵皆献酒于楚王。主酒吏求酒于赵，赵不与，吏怒，乃以赵厚酒易鲁薄者，奏之。楚王以赵酒薄，遂围邯郸也。"虽然这故事是虚构出来的，但楚人嗜酒和求酒于他国这两点却是有根据的。楚人嗜好饮酒与殷商文化、风俗的影响有关。《诗·大雅·荡》斥责殷人曰："文王曰：咨！咨女殷商！天不湎尔以酒，不义从式。既愆尔止。靡明靡晦。式号式呼。俾昼作夜。"《尚书·酒诰》曰：殷商"庶群自酒，腥闻在上。故天降丧于殷，罔爱于殷"。殷鉴在前，周室严禁畿内及属下封国的臣民无故饮酒，尤其是聚饮，如《酒诰》规定，凡天下臣民只有在祭祀时才能饮酒，而且最好不要喝醉，子孙平时可以用酒孝养父母，一般人群聚饮酒要尽数拘押起来审查，杀掉罪重者，至于殷商遗民由于饮酒成性、一时难以克除旧习，暂且给予宽容，以教育的方式使其逐渐改正。从其他文献记载来看，《酒诰》的规定在两周时期的周室封国中大致得到了遵循。《左传》宣公十五年记晋伯宗曰："……狄有五罪……不祀，一也。耆酒，二也。"昭公七年载：郑"子皮之族饮酒无度，故马师氏与子皮有恶。齐师还自燕之月，罕朔（马师氏）杀罕魋"。《周礼·天官·酒人》云："凡祭祀，共酒以往，宾客之陈酒，亦如之。"《诗·豳风·七月》

① 楚文化研究论集（第1集）[M]. 武汉：荆楚书社，1987.

曰：“十月获稻，为此春酒，以介眉寿。”十月饮酒属于丰收后的“乡饮酒”，这一饮酒是符合礼俗规定的。但楚人却根本未受到国家禁酒令与节制饮酒礼俗的约束。周人即使饮酒也在夜晚不在白天，而楚人白天也饮酒，如《左传》昭公七年记楚灵王饮酒，就是在白天。《招魂》记楚国贵族不分日夜地沉湎于酒色中，更可以说是殷人嗜酒习俗的再现。

第四节　祭饮食习俗

《管子》曰：“民以食为天。”《尚书·洪范》与《礼记·王制》皆将饮食列为“八政”之首。《礼记·礼辺》曰：“夫礼之初，始诸饮食，其燔黍、捭豚、汙尊而抔饮，蒉桴而土鼓，犹若可以致其敬于鬼神。”在远古氏族社会，除狩猎、采集、畜牧等活动外，宗教、祭祀、艺术等形式上的活动可以说莫不与饮食有关。部落狩猎前聚众歌舞，在山洞内绘画狩猎图，向山神和百兽之神祭祷；狩猎完毕后向山神和兽神谢恩，向代表被猎物的神祇祈祷，请求原谅；播谷前向地母和稷神祈祷，收割后向地母和稷神谢恩；在家畜繁殖的季节向代表该家畜的神祇祈祷。凡此种种本质上都是对“食”的敬畏、祭祀与崇拜。进入阶级社会后，随着生产力水平的提高和获取食物方式的进步，对食物的敬畏感日趋淡薄，与食物有关的祭祀活动也日趋简化和规范化。见诸《诗经》《礼记》等典籍记载，先秦时期最为规范化、礼仪化的祭饮食仪式，即春祈谷、秋报功。除此之外，还有一些零星的仪式，乃是远古风俗的遗存。如《诗经·大雅·公刘》云：“既登乃依，乃造其曹。执豕于牢，酌之用匏。”造，即“告”，告祭。曹，通“槽”，乃猪神。诗的大意是，宾主坐定，先祭猪神，然后杀猪做肴，用匏斟酒。类似这样的礼仪、习俗还可从先秦文献中拾摭到一些，但基本上没被纳入祀典和五礼之中。从《左传》《国语》等文献与考古发掘资料中，我们可以看到盛行于中原的春祈、秋报仪式，在楚国也被奉为典礼。不过，真正具有楚族特色的祭饮食传统习俗乃是“膢祭”。膢，《说文》释曰：“楚俗以二月祭饮食也。从肉，娄声。一曰祈谷食新曰膢。”“膢”之语源义为“杀”。《汉书·武帝纪》伏俨注：“膢，音刘，刘，杀也。”师古注：“《续汉书》作‘貙刘’。膢、刘义各通耳。”“膢”字从肉，娄声，其初宜指田猎前后的祭兽仪式。该仪式通常又称作貙膢。钱剑夫说：

> 貙膢者，远古始杀斩牲之典。其初盖起于田猎祭兽。貙，虎属，乃为兽王，故田猎当祭之：所以报功，亦并祈获。后世帝王，遂以此日还祭宗庙，斩牲献新，爰有“貙膢”之礼。苏林曰：“膢，祭名也。貙，虎属。常以立秋日祭兽，王者亦以此日出猎；还，以祭宗庙，故有‘貙膢’之祭也。”（《汉书·武帝纪》注）《尔雅·释兽》：“貙獌似狸。”《说文·豸部》同。《字林》则曰：“貙，似狸而大。”又云：“（獌）音慢，狼属。一曰，貙也。”（《经典释文》卷三十引）而《说文·豸部》则又曰：“狸，伏兽，似貙。”《广雅·释兽》：“貔狸，猫也。”则“貙”之祭，与“八蜡”亦祭“猫虎”正同。且虎为兽王，貙为虎属，或乃虎之尤大者，于下文“似虎而五爪”见之。故凡出猎，当先祭之，或猎而后祭……至于民间膢祭，则或为祈谷，或为尝新，或为祭饮食，或亦祀先人。其行祭之时，则或以二月，或以三月，或以八月，或以十二月。盖因地而异，习俗不同故耳。[①]

钱先生的分析甚为精当。“膢”或“貙膢”乃是氏族社会捕猎阶段的遗风，其最初的祭祀对象是以虎（或狸、狼）等为原型的具有山神格和兽神格的灵兽。楚族盛行膢祭，说明楚族曾经历过山居谷汲、以狩猎为生的历史阶段，同时也说明在楚地民间一直传承着虎崇拜的习俗和心理。春秋战国时期由于受到周文化的影响，楚国上层社会一方面仍然保持着春猎的传统（见《招魂》），另一方面将膢祭仪式融入国家的大蜡斩

---

① 貙膢考．中国历史文献研究集刊（第二集）［M］．长沙：岳麓书社，1982.

牲仪式中，定大蜡斩牲为楚国的官方礼仪。《国语·楚语下》记观射父曰："日月会于龙豼，土气含收，天明昌作，百嘉备舍，群神频行。国于是乎蒸尝，家于是乎蒸祀……诸侯宗庙之事，必自射牛、刲羊、击豕，夫人必自舂其盛。"韦昭注曰："豼，龙尾也。谓周十二月，夏十月，日月合辰于尾上。""蒸，冬祭也。尝，尝百物也。"楚国举行蒸尝和斩牲大典的内容、时间均与《礼记》"月令""郊特牲"所记大蜡礼相吻合。如《月令·孟冬》："是月也，大饮蒸。天子乃祈来年于天宗，大割祠于公社及门闾，腊先祖五祀，劳民以休息之。"郑玄注云："此《周礼》所谓蜡祭也。"楚族上层社会接受了周室的大蜡礼后，二月媵祭之俗也就自然被这一阶层所摒弃，但在民间，二月媵祭却一直延续到汉代。楚族由狩猎进入农耕，民间祈获的对象发生了变化，报功的对象却基本上没有变化，这就是说，祈获的主要是谷物，但报功对象仍是山神，而没有相应转为农神或谷神。《史记·封禅书》记：秦代华山以西"四大冢鸿、岐、吴、岳，皆有尝禾"。《集解》引孟康曰："以新谷祭。"秦人向山神敬献新谷，表明秦人与楚国民间一样没有完成由狩猎保护神崇拜向农神（谷神）崇拜的转化。

第二章　服饰

由衣、裳、冠、履组成的服饰，是社会风俗中最具有地区或民族色彩的一项组成内容。在许多地区或民族之间，住房样式、婚丧习俗、祭祀礼仪很可能区别不大，但服饰上的差异却是一目了然的。因此，早在中国古代就将服饰作为民族识别的一个重要标准，如《史记·赵世家》云："夫被发文身，错臂左衽，瓯越之民也。黑齿雕题，却冠秫绌，大吴之国也。"《淮南子·齐俗》曰："三苗髽首，羌人括领，中国冠笄，越人劗鬋。"楚人的服饰从基本种类和形制上看与华夏服饰没有什么两样，但在有些种类和形制上却有着鲜明的地区性特征。《左传》成公九年记："晋侯观于军府，见（楚郧公）钟仪，问曰：'南冠而縶者谁也？'"《战国策·秦策五》载：秦"异人至，（吕）不韦使楚服而见（秦后）"。这些记载表明，楚国服饰属于华夏服饰系统中的一个地区衍生性和个性特征较强的支系统，中原诸国之间在服饰上的共同点要多于楚国。

第一节　服装的质料与图案

楚国地处气候温暖湿润的南方，有着种桑、植麻、养蚕、缫丝、发展丝麻织业的优越条件。早在西周时期楚国所产的蚕丝便被列为向周室奉献的贡品。《管子·小匡》载：楚"贡丝于周室"。到了春秋、战国时期，楚国的蚕丝产量和质量均跃居于列国之冠。据考古学者介绍，"楚国的丝织物通过中原，还远销到今西伯利亚一带”。[①] 近几十年来湘鄂豫等省陆续出土了一批墓葬丝织物，其织造之精、品种之多，不仅远远超出了传世的先秦两汉文献的记载，而且远远超出了人们的想象。仅据粗略的统计，即有绢、罗、纱、锦、组、绦、绣、丝绵、縪、麻等丝、麻织物。绢，是一种平纹组织的丝织物，通常又称作“纨”“素”，经纬密度大的绢则称作“缣”。从楚墓发掘出的丝织物中以绢的数量最多，它主要用于作衣衾的里和面。罗，是平纹疏织、显露方眼的丝织物。江陵马砖一号战国楚墓出土了一件绣龙凤虎纹罗单衣，该衣料“孔眼均匀，质地轻盈，用作绣地，可对花纹起明显的反衬作用”。[②] 纱，是与罗相似的丝织物，但组织更疏阔。据介绍，“我国先秦的绉纱，至今各地均无发现，长沙左家塘四四号墓和子弹库一号墓中出土的，是我国目前发现最早、保存最好的绉纱”。[③] 其中，在长沙左家塘墓中，保存有一块藕色手帕和一块浅棕色绉纱手帕，其轻薄程度相当于现代的真丝乔其纱。[④] 纱与罗均是楚人制作夏服和内衣的主要质料，在江陵马砖一号楚墓中即出土了一种素纱禅衣。绮，是斜纹起花的丝织品，在河南信阳楚墓和湖北江陵马砖一号楚墓中均曾发现过绮这种织物。锦，是重经提花、五色缤纷的织物。马砖一号墓中的楚锦大量用于夹绵衣衾的面料和罗纱衣物的袖、缘。人们根据楚锦的质地推测，战国时期楚人已率先采用多经轴的织机（提花机）了。组，是手工编织的丝带。《楚辞·招魂》提到的“纂组”，便是编组。与组性质相近的还有绦。组、绦主要用于系衣衽、挂玉佩、穿甲衣。《尚书·禹贡》说荆州出“玄纁玑组”，即指楚地出产一种黑红色和深红色、缀珠玉的组带。江陵马砖一号楚墓出土的组带分别为黑、红、棕、黄等色，证实《尚书》记载不误。绣，即刺

① 楚国的丝织业［J］. 江汉论坛，1982（8）；论中国与阿尔泰部落的古代关系［J］. 考古学报，1957（2）.
② 陈跃钧，张绪球 . 江陵马砖一号墓出土的战国丝织品［J］. 文物，1982（10）.
③ 楚国的丝织业［J］. 江汉论坛，1982（8）.
④ 姚伟钧 . 简论楚服［J］. 江汉论坛，1986（11）.

绣工艺品。楚绣的绣地主要是绢，其次为罗。丝绵，也就是丝絮，在楚国主要铺在绵袍、夹袄、衾被里面起御寒作用。缂，也是丝织的手工艺品，它不见于传世的先秦至宋以前的文献记载。“缂丝的特点是，经丝通贯织品，而纬丝不贯全幅，即古称‘通经断纬’。”中华人民共和国成立以后在信阳长台关和江陵望山出土的战国楚竹简上都有“缂”的记载，这就证明缂丝工艺早在先秦时期即已出现了。[①]熊传新据此推测说：“我国的缂丝织造，可能渊源于楚。”[②]麻，是苎麻织品，先秦时通称为“布”，是比丝织品更为常见、更大众化的衣料。“长沙五里牌第四〇六号战国楚墓出土白色麻布残片，经鉴定密度每十厘米的经纱二百八十根，纬纱二百四十根，略高于现在的龙头棉布。”[③]又，郑玄《仪礼·丧服》注曰：“布八十缕为升。”通常十五升布已相当细密，但长沙战国楚墓出土的苎麻布却达到十七升。[④]凡此均可见楚人织麻水平的高超。楚国丝织物中的上品，均出自楚国王府织造作坊的女工之手。鄂君启节中记载有“裁尹”和“裁令”两官名，于省吾释“裁”为“织”。[⑤]据此可见，楚国中央主管织造的最高官员为“织尹”，次一级的分管官员为“织令”。王府的织造作坊在楚国名为“织室”。长沙楚墓曾出土过一方“中织室鉨”印玺，除“中织室”外，楚国还应设有一些织室。西汉兼承秦、楚制度，在织造机构的设置和名称上主要是继承楚制，文献记载与传世汉印均表明汉代最高织造机构的名称也叫作“织室”。[⑥]当然，名称本身并不重要，重要的是，通过名称上的继承性这一点，我们可以发现，楚国的织造工艺完全为汉室继承下来。楚国丝织品不仅织造精良，花样繁多，而且色彩、图案绚丽夺目，使人叹为观止。前引《禹贡》记荆州产“玄纁玑组”，玄为黑红色，纁为红色，红色染料可以从

---

① 张振林 . 缂丝史的珍贵资料［J］. 中山大学学报，1980（1）.
②⑥ 楚国的丝织业［J］. 江汉论坛，1982（8）.
③ 马开梁 . 楚族在江汉地区的开发和发展［J］. 思想战线，1982（4）.
④ 姚伟钧 . 简论楚服［J］. 江汉论坛，1986（11）.
⑤ 鄂君启节考释［J］. 考古，1963（8）.

茜草和丹砂中提取。《禹贡》及《史记·夏本纪》说荆州出“丹”，丹即是由矿物辰砂制作出的染料丹砂（朱砂）。《荀子·王制》云：“南海则有羽、翮、齿、革、曾青、丹干焉。”曾青（空青、青雘）乃是可提取青黑色染料的矿物。另外，楚国还盛行从蓝草中提取青蓝色的染料，王室设有督管靛蓝生产的大夫“蓝尹”。《夏小正》五月“启灌蓝蓼”，《礼记·月令》仲夏“毋艾蓝以染”。蓝尹即得名于“蓝”（蓝蓼）。由于植物染料比矿物染料易于提取，故楚国用草染法较之石染法更为普遍。楚人调配染料色泽的技艺相当高明，除呈茧黄色的生丝和洁白的熟丝两本色外，仅江陵马砖一号楚墓所出的丝织物便有朱砂红、茄紫、深赭、浅绿、茶褐、金黄、淡黄、棕黄、绛红、粉红、橘红、蓝、墨绿、咖啡色和黑等颜色。[①] 楚国丝织物上的个别颜色还很可能是涂抹（“画缋”）上去的。[②] 沈从文说：楚服“衣多特别华美，红绿缤纷……一望而知，衣着材料必出于印、绘、绣等不同加工”。[③] 染、画并用，使得楚国丝织物更为异彩纷呈、鲜艳夺目。楚人还非常讲究色彩之间的搭配。楚国丝织物“单幅一般为二色或三色，最多的有六色”。[④] 这些色调组合均给人以沉着、和谐、古朴、典雅的感觉。艳丽谐调的丝绸底色对主题图案也起到了烘云托月的作用。楚国丝织物上的刺绣和机织图案，具有布局巧妙新颖、题材繁重多变、色调和谐典雅、线条流畅欢跃、笔触工细生动等特点，充满着无比神奇的艺术魅力和泼辣向上的生命力。楚国丝织品上的图案母题主要有龙凤相蟠、蟠龙飞凤、对龙对凤、龙凤嬉逐、龙凤俯视、龙凤虎穿跃盘旋、凤鸟花卉、三头凤和各种神兽、舞人、太阳等等。[⑤] 因而，楚国的丝织物无一不是合实用与审美为一的高级工艺品。与楚国丝织物相比，中原丝织物上的纹样和图案，便多少显得有些黯然

①⑤ 神奇的发现——江陵县马山战国“丝绸宝库”出土记［N］. 湖北日报，1982-3-5.

② 有关西周丝织和刺绣的重要发现［J］. 文物，1976（4）.

③ 中国古代服饰研究［M］. 北京：商务印书馆，1982.

④ 江陵马砖一号墓出土的战国丝织品［J］. 文物，1982（10）.

失色、拘谨呆板了。据《左传》桓公二年载，鲁臧哀伯在谈到服装的色调、纹样和图案（即“章服”）时说：“火、龙、黼、黻，昭其文也。五色比象，昭其物也。”又《左传》昭公二十五年记郑子叔曰：“为九文、六采、五章，以奉五色。”九文指画在衣上的龙、山、华（花）、虫、火、宗彝（虎与长尾猴）和绣在裳（下衣）上的藻（水草）、粉米（白米）、黼（黑白交织出的斧形）、黻（黑与青交织成的两“弓”相背的符号）九种文彩。六采指青、白、赤、黑、玄、黄六种色彩。五章指青与赤、赤与白、白与黑、黑与青以及青、黄、赤、白、黑所交织出的五种文绣。显而易见，中原官服织物的特点是，色彩组合不如楚服那样丰富多变，较多地具有道德伦理与等级尊卑的意味和暗示，而较少表现出神话的境界，缺乏生机盎然的浪漫气息。

第二节　服式

商代至西周时期，华夏服饰的流行范围主要是黄河中下游地区。长江中游地区仅在新石器时代的河南淅川下王岗晚一期遗址和湖南石门皂市商周遗址分别出土过骨簪和铜簪。簪用于束发固冠，是华夏服饰的重要标志之一。上述两处遗址和发簪的主人当属于南迁的中原族团。商周时期，长江中游两湖地区土著繁多，主要的族系为濮、越和荆蛮。这些民族的服饰与华夏族区别甚大，如《史记·赵世家》曰：“夫被发文身，错臂左衽，瓯越之民也。”荆蛮乃三苗与祝融族团支裔混血而成的南方民族，《淮南子·齐俗》说：“三苗髽首”，髽首也就是将发髻梳在头顶两旁。濮族的服饰，文献失载，但汉代的西南夷中混有濮人的成分，司马迁在《西南夷列传》中或说为魋结，或为编发，与华夏发式不同，可见服式也不同。楚族原隶于中原祝融八姓族团，与楚同祖的彭祖族，据《华阳国志·序志》载：“及周之末，服事于秦，首为郡县。虽滨戎夷，亦有冠冕。”由此可见，楚族的服式也应属于华夏系统。商周之际，楚族南迁豫西南、鄂西北地区，杂处于濮、蛮、越等族中。在这种情况下，楚人或者是变服从俗，或者是像彭祖族那样保持传统的华夏冠冕。从文献记载来看，楚人采取的是后一种方式。《左传》宣公十二年和昭公十二年均记楚先王“筚路蓝缕”。蓝缕，杜预注曰：“敝衣。”《史记·楚世家》裴骃《集解》引服虔说曰：“蓝蒌，言衣敝坏，其蒌蓝蓝然也。”现在也有学者解释说：“蓝缕也只是无缘之衣而已，并不包含服式特异这层意思。”[①] 诸说无不可通。从这条记载可以看出，楚族在西周初年开辟荆山，与“蛮夷”杂处的艰苦时期，穿着虽然破旧，仍是华夏服式。

但是楚人对华夏服式也并非一味地因循沿袭，而是不断地予以改进和创新。楚人长期混处于“蛮夷”之中，相互间在文化习俗上的交流渗润是不可避免的。楚人一方面用夏变夷，另一方面也为夷所变。此外，与中原民族相比，楚族性格活泼，无拘无束，富于创新精神，敢于别具一格、表现个性，这种民族性格和精神也推动了楚族在服式上不断地推陈出新。见诸《左传》《国策》等先秦文献，楚国王、公、封君追求和穿着“奇装异服”的事例可以说是不胜枚举。在《离骚》中屈原曾自诩说：“余幼好此奇服兮，年既老而不衰。”“奇服”，自然指的是奇异的服装。可见，在楚国不仅穿什么不受限制，而且是愈奇愈胜。相比之下，中原诸国对于服装的保守性和限制性便要大得多了。如《礼记·王制》曰：“禁异服”，“作淫声、异服、奇技、奇器以疑众，杀”。《左传》僖公二十四年载：“郑子华之弟子臧出奔宋，好聚鹬冠。郑伯闻而恶之，使盗诱之。八月，盗杀之于陈、宋之间。”

当然，在楚服以夏变夷和变于夷的矛盾变化直至楚服形成一种地区性色彩很浓的服式过程中，也处于变化中的中原华夏服式同楚国服式仍存在着一种互为影响的关系。《左传》宣公十四年记孟献子言于鲁公曰：“臣闻小国之免于大国也，聘而献物。”这“献物”中便包含有服装。楚在春秋战国时均作过霸主或联盟长，在这种情况下，小国不仅要向楚

① 孙机．深衣与楚服［J］．考古与文物，1982（1）．

国贡纳服装，而且还要进献制作服装的女工。《左传》成公二年载：楚令尹子重救齐侵鲁，鲁国以“执斫、执针、织纴，皆百人”为贿于楚。据杜预注，织纴是“织缯布者”，执针是“女工”，女工即“女红”，是古代对刺绣、剪裁、缝纫等针线活的通称。这批专事纺织与刺绣、缝纫的鲁国官奴婢进入楚国的王府织室，自必起到传播与介绍鲁国服式的重要作用。战国时期，随着工匠身份地位的提高和依附关系的解脱，个体工匠的流动性陡然增大。这就为楚国吸收其他地区和侯国的工匠及其技艺提供了更大的便利。《楚辞·招魂》云：“秦篝齐缕，郑绵络些。”王逸注曰：“篝络，绵线也。”《释文》篝作篝。洪兴祖补注曰：篝，“笼也，筌也”，“可熏衣”。王逸又注曰：“绵，缠也。络，缚也。言为君魂作衣，乃使秦人职其篝络，齐人作絳缕，郑国之工缠而缚之，坚而且好也。”一件招魂用的衣物竟先后经过秦、齐、郑三国的工匠之手，这说明楚人对服式采取的是兼收并蓄的开放态度。

由于楚服与中原服式同出一源，在各自衍生为带有地区性色彩的服式的过程中又不断地发生着整合和交流的关系，因而楚服与中原服式终究是大同小异，要说出楚国服式的特点仍是相当困难的。现在有些学者认为楚服的特点或有代表性的楚服是，“男女衣着多趋于瘦长，领缘较宽，绕襟旋转而下”。[①]“直裾长袍”“曲裾袍的腰部较细”[②]，等等。由于其他侯国缺乏相应的足够的资料和实物，不能与楚服作共时性的比较，而且墓中出土和遣册记载的衣物中有一部分可能来源于他国人士的“赠襚”，因此，我们认为现在对楚服的形制及其特点作出归纳，似乎为时尚早。

与中原服制一样，楚服也分为官服和常服。官服是上至卿大夫、下至官府皂隶仆役等领俸食廪的人任职期间穿着的特定服装。官服全部出自官作坊，在式样、色彩及图案上，不同的爵等位秩之间有着严格的

① 中国古代服饰研究［M］. 北京：商务印书馆，1982.

② 熊传新 . 长沙出土楚服饰浅析［J］. 湖南考古辑刊（第 2 辑）.

区别。《左传》宣公十二年记晋国的随武子称楚国“君子小人，物有章服。贵有常尊，贱有等威，礼不逆矣”。这说明楚国也有严格的“章服”制度。春秋前期楚国官服的式样、质地尚比较素朴。《墨子·公孟篇》记：“昔者楚庄王鲜冠组缨，绛衣博袍，以治其国。”绛衣即红衣，博袍指衣、袖宽大的长袍。这种宽大的红色长袍即是楚庄王的朝服。《周礼·春官·司服》郑玄注：“《书》曰：‘予欲观古人之象日、月、星辰、山、龙、华虫作缋，宗彝、藻、火、粉米、黼、黻希绣。’此古天子冕服十二章，舜欲观焉……至周而以日月星辰画于旌旗，所谓三辰旌旗昭其明也。而冕服九章……初一曰龙，次二曰山，次三曰华虫，次四曰火，次五曰宗彝，皆画以为缋；次六曰藻，次七曰粉米，次八曰黼，次九曰黻，皆希以为绣。则衮之衣五章，裳四章。凡九也。”这就是说，诸侯的朝服虽不如天子缋绣的图案繁缛，但比之楚庄王色调单一的“绛衣博袍”便显得五彩缤纷了。《战国策·楚策一》载：“昔令尹子文，缁帛之衣以朝，鹿裘以处，未明而立于朝。”“缁帛”即黑绢，缁帛之衣当是一种黑色的袍服，春秋战国时期这种黑衣是命士以下的中士和下士，如宫卫、皂隶一级人员穿着的服装。“鹿裘”即毛向外的鹿皮衣，中原诸国的卿大夫在穿裘时外面还要加罩一件“裼衣”，令尹子文的朝服显然是只有裘而没有“裼衣”。

大约从春秋中后期开始，楚国朝服的风格样式便由素朴转变为华贵艳丽了。《左传》昭公十二年载：楚灵王冬狩于州来，“雨雪，王皮冠，秦复陶，翠被、豹舄”。复陶，杜预注：“秦所遗羽衣也。”翠被，杜预注：“以翠羽饰被。”据今人杨伯峻注，“复陶乃以禽兽毛绒为之，衣以御寒者”。翠被之“‘被’当读为帔。《释名·释衣服》云：‘帔，披也，披之肩背不及下也。’盖以翠毛为之，所以御雨雪，若今之斗篷或清时妇女所著之披风”。今按，上述灵王的装束中，皮冠是田猎和征战时专用的一种冠帽，翠被、豹舄是为了御寒所备的衣履，只有“复陶”（羽衣）可能具有王公冕服的性质。《周礼·春官·司服》说王“享先公，飨射，则鷩冕”。鷩冕疑即复陶。《说苑·善说》记：楚“襄成君始封之日，衣翠衣，带玉剑，履缟舄，立于游水之上”。我们可以更为清楚地看出，羽毛织成的翠衣、复陶便是春秋中后期以降楚国王、公、封君的朝服。楚国王、公、封君以下的官服服式，文献失载。河南信阳第二号楚墓出土了六件着彩俑，据裴明相介绍，这六件彩俑皆为文官的形象。“衣长露脚，右衽、交领、宽袖，袖口略束，并于衣沿和袖口处饰以黑黄相间的菱纹边沿，俑体全饰黑色，腰部束红黄相间的三角纹宽带。”① 我们认为，从衣黑这一点来看，这六件彩俑实应为士一级的皂隶仆役，而不应是文官。江陵凤凰山一六七号汉墓出土的“谒者”男俑，“持戟直立，头上束发顶冠，身著彩领皂袍，脚穿黑色朱缘圆头履”。② 先秦侯国宫廷官府中的谒者一般由士（中、下士）一级的宫卫、吏卒充任，江陵汉俑谒者身着皂（黑色）袍，当是沿袭楚国的制度，说明楚国着黑袍者也是宫卫、皂隶。

官服之外的服装均为常服。《离骚》云：“进不入以离尤兮，退将复修吾初服。”蒋骥《山带阁注楚辞》曰：“初服，未仕之服也。”未仕之服就是常服，入仕的人在日常生活中也可以穿常服。常服比官服受礼制约束小，常常随着时尚的改变而改变，易于创新和表现个性，因而也更能显示出地区性的特有风格和样式。在先秦时期，“衣”指上衣，“裳”指下裳，下裳的形制相当于现在的筒裙，裳内一般不穿裤子。《离骚》：“制芰荷以为衣兮，集芙蓉以为裳。”说明楚人也穿上衣下裳这种服装。衣有单（禅）衣，也有夹衣、绵衣。单衣可作内衣，也可在春、夏、秋三季用于外穿。《云中君》“华采衣兮若英”，《大司命》“灵衣兮被被”，都是指的外穿的单衣。《九歌·湘夫人》“遗余褋兮澧浦”，“褋”也是单衣。《方言》曰：“禅衣，江淮南楚之间谓之褋。”《释名·释衣服》曰：“有里曰复，无里曰禅。”楚地炎热，因而楚人在夏季盛行穿的贴身内衣主要是“汗襦”。《方言》：“汗襦，陈、魏、宋、楚之间或

① 楚人服饰考［M］// 楚文化觅踪．郑州：中州古籍出版社，1986.

② 江陵凤凰山一六七号汉墓发掘简报［J］．文物，1976（10）．

谓之禅襦。”郭璞注曰：“今或呼衫为单襦。”其实，单襦就是短衫。楚人对于单衣的制作非常讲究，江陵马砖一号楚墓出土的单衣有“绣绢单衣”和“龙凤虎纹绣罗单衣”等[①]。在该墓中“还出土了一件緅衣，竹签上墨书‘□（以）一緅衣见于君’。形式为对襟，袖短而平直，后领凹。这种样式的服装在楚墓中还是第一次见到，服装尺寸很小，李学勤认为‘是为殉葬特制’”。[②]今按，“緅衣”可释为秋衣，以上引介绍来看，它应是秋天穿的一种单衣。楚国制作单衣的主要质料是绢、罗和纱，因质地轻薄，故在领、袖等衣缘部分都铺上了一层厚实的锦起保护和装饰作用。在楚国，比禅襦、禅衣质地稍厚，主要用于外穿的短衣名曰“袛裯”。《楚辞·九辩》：“被荷裯之晏晏兮。”王逸注曰：“裯，袛裯也，若襜褕矣。”《说文》曰：“袛裯，短衣。”后说当是，袛裯实际上也就是“襦”。《说文》：“襦，短衣也。”颜师古《急就篇》注曰：“短衣曰襦，自膝以上。一曰短而施腰者曰襦。”短衣加里便是夹衣，古称复襦（或说复襦为绵夹衣），楚称“袂”。《方言》：“复襦，江湘之间谓之裇，或谓之筩，或作袂。”《九歌·湘夫人》：“捐余袂兮江中。”江陵马砖一号战国楚墓出土有绢面夹衣和锦面绵衣[③]，均可归入“袂”的类别。另据长沙仰天湖战国楚墓遣册记载，楚国的短衣里边还有“足狁”“绛”“绽衣”等名目和形制。按，足，绽均与促相通，可训为“短”。绛，即春、春服。《史记·仲尼弟子列传》记曾皙曰：“春服既成。”《集解》引包氏曰：“暮春者，季春三月也。春服既成，衣单袷之时。”袷即袂，夹衣。然则足狁、绽衣和绛当分别指的是短绵袄与夹衣。前此，史树青曾考证说：足袮、椿、祉三种衣服均指的是一种短促的厚衣和一种有黼纹的短衣[④]，可参。

在河南信阳长台关战国楚墓出土的一件锦瑟图案上还绘饰有穿着贴

①③ 江陵马砖一号墓出土的战国丝织品［J］. 文物，1982（10）.

② 简论楚服［J］. 江汉论坛，1986（11）.

④ 长沙仰天湖出土楚简研究［M］. 群联出版社，1955；另参见熊传新 . 长沙出土楚服饰浅析 .

身短衣和银灰色短衣的猎人。[①] 这两种短衣与日常闲居时穿的短衣不同。熊传新说："从信阳长台关出土瑟上的整个图案和结合中原出土的水陆攻战纹铜鉴的武士衣着分析，短衣可能是人们进行战斗、狩猎，便于行动而穿的一种紧身服装。"[②] 这个解释是正确的。不过，有学者因此推断说衣短衣是楚人的衣着习俗之一，便欠妥了。《说苑·善说》记林既衣韦衣说齐景公曰："昔者荆为长剑危冠，令尹子西出焉；齐短衣而遂偞之冠，管仲、隰朋出焉。"又，洪兴祖《楚辞补注》引《三齐记》云："甯戚欲干齐桓公，因歌曰：'南山矸，白石烂，生不遭尧与舜禅，短布单衣适至骭，从昏饭牛薄夜半，长夜漫漫何时旦。'"从这两条记载来看，齐人衣短衣的历史比楚人还要长。《孟子·滕文公》说楚人许行及其门徒"皆衣褐捆屦织席以为食"。褐是由葛、麻织成的粗布，褐衣一般都是短衣，少数为袍服形制。[③] 楚人更习惯于穿袍。袍是过膝的长衣。《墨子·公孟篇》曰：楚庄王"绛衣博袍"。《左传》襄公二十一年记：楚大夫薳子冯"重茧衣裘"。重茧即两层新绵袍。宣公十二年又记：楚"三军之士皆如挟纩"。纩即丝绵，挟纩乃填絮的绵袍。《释名·释衣服》曰："袍，大夫着，下至跗者也。"跗即脚背。楚墓出土的袍服及木俑上彩绘的袍服，皆长曳被土，与《释名》的记载正相吻合。江陵马砖一号楚墓出土袍服有：绣绢绵袍、纱面绵袍、棕色绣绢绵袍、棕色锦面绵袍。[④] 其中棕色的绵袍，疑其原来为绛（红）色。另据裴明相介绍，河南信阳长台关楚墓锦瑟图案中绘有猎人穿着的银灰色长衣，乐人穿着的银灰色窄袖长衣，巫师身穿的红色长衣。[⑤] 这些长衣也均属于袍。楚国袍衣的共同特点是：交领（圆三角或直三角），右衽，细腰，下摆长可掩履，衣袖和襟衽、下摆均缝有宽边锦缘。细分则有广袖袍和窄袖袍两种形制，如：长沙子弹库《人物御龙帛画》上的男子，仰天湖二十六

---

①⑤ 楚人服饰考［M］// 楚文化觅踪 . 郑州：中州古籍出版社，1986.

② 长沙出土楚服饰浅析［M］// 湖南考古辑刊（第 2 辑）. 长沙：岳麓书社，1984.

③ 江陵凤凰山一六七号汉墓发掘简报［J］. 文物，1976（10）.

④ 江陵马砖一号墓出土的战国丝织品［J］. 文物，1982（10）.

号墓中出土的侍从俑以及漆卮上绘饰的男女舞人[1]和河南信阳长台关二号楚墓出土的六件着彩俑[2]，皆着广袖袍；长沙陈家大山楚墓出土的人物龙凤帛画上的妇人，信阳楚墓锦瑟图案上的猎人、乐人、巫师皆着束袖或窄袖袍。不过，所谓窄袖袍很可能只是用垂胡或组带系紧了袖口，以便于行动和操作，原本仍是宽袖。为了给人以飘逸若仙的美感，楚国上层妇女和宫娥的衣衽和袖一般都制作得很长。《招魂》言宫女"衽若交竽，抚案下些"。衽乃襟前饰带，王逸注曰："抚，抵也，言舞者使便旋衣衽掉摇回转相钩，状若交竽，以手抵案而徐来行也。"《大招》则言宫女"长袂拂面，善留客只"。袂，袖也。于省吾解释这两句的意思"是说美女与留止客人，舞时常用长袖以自蔽其面"[3]。王逸注曰："言美女工舞，揄其长袖，周旋曲折，拂拭人面，芳香流衍，众客喜乐，留不能去也。"两说俱可参。附带指出一点，流行于鲁国的儒士之服颇受楚人的嗤耻。《新序》卷五载："田赞衣儒衣而见荆王，荆王曰：'先生之衣，何其恶也？'"儒士之服原是鲁国的一种乡服。儒服的特征是袂长远过于庶人禅衣袂长的二尺二寸，但袪的尺寸却与庶人禅衣相等，而且袖身也并不长。楚人不喜儒服，说明楚人的袍衣与儒服形制上的差异甚大。

先秦时华夏诸国男女下身均穿"裳"，裳内再穿"袴"。楚人也不例外。江陵马砖一号楚墓出土的有绢裙和朱绢绣袴。[4]裙即裳，袴乃裤的初型，《说文》："绔，胫衣也。"胫指小腿。袴相当于套裤，它没有缝裆，只有两条裤管，只能蔽腿，而不能遮羞，故穿袴以后还须在腰股缠裈（缠裈习俗播化到了东瀛日本，至今仍有遗存）。令人惊奇的是，在江陵马砖一号楚墓还出土了一条朱红长裤[5]，这条长裤是我国目前发现的时代最早的裤子实物。下层人民为劳作方便，常穿一种叫作"犊鼻

① 长沙出土楚服饰浅析［M］// 湖南考古辑刊（第 2 辑）. 长沙：岳麓书社，1984.
② 楚人服饰考［M］// 楚文化觅踪 . 郑州：中州古籍出版社，1986.
③ 泽螺居楚辞新证（下）［J］. 社会科学战线，1979（4）.
④⑤ 江陵马砖一号墓出土的战国丝织品［J］. 文物，1982（10）.

裈”的短裤，这种短裤，楚人俗称为“围裙”。

战国时期，楚人还从中原学会了流行服——“深衣”的裁剪与制作。深衣是从袍衣发展出来的。深衣与袍的共同点是：不存在上衣下裳的区别，右衽，广袖，衣长垂地，整体通裁①。不同点是，深衣为曲裾，即“下摆一角为三角形状，它从躯体的下身前方，往身背斜上缠绕一层或者二层至于腰间，然后用腰带系住”。②长沙楚墓出土的木俑和漆卮彩绘人像的穿着均以深衣为主。③目前，可供研究先秦深衣的遗物或图像也以楚墓出土为主。据孙机研究，战国时楚国存在着男、女两式深衣。他说：“长沙四〇六号楚墓出土男俑的深衣，其曲裾只向身后斜掩一层，长沙仰天湖二五号楚墓出土的女俑，其曲裾却向后缠绕数层，而且前襟下还垂出一枚三角形物。男、女两式深衣的这种区别，西汉时依然沿袭下来，湖北云梦大坟头一号西汉墓所出男、女俑的深衣正是如此。”④说可参。从出土的楚国衣物和木俑图像中，我们还可看到一种直裾袍，该袍没有曲裾绕襟。有学者推测：“直裾长袍很可能是楚民族的另一种民族服装”。⑤若此说不误，那么文献记载楚庄王所着“博袍”、令尹子文所着“缁帛之衣”，皆应是这种直裾袍了。楚人在冬季的御寒衣物除绵袍和裘外，还有披风。《招魂》提到“文异豹饰”。王逸注曰：“豹，犹虎豹。”洪兴祖补注曰：“《诗》云：‘羊羔豹饰’。”今按，洪补引诗有误，《诗·唐风·羔裘》实作：“羔裘豹袖。”“文异豹饰”很可能指的是以虎豹之毛皮为装饰性的镶边的羔裘。前引《左传》记楚灵王冬着“翠被”。杜预注曰：“以翠羽饰被”，则是以鲜艳的羽毛装饰起来的披风。

---

① 对于袍与深衣之间的因袭关系，由于文献资料与出土实物双重匮乏，因而，也可反过来设想，袍服是在深衣的基础上发展起来的。

②③ 长沙出土楚服饰浅析［M］// 湖南考古辑刊（第 2 辑）. 长沙：岳麓书社，1984.

④⑤ 深衣与楚服［J］. 考古与文物，1982（1）.

第三节 冠、履

在我国上古时代，冠服在礼仪上的重要性还要大于衣裳，冠服别称“元服”，也就是“首服”。男子加冠，女子及笄，均是重要的人生仪礼——成年礼的主要内容。楚冠与楚衣相比，带有更多的楚族和楚地特色。先秦时期识别楚人，首先便是看冠服。《左传》成公九年载：“晋侯观于军府，见钟仪。问之曰：‘南冠而縶者谁也？’有司对曰：‘郑人所献楚囚也。’”这种南冠是什么形制，史载欠详。楚冠在春秋早期、中期之际仍制作得比较简朴。将文献记载的楚冠与出土实物、绘画结合起来看，楚国大致有这样几种冠服：

1. 高冠　《离骚》“高余冠之岌岌”及《九章·涉江》“冠切云之崔嵬”，指的均是一种高冠。长沙出土的战国人物御龙帛画上的男子所戴的冠，看来就是这种高冠。这种高冠“紧盖住长髻，两侧各有一缨于颔下交结留绥，冠顶上向上伸出一曲状物”[①]。由于御龙人物见于帛画，而非木俑，故很难断定他冠上伸出的曲状物究竟是以竹板为里的漆缅，还是别的什么东西。《后汉书·舆服志》载：“长冠，一曰斋冠，高七寸，广三寸，促漆缅为之，制如板，以竹为里。初，高祖微时，以竹皮为之，谓之刘氏冠也，民谓之鹊尾状，非也，祀宗庙诸祀则冠之。”《通典》对此又作了一点补充，说长冠乃是汉高祖采取的楚制。熊传新认为，马王堆一号汉墓中“非衣”帛画上迎跪老妪的两个男子和戴冠着衣男俑头顶上的冠由后伸出的似鹊尾状的长板，与文献记载的楚式“长冠”相符。[②]这个见地甚高。不过，我们认为，楚式高冠当不止于鹊尾板这一型，人物御龙帛画上男子所着冠与马王堆一号汉墓帛画、木俑男子所着冠，差异甚大，当是高冠的另一种样式。此外，楚国还有一种名为“远游冠”的高冠。《通典·礼典》曰：“远游冠，秦采楚制。楚庄王通梁组缨似通天冠而无山述，有展筩横之于前。”《七国考》卷八《楚

①② 长沙出土楚服饰浅析［M］// 湖南考古辑刊（第2辑）. 长沙：岳麓书社，1984.

器服》引曰："《楚辞》：'带长铗之陆离兮，冠切云之崔嵬'。注：'切云，当时高冠之名。'薛孝绪曰：'楚切云之冠者，士冠也。'"如准薛说，则高冠在楚国乃是士阶层（很可能包括大夫阶层）所戴的官帽。值得指出的是，高冠并非楚人特有的冠服，除楚之外，齐也有高冠。《晋书·舆服志》引胡广曰："传曰：'（齐）桓公好高冠大带。'秦灭齐，以其君冠赐谒者近臣。"此冠俗称"高山冠"，"高九寸，铁为卷梁，制似通天。顶直竖，不斜却，无山述展筩"。然则齐之"高山冠"与楚"远游冠"的区别仅在于前者没有展筩（冠的环状外缘），而后者有展筩。

2. 扁圆形小帽　这种小帽在楚国木俑与绘画中非常多见。河南信阳长台关楚墓出土锦瑟图案中的乐人，长沙出土漆卮图案中的舞女，长沙四〇六号楚墓出土的木制男俑和长沙楚墓出土的女俑，基本上都是戴的这种小帽。孙机认为，这种小圆帽"或即皮冠。因为这种小圆冠有在两侧插羽状物的，样子很接近洛阳金村所出骑马狩猎纹镜上武士所戴的鹖冠，鹖冠是在武弁上插鹖尾，而武弁又很接近皮弁；所以楚俑所戴与此式大体相似的小圆冠，似可称为皮冠；所谓南冠，有可能即指这种冠式而言"。[①] 熊传新则解释说："此帽的形制与北方的一种两侧插羽状物的小圆帽相类似，也接近于洛阳金村出土的战国骑马狩猎纹镜上武士所戴的緌冠，楚男俑头顶上的这种帽，很可能是文献中所载的'缁撮'。朱熹集传中曰：'缁撮，缁布冠也，其制小，仅可撮其髻也'，因而缁撮只是一种束发的小帽而已。这与楚木俑头上的帽是一致的。《礼仪·士冠礼》：'始冠，缁布冠也，冠而敝之可也。'郑玄注：'缁布冠，今小吏冠其遗像也。'据这种解释，这种冠是属于身份较低的人所戴，这也与出土之楚俑的身份相当。"[②] 不过，考古中所见这种小圆帽均非实物，而系绘画，虽然从外部轮廓看上去非常接近，其质地、形制，戴着场合

① 深衣与楚服［J］. 考古与文物，1982（1）.

② 长沙出土楚服饰浅析［M］// 湖南考古辑刊（第 2 辑）. 长沙：岳麓书社，1984.

和戴者的身份却颇为不同，其中肯定有皮冠，也可能有缁布冠，另外还有女性用于罩发的纱帽、锦帽——“风帽”。[①]

皮弁（皮冠）是用几块白鹿皮拼接而成的，形制与近代的瓜皮帽有某些近似之处。楚人制作皮弁的技艺及质地的考究，在先秦时已享有盛誉，且见诸记载。《左传》僖公二十八年载：“楚子玉自为琼弁，玉缨。”琼弁是饰以琼玉的皮弁，玉缨则指皮弁两侧的缨组上饰着美玉。据此可见，楚子玉“自为”的“琼弁”，不仅质地名贵，而且式样奇特，别出心裁，不同于寻常的皮弁。昭公十二年又载：楚灵王“皮冠”。《国语·楚语上》载，楚灵王以“巴浦之犀、牦、兕、象”为“瑱”。杜预注曰：“瑱，所以塞耳。言四兽之牙角可以为瑱难尽。”今按：瑱，别名“充耳”，是系在纨组上的玉石和象牙兽角，纨的上端系在固冕的簪（笄）上。可见悬瑱系纮仅限于冕、皮弁、爵弁，不包括冠。由于上引《左传》昭公十二年文与《楚语上》记载的是同一时间的事情，因而《楚语》说灵王以象牙或犀、牦、兕角做成的瑱，无疑便是系在皮弁的纮组上了。

3. 尖锥形帽和高顶上平（或平顶）细腰形帽　这两种帽子仅分别见于信阳楚墓锦瑟图中的猎人和乐人所戴。[②]另见于信阳楚墓锦瑟图，巫师作法时还头戴一种“前有鸟首、后有鹊尾的（黄）帽子”。[③]这种鸟形帽无疑是巫师阶层所特有的一种帽子，鸟（尤其是玄燕、凤）在商代已被视作帝使和交通人神的使者，巫师戴鸟形帽便是象征着他能像鸟一样或化身为鸟来充当交通人神的使者。

4. 冕与爵弁　据熊传新研究，马王堆一号汉墓中“非衣”帛画上的两个拱守天门的人头戴的冠即是爵弁。他说：“《释名·释首饰》云：‘弁如两手相合抃肘也，以爵韦为之，谓之爵弁。’《后汉书·舆服志》云：‘爵弁一名冕，广八寸，长尺二寸，如爵形，前小后大。’对照记载，观其画上两人头顶的冠，除冠的两侧各有缨、交结合留有緌外，他

① 神奇的发现——马山战国“丝绸宝库”出土记［N］. 湖北日报，1982-3-5.

②③ 楚人服饰考［M］// 楚文化觅踪 . 郑州：中州古籍出版社，1986.

头顶上的一物，形制为一端高、一端低，恰如爵形，这与记载是相吻合的。”① 今按，爵弁的形制与冕基本相同，区别唯在于爵弁顶上的延前后相平而且无旒，因而马王堆一号汉墓“非衣”上拱守天门的人所戴的与其说是爵弁，不如说是冕。但按先秦冠服制度，唯独冠才有缨组结于颔下，爵弁、冕皆以簪固着于发髻上而不用缨组，故“非衣”画上有缨的帽子理当是冠，而不是冕，更不是爵弁。

5. 獬豸冠　应劭《汉官仪》曰：“秦灭楚，以其冠赐近臣、御史服之，即今獬豸冠。古有獬豸兽，触不直者，故执宪以其角形为冠，令触人也。”《七国考》卷八《楚器服》曰：“《通典》：‘獬豸冠，秦灭楚，获其君冠，赐御史，以缅为展筩，铁为柱卷，取其不曲挠也，执法者服之。谓之“獬豸冠”者，獬豸，神羊一角，能别曲直，楚王获之以为冠。’……《淮南子》云：‘楚文王好服獬豸冠，楚国效之。’”獬豸冠，又名“法冠”“觟楚冠”和“餁冠”（另外还有名为“柱后”和“惠文”）。今按，餁盖与觟楚之楚以音近相假（讹），而餁冠又是觟楚冠的省讹。《论衡》：“觟虒，一角之羊也。”注：“即獬豸也。”虒从虎得声，虎、楚并隶鱼部，疑亦以音近相假，觟楚即觟虒，也就是獬豸。关于獬豸冠的具体形制，孙机曾推测说：“长沙马王堆一号墓所出俑，大部分都在冠上直立一角形木棒，或即獬冠遗制。”② 此说欠当，汉初去先秦未远，獬豸冠素以“铁以柱卷”，怎么会突然就变成了角形木棒呢？我们认为，要找獬豸冠的遗制，今日彝族男子头戴的“朝天佛”庶几近之。另外，秦国卫士所戴的“却敌冠”亦当与獬豸冠比较接近。楚人系冠一般是用鲜红色的缨组。《战国策·楚策四》记庄辛谓楚顷襄王曰：蔡圣侯“不知夫子发方受命乎（楚）宣王，系己以朱丝而见之也”。《新序·杂事二》记作“缨以朱丝”。意思均是以系冠的红缨作为捆人的绳索。

---

① 长沙出土楚服饰浅析［M］// 湖南考古辑刊（第2辑）. 长沙：岳麓书社，1984.

② 深衣与楚服［J］. 考古与文物，1982（1）.

6. 头巾 楚国的庶人按礼不能着冠，而只能带头巾。传为宋玉所作的《小言赋》中记道：“景差曰：‘……经由针孔，出入罗巾’。”罗巾即用罗纱制成的头巾。头巾又称“巾帻”，应劭《汉官仪》：“帻者，古之卑贱执事不冠者之所服也。”头巾中有一种形制名为络头、绡头。扬雄《方言》：“络头，帕头也……南楚江湖之间曰陌头。”它的束结方法是由后向前于额头上打结。楚国贵族女子为了追求美观，也喜欢戴丝织头巾，如马王堆汉墓便出土了一条丝头巾。

先秦的鞋子有皮、葛、麻三种质地，以皮制成的鞋称作履，以葛、麻编成的鞋名曰屦。楚履的做工也非常考究。《史记・春申君列传》记载了这样一件有趣的故事：“赵平原君使人于春申君，春申君舍之于上舍。赵使欲夸楚，为瑇瑁簪，刀剑室以珠玉饰之，请命春申君客。春申君客三千余人，其上客皆蹑珠履以见赵使，赵使大惭。”所谓“珠履”当是指缀有宝珠的履，这履自然是非常名贵的了。据《左传》昭公十二年载，楚国王公贵族冬季御寒的履中还有一种名贵的名为“豹舄”，杜预注曰：“以豹皮为履。”拿今天的话说就是“豹毛皮鞋”。另据《说苑》载，楚襄城君始封之日，“履缟舄”。所谓“缟舄”即丝绸做成的鞋。《七国考》卷八引《襄阳耆旧传》云：“盗发楚王冢，得宫人玉屐（一作履）。”玉屐当是为殉葬特制的冥履。严格说来，舄、屐均与履有别。舄、屐皆属于复底鞋。舄是在履下再加一大小略同的实心木底，以便于在泥湿地上行走。屐则基本上是用木头做成的，屐下有两木齿，也是为了便于在泥湿路面上行走。比较而论，屐比舄更为轻便，更适合于走路。20世纪末以来，在楚国墓葬中陆续出土了一些履，不仅补充了文献记载的阙失，而且使我们对楚履有了一个直观的认识。江陵马砖一号楚墓墓主脚上穿的是一双“锦面麻鞋”，这鞋可以说是介于屦与缟舄之间的一种履。[①] 江陵凤凰山一六七号汉墓中出土的“谒者”男俑“脚穿黑色朱缘圆头履”，“侧侍女子绣衣大婢”女俑“足穿翘头方履”，“耕大

① 熊传新认为马砖一号楚墓墓主穿的是“锦面丝履”（见《楚国的丝织业》）。

奴”男俑“脚穿尖履”。[1] 圆头履、翘头方履以及尖履，均是汉初仍在流行的楚履式样。屦虽是廉价的鞋子，但经楚人精心编结后也可成为鞋中的上品。江陵楚墓中曾出土过一双细茅编成的屦，精巧而轻便，无疑是楚屦中的上品。

楚袜实物尚未见之，马王堆汉墓出土有素绢袜，可作为楚袜的参照物。考古中所见楚国或汉初楚地的手套实物较多，如江陵藤店楚墓出土过一双羊皮手套[2]，长沙马王堆汉墓出土有素罗手套和朱罗手套，面里皆用罗，内絮以丝绵，形制与今棉手套相似。[3]

第四节　服饰

服饰是缀在衣裳上的各种佩饰，有些服饰实际上是衣裳的有机组成部分。服饰与衣裳相互衬托、辉映，给人以摇曳生辉、浑然一体的美感。楚国饶材，因而，在服饰的取材上，楚国有着中原列国无与伦比、得天独厚的优越条件。

玉石以及玛瑙、珍珠、瑁瑇、珊瑚、琉璃珠（管）、象牙、犀角都是楚人制作服饰的原料，但比较而论，则以玉石作服饰更为普遍。《离骚》：“佩缤纷其繁饰兮。”又：“何琼佩之偃蹇兮。”《九歌·大司命》：“玉佩兮陆离。”此皆是形容佩玉缤纷繁盛之貌。楚国玉佩的形制、种类甚多。春秋战国时期的随（曾）文化与楚文化有着大致相同的风格和面貌。1978 年在湖北随县曾侯乙墓出土了金玉服饰三百多件，绝大多数是玉饰。“器形有璧、环、瑗、璜、玦、佩、梳、带勾等。玉璧数量较多，有的器形也较大……。玉饰的质料有青玉、碧玉等。纹饰以云纹为主。制作上采用了浮雕、透雕、阴刻、双面雕花、单面雕花等多

① 江陵凤凰山一六七号汉墓发掘简报［J］. 文物，1976（10）.
② 湖北江陵藤店一号墓发掘简报［J］. 文物，1973（9）.
③ 林剑鸣 . 秦汉社会文明［M］. 西安：西北大学出版社，1985.

种工艺”，特别精巧的几件玉佩是“金缕玉璜，系用金丝将两块玉片缀在一起，呈半圆形，璜上双面浮雕云纹。透雕玉璜，其中一件透雕四条龙，对称卷伏。龙身上又阳刻纹饰，细腻逼真。玉佩挂饰，全长 48 厘米，宽 8 厘米，系用四块白玉石分别雕成龙或其他图像，共十六节，再用三个椭圆形活环将其连成一串，可以折卷。活环上均有榫头和铜销钉，可以装卸。再如一些牛、羊、猪、狗、鸭等动物小玉件，最小的稍大于一粒稻谷，最大的比一粒蚕豆还小，小巧玲珑，形象生动”。① 可以想象，楚国玉器制作之精巧、奇特将更有过之而无不及。《战国策・楚策一》记：楚王“乃遣使车百乘，献鸡骇之犀、夜光之璧于秦王”。夜光璧当是用含磷成分较大的玉石制成的璧。《七国考》卷八《楚器服》引《慎论先物略》：“古有楚之绿佩，文理光美，丝纶直平，此古佩之上质。”它如楚国世传的“和氏璧”和“白珩”，更是先秦玉璧中的极品。《国语・楚语下》载：楚“王孙圉聘于晋，定公飨之，赵简子鸣玉以相，问于王孙圉曰：‘楚之白珩犹在乎？’对曰：‘然。’简子曰：‘其为宝也，几何矣？’”白珩，韦昭注曰：“珮上之横者。”

楚国及其附庸随国还是先秦时期盛产蚌珍蜃珠的有名地区。《禹贡》载：荆州出“玄纁玑组”。玑为珠类，生于水。《吕氏春秋・重己》：“江汉之珠”。高诱注曰：“江汉有夜光之明珠，珠之美者也。”《战国策・楚策四》曰：“宝珍随珠，不知佩兮。”珍珠也是楚人服饰的上选之物，《禹贡》“玑组”联言，组是穿缀佩饰的丝带，由此可证，珍珠是被成串地穿缀起来作为服饰的。从战国早期开始，楚国，尤其是以长沙为中心的南楚，又盛行以琉璃珠（管）为服饰的风尚。据考古报道，江陵马砖一号楚墓墓主“左腰有一颗像枣子大小的料珠（琉璃珠），中间嵌着绿松石”。② 这嵌着绿松石的料珠，显然就是墓主的一个佩饰。另据熊传新介绍，长沙楚墓中出土了一大批与河南信阳、湖北江陵木俑上

① 湖北随县曾侯乙墓发掘简报［J］. 文物，1979（7）.

② 神奇的发现——马山战国“丝绸宝库”出土记［N］. 湖北日报，1982-3-5.

绘、饰相同的饰件，这种饰件也就是所谓琉璃器（即原始玻璃或玻璃器）。其中，最堪注意的是所谓“蜻蜓眼式”料珠。

楚人用以悬系玉佩的是丝线编成的组绶。《离骚》：“解佩纕以结言兮。”王逸注曰：“纕，佩带也。”《招魂》：“放陈组缨。”王逸注曰：“组，绶。”《招魂》又云：“纂组绮缟，结琦璜些。”王逸注曰：“纂组，绶类也。”“言帱帐之细，皆用绮缟。又以纂组结束玉璜，为帷帐之饰也。”玉器不论是作服饰，还是作帷帐之饰，其系结的方式总是一样的。据裴明相介绍，信阳长台关二号战国楚墓出土了六件着彩俑，“值得指出的是在俑的腹部饰有珠、璜、彩环等组成的成串的饰品。珠、璜为白色，彩结为红色，彩环和绳索为橙黄色。它们是以珠、璜为主，上下串连的方法，组成的彩绘图案。它的上端是以锦带挂于俑的颈部，带的下端联饰成串。”① 玉石等硬质材料做成的服饰成串地连缀在一起，不仅以其斑斓的色彩使人产生视觉上的美感，而且在人体运动时这些服饰也随之互相碰撞发出叮叮当当有节奏的声响，使人在听觉上也得到了一种特有的美感。

芳馨的花草也常被楚人用作服饰，这是楚人服饰习俗上的一个鲜明的地区性特点。《离骚》云：“扈江离与辟芷兮，纫秋兰以为佩。”“扈”是楚方俗语，指披风；江离、芷皆是香草；纫则是组绶。洪兴祖补注曰：“古者男女皆佩容臭。臭，香物也。”类似这样的句子在《楚辞》中还可找出许多来。以香草为佩饰，在屈骚中固然属于三闾大夫的“依《诗》取兴，引类譬喻”之笔，但却是有现实依据的。古时男女佩饰香草，除起装饰作用外，还可以香气避邪、驱虫、除臭；另外，凡香气浓郁幽馨的花草皆可引起男女相悦的生理反应，故少男少女尤喜佩饰香草。中原男女也有佩饰香草的习惯，不过，佩饰香草的风尚仍以楚国为最盛。除此之外，楚女还以佩饰花草研末制成的香囊为俗尚，如马王堆汉墓出土的丝织品中有饰花香囊、绣绮香囊和绣罗锦底香囊、当系楚俗

① 楚人服饰考［M］// 楚文化觅踪 . 郑州：中州古籍出版社，1986.

遗风。

楚人的金属服饰中比较有特点的是剑和带钩。楚国锻铸的铁剑锋利精良，冠于诸国。《淮南子》记楚王令风胡子至吴，使名匠干将作铁剑“太阿”。《博物志》云：“宝剑名：龙泉、太阿、工市，三剑皆楚王作者。”（《蜀志》亦有相同记载）据考古发掘，湖北江陵士一级的楚国墓葬中皆随葬有一剑。剑是攻击和防身武器，楚俗尚武，故士阶层及其以上的贵族男子皆喜佩剑。不过，佩剑的意义在楚国还不止于此。剑可以说是楚国男子服饰的一个有机组成部分，它的装饰作用与防卫作用是相等的。《说苑》记楚襄城君始封之日，“带玉剑”，这玉剑便纯为装饰品。在屈骚中常常提到剑，并且是冠、剑并提。由于楚人恒以高冠、长剑为容饰，故高冠、长剑便成了楚人最显著的两个外部特征。值得指出的是，佩剑在楚人观念中还有一层意义——避邪。《东皇太一》王逸注曰：“……灵巫常持好剑以避邪。”

带钩即束腰革带上的钩扣。楚人的带钩通常是用青铜铸就，名贵的则是用黄（白）金打就或玉石雕刻而成的。楚国带钩的式样和种类极多，如江陵望山一号墓中出土了一件带钩，弧长达 46.2 厘米，宽 6.5 厘米，如此之大的带钩，在现已出土的先秦列国的带钩中可算是绝无仅有的。[①] 湖北宜城楚皇城出土了一件先秦时期制作的“错金嵌玉铜带钩，呈变体鳖形，鳖头与前足伸出，口微张。头中央和背后都嵌有薄玉片。整个带钩造型奇特，镶嵌精致，长度为 15 厘米”。[②] 在长沙东北郊战国楚墓中出土过一件蜥蜴饰铜带钩[③]，在湖北随县曾侯乙墓中也出土了四件金质带钩。[④] 另外，河南信阳长台关一号战国楚墓遣册载：“……一素革带，有□钩，黄金与白金之劚。”[⑤] 江陵望山二号战国楚墓遣册则

① 湖北江陵 3 座楚墓出土大批重要文物［J］. 文物，1966（5）.
② 湖北宜城楚皇城勘查简报［J］. 考古，1980（2）.
③ 萧兵. 犀比·鲜卑·西伯利亚［J］. 人文杂志，1981（1）.
④ 湖北随县曾侯乙墓发掘简报［J］. 文物，1979（7）.
⑤ 文物参考资料，1957（9）.

载有“一玉钩，一环”。据传世文献记载，楚人所用的带钩中最名贵的品种为黄金“犀比”。《招魂》云：“晋制犀比，费白日些。”王逸注曰：“言晋国工作簙棋箸，比集犀角，以为雕饰，投之皜然如日光也。”但此注不确。“犀比”在此处指的乃是一种带钩，其字又写作“鲜卑”“胥纰”“师比”等。犀比（鲜卑）既是革带钩名，也是族名，此族属东胡分支，他们的革带钩铸作瑞兽形状，这瑞兽也被称为“犀比”。赵武灵王灭中山后，施行“胡服骑射”的改革，东胡鲜卑族的服装及革带钩“犀比”等服饰也就传到了赵国。《招魂》所谓“晋制犀比”，当指赵国按“犀比”样式仿制出来的带钩。这带钩是伴随着赵、楚经济文化交流而传入楚国并被楚国贵族视为珍品的。先秦时束腰之带有锦带（大带），有革带。锦带约束的方法是打结，革带则靠钩、环来约束。王国维《观堂集林》卷二十二《胡服考》曰：“古有大带，有革带，《玉藻》记大带之制曰：‘并纽约用组三寸。’是大带无钩也。左氏昭十一年，《传》云：‘衣有襘，带有结。’此不明言其为大带、革带，有结则亦无钩矣。然古革带当用钩……绅为大带，则钩带或指革带，皆古带用钩之证。然其制无考。其用黄金师比为带钩，当自赵武灵王始矣。”王说甚是。

楚国女子束腰的带皆为大带，如长沙出土的漆卮图案上绘出的舞女腰系白色宽带，长沙楚墓出土的女俑腰系锦带。宋玉《登徒子好色赋》“腰如束帛”，也说明楚女是以锦带束腰的。除女子外，楚国男子也有束大带的，如信阳长台关二号楚墓出土的彩俑腰部束以红黄相间的三角纹宽带。据史籍记载，楚国自灵王以下，男女皆以细腰为美。为了追求细腰的曲线美，束腰所用的“缙绅”和革带以及革带上的钩环，也就格外为楚人所看重了。

第五节　女性的梳妆

梳妆包括发式和面部化妆两方面的内容。其中发式除了产生外观美的效果外，还是民族识别的最重要的标志。《招魂》曾对楚女发式作过如下描述："盛鬋不同制，实满宫些……长发曼鬋，艳陆离些……《激楚》之结，独秀先些。"按：鬋，即鬓，洪兴祖补注曰："女鬓垂貌。"王逸注曰："言九侯之女，工巧妍雅，装饰两结垂鬓鬄下发，形貌奇异，不与众同。""长发"两句，王逸注云："言美人长发工结，鬋鬓滑泽，其状艳美，仪貌陆离，而难具形也。""《激楚》之结"的结，指头髻或束发，王逸注曰："言郑、卫妖女，工于服饰，其结殊形，能感楚人，故异之而使之先进也。"通过《招魂》的描述及注家所释，可以看出楚女的一部分发式是通过模仿他国女子而变为自己的发式的。

《诗经·卫风·硕人》描绘美女的发式为"螓首"，螓似蝉而小，孔颖达疏曰："此虫额广而且方。"疑《招魂》所谓"盛鬋"和"长发曼鬋"，均是从这种发式变化出来的。

如果说《招魂》的描述尚欠具体、直观的话，那么，考古发现则多少弥补了这一缺憾。江陵马砖一号楚墓墓主是一位年约五十岁的女性，据报道，她"乌黑的头发梳着一个偏髻"①。长沙陈家大山楚墓出土《人物龙凤帛画》上女子的发式是"椎髻"，其形态与结束方式是"椎髻挽于脑后，在髻的中间用巾系住，使髻稳固而上翘"②。也有学者称此种发式为"马鞍翘"式样。③长沙出土的楚木俑和马王堆一号汉墓中出土的着衣木俑的发式，是"以排束之式，梳于脑后并垂于颈部打结而成"的，熊传新称之为"锤形髻"，并说："这种发式，目前仅见于楚地出土之俑上，其他地区尚不见，故为楚发式无疑。"④另据介绍，"长沙仰天湖出土的彩绘楚木俑头上，有的在背发辫中部（引者按：即颈部）结成双环"⑤，双环下又有一绺秀发飘然垂下。裴明相对这种发式亦曾作过描述："额发平齐，并由两鬓束成长辫垂于脑后，再至颈部，发辫复结成双环。头顶戴环形箍帽。"⑥这种发式和熊传新说的"锤形

① 神奇的发现——马山战国"丝绸宝库"出土记［N］. 湖北日报，1982-3-5.
②④ 长沙出土楚服饰浅析［M］// 湖南考古辑刊（第 2 辑）. 长沙：岳麓书社，1984.
③⑤ 郭仁成. 屈赋中所见楚人的经济生活［J］. 求索，1983（2）.
⑥ 楚人服饰考［M］// 楚文化觅踪. 郑州：中州古籍出版社，1986.

髻”均是先秦时期濮人的典型发式。张光福介绍说：云南晋宁铜器上有所谓“银锭式”的长髻，其特点“就是把发向后梳掠，于后颈上重叠而束之，若下垂至背则又有‘垂髻’之称（引者按：‘垂髻’当即‘锤形髻’）。至于脑后盘髻，留其一节发尾下垂至腰际，实为垂髻之变形……‘椎髻’则有另一番意趣，其特点将发叠成长髻，高束于顶，并将束带两端甩于脑后……发髻所置之地位不同，各呈其趣，有的挽成螺髻于顶后，有的置于右耳上者（引者按：江陵马砖一号墓墓主所束偏髻应即此种‘椎髻’发式），有的置于脑后”。①

将出土楚器、帛画及木俑上的发式与云南晋宁西南夷（濮人是汉代西南夷的主要先民）所遗铜器上的发式相对照，即可清楚地看出两者存在着互为借鉴的关系。文献记载表明，楚女（尤其是贵族女子）束发用的簪和垂于鬓发耳端的珥（充耳）均非常讲究。《战国策·楚策四》载，楚王妃戴“善珥”。珥，从玉，善珥，自当是美玉制成的珥。又，《史记·李斯列传》：“今陛下……有随、和之宝，垂明月之珠……宛珠之簪，傅玑之珥。”司马贞《索隐》云：“宛，谓以珠宛转而装其簪。傅玑者，以玑傅著于珥。珥者，瑱也。玑是珠之不圆者。或言宛珠，随珠也。随在汉水之南，宛亦近汉，故云宛。傅玑者，女饰也，言女傅之珥，以玑为之，并非秦所有物也。”据此可见，楚地的宛珠和随地的明珠均被楚国的上层妇女用作装缀簪、珥，此种风尚使得其他侯国的贵族女子为之倾倒，且纷起效颦。

楚女的化妆品与化妆术也是相当考究、精妙的。《招魂》言宫女“蛾眉曼睩”，《离骚》自喻曰：“众女嫉余之蛾眉兮。”蛾，似蚕而细，蛾眉则是弯而长的细曲眉，这种眉是用墨黛勾勒出来的，至今中外女子画眉仍多采取这种描法。除了细曲眉外，楚女俗尚的另一种眉法是《大招》提到的“青色直眉”。在画眉前一般要剃去天然的眉毛。《释名》：“黛，代也。灭眉而去之，以此画代其处也。”马王堆汉墓梳妆盒内的

① 从考古发现看南方民族美术的特色［J］. 民族文化，1984（1）.

小刀疑即具有剃眉的用途。《招魂》又云："美人既醉，朱颜酡些。"王逸注曰："朱，赤也。酡，著也。言美女饮啖醉饱，则面著赤色而鲜好也。"这虽是说楚国宫女醉饮后面部泛起了自然的红晕，但可看出在楚人审美观念中"朱颜"是女子美的标志之一。因而，在楚女施抹的脂粉中当有用茜草浸染过的红色米粉（不杂色则为白粉），用白粉打底，再以红粉涂面，可取得白里泛红的"朱颜"的效果。《大招》言宫女"稚朱颜只"，也是说美女"颜色赤白"，但与醉酒却无关。由此可见，薄施红粉确是楚女化妆的习尚之一。《大招》又云："粉白黛黑，施芳泽只。"王逸注曰："傅著脂粉，面白如玉，黛画眉鬓，黑而光净，又施芳泽，其芳香郁渥也。"王夫之《楚辞通释》曰："芳泽香膏以涂发。"然则楚女的化妆品除红、白粉和黛、墨之外，尚有涂发的香膏。《楚辞》"二招"屡屡铺陈珍怪，猎奇求异，其中如《大招》便记录了一些非华夏妇女的脸部变型化妆习俗。萧兵指出："《大招》多写少数民族奇俗异饰，例如'靥輔奇（畸）牙，宜笑嗎只'，写'拔牙'之俗，'曾（层）颊奇（剞）耳，曲眉规只，传割面离耳之风'[①]。"其说足信。拔牙、割面及离耳皆属于濮人风尚，楚宫中采取濮族变型化妆术的女子，当是楚国王公俘获或受贡的濮族美女，而不是楚女。

① 犀比·鲜卑·西伯利亚［J］.人文杂志，1981（1）.

第三章　居室

宫观楼宇及民居样式，在先秦时期是识别族类的一项重要标准，也是构成民族特征、风俗习尚的一项重要内容。族类不同，文化范畴不同，建筑样式也迥然不同。传统的华夏式建筑，是以四阿重屋为主体，以观阙台榭、廊庑庭院为附属设施组合而成的。环华夏而居的“四夷”，则各有其独特的居住方式和建筑样式。晋代张华《博物志》记载：“南越巢居，北朔穴居。”《汉书·严朱传》云：“越非有城郭邑里也，处溪谷之间，篁竹之中”，“暴露水居”。《后汉书·南蛮西南夷列传》载：冉駹夷“众皆依山居止，累石为室，高者至十余丈，为邛笼”。《东夷列传》载：挹娄“常为穴居，以深为贵，大家至接九梯”。《新唐书》卷二二二载：南平僚“人楼居，梯而上，名曰干栏”。《北史》卷九六载：宕昌羌“俗皆土著，居有屋宇，其屋织犛牛尾及羖羊毛覆之”。《三国志·魏志·乌丸鲜卑东夷传》引《魏略·西戎传》云：氐族“无贵贱皆为板屋土墙”。三国吴沈莹《临海水土志》载：“安家之民（闽越）悉依深山架立屋舍于栈格上似楼居。”顾炎武《天下郡国利病书》卷七十载：遵义民“其所居无城池之固，架木为阁，联行为壁”。除文献记载外，考古发掘证明，地处楚国西部和西南部的巴人及滇濮，皆采取的是干栏式建筑。[1] 以上征引的大多数材料虽然晚出，但由于建筑样式的因袭性大于变异性，属于风俗传承中较具稳定性的因素，故而我们可以据之推见，先秦时期周边“四夷”的传统居住形制大致不出石室、穴窖、毛庐、栈阁、干栏、板屋、船屋等几种类型。

楚国的建筑样式和居住习俗与楚文化系统中的其他构成因素或支

① 童恩正．古代的巴蜀［M］．成都：四川人民出版社，1979.

系统一样，是以华夏形式为主体和核心，包容和黏附四夷的有益文化因素，从而在整体上呈现出多姿多彩的风貌。《史记·龟策列传》：“桀为瓦室。”《集解》云：“《世本》曰：‘昆吾作陶。’张华《博物记》亦云：‘桀作瓦。’盖是昆吾为桀作也。”昆吾为楚族先民所属祝融八姓集团中的伯氏，昆吾作陶（瓦），透露出祝融集团是以陶瓦覆屋的发明者，因而楚族的建筑传统无疑属于典型的华夏范畴。自西周肇始，楚国建筑由简陋朴拙渐臻于繁缛华美，大致经历了三个阶段。第一个阶段是“辟在荆山”“以处山林”时期；第二个阶段是南下江汉、初建郢都时期；第三个阶段是始于康、灵三王，终于春申君的大兴宫观台榭时期。在第三个阶段，楚国的建筑在自身和先秦北方诸国的建筑发展史两个向度和坐标上，均处于无与伦比的辉煌地位。这一阶段产生的楚式建筑是当时列国竞相仿建的对象，如鲁襄公在出访楚国时亲睹楚宫之类，归国后便仿建了一座宫殿，命曰“楚宫”，此后一直到死都居住在“楚宫”中。[①] 历代文人骚客在凭吊楚地遗址时触景生情留下了无数咏赞、怀伤的语句或诗篇，如司马迁南游春申君故城时感叹说：“宫室盛矣哉！”[②] 当代新西兰学者诺埃尔·巴纳德在谈到楚国建筑时说：“楚国的木工技艺，在器具制造与房屋建筑上，已达到古代世界其他地方无与伦比的地步。”这个评价也是非常公允的。

第一节 都城、宫殿和囿苑的规划、布局

先秦时列国都城的建制，基本上采取的是大城套小城的双城制。大城、外城谓之郭，小城、内城谓之城。“筑城以卫君，造郭以守民”[③]。由于宫殿区安排在内城中，因此，内城又可称之为宫城。这种大城环卫

① 左传·襄公三十一年.
② 史记·春申君列传.
③ 吴越春秋.

小城的建制至晚开始于商代。如河南偃师商城四周有城墙环绕，“靠城南半部有四个建筑基址，其周围有用夯土筑城的围墙包围，是大城中的宫城，经发掘这些基址是夯土台，上面有大型石块作的柱础，无疑是宫殿建筑”[①]。楚国都城的建制和布局与列国完全相同，春秋后期至战国后期的楚都江陵纪南城的平面呈长方形，城垣周长 15506 米，城内暴露地面的夯土台基有 84 座，其中有 61 座密集于东南部（松柏区），这一带便是当年的宫殿区。据考古发掘，“在这组建筑遗址的东、北两边发现两道夯土墙遗迹，在夯土墙遗迹的东侧，又有凤凰山西坡古河道，从南向北流过”。因此，“夯土墙遗迹和凤凰山西坡古河道，有可能是宫殿区的城垣和护城河”[②]。据探测，该墙的墙基部分宽达 10 米左右。[③]

按《考工记·匠人》的记载，周代的都城布局是“左祖右社，面朝后市”。《考工记》是齐国官书，其中也杂糅、保存了相当一部分周代真实的礼俗规范。对于研究楚国的礼俗来讲，《考工记》有一定的参考价值。楚国宫殿的主体建筑朝堂的左右是否分别建筑有祖庙和社坛，因史缺有间，我们已难遽下断语和妄作推测了。但“面朝后市”这一点，却可从文献与考古发掘中寻到若干端倪。楚国的商业非常发达，设市交易的历史也甚为悠久。《世本·作篇》载：楚祖“祝融作市”。春秋时楚国有一个很著名的市肆名曰“蒲胥之市”。《左传》宣公十四年载：“楚子伐宋，屦及于窒皇，剑及于寝门之外，车及于蒲胥之市。”唐代孔颖达《正义》曰：“阙名窒皇及市名蒲胥，义皆未闻，盖谓郢都之市耳。”今按，宋在楚北，楚伐宋自必兵出北门，先秦宫廷建制，通常是前朝后寝，因而，楚庄王显然是先出朝堂后门，经过朝、寝之间的窒皇阙门，然后出寝宫，由宫城后门步入了宫城北面的蒲胥市肆。刘彬徽也曾对此作过分析，他说：“从考古发现看，纪南城宫殿区在城的东南部，其北

① 杨开南．商代的都邑［J］．文史知识，1986（6）．

②③ 湖北省博物馆．楚都纪南城的勘查与发掘（上）［J］．考古学报，1982（3）；楚纪南故城［J］．文物，1980（10）．

有手工业作坊遗址，再往北即城的东北部可能为商业区（‘市’），正好在宫殿区的北面（引者按：据前引《左传》文，商业区宜在手工业作坊区以南，毗邻于宫城），与文献记载可相互印证。因此，郢都布局应是‘面朝后市’的建制。”① 另外，马世之说：“至于商业区——市，我们初步推测或有可能在城东周家湾一带地段内。因这里濒龙桥河可取得水运之便，又接近手工业区和城的东南二门，同时也是东周文化堆积较厚、人口最为密集的地方，且其规划位置仍属宫北范围。”② 宫北商业区同时也是商贾的住宅区。《管子・大匡》：“工贾近市”，《尉缭子・武议》：“贾不离其肆宅”，均说明商贾的住宅便在商业区内。

楚国王宫的正门之一叫作“茅门”。《韩非子・外储说右上》载：“荆庄王有茅门之法曰：‘群臣大夫诸公子入朝，马蹄践溜者，斩其辀，戮其御。’”茅门实即雉门，古文“雉”字省作“第”，形与茅近，因近而误。《春秋经》定公二年：“（鲁）雉门及两观灾。”杨伯峻《春秋左传注》曰：“《礼记・明堂位》：‘雉门，天子应门。’此谓诸侯之雉门相当于天子之应门，诸侯宫之南门也。”“诸侯三门，库门、雉门、路门是也。”“雉门内为治朝，外为外朝。”据此可知，楚国宫城第一道门为库门，第二道门为雉门，通过雉门后，便是楚王治朝的朝堂了。在治朝之后，穿过路门便是所谓路寝。路寝是楚王与群臣谳谈饮宴之所，也是布政听治之所，路寝之堂又名为“内朝”。《礼记・檀弓下》载，楚工尹商阳谓其御曰：“朝不坐，燕不与。”郑玄注：“朝燕于寝，大夫坐于上，士立于下。”这也就是说，在朝燕时，大夫以上爵位的官员可脱履升堂而坐，士一级的官员只能站在路寝的东阶下。路寝在楚国又可称为正寝和王寝，由寝尹或王尹率宫卫加以警戒。

在楚国正寝之两旁及后面是太后、王后、夫人、嫔妃、太子等居住的寝宫。太后宫在楚国被视为神圣不可侵犯之地。《考工记・匠人》云：

① 楚郢都建制考［M］// 楚文化新探 . 武汉：湖北人民出版社，1981.

② 略论楚郢都城市人口问题［J］. 江汉考古，1988（1）.

“内有九室，九嫔居之；外有九室，九卿朝焉。”楚国嫔妃所居宫室之多，看来还要超过天子之制。《战国策·楚策一》记苏秦说楚王曰：“大王诚能听臣之愚计，则韩、魏、齐、燕、赵、卫之妙音美人，必充后宫矣。”楚太子宫居东，此因东方与春季相配，春季的日神为少阳（也就是《九歌》中的“东君”），少阳是大日神（“东皇太一”）的嗣子，其地位与楚王嗣子的地位相仿。楚国太子居东的制度为后世帝王所沿袭，东宫也成为太子的别称。除寝宫外，楚国宫城的雉门和路门内分别还有两处重要的建筑，一是“大宫”，大宫即大庙，大庙在先秦时期是供奉先祖神主和扃藏秘籍的所在，《战国策·楚策一》载：吴兵将入郢都，楚臣蒙谷“遂入大宫，负《鸡次之典》以浮于江，逃于云梦之中”。明代《江陵县志》载：“大宫，楚宫也，今郢城南门尚有其址。”郢城南门同时又是楚宫城的南门，大庙在正朝的左位，确与南门相近。大庙在文献中又称作世室、明堂和祖庙，其结构为复室式，其中央之室，楚人名之为“太室”。《左传》昭公十三年记楚共王与巴姬为了卜选嗣子，“乃埋璧于太室之庭”。可见，“太室”是楚王祈祷神、祖之灵的重要场所。除楚国外，殷、周民族及其封国也习称大庙中央之室为太室。于省吾《甲骨文字释林·释耶、廊》说：甲骨文“大廊即大廷……大廷谓宗庙太室之广廷。《逸周书·大匡》之‘朝于大庭’，谓明堂之大庭也。古者各封国皆有宗庙，宗庙皆有太室……廷谓太室中央”。大庙是宫殿宗庙组合建筑的中心，分别建筑在大庙两侧的通常有考庙、王考庙、皇考庙、显考庙。《礼记·王制》：“诸侯五庙”，“天子七庙”。楚有五庙，还是有七庙，史载未详。《左传》昭公元年载，楚公子围（即后来的灵王）娶郑公孙段氏女之前，曾“告于庄、共之庙而来”。对公子围而言，庄王和共王之庙分别是王考庙与考庙。二是“寿宫”。《九歌·云中君》：“謇将憺兮寿宫，与日月兮齐光。”王逸注曰：“寿宫，供神之处也。祠祀皆欲得寿，故名为寿宫也。”寿宫当是楚王室举行盛大祭祷活动、表演大型降神歌舞的场所。

库门与朝寝之间，散布着楚王藏纳货贿、粮食、兵备和文书的各种府库。据文献与出土实物所示，楚国王室的重要府库有：高府[①]、平府（藏书之府）[②]、高库[③]、太府（藏货之府）[④]、方府（泉府）[⑤]。《左传》哀公十六年载，白公胜劫持楚惠王，“而以王如高府”，其死党“石乞尹门。（宫隶）圉公阳穴宫，负王以如昭夫人之宫”。从这段记载便可看出，府库属于宫城内的建筑，与内宫靠得很近。出于巡幸和战备的需要，在楚国宫城中还设有马厩。据文献记载，楚宫中有中厩和宫厩。《战国策·楚策一》记苏秦说楚王曰：“赵、代良马橐他，必实于外厩。”这“外厩”也指的是宫厩，“外”是相对内宫而言。为了与宫城环境和其他宫殿建筑相协调，楚国的宫厩也修葺得非常华美。《史记·滑稽列传》载：“楚庄王之时，有所爱马，衣以文绣，置之华屋之下，席以露床，啖以枣脯。”最令人惊奇的是，楚国内宫中还蓄养了相当数量的珍禽异兽。如《楚辞·大招》在描写楚国后宫苑囿景象时说：“孔雀盈园，畜鸾鸟只。鹍鸿群晨，杂鹙鸧只。鸿鹄代游，曼鹔鷞只。”另据《左传》定公四年载：吴师入郢，楚昭王在乘舟出逃时，令鍼尹固“执燧象以奔吴师”。杜预注曰：“烧火燧系象尾，使赴吴师惊却之。”这大象便是楚宫苑畜养的动物之一。《周礼·地官·囿人》：“掌囿游之兽禁，牧百兽。”这种牧养百兽的“囿游”，列国皆有，但它的性质属于郊关以内、都城以外的猎苑，而不是内宫的囿苑，如《七国考》卷十二《田齐刑法·麋鹿之禁》引孟子曰：“臣闻郊关之内，有囿方四十里，杀其麋鹿者，如杀人之罪。”郊关之内的猎苑和宫城内的囿苑皆有蕃垣。《说文》：“囿，苑有垣也。”孔颖达《诗经·秦风》疏曰：“有蕃曰园，有墙曰囿。”但楚国的内宫囿苑并不是设计成土围子，而是曲折多变、错

① 左传·哀公十六年.

② 吕氏春秋·至忠.

③ 见《吕氏春秋·分职》。高库为藏兵之所。《礼记·曲礼下》郑玄注：“府谓宝藏货贿之处也，库谓车马兵甲之处也。”从楚国各藏兵之所为“高库”这一点来看，楚人对于府、库的称谓和使用上也遵循了上述区别。

④ 同上，另见《鄂君启节》及殷涤非.寿县楚器中的“大赓镐”[J].文物，1980（8）.

⑤ 战国策·楚策.

落有致的"曲屋步壛"。[1] 曲屋，是连接成圆形的一座座阁楼，步壛是观赏游览所经的长廊。利用宫殿建筑形成的封闭性圆圈包围禽兽，而不是另行建造蕃垣，这种精妙的设计，在先秦时期恐怕也是绝无仅有的。

楚人在西周"僻在荆山"时期，勤于开拓榛莽，不遑大规模地营建居邑，加之楚族当时是个小群体，人数不多，事实上没有经国制野的需要，因此，居住条件非常简陋，大致上是选择临水台地，筑土屋，覆以茅茨，然后在居邑四周围以棘篱。徐中舒便曾作此推测说："楚为棘人，即荆楚之人。他们生活在农村公社之中，周围不是构筑城墙，而是用荆楚编成棘围以作防御之用。"[2] 棘围之制至迟始于夏代，《吕氏春秋・简选》追叙说：商汤大败夏桀，"登自鸣条，乃入巢门，遂有夏"。所谓"巢门"当即棘围的大门。后世版筑城墙，在城墙与城外壕沟之间树立一道"柴藩"，其形制乃"以大木连成木栅，栅后堆积柴捆，栅外涂泥防火，构成要塞的外围防线"。[3] 这种"柴藩"即是棘围的遗形。另外，先秦时的平民之家无力修筑土墙，只能以荆竹编织篱围，其门称为"筚门"或"柴门"[4]，也是棘围的一种遗形。又，《周礼・天官・掌舍》："掌王之会同之舍，设梐枑再重，设车宫辕门，为坛壝宫（短土墙）棘门。"台湾学者林尹《周礼今注今译》谓："棘门，树戟为门也。"此解欠确，王者野居所筑的棘门仍应是荜门。春秋战国时期，楚国宫城门仍有名为"棘闱"者，如《国语・吴语》载：楚灵王"匍匐将入于棘闱，棘闱不纳"。《战国策・楚策四》载：李园遣人"夹刺春申君，斩其头，投之棘门外"。今按，《尔雅》："宫中之门谓之闱，其小者谓之闺。"《周礼・地官・保氏》："使其属守王闱。"林尹《周礼今注今译》谓："闱，王宫之侧门。"对楚人称宫门为棘闱，我们应作宽泛的理解。棘本指酸枣树。《方言》："凡草木刺人，江湘之间谓之棘。"《楚辞・九

① 楚辞・大招.

② 论巴蜀文化・古代楚蜀的关系［M］. 成都：四川人民出版社，1981.

③ 蓝永蔚. 春秋时期的步兵.

④ 见《礼记・儒行》及郑玄注。

章·橘颂》："曾枝剡棘。"王逸注云："剡，利也。棘，橘枝，刺若棘也。"以棘指刺木、橘枝，皆为引申之用。不过，酸枣树、橘枝、刺木均可能被楚人用来编筑棘闱。但在春秋时期楚人不大可能仍采用这种形制的棘闱作宫门。称宫门（或宫中侧门）为棘闱只是沿袭旧称而已。除楚国外，北方的齐、鲁诸国也有"棘门"，文献中记作"稷门"，稷与棘同音相假，如汉代博士俗称"稷下生"，或记作"棘下生"，可证稷、棘通假。不过，齐稷门为西城门（或认为是南门），鲁稷门为南城门，皆非宫门。作为称谓来讲，稷门、棘门都是沿袭棘闱时代的旧称。楚人营建都城始于春秋早期。《史记·楚世家》称楚文王"始都郢"。这个郢都"城郭未囿"，以后虽进行了几次增修，规模仍然局狭简陋。这一局面一直到楚人在春秋末期营建了新的郢都——纪南城后才得到改善。

楚人在春秋早、中期简于城郭宫室，有着多方面的原因。一是楚国在这一时期的战略思想是"守在四邻""慎其四境"，如春秋早期齐桓公大会诸侯，讨伐楚罪，观兵于召陵，楚使屈完义正词严地对齐使管仲说："君若以力，楚国方城以为城，汉水以为池，虽众无所用之。"①公元前519年楚令尹囊瓦出于备吴的需要增修郢城，司马沈尹戌表示强烈的反对，他说："子常（囊瓦之字）必亡郢，苟不能卫，城无益也。古者天子守在四夷。天子卑，守在诸侯。诸侯守在四邻，诸侯卑，守在四竟。慎其四竟，结其四援……无亦监乎（先君）若敖、蚡冒至于武、文，土不过同，慎其四竟，犹不城郢。"②由此出发，楚人在军事上一直保持着进攻态势，以外线作战为主，春秋时期楚晋之间发生的三次大的争霸战争——城濮之战、邲之战、鄢陵之战，战场均不在楚国的本土。二是楚人在这一时期继续保持、发扬了先世尚俭戒奢的传统。如《国语·楚语上》记伍举说楚灵王曰："臣闻国君服宠以为美，安民以为乐，听德以为聪，致远以为明。不闻其以土木之崇高、彤镂为美……。故先王之

① 左传·僖公四年.

② 左传·昭公二十三年.

为台榭也，榭不过讲军实，台不过望氛祥，故榭度于大卒之居，台度于临观之高。”《左传》宣公十二年记晋卿栾武子称赞楚庄王说：“其君无日不讨国人而训之，于民生之不易，祸至之无日，戒惧之不可以怠……训之以若敖、蚡冒，筚路蓝缕以启山林。箴之曰：‘民生在勤，勤则不匮’。”三是这一时期的楚君都重视恤民，慎用民力。刘向《说苑·权谋》记载了这么一件事：“楚庄王欲伐陈，使人视之，使者曰：‘陈不可伐也。’庄王曰：‘何故？’对曰：‘其城郭高，沟壑深，蓄积多，其国宁也。’王曰：‘陈可伐也。夫陈，小国也，而蓄积多，则赋敛重，赋敛重，则民怒上矣。城郭高，沟壑深，则民力罢矣。’兴兵伐之。遂取陈。”从稳定统治和恤民的角度出发，楚国统治者很自觉地克制住了高城郭、深沟壑、崇台观的欲望。

春秋后期，由于吴国的崛起和吴楚启衅，楚国被迫由外线进攻转入了内线防御。在这一背景下，楚国兴起了大规模的迁国和筑城运动。纪郢就是在这一时期建成的。楚国在筑城的过程中始终坚持了分级制的原则，即国都规模最大，等级最高，别都、大县次之，一般县城与居邑再次之。《国语·楚语上》记范无宇说楚灵王曰：“国有大城（引者按：指在国都之外修筑的大型城市），未有利也。”“且夫制城邑若体性焉，有首领股肱，至于手拇毛脉，大能掉小，故变而不勤。”这段话比较清楚地表达出了楚人城市建设的分级制原则。[1]在城址地理环境的选择上，楚国与中原诸国遵循的原则相同。如《管子·乘马》说：“凡立国都，非于大山之下，必于广川之上，高毋近旱而水用足，下毋近水而沟防省，因天材就地利。”楚人伍子胥为吴王规划营建都城时，也是首先“相其阴阳之和，尝其水泉之味，观其草木之饶，然后营邑立城”。[2]

纪郢既是楚国的国都，又是楚国历史上建成的最大的一座城市[3]，

① 马世之．楚城试探［M］// 楚文化研究论集（第一集）．武汉：荆楚书社，1987（1）．
② 汉书·晁错传．
③ 东汉都城洛阳的周长约合今 14 千米，小于纪郢。

因此，了解楚国的城市建设与规划，纪郢是最为理想和典型的对象。在建设纪郢前，楚人已拥有了非常丰富的筑城经验。《左传》宣公十一年记令尹孙叔敖受庄王命城沂，“使封人虑事，以授司徒，量功命日，分财用，平板榦，称畚筑，程土物，议远迩，略基址，具糇粮，度有司。事三旬而成，不愆于素”。这个事例反映了楚人在筑城前通常都要进行周密的整体规划和设计，对土功和原材料预计、准备得非常精确和充足，整个施工过程也完全是按照预定计划来进行的。一次性地整体规划，一次性地整体建成，这就使得楚国的城市布局整齐有序，显出一种整体的结构美。考古发现的楚城遗址大多为正方形或近似正方形，均因整体规划、一次性施工使然。考古发掘与研究还表明，纪郢也是整体规划、一次性施工的杰作。①

纪郢的规划与建设，具有三个显著的特点：

1. 双护坡城墙与广阔的护城河构成了牢固坚强的防御体系。

纪郢城垣系泥土夯筑而成，城垣平面呈长方形。每边长度分别为：南垣 4502 米，北垣 3547 米，东垣 3706 米，西垣 3751 米。据钻探，各边城垣现存的最高高度分别为：南垣 3.9 米，北垣 7.6 米，东垣 5.6 米，西垣 4.1 米，城垣上部的现存宽度为 10~14 米。由于经历了两千多年的自然侵蚀和冲刷，现存的城垣已远不如先秦时代的城垣那么宏伟壮观了，因而，可以推测当时的城墙高度绝对要超过 7.6 米，顶部宽度也要超过 14 米。

考古钻探和勘查还发现，城门两侧的城墙均稍稍变窄内收，顶部宽度为 10 米。纪郢的城垣墙身内外均有护坡，内坡坡度小，宽 10 米左右，外坡坡度大，宽为 6 米左右。城垣墙身是先挖基槽，然后填土夯筑而成的。基槽一般为深 5 米、宽 10.5 米左右。内外护坡没有挖基槽，只是在平地上垫土筑成。墙身和内外护坡的构筑基本上是同时进行的。即夯成一定高度的墙身后，接之便在两侧垫土筑为护坡，以便继续施工时

① 湖北省博物馆. 楚都纪南城的勘查与发掘(上)《前言》部分[J]. 考古学报, 1982(3).

运土和夯筑。在夯打墙身时可能还使用了版筑的方法。《吕氏春秋·义赏》载："郢人之以两版垣（城墙）也，吴起变之而见恶。"高诱注曰："楚人以两版筑垣，吴起，卫人也，楚以为将，变其两版，教之用四，楚俗习久见怨也。"考古钻探发现，纪郢城"城垣的墙身部分和内外护坡之间有明显的分界线"①。我们认为，这"分界线"应即版筑墙身留下的痕迹。纪郢城垣的内外坡具有双重作用，一是保护墙身，二是利于防御，内坡缓，后备兵士驰援城上和搬运防御器具甚易，外坡陡，攻城士兵难以立足，强行仰攻极易受到城上锋矢、石块的杀伤。②楚人构筑纪南城城垣时，常常将减少工作量和军事防卫两种因素结合在一起加以考虑，根据地形，灵活地设计城垣的形式与走向，在城垣经过的高岗和低洼地带，采取了切角形和外突包进的建筑形式。③如纪南城的西北、西南和东北城角均呈切角形，而南垣中部偏东处却向前突出了方形的角垣，这两种设计均充分体现出了楚人的建筑风格。楚人筑城的泥土皆取之于城外，这样，在修城的同时也就挖出了一条环绕城垣的护城河，可谓一举两得。今环绕纪南城垣的低洼地带即是当年护城河的遗痕。护城河一般在城垣外坡的20~40米开外，河的宽窄为10~100米，河床的宽度与之大致相仿，河深约10米。④"护城河在下列三个城门外中断：北垣西门外，中断170米；东垣南门外，中断30米；南垣东门，位于南垣偏西南角处，护城河中断长达450米，对着整个南垣向南突出部分。可见护城河中断可能与城门有关。"⑤这同时说明楚国郢都的陆路城门还没有悬梁这一设计。双护坡城垣——坚壁和护城河——深池，构成了拱卫楚都的双重防御体系。

2. 先进的陆关和奇特的水门。

《考工记》载："匠人营国，方九里，旁三门，国中九经九纬，经涂

① 湖北省博物馆.楚都纪南城的勘查与发掘（上）《前言》部分［J］.考古学报，1982（3）.
② 马世之.楚城试探［M］//楚文化研究论集（第1集）.武汉：荆楚书社，1987.
③⑤ 楚都纪南城的勘查与发掘（上）［J］.考古学报，1982（3）.
④ 楚纪南故城［J］.文物，1980（10）.

九轨。”这种每方城垣设三座城门，每座城门又分成三个门洞，一共设十二座城门、三十六个门洞的城门设计至迟在汉代才得以部分实现，如西汉长安城每面三个城门，共开城门十二个。在先秦时期不论是周室王畿还是诸侯国均未达到这一标准。齐都临淄有城门六座，燕下都有城门八座①，楚都共设城门八座，属于开设城门最多的国都之一。在八座城门中，有三座是水门，一座在南垣西边新桥河入城处，一座在东垣偏北龙桥河出城口，一座在北垣东部的朱河入城处。

纪郢城陆关的基本形制为两门垛、三门道，并有城门附属建筑。如西垣北门的两个门垛系夯筑而成，长 10.1 米、宽 3.6 米。三个门道的宽度不等，两边的门道宽 3.8~4 米，中间门道宽为侧门的一倍，达 7.8 米，三个门道的纵深均为 10 米。在六个陆关中，西垣北门的设计规模属于中等。纪郢最大的陆关是西垣南门，现存缺口宽 70 米，比西垣北门几乎宽阔一倍，经勘探，发现了一个宽达 10 米的门道，从该门道位置偏南这一点分析，当属侧门，居中的主门应该较之更为宽阔。每个门道之间均用土墙隔开，土墙宽度在 3.6 米以上。在各个城门附近的城垣上均筑有附属的高大建筑，如距南垣东门西部 70 米的城垣拐角处发现了一座正方形、边长 32 米的夯土台基。在东垣南门以南 250 米的城垣上也探出一座夯土台基。另外，在北垣西门的西部城垣上也探出了两座相距 15 米的夯土台基。一座城门设三个门道，仅见于楚都纪南城，是楚国工匠或筑城的督理官员司徒的伟大创造，北方列国的都城每门均只有一个门道。据考古勘查，在纪郢城门的中间门道下发现了车辙痕迹，其宽度与雨台山楚墓发掘出的车辙痕迹相仿。②刘彬徽推测说：“中间门道当为车辆出入的通道。”③但据勘查，郢都的西垣北门的南侧门，中央有两条平行的车辙④，无疑应是两乘车辆双向（或单向）行驶留下的痕迹，因而，我们认为，三个门道均为车道，其中中间的主门道可能是专用车

①②③ 刘彬徽 . 楚郢都建制考［M］// 楚文化新探，武汉：湖北人民出版社，1981.

④ 楚纪南故城［J］. 文物，1980（10）.

道，两侧的门道则是行车、行人两用的门道。经勘探，在西垣南门内面两边的相对位置还发现了夯土房基①，这种分列于城门两边的建筑当是特为值宿兵士设计、建造的休息室。

郢都的水门也为三门道结构，如南垣西边水门遗址现存宽达 40 米的缺豁。该水门的主体建筑平面呈方形，由每排十根、共四排木柱组成三道门。另外，还有两排木柱，则是水门的附属设施。主体建筑排行木柱的间距为 1 米左右，排与排之间的木柱行距（亦即每一水门门道的宽度）为 3.34~3.5 米，每排木柱的长度为 11.3~11.7 米。整个遗址面积达 172.5 平方米。据勘查报告披露的材料来分析，经水门入城的三条河流如果不全是人工挖掘的运河的话，那么至少在水门附近的河段是人工改道的产物。因为从水门的营造过程来看，是先进行旱地作业，待水门建成后才引进河水的。水门的基本营造过程和方法是：首先在生土层中铲掘出沟槽，在槽内挖柱洞，洞内再埋置主要为长方形的板础，然后在板础上树立起木柱，填土夯实。然后，在每排木柱上安置纵向的挡板，挡板连接起来的长度即是门道的长度。挡板的两端嵌入木排两头粗大的方形转角柱的竖槽中，最下层的挡板一直落实到安置木柱的沟槽底部。为了支撑挡板，防止其下陷，在木柱沟槽底部还铺有半圆形的垫木。显而易见，郢都水门的设计极具匠心，建造得也是异常坚固牢实的。从水门的结构可知其负重应力相当大，在木柱上应该还建筑有桥梁，从而使水门两边的城垣道路连成一体。②由于水门为木结构，楚人习称水门为“木关”。

3. 水陆并织的市区交通网和夹水相峙的宫殿苑囿区。

纵贯纪南城市区的大道只有一条，就是从东垣南门通到西垣南门的东西向主干道，由北垣西门和南垣东门通向城内的两条南北向干道与之呈直角形相交，由西垣北门通往市区的东西向干道则与之相平行。整个

① 楚纪南故城［J］. 文物，1980（10）.

② 楚都纪南城的勘查与发掘（上）［J］. 考古学报，1982（3）.

纪南城内的主要陆路交通呈“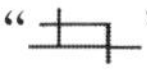”形，如果加上城垣内侧的环城大道，则呈“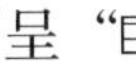”形。

纪南城内有四条古河道。朱河由北垣东边水门入城，城内全长 1400 米，宽 40 米，南经城区中部的板桥，与新桥河古道汇合。新桥河由南垣西边水门入城，城内河道长 2750 米，宽 60 米左右。龙桥河是朱河和新桥河汇合形成的一条河流，全长 2750 米，宽 40 米左右，从城中部的板桥经东垣北边的水门出城，注入邓家湖。可以说龙桥河是城内排水的主道。城东凤凰山西坡的古河道，流径较直，全长 1850 米，河道上游宽 9~13 米，下游宽 20 米左右，向北注入龙桥河古河道。[①] 这条河道疑是人工开挖的运河，河道内的水乃是龙桥河灌注形成的。四条古河道在城内交织成“”形。被河道打断了的陆路干道，则通过架设桥梁得以贯通。流经纪南城市区的四条古河道，既是一个完整的给水、排水系统[②]，又是一个便利舟楫游弋梭行的水上交通网，同时这四条两纵一横的河道，与两纵两横的陆路干道相交错，便将纪南城分割成了四个自然区：位于城区东南部，即由新桥河和龙桥河相交而成的直角内是宫殿区（松柏区）；朱河和龙桥河相交而成的直角内是制陶作坊和市肆区（纪城区），该区内的广宗寺一带高地上分布有十五座夯土台基，估计是王族和令尹、司马、封君等大贵族的宫邸；新桥河西侧和东垣南门至西垣南门的东西干道相交而成的直角内（新桥区）是冶铜等官工作坊区；朱河西侧和东西干道相交成的直角内则是平民和贵族住宅区（徐岗区）。[③]《管子·大匡》：凡居“不仕与耕者近门”，所谓“门”指的是远离宫城的外郭城门，楚郢都纪南城平民区正是按这一原则加以规划的。纵横交错的城内水网，还使纪南城具有一种浓郁的水城情调。试想，杨柳夹岸，高宅临河，长桥飞跨，河中舲船、龙舟、画舫穿行如梭，窈窕的

① 楚都纪南城的勘查与发掘（上）［J］. 考古学报，1982（3）.

② 山东齐故都临淄城内地下有构筑科学、建造精巧的排水渠道，与之相类似的设施，当年的纪南城中肯定也有。

③ 楚都纪南城的勘查与发掘（上）［J］. 考古学报，1982（3）.

越女和壮健的巴族汉子引吭高唱着情歌俚曲，此番胜景该是多么撩人情思，使人心醉。

经考古勘查，当年的宫殿建筑区位于城东凤凰山古河道的西侧，古河道东侧则应是王室禁苑，其中分布着一些湖泊、水洲和小丘。这些景观，有的出乎自然，有的系人工造成，楚国宫、苑规划、建设的两大特点就是：临水建宫，掘池营苑。《楚辞·招魂》：“川谷径复，流潺湲些。”“坐堂伏栏，临曲池些。芙蓉初发，杂芰荷些。紫茎屏风，文缘波些。文异豹饰，侍陂陁些。”无疑正是当年在宫廷中凭栏四眺所见到的景致。楚国宫苑四周被新桥、龙桥、凤凰山古河和护城河所环绕，站在城外的山上俯瞰，俨然是一座岛国，因此，如果我们说楚国宫苑是一座水上宫殿和花园，恐怕也不算过分。

楚国宫廷建筑一般坐落在高敞的夯土台基上，然后在台基上挖掘墙基和支撑墙壁、屋梁的木柱柱穴，设置承檐的柱础（磉墩），台基的四边成坡形（即“散水”），由屋檐上流下的雨水顺着四坡流入台基下的明沟中。纪南城东南松柏区的东北角三十号台基上的战国建筑痕迹与遗存物较多，考古工作者曾对之进行过极为细致、缜密的勘查和发掘。通过松三十号台基建筑遗址，我们可大略窥见楚宫的营造法式和建筑结构。该台基呈长方形，长 80 米，宽 54 米，残高 1.2~1.5 米，台基上的墙基筑在 3 米左右宽的基础上，墙基残深 0.3~0.5 米，墙基长 63 米，宽 14 米，亦呈长方形。墙内偏西处有一道隔墙，将堂室分隔为两个空间，东室长 33.4 米，西室长 26 米。室空跨度大，在墙基内外两侧和室内均发现了支撑墙体和屋梁的木柱柱穴。墙基内外两侧的柱穴紧贴壁面，柱穴平面呈长方形，伸入墙基内 15 厘米，内侧柱穴每个长 45 厘米、宽 30 厘米，外侧柱穴每个长 45 厘米、宽 40 厘米。这种部分柱体嵌于墙中，部分暴露于外的木柱，建筑学谓之“明暗柱”。在东室内发现了一个埋柱坑，坑内有一直径为 75 厘米的柱穴，另在西室正中还发现了一个直径为 1.2 米的柱洞。据考古学者研究，栽于该柱洞中的木柱，似为建筑学上的所谓都柱。在室内栽柱承梁，作用之一是减轻墙体的受重力，作用之二是室内空间跨度大，栽柱可防止悬山式屋顶坍塌。在北墙基外3.8米处有一条与之平行的小墙基遗迹，残长29米，宽0.2米，我们认为它可能是一道复壁（夹墙），其作用是与北墙共同构成东西两间向北的暗室。但也有可能，它纯粹是一道隔墙，作用与所谓“萧墙”相近。在北墙基外12米处、南墙基外14米处均埋设一排磉墩，磉墩长1.3米，宽0.8~1米，厚0.75米，是混合碎陶片、瓦片、红烧土、黏合泥夯筑而成的。据推测，其中原来可能还有铜础或石础。在南北墙基与磉墩之间还发现了一些立柱的柱穴，如紧贴北面小墙外侧有三个直径0.40~0.50米的柱穴，其间距为1.8米。在此排柱穴迄北3.5米处又发现了两个直径为0.6~0.8米、间距为10米的柱穴，再往北靠近磉墩处又有三个直径1.1米、间距6.5米的圆形柱洞。距南墙基3~3.4米处也发现了四个直径0.4~0.5米、间距1.5~2米的柱穴。台基南、北两边的低缓斜坡即是散水，坡度为4°~5°。南、北散水的宽度分别为5.4米、5米，散水中有从室内延伸出来的陶质排水管道，管道的另一端通往台基下的明沟。管道为圆筒形，每节长66.5厘米，直径19厘米，壁厚1~1.5厘米，节与节之间采取平口对接。管道下垫以板瓦，上亦覆以板瓦。由于东西两边墙外既无磉墩、柱穴，又无散水，可知这座建筑的屋顶属于两面坡式结构。① 另根据磉墩、柱穴、墙基的排列与间距分析，松柏区三十号建筑还采取了重檐结构。例如北墙基至北边磉墩间有三排柱穴，最靠近大墙墙基的一排柱穴紧贴在小墙基的外侧，南墙基至南磉墩间也有一排柱穴，这两排柱穴分别距墙基3.8~3.4米，应是承载下层屋檐的内侧立柱所在。北边第二排柱穴距第一排柱穴为3.5米，当是下层檐外侧立柱所在。至于北边第三排柱穴与北磉墩，则可能是该宫室北面步廊的立柱。南墙基与南磉墩间距超过北面，估计也建有步廊。两边步廊的内檐与宫室的下层檐的外侧相连接，从外形上看，与下层檐浑然一体。在该台基上还发现了十二口水井，其中土井一口，陶井十一口，均是在夯土台基

① 楚都纪南城的勘查与发掘（下）［J］. 考古学报，1982（4）.

筑好后开凿的。水井内沉积着建筑物坍塌后落下的大量筒瓦、板瓦、素面半瓦当、圆瓦当。据此可知，松柏区三十号的房顶覆盖的不是茅茨，而是瓦。其覆盖方式是筒瓦、板瓦叠压排列，板瓦凹弧向上，筒瓦凸弧向下，两列筒瓦分别扣在一列板瓦的两侧，半圆瓦当用于屋脊，圆瓦当用于屋檐。在该遗址中发现了三件门环，纽座为圆饼形，刻有云纹图案，纽为半圆形，两端凸突出兽面。还发现了一件方面印，阳刻有“𠇮（信）金”两字。[①] 从各种迹象（尤其是水井密集这一点）分析，该建筑不属于寝宫，而可能是储藏食物的府库或制备宫廷膳馐的庖厨所在。在纪南城松柏区六十一座台基遗址中，松柏区三十号台基规模属于中等，台基及墙基形状也偏于呆板，如松柏区台基最长的达130米，最宽的达100米，台基形状除松柏区三十号一类的长方形外，还有多边几何形和曲尺形。另外，在松柏区三十号遗址内也未发现如“金缸”、雕花空心铺地砖等豪华型建筑材料，因而，对于了解春秋、战国时期楚国宫殿建筑的情况来讲，松柏区三十号建筑遗址尚不足以为代表，而只能窥豹之一斑。

从松柏区三十号台基建筑可见，楚国的宫室建筑与商、周的宫室建筑存在着直接的继承关系，属于同一类型和模式的不同发展序列或阶段。如商代偃师二里头宫殿、安阳小屯建筑遗址，湖北黄陂盘龙城宫殿群遗址，皆筑于大面积的低矮夯土台上，这种低矮的土台可以说是单座高台的雏形。盘龙城 F_1 宫殿遗址台基四周1/10坡度的斜面上遗存着一些零散陶片，其用途明显是散水。在台基上发掘出了木骨泥墙的基槽，槽内还有围护墙体结构、支承屋盖的木柱柱洞。这种带有支柱的木骨泥墙的营造法式是先挖基槽，在槽内挖柱穴，栽埋木柱，在木柱间填充苇束之类材料，并有横向杆件扎结固定，然后在内外两面涂草筋泥构成墙体。这种筑墙方法也是楚国营建宫室用壁柱加固版筑承墙的雏形。[②] 盘

① 楚都纪南城的勘查与发掘（下）[J].考古学报，1982（4）.

② 《战国策·赵策》记董子筑晋阳宫室“皆以荻蒿苫楚墙之”，是晋国在春秋时期仍沿用商、周的筑墙方法，没有采用楚国的这种先进的木柱与版筑土墙混合的结构。

龙城 F_1 台基四周有较大柱径的檐柱遗迹，据勘查，有前檐柱二十根、后檐柱十七根，在台基下的散水部位还有若干小柱洞，凡此说明 F_1 出檐甚深，是“四阿重屋”结构，下层檐环绕宫室四周形成了一道回廊。[①]《考工记·匠人》：“殷人重屋，堂修七寻，堂崇三尺，四阿重屋。”从盘龙城 F_1 得到了证明。除了房顶形式不同外，松柏区三十号楚宫与盘龙城 F_1 在形制上非常类似。在郑州、偃师商城和小屯村宫殿区还发现了大型的石柱础和铜柱础，其规模当比盘龙城宫殿更为宏伟壮丽。楚人继承并发展了商、周的建筑工艺，其宫室之美比起商、周来，当有过之而无不及。

通过各地零星出土的各种建筑材料遗物，可使我们对楚国宫殿建筑材料增加一些形象化的了解。这些建筑材料可分为三大类。

1. 瓦　包括板瓦、筒瓦、瓦当、半瓦当。考古工作者在纪南城龙桥河西段的松柏区余家湾、范家垸窑址及水井中，发现了大量的瓦片。瓦的陶质主要为泥质灰陶，其次为泥质红陶。瓦的表面皆施以绳纹，内面有方格形、圆点形和圆圈形印纹。还发现了六件有瓦钉孔的筒瓦和五件素面瓦当。[②]湖北宜城楚皇城遗址内出土的圆瓦当纹饰有卷云纹、箭镞纹、兽面纹，筒瓦表面施以绳纹，内面有麻点、斜方格纹和布纹等。[③]与湖北相比，安徽寿春遗址出土的瓦片图案更富于变化和装饰性。楚人的制瓦工艺后为秦帝国所吸收，《长安志》载：“瓦作‘楚’字者，秦瓦也。”

2. 砖　包括铺地砖和墙砖。在纪南城龙桥河西段清理出了一块空心砖残片，图案为浮雕格子纹和S形纹，后一纹样乃是飞龙和日月的简化表现。在松柏区（宫殿区）余家湾陶圈井内也出土了一块空心砖残

① 杨鸿勋 . 从盘龙城商代宫殿遗址谈中国宫廷建筑发展的几个问题［J］. 文物，1976（2）.

② 楚都纪南城的勘查与发掘（下）［J］. 考古学报，1982（4）.

③ 李福新 . 楚皇城的考古发现及其性质推论［Z］.

片，图案为变形风纹。[①]这两种砖都是墙砖，而且表面都上了釉。[②]安徽寿春遗址出土的空心墙砖多饰以四叶纹、云纹等几何纹，特别引人注目的是还出土了大型铺地方砖[③]和凹槽贴壁砖[④]。

3. 金属构件　包括攀钉和加固梁、柱结合的直角形构件。另外，还有一种“回”形扣锡攀钉，它的功用是将两块木板联成一个整体，其具体方法是，在两块木板上“对称各凿一槽，两端穿透，然后，将锡液注入槽内，锡液凝固后，两板构成了一体”。[⑤]考古工作者在纪南城西南的铸锡炉内还发现了三件锡攀钉，它有两种类型，一种是两端折曲，呈]形，一种则是丁字形。[⑥]在湖北当阳季家湖楚城遗址又出土了一种曲尺形铜构件，它也是起到加固梁柱结合的作用。

第二节　宫室建筑的形制及装饰

据《楚辞》及其他先秦文献记载，楚国的宫室形制有如下二十种类型：

1. 高堂　指空间高阔宏大的殿堂。

2. 邃宇[⑦]　指进深大而跨度长的寝宫。

3. 突厦[⑧]　“突”训“深”，突厦即重屋和复室，是在一所大屋中扞隔出若干小室。据介绍，湖北光化县（现老河口市）五座坟3号西汉墓中的椁室是模仿死者住宅制作的，它的原型是一座双层多室建筑，有大门、楼台、楼梯和大厅。[⑨]这座建筑原型就是一座突厦。荀卿赋称楚

①⑥ 楚都纪南城的勘查与发掘（下）[J]. 考古学报，1982（4）.
② 杨明洪、王传富. 从楚人制陶业看楚文化的发展[Z].
③ 张正明. 楚文化史[M]. 上海：上海人民出版社，1987：307、308.
④ 马世之. 楚国宫殿建筑研究[Z].
⑤ 王从礼. 楚国木工工业初探[J]. 江汉考古，1987（3）.
⑦⑧ 楚辞·招魂.
⑨ 光化五座坟西汉墓[J]. 考古学报，1976（2）.

有“重楼疏堂”也指的是突厦。突厦中避风向阳的一间称作“温室”，是冬天的理想住所。西汉未央宫中有“温室殿”，即是继承、模仿楚式建筑的一个实例。

4．夏室[①]　又称“阴堂”。是临溪濒水的高堂建筑，四面洞达通风，室内空间跨度大，盛暑之际，身处夏室中有寒凉之感。《诗经·秦风·权舆》：“夏屋渠渠”，《毛传》：“夏，大也。”渠渠，为深广之貌。这说明不独楚国，其他侯国也有夏室（屋）。汉未央宫中有“清凉殿”，即是从“夏室”发展而来的。

5．台与层台[②]　台即单层土台，又称为“坛”。层台则是重台。台一般筑成方形，少数作圆形，台基有土筑、石筑两种。台的作用为临高俯瞰和观察云色、天象，台上一般不筑居室。

6．累榭[③]　是在层台上修筑屋顶、明柱和围栏，四面空敞，不设门牖，用于登高宴乐。《礼记·月令》：“五月可以居高明，可以处台榭。”即指此。

7．洞房[④]　是设在寝宫深处的居室。

8．庑[⑤]　朝堂与寝宫台基下四周环列的房子，俗称“厢房”。

9．蒲宫　见于《左传》昭公元年记载，杜预注曰：楚“公子围在会，特辑蒲为王殿屋，屏蔽以自殊异”。蒲是一种水边生长的草，可以做席子，称作“蒲筵”。所谓“蒲宫”就是将蒲席覆盖在临时修筑起来的行宫屋顶上。在楚国用菅茅以外的草覆屋非常多见，如《九歌·湘夫人》“葺之兮荷盖”“芷葺兮荷屋”，便指的是用香芷草与荷叶覆盖屋顶。

10．层轩[⑥]　轩是附属于宫室建筑的走廊，层轩是指台式建筑的上、下和多层建筑的每一层均有走廊。山西长治市分水岭战国墓出土的铜鉴上，针刻着二层建筑的纹样，从中可以见到层轩的痕迹。《史记·龟策

---

①②③⑤⑥ 楚辞·招魂．

④ 楚辞·九歌·湘夫人．

列传》载："纣有谀臣，名为左强。夸而目巧，教为象郎（廊）。"象郎即象牙做成的走廊。楚文化受殷文化影响较深，因而可以想见楚宫步廊设计、制作得也是非常精雅侈奇的。

11. 修幕① 与蒲宫一样，修幕也是巡幸时的一种临时居住设施，不过，它不是土木结构，而是大帐篷。

12. 曲屋② 是一群曲折相连的建筑，别称"周阁"，这种建筑群蜿蜒周折，错落有致，给人视觉上带来一种流动、变化的美感。

13. 步壛③ 壛与檐通，步壛是修有顶棚和檐柱的步廊，也是联结曲屋和台榭、宫寝的通道。它的地面是用光洁的石块和贝壳铺成的，雨天行走其中，上可避雨，下可防止湿泥弄脏裙裾和丝履。

14. 南房小坛④ 是远离宫寝群，深置于园圃中的一种小型高台建筑，主要用于游宴和观赏，是悄然静谧、怡心养性的处所。

15. 阙⑤ 是"观"式建筑的一种，观乃高台，不必是四方形，在宫寝门道两旁各筑一观，便称为"阙"。"阙"也就是"缺"，因从门的通常形制来看，两观相当于门的楹柱，但上面却没有门楣，所以称作"缺"。

16. 寿宫⑥ 是楚王室招祷神祇的宫殿。从《九歌》的描写来看，楚人祭神的仪式非常隆重，神龛上摆着蕙肴、桂酒等馐珍酒浆，四周排列着钟鼓磬瑟，庭中则是婆娑起舞的灵巫。由于兵燹与岁月的毁蚀，寿宫建筑早已荡然无存了。1981年，浙江绍兴战国墓中出土了一件铜房屋模型，"平面呈长方形，三开间"，中间为厅堂，"正门敞开，无门、墙，有圆形明柱两根，左右两面为矩形透空的格子壁，后壁中间开一小窗，屋顶作四角攒尖顶，顶心立一八角形空心图腾柱……柱顶有一大尾鸠，当是古代氏族社会图腾崇拜的遗制"，室中"跪坐六人，分前后两

① 楚辞·招魂.
②③④ 楚辞·大招.
⑤ 《左传》宣公十四年"窒皇"下杜注。
⑥ 楚辞·九歌·大司命.

排，每排各三人。前排左侧一人，前置鼓架，上悬一鼓，右手执槌，左手前伸，张指作节拍状”。中、右两人，“双手相交于小腹，似为歌者”。后排三人，一人捧笙，二人抚琴。“室内六人，皆裸体，从体形看，前排歌者二人，似为女性”。①上述情景与《九歌·礼魂》“成礼兮会鼓”，“姱女倡兮容与”，极相仿佛。因此，我们认为绍兴战国墓铜房屋应该是一座缩小了比例、减少了歌舞祭祀人数的神祠，其性质与楚寿宫相同。从墓葬地点及屋顶竖鸠这两点看，墓主无疑是越人。春秋至战国中期，楚越文化交往密切，越城、越宫（吴国也是如此）不仅仿自楚城、楚宫，且主持建造者也是楚国的范蠡等人。②故而，这座二层楼式的神祠很有可能直接仿自楚国的寿宫。西汉甘泉“祠宫”，乃是以竹子为材料做成的“竹宫”，它“径三百步”“道广三丈，有阙各九十一步”③。这种竹制“祠宫”，当源于楚国民间的社祠。社祠是规格较低的神祠。

17. 都房④　这是一种培育花卉的大花房。唐五臣注云：“都，大也。房，花房也。”

18. 干栏　是我国南方特有的一种建筑形式，其特点为一楼架空，二楼居人，以竹木结构为主。从《楚辞》中可以发现楚国的某些宫廷建筑参照和吸收了干栏式建筑的因素。如《招魂》“栏层轩些”，王逸注云：“下有栏盾，上有楼板，形容异制，且鲜明也。”据王逸注，这种建筑的下层似只有明柱和围栏，上层则是木结构居室，具有典型的干栏建筑风格和特征。又，《招魂》“坐堂伏栏，临曲池些”。王逸注：“言坐于堂上，前伏栏盾，下临曲水清池，可渔钓也。”这种屋基筑于水上（或半筑于水上）的建筑，可以说是高台建筑与水上干栏的混合型。今

① 吕树芝．图腾柱铜房屋［J］．历史教学，1984（12）．

② 《吴越春秋·勾践归国外传》记范蠡为越王勾践修筑小城（今绍兴）。《左传》哀公元年载，吴王阖闾“居不重席”“宫室不观”。这反映出直至阖闾前期，吴国的建筑仍然非常简陋。《吴越春秋·阖闾内传》记伍子胥为吴国在今苏州建大城，可知吴国的宫观、都城建设始于阖闾中期，其总设计师为楚人。

③ 张良皋．论楚宫在中国建筑史上的地位［J］．华中建筑，1984（1）．

④ 楚辞·九辩．

湘西常见的吊脚楼即为其遗制。《九歌·湘夫人》“筑室兮水中，葺之兮荷盖”,《湘君》“水周兮堂下”，王逸注后条曰：“言己所居，在湖泽之中，众鸟舍止我之屋上，流水周旋己之堂下。”可见水上干栏在楚国，尤其是沅湘地区，也非常普遍。纪南城水门建筑也反映出楚人埋设水下木桩，营造水上木建筑的工艺、技术水平相当高，完全具有修建大型水上干栏式宫殿的能力。

19. 地室与地下音乐厅　楚地冬寒夏热，季节性气温反差大，为了调节室温，保存食物和尸体，楚国的王室和贵族在宫宅下普遍掘有地室。《左传》襄公二十一年载：芳子冯“方暑，阙（通‘掘’）地下冰而床焉”。这表明楚贵族的地室通常兼作藏冰室，在夏季可用于储存食物或取冰调节地面建筑内的室温。《越绝书》卷二记吴王阖闾筑有两座地下冰室，卷八又记越王勾践筑小城为冰室。吴、越两国建造大型地下冰室，显然吸取了楚人修建地下室和冰库的经验与技术。据秦《诅楚文》载：“楚王熊相（怀王）康回无道……幽剌亲戚，拘圉其叔父寘诸冥室椟棺之中。”冥室即暗室，此处指的是专用于停放棺柩，以免尸体在夏季腐败的一种大型地室。在楚国还有较这两种性质的地室修筑得远为富丽宏大的地宫，地宫修于楚王和封君的朝堂、寝宫之下。《左传》成公十二年载：“晋郤至如楚聘，且莅盟，楚子享之，子反相，为地室而悬焉。郤至将登，金奏作于下，（郤至）惊而走出。”这地室即是筑于朝堂之下。张良皋分析并解释这种“地室”的形制说：

> 楚人在地下室布置乐队，比当时（乃至后世）置乐工于堂陛或廊庑要庄严雅致，郤至虽是大国使臣，却未见过此类场面，以至出了“洋相”。这一段戏剧性的故事使我们得知楚国的殿堂是楼房：正屋在上，附属设施在“地室”。楚国诸都，多近水边，不可能掘地为“窟室”，而且乐队若在地下窟室内，指挥者就不便见到贵宾莅临而令金鼓齐鸣，声音也不容易传到地面殿堂中来。所以，楚国的殿堂形式应是干阑式建筑之发展。即使建于台上，那台也必汲取

干阑底层的功能而做成空心，以布置附属设施如“乐池”之类。[1]

对张先生的意见，我们不敢苟同。我们认为这地下音乐厅应是地室结构，而不是干栏结构的底层，也不同于现代的乐池。从上引《传》文郤至“惊而走出”可知，初次出访楚国的晋卿郤至直到登上楚宫朝堂“金奏作于下”后，才发觉堂下设有地室，如果是干栏式结构，那在升陛之前就可看见堂下的乐队了。另外，先秦时期别国正卿来访，东道国派出迎候、接待的摈绍人员甚多，而且地室又有台阶通向堂上，稍作暗示，地室乐队人员即可鸣金击磬了，根本不用亲眼看到郤至升陛入堂。根据出土的楚国及曾国成组的编钟、编磬数量及簨簴的长度，可以推见一个配器齐整的王家乐队所占据的乐池空间是非常之宏大的，因此，将楚国王宫朝堂的地室称为“地下音乐厅”绝非虚誉。除楚王外，楚国的封君、贵族也多设有华丽堂皇的地宫，其用途，一是聚众饮酒，二是沉醉于钟鼓。《招魂》卒章曰：“铿钟摇簴，楔梓瑟些。娱酒不废，沈日夜些。兰膏明烛，华镫错些。”像这样子聚众逐欢，而且不分日夜地点烛燃膏，可以设想其场所也是地宫，地宫是掩人视听的最理想的场所。在地宫中饮酒作乐的例证，其他侯国也有，如《左传》襄公三十年载：“郑伯有耆酒，为窟室日夜饮酒、击鼓焉，朝至未已。”晋国也有地宫设施，《左传》僖公二十八年记：晋人“使累（曹君）于晋阳，辱于深室”。这深室即是晋国都城晋阳的地宫。在先秦列国中，楚人修筑地宫的技术最为高明。楚国的中心地带江汉流域，土地卑湿松软，地下水位高，修筑地室存在着诸多不利条件。但从湖北铜绿山和湖南麻阳两地的楚国铜矿故址，以及为数甚多的楚国墓葬的设施来看，楚国在解决地下建筑的支护、照明、防水、排水、通风诸问题上积累了相当丰富的经验，具有很高的技术水平。这些技术手段对于修筑地室也是非常适用的。

① 张良皋．论楚宫在中国建筑史上的地位［Z］．

20. 浴室　楚人好洁成癖，勤于沐浴是日常的一项生活习惯。夏季，楚人多在江河湖泊中沐浴，《九歌·少司命》所谓：“与女沐兮咸池，晞女发兮阳之阿”，即是以楚人的日常生活情态为模本的。其余三季，楚人则多在煮兑的香汤和天然温泉中沐浴。《九歌·云中君》曰：“浴兰汤兮沐芳”。兰，是一种香草；芳，在此指的是白芷，也是一种香草。在兑有煮沸过的这两种香草汁的热汤中沐浴，可使人神清体爽，散发出浓郁的芳香。楚人浴兰汤大致不出私人和公共浴池两种场所。《礼记·内则》谓：男女“不共湢浴”。郑玄注曰：“湢，浴室也。”这种公共浴室，楚国自然也有。据文献记载分析，楚国还在山麓的温泉四周修筑有温泉浴室。《左传》哀公十六年载：楚白公胜发动宫廷政变失败后，“奔山而缢”。《淮南子·道应》与《列子·说符》则记载作：白公胜死于浴室。参合以上记载可知，白公胜是自缢于郢郊外山中的浴室，这种山中浴室自是温泉浴室无疑。

上述种种大小、高低、长短、层楼、结构、繁简不一的宫廷建筑，或疏或密地组合在一起，便形成了一个气势磅礴、宏伟壮观、错落有致的建筑群落。这种群体连续的美远远超过了单座建筑个体的美。日本学者伊东忠太曾经说：“中国建筑之所谓大，不在一物之大而在宫殿楼阁门廊亭榭之相连，俨然成为一群。比较一宇一室之孤立者尤为庄严，而足表示帝王之威严也。”[①] 这个评价对于楚国宫廷建筑也非常合适。楚国宫廷建筑组合成群的方式有三种：（1）套合，即一栋大建筑内分割扞隔出若干单间，如“突厦”“洞房”；（2）层叠，如台上筑宫，合台坛与宫殿为一，再如修建二层或三层式楼阁；（3）衔接，步壛即是在宫殿与宫殿之间起衔接作用的一种建筑形式。除步壛外，还有墙隔两旁的巷道。由于楚国宫廷建筑具有组合性强的特点，故除通道外，门闱设置亦多。棘闱是楚人对宫廷正门、大门的习称。《离骚》：“吾令帝阍开关兮，倚阊阖而望予。”阊阖也属宫廷正门。另外还有许多小门，《离骚》

① 中国建筑史［M］. 上海：上海书店，1984：43.

“闺中既以邃远兮”，王逸注曰：“小门谓之闺。”《说文》：“闺，特立之户，上圜下方有似圭。”比闺还小的门则称为“阁”。

楚国宫廷建筑的美除表现于整体效应外，还表现在建筑细部、木工和室内装饰三个方面。先秦建筑物的细部美主要通过木工表现出来，因而这两个方面实际上是结合在一起的。木材是极易加工、雕刻的对象，楚地饶材，盛产杉、梗、梓、樟、竹、楠、松、柏等建筑、装饰材料[①]，这为楚人大量使用木材、提高木材在土木结构中所占比例，提供了物质条件。伊东忠太说：“中国北部地方，因缺乏木材，故其主要建筑材料，以黏土及砖为必要，因黏土及砖之原料极丰富也……中国中部发达之艺术，活气旺盛，而有活泼之元气。故中国中部之人，才气焕发，有英迈俊敏之资。自古即有‘楚才’一语，楚多才人，非偶然也。其建筑因木材丰富，故自古皆为木造。余在湖南边境发现原始房屋，完全用木材建造，屋顶以茅葺之。其他宫室，亦全用木造，多有一砖不用者。故中国中部之建筑，往往令人生轻快之感。屋顶之弯曲程度，北部曲率较少而中部则甚。其装饰的手法异常复杂。”[②]伊东忠太的上述说法，较为准确地概括出了楚式建筑用木材比例大于北方[③]、屋脊造型富于曲线美（包括檐牙上曲度大）和装饰手法复杂三个特点。这三个特点与本文所列的三个方面基本相合。此外，值得一提的是，楚宫建筑用木多为香木，据王从礼说：“楚国的木工用材，大体为楠木和梓木两种。前者，比例更大一些。因为，楠木质细腻，纹路规整，耐腐蚀，还富有香气。”[④]

楚宫木结构的造型美和细部美，具体表现在如下几个方面：

1. 雕梁画栋　《新序·杂事》载：楚“叶公子高好龙，钩以写龙，

① 见《尔雅》郭璞注《战国策·宋卫策》《山海经·中次十一山经》《国语·楚语下》《史记·货殖列传》。

② 中国建筑史［M］. 上海：上海书店，1984：21、23.

③ 这一传统可追溯到大溪文化时期。参见：江陵毛家山发掘论［J］. 考古，1977（3）.

④ 楚国木工工业初探［J］. 江汉考古，1987（3）.

凿以写龙，屋室雕文以写龙”。《招魂》言楚宫“刻方连些”“仰观刻桷，画龙蛇些”。方连即门楣，它是方角形的横木。王夫之《楚辞通释》说：“刻方连者，雕缀作四方相连，如今卍字。”桷即方椽（榱），是承载茅茨和瓦片的木条。在桷上雕刻显然完成于安装上屋檩之前。桷属于小型的建筑构件，在桷上雕刻较典型地反映出楚贵族与王室对建筑细部美的追求。春秋时期鲁国的庄公在其即位后的二十三年和二十四年（前671—前670）两年中，因用朱漆涂染了桓公庙的门柱（楹），又雕刻了宫殿的方椽，便遭到了国人的非议。据周室礼仪，天子宫桷用斧头砍出轮廓，再以砻与砺石磨光即可，诸侯宫庙方椽砍之砻之，不加细磨，雕刻方椽更被视为非礼。两相比较可见，楚人的宫室建筑较少受到礼制束缚，因而更富于创新、变革精神。

2. 制作透空木格的窗棂和门扉　《九章·涉江》：“乘舲船余上沅兮”，王逸注：“舲船，船有窗牖者。”今按：“舲”，通“棂”，“棂”即是窗。船有窗棂，可证宫室也有窗棂。楚国宫室的窗户一般采取的是榫接木格透空窗的形制。江陵雨台山、太晖观以及天星观的一些楚墓椁室中发现过窗棂结构和彩绘窗棂图案。[①] 浙江绍兴出土的铜房屋模型的两壁的形制为矩形透空格子，无疑也是对楚式窗棂的仿袭。从出土的楚国车厢和床榻采用铜活页装置以起固定、拼接作用的工艺来看，楚宫的有些窗棂可能也采用了这一工艺。透雕门扉的手法在楚宫中也用得非常普遍。《招魂》提到“网户朱缀”，“网”即虚实相间的透空亮隔，“网户”则是镂空作网格状的门。王逸注曰：“言门户之楣，皆刻镂绮文，朱丹其缘。”据此，则楚宫门户除以透雕作为装饰手法外，还要在表面涂上朱漆（还应有黑漆）。《离骚》：“欲少留此灵琐兮”，琐即门扇四缘雕镂部位。《汉旧仪》云：“黄门令日暮入对青琐、丹墀拜。”《音义》曰：“青琐，以青（漆）画户边镂也。”汉代的建筑形制与工艺，主要

① 江陵太晖观五十号楚墓［J］. 考古，1977（1）；江陵天星观一号楚墓［J］. 考古学报，1982（1）.

源于楚国，由此可见，楚国宫廷的窗棂与门户也是兼用朱色和黑色两种漆料。楚国建筑的门梁外面通常还要铺上一层薄板。《九歌·湘夫人》："擗蕙櫋兮既张。"王逸注："擗，析也。以析蕙覆櫋屋。"五臣注："擗析以为屋联。"今按，此句的意思即是剖劈长幅薄板铺在门梁外面。采取这种手法的目的是，薄板易于透雕，可起到装饰门楣和保护门梁两种作用。

3. 在二层楼上用木板铺地　《招魂》"栏层轩些"，轩，即是楼板。下层为土木混合结构，上层则以木结构为主，这是减轻层楼重力、增加楼层的一个良好办法。

楚宫的装饰美具体表现为：

1. 四壁与地面铺设精致　楚宫的墙壁乃是版筑而成的，因而存在着装饰壁面的必要性。最简单的装饰手法即是《招魂》提到的"红壁沙板"，其具体手法是在四壁上铺上一层薄木板，然后刷上白垩、丹砂或粉红色的涂料。稍讲究一点的手法是在板壁上再铺上一层编织细致、精美的细草席或藤皮席。如《招魂》曰："蒻阿拂壁。"蒻即细嫩的蒲草。王逸注谓："蒻，蒻席也。阿，曲隅也。拂，薄也"，"言房内则以蒻席薄床"。这是说居室的地面均铺以蒻席。又，《九歌·湘君》云："薜荔柏兮蕙绸。"王逸注曰："屈原言己居家则以薜荔榑饰四壁，蕙草缚屋。"榑、缚在此均指铺设。此外，《湘夫人》亦云："荪壁兮紫坛"，所谓"荪壁"，即是用"荪"这种香草编席铺壁。铺壁的草席多用漆涂成红色。《招魂》又云："经堂入奥，朱尘筵些。"尘，即承尘，也就是现在平房的屋顶棚，它铺在方连、檩、梁之上，瓦板之下，承接屋顶上的灰尘。筵，则是竹席。王逸曰：此"言升殿过堂，入房至室奥处，上则有朱画承尘，下则有簟筵好席，可以休息也"。用编织着精美图案，色调和谐、纹路细密的草（或竹皮、藤皮）席铺设地面、四壁和屋顶，具有浓郁的民族风格和特殊的美感，可惜的是这一优良传统在汉民族中没有得到继承和发扬。楚人用以铺设壁面的材料还有石板，《招魂》云："砥室翠翘。"王逸注曰："言内卧之室，以砥石为壁，平而滑泽。"楚宫有些厅堂的地面也铺上了一层晶莹、光洁的石板，如《九歌·东皇太一》云："瑶席兮玉瑱。""瑶"是一种品质与玉相近的美石，"瑶席"就是用这种石材制成的地板。

2. 髹漆　楚国的髹漆工艺技术在战国时期达到了当时首屈一指的地位。郭宝钧曾谓："加丹木器，殷代西周已有，涂漆木器，春秋初始偶有发现，到战国始盛用，惟多出于南方，且有彩绘精美者。"①《史记·滑稽列传》载：秦"二世立，又欲漆其城"。实际上，漆城之事是没有的，漆宫之事却是有的，尤其是在楚国②，宫廷建筑的墙板、窗棂、楹柱、栏围、方连、檩梁上髹漆是一项很常见的装饰手法。《九歌·河伯》曾提到"朱宫"，王逸注："朱丹其宫。"朱丹其宫就是在宫室木结构上涂一层朱红色的漆。西周时使用的漆，主要为朱红和褐黑两种颜色。褐黑是漆的本色，加辰砂（硫化汞）后即成红色，因加丹的漆使用较普遍，故髹漆工艺又通称"丹雘"。但实际上除朱、黑两色外，楚国的漆还有白、黄、石绿等色。漆的特性是愈潮湿，愈凝固，"丹宫"除了可使宫室的木质部位产生光彩照人、富丽堂皇的视觉效果外，还可防止木结构受潮朽坍。楚宫大量使用髹漆工艺也与南方潮湿、多雨的特点有关。

3. 壁画　在朝寝庙祠的壁面上用颜料和彩漆施绘出大幅或满堂的壁画（楹柱、屋梁上除加以刻镂外，也兼施以彩漆），是楚人装饰宫廷的一种重要手法。湖北江陵楚墓出土的木雕小座屏、木雕箭箙、虎座立凤悬鼓、虎座飞鸟、镇墓兽以及河南信阳楚墓出土的锦瑟上通体皆绘以彩漆图案，颜色除红、黑之外，还有黄、绿、草绿、褐、褐红、金黄等多种色调。这些漆绘图案，有的给人以古朴典雅的感觉，有的显得"琦

① 中国青铜器时代［M］. 北京：生活·读书·新知三联书店，1963：91.

② 不少侯国的贵族宫室往往只在门扉上涂一层朱漆，而不是满堂涂漆，如《礼记·曲礼上》孔颖达疏云：周礼九赐，"四曰朱户"，便指的是受命大夫才可享受门上涂朱漆的特殊待遇。天子、诸侯按礼可在楹柱上涂青黑色的漆，涂丹漆则被视为非礼，如《春秋经》庄公二十三年记：鲁庄公"丹桓宫之楹"，遭到非议。

玮僪佹”，具有狰狞、古怪和神秘的美感。同样的漆绘手法显然也会用在壁画和室内的木柱、板条上。东汉南郡人王逸《天问章句》云：屈原“见楚有先王之庙及公卿祠堂，图画天地山川神灵，琦玮僪佹及古贤圣怪物行事。周流疲倦，休息其下，仰见图画，因书其壁，呵而问之”。参以《天问》中屈原问及的对象来看，有关宇宙发生、人类起源、神团斗争的传说，鲧、禹、尧、舜、夏启、商汤、周公、齐桓、晋文等著名历史人物的故事以及有关奇兽、异石、怪草的谣训等上古文化传述的主要内容——如果不是全部的话——几乎都被楚人绘在了阔大的殿壁上。换句话说，《山海图》中所有的题材，也就是楚宫壁画上的题材。不过，楚宫中最常见的壁画和梁柱漆绘的母题是神龙和表现神龙盘旋飞升的云彩，具体手法有写实的，也有变形的。如《天问》：“白蜺婴茀，胡为此堂？”王逸注云：“蜺，云之有色似龙者也。茀，白云逶迤若蛇者也……盖屈原所见祠堂也。”与王逸同为东汉人的王充在《论衡·乱龙篇》中也曾追叙说：“楚叶公好龙，墙壁盂樽皆画龙像。”

4. 轻柔的墙帏和珍奇的陈列　郭宝钧曾谓：“今观长沙楚墓发掘，信阳楚墓发掘，所出的漆器之绚美，绢帛之旖旎，如果用它把住室装饰起来，应真个是富丽堂皇，令人心惊目眩。楚人有此工巧及珍贵的物资资料，他们岂能只为填充幽宫，而不用以装潢住宅，丹漆楹楣么？”①郭先生的这番话从文献与考古两方面来看，都是有根据的。《招魂》提到“纂组绮缟，结琦璜些。宫中之观，多珍怪些。兰膏明烛，华容备些”，“翡帷翠帐，饰高堂些”。以及“翠翘”“曲琼”“罗帱”“玄玉”和《九歌·湘夫人》提到的白玉镇石，都属于宫室的内部张设和陈列。其中，“纂组绮缟”“翡帷翠帐”“罗帱”是各种质料的墙帏、床帐与起隔墙、屏风作用的垂帷。这些帷帐的下端皆垂着流苏，流苏上系结着各色美玉、珍珠和料珠。楚国宫廷中的这种装饰风尚，在考古发掘中得到了证实。据介绍，“一些大型楚墓的木椁内壁挂有用绢绸织物制作的这种

① 中国青铜器时代［M］. 北京：生活·读书·新知三联书店，1963：140.

帐帷装饰。著名的曾侯乙墓椁内就钉有张挂这些帷幔的一排排竹签。楚国故地在汉初时此风不减，长沙马王堆一号汉墓北边厢四壁就张挂着丝织的帷幔”[①]。《汉书·贾谊传》载：“庶人屋壁得为帝服。”这种以名贵质料制作墙帏的风尚，也应与楚文化的影响有关。在四壁铺设墙帏，帏上、梁下覆以承尘的罗帱、翠帐，这原是从戎、狄等游牧部落的居住样式转化而成的一种装饰风格。《周礼·天官·幕人》：“掌帷幕幄帟绶之事。”《掌次》：“王大旅上帝则张毡案，设皇邸。朝日，祀五帝，则张大次小次，设重帟重案。”其中，帷幕即今蒙古包，幄、次是小型蒙古包，毡案是覆以毛毡的床。由此可见，北方游牧部落的居住样式早已融入周文化内部。较之周文化，春秋时期的楚文化在居住习俗上受戎狄影响稍微要小一些，如从《左传》的记载中可以发现，姬姓诸国野战宿营设施都是帐篷（幕），而楚军则多是建筑简易土屋，也就是“筑室”。楚人在宫室内大量张设、垂挂各种类型名贵的帷、帐，当是从春秋后期发展起来的一种装饰风。在前述几种室内陈设和装缀中，“翠翘”是长尾禽类的尾羽，悬在砥石墙壁上，其作用或说是装饰，或说是用于拂扫墙尘，或说是与玉钩（曲琼）附在一起悬挂衣物。“翡翠”也是毛羽鲜丽的鸟羽，它们缀连在帷帐上，与悬在墙上的“翠翘”相互辉映。“玄玉”即黑玉，它镶嵌在梁檩上泛着幽幽的光彩。将蚌片、绿松石镶嵌在漆器上以及在漆器表面贴金、银箔片、丝，设置铜部件，是西周以来装饰漆器的几种常见的手法。[②]汉代漆器上还经常镶嵌着骨角器、玛瑙、料器、水晶、玳瑁等。[③]据此，我们推测楚人装饰梁檩的手法绝不止于镶嵌黑玉这一项，还应包括上述几种漆器装饰手法。《湘夫人》提到的白玉镇（瑱），平放在厅堂与内室的四角，用于镇压筵席，免其皱折。至于宫中陈列的其他珍怪，《招魂》未加详述。王逸注云：“金玉为

① 康定心，康广志．考古释《招魂》[J]．江汉论坛，1983（1）．
② 殷玮璋．记北京琉璃河遗址出土的西周漆器[J]．考古，1984（5）．
③ 李正光．楚汉漆器概述[J]．湖南文物，1986（1）．

珍，诡异为怪。言纵观房室之中，四方珍奇玩好怪物，无不毕具也。”这个解释是非常可信的。此外，在楚宫的窗棂上还垂有各种材料编织的遮帘。《九歌·湘君》曾提到“薜荔柏”，薜荔是一种缘木而生的草，柏与箔相通，即帘子。另据《国语·楚语上》记载，楚左史倚相曰：“位宁有官师之典。倚几有诵训之谏。”“宁”指的是门屏之间的一块空间，从这句话可以看出，楚宫的门后堂前均立有屏风。“几”是案几，用途是就餐时摆设饮食之物，休息时倚靠身体，“隐几而卧”。据介绍，“凭几的形制，长沙古（楚）墓中已有出土……。从外形看，几的主体部分，宽展适度，作扁圆状，两端慢慢收拢然后垂直下弯，足底部有方木横出，平稳的支持着几体全身，外表加绘彩漆，相当美观。”① 烛座也是楚国宫室内的一种重要的用具和装饰品。《招魂》：“兰膏明烛，华镫错些。”镫，即烛座。有了烛座，就不必专门使人“执烛隅坐”照明，而且可以根据需要，任意安排灯烛的方位和数量，使宫室在夜间也亮如白昼。灯座最早见于《招魂》的记载，可见烛座是楚人的发明。

在楚国上层社会的宫宅居室中还有一样非常重要的生活用具——卧具。楚人的卧具就是床，楚方俗语谓之“笫”。床在我国至晚于商代即出现。现在我们能够看到的先秦床的实物只有楚床。楚床制作的工艺水平之高，早在先秦已让时人瞠目结舌了。《战国策·齐策三》载：“孟尝君出行国，至楚，（楚）献象床。”所谓“象床”也就是用象牙精雕细刻而成的床。这种床可以称得上先秦卧具中的极品了。就一般的床来讲，楚国主要流行三种形制：一种是竹编的笭床，长沙楚墓中曾出土过，这种床凉爽、散汗，是夏天乘凉和睡眠用的床；一种是固定式的木床，如河南信阳长台关一号战国楚墓出土的一架长 2.18 米、宽 1.39 米、高 0.61 米，周边用木栏围绕的六足漆木大床②，这是一种供日常卧息的

① 张亮采．中国家具的演变及其相关礼习问题［J］．东北师人学报，1984（3）．
② 详见《河南信阳楚墓出土文物图录》，图 106、107；参见《中国家具的演变及其相关礼习问题》。

床；一种是折叠式的床，它适于携带，为王者巡幸、游猎和贵族行军时所用。《左传》宣公十五年记楚师围宋，宋华元夜登楚司马“子反之床”。这种行军所用的床榻可能就是折叠床。1987 年在湖北荆门包山 2 号战国楚墓中发掘、清理出了一架折叠床，它有床身、床栏、床足三个部分。床身由两个形制完全相同的方形框架拼合而成，每个框架可分解为五型八个条形方木状构件。联结构件的方法为榫卯、活动木轴和钩状拴钉固定。床栏以竹、木条做成，呈方格状。横栏四行为木质，最上一栏为圆形木棍，下边三栏为扁圆形木棍，在四行圆棍上透穿圆孔，插进圆竹棍，做成竖栏。床足分两种类型，四角为曲尺形足，中部为长条形足。整床拼合全长 220.8 厘米、宽 135.6 厘米、通高 38.4 厘米，其中床栏高 14.8 厘米，床屉高 23.6 厘米。两边床栏中间留出 57.6 厘米的缺口以供上下。床通体皆涂上了一层发亮的黑漆。① 在该墓中还发现了与床有关的茵席和竹帘。竹帘在床架的东侧，共有竹帘杆 255 根，帘杆表面刨光，未髹漆，每根帘杆在距一端 6.5 厘米、34.9 厘米、70 厘米、98.5 厘米处，分别有四个直径 0.3 厘米的人工穿孔，供穿编连线挂帐用。竹帘宽度刚好与床身方框两浅槽间的距离相合。据推测，竹帘原分两床，分别放入床的两半部浅槽内，起床板的作用。另外，在折叠床上压着几床草席，草席之上又压着一床已腐烂的丝绵被。②《周礼·天官·掌次》载：王者“祀五帝”则设“重案”，重案即是在床上覆以两重之席，楚人擅长编织，故贵族日常铺叠的床席便在两层以上。楚贵族被褥的考究，《招魂》亦曾述及：“翡翠珠被，烂齐光些。”指在锦绣被褥上缀以翠鸟的羽绒和熠熠生辉的珍珠。为了避免蚊虫叮扰，楚人还以不同质料制成了形式各异的床帐。《九歌·湘君》提到过“薜绸”，薜是一种香草，绸，即床帐，薜绸当是一种草织床帐。《招魂》另外提到的“罗帱”，则是一种细纱疏织，既透风又可防蚊的丝帐。五光十色、富丽堂

①② 吴顺青，徐梦林，王红星．荆门包山二号墓部分遗物的清理与复原［J］．文物，1988（5）．

皇的室内陈设和布置，对楚国宫廷建筑起到了绝妙的烘托和升华作用，在一定程度上也掩饰了中国传统的土木建筑与西方巨石建筑相比所缺乏的崇高美和坚实美，使人置身其间油然生出一种迷离恍惚、宛入仙境的感觉。

第三节　行宫与高台建筑

最能反映出楚人建筑特点和工艺水平的，不是都城内的宫殿建筑，而是游苑区的行宫、高台建筑。先秦文献及出土的楚国竹简、金节表明，春秋战国时期的不少楚王均流连行宫，乐而忘返。如《左传》文公十年记：楚成王居“渚宫”，渚宫是筑在水中洲土上的一座行宫，其地在当时的郢都之南。《史记·楚世家》载：“楚灵王乐乾溪，不能去也。”乾溪在今安徽东南，楚灵王在该地筑有行宫、层台。又，《鄂君启节》记云：“（怀）王居于茂郢之游宫。”从传世古玺中可发现，楚国还有江陵、上场（唐）、鄗等行宫。[①] 楚王缱绻于行宫的秘密可用一句成语来概括——金屋藏娇。“金屋”在此指的是高耸的层台式宫馆，“藏娇”指的是馆中通常居住着一位专宠的夫人，前面提到的江陵、上场两行宫中便分别居住着一位夫人。“金屋（高台）藏娇”，有着极其久远的神话、民俗背景，它的渊源至晚可以追溯到先商民族的文化传述，其更早的渊源则是远古的圣处女崇拜。《离骚》“哀高丘（台）之无女”，《吕氏春秋》“有娀氏有美女，为之高台而饮食之”。《史记·赵世家》记载的赵武灵王游大陵、梦处女故事，以及吴之馆娃宫、楚之高唐观，便均是远古圣处女崇拜的遗俗。当然，楚国的行宫并不都是为了藏娇而设，也不是所有的行宫都有层台建筑。

楚国兴建层台酝酿于庄王时期，《楚史梼杌·筑台第二十四》载：“庄王筑层台，延石千里，延壤百里。”但这座层台兴工未几便因诸御

① 李学勤.楚国夫人玺与战国时的江陵［J］.江汉论坛，1982（7）.

进谏而中辍。《国语·楚语上》记伍举曰："先君庄王为匏居之台，高不过望国氛，大不过容宴豆。"说明终庄王之世，楚国只有低矮的土台，而没有高耸的层台。直到春秋后期的灵王在位期间，楚国才正式开始大建行宫与层台。《左传》昭公七年记："及（灵王）即位，为章台之宫。"又记："楚子成章华之台，愿与诸侯落之。"同年《传》又称章华台为"新台"，这"新"指的是形制上新——层台，而不是相对于旧台——普通单层夯土台——在使用年代和成色上的新。在筑章华宫和章华台后，楚灵王又出于游观和备吴的需要，在淮河流域修筑了乾溪之台。陆贾《新语》云："楚灵王作乾溪之台，百仞之高，欲登浮云窥天文。"这台显然也是层台。灵王之后的历代楚王在江北之梦和江南之梦两大游猎区内，又相继修建了许多层台或层台式建筑，见于古籍记载的便有：云梦之台（又名云阳之台、高唐之台）、钓台、社台、渐台、京台、五乐台（又名乐台）、豫章台、九重台等。[①]

在楚国所有的行宫和层台中，代表楚国建筑艺术的最高成就、在中国建筑史上也占据着极其重要地位的建筑，乃是章华宫建筑群及耸立其中的章华台。[②]章华宫的营建前后花费了七年之久，动用民工不计其数。《国语·楚语上》记伍举谏灵王曰："今君为此台也，国民罢焉，财用尽焉，年谷败焉，百官烦焉，举国留之，数年乃成。"边让《章华台赋》云：楚灵王"作章华之台，筑乾溪之室。穷土木之技，殚珍府之实，举国营之，数年乃成"。作为主体建筑的章华台，据《水经·沔水注》载：

---

① 分见宋玉《高唐赋》、司马相如《子虚赋》、刘向《列女传》、董说《七国考》、《水经·江水注》、《韩诗外传》卷八及《明一统志》。

② 不少学者将章华宫与章华台视为两个概念和实体，认为章华台是指一个建筑单体而言，章华宫则是一个巨大的宫殿体系的总称。我们认为这一看法并不符合古籍记载，章华台与章华宫实际上是同一座建筑的不同称谓。但是，在古籍中也确实存在着广义的章华台（宫）和狭义的章华台（宫）混用的问题，广义的章华台（宫）是建筑群和一处规模很大的别宫，狭义的章华台（宫）则是一座单体建筑。从这一考虑出发，我们采用多数学者的说法，姑且以章华宫指建筑群，以章华台指单体建筑。

“台高十丈，基广十五丈”。因台高，拾级而上者中途要停下来休息三次，故又名“三休台”。[1]除了主体建筑外，章华台周围还修筑有一系列配套性的园林设施。《国语·吴语》载：楚灵王“乃筑台于章华之台，阙为石郭，陂汉，以象帝舜”。韦昭注曰：“阙，穿也。陂，壅也。舜葬九疑，其山体水旋其丘。故壅汉水使旋石郭，以象之也。”这表明章华台周围有曲水环绕，曲水源于汉水，是经人工修筑的运河引来的，在曲水之上还耸立着九座巨石雕凿而成的观阙。费工之大，景象之壮观，在今日也是比较少见的。有学者认为，楚灵王“阙为石郭，陂汉，以象帝舜”是生前营建冢陵。这种看法是不恰当的，九嶷在楚人心目中并不仅仅是传说中舜的葬所，而是南方的一处圣地。楚灵王模仿九嶷舜庙，目的是为章华宫园林增添一种神圣的色彩，并不是什么生前营陵。《初学记》卷七载：秦“始皇引渭水为长池，东西二百里，南北二十里，筑上为蓬莱山，刻石为鲸鱼，长二百丈”。也不是生前营陵，而是装缀上林苑中的园林景点，并为之增加一层神秘的色彩。

在章华台完工后，为了炫示于诸侯，楚灵王及其太宰薳启强不择手段地强请鲁昭公赴楚参加“落礼”。盛典之后，楚灵王在邀请老臣伍举登台观赏时仍然自抑不住地问：“台美乎？”再以后北狄使臣之楚，“楚王欲夸之”，特意将接见场所安排在章华台。凡此种种，无不表明章华台在规模、形制上均有重大的突破，是在当时称得上“奇观”的一座建筑丰碑。顾颉刚在《史林杂识初编·台》文中说：“春秋时，台之最侈丽者无若楚之章华。”不失为公允之论。也正因为章华台显示出了前所未有的独特风貌和造型美，所以它很快就成为列国竞相仿建的对象。张衡《东京赋》说：“楚筑章华于前，趋筑丛台于后。”首先是齐国，在景公时仿建了章华台，并一仍楚国旧名。接着是秦国，《史记·廉颇蔺相如列传》记：“秦王坐章台见相如。”所谓“章台”乃是秦国章华台

① 贾谊.新书·退让.

的省称。宋玉《登徒子好色赋》："是时秦章华大夫在侧"，便证明秦之章台全称是章华台。

楚国章华宫及章华台的遗址在湖北潜江龙湾迄西地带。1987 年，湖北荆州地区博物馆和潜江县博物馆在该地区进行了小面积的挖掘，使一部分沉埋在表土层下的章华宫建筑群落遗址重新显露了出来。这片建筑遗址现被定名为"章华台遗址"，它东西长约两千米，南北宽约一千米，内中包括了放鹰台、荷花台、打鼓台、小章台、郑家台、华家台等十余座残台基。它的建筑时间大致在春秋中晚期，早于纪南城，废弃时间则与纪南城同时。

在这群建筑遗址中最引人注目的是位于东部的放鹰台遗址，不少学者认为它就是章华台的残迹。该台海拔高度为 32.75 米。高出周围原始地面 7~9 米，据说几十年前该台比现在还要高出 2~3 米，台基南北长约 75 米，东西宽约 60 米，该台基为两层结构，"下层基址直接建在夯土台基上，上层台基位于夯土台基中间部位，先将夯土台基下挖 20 厘米，填红烧砖坯、瓦片以作台基基础，在基础上用（灰色）砖坯垒砌台基"[①]。在下层台基的东侧南端发现了一座东侧门，门道南北走向，宽度为 1.25 米，两侧门垛，也就是史书所称的"观阙"，高 0.9~1.15 米，是用砖坯垒成，呈曲尺形，其西侧与上层台基连成一体。在下层台基的东侧和南面各有一条贝壳铺砌的通道，其中东侧贝壳路与东侧门在一条南北直线上，已揭出长 10 米、宽 1.1 米的路面，贝壳呈横人字形排列，密集地反扣在路面上。放鹰台的观阙和贝壳路设施，在《楚辞》中可得到印证，如《九歌·河伯》云："紫贝阙兮朱宫。"《湘夫人》云："荪壁兮紫坛。""坛"可作两种理解，按一般语义，坛与台、观相通，按楚方俗语，坛又可指"中庭"。《楚辞·七谏》："鸡鹜满堂坛兮。"王逸注曰："平场广坦为坛"，即是以"中庭"释"坛"。所谓中庭也就是

① 陈跃钧．潜江龙湾章华台遗址的调查与发掘［M］// 楚章华台学术讨论会论文集．武汉：武汉大学出版社，1988.

穿过两阙通向正殿的大道。放鹰台贝壳路虽然不是中庭，而是廊道，但却证明了《九歌》的记载是有根据的。①

在放鹰台东侧门的南北两侧，保存有完好的居住面，厚 1~2 厘米，为质地坚硬的红烧土。在贝壳路的东侧发现了一块略向东倾的散水地面，地面上铺着大量的绳纹灰瓦片。在下层夯土台基上还发现了一些排水用的明沟槽以及支撑梁、檐的圆形柱的洞口。现存上层台基高出下层台基 1.2~2.5 米，经初步揭露，南北长 25.2 米，东西宽 15.25 米，是一座坐西朝东的宫殿建筑。其布局为正殿居中，左、右各有一侧殿，俯视为“凹”形。在上层台基上发现了砖坯墙面、两层台阶结构的半明半暗方形大柱洞、地沟及小型柱洞。砖坯墙四周与台基连成一体，现存高度在两米以上。墙外涂了一层细泥，泥外再涂一层红色。方形明暗柱洞共发现了 12 个，每个柱洞一半设在台基边沿的墙体内，横断面呈“ㄩ”形，柱洞底铺了一层红烧碎砖瓦片作为柱础。柱洞台阶层的宽度为 1~1.5 米，长度大约与宽度相等，在墙体外侧和台基内密布着不少纵横交错的暗沟，这些暗沟是用来安设地梁以稳定整个基上建筑的。在台基上还发现了不少圆形、半圆形和多边形的小柱洞，它们有些是地梁的暗柱，有些则是支撑梁檩的屋柱，同时也起到暗柱的作用。② 在下层台基上发现

---

① 冀凡．放鹰台楚宫遗址贝壳路与屈原之《九歌》[M]// 楚章华台学术讨论会论文集．武汉：武汉大学出版社，1988.

② 参见陈跃钧：《潜江龙湾章华台遗址的调查与试掘》。据陈跃钧研究，上层“台基的垒法是，先在下层夯土台基上，下挖 20 厘米左右的基坑，浅坑内填碎砖瓦片，作为基础，在基础上用稀而细的泥一层一层地浇筑（不是用预制砖坯垒砌，而是用稀泥现场浇制）。整个台基的每一层都是一次浇筑而成。同时在开始浇筑时，就将预先设计好的基内柱洞和沟槽留出来。当台基浇筑到 1.1 米的高度后，就将所有的大台柱和台基内的各种小暗柱全部安上去，然后绕墙侧面四周，安上长 40 厘米、宽 30 厘米的侧栏木，将四周大台柱的外侧管住；在台基内侧的沟槽内安上纵横交错的地枋，从内侧将大台柱顶住，而这些地枋又被基内各式小木柱管住。这样就在整个泥浇土台内加进了木骨，使台基和大台柱均得到加固。在这套加固工序完成之后，又继续一层一层地浇筑，直至台的顶部。因台的上部已被破坏，估计在接近台面时，也会用以上同样的木骨加固”。(《楚台“章华”初考》，打印稿）陈跃钧是章华台遗址发掘的主持人，他作的上述推想是值得注意和尊重的。

了相当数量的建筑坍塌堆积物，其中有残铜门环、灰色模制和手制的筒瓦、板瓦和瓦当。堪称重要发现的是，筒瓦中有一种上端穿孔、下端内壁带瓦钉的宫殿用瓦和长方形、四棱锥形两种原始红砖。后一发现表明，“楚国是东周列国中最早掌握了烧砖技术并将砖作为建筑材料的，它将我国的用砖时间至少提早到了春秋战国之际”。①

根据现有的勘查资料，我们可以初步断定，放鹰台的台上建筑为“四阿重屋”土木结构，第一层台基的东侧有回廊（贝壳路）和散水，即说明这座坐北朝南的建筑东、西两侧均有披檐。另从该建筑墙体内半嵌着粗大的方柱，为了加固方柱，又设置了不少地枋来看，大方柱的载重量无疑很大，很可能在第一层砖墙建筑之上还有一层至两层木板墙结构的建筑，也就是说整个台上建筑为两至三层。考古勘查发现，放鹰台原始居住面和墙面烧烤的火候都很高；砖坯台基上凡是和柱洞沟槽接近的部位都被烤烧坚硬，柱中及沟槽内含有大量木炭灰；废弃堆中的大量瓦片均呈红色且火候很高，而台基边沿的瓦片呈灰色。② 这反映了该宫殿的木材使用量非常之大，因而在焚烧倒塌时才能将火势延及的台面及坠落下来的碎瓦烧出如此之高的火候。放鹰台是否为章华台尚需存疑，但在章华宫建筑群落遗址中，它仍不失为一座突出的建筑。它具有的一个典型特征就是层台式结构。而在纪南城、安徽寿春等遗址发现的楚宫建筑，却概为单层低台建筑。因此，可以说高耸的层台也是楚国游宫建筑区别于都城内的宫城建筑的一个显著特征。③

高台建筑在我国至迟产生于夏代，《左传》昭公四年记椒举曰：“夏启有钧台之享。”于省吾说：“甲骨文有东单、西单、南单、北单四种地名……我认为四单的单字应读为台，单、台双声故通用。台乃后起

---

① 王劲 . 序言［M］// 楚章华台学术讨论会论文集 . 武汉：武汉大学出版社，1988.

② 陈跃钧 . 潜江龙湾章华台遗址的调查与试掘［M］// 楚章华台学术讨论会论文集 . 武汉：武汉大学出版社，1988.

③ 杨权喜 . 楚宫的新发现［M］// 楚章华台学术讨论会论文集 . 武汉：武汉大学出版社，1988.

字。”[①] 今按：甲骨文墉字作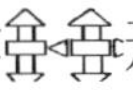形，表示城中有高耸的楼台亭榭。另见诸文献记载，商纣时有“鹿台”[②]、西周穆王筑有“重璧之台”[③]、赧王有“逃责（债）台”[④]、晋平公筑有“藏宝之台”[⑤]、齐管仲筑有“三归之台”[⑥]、鲁庄公筑有“郎”“薛”“秦”三台[⑦]，这些台都属于单层高台类型。最早的层台遗址发现于现在的四川成都，据考古发掘报告，1956 年在成都羊子山清理了一座西周春秋之际（或春秋时代）的土台遗址，该土台形制为三级四方形台，总高 10 米，最下一层的边长约为 104 米，三层边缘均为土砖砌成的土墙围绕，每层土墙宽度均为 6 米，三层墙的水平间距为 12 米，总共用砖约 1376496 块[⑧]。春秋乃至战国时期楚蜀关系非常密切，因而，可以推测楚章华宫采取高耸层台形制当是受到蜀国层台建筑启发的结果。值得注意的是，楚放鹰台第二层台是用土砖砌成的，而台上又有原始红砖砌成的墙壁，这与成都羊子山土台明显具有渊源与继承、发展的关系。杨权喜在考察了放鹰台遗址后，曾发表了一个很有价值的见解，他说：放鹰台“两层台基之间的立壁，有砖的质地，而无砖的形状，似先垒成墙壁后经烘烧的。这种制壁的方法，早在新石器时代的大溪文化中就流行，而出现在东周时代还是第一次”。[⑨] 我们知道大溪文化在后世的传人主要为巴、蜀两族，说楚国的层台建筑是受蜀文化的影响，这种先垒后烘的制墙工艺也可算作一条证据。二层高台式建筑在秦都咸阳也曾发现过，时代属战国晚期，无疑是楚国层台建筑风格影响下的产物。

① 甲骨文字释林·释四单［M］. 北京：中华书局，1983.
② 逸周书·克殷.
③ 穆天子传（卷六）.
④《史记·周本纪》注引《帝王世纪》.
⑤ 韩诗外传（卷十）.
⑥ 论语·八佾.
⑦ 左传·庄公三十一年.
⑧ 成都羊子山土台遗址清理报告［J］. 考古学报，1957（4）.
⑨ 楚宫的新发现［M］// 楚章华台学术讨论会论文集. 武汉：武汉大学出版社，1988.

关于章华宫建筑群的范围，有的考古学者，如陈跃钧推测，次于纪南城，大于楚国的其他都邑。但也有一些学者，如张正明、郭德维等则认为，它的范围非常广大。张正明说："章华宫除章华台外，还应有许多建筑，或与章华台近连，或与章华台遥属。"又说："章华台落成之后，文献未记楚灵王又到江南之梦去。当然，这并不意味着楚灵王不再到江南之梦去，而是文献不再把那里称为江南之梦了。由此可知，章华台筑在江南之梦中。章华台之名既显，人们就觉得没有必要再把那里叫作江南之梦了。"[①]郭德维说："潜江龙湾遗址总面积约200万平方米，这个面积用于田猎、游乐，显然有些嫌小。据这次到会的监利县的王维清同志介绍，监利也有个章华台，当地叫天竺山，其台比放鹰台更高大，距放鹰台的直线距离不过三四十华里。而龙湾与监利实际也连成一片。说得更确切些，都应是古代华容县的范围。因此，依我想从监利天竺山到潜江龙湾可能都是章华宫的范围。"[②]我们倾向于张、郭二位的看法，因为章华宫是游宫，它的范围是不能以某几座或某一片建筑实体或群落为限的，与章华宫有关的游乐、憩息与狩猎地带均属于章华台游苑区。春秋末至战国时诸侯有两种囿苑，一种是小囿苑，设在宫城内，其职掌者见诸《周礼》为地官属僚囿人，另一种是国隘之内、都郊之外的大囿苑，如《七国考》卷十二《田齐刑法·麋鹿之禁》引孟子曰："臣始至于境，问国之大禁，然后敢入。臣闻郊关之内，有囿方四十里，杀其麋鹿者，如杀人之罪。"可见大囿苑的范围远较小囿苑要大。楚国由于幅员广阔，故其大囿苑的规模、范围较之先秦列国又要大得多。《襄阳耆旧记》云："楚王好游猎之事，扬镳驰逐乎华容之下，射鸿乎夏水之滨。"这就是说今湖北江陵以南一大片方圆近千里的地区，均为楚王的大囿苑——游猎区。张正明说："章华台是我国第一座层台累榭，

① 章华台遗址琐议［M］//楚章华台学术讨论会论文集．武汉：武汉大学出版社，1988.

② 潜江龙湾遗址与章华台［M］//楚章华台学术讨论会论文集．武汉：武汉大学出版社，1988.

章华宫是我国古代第一座大型的游宫……后世的游宫建筑和园林建筑，实以章华宫为嚆矢。”① 这些评语是恰如其分的。

第四节　庶民住宅与作坊

纪南城考古勘查的资料表明，楚国的庶民住宅与宫殿、官署和少数贵族府邸的一个很大的不同点，就是它们都是平房，而不是高台建筑（相当多的一部分贵族府邸也不是高台或台式建筑）。如主要是平民居住区的纪南城徐岗区、新桥区，前者仅有两座规模较小的夯土台基，估计是少数大贵族邸宅，后者有六座夯土台基，有的附近发现有铜、锡炼渣和红烧土块，估计是官冶作坊建筑遗址。庶民住宅的墙体，可能有版筑和栽设木柱、柴、竹作为墙骨的土木混合结构两种形制。在湖北屈家岭新石器时代遗址中，曾发现过用稻谷壳混拌黏土的筑墙方式。此后，随着商文化的南渗，始于仰韶文化半坡或庙底沟阶段的木骨合泥式的筑墙技术，也传到了南方的江汉流域。所谓木骨泥墙的具体筑法与过程是，在墙基上栽埋木柱，木柱间再密植小细柱，然后填充苇索等物，外涂草筋泥。② 我们估计，这两种方式均为楚人所继承，并体现在楚式土木混合墙体的筑造工艺上。楚国地处南方，气候潮湿多雨，地下水位高。单一的泥土墙结构受潮和被水长期浸润极易颓坍，因而土木混合墙体较之单纯的夯土墙更适于南方的房屋建筑和自然环境的要求。考古界的学者曾分析说：“大概随着夯筑技术的成熟，从二里岗期起在黄河流域就逐步用夯土墙来代替木骨泥墙，而在此长江沿岸地区则这种筑墙术有可能沿用较久。”③ 这个分析无疑是正确的。

据考古资料所示，春秋末至战国时期的楚都纪南城内的庶民住宅

① 章华台遗址琐议［M］// 楚章华台学术讨论会论文集 . 武汉：武汉大学出版社，1988.

②③ 盘龙城一九七四年度田野考古纪要［J］. 文物，1976（2）.

多数是以瓦来铺盖屋顶的。纪南城龙桥河西段是制陶官窑和民窑十分密集的地段，其中有些窑是专门烧瓦的，在这一地段的表土层下和古井内采集到了大量的筒瓦和板瓦。[①] 我们知道，瓦的材料来源方便，烧制工艺也比较简单，但不便运输、容易损碎，先秦时代的通常习惯是，就地取材，就地烧制，满足当地的需要。因此，纪南城瓦窑的产品，除了满足宫殿、官邸的建筑需要外，肯定还有相当大的一部分用于满足城内平民住宅建筑的需要，纪南城内的人口密度相当大，桓谭《新论》曾记："楚之郢都，车毂击，民肩摩，市路相排突，号为朝衣新而暮衣蔽。"[②] 据马世之估计，郢都高峰时期的人口数在 30 万左右，户数在 5.97 万以上。[③] 人口密度大，房屋建造、排列得自然也比较紧密，住宅前后的隙地也非常局狭，不可能在房屋四围修建柴藩院落。《左传》襄公十一年"筚门闺窦之人"，说的是庶人，筚门是院落的柴门，闺（圭）窦是住室的门户，杜预注曰："穿壁为户，上锐下方。"看来，郢都的普通民居多无筚门，而只有穿墙而设的小门——圭窦。家与家之间只能鳞次栉比地排列成行。在这种情况下，对于防火来讲，瓦顶较之茅茨的安全系数便大得多了。

为了加强对居民的管理，楚都设立了严密的里闾制度，二十五家编为一里，由里尹管理。里与里之间有巷道相隔，里有闾门，晨启昏闭，如《九章・哀郢》："发郢都而去闾兮。"洪兴祖补注曰："闾，里门也。"又，《天问》："何环穿自闾社丘陵。""闾"在此指里社的巷道，"环穿"就是在墙上凿洞，以便私出幽会。楚国闾里的巷道较为宽敞，可供马车和牛车行走，如《史记・循吏列传》载，楚令尹孙叔敖为了使楚民变庳（矮）车为高车，采取"教闾里使高其梱"的措施，立即取得了成效。梱，即门限，又名阈，门限抬高了，矮车不易通过，楚民不得

① 楚都纪南城的勘查与发掘（下）[J]. 考古学报，1982（4）.
② 《太平御览》卷七七六.
③ 略论楚郢都城市人口问题[J]. 江汉考古，1988（1）.

不将矮车改换成高车。

楚都为南方政治、经济、文化中心，城内居民除王室、贵族和士、工、商外，主要为国人（士也属于国人），国人的经济、政治地位高于县邑鄙野的居民，因而，在房屋建筑上，不论是质量，还是工艺水平，均要高出其他地区的民居建筑。楚国其他地区的居民建筑则根据区域、族类、自然环境、居住习俗的不同而具有各自的风格和特征。郢都的贵族邸宅和人口较为疏落的城郊、县城的民宅四周一般都有篱落和园圃。《管子·大匡》曰："凡仕者近宫。"在郢都靠近宫城的高级住宅区，人口密度小，宅邸建筑比庶民区相应疏落、宽敞得多。《尉缭子》云："天子宅千亩，诸侯宅百亩，大夫以下里舍九亩。"[①]《礼记·儒行》曰："儒有一亩之宫，环堵之室，筚门圭窬，蓬户瓮牖。"也均证明先秦列国宫室邸宅建筑的占地面积是与爵等、职位的高低、大小成正比例的。《离骚》："余既滋兰之九畹兮，又树蕙之百亩。"便反映出楚国贵族居住环境与空间疏阔、和谐而又怡人的情景。

《九歌·湘君》和《湘夫人》中描写的水上干栏建筑[②]，为楚人所吸收、仿制，成为宫殿建筑样式之一。它在楚国的主要传承地区是在沅湘流域一带。《湘夫人》"葺之兮荷盖"，"罔薜荔兮为帷，擗蕙櫋兮既张"，"芷葺兮荷屋，缭之兮杜衡"，除了艺术修饰的成分之外，在一定程度上也反映了沅湘土著的建筑取材广泛，造型灵巧多变，装饰清新，色彩浓郁的特点。除"干栏"外，《九章·涉江》提到的有屋宇、梁柱、轩版和窗棂设施的"舲船"，也属于一种特殊的建筑形式——船屋。

楚国的官办和民营作坊，多已毁坏无存，考古中仅能见到少数冶炼金属和制陶的炉、窑遗址。根据考古勘查与研究，楚国作坊专业化程度很高，专业分工也非常明确，有冶锡的炉，炼铜的炉，烧瓦的窑，烧器

① 徐坚.初学记（卷二十四）"宅第八".

② 干栏建筑的起源非常古老，在剑川海门口铜石并用文化（相当于新石器时代）遗址即发现了干栏建筑。我国南方不少民族都以干栏为传统建筑样式。如《蜀中广记》云："嶲以西有濮夷，在郡千里，常居木上作屋。"

皿的窑，各有司职，不相混淆。考古工作者在纪南城西南的新桥区，发现了两座结构相似的冶铸锡器的炉址，两座铸炉设计合理，平面呈圆角方形，炉壁底部外张，四角底部向里凹；炉室的质地修造得非常坚固耐用，炉壁上抹了一层耐火土、白膏泥和草拌和而成的硬泥，炉底为掺有瓦片的红烧土填充而成。在纪南城中部偏北地区的龙桥河西段发现了分布密集的窑址。窑一般由门道、火膛、窑床、烟囱四部分构成，在形制上，有的窑近似方形，有的近似椭圆形，有的火膛底部高于门道和窑床底部，有的又低于窑床底部，设计上的差异反映出烧制品种、工艺要求的不同。[①] 在布局上，金属冶炉集中于城区的西南部，窑址集中于城区的中部偏北地带，照顾到了性质相近的专业协作的需要，也是非常合理的。

① 楚都纪南城的勘查与发掘（下）[J]. 考古学报，1982（4）.

第四章　舟车

车、船作为代步和交通、运输工具，属于物质文明的范畴，怎样制造车、船，也属于物质文明的范畴。但制造和使用什么样的车、船，则既属于物质文明的范畴，又属于文化和风俗的范畴。作为风俗的一项重要的构成内容，车、船的形制和使用（尤其是形制），受地区性及自然环境的制约远远大于民族性的制约。比之衣、食、住来讲，行的工具——车、船，相对处在文化和风俗的表层，属于容易传播、接受和置换的文化事象。不同的民族，如果自然环境及生产方式相同，生产力水平也相近，那么他们制造车、船的工艺和车、船的形制便很可能也是相同的。楚国北境与中原相连，今湖北襄阳、河南南阳及信阳的部分地区，春秋时已纳入楚国版图。这一带平原广袤，大道与“夏路”相通，纵横四达，宜于车马驰骋；楚国的腹心地带——江汉地区及“东国”“江南”一带皆为河流纵横、湖泊星布的水乡泽国，除一部分地区可以行车外，相当一部分地区便必须“以舟为车，以楫为马”来通行了。因此，舟、车在楚国具有同等重要的地位。

楚人造车，是在华夏民族传承的各型车辆的基础上加以推陈出新；用车，基本上也遵循的是周文化的传统礼仪。楚人造舟、弄舟，既有华夏的传统文化因素，又广泛吸收了南方巴、蜀、吴、越的各种样式、技艺和有关习俗。在春秋中期至战国尾声这一段时期内，楚人所造舟、车品种最全、质量最高，代表了当时的最高水平。

第一节　车的种类与用途

西周中期以前，楚人处在鄂西北荆山山区地带，《左传》昭公十二年所载：楚“先王熊绎，辟在荆山，筚路蓝缕，以处草莽。跋涉山林，以事天子”，便是楚人当时生活、生产情形的生动写照。在这种情况下，楚人既不能造轻舟，也不能策马车，爵为子男的楚君也只能乘坐一种名叫“筚路”的牛车。筚路，旧注为“柴车”，失之于粗略。上古筚、柏双声通假，“筚路”就是《考工记·车人》所记载的专用于行驶山地的一种牛车“柏车”。它在质地、形制和结构上的特点是，轮、轴低矮，两直辕驾牛，方厢为荆竹编织而成，全车没有金属附件，也没有髹漆，属于一种极其原始、简陋的木车。晚至春秋中期，筚路在楚国尚有遗存。《史记·循吏列传》载：“楚民俗好庳车，（楚庄）王以为庳车不便马，欲下令使高之。相（令尹孙叔敖）曰：‘令数下，民不知所从。不可。王必欲高车，臣请教闾里高其梱（门限）。乘车者皆君子，君子不能数下车。’王许之。居半岁，民悉自高其车。”这“不便马”的“庳车”即是以筚路原型稍加改进了的一种驾马的乘车。“庳”含有“低”的意义，上古音“庳”与筚、柏俱隶帮母，故庳车实际在名称上依仍筚车、柏车的旧名。

据《考工记》，兵车轮高六尺六寸，田车轮高六尺三寸，乘车轮高六尺六寸，大车（平地行驶的牛车）轮高九尺，羊车（小型的牛车）轮高七尺，柏车轮高六尺。相比之下，柏车车轮最低，轮低则辐短、轴低，所以也就不能通过闾门加高了的门限。《考工记》说：“轮已庳，则于马终古登阤（陂）也。”意思是车轮低了，马拉起来就像爬坡一样吃力，“庳车不便马”的原因便在于此。《韩非子·外储说左下》记：“孙叔敖相楚，栈车牝马……其俭逼下。”孙叔敖所乘的“栈车”也是简陋的庳车。楚俗好庳车，主要是民俗的滞后性和文化心理上的恋旧性使然。经过楚庄王颁布“高车令”，孙叔敖巧为筹划后，以行山的牛车驾马充作贵族乘车的习俗便在楚国绝迹了。

楚国开始制造马车并组建车战部队，是在西周中期至春秋初期扩境江汉、南下江汜这一段时期里。从这一时期末到春秋中期楚庄王颁布“高车令”为止，是楚国制车业蓬勃发展的阶段。以“高车令”为契机和标志，楚国制车业便进入到了推陈出新、领先于华夏乃至当时世界的新阶段。楚车按用途、性质及使用者的等级、阶层可分为王舆、贵族乘车、兵车、牛车和邮车五种。

王舆，即皇舆。《左传》定公四年：楚“子西为王舆服以保路，国于脾泄”。《离骚》：“恐皇舆之败绩。”王舆、皇舆均指的是楚王专乘的“大路”（大型安车）。据裴明相介绍，河南淮阳马鞍冢第二号车马坑出土的第十三号车，“车厢的平面呈‘凸’字形，厢内面积较大，约 4.7 平方米。厢分前后两室，前室是御者的驾驶室；后室为车主乘坐处，面积 3.5 平方米。估计可乘坐八至十二人。厢的四周用长方格子的木栏作壁，四周交角处用曲尺形的铁饰件相接。车门朝后，并在前后两室之间界一隔墙，把御者和车主隔开。另在车厢顶部覆盖以彩绘华丽的圆拱形车盖。这种特殊的车厢结构，是中原地区所少见的”。[①] 另据介绍，马鞍冢车马坑中还出土了一件错金、银的龙首铜车辕（引者按：马车辕当称“辀”）头，造型庄重，形象逼真，为其他楚王墓中所不见。[②]《九歌·东君》有句云：“驾龙辀兮乘雷。”龙辀即指的是上述漆绘龙纹并装饰着龙首铜辀头的马车辀。由于马鞍冢已被一些考古学者指实为楚顷襄王及其夫人墓，故可以认为这辆装饰华丽的安车便是楚国“王舆”中的一种。

据《周礼·春官·巾车》载：“王之五路，一曰玉路，锡樊缨，十有再就，建大常，十有二斿，以祀；金路，钩樊缨九就，建大旂以宾，同姓以封；象路，朱樊缨七就，建大赤以朝，异姓以封；革路，龙勒，条缨五就，建大白以即戎，以封四卫；木路，前樊鹄缨，建大麾以田，以封蕃国。”郑玄注曰：“王在焉曰路。玉路、金路、象路，以玉、金、象饰诸末；革路，鞔之以革而漆之，无他饰；木路，不鞔以革，漆之而

① 谈楚车［M］// 楚文化研究论集（第 1 集）. 武汉：荆楚书社，1987.

② 张志华，骆崇礼 . 淮阳马鞍冢墓主考略［M］// 楚文化觅踪 . 郑州：中州古籍出版社，1986.

已。”另据《周礼·夏官》载，“大驭掌驭玉路以祀”。“齐仆掌驭金路以宴，朝觐、宗遇，飨食皆乘金路”。“道仆掌驭象路以朝夕、燕出入”。“田仆掌驭田路（木路），以田以鄙”。“戎仆掌驭戎车（革路），掌王倅车（副车）之政”。谨按上引可知，玉路用于祭祀，金路用于宾飨、朝觐、封建同姓诸侯仪式，象路用于朝暮听事和游燕，革路用于作战，木路用于田猎。五路中的玉、金、象三路是分别用玉石、金银和象牙作为装饰的安车，革路是在车舆上蒙了一层革衣以避锋矢，木路最为简陋，仅在车舆上髹了一层漆。

楚王僭拟天子，故在王室车乘上也同样配备了五路。前述安装了错金、银的铜軜的“凸”形马车就是金路。《七国考》引《孔丛子》曰：“楚昭王以安车象饰遗孔子。”这“象饰”的安车即是象路。《离骚》“齐玉轪而并驰”。轪，又写作钛，即车辖、辖。钱绎《方言笺疏》云：“辖之言管也，以铁为管，约毂外两端，以金冒之曰辖。”朱珔《文选集释》卷九引阮元说：“古者毂中辖以金为之，其形内外皆圜而薄，其长不过四寸许；至周末以后乃有以玉为之者，故曰玉轪。玉虽坚而易碎，如金之内外皆圜则薄矣。故琢玉为外方内圜形，今时旧玉中每有此物，俗即称为钉头也。”据此，则以玉为车辖的安车无疑就是玉路了。《离骚》还有云：“驷玉虬以乘鹥兮。”王逸注曰：“有角曰龙，无角曰虬。”洪兴祖《补注》曰：“《相如赋》云：‘六玉虬。’谓驾六马，以玉饰其镳勒，有似玉虯也。”以玉饰其镳勒的车也可称为玉路。另外，楚国还有一种杂饰象牙、玉石的车辆，《离骚》云：“为余驾飞龙兮，杂瑶象以为车。”王逸注曰：“象，象牙也。言我驾飞龙，乘明智之兽，象玉之车，文章杂错。”

值得注意的是，最具楚民族特色和体现楚王威仪的车是軜头装有铜质龙首的龙车。屈赋中每每以龙与车相联属，如《离骚》云“驾青虬兮骖白螭”，即是对龙车所作的一种夸张性的描绘。王者所乘木路（田车）与革路（兵车）在形制上非常相近，区别只在于前者没有鞔革，车轮略低三寸。不鞔革是无须挡避锋矢，轮低三寸是因猎区地貌远比平旷的战场复杂，采用重心较低的车子可避免翻车。《左传》记楚王田猎事甚多。《招魂》也记述了一次楚王田猎的浩荡场面，云："青骊结驷兮齐千乘，悬火延起兮玄颜烝。"一次田猎出动车辆千乘，可知不能尽是田车，而是田车、兵车混用。曾侯乙墓遣册载：楚"命尹之帠輦，丽两黄"，輦，即楚令尹赗赠曾侯乙的田车。①

楚王的革路及其副车分为两广。《左传》宣公十二年载："其君（楚王）之戎（亲兵），分为二广，广有一卒，卒偏之两。右广初驾，数及日中；左则受之，以至于昏。内官序当其夜，以待不虞，不可谓无备。"又载："楚子为乘广三十乘，分为左右。"这两广三十乘兵车便均可说是楚王的革车。在制作的质量和形制上，楚王革路当与普通的兵车有别。在淮阳马鞍冢二号车马坑出土过一种镶有铜甲板的"装甲车"，该车"四壁"是用木条组成的栏杆。栏杆的外面镶有八十块铜甲板。甲板长约 13.6 厘米，宽约 11.6 厘米，厚约 0.2 厘米。甲板的排列整齐，上下对应。每块甲板的四角，分别有一孔，用以捆缚在栏杆上面。②联系到墓主的身份，我们断定这种"装甲车"就是楚庄王扩编的"左、右广"亲军所乘驾的兵车在战国时期的改良型。先秦兵车通常只在輢上鞔革，再讲究一点，则在校上镶铜，称为"金校"。天子"金路"也只是"以金饰诸末钩娄颔之钩也"。③即用金作马颏下悬挂繁缨的钩或若干小饰件。像马鞍冢所出这种在輢和軨上都镶铜甲的车，可以说是中国古代兵车史上空前绝后的奇宝。

楚国王后的地位自来受到尊崇，王后所乘车辇也非常讲究，比之周后尚有过之。《周礼·巾车》载：

> 王后之五路；重翟、锡面朱总；厌翟，勒面缋总；安车，雕

① 舒之梅，罗运环 . 楚同各诸侯国关系的古文字资料简述［J］. 求索，1983（6）.
② 裴明相 . 谈楚车［M］// 楚文化研究论集（第 1 集）. 武汉：荆楚书社，1987.
③ 周礼 · 巾车 .

面鹥总；皆有容盖；翟车，见面组总，有握；辇车，组輓，有翣羽盖。

据郑司农、郑玄注及贾公彦疏，翟，即雉，重翟车是在车的左右两面铺设双层雉鸟羽，用朱缯作镨饰上悬挂玉龙的马镨，车上有顶盖，沿顶盖四围有帏衣半垂；厌翟车两旁铺设的是单层雉羽，马镨用的是有画缋文采的缯绢，其他方面的形制与重翟相同。安车有顶盖和帏衣，车舆四围没有雉羽等装饰物，马镨用组绦做成，镨饰为缋画之物。翟车，无顶盖，以雉羽遮蔽车舆两旁，镨饰为贝壳。辇车有羽毛做成的顶盖和遮阳扇，除此之外，车上未作更多装饰，车轮甚低，高仅三尺三寸，是乘车轮的一半。辇车不驾马，由人在前面牵挽。在用途上，重翟用于祭祀，厌翟用于宾飨诸侯，安车用于日常朝见天子，翟车用于季春亲采郊桑饲蚕，辇车为王后日常在宫中从容行走用车。王后乘坐的这五种车有一个共同特征，就是都用了雉鸟羽作为车盖、扇或蔽藩。雉鸟（翟）是凤凰的原型鸟之一[①]，故用雉羽为装饰的王后车均可名之为“凤凰车”。

周后乘坐的这五种车，楚国后宫中都有配备。前引《离骚》云：“驷玉虬以乘鹥兮。”玉虬（龙）是缀在马镳勒和车舆正面上的玉饰，“厌翟”车上有“勒面”，即是“以如玉龙勒之韦为当面饰也”。[②] 又，“乘鹥”之“鹥”，据王逸注，为“凤凰别名也”。显而易见，屈子在此句中提到的这种缀有玉龙的鹥车，也就是周王后所乘坐的那种厌翟之车。《九歌·少司命》：“孔盖兮翠旍”，王逸注曰：“言司命以孔雀之翅为车盖，翡翠之羽为旗旍。”孔雀、翡翠与雉均属长尾禽，故以孔雀羽毛为车盖同于以雉羽为车盖，周王后所乘重翟、厌翟、安车、翟车和辇车五种车皆有羽盖。《离骚》：“凤凰翼其承旂兮，高翱翔之翼翼。”洪

① 《山海经·西山经》云：女床山有鸟，“其状如翟而五采文，（声似雉而尾长），名曰鸾鸟，见则天下安宁。”《瑞应图》曰：“鸾者，赤神之精，凤凰之佐也。”

② 周礼·巾车.

兴祖《补注》曰："古者旌旗皆载于车上，故逸以承旂为来随我车。《远游》注云'俊鸟夹毂而扶轮'是也。"今按：旌旗通常插在车舆两边的筒套中，所谓"凤凰"，实则就是重翟等凤车两侧舆栏上的翟羽（翟蔽），粗看之下，车旌恰似插在翟蔽上，故屈子形容以"凤凰承旂"。另《离骚》"鸾皇为余先戒兮""吾令凤鸟飞腾兮"，也都是以凤车为模本的夸张性描绘。辇车在楚国很常见，不独为王后所有。长沙五里牌四〇六号战国楚墓遣册记载随葬物中有"车辇"多辆，遣册提到的数个"车辇×"，则是挽车的奴仆。《管子·立政·服制》："刑余戮民，不敢服絻，不敢畜连（辇）、乘车。"说明只有较高阶层的人才能享用辇车。在楚国情况亦应如此。据《左传》襄公十五年载："屈荡为连尹。"有学者考释说：连为辇古字，"则连尹为主车之官无疑"。"楚连尹正相当于《周礼》中的巾车和典路二官，主车政"。[①] 按：巾车为总主车官，典路则具体职司天子、王后的车政。巾车为朝官，典路则为朝官中的内官，也就是天子家臣。楚国兼摄巾车、典路二事的连尹，以"连"为官名，一方面说明"连（辇）"在楚国可作乘车的通名，另一方面也说明辇车是楚宫中主要的代步工具。

除了周后所乘的"五路"之外，楚王后妃通常乘坐的车还有"羊车"，先秦时羊车有多种，第一种是小型牛车，第二种是丧葬用的祥车，羊乃祥之通假字，第三种就是驾小马或羊的小车，《释名》曰："羊车，羊，祥也，善饰之车也。""骡车、羔（羊）车，各以所驾名之也。"湖北荆门包山二号战国楚墓遣册记有"羊车"，这"羊车"即是驾小马或羊的小车。后世西晋武帝司马炎往来于后宫常乘羊车。据裴明相介绍，河南辉县魏国五号墓出土了一乘儿童车，"它的形状特别矮小，类似汉魏以后宫廷中儿童游戏用的驾羊车。车身短小，结构简单。车厢的四壁，只有立柱及柱上端的横木。厢后也无栏杆"。[②] 这"儿童车"实则

① 骆瑞鹤．楚连尹为主车之官说［J］．江汉论坛，1984（6）．

② 谈楚车［M］// 楚文化研究论集（第1集）．武汉：荆楚书社，1987.

就是一辆羊车。《楚辞·大招》："曲屋步壛，宜扰畜只。"王逸注谓："言（楚宫）南堂之外，复有曲屋周旋，阁道步壛，长砌其路，险狭宜乘扰谨之马，周旋屈折，行游观也。"所谓"扰谨之马"，即矮个"滇马"，该种马可用于套挽羊车。[①] 楚国后宫中可能还有一种以鲜花香草为藩蔽、装饰的"花车"。《楚辞·山鬼》："辛夷车兮结桂旗。"洪兴祖补注曰："以辛夷香木为车，结桂枝以为旍旗也。"楚俗喜好花草香洁，估计《山鬼》描述的这种以香木芳草制作或装饰起来的花车，也是楚王后妃、嫔娥们喜好的一种乘车。

楚国公卿、封君及一般贵族乘坐的车，主要有如下几种类型：

1. 轩　《招魂》："轩辌既低。"《战国策·宋卫策》记墨子见楚王曰："今有人于此，舍其文轩，邻有弊舆而欲窃之。"按：轩就是前面及左右有雕花、髹漆的薄板为藩蔽的一种轻型马车。而文轩则是错金嵌银、画缋文采的轩车。王念孙《广雅疏证》曰："《说文》：'轩，曲辀藩车也。'《左传》闵二年'鹤有乘轩者'。杜预注云：'轩，大夫车。'《正义》引服虔注云：'车有藩曰轩'。王逸注《招魂》云：'轩，楼版也。'"

2. 辌　辌见于前引《招魂》句，又见于宋玉《九辩》"前轻辌之锵锵兮"句。辌也是轻车。因车内可供卧息，所以它又属于卧车中的一种。王念孙《广雅疏证》曰："辌者旁开窗牖。"由此看来，辌比轩制作得更为讲究、华丽一些，工艺上的难度也更大一些。轩为可坐的安车，辌为卧车，这两种车皆与凭轼而立的乘车不同。

3. 乘车　又名服车、路车，是没有薄板挡蔽四周的敞车，这种车不能坐卧，只能倚立，为便于倚靠，在车舆的前三分之一处横置一根微微隆起的拱形圆木扶手，名曰"轼"。这种车的舆墙（即犄下的纵横木条）名曰"軨"，宋玉《九辩》："倚结軨兮长太息，涕潺湲兮下沾轼"，洪兴祖补注曰："軨，音零，车墙间横木。"便反映出楚国大夫通常乘

① 张君．楚国养马述略［J］．湖北大学学报，1988（3）．

坐的是这种无蕃敞车。据曾侯乙墓遣册记载，楚惠王赗赠曾侯乙路车一乘，楚太子赗赠路车三乘，楚坪夜君赗赠路车一乘。[①] 这些“路车”便均是乘车。乘车的车舆上竖有伞盖，湖北江陵雨台山楚墓与襄阳蔡坡楚墓中出土了为数甚多的伞柄及盖弓帽[②]，这些伞柄及盖弓帽皆为乘车上的伞盖装置。据郭德维研究，凡属上士及其以上爵秩的楚墓均出车軎、马衔，中士或下士墓则不出马衔、车軎。[③] 如此说来，在楚国上士以上的贵族皆拥有乘车。王者以下的贵族乘车因爵等不同而有着形制、装饰上的区别。《周礼·春官·巾车》载：“服车五乘：孤（诸侯）乘夏篆，卿乘夏缦，大夫乘墨车，士乘栈车，庶人乘役车（牛车）。”是王公以下贵族服车主要为夏缦、墨车、栈车三种。据郑玄注与《宋书·舆服志》，夏缦是绘饰五采而又鞔革的车，墨车是髹有黑漆且又鞔革的车，栈车是涂黑漆但未鞔革的车。从出土的楚国乘车残骸来看，楚国上士与大夫阶层所乘墨车、栈车，正是按周制髹了一层黑漆，如雨台山战国五四五号楚墓出土的伞柄及 18 根盖弓上都髹的是黑漆[④]，可以推见其车舆也髹的是黑漆。曾侯乙墓出土过一千余件制作考究的车饰和车上装置，其中有形似动物角的骨质马镳，马镳上均用漆画花或刻花填漆。马饰有圆形、方形两种，中空便于穿缀，面贴金箔，并饰绹纹、涡纹、三角云纹。车軎有错金纹饰，个别的有铭文。[⑤] 曾文化与楚文化共性颇多，共属于以楚文化为代表的南方文化圈，因而上述曾侯乙墓出土的车马饰也可作为楚国车马饰来看待。《楚辞·大招》：“琼毂错衡，英华假只。”是说用美玉装饰车毂，用金、银错嵌在涂绘了彩漆的车衡上。这一记载也可与曾侯乙墓所出车马饰相印证。乘车与兵车的形制基本上是一致的，区别

① 裘锡圭．谈谈随县曾侯乙墓的文字资料［J］．文物，1979（7）．

② 陈跃钧．江陵雨台山楚墓［M］．北京：文物出版社，1984：85-87；杨权喜．襄阳蔡坡战国墓［J］．江汉考古，1985（1）．

③ 楚国的“士”墓辨析［M］// 楚文化研究论集（第 1 集）．武汉：荆楚书社，1987.

④ 江陵雨台山楚墓［M］．北京：文物出版社，1984：85-87.

⑤ 湖北曾侯乙墓发掘简报［J］．文物，1979（7）．

只在于装饰和装置有所不同。《公羊传》僖公二十一年载："宋公与楚子期以乘车之会"，但楚王却预伏"兵车，执宋公以伐宋"。此条记载表明，楚国的乘车与兵车在装置、装饰上也存在着明显的区别。

4. 轺车　河南淮阳平粮台战国楚墓出土过轺车。轺车属小型马车，只驾一马或二马。《说文》云："轺，小车也。"轺车上不巾不盖，车舆四围也没有藩蔽。《释名》：轺，"四向远望之车也"，亦证轺为敞车。

5. 兵车　《周礼·春官·车仆》："掌戎路之萃、广车之萃、阙车之萃、苹车之萃、轻车之萃。"郑玄注云："此五者皆兵车所谓五戎也。戎路，王在军所乘也；广车，横陈之车也；阙车，所用补阙之车也；苹犹屏也，所用对敌自蔽隐之车也；轻车，所用驰敌致师之车也。"这五种兵车中的戎路、广车和阙车在形制上没有什么区别，戎路是王者所乘广车，阙车是作后备用的广车。楚国对这三种车的称呼与《周礼》基本相同，楚国的戎路、兵车均称作"广"或"乘广"，后备广车称作"阙"，如《左传》宣公十二年："楚子使潘党率游阙四十乘"，游阙即是阙车。先秦兵车（包括其他种类的马车）与牛车（大车）在形制上最显著的一个区别是，牛车厢为四方形，俗语即以"方厢"代称牛车，而兵车厢（舆）则是横广、纵短，呈长方形，故"广"（舆广）也就成为兵车的代称。有学者认为"广"和"乘广"是楚国对兵车独有的称呼，这是一个很大的误会，不独前引《周礼》有广车的记载，中原侯国也有此称呼，如《左传》定公十三年载："齐侯欲与卫侯乘，与之宴而驾乘广。"

先秦兵车与乘车的差别在于，前者无伞盖[①]，后者有伞盖。楚国兵车也是如此，《左传》宣公四年记：楚斗椒叛乱，射王，"以贯笠毂"。杜注："兵车无盖，尊者则边人执笠，依毂而立，以御寒暑，名曰笠毂。"不过，淮阳马鞍冢出土的楚王戎路上却安装有可随意撑开或收拢的伞盖，这设计与装置无疑是相当先进的。春秋、战国时期的兵车与殷

① 《续汉书·舆服志》："轻车，古之战车也，不巾不盖。"

商、西周时期的兵车相比，有如下变化：

> 轨、轴变短，轨宽多在 180 厘米左右，平均比殷、周时代短 50~60 厘米；轴长多在 217~277 厘米之间，平均比殷、周时代短 70 厘米左右；轴进一步增多，一般为 26~30 根，最多达 44 根；毂缩短，多在 35 厘米左右，比周代平均短 15~20 厘米；舆进一步增大，战国时车舆为 120~160 厘米 ×98~150 厘米。①

洛阳中州路出土的战国时期中原兵车的形制、规格最大，其轨宽为200厘米，轴长为277厘米，舆为140×105厘米②。但这种型号的车极为少见。楚国战车的规格、形制与中原诸国战车非常相似。河南淅川下寺春秋楚墓二号车马坑出土的二号战车轨宽182厘米，轴长200厘米，辐条28~30根，舆为123（纵）×76（广）厘米。淮阳马鞍冢战国楚墓二号车马坑四号战车，轨宽186厘米，轴长294厘米，辐条32根，舆为165×98厘米③。将楚国兵车与中原同时期兵车相比，可见楚兵车轨较宽，轴较长，舆部较宽，辐条也稍多，但舆部纵深却较短，楚人习称兵车为“广”，这可能也是一个重要的原因。由于楚兵车（包括乘车）的轴较长，毂相应也长了，这样，在道路拥堵的地段，两车交错就容易出现“车毂击（相碰）”的现象。《太平御览》卷七七六引桓谭《新论》所谓“楚之郢都，车毂击”，看来是语出有据的。据裴明相介绍，马鞍冢二号车马坑四号兵车的右侧舆板上装有铜质的武器贮放筒，其他兵车舆板上还装有铜旗筒，用于插竖形旌旗。楚国兵车分为主帅车和战士车两种，“前者有旗两面，分别插在车厢的左右两侧；后者一面，插在车厢的右侧。该坑共发现旌旗六面，全是红色、绢质，呈竖长方形。旗侧有

①② 杨英杰 . 先秦战车形制考述［J］. 辽宁师范大学学报，1984（2）.

③ 谈楚车［M］// 楚文化研究论集（第 1 集）. 武汉：荆楚书社，1987.

一较高木质旗杆，用以悬旗。”[①]考古所见楚车旗筒，文献中虽未明确提过，但却涉及了，如《九歌·东君》：“载云旗兮委蛇”，《左传》宣公十二年称：楚军成行，“君子小人，物有章服”，“云旗”“章”均是标志身份、官职的不同的车旗。

除常规兵车外，楚国为了适应作战中的多种需要，还创造出了若干种特型兵车。

1. 冲车　桓谭《新论》曰：“庄王为车，锐上斗下，号曰‘楚车’。”这种“楚车”实则是楚人设计、制作的撞阵用的冲车。明董说《七国考》卷十一《楚兵制》引曰：“《春秋感精符》云：‘齐晋并争，吴楚更谋，不守诸侯之节，竞行天子之事。作冲车，励武将，轮有刃有剑以相振惧。’宋均曰：‘冲，陷敌之车也。’《淮南》云：‘……大冲车，高重京。’许慎注：‘冲车，大铁著其辕端，马被甲，车被兵（引者按：此指在车辔的尖端安装矛刺和利刃），所以冲于敌城也。’”冲车即楚国战车中致师冲锋的轻车。曾侯乙墓曾出土了两件带矛车辔（辔为有衔的马勒，也可单指口衔），矛的双刃制成五道连弧，锋、刃皆利。[②]我们认为，这种带矛车辔极有可能就是楚国的冲车装备之一。《孙子·作战》：“凡用兵之法，驰车千马四，革车千乘。”驰车可能也是冲车，这说明列国均有自己的冲车。

2. 巢车　《左传》成公十六年：“楚子登巢车以望晋军。”杜预注曰：“巢车，车上为橹。”橹乃辘（轳）的通假字，是一种升降装置，凭借着橹，巢车上的人可随意调节观察台的高度。《说文》：“轈，兵车高如巢以望敌也。”即证明巢车是一种可升得很高的车。巢车又称“楼车”和“轈”，这种车是楚人最先创制出来并在公元前 594 年楚庄王围宋之役中首次投入战斗。《后汉书·南匈奴传》载：汉光武帝“造战车，可驾数牛，上作楼橹，置于塞上，以御匈奴”。楚国巢车既与兵车同行，

① 谈楚车［M］// 楚文化研究论集（第 1 集）. 武汉：荆楚书社，1987.

② 湖北曾侯乙墓发掘简报［J］. 文物，1979（7）.

则可能是驾马，而不是驾牛。

3. 重车　也就是苹（屏）车。它是楚国与北方列国通用的辎重车，不属楚人独创的车型。辎重车在行军时用于运送军械、给养，作战时则可环列成车阵，即“次车以为藩”或“以大车为营”。辎重车可以驾牛，也可驾马，但通常是以牛来驾挽。《左传》宣公十二年载，楚军大胜晋师于邲后，“楚重”才姗姗开到。可证“楚重”是驾牛。《周礼·巾车》郑玄注云：“役车，方厢（牛车厢）可载任器以共役者。”《周礼·地官·牛人》：“凡会同、军旅、行役，共其兵车之牛与其牵傍，以载公任器。”也均证明“载公任器”的辎重车多是牛车。此种牛车，俗又称作“辎”。此外，还有一种称为“軿”的妇人乘坐的牛车。宋玉《九辩》：“前轻辌之锵锵兮，后辎乘之从从。”辎，王逸注曰：“辎軿”。《说文》：“辎，軿车前衣车后也。”王念孙《广雅疏证》曰：“《后汉书·梁冀传》注引《仓颉篇》云：‘軿，衣车也。’定九年《左传》正义引《说文》云：‘辎軿，衣车也。前后有蔽。’《释名》云：‘辎车载辎重卧息其中之车也。辎，厕也，所载衣物杂厕其中也；軿车，軿，屏也，四面屏蔽，妇人所乘牛车也。辎、軿之形同，有邸曰辎，无邸曰軿。’”邸之意为宿舍之舍，有邸即是车内有卧息之处及其设备。然则辎、軿皆为有藩牛车，两种车既可载人又可载货，其中辎车又可供卧息。楚国还有一种牛车，名为锡䡅。长沙五里牌四〇六号墓出土遣册载有“车新傷”，“傷”乃“锡”之通假。锡，《广韵》曰：“䡅车也。”王念孙《广雅疏证》云：“锡䡅通作阳遂。《晋书·舆服志》：‘阳遂车驾牛。’”

4. 邮车　楚国的驿传制度非常健全，邮舍驿站遍及全境，如《楚辞·远游》云：“绝氛埃而淑邮兮”，邮即是驿传止歇之舍。与此相应，也配备了为数甚多的邮（传）车。《左传》昭公五年记：“楚子以驲至于罗汭。”杜注曰：“驲，传也。”“驲”可能是楚国传车中制作最考究、速度最快的一种。《汉书·高祖纪》注引如淳曰：“律：四马高足为置传，四马中足为驰传，四马下足为乘传，一马、二马为轺传。”驲，或者与“置传”相近。

第二节　舟的制造与用途

楚人造舟、用舟的历史非常悠久。商末周初，楚人的交通工具，一是牛车，一是船。楚族的迁徙与发展主要是以河流为导向。西周中期，楚人由荆山南麓的沮、漳河发展到今枝江县临江地区，并以此为基地向长江中游上下及各支系进行了迅猛的拓展。《史记·楚世家》载：“当周夷王之时，王室微，诸侯或不朝，相伐。熊渠甚得江汉间民和，乃兴兵伐庸、扬粤，至于鄂……皆在江上楚蛮之地。”此条记载表明，楚人及其征服的江汉流域的土著荆蛮、扬越，皆是滨水而居的弄舟民族。《山海经·沔水》注记：“昔周昭王南征，船人胶舟以进之，昭王渡沔，中流而没，死于是水。”这进舟于周昭王的船人，即是荆蛮之人。江汉地区，河流纵横，湖泽星布，造船乘舟，不仅是一种风俗习尚，也是自然环境制约下的实际生活需要。离开了船舟，生产、生活俱不方便。

史称吴、越之人“以船为车，以楫为马”，这也可以说是西周中期至春秋前期楚人生活的写照。《左传》庄公四年载：楚令尹斗祁、莫敖屈重“除道梁溠，营军临随”。除道，是开辟直道；溠，是随国西面的一条河水；梁，即桥。有学者将此处的“梁”解为船上铺板所成的“浮桥”，其实不妥。楚人除道行军，仓促间根本没有可能临时搜集到船只，也不可能造船，所谓“梁”应是将“除道”过程中砍伐下来的大树绑成的木筏浮桥。虽则不是造船为梁，但仍说明楚人克服水阻的能力非常强。春秋时期楚人向湘、黔、滇、蜀、桂等地拓殖，也主要是通过水路来进行的，如《左传》昭公十九年载：“楚子（平王）为舟师以伐濮。”濮族散处在今湘、鄂西和滇、黔等地，“伐濮”是楚国广收南方的一项重要步骤。宋代马端临《文献通考》说：“楚用舟师，自康王始。”恐不甚当，楚国伐濮一直是用的舟师，楚国伐濮舟师的造船作坊和前进基地就设在今湖北江陵。《左传》文公十年记：“楚成王闲居渚宫。”杜预注：“小洲曰渚。”孔颖达疏曰：“渚宫当郢都之南。”《水经·江水注》云：江陵“今城楚船官地也，春秋之渚宫矣”。所谓“船官”，即造船官作坊的省称。《越绝书·外传记地传》卷八载：“舟室者，勾践船宫也，去县五十里。”楚国江陵“船官”盖与越国的“船宫”性质相同。[①]《史记·淮南衡山列传》载：“上取江陵木以为船，一船之载当中国数十两车。”说明直至西汉江陵仍为一大造船基地。春秋中、后期，吴楚启衅，战争方式分为陆战、水战两种，楚国对吴水战的部队仍称“舟师”。如《左传》襄公二十四年载：“楚子为舟师以伐吴。”昭公二十四年载：“楚子为舟师以略吴疆。”昭公二十七年又载：楚“令尹子常以舟师及沙汭而还”。为了满足舟师和其他生产、生活与商运的需要，楚国除江陵外在接近林区的深水港湾地带设置和修建了不少船坞和造船工场。据有的学者介绍，秦汉时期“从夷陵（今湖北宜昌）经过江陵、洞庭湖、豫章、庐江等地，直至东南沿海的会稽郡，都有造船的历史。在这一地区，汉代的木船模型也屡有出土。《汉书·地理志》记载，庐江郡设有楼船官，说明当地定有官营造船业的生产基地”。[②]夷陵、江陵、洞庭湖、豫章皆属于春秋楚地，会稽郡在战国中期后亦归入楚，庐江郡春秋时属群舒之地，也是吴、楚交兵的主要战场，但论控制权，则操在楚人手中，汉楼船官坊的前身很可能是楚、吴交兵时，楚国设在前线水区的一座造船作坊。1976年在广州发现了一处秦汉时的造船工场遗址[③]，有学者指出：“广州是楚人开发的，秦汉之际在那里建立的造船工场，显然与楚人的造船技术有很深的渊源关系。”[④]我们同意这一看法。

在先秦时代，造船工业最为发达的地区，无疑就是楚国。“鄂君启节”铭文规定：“屯三舟为一舿，五十舿。”这即是说鄂君一人可以拥

① 郑昌琳.楚国的船（未刊稿）.
② 林剑鸣.秦汉社会文明［M］.西安：西北大学出版社，1985：107.
③ 广州秦汉造船工场遗址试掘［J］.文物，1977（4）.
④ 郭仁存.屈赋中所见楚人的经济生活［J］.求索，1983（1）.

有一支由150艘船只组成的免税商船队。由此可见，楚国的船只总数至少在数万条以上。在楚国的水区或有水路交通的地带，不仅贵族拥有船只，一般的庶民也多拥有船只。

楚船的数量多，形制、种类也多，依性质和用途可将这些船分为战船、商船、游船、民船4种。

楚国的战船主要有“大翼”“小翼”“突冒”“楼舡（船）”“桥舡”5种①。

据《文选》张华《七命》李善注引伍子胥水战兵法，“大翼一艘长十丈，中翼一艘长九丈六尺，小翼一艘长九丈”。（另据《物原》载，“大翼广一丈五尺，长十丈；中翼广一丈三尺，长七丈；小翼广一丈二尺，长五丈六尺”。）《太平御览》卷三一五引《越绝书》逸文云：“大翼者当陵军之重车，小翼者当陵军之轻车，突冒者当陵军之冲车，楼船者当陵军之行楼车，桥舡者当陵军之轻足骠骑也。”又云：大翼可容士卒九十人左右，为一般船只载人数量的三倍，其中“战士二十六人，棹（击櫂者）五十人，舳（船头）舻（船尾）三人，操长钩矛斧者四人，仆射长各一人”。根据以上记载，可知大翼、中翼、小翼属于三种常规战船，其中大翼又可兼作辎重船用。《释名》说：鉴（舰）“上下重版曰栏，四方施板以御矢石，其内如牢栏也”。疑三翼战船即是“舰”。

“突冒”相当于陆战中的冲车，这种船的舰头装有坚硬的铁尖，在水战中用以冲撞敌船的舷板，使之沉没。②在《释名》中这种为实施顺流冲角战术特制的船被称作“艨冲”，《释名》记道：“外狭而长曰艨冲，以冲突敌船也。”

楼船是适于在长江和近海航行作战的大型、多层兵船，它的船板上

① 《史记·南越列传》裴骃《集解》引臣瓒曰：“《伍子胥书》有戈船以载干戈，因谓之为戈船也。”又引张晏曰：“越人于水中负人船，又有蛟龙之害，故置戈于船下，因以为名也。”两说中当以前说近是。从戈船载戈这一特征来看，它属于近战的船只，也可能就是突冒或桥舡的别称。

② 张墨．试论中国古代海军的产生和最早的水战［J］．史学月刊，1981（4）．

建有数丈或十数丈的楼台，战时可居高临下地对敌船施以矢石。如宋代曾公亮《武经总要》前集卷十一收载了一幅楼舡图，该楼舡是一艘小楼船，只有七对櫂，一只尾舵，未设帆樯装置，船上有一座三层木楼。在战国至秦汉时期楼船取代大、中、小翼成为主要的作战船只。

桥舡是一种轻疾机动的舢板，在水战中可用之实施快攻、偷袭和输送士兵。桥舡又名“赤马”。《释名》曰：“经疾者曰赤马舟，其体正赤，疾如马也。”

战国时期的青铜器中有三件刻绘着舟战图案，这三件青铜器分别为，河南汲县山彪镇出土的水陆攻战铜鉴，故宫博物院藏宴乐铜壶，四川成都百花潭出土的嵌错图像铜壶。三件铜器上刻绘的船上建置非常相近，皆是船头建旌旗，船尾树金鼓。水陆攻战铜鉴船底为单层，首尾部上曲外卷。宴乐铜壶船底为双层，头部外曲，尾部上翘内卷。① 在这两件铜器刻绘的战船上，桨（桡）手皆隐匿于舱中，船面上站立着的是操弓执戈的战士。这种船的形制与后世记载的“露桡”很相近，《后汉书·岑彭传》颜师古注曰：“露桡，谓露桡在外，人在船中。”从这两种船均未设置帆桅和尾舵来看，它们应属偏小型的战船；但这两艘船上的舳、舻部位各站立着一名佩剑甲士分别护卫和掌握旌旗与金鼓，船中间则站立着两列操弓执戈之士，编制与人员配备上类似于“大翼”。因此，我们认为这两件青铜器图像中刻绘的战船很可能都是“小翼”。有一些学者认为这两件青铜器图像表现的是楚或中原与吴、越水战的情景②，我们更倾向于认为，这两幅舟战图像反映的是楚与吴、越水战的情景，其中刻绘的战船也是以楚国的小翼战船为模本的。关于后一点，可从出土文物中找到证据。长沙二〇三号西汉初年墓出土的木船模型上，船舷两侧设有高高的护板，板上有一排为安置櫂楫而挖凿的圆

① 刘敦愿．青铜器舟战图像小释［J］．文物天地，1988（2）．

② 郭宝钧．山彪镇与琉璃阁［M］．北京：科学出版社，1959；郭力宜．楚国水军初探［J］．求索，1985（6）．

孔[①]，这种安櫂方式便与战国铜器舟战图像中的“露桡”存在着渊源关系。[②]

先秦时期，楚国的水战技艺最高，水战装备也最精良。据《越绝书札记》及所引《伍子胥书》，吴国的水战兵法皆为楚人伍子胥所授。唐代李筌《太白阴经》“水战之具，始于伍员（子胥）”的说法，虽失之于偏颇，但对吴国来说，则是实情。《左传》襄公二十四年载：“楚子为舟师以伐吴，不为军政，无功而还。”杜预注曰：“不设赏罚之差。”我们认为，所谓“军政”并不单指赏罚制度，还应包括舟师的水战战术和阵法在内。此役楚人“无功而还”，势必提醒楚人意识到切实研究和创造水战战术的重要性。此后，“吴楚交兵数百战，从水则楚常胜”。原因盖在于楚人研究、制定出了一套行之有效的水战战法，伍子胥入吴所授的水战战法，无疑就是以楚国舟师的水战战法为底本的。

战国时期，楚国的水战装备及战术得到进一步的改良和提高。《墨子·鲁问》载：“公输子（鲁班）自鲁南游楚焉，始为舟战之器，作为钩强之备，退者钩之，进者强（拒）之，量其钩强之长而制之兵。楚之兵节，越之兵不节，楚人因此若势，亟败越人。”钩强在水路中有三种用途：一是作长竿刺兵用，在临近接舷之际刺杀敌船士兵；二是作钩具用，当敌船败退时钩住敌船使之不得逃脱；三是作拒竿用，楚居上游，越居下游，楚国水师进易退难，诚所谓：“楚人顺流而进，迎流而退，见利而进，见不利则其退难。”为了防止敌船接舷追杀，可用钩强抵住敌船，免其靠近。由于配备了钩强之具，就使得楚人在与越国展开水战时处于进退得宜的有利地位。楚国于战国中后期灭掉了越国，主要原因就在于有一支强大的舟师并且始终占据了水上优势。

楚国的商船有艕（大船）、舟（小船）和舫等数种。

扬雄《方言》曰：“南楚江湘，凡船大者，谓之舸；小舸谓之艖，

① 长沙发掘报告［M］. 北京：科学出版社，1957：154.

② 杨泓. 水军与战船［J］. 文物，1979（3）.

艖谓之艒縮；小艒縮谓之艇；艇长而薄者，谓之艜；短而深者，谓之艄；小而深者谓之樏。”其中，舸即是艕。艕比舫大，《史记·张仪列传》云：“大船（艕）积粟”“舫船载卒”。积粟之船的排水量自然要大于载卒之船。

《九章·惜诵》云：“魂中道而无杭。”洪兴祖《楚辞补注》曰：“杭与航同。许慎曰：‘方，两小船并，与共济为航。”是杭乃航之通假字，航又与舫相通。所谓舫就是将两艘小舸（艖）系在一起航行。因舫载货安全而平稳，战国时的商船和糟船多采用“舫”的方式。《战国策·楚策一》载：“舫船载卒，一舫载五十人与三月之粮，下水而浮，一日行三百余里。”不过，舫也可能是头尾呈方形的舟，并不是两船相系，因两船相系这种方式只适于顺水，若行进于逆水和缓水中则不便于击櫂，难以运转。先秦时的船多呈梭形，中间宽，两头尖，而两头与中间宽度大致相等的船，则名为舫（方舟）。艕、舫等大、中型商、货船可能安装了桅帆，《九歌·湘君》“横大江兮扬灵”，“灵”通“舲”，“扬灵”可解作扬帆。殷商甲骨文中已有帆字，作月、月。帆的出现至迟是在公元前1000年左右。[①] 艕、舫一般不能直接进入郢都，而只能停靠在郢都城外的港坞中，艕、舫所载货物须经小舟转运入城。这种小舟可能就是前引《方言》所谓“短而深”的“艄”、“小而深”的“樏”或小艒縮宿（艇）。郢都纪南城南垣水门三个门道的宽度均为3.3~3.4米[②]，有学者因此推测楚船的宽度一船不超过2.5米[③]，这是欠当的。宽度不超过2.5米的楚船主要是一般的游船、小船（舟）和民船（包括渔船）。有学者据广州秦汉造船场的船台滑板和秦代灵渠通船陡门的宽度推测秦汉时期一般船宽在5米左右[④]，我们估计先秦时期大、中型的商、货船宽也应在5米左右。长沙二〇三号西汉墓出土的木船模型有十六支櫂、一支

① 张墨．试论中国古代海军的产生和最早的水战［J］．史学月刊，1981（4）．
② 楚都纪南城考古资料汇编［G］．湖北省博物馆，1980.
③ 楚文化志［M］．武汉：湖北人民出版社，1988：160.
④ 杨泓．水军和战船［J］．文物，1979（3）．

尾舵、三间舱房和一间爵室。江陵凤凰山八号西汉墓出土的木船模型有四支櫂、一支尾舵和一间舱房。它们的共同特征是："从上俯视，形状细长，头部较狭，尾部稍宽，中腰最广，船身横断面近圆弧形，底是平的。行船全靠长櫂，尾舵也是桨形，看不到风帆的装置。"[①] 这两种形制的船均属于小型船只的类别，并尤与《方言》说的"艇长而薄者，谓之艜"的船相似。

楚国的民船有一般的小船、木筏、渔船和舲船等。《九章·惜往日》"乘汜泭以下流兮"，泭，《说文》曰："编木以渡也"，可证"泭"即是木筏。《楚辞·渔父》："渔父鼓枻而去。"《越绝书》卷一《荆平王内传第二》伍子胥"至江上，见渔者，曰：'来渡我'"，则均说的是一种轻便小巧、形同一叶扁舟的渔船。《九章·涉江》："乘舲船余上沅兮"，王逸注曰："舲船，船有窗牖者。"洪兴祖补注曰："《淮南》云：'越舲蜀艇。'注云：'舲，小船也。'"所谓"船有窗牖"，就是船上设有舱房、爵室，室旁开有透雕木格装饰的窗棂。

江陵凤凰山八号和一六八号西汉墓出土的木船模型的船面上设活动舱房，房的前后为山墙形制，墙上覆以悬山式屋顶。通过这两艘船模，我们可以直观地看到楚国舲船的基本形制。在楚国有一些以捕鱼、摆渡和船运为生计的人，劳作、休息甚至住家皆在舲船上，因此舲船又可称作船屋，居于船屋中的人则是所谓船家、船民。从族属的角度考察，楚国的船家当多为扬粤和濮人。《汉官仪》载："水家为楼船，亦习战射行船。"《汉书·食货志》载："因南方楼船士二十余万人击粤。"所谓"水家"即是以船为家的船民，汉代的楼船士也多从水家子弟中征调组成。而水家的前身之一也就是楚国的船民。

《九歌·湘君》："沛吾乘兮桂舟……薜荔柏兮蕙绸。""柏"，一说为榑在舱壁上的柏木版，一说为"箔"，即舱棂及舱门上悬挂的帘子。

① 郑昌琳．楚国的船．江陵凤凰山八号西汉墓遣册记载："大舟皆二十三桨。"郑昌琳分析说："桨应是双数，大概有一桨代替舵。"甚确。尾桨就是雏形的舵。

而“蕙绸”则是以蕙草做成的帐子。无疑，这“桂舟”即是梭行于湘沅流域和洞庭湖区的舲船。由此透露出在今湖南境内水居船家在人口中所占的比例可能较之郢都更大。

楚国除有越族的舲船外，还有蜀式小艇[①]和带有吴地特点、使用吴式桨楫的小船。[②]吴越地区有着悠久的造船史，周成王时曾有“于越献舟”的记载。1958年，江苏武进奄城发掘出了一艘长11米，宽近1米的独木舟，当即吴、越舟船中的一种。此后，在浙江余姚河姆渡和吴兴钱山漾新石器遗址又分别出土了距今7000年和4000多年的木桨[③]，从这两支木桨，我们可以看到吴、越先民造船弄舟、征服江河湖海的伟大身影。楚国造船业在春秋、战国时期得以长足发展，与吸收吴、越造船技艺并加以推陈出新是分不开的。

楚国的游船是王室、贵族的专有之物。王室有王舟，《史记·楚世家》载：灵王“乘舟将欲入鄢”。《左传》定公四年记：“鍼尹固与王同舟。”楚王舟的形制可能有龙、凤两型。《九章·哀郢》：“过夏首而西浮兮，顾龙门而不见。”龙门即楚郢都的东垣南边的水门。既名东南宫殿区的水门为龙门，那么，王室也自必会有龙舟了。《九歌·湘君》：“驾飞龙兮北征，邅吾道兮洞庭。”朱熹《楚辞集注》曰：“驾龙者，以龙翼舟也。”又，《离骚》“麾蛟龙使梁津兮”，《九歌·河伯》“乘水车兮荷盖，驾两龙兮骖螭”，也皆是以龙舟为神话夸张的范本的。《说苑·善说》：“鄂君方泛舟于新波之上，乘青翰之舟。”青翰之舟即青羽之舟，也就是悬竖着长尾青羽、旌旗的一种凤舟，封君可乘凤舟，王室就更不能例外了。逐波泛舟，是楚国王公贵族的一项重要的享受、消遣方式。《国语·吴语》记伍子胥谏夫差曰：“昔楚灵王不君，其臣箴谏以不入。乃筑台于章华之上，阙为石郭，陂汉，以象帝舜。”韦昭注

---

① 淮南子·俶真.

② 《九章·涉江》“齐吴榜以击汰”，榜即舟櫂。

③ 劳伯敏.一支七千多年前的船桨［N］.光明日报，1981-1-12.

云："舜葬九疑，其山体水旋其丘，故壅汉水使旋石郭，以象之也。"上引记载与注解表明，楚灵王在修筑章华台行宫的过程中，还开凿了一条沟通汉水与章华台的人工运河。开凿这条运河的目的，其一是改善自然景观，其二就是为了便利楚王的游船从郢都直航章华行宫。

第五章　婚恋

饮食男女，人之大欲。由原始阶段的群婚发展到通过恋爱确立婚姻关系、组合家庭，是人类社会具有普同性的一个文化现象和进化轨迹。但男女之间以何种方式缔情结缘，进而组合出何种类型的家庭，却因民族或区域文化的不同而呈现出千差万别来。围绕着恋爱、定情、婚姻及家庭关系所派生出的一系列相关习俗，最能显示出民族或区域文化的个性与特征。从总的情况来看，楚国主体民族的婚恋习俗与中原列国的婚恋习俗几无二致，这一方面是因为楚国参与了华夏文化圈的文化整合运动；另一方面是因为婚姻具有交际性，习俗也具有交际性，楚国王公大夫的外向型联姻活动，促进了楚国婚恋习俗与中原婚恋习俗的求同趋向和过程。不过，婚恋习俗也受到文化传统、政治制度、心理结构以及人口性别比例等多种因素的制约，楚国的婚恋习俗不可避免地带有楚文化的鲜明印记。另外，楚国疆域辽阔、族系众多，各地、各族的经济、文化水平发展不平衡，因此，楚国事实上不存在一个统一、整合的婚恋习俗的模式，而是多种婚恋习俗模式并存，既相互拒斥，又相互融合渗透。丰富多样、五花八门，可以说就是楚国婚恋习俗的一大特点。

第一节　恋爱习俗与云梦之会

人类文化发展的每一阶段，均是以错簇式的结构存在的，即旧的文化因子和新的因子被共时性地组合在一个文化整体中。我国自西周开始，虽然已有了严格的礼教大防，个体婚也成为占主导地位的婚姻、家庭形态，但婚前性自由行为仍为礼法和习俗所宽容。其情形正如恩格斯在《家庭、私有制和国家的起源》一文中所说的那样：

> 在有些民族中——在古代有色雷斯人、克尔特人等，在现代则有印度的许多土著居民、马来亚各民族、太平洋地区的岛民，和许多美洲印第安人——姑娘在出嫁以前，都享有极大的性的自由。①

先秦时期楚国的情形基本上也是这样。楚国除王室贵族阶层内实行较严格的婚前性禁忌和婚后男女大防外，其他社会阶层和非主体民族一般都没有什么性禁忌和男女大防，适龄男女可以自由交往和发生性关系。

在楚国，溪涧、山林、湖滨、江畔、水洲和郊社皆是男女期约幽会的所在。《楚辞·九歌·湘君》："君不行兮夷犹，蹇谁留兮中洲。"《湘夫人》："帝子降兮北渚，目眇眇兮愁予。""朝驰余马兮江皋，夕济兮西澨。闻佳人兮召予，将腾驾兮偕逝。"《少司命》："夕宿兮帝郊，君谁须兮云之际？"《山鬼》："采三秀兮于山间，石磊磊兮葛蔓蔓。怨公子兮怅忘归，君思我兮不得闲。"透过这些词句的祭歌形式和神话色彩，我们便可看到楚国少男少女相约黄昏后的一幅幅生动图景。《天问》："何环穿自闾社丘陵，爰出子文？"说的是楚令尹子文之父斗伯比与郧公之女期约于闾门、私盟于社宫②、交媾于丘陵的故事，这表明楚国上层社会的礼防之网也有疏漏，存在着一个由疏臻密的过程，春秋及其以前的礼防之网并不那么严密。至于楚族中的下层人民，尤其是

① 现代的西方文化人类学家通过实地调查，获取了有关婚前性自由习俗的更多的生动例证，如英籍波兰学者马林诺夫斯基在《巫术科学宗教与神话》第123页说：梅兰内西亚人"就像一切南洋民族一样，性的行为都很自由方便，特别是在结婚以前。然而通奸是要受惩罚的，同一图腾族以内也严禁两性关系。"[美]鲁恩·本尼迪克特女士说：在萨摩亚，女孩"成年之后的几年里，她开始了专搞轻率的、不负责任的风流韵事的欢欣岁月，并尽可能地延长这段时期，直到被认为可以结婚为止"。（文化模式[M].杭州：浙江人民出版社，1987：29.）

② 先秦时期男女私订终身，一般都要到社神所在的庙内盟誓，不独楚俗为然，如《左传》昭公十一年记：鲁"泉丘人有女，梦以其帷幕孟子之庙，遂奔（孟）僖子，其僚（女友）从之。盟于清丘之社，曰：'有子，无相弃也！'"

像濮、蛮等非主体民族则直到近世都保存着婚前性自由的习俗，如樊绰《蛮书》记融入了先秦濮族血统的云南南诏人“俗法，处子孀妇，出入不禁，少年子弟，暮夜游行，闾巷欢壶芦笙，或吹树叶，声韵之中，皆寄情言，用相呼召，嫁娶之夕，私夫悉来相送。既嫁，有犯男子，格杀无罪，妇人亦死”。又，《中华全国风俗志》上篇卷六记先秦南蛮的后裔、近世湖南的苗族“其处女有与人私通者，父母不禁，以为人爱其美，若犯其妻妾，则举刃相向，必得钱折赎而后已”。此外，融入了一部分楚人血统的近世彝族及其亲裔纳西族，少女举行了成年礼后，即可自由地享受性生活。透过这些晚世的遗风便可或多或少地看到一些先秦楚族下层人民及非主体民族的婚前性生活的习俗。

楚国男女定情前先要“结言”。《离骚》云：“解佩纕以结言兮，吾令蹇脩以为理。”“初既与余成言兮，后悔遁而有他。”成言也是结言，朱熹《楚辞集注》说：“成言，谓成其要约之言也。”结言的质物与信物一般为随身佩饰或香草，如《山鬼》云：“折芳馨兮遗所思”，《离骚》云：“折琼枝以继佩。及荣华之未落兮，相下女之可诒”，《湘君》云：“捐余玦兮江中，遗余佩兮醴浦。采芳洲兮杜若，将以遗兮下女。”如果男女中的一方不愿结言，自然也就可以不接受信物。在楚国贴身亵衣也可作为男女间的信物。《湘夫人》：“捐余袂兮江中，遗余褋兮醴浦。”王逸注曰：“袂，衣袖也。”“褋，襜襦也。”襜襦即是贴身亵衣。以亵衣相赠，当是男女关系发展到相当亲密程度后的举动。可以说，袂、褋是定情的信物，而不是结言的质物。男女结言有时还需中间人转致意愿和质物的。如前引《离骚》曰：“解佩纕以结言兮，吾令蹇脩以为理。”“理”在这里指的是信使、使者，而不是媒妁。结言的目的是确立情侣或伙伴的关系，而不是谈婚论嫁。

与男女婚前自由交往的习俗相适应，楚国南方的一些地区或民族还筑有专供适龄男女游戏娱乐的“公房”（又称为“兰房”）。《大司命》：“满堂兮美人，忽独与余兮目成。”“入不言兮出不辞，乘回风兮载云旗。”王逸注云：“言万民众多，美人并会，盈满于堂，而司命独与我睨而相视，成为亲亲也。”宗教和神话均是现实生活的折光，在这凡夫神女目挑心许的厅堂后面无疑隐藏着一座座男女言情的公房。除公房外，楚国南方显然还有无数专为及笄女子筑设的“女儿楼”。女儿楼是少女与情人幽会的场合。《湘夫人》云：“白薠兮骋望，与佳期兮夕张。”“筑室兮水中，葺之兮荷盖。荪壁兮紫坛，采芳椒兮成堂。桂栋兮兰橑，辛夷楣兮药房。罔薜荔兮为帷，擗蕙櫋兮既张。白玉兮为镇，疏石兰兮为芳。芷葺兮荷屋，缭之兮杜衡。合百草兮实庭，建芳馨兮庑门。”这结庐于湖滨水畔的帷帐和药房荷屋，虽然指的是男巫约女神或女巫邀男神的斋宫、祭堂，但人神恋爱归根结底是对人间男女关系的模仿，故帷帐和药房荷屋的原型可以说就是女儿楼。南楚习俗不仅允许男女在婚前自由交往，而且对婚前性关系也相当宽容。如《少司命》“夕宿兮帝郊，君谁须兮云之际？与女游兮九河，冲风至兮水扬波。与女沐兮咸池，晞女发兮阳之阿”，便写的是俊俏的男巫与美丽的女神一见钟情，暮宿于帝郊，朝浴于咸池的故事。

必须指出，楚国男女婚前性生活虽比较自由，但并不是纵欲滥交，男女缔缘、交媾的唯一因素就是情爱，女子在选侣求偶上有很大的自主权，女子不愿意，男子决不能强求或以暴力相加；反之，男子不就，女子也不能勉强。也正因为这些缘故，《楚辞》中既不乏专贞不渝的爱情抒发，又充满了男子求女不成、女子期遇不至的沉重叹息声。楚国南方一些地区或氏族、部落，很可能实行的是与云南纳西族的“阿注婚”类型相同的一种婚姻形态。阿注婚是对偶婚的一种类型，民俗学称之为“望门居”，其特点为女不嫁夫家，男不入妇族，成年男女可以交结几个或几十个异性阿注，但以一个阿注为主，生下的子女只知其母，不知其父。这种婚姻形态与楚国南方一些地区尚滞留在母系氏族阶段的状况是相适应的[①]。

在这种松散的、不稳定的婚姻形态下男女交往的结果当然也就不是男婚女嫁或个体家庭的建立，男女可以忽聚而忽散。《河伯》“子交手兮东行，送美人兮南浦”，《少司命》“望美人兮未来，临风怳兮浩歌”，《湘君》“望夫君兮未来，吹参差兮谁思”，便分别反映的是男女发生性关系后挥手惜别的情景和思念飘然而逝、负心变意的情侣的满腔愁绪。

“公房”“女儿楼”和“阿注婚”都是南楚婚恋习俗的产物和构成内容，而不能代表楚国中心地区江汉流域的婚恋习俗，但随着楚国对南方的开发和民族接触、文化交流的日趋频繁，南楚地区或民族的婚恋习俗不会不对楚国中心地区和主体民族的婚恋习俗发生影响。从《楚辞·九歌》即可看出，屈原对郢南沅湘流域的婚恋习俗相当熟谙且抱有很强烈的认同感。因此，我们认为南楚婚恋习俗至迟在战国时期已传入到楚国中心地区，虽然没有使楚国主体民族的婚恋习俗发生根本性的转型，却使它带有了一种纯真浪漫的色彩和情调。

值得一提的是，“公房制”、婚前同居与“阿注婚”等婚恋形式，直至近世仍为我国南方的一些少数民族所传承，如佤族、怒族、布朗族、景颇族、哈尼族、彝族、撒拉族以及台湾高山族均有为未婚青年男女修筑的“公房”（景颇族每一户人家中还专门为儿女设有谈情说爱的火塘，俗称“赶脱总”）或专为未婚少女修造的小屋（女儿楼），瑶族女儿楼为“吊楼”、纳西族为“毡棚”，形制虽不一样，但性质相同。在公房和女儿楼中，未婚男女可以择伴同居，相处得好便正式结婚，相处得不好，

① 《诗·王风·大车》云：“穀则异室，死则同穴。谓予不信，有如皦日！”诗的意思是活着分别住在各自的氏族中，死后埋在一个圹穴中。死后同穴，说明这一对男女具有婚偶关系，但生则异室，又说明这一对男女生活在不同的经济、财产、家族（或家庭）与生产单位中，因“室”在先秦时期除指居室外，又可指财产、家庭。这种只具有婚偶关系，而不具有家庭关系的婚姻，便属于典型的阿注婚。由此可见，先秦时期不独南方民族，在周民族中也遗存着阿注婚婚俗。

则分手。[①] 这种习俗既可称之为“试婚制”，也可称为婚前性自由。“阿注婚”在近世仍存在于云南永宁纳西族中，它是比“公房制”与“试婚制”更古老的婚姻形态。除我国南方少数民族外，“试婚制”与“公房制”，也是日本古代颇为盛行的婚恋习俗[②]。

据文献记载，楚国青年男女除了平时成双结对地幽期密约外，还有一个定时、定点的公开性的社交节日——仲春之月的“云梦之会”。

《墨子·明鬼》载：“燕之有祖，当齐之有社稷，宋之有桑林，楚之有云梦，此男女之所属而观也。”古汉语“属”可指结伴或成群结队。“观”是先秦时期的性交隐语，其本字写作“灌”，是以灌水或浇注酒液暗喻性交。《礼记·月令》载：季春之月“后妃斋戒，来东乡躬桑，禁妇女毋观”。“毋观”的意思就是夫妇间不要进行房事，以免影响桑蚕的发育。先秦时期郑、卫、宋诸国和周王室的溱洧、桑间及桑林之会与楚国云梦之会的性质相同，如《诗·小雅·隰桑》：“隰桑有阿，其叶有难（茂盛）。既见君子，其乐如何！”即是周王畿少女在桑林大会春风一度后唱的欢快的情歌。又《诗·郑风·溱洧》记云：“溱与洧，方涣涣兮。士与女，方秉兰兮。女曰观乎，士曰既且。且往观乎，洧之外洵讦且乐。维士与女，伊其相谑，赠之以芍药。”这是一首掺用了隐语写成的诗，诗中描写的是一对陌路男女手持求媾标志——兰，相遇于溱、洧河畔，既欢之后男子赠女子以芍药草的经过。《郑风·野有蔓草》：“野有蔓草，零露漙兮。有美一人，清扬婉兮，邂逅相遇，适我愿兮。”更直白地写出了一对男女邂逅相遇便发生了性关系。此外，《郑风》中的《褰裳》《出其东门》《东门之墠》等诗篇也皆属溱洧之会的情歌。[③]

① 乌丙安 . 民俗学丛话［M］. 上海：上海文艺出版社，1983：147；林蔚文 . 母系氏族向父系氏族过渡时期的产物——“不落夫家”等习俗剖析［J］. 史前研究，1984（2）.

② 关敬吾 . 民俗学［M］. 王汝澜，龚益善，译 . 北京：中国民间文艺出版社，1986：59、61.

③ 《礼记·乐记》孔颖达疏曰：“今论说郑国之为俗，有溱洧之水，男女聚会，讴歌相感，故云郑声淫。”说明溱洧大会一类的男女聚会同时又是盛大的对歌会。

另据《汉书·地理志》载：郑“右洛左沛，食溱、洧焉。土偃而险，山居谷汲，男女亟聚会，故其俗淫”。所谓郑俗淫，“男女亟聚会”，也是指的溱、洧之会，说明此风一直传延到两汉。

楚国云梦之会的情景应与郑国溱、洧之会基本相同。《离骚》云：“及荣华之未落兮，相下女之可诒。”《湘君》云：“采芳洲兮杜若，将以遗兮下女。”琼枝、杜若之类的香草在平时是结言、定情的信物，在云梦之会的过程中则可能是允许和追求交媾的标志。又，《九歌》中还屡以“荪”作为爱情和生育女神的代称，五臣注云：“荪，香草，喻司命。”李陈玉《楚辞笺注》引陶弘景云：“荪，香草，似石菖蒲，而叶无脊，生溪涧中。古时男女相悦，以此相称谓。”由此可见，属于兰科植物的“荪”在楚国也被用作青年男女交媾和定情的表记。

宋桑林、楚云梦、郑溱洧之会的时节皆在夏正（农历）二月（仲春），如《郑风·溱洧》毛传曰：“涣涣，春水盛也。”郑玄笺曰：“仲春之时冰以释水，则涣涣然。”又，《周礼·地官·媒氏》记云：“中春之月，令会男女，于是时也，奔者不禁。”在宋桑林、楚云梦、郑溱洧之会时男女间自由地宣泄情感，发生性关系，乃是对原始群婚或亚血缘婚俗的一种回忆和模拟。作为统治阶级来讲，平时虽严饬礼教之防，但为了稳定社会秩序，疏导民众的郁积之气，增殖人口，对于传统的春季男女大会，也就有意识地网开一面，作了让步和鼓励。前引《周礼·媒氏》文字即表明，在仲春男女大会上结成的婚姻关系及所生子女均享有合法地位，又如《史记·孔子世家》说：“叔梁纥与颜氏女野合而生孔子。”干宝《三日记》则谓：颜氏女“征在生孔子空桑之地”，说明连孔子都是桑林大会后的产儿。

“云梦之会”一类的男女大会，也是人类由原始群婚向对偶婚、个体婚转化过程中乃至这个过程完成后的相当一段时期内存在的一种普同性文化现象。恩格斯在《家庭、私有制和国家的起源》一书中曾谈道：

……而加利福尼亚半岛的居民（蒙昧时代高级阶段），据班克

> 罗夫特说，则有一些节日，在节日里几个“部落”聚集在一起，进行不加区别的性交。显然，这是指一些民族，它们在这些节日里，对于从前一个氏族的妇女以另一氏族的所有男子为她们的共同丈夫，而男子则以另一氏族的所有妇女为他们的共同妻子的时代，还保存着一点朦胧的记忆。这种习俗在澳大利亚仍然盛行着（引者按：在澳大利亚阿纳姆地区的土著中，通常由地方性集团共同欢庆一个纵欲性的节日。节日期间，每一个集团的男女不论婚否均分别与另一个集团的男女发生性关系），有些民族中，还有这种情形，即男性长者、酋长和巫师，利用共妻制来达到自己的目的，自己独占大多数妇女；但是，他们在一定节日和民众大集会时，必须恢复以前的共妻制，让自己的妻子去和年轻的男子们寻乐。韦斯特马尔克在他的《人类婚姻史》一书第28—29页，举了许多例子，表明在印度的霍人、桑塔尔人、潘札人和科塔尔人部落中，在某些非洲民族和其他民族中，都有这种定期的沙特恩节。①

随着贞节观念的发展和个体婚制的稳定，春季男女大会这种原始遗俗在中原和楚国的中心地区便逐渐销声匿迹了。但在我国的西南少数民族地区则以“赶表”、“放寮”、“三月三”、“绕山林”（或称“绕桑林”“绕三灵”）、踩山节、跳花会、春月歌圩等多种名称变型地一直遗存到近世。如清赵翼《檐曝杂记·边郡风俗》云：“粤西土民及滇黔苗倮……每春月趁墟唱歌，男女各坐一边，其歌皆男女相悦之词……若两相悦，则歌毕辄携手就酒棚并坐而饮，彼此各赠物以定情，订期相会。甚有酒后即潜入山洞中，相昵者其视野田草露之事。”费孝通也曾对贵州少数民族的“赶表”习俗作过调查，他介绍说：“在赶场时青年男女（不论已否订婚以及‘坐家’中的姑娘）排着一小队一小队的互相

① 沙特恩节是古罗马人在每年冬至农事结束后举行的纪念沙特恩神的节日。节日期间举行群众性的盛宴和狂欢，男女间自由放纵地发生性关系。

找对象……双方同意后，就溜出场坝，到山坡田间去唱歌谈情……（赶表的）青年男女很早都是已订了婚的，而‘赶表’的对象又不是未婚的夫妻。如果因‘赶表’而发生了爱情就会引起婚姻的纠纷，所以女方的父兄丈夫都不准妇女去‘赶表’，但是青年人都不肯放弃自由恋爱的机会。女的结了婚，千方百计设法延长‘坐家’。”[①]从清代乃至现代西南少数民族的“赶表”与春月歌圩活动中，我们便可约略推见先秦华夏族和楚族仲春季节男女大会的狂欢情景。

第二节　婚嫁礼俗与婚姻形态

楚国的婚嫁礼俗与婚姻形态也不是单层面，而是多层面的。在楚国占主导地位的婚嫁礼俗及婚姻形态虽与中原属于同一模式，但也有自身的特点。

一、楚国婚嫁重媒妁之言，不重父母之命，以自愿婚居多

《离骚》云：“望瑶台之偃蹇兮，见有娀之佚女，吾令鸩为媒兮，鸩告余以不好。雄鸠之鸣逝兮，余犹恶其佻巧。心犹豫而狐疑兮，欲自适而不可。”从“欲自适而不可”这一句话中，我们可以看出楚国男子若按正常方式娶妻，就非得经过媒理的中介不可，而不能径自提亲。楚人不仅重视媒妁，尤重能言善辩的媒妁，如《离骚》云：“理弱而媒拙兮，恐导言之不固。”《九章·抽思》云：“理弱而媒不通。”重视好媒实质上就是重媒。重媒，经过媒妁说合后再作迎娶准备，实际上又是尊重父母之命尤其是女方父权的表现。如果不尊重父母的意愿，男女也就可以自结婚缘，而无须媒妁作为中介人去征求女方父母的意见了。楚国的主体民族楚族对于婚娶程序也非常重视，通常不采取苟合式的同居。《左传》宣公四年载：楚大夫斗伯比早年随母居于舅邦郧国，与表

① 兄弟民族在贵州［M］. 上海：三联书店，1951：46、47.

姐妹私通，生下了后来的令尹子文。“𨛫夫人使弃诸梦中，虎乳之。𨛫子田，见之，惧而归，夫人以告，遂使收之……以其妻伯比，实为令尹子文。”斗伯比与𨛫女私通，且生下了私生子，已构成了事实上的婚姻，可是这“婚姻”及其产物私生子，并未被𨛫夫人所认可，直至出现了虎乳弃婴的怪异情景，𨛫夫人才被迫使人抱回了弃婴，并随之补办了婚嫁之礼，以女“妻伯比”。西周至春秋时期，楚、𨛫两国地望相邻，文化交流也很频繁，两国的婚俗应是非常相近的。另外，𨛫在春秋中期被楚所灭，有关令尹子文的出生传说无疑是由楚人传述下来的，因而，我们认为这个传说可以证明楚族非常重视婚娶程序和礼仪，对于私自苟合及非婚生子女并不认可。直到现代，湖北一些农村的青年男女尽管通过自由恋爱确定了婚姻关系，但在形式上还得虚应故事地找人做媒，即是古老的楚风的遗存。在中原男女的婚嫁中，媒妁的作用也相当重要，如《诗·卫风·氓》云：“匪我愆期，子无良媒。”《豳风·伐柯》云：“取妻如何？匪媒不得。”又如《孟子·滕文公下》云：女子私奔，“则父母国人皆贱之”。《战国策·齐策六》记，齐闵王太子法章变姓名入莒太史敫家为庸，蒙太史之女以身相许，太史敫怒曰：“女无谋（媒）而嫁者，非吾种也，污吾世矣。”《燕策一》云：“处女无媒，老且不嫁；舍媒而自衒（奔），弊而不售。”《管子》云：“妇人之求夫家也，必用媒而后家事成；求夫家而不用媒，则丑耻而人不信也，故曰：‘自媒之女，丑而不信。’”

与中原不同的是，楚国的父母兄弟较少干涉青年男女的婚姻，而在中原地区这种干涉力量却相当之大。《郑风·将仲子》云：“岂敢爱之？畏我父母。仲可怀也，父母之言，亦可畏也！……岂敢爱之，畏我诸兄。仲可怀也，诸兄之言，亦可畏也！……仲可怀也，人之多言，亦可畏也。”《齐风·南山》云：“取妻如之何？必告父母。”像这一类因为父母兄弟横加干涉而使有情人不能适愿结为伉俪的诗句，在《楚辞》中就根本找不到。《楚辞》中有的只是失恋者哀婉悱恻的悲情，而没有爱情被父母兄弟扼杀后所发出的悲泣。《九歌·湘君》：“心不同兮媒劳，恩不甚兮轻绝……交不忠兮怨长，期不信兮告余以不闲。”这几句话表明楚国婚姻的当事双方在选偶上有着很大的自主权，如果一方不愿意，即使已经媒理说合，也可中道而改悔。

楚国婚姻之所以带有较浓的自愿婚色彩，与当时西南少数民族对楚族的影响有关。旧《柳州府志》记：广西土著“婚姻不用媒妁”。清康熙朝编《云南通志》记：彝族等“倮蛮”“男女婚嫁，不问父母，彼此爱悦，遂相配合”。可以想象到上古时期这些民族的男女结合方式应是更加自由无拘的。

不过，从传承范围来看，自愿婚只是在楚国下层社会较为普遍，在上层社会婚姻被当做政治和外交斗争的手段，上层社会成员也常常通过联姻达到巩固、扩大权力和财富的目的，这种婚姻并不出于当事双方的自愿，完全是政治婚。秦《诅楚文·久湫文》曰：“……昔我先君穆公及楚成王实勠力同心，两邦若一，绊以婚姻，袗以齐盟，曰：‘叶万子孙，毋相为不利。’亲仰大沉久湫而质焉。”《左传》襄公二十六年记：楚大夫伍举“娶于王子牟，王子牟为申公而亡”，伍举因此获罪于楚执政令尹子木，不得不逃亡于郑、晋。出土的曾孟嬭谏盆、王孙霧簠铭文也分别透露出楚王女嫁于曾侯和蔡侯女嫁于楚王孙霧的两桩婚事①。此外，战国后期楚顷襄王在秦军的强大攻势下为了获得喘息时间，稳住防御的阵脚，也曾主动求聘秦女为后，与秦王结为翁婿。所有这些事实都说明楚国上层社会颇为盛行政治婚。

二、楚国遗存的几种原始婚姻形态

1. 抢夺婚　《左传》庄公十四年载：楚文王帅师灭息，将息夫人妫氏纳入后宫，立为王后，生下了堵敖和熊恽（楚成王）两个王子。另据《左传》宣公十年和成公二年记载，陈大夫夏征舒之母夏姬与陈灵公及大夫孔宁、仪行父三人通淫，夏征舒一怒之下杀了陈灵公。楚庄王为

① 舒之梅，罗运环．楚同各诸侯国关系的古文字资料简述［J］．求索，1983（6）．

此率师入陈，杀了夏征舒，掳得夏姬。楚庄王欲将夏姬据为己有，为申公巫臣谏止。司马子反也欲占有夏姬，又被巫臣劝止。最后楚庄王便将夏姬赏给了连尹襄老。这两桩婚事皆属于典型的抢夺婚。

另据《说苑·正谏》载："荆文王得如黄之狗，箘簵之矰，以畋于云梦，三月不反，得舟之姬，淫（《吕氏春秋·直谏》记作'舟姬'），期年不听朝。"这"舟姬"很可能也是楚文王劫夺的船民之女。抢夺婚是母系向父系、从妻居向从夫君过渡阶段的产物。

恩格斯在《家庭，私有制与国家的起源》一书中对抢夺婚作过如下分析：

> ……抢劫妇女的现象，已经表现出向个体婚制过渡的迹象，至少是以对偶婚的形式表现出这种迹象：当一个青年男子，在朋友们的帮助下劫得或拐得一个姑娘的时候，他们便轮流同她发生性交关系；但是在此以后，这个姑娘便被认为是那个发动抢劫的青年男子的妻子。反之，要是被劫来的女子背夫潜逃，而被另一个男子捕获，那末她就成为后者的妻子，前者就丧失了他的特权。这样，与继续存在的群婚并行，并且在它的范围以内，就形成了一种排斥他人的关系，即或长或短时期内的成对配偶制以及与此并行的多妻制，于是在这里群婚也开始消亡。

恩格斯在这里说的是原始形态的抢夺婚俗，在楚国抢夺婚早已不是一种正常的婚姻习俗，而是一种非正常的遗存现象。在中原地区，春秋时期抢夺婚的现象就更为罕见了。《易·屯》："六二，屯如邅如，乘马班如，匪寇婚媾。"《贲》："六四，贲如皤如，白马翰如，匪寇婚媾。"《贲象》曰："六四，当位，疑也。匪寇婚媾，终无尤也。"说的均是模拟抢夺婚，而不是原始形态的抢夺婚。春秋时期中原王公贵族将战争中俘获的女性充作奴隶、婢妾、嫔妃的事例极多，但极少将之册立为王后、君夫人、正妃和正妻。从这一点看，楚国婚俗比中原婚俗保留的旧因子要更多一些。

2. 贡献婚　这种形态的婚姻是父系氏族社会末期——父权制大家庭时期的产物，在这一时期子女玉帛和牛羊都是氏族长和父家长的财产，因此女子也就可以像物品一样由氏族长或父家长转赠他人。欧洲中世纪封建领主实行的“初夜权”和我国先秦时期战败国、附属国向战胜国、宗主国的君主贡献女性，均属于远古贡献婚的遗存。在楚国，贡献婚与抢夺婚一样，只是流行于王公贵族阶层中的一种遗存现象，而不是一种婚姻习俗。《史记·春申君列传》载：“楚考烈王无子，春申君患之，求妇人宜子者进之，甚众，卒无子。赵人李园持其女弟（妹妹），欲进之楚王，闻其不宜子，恐久毋宠……于是李园乃进其女弟，即幸于春申君。知其有身，李园乃与其女弟谋。”李园妹承间以说春申君，将自己献于楚王。“春申君大然之，乃出李园女弟，谨舍而言之楚王。楚王召入幸之，遂生子男，立为太子，以李园女弟为王后。”春申君送众女于楚王，李园将妹妹献于春申君，后者又将之献于楚王，均是贡献婚。贡献婚的性质也是强迫婚，而不是自愿婚。在我国春秋战国时期，贡献婚还被蒙上了一层浓厚的政治婚的色彩。春申君和李园向楚王献女的目的即分别是为了固宠和求荣。

3. 兄妹婚　同父异母、同母异父和同胞兄弟姐妹之间发生性关系和婚姻关系，属于血缘婚的性质，它是一种很原始的婚俗，就像马克思所说的那样：“在原始时代，姐妹曾经是妻子，而这是合乎道德的。”[①] 殷、周及其以降这种婚俗在华夏文化圈内已基本归于消亡了，但在个别地区和方国尚有遗存。春秋时期齐国国君与公室姐妹偷情的绯闻屡屡外传，其次便是楚国。《左传》文公元年载：楚成王先立商臣为太子，后来“又欲立王子职而绌太子商臣。商臣闻之而未察，告其师潘崇曰：‘若之

① 引自恩格斯在1891年版《家庭、私有制和国家的起源》上补加的注，这句话是马克思在1882年春季的一封信中写的。见：马克思恩格斯选集（第4卷上册）［M］. 北京：人民出版社，1972：32.

何而察之？’潘崇曰：‘享江芈而勿敬也。’从之。江芈怒曰：‘呼，役夫！宜君王之欲杀女而立职也。’（商臣）告潘崇曰：‘信矣’。”江芈，杜预注曰：“成王妹，嫁于江。”从上引传文来看，江芈与成王的关系应是非常暧昧，被爱宠的程度甚至超过成王的王后、夫人，不然，商臣也就不会单单挑选她来试探成王立嗣的意图了。成王与江芈不仅在事实上构成了兄妹婚，而且在名义上也不作讳饰，公然以妹为妻。《公羊传》桓公二年云：“若楚（成）王之妻娼（妹），无时焉可也。”孔颖达疏曰：“以妹为妻，终无可时。”亦证明江芈被成王堂而皇之地册立为夫人。《史记・楚世家》将江芈记作成王“宠姬”，看来并非无因。另据《左传》僖公二十二年载，泓之战后，楚师凯旋，途经郑郊，“郑文夫人芈氏、姜氏劳楚子于柯泽。楚子使师缙示之俘馘。君子曰：‘非礼也。妇人送迎不出门，见兄弟不逾阈，戎事不迩女器。’丁丑，楚子入享于郑……享毕，夜出文芈送于军，取郑二姬以归。叔詹曰：‘楚王其不没乎！为礼卒于无别，无别不可谓礼，将何以没？’诸侯是以知其不遂霸也”。以上记载表明，楚成王与他的另一个妹妹文芈的关系也颇为暧昧，过从之间颇多违礼之处，因而招来了郑叔詹的非议和诅咒。不过，仅从文献记载来看，在楚国除了成王以外，再没有其他的妻姐妹的事例。

4. 收房婚　父死，以后母为妻，兄死，以嫂为妻，就是“收房婚”，又称“转房婚”。先秦时期称妻后母这种形式的收房为“烝”，称妻嫂这种形式的收房为“报”。文献记载表明，春秋战国时期，楚人对“烝”不怎么介意，对“报”却深恶痛绝。如《左传》成公二年记楚连尹襄老战死于邲，其子黑要“烝”夏姬，未见当时有人提出非议。而据《左传》庄公二十八、三十年载，楚令尹子元在文王死后欲“报”其嫂息妫时，首先受到息妫的拒斥和大夫斗射师的规谏，接之便被申公斗班趁着众怒杀掉了。对比这两件事实可见，楚人对“报”这种性行为和婚姻关系是有禁忌的。婚姻形式与权力、财产的占有和分配形式紧密相关，楚国自建国以来即实行极为严格的宗法制和嫡长继承制，嫡长子在宗族组织内是宗主（大宗）的法定继承人，余子、庶子只能另立“侧室”“贰宗”，听命于大宗。嫡长子不但有权继承父家长的身份、爵位和大部分财产，而且有权继承父家长的另一份遗产——诸后母。在先秦文献中，“妻”“帑”常常连称，帑是财产，妻、妾实质上也是财产。因此，嫡长子收纳诸母，与宗法嫡长继承制及相应的财产占有和分配形式并不发生矛盾。据宋玉《高唐赋》载，高唐神女先后与楚怀王和楚顷襄王发生了梦交关系，从这段神话故事也可看出，“烝”在楚国属于合法的性关系和婚姻形式。而以兄死妻嫂为主要内容的“报”就与宗法嫡长继承制存在着尖锐的冲突，在宗法嫡长继承制度下，胞弟或庶弟相对于已嗣父位的嫡长兄均是小宗，嫡长兄死，继承人当是其嫡长子，而不是诸弟，是父死子继，而不是兄终弟及，弟若纳嫂或强迫嫂嫂通淫，分别属于小宗兼并大宗和小宗侵陵大宗的行为，而这两种行为是宗法嫡长继承制度所绝对不能允许的。《楚辞·天问》：“惟浇在户，何求于嫂？何少康逐犬，而颠陨厥首，女岐缝裳，而馆同爰止？”“眩弟并淫，危害厥兄。”便均是对“报”这种婚姻行为的痛斥。由此可见，残存于楚国的收房婚，以“烝”为主要存在形式。

5. 陪媵制和二妻制　楚国的家庭形式有一夫多妻和一夫一妻两种。前一种又可称为多妻制，它构成了贵族家庭的主要形式。恩格斯在《家庭、私有制和国家的起源》一书中，便曾经提到过产生于父系氏族社会末期的这种婚姻与家庭的形式，他说：“在野蛮时代高级阶段，在对偶婚和一夫一妻制之间，插入了男子对女奴隶的统治和多妻制。”一夫一妻制在楚国则构成了庶民家庭的主要形式，习称之为“匹夫匹妇”。贵族除有嫡妻（正室）外，还有若干媵妾。妾一部分是买来的，一部分是未经媒妁撮合、婚娶礼仪私奔而来的女子，一部分是娶妻时女方同姓宗族和方国陪嫁来的娣侄，也就是陪媵或媵妾（汉代又称之为“旁妻”“小妻”和“下妻”），《左传》成公八年载：“凡诸侯嫁女，同姓媵之，异姓则否。”《公羊传》庄公十九年曰：“媵者何？诸侯娶一国，则二国往媵之，以侄娣从。”[①] 媵婚制是“普那路亚”婚俗的遗风，带有姐妹共夫的色彩。《九歌 · 河伯》：“波滔滔兮来迎，鱼隣隣兮媵予。”说明楚国也有“媵”这种特殊的婚姻制度。

由于春秋战国时期没有与楚同姓的方国（夔与楚同姓，但在春秋中期被楚灭了），所以楚王室之女在没有正适的机会时，常常作为非同姓国公室女子的陪媵外嫁。曾侯簠铭曰：“叔姬霝迮黄邦，曾侯作叔姬、邛芈媵器𩰫彝，其子子孙孙其永用之。”[②] 从铭文记载中，我们看到这么一桩婚事：姬姓的曾侯嫁女黄国，楚国以嫁邛国后孀居的王室女邛芈为陪媵。

据文献记载，楚国还似有一夫二妻这种家庭形式。《战国策 · 秦策一》陈轸说秦惠王曰：“楚人有两妻者，人诽其长者，詈之；诽其少者，少者许之。”又，《淮南子 · 说山》载有楚申喜闻歌而识母的故事，高诱注曰：“申喜，楚人也。少亡二母，闻乞人行歌声，感而出视之，则其母也，故曰精之至。”在先秦时期，“妻”作正室称谓用，主要限于庶人，如《礼记 · 曲礼下》云：“天子之妃曰后，诸侯曰夫人，大夫曰孺子，士曰妇人，庶人曰妻。”因而，一夫二妻制在楚国当属于庶人阶层的一种婚姻现象与家庭结构。不过，二妻制与宗法嫡长继承制及妻妾制均相违悖，历代楚王也没有并置二后的例证，故我们认为二妻制在楚国即使确实存在，也绝不可能是通制，而只是个别的非正常的现象。《七国考》卷十二《魏刑法》引李悝《法经 · 杂律略》曰：“夫有二妻则诛。”《周易 · 革卦 · 象》曰：“水火相息，二女同居，其志不相得，曰革。”又，《左传》哀公十一年记：卫大叔疾“娶于宋子朝，其女嬖。子朝出（奔），孔文子（卫卿孔圉）使（大叔）疾出其妻，而妻之。疾使侍人诱其初妻之娣寘于犁，而为之一宫，如二妻。文子怒，欲攻之。

① 《白虎通》：“士一妻一妾，不备侄娣”，说明“士”这一等级只能拥有一妾，只有大夫及其以上等级的贵族才可拥有媵妾。

② 舒之梅，罗运环 . 楚同各诸侯国关系的古文字资料简述［J］. 求索，1983（6）.

《传》文的主要意思是，卫大叔疾曾娶宋子朝女为妻，同时还有一女弟陪嫁为媵妾。后因宋子朝失势逃亡，孔文子便强使大叔疾将二女退回母家，而以己女嫁之为妻。但大叔疾仍然钟恋原先的那位媵妾，派人将她迎回，安置到另一处住宅中，待之俨如正妻，结果，引起孔文子勃然大怒，欲发兵攻杀大叔疾。

上引三则资料证明，宗法社会的正统观念和礼制是不允许混淆嫡庶和妻妾名分的二妻现象存在的。但由于春秋战国时期礼法松弛和宗族制趋于解体，王公贵族蓄置二后、群夫人和诸妻的现象仍然层见叠出。如《庄子·则阳》记："夫（卫）灵公有妻三人，同滥而浴。"《左传》僖公十七年记："齐侯之夫人三，王姬、徐嬴、蔡姬，皆无子。齐侯好内，多内宠，内嬖如夫人者六人。"《史记·礼书》载："周衰，礼废乐坏，大小相逾，管仲之家，兼备三归。"《集解》引包氏曰："三归，娶三姓女也。"卫灵公有三妻，齐桓公有三夫人，管仲兼备三归，都是同时并置三正室的适例。[①] 但这样的例子在楚国的王公贵族阶层中却找不到。

文献与考古两方面提供的证据表明，我国先秦时期的女神崇拜有两种类型：一种是西部地区的一女崇拜类型，如西王母、女娲、盐水女神、青要山神武罗、高唐神女、瑶姬、女尸、涂山氏、炎帝女娃、女桑等，皆属于一女崇拜的对象；一种是东部地区的两女崇拜类型，如帝尧之二女。与此相应，二女并适一夫的神谭和故训也主要造说和流传于东方。《山海经·中次十二山经》载：洞庭之山，"帝之二女居之，是常游于江渊"。郭璞注曰："天帝之二女而处江为神也。"汪绂《山海经存》曰："帝之二女，谓尧之二女以妻舜者娥皇女英也。相传谓舜南巡狩，崩于苍梧，二妃奔赴哭之，陨于湘江，遂为湘水之神，屈原《九歌》所称湘君、湘夫人是也。"舜即是东方的大神"帝俊"。舜与尧之二女生离死别的爱情故事原是东方的神谭，殷末周初和春秋战国之际殷商遗民

① 同时娶三女是夏、周民族的传统，如《山海经》记夏后启"上三嫔于天"，《国语·周语上》记姬姓密君之母说："女三为粲"，粲的意思就是美好。

与宋、陈遗民在南迁的过程中将这段神谭的背景移到了南方的洞庭、沅湘和苍梧地区。湘君、湘夫人本是沅湘土著尊奉的一对男女神，至屈原作《九歌》时，这两个既不同源又不同产地的神谭早已叠合在一起了。舜妻尧之二女的故事又见载于《天问》。《天问》曰："尧不姚告，二女何亲？"另外，《左传》哀公元年和《离骚》还分别提到夏后少康失位后逃奔东方的有虞氏族，妻有虞氏二女的故事。如《离骚》曰："少康之未家兮，留有虞之二姚。"王逸注云："少康逃奔有虞，虞因妻以二女。"妻以二女，自然应理解为以二女为妻。由此可见，同属东方族团的尧氏族和舜氏族均有一夫妻二女的婚俗。春秋时期的齐、卫二国均为东方国家，卫灵、齐桓等娶二女为后或正妻，皆是东方古老婚俗的一种变型遗存。江苏涟水三里墩西汉墓出土了一尊一男二女裸体环抱的戏俑。[①]江苏在先秦时属吴越之地，吴越居民与远古的东方族团有着族源上的联系，文化风俗的共同点颇多，一男二女环抱戏俑当是一夫二妻制的生动体现，说明此风晚至汉代在东南地区尚有遗存。

楚国在战国时期出现的一夫二妻现象应与东方婚俗和神谭的影响有关。先秦至两汉，楚地男女人口比例呈男少女多的状况。《周礼·职方氏》与《汉书·地理志上》均载：荆州"其民一男二女"，这是从赋税征纳的目的出发所作的人口统计，而不是记载的婚姻形式与家庭结构。张华《博物志》云："山气多男，泽气多女。"楚为水泽之国，气温高，湿度大，易生疾病，加之楚人轻生好战，丁壮多埋骨沙场，故楚国女多男少并不令人奇怪。另据《汉书·地理志下》载：淮南之地，"多女而少男"。注引如淳曰："得女宠，或去男也。"臣瓒曰："《周官》职方云：'扬州之民，二男而五女'，此风气非由淮南王安能使多女也。"颜师古注曰："二说皆非也。志亦言土地风气既足女矣，因淮南之化，又更聚焉。"由此可见，荆、扬二州，在先秦两汉时期确实存在着女多男少的状况。男女人口比例虽非男女配适比例，却是影响婚姻与家庭关系

① 毕初. 汉长安城遗址发现裸体陶俑［J］. 文物，1985（4）.

的一个重要因素，女多男少有利于多妻制的延续，为一夫二妻现象的产生也提供了条件。

第三节　神婚、冥婚与蓄妓习俗

在远古至上古时代人们的头脑中，神也有七情六欲，有食、色之性，为了取悦求媚于神，先民们常常给神献上异姓青少年，并举行一套模拟性的结婚或性交仪式。在古代印度的巴尔马省“有以裸女娱男神之仪式，以促使男神喜欢和女神在一起使天下男女和谐”。[①] 在我国远古时期与神结为婚偶曾是每个少女应尽的职责，此俗至今仍有遗存，如彝族和土族的少女到了十五岁就要举行成年礼，此礼彝语谓之“沙拉洛”，意思是换裙，在换裙仪式上，少女要将单辫梳成双辫，童裙换成曳地长裙，并以新娘的身份与神的象征物树木或磨子进行一个虚拟性的结婚仪式。土族仪式较为简单一点，即将单辫梳成双辫就算与天结了婚，这个梳头仪式称为“戴天头”。[②] 到了上古时代又发展出了多种神婚类型。《山海经·大荒西经》载：夏后“开上三嫔于天，得《九辩》与《九歌》以下”。郭璞注云：“嫔，妇也，言献美女于天帝。”“上三嫔于天”的方式不外乎杀、焚、沉三种，均可说是血淋淋的杀祭婚。《史记·滑稽列传》所载邺巫为河伯娶妇的故事便属于这一类型。

第二种神婚类型是对与神结为婚偶的男女实行凡世的性与婚姻的禁锢，如《后汉书·宋均传》载：庐江郡“浚遒县有唐、后二山，民共祠之。众巫遂取百姓男女以为公妪。岁岁改易，既而不敢嫁娶。前后守令莫敢禁”。这种神婚可以说是完全的献身婚。《汉书·地理志下》载：齐“始桓公兄襄公淫乱，姑姐妹不嫁，于是令国中民家长女不得嫁，名曰

① 张紫晨．中国民俗概说［M］// 民俗学讲演集．北京：书目文献出版社，1986：238.

② 徐杰舜，徐桂兰．中国奇风异俗［M］．南宁：广西人民出版社，1989：162、176.

‘巫儿’，为家主祠，嫁者不利其家，民至今以为俗”。齐国家蓄之“巫儿”乃是神婚制和兄妹婚制相复合的产物。在世界上的其他民族中也存在巫师或宗教神职人员与神婚配的习俗，如在欧洲，信奉基督的“男女祭司们把自己奉献给上帝，被视为已和上帝结了婚，因此他们必须拒绝一切与普通人性交的行为。他们自然被视为是特别圣洁的，于是圣洁和独身就合为一体了。时至今日，罗马天主教的女修道士们仍被视为是基督的新娘”。[①]

第三种类型的神婚是歌舞以媚神。《诗・陈风・宛丘》云：“子之汤兮，宛丘之上兮。洵有情兮，而无望兮。坎其击鼓，宛丘之下。无冬无夏，值其鹭羽。”这首诗是写一位（或一群）男子爱上了一个婆娑起舞的巫女，但这巫女却不可能嫁给他（或他们中的任一位），于是男子（们）患上了单相思，只能通过观看她翩跹的舞姿获得些许的满足。诗中写这个女子手持的舞具和冠饰鹭鸶羽毛，乃是降神邀幸的法物，她之所以终身不得嫁而又无冬无夏地持羽起舞，就因为她是一个专职的媚神舞女。

第四种类型的神婚是男神与女神自相适配，沅湘土著的神灵湘君与湘夫人结为配偶神便是一例。

从文献记载来看，这四种神婚类型楚国都有。《九歌・河伯》：“波滔滔兮来迎，鱼鳞鳞兮媵予。”很明显写的是杀妇嫁河的仪式。河伯娶妇的神婚习俗虽然发轫、盛行于北方黄河流域，但《九歌》却是楚国的祭典，《九歌》中有《河伯》篇，说明北方的河伯娶妇神婚习俗在战国中后期已传播到了楚国且为楚人所认同和接受。《湘君》：“朝骋鹜兮江皋，夕弭节兮北渚。鸟次兮屋上，水周兮堂下。捐余玦兮江中，遗余佩兮醴浦。”《湘夫人》：“九嶷缤兮并迎，灵之来兮如云。捐余袂兮江中，遗余褋兮醴浦。”玦、袂与决、诀同音，作廋词和象征性表记用，玦，袂可隐指或暗示诀别、死亡。另外，玦、佩是随身玉饰，袂为衣

① 伯特兰・罗素 . 婚姻革命［M］. 北京：东方出版社，1988：25.

袖，褋为贴身内衣，将这些服饰都捐弃了，也就成了裸体。由此可见，二《湘》所记原来是隐藏着两组用龙舟将少男少女分别载至江心湖中赤裸裸地献给男女神灵的神婚仪式。

全生型的献身婚从《楚辞》中也可发现若干线索。在《离骚》中，屈子所追求的女子除少康妻二姚外皆为高禖（生育和爱情神）型的神女，如高丘神女、宓妃、简狄（叠合了瑶姬的影子），在《九歌》中，诗人自我竭力追求的一位女子又是一位掌婚禖、生育的神女——少司命，由于屈子在抒情达意上运用了不少象征手法，因此，诗中那位若隐若现的情感主人公和自我，并不能等同于屈子的自我，但诗中的那个自我的形象和人格，也并非虚造，在楚国社会中肯定找得出他的原型，我们认为这原型就是楚国的男巫。《国语・楚语下》记观射父曰："古者民神不杂。民之精爽不携贰者，而又能齐肃衷正，其智能上下比义，其圣能光远宣朗，其明能光照之，其聪能听彻之，如是则明神降之，在男曰觋，在女曰巫。"观氏的意思是，只有天生佳质、才情出众、端庄洁爽的超人才能担任巫觋。而在《离骚》正好有一大段与此相照应的自诩："帝高阳之苗裔兮，朕皇考曰伯庸……皇览揆余初度兮，肇锡余以嘉名。名余曰正则兮，字余曰灵均。纷吾既有此内美兮，又重之以脩能。扈江离与辟芷兮，纫秋兰以为佩。"据此，则《离骚》那位孜孜追求与高禖言情交媾的主人公的原型无疑就是男巫。

在《离骚》中只有宗教的、神话的性爱，而没有凡间的、现实的性爱，这说明楚国男巫的俗世之爱与婚姻被完全地窒息和禁锢了。在沈从文的湘西风情小说《神巫之爱》中，有一位外貌俊美的神巫是无数村姑农女（"下女"）竞相围观追逐的对象，她们向他送飞眼、唱情歌，可是他却无动于衷，他可以被爱却不能去爱，因为他是神的化身和使者。湘西在先秦时属楚国南土和楚黔中郡故地，禁锢神巫的世俗之爱，当是楚国神婚性禁锢习俗的遗存，不过，神巫可与神发生性关系这一点却被遗忘了。朱熹《楚辞辨证》说："楚俗祠祭之歌，今不可得而闻矣。忽计其间，或以阴巫下阳神，或以阳主接阴鬼，则其辞之亵慢淫荒当有不可道者。”这个猜测是非常正确的。楚国的男巫和女巫除了充作天人之间的使者下神邀福外，还是神的人世婚偶，他（她）们有义务在意念中或模拟性的仪式中与神发生性关系。据苗、侗等民族的学者介绍，“他们那里的民间跳神，有时禁止观看，因为跳神的巫表现极其‘淫荒’，不堪入目”。[①] 苗、侗等族的巫师传承的这种掺杂有性内容的跳神表演，即是上述楚国巫风的遗存。

歌舞以媚神的神婚形式，在楚国也非常流行。王逸《九歌序》曰：“《九歌》者，屈原之所作也。昔楚国南郢之邑，沅、湘之间，其俗信鬼而好祠。其祠，必作歌乐鼓舞以乐诸神。”《九歌·东皇太一》和《礼魂》所描绘、渲染的均是歌舞娱神的场面和气氛。《云中君》写导迎云中君的情景为：“灵连蜷兮既留，烂昭昭兮未央。蹇将憺兮寿宫，与日月兮齐光……思夫君兮太息，极劳心兮忡忡。”连蜷，王逸注云：“巫迎神导引貌也。”洪兴祖补注云：“长曲貌。”连蜷、长曲貌，无疑就是一种模拟性的性交动作和舞蹈。“蹇将憺兮”句，王逸注云：“言巫执事肃敬，奉引导引，颜貌矜庄，形体连蜷，神则欢喜，必留而止。”“言云神既至于寿宫，歆飨酒食，憺然安乐，无有去意也。”云中君降临寿宫，“留而止”，“无有去意”，应当主要是受到了灵子性交舞蹈的诱惑，而不单是酒食。云中君享受了须臾之欢后，便不得不重返天际，“猋远举兮云中。览冀州兮有余，横四海兮焉穷”。灵子挽留不住，悲从中来，因而发出思夫君的沉重叹息。灵子称云中君为“夫君”，自然也与那模拟性交的舞蹈有关。

男神配女神的神婚类型，主要见之于楚国的神话和祭典。湘君与湘夫人是沅湘土著尊奉的一对情侣神，神话产生的时代可以追溯到母系氏族社会中比从妇居还要早的走婚制阶段。走婚制的内容是，男子不从妇居，女子也不从夫君，男子晚间可以到女方的小屋中寝息，白天便必须返回自己所在的母系氏族参加劳动。二湘的神话至迟在战国早期已被楚

① 易重廉.《九歌》成因新论［J］. 江汉论坛，1986（7）.

人接受，并纳入了楚国的祭曲中。

先秦时期秦国尊奉一种由雉（鸡）神和灵石结合而成的雌性神灵——陈宝。《史记·秦本纪》《正义》引《括地志》云："宝鸡（神）［祠］在岐州陈仓县东二十里故陈仓城中。《晋太康地志》云：'秦文公时，陈仓人猎得兽，若彘，不知名，牵以献之。逢二童子，童子曰：此名为媦，常在地中，食死人脑。即欲杀之，拍捶其首。媦亦语曰：二童子名陈宝，得雄者王，得雌者霸。陈仓人乃逐二童子，化为雉，雌上陈仓北阪，为石，秦祠之。'"《索隐》引臣瓒云："陈仓县有宝夫人祠，岁与叶君神会，祭于此者也。""宝夫人"当是指的那个化为石的雌雉，而叶君则是楚叶县的县公沈诸梁，诸梁字子高，通常称其为叶公子高，楚惠王时他曾兼摄令尹、司马二要职，战国时期流传着很多与他有关的奇闻逸事，如"叶公好龙""叶公向孔子问政"等等。因而，叶县设有叶君神祠。陈仓在今陕西的西部，叶县位于今豫中与豫西南之间，与南阳相邻，陈仓与叶相距不算太近，另外，宝夫人祠是东周初年秦文公时已有的旧祠，叶君神祠则是战国时始立的新祠，如《风俗通》卷二记：楚叶公子高"退而老于叶，及其终也，叶人追思而立祠"。因而，将宝夫人与叶君配为神偶的，更可能是楚人，而不是秦人。《史记·秦本纪》《正义》曰："《搜神记》云其雄者飞至南阳，其后光武起于南阳，皆如其言也。"由此可见，宝夫人与叶君的婚偶关系是在雌雄二雉神的基础上创造、加工出来的。由于叶君是一个真实的历史人物，因而宝夫人与叶君的结合还带有一点"冥婚"的色彩。

所谓"冥婚"，就是将一对死去的男女结为名义上的夫妇。《周礼·地官·媒氏》云："禁迁葬者与嫁殇者。"郑玄注曰："迁葬谓生时非夫妇，死即葬，迁之，使相从也。殇，十九以下未嫁而死者。生不以礼相接，死而合之，是亦乱人伦者也。"从上述叶君死后与宝夫人婚配的例子来看，楚国民间还是有冥婚现象存在的。

先秦时期各国皆蓄养有一批官妓，封君、贵族蓄娼养妓者也不在少数。公室大家蓄养的娼妓的前身是父系氏族社会后期的留客、伴宿女。

《礼记·曲礼下》曰："天子有后，有夫人，有世妇，有嫔，有妻，有妾。"《山海经·大荒西经》记："开上三嫔于天。"这用以指天子之妇和献祭天神之女的嫔，初义是女嫔（摈），或女相，用今天的话来说就是女招待。又，《左传》哀公元年记伍子胥曰：

> 昔有过浇杀斟灌以伐斟鄩，灭夏后相，后缗方娠，逃出自窦，归于有仍，生少康焉。为仍牧正，惎浇能戒之。浇使椒求之，逃奔有虞，为之庖正，以除其害。虞思于是妻之以二姚。而邑诸纶，有田一成，有众一旅。能布其德，而兆其谋，以牧夏众，抚其官职；使女艾谍浇，使季杼诱豷。遂灭过、戈，复禹之绩，祀夏配天，不失旧物。

夏后相指派的女艾和季杼均是以色相打入敌对部落内部，侦伺敌情，诱惑敌酋的女谍。她们的本来身份则是部落伴宿女——女妓。《汉书·地理志下》记："初（燕）太子丹宾养勇士，不爱后宫美女，民化以为俗，至今犹然。宾客相过，以妇侍宿……后稍颇止，然终未改。"《史记·滑稽列传》记淳于髡说齐威王曰："日暮酒阑，合尊促坐，男女同席，履舄交错，杯盘狼藉，堂上烛灭，主人留髡而送客，罗襦襟解，微闻芗泽，当此之时，髡心最欢，能饮一石。"这两例均属于父系氏族时代伴宿女习俗的遗存和变型。楚国也有与此相似的例子。《招魂》记贵族宗室聚会饮酒的情景云："士女杂坐，乱而不分些。放陈组缨，班其相纷些，郑卫妖玩，来杂陈些。"王逸注云："言醉饱酣乐，合罇促席，男女杂坐，比肩齐膝，恣意调戏，乱而不分别也。"刘勰《文心雕龙·辨骚》云："士女杂坐，乱而不分，指以为乐，娱酒不废，沈湎日夜，举以为欢，荒淫之意也。"我们认为，这些与男子杂坐狎戏的女子绝非同宗姑姊或妻室，而是《招魂》文中提到的"女乐""美女"和"郑卫妖玩"。"来杂陈些"句下，王逸注云："言郑、卫二国，复遣妖玩之好女，来杂厕俱坐而陈列也。"这些女子实际上就是贵为封君的大宗之家蓄养的家娼。

先秦时期贵族除了蓄妓之外，还有蓄养、宠幸男嬖的风习。《汉书·地理志下》载：“赵，中山地薄人众，犹有沙丘纣淫乱余民。丈夫相聚游戏……作奸巧，多弄物，为倡优。”所谓“多弄物”，就是盛产男嬖。《荀子·非相》：“乡曲之儇子，莫不美丽妖冶。奇衣妇饰，血气态度，拟于女子。”指的也是男嬖。在楚国上层社会，尤其是宫廷内，也若断若续地流行着宠蓄男嬖的腐朽风习。《左传》宣公十二年载，楚庄王有嬖人伍参，其人甚得宠幸。《国语·楚语上》载，楚灵王邀鲁昭公赴楚参加章华台的落成典礼，“使富都那竖赞焉，而使长鬣之士相焉”。赞，是充作傧介和招待。富都那竖，韦昭注曰：“富，富于容貌。都，闲也。那，美也。竖，未冠者也。言取美好不尚德。”因而“富都那竖赞”的意思就是以面貌姣好的娈童做招待人员。《墨子·兼爱中》载：“昔者楚灵王好士细腰，故灵王之臣，皆以一饭为节，胁息然后带，扶墙然后起，比期年，朝有黧黑之危。”张正明据此说：“楚灵王所好的是男子细腰。”[①]甚是。“楚灵王好士细腰”也是其嗜好男风的一个表现。《战国策·楚策一》载：楚国有个贵族本已得到楚宣王的宠幸，“入则编席，出则陪乘”，但为了进一步地固宠求荣，竟然乘间向宣王无耻地表白说：“大王万岁千秋之后，愿得以身试黄泉，蓐蝼蚁”。他的这一表白果然深得宣王欢心，当下就赐他以“安陵君”的封号和爵位。另据《战国策·楚策四》载：“庄辛谓楚襄王曰：‘君王左州侯，右夏侯，辇从鄢陵君与寿陵君，专淫逸侈靡，不顾国政，郢都必危矣。’”注曰：四人“皆楚之宠幸臣也”。楚国庄、灵、宣、顷襄诸王好男色的颓废、荒淫风习，只是流行于楚国上层社会中的一小股污浪浊流。

① 楚俗杂考［M］// 楚史论丛 . 武汉：湖北人民出版社，1984.

第四节　妻妾名分与节烈观

妻妾名分是宗法制度的一项重要构成内容。在宗法社会中，国家的稳定有赖于宗族家室的稳定，妻妾不分则嫡庶无别，嫡庶无别则宗族子弟将因财产、权力的分配和继承而发生争斗，因此，统治阶级为了维护内部团结和宗法社会秩序，从春秋早期起即意识到严格妻妾名分的重要性。《孟子·告子下》曰：齐桓公“葵丘之会，诸侯束牲载书而不歃血。初命曰：‘诛不孝，无易树子，无以妾为妻。’”（类似记载又见于《谷梁传》僖公九年与《公羊传》僖公三年）另《左传》哀公二十四年载：“鲁哀公之妾公子荆之母嬖，将以为夫人，使宗人衅夏献其礼。对曰：‘无之。’公怒曰：‘女为宗司，立夫人，国之大礼也，何故无之？’对曰：‘周公及武公娶于薛，孝、惠娶于商，自桓以下娶于齐，此礼也则有。若以妾为夫人，则国无其礼也。’”与此相同的事例在楚国也发生过，《国语·楚语上》载：楚“司马子期欲以妾为内子，访之在史倚相，曰：‘吾有妾而愿，欲笄之，其可乎？’”子期访问的意思是，可否扶妾为妻。结果表示不可，子期也就作罢了。

由此可见，春秋时期楚国也与中原诸国一样遵守“无以妾为妻”的礼制规定。“无以妾为妻”，是指嫡妻死后，不得将妾扶正，目的是保证嫡长子的继承权和宗法嫡庶关系，这只是严格妻妾名分的一项措施。

战国时期由于礼崩乐坏，“无以妾为妻”规定的约束力也日渐松弛。《战国策·楚策二》靳尚为张仪说楚怀王幸夫人郑袖曰：“张仪者，秦王之忠信有功臣也。今楚拘之，秦王欲出之。秦王有爱女而美，又简择宫中佳翫丽好翫习音者，以欢从之；资之金玉宝器，奉以上庸六县为汤沐邑，欲因张仪内之楚王。楚王必爱，秦女依强秦以为重，挟宝地以为资，势为王妻以临于楚。王惑于虞乐，必厚尊敬亲爱之而忘子，子益贱而日疏矣。”据《楚策三》载，楚怀王曾有正妻南后。与幸夫人郑袖并“贵于楚”，但中年而逝，上文以秦女为“王妻”，当是接替南后为楚王后。另据《楚策四》载，“楚王后死，未立后也。（或）谓昭鱼曰：‘公何以不请立后也？’昭鱼曰：‘王不听，是知困而交绝于后也。’‘然则不买五双珥，令其一善而献之王，明日视善珥所在，因请立之。’”这很明显地是以妾为妻的一个例证。

严格妻妾名分的另一项措施是，根据婚姻方式确定妻妾名分。《礼记·内则》云：“聘则为妻，奔则为妾。”“奔”，或本又作“御”，御是指女子与男子发生性关系后受了孕。《战国策·秦策三》记：“去贵妻，卖爱妾。”综合这两条记载可见，妻是经过明媒正聘来的，妾则是私奔、私通、陪媵和买来的，夫妻不合，只能将妻归还母家，妾不合意，便可任意宰割或转卖。从文献记载来看，楚人并未很严格地按婚姻方式来确定妻妾名分。如《左传》昭公十九年记载：楚平王为蔡公时，“郹阳封人之女奔之，生太子建”。奔女可以为君夫人，同时也说明自愿婚在楚人婚姻中占有较大的比重。

先秦时期个体家庭刚刚从父系大家庭中分化出来，男女关系和婚姻习俗尚带着氏族社会的各种遗痕，因此，在人们的意识中，贞节观念和羞耻心还不是十分牢固。见诸先秦典籍记载，发生于中原列国的烝、报现象比比皆是，不胜枚举。比烝、报更甚的“通室”（换妻）现象也时有发生，如《左传》昭公二十八年载：晋大夫“祁胜与邬臧通室”。与中原相比，边远地区的性关系和婚姻习俗还要更原始、更无拘束一些。《战国策·赵策二》记：“禹袒入裸国（后世的吴越之地）。”《尚书大传》曰：“吴越之俗，男女同川而浴。”郑玄《礼记·王制》注亦曰：交趾“浴则同川，卧则僢（交错）”。张华《博物志》云：“日南有好女，群行觅丈夫。”《后汉书·任廷传》云：“骆越之民无嫁娶之法，各国淫好，无适对匹，不识父子之性，夫妇之道。”《卫飒传》曰：“飒为桂阳太守，下车修庠序之教，设婚姻之礼。”孔颖达《王制》疏曰：“北方曰狄者，《风俗通》云：‘父子嫂叔同穴无别’。狄者，辟也，其行邪辟。”《吕氏春秋·先说》曰：“中山之俗以昼为夜，以夜继日，男女切倚，固无休息。”《汉书·地理志下》记燕俗“宾客相过，以妇侍宿，嫁取之夕，男女无别，反以为荣”。《日知录》卷十三“秦纪会稽山刻石”条云：“秦始皇刻石凡六，皆铺张其灭六王并天下之事。其言黔首风俗，在泰山则云：‘男女礼顺，慎遵职事，昭隔内外，靡不清净。’在碣石门则云：‘男乐其畴，女修其业。’如此而已。惟会稽一刻其辞曰：‘饰省宣义，有子而嫁，倍死不贞，防隔内外，禁止淫佚，男女洁诚，夫为寄豭（豭，牡猪，寄豭，谓淫于他室，杀之无罪）。男秉义程，妻为逃嫁，子不得田，咸化廉清。’何其繁而不杀也……《吴越春秋》至谓勾践以寡妇淫佚过犯，皆输山上士有忧思者，令游山上以喜其意。当其时盖欲民之多，而不复禁其淫佚，传至六国之末，而其风犹在。”除燕、狄、中山、吴越之民外，秦、齐二国人的贞节观念也殊为淡薄，《战国策·秦策二》记：“秦宣太后爱（面首）魏丑夫。太后病将死，出令曰：‘为我葬，必以魏子为殉。’”《韩策二》又记这位秦宣太后公然在朝堂上大放秽辞：“妾事先王也，先王以其髀加妾之身，妾困不疲也；尽置其身妾之上，而妾弗重也，何也，以其少有利焉。”齐人的贞节观念淡薄较突出地表现在私生子合法化这一点上，《战国策·齐策四》记齐人说田骈曰：“臣邻人之女，设为不嫁，行年三十而有七子。”

与北方诸国和四裔的性习俗相比，楚国的“淫乱”现象比较少，见于《左传》，烝、报各一次，而且“报”还遭到拒斥，未成为事实，淫及同父姐妹的血亲乱伦事件，仅系楚成王所为，并无继踵者。值得注意的是，楚国对王世子、国子的婚前性禁忌较为严格。《大戴礼·保傅》曰：“古者年八岁而出就外舍，学小艺焉，履小节焉。”“及太子少长，知妃色，则入于小学。小者，所学之宫也。”《礼记·内则》曰：“十年出就外傅，居宿于外……博学不教，内而不出。”这种八岁或十岁出就外舍，内而不出的封闭性的学宫制度，除便于教育和学习外，还含有明显的性隔离的意味。楚国也有这种学宫制度，《说苑·正谏》载：“荆文王得如黄之狗，箘簬之矰，以畋于云梦，三月不反；得舟之姬淫，期年不听朝。保申谏曰：‘先王卜以臣为保，吉，今王得如黄之狗，箘簬之矰，以畋于云梦，三月不反，及得舟之姬淫，期年不听朝，王之罪，当笞。’匍伏将笞王。王曰：‘不穀免于襁褓，托于诸侯矣，愿请变更而无笞。’保申曰：‘臣承先王之命，不敢废，王不受笞，是废先王之命也，臣宁得罪于王，无负于先王！’王曰：‘敬诺！’乃席王。王伏。保申束细荆五十，跪而加之王，如此者再，谓王：‘起矣’。”此例有些特殊。《左传》文公二年载：“凡君即位，好舅甥，修昏姻，娶元妃以奉粢盛，孝也。”但楚武王殁时文王似尚年幼，故虽承大统，但在谅瘖（服丧）三年期间不得登位临朝，三年内政务由摄政代理，文王也不能举行冠礼和婚礼，也就是不能“成君”，也正因为此，文王的师傅保申仍得行使教育、规谏和责罚文王的职能。谨据上引文字，可知文王罪过有三条：（1）“畋（猎）于云梦，三月不反”；（2）“得舟之姬淫”；（3）“期年不听朝”。考虑到文王并未成君，故真正的罪过是第一、第二两条，并尤以第二条为重。这第二条也就是触犯了婚前性禁忌。《史记·楚世家》记载了一个与此相似的故事：“庄王即位三年，不出号令，日夜为乐，令国中曰：‘有敢谏者死无赦！’伍举入谏。庄王左抱郑姬，右抱越女，坐钟鼓之间。伍举曰：‘愿有进隐。曰：有鸟在于阜，三年不蜚不鸣，是何鸟也？’庄王曰：‘三年不蜚，蜚将冲天；三年不鸣，鸣将惊人。举退矣，吾知之矣。’居数月，淫益甚。大夫苏从乃入谏。王曰：‘若不闻令乎？’对曰：‘杀身以明君，臣之愿也。’于是乃罢淫乐，听政，所诛者数百人，所进者数百人，任伍举、苏从以政，国人大说。”这个故事虽然基本上是虚构出来的，但也有若干真实的成分，如庄王三年不出号令，实际上也是谅瘖三年。《国语·楚语上》载：“昔庄王方弱，申公子仪父为师，王子燮为傅。”由此可见，楚穆王殁时，庄子尚幼而未冠，也无法亲政，政务委托给师、傅摄理。作为一个未成君的童子，庄王“左抱郑姬，右抱越女”，沉湎于淫乐中，显然也是违背了婚前性禁忌，二三大夫冒死进谏，也应该是为了维护这一禁忌。

先秦时期，楚国与鲁国一样，也是贞节观念和妇德规范产生得较早的诸国。春秋早期息妫力拒王弟令尹子元“报”淫的企图，便具有维护贞节的性质。《韩诗外传》卷七载：“楚庄王赐其群臣酒，日暮酒酣，群臣皆醉，殿上烛灭。有牵王后衣者，后扢冠缨而绝之，言于王曰：‘今烛灭有牵妾衣者，妾扢其缨而绝之，愿趣火视绝缨者。’”庄王后被人牵拽了一下衣裳即作色大怒，自然也是因为尚贞。另据《左传》定公四年、五年载，春秋末期吴兵入郢，楚昭王“奔郢，（乐人）钟建负季芈（昭王妹）以从”。打退吴兵后，昭王“将嫁季芈，季芈辞曰：‘所以为女子，远丈夫也，钟建负我矣。’以妻钟建，以为乐尹”。季芈与钟建在逃难过程中产生了感情，但王室女下嫁乐人于礼难允，因此，她就拿出钟建背过她，身体有过接触作为下嫁钟建的理由。从她列举的理由中，我们可以看出，春秋时期楚国少女已有了非常明确的贞节意识和两性忌讳。

文献记载还表明至迟从春秋时期开始，楚人尤其是上层社会不仅产生了贞节观念和妇德规范，而且还产生了相应的法律规范和条款。《左传》成公二年载：“楚之讨陈夏氏也。庄王欲纳夏姬，申公巫臣曰：‘不可。君召诸侯，以讨罪也。今纳夏姬，贪其色也。贪色为淫，淫为大罚。《周书》曰：明德慎罚，文王所以造周也。明德，务崇之之谓也。慎罚，务去之之谓也。若兴诸侯，以取大罚，非慎之也。君其图之！’王乃止。”巫臣说的“淫为大罚”，很可能就是楚国禁淫的戒条。《淮南子·齐俗训》曰：“帝颛顼之法，妇人不辟（避）男子于路者，拂（祓）于四达之衢。”颛顼为楚人的直系先祖，《淮南子》为汉初的南方黄老家书，因而这托名颛顼的防隔男女的法律条文，也很可能是楚国遗留下来的旧法。《绎史》卷八十九引《列女传》云：“伯嬴者，秦穆公之女，楚平王之夫人，昭王之母也。楚与吴为伯莒之战，吴胜楚，入郢。昭王亡，阖闾尽妻其后宫。次至伯嬴，伯嬴持刀曰：‘妾闻天子者，天下之表也；公侯者，一国之仪也。是以明王之制，使男女不亲授受，坐不同席，食不共器，殊椸枷，异巾栉，所以远之也。若诸侯外淫者，绝；卿大夫外淫者，放；士庶人外淫者，宫割。夫然者，仁失可复以义，义失可复以礼。男女之失，乱亡兴焉，公侯之所绝，天子之所诛也。今君王弃仪表之行，纵乱亡之欲，犯诛绝之事，何以行令训民？妾闻生而辱，不若死而荣，以死守之，不敢承命。’于是吴王惭，遂退，舍伯嬴与其保阿，闭永巷之门，皆不释兵。”在伯嬴的拒吴王语中，既有男女授受不亲的贞节观念，也有惩治诸侯、卿大夫和士庶人外淫——淫于他国、他室——的刑律条款。这些条款自然也应是楚王和楚国的法吏厘定下来的。

战国时期，楚人的贞节观念更趋成熟，两性隔防的意识也更趋明朗，在《天问》中，屈原对个体婚姻之外的性关系和婚姻形态，几乎逐一作了疑问和责难，如：“女岐无合，夫焉取九子？”女岐还是处女，怎么生了九个儿子？“禹之力献功，降省下土四方，焉得彼涂山女，而通之于台桑？”大禹忙于治理水害，怎么与涂山氏女邂逅相遇即在台桑发生性交？夷羿“胡射夫河伯，而妻彼洛嫔？”夷羿为什么要射瞎河伯的眼睛，又抢夺他的妻子洛嫔为自己的妻子？“惟浇在户，何求于嫂？……女岐缝裳，而馆同爰止”，少康的弟弟浇佯装有求于嫂，让嫂嫂为他缝衣，乘机与嫂嫂共枕同眠。“何繁鸟萃棘，负子肆情？”为什么那女人背负着孩子，这过路客还要强逼她私通？“何环闾穿社，以及丘陵，是淫是荡，爰出子文？”斗伯比与邓公之女未婚私通，那么淫荡，怎么生下了令尹子文这样一个了不起的人物？显然，在屈原的头脑中，抢夺婚，婚前性关系，叔嫂通奸，桑林、云梦等“春社”中发生的自由性交关系以及其他种类的婚外苟合，不仅不合法度，而且令人困惑不解。

屈原的这些看法代表了楚人尤其是楚国上层社会成熟、正统的贞节观念和婚姻伦理规范。楚人贞节观念的早熟，一方面与楚国有着很浓厚的宗法伦理氛围有关，如鲁国也是一个宗法伦理氛围很浓厚的侯国，它的贞节观念也同样早熟[①]，《礼记》中有关男女大防的诸种清规戒律多

① 《国语·鲁语下》记：“公父文伯之母，季康子之从祖叔母也。康子径焉，阒（关）门与之言，皆不逾阈（门限）……仲尼闻之，以为别于男女之礼矣。”

半都是出自鲁儒的造说[①]；另一方面与楚国在政治上较早奉行君主集权制，较早地按地域关系对基层社会组织进行了重新组合，在军事上厉行扩张有关，与楚国这种政治制度和战争政策相适应的只能是稳定的个体家庭和家庭关系，而不能是足以与王权抗衡的强宗大族或父子叔嫂同穴而处的松散的大家庭。战国时期秦国崛起于西陲，其富国强兵、统一天下的一项重要决策也是禁止淫乱，移风易俗。如《战国策·秦策三》记："守闾妪曰：'某夕，某懦子（懦，通孺，孺子，是对妇人的一种美称）内某士。'"反映出秦国照看闾门的老妪兼负有侦伺男女私情的职责，同篇又记秦人言："夫信妇贞，家之福也。"表明战国时期秦国的淫风已得到有效的遏止，贞节观念也得到了强化。秦统一后，始皇除了在会稽刻石禁淫外，还竭力表彰贞节，《史记·货殖列传》载：巴寡妇清"能守其业，用财自卫，不见侵犯。秦皇帝以为贞妇而客之，为筑女怀清台"。秦国禁淫自然与楚国禁淫是基于相同的目的——维护一夫一妻制的个体家庭，保证赋税兵役的顺利征发，稳固集权制下的社会秩序。李悝《法经·杂律略》："夫有一妻二妾其刑膑（宫刑）。夫有二妻则诛。妻有外夫则宫。曰'淫禁'。"又，《礼记·孔子闲居》将各种禁止男女关系逾轨的礼俗称之为"坊民"。凡此说明，战国时期实行禁淫政策的不只楚、秦两国。除了上述两个原因外，楚国淫乱现象比较少、贞节观念较为早熟，与自愿婚在楚国婚姻类型中占了较大比例、男女主要因情爱而结合、婚姻满足程度较高、性压抑的情况不多也密切相关。附带指出一点，先秦时期列国对于官奴婢之间的男女交往和性生活，一直控制得相当严密，如《周礼·秋官·禁暴氏》云："凡奚隶聚而出入者，则司牧之，戮其犯禁者。"奚隶即男女官奴婢，此则文字的

① 《礼记·孔子闲居》记孔子曰："寡妇之子，不有见焉，则弗友也，君子以辟远也。故朋友之交，主人不在，不有大故，则不入其门。""故男女授受不亲，姑姐妹女子已嫁而反，男子不与同席而坐，寡妇不夜哭，妇人疾，问之，不问其疾。"又《礼记·曲礼上》云："男女不杂坐，不同椸枷，不同巾栉，不亲授，嫂叔不通问，诸母不漱裳，外言不入于梱，内言不出于梱。"

意思是，对男女奴婢私自结伴外出和幽会的行为，要给予严厉制裁乃至诛杀。

第五节　妇女的地位

妇女地位尊贵，是楚国家庭组织与生活习俗中的一项重要内容和特点。楚妇人尊贵的表征之一是君夫人神圣不可侵犯。如前述令尹子元欲蛊文夫人，擅处王宫，结果被申公斗班诛戮了。《左传》昭公二十二年又载："楚太子建之母（楚平王原配夫人）在郹，召吴人而启之。冬十月甲申，吴大子诸樊入郹，取楚夫人与其宝器以归。楚司马薳越追之，不及。将死，众曰：'请遂伐吴以徼之。'薳越曰：'再败君师，死且有罪。亡君夫人，不可以莫之死也。'乃缢于薳澨。"楚国一个失宠受黜的王后自己投靠了吴人，楚二卿士之一的司马竟得引咎自刎，可见楚后地位的尊贵。另据《左传》哀公十六年载，楚太子建之子白公胜在楚都作乱，杀了令尹子西、司马子期和王叔子间，将年幼的惠王劫持到高府关押起来，惠王近侍圉公阳在高府宫墙上私掘了一个洞，"负王以如昭夫人之宫"。昭夫人是惠王父昭王的王后，太子建的王储地位和白公胜的嫡长孙地位正是因昭王而失去的，白公复仇，昭夫人也应是泄愤对象之一，为什么昭夫人宫在白公作乱时却安然无恙呢？看来，也因为楚王后尤其太后是神圣不可侵犯的。

楚妇人尊贵的表征之二是，妇人可在幕后参与、谋划政事。春秋时期最有政治眼光且政德较著的两位王后分别是楚武王后邓曼和楚庄王后樊姬。《左传》桓公十三年载："楚屈瑕伐罗，斗伯比送之。还，谓其御曰：'莫敖必败，举趾高，心不固矣。'遂见楚子曰：'必济师。'楚子辞焉。入告夫人邓曼。邓曼曰：'大夫其非众之谓，其谓君抚小民以信，训诸司以德，而威莫敖以刑也。莫敖狃于蒲骚之役，将自用也，必小罗。君若不镇抚，其不设备乎。夫固谓君训众而好镇抚之，召诸司而劝之以令德，见莫敖而告诸天之不假易也。不然，夫岂不知楚师之尽行也。’楚于使赖人追之，不及。”庄公四年又载：“楚武王荆尸，授师孑（戟）焉以伐随。将齐（斋，祭祀），入告夫人邓曼曰：‘余心荡。’邓曼叹曰：‘王禄尽矣。盈而荡，天之道也，先君其知之矣。故临武事，将发大命，而荡王心焉。若师徒无亏，王薨于行，国人福也。’王遂行，卒于樠木之下。”从这两条记载不难看出，邓曼是比武王本人更谙于军政大略，处事冷静，深明大义的杰出妇女。《汉书·古今人表》和清顾栋高《春秋大事表·春秋列女表》也因此分别将邓曼列入“智人”和“明哲”的类别。庄王后樊姬的事迹主要见于《韩诗外传》《古列女传》和《新序》等书。《绎史》卷五十七引《古列女传》云：“庄王即位，好狩猎。樊姬谏，不止。乃不食禽兽之肉。王改过，勤于政事。王尝听朝罢晏，姬下殿迎曰：‘何罢晏也？得无饥倦乎？’王曰：‘与贤者语，不知饥倦也。’姬曰：‘王之所谓贤者，何也？’曰：‘虞丘子也。’姬掩口而笑。王曰：‘姬之所笑何也？’曰：‘虞丘子贤则贤矣，未忠也。妾执巾栉十一年，遣人至郑卫求美人进于王，今贤于妾者二人，同列者七人。妾岂不欲擅王之爱宠乎？妾闻堂上兼女，所以观人能也，妾不能以私蔽公。妾闻虞丘子相楚十余年，所荐非子弟则族昆弟，未闻进贤退不肖，是蔽君而塞贤路。妾之所笑不亦可乎。’王说。明日以姬言告虞丘子。丘子避席不知所对。于是避舍使人迎孙叔敖而进之，王以为令尹。治楚三年而庄王以霸。楚史书曰：‘庄王之霸，樊姬之力也。’”这是一个虚构的故事，它的可信成分只有一点，就是楚王后可在幕后参与、议论国事，指导楚王行使权力。

战国时期尤其是后期，楚后、夫人预政的事例更多，且更不拘形迹。楚大臣和诸侯国使中也有人专意献媚求好于楚王后、夫人，以邀幸固宠或左右楚王的。如据《史记·楚世家》载，秦使张仪诈许楚怀王以商於之地六百里，请楚解除与齐国的盟约，怀王照办后，张仪对楚使说当初只许了六里之地，怀王怒，楚、秦战于丹阳、汉中、蓝田，楚国大败。后秦又欲与楚结好，“楚王曰：‘愿得张仪，不愿得地。’张仪闻之，请之楚。秦王曰：‘楚且甘心于子，奈何？’张仪曰：‘臣善其左右靳尚。靳尚又能得事于楚王幸姬郑袖，袖所言无不从者'”。后张仪之楚，被怀王拘囚，靳尚请于郑袖，郑袖劝怀王放张仪，怀王果从之。

在楚国不仅王后、夫人可以参与军国大事的谋划，其他社会阶层中人也多以妻室为内助。《史记·滑稽列传》载，楚庄王置酒，乐长优孟巧扮已故令尹孙叔敖“前为寿。庄王大惊，以为孙叔敖复生也，欲以为相。优孟曰：‘请归与妇计之，三日而为相。’庄王许之。三日后，优孟复来。王曰：‘妇言谓何？’孟言：‘妇言慎无为，楚相不足为也’”。《韩诗外传》卷九记有一个与此相类似的例子，“楚庄王使人赍金百斤聘北郭先生，先生曰：‘臣有箕帚之使，愿入计之。’即谓妇人曰：‘楚欲以我为相，结驷列骑食方丈于前，如何？’妇人曰：‘夫子以结屦为食，食粥踩履，无怵惕之忧者何哉？与物无治也。今如结驷列骑，所安不过容膝，食方丈于前，所甘不过一肉。以容膝之安，一肉之味，而殉楚国之忧，其可乎？’于是遂不应聘，与妇去之。《诗》曰：‘彼美淑姬，可与晤言。’”这两个故事虽然也都是虚构出来的，但反映出楚国大夫与内子商议外事，共同定夺或先听听内子怎么说，再作定夺，乃是非常普遍的事情。

楚王后参与政事和寻常妇女参与外事，说明在楚国家庭夫妻关系比较平等，还没有出现男尊女卑的现象。《史记·大宛列传》说：“自大宛以西至安息……俗贵女子，女子所言而丈夫乃决正。”楚国的情景正与之相似。

楚国尊重妇女，允许妇人与闻政事和外事，推崇称道有见识的哲妇等习俗，与西周以降中原列国妇女地位日渐下降，男尊女卑日益明显的趋势适成鲜明的对照。

在周室及其文化圈内，妇人尤其是美妇人和聪慧的妇人通常被说成是祸水。《国语·晋语一》记晋史苏“告大夫曰：‘有男戎必有女戎。若晋以男戎胜戎，而戎亦必以女戎胜晋，其若之何！’里克曰：‘何如？’史苏曰：‘昔夏桀伐有施，有施人以妹喜女焉，妹喜有宠，于是乎与伊尹比而亡夏。殷辛伐有苏，有苏氏以妲己女焉，妲己有宠，于是乎与胶鬲比而亡殷。周幽王伐有褒，褒人以褒姒女焉，褒姒有宠，生伯服，于是乎与虢石甫比，逐太子宜臼而立伯服，太子出奔申，申人、鄫人召西戎以伐周，周于是乎亡。今晋寡德而安俘女（骊姬），又增其宠，虽当三季之王，亦不可乎？'"《左传》昭公二十八年载，晋大夫叔向欲娶由楚奔晋的申公巫臣之女为妻，其母曰："子灵（巫臣字）之妻（夏姬）杀三夫、一君、一子，而亡一国两卿矣，可无惩乎？吾闻之：'甚美必有甚恶。'是郑穆少妃姚子之子，子貉之妹也。子貉早死，无后，而天钟美于是，将必以是大有败也。昔有仍氏生女，鬒黑，而甚美，光可以鉴，名曰玄妻。乐正后夔取之，生伯封，实有豕心，贪惏无厌，忿纇无期，谓之封豕。有穷后羿灭之，夔是以不祀。且三代之亡、共子之废，皆是物也，女何以为哉？夫有尤物，足以移人。苟非德义，则必有祸。"史苏与叔向母所说的都是典型的女宠祸国论。在《诗经》中也有诋毁、诅咒聪慧、明哲的妇人的诗句，如《大雅·瞻印》云："哲夫成城，哲妇倾城。懿厥哲妇，为枭为鸱。妇有长舌，维厉之阶。乱匪降自天，生自妇人。匪教匪诲，时维妇寺。"对于王后、君夫人等贵族妇女与政，周人及其姻亲封国也加以痛斥，并明令禁止，如《书·牧誓》曰："今商王受（纣）惟妇言是用。"《春秋谷梁传》僖公九年载：齐桓公"葵丘之盟……壹明天子之禁，曰：'……毋使妇人与国事。'"男尊女卑的观念和习俗，在周文化区也表现得比较突出，《诗·小雅·斯干》云："乃生男子，载寝之床，载衣之裳，载弄之璋。其泣喤喤。朱芾斯皇，室家君王。乃生女子，载寝之地，载衣之裼，载弄之瓦。无非无仪，唯酒食是议，无父母诒罹。"又《韩非子·六反》云："且父母之于子也，产男则相贺，产女则杀之。此俱出父母之怀衽，然男子受贺，女子杀之者，虑其后便，计之长利也。"

由于周、楚在对待妇女的态度与习俗上存在着强烈的反差，故周人对楚人允许王后、夫人预政这一点非常看不惯，《国语·周语中》记富辰曰："昔鄢之亡也由仲任，密须由伯姞，郐由叔妘，聃由郑姬，息由陈妫，邓由楚曼，罗由季姬，卢由荆妫，是皆外利离亲者也。"富辰说的陈妫就是楚文王夫人息妫，楚曼也就是楚武王邓曼。荆妫，韦昭注云：“卢，妫姓之国。荆妫，卢女，为荆夫人。荆，楚也。”富辰的意思是，仲任、伯姞等侯国夫人皆是给母邦或父邦带来灾难，而给夫邦或外邦带来好处的女人。他的话也并非没有道理，邓曼是邓女，灭邓国的就是她的儿子楚文王，荆妫是卢女，卢被灭于楚，可能也与她有关。这两个楚后之所以有意或无意地在生前、死后给自己的父母之邦带来了灭国之灾，当是因为楚俗允许王后参与国事，这使得她们能够积极主动地站在楚国的立场上来考虑问题，而对母邦便殊少顾眷了。

先秦、前汉除了殷室和楚国之外，妇人尊贵的习俗主要盛行于陈国和淮水流域。《汉书·地理志下》载：“陈国，今淮阳之地。陈本太昊之虚，周武王封舜后妫满于陈，是为胡公，妻以元女大姬。妇人尊贵。”又载：“初淮南王（刘安）异国中民家有女者，以待游士而妻之，故至今多女而少男。”注引晋灼曰：“有女者见优异。”如淳曰：“得女宠，或去男也。”

值得一提的是，在先秦学派中，以老子为代表的道家有着浓厚的大母神和女性崇拜意识，以孔子为代表的儒家则有鲜明的“敬妻”观念，如《老子》曰：“谷神不死，是谓玄牝（大女阴），玄牝之门，是谓天地根，绵绵若存。用之不勤。”《礼记·哀公问》记孔子曰：“昔三代明王之政，必敬其妻子也。有道，妻也者，亲之主也，敢不敬与？”老子的崇母、崇女观与孔子的敬妻观，分别源于陈国的“妇人尊贵”习俗和古老的东夷人的尊女遗风。

从古代一直到近世，居于我国西部和西南地区的藏族与彝族也有浓厚的尚女尊妇的传统。胡朴安《中华全国风俗志》下篇卷十记云：倮倮（彝族）“土风尊女卑男，若生女则一家欢悦，生男则淡漠视之。盖其族重视女子，固无异于西藏也”。倮倮“女子，皆有上级位置，故众庶咸尊敬之。外人游历其地者，非以女子为安全之向导不可，女子着上衣，随游历人前行。若途中遇灾厄，女子脱上衣，铺于地上，然后诉之酋长，酋长则立捕匪徒，为之判决”。

楚国尊贵妇人的习俗是楚人自身传承下来的遗俗，还是东夷或西部民族文化影响的产物，需作进一步的深入研究。

第六章　丧葬

楚国的丧葬风俗，与中原诸国有显著区别，其带有国族特色者，主要为葬俗，这从楚人对墓葬基址的选定、墓葬的内外部形制、葬具以及死者的头向与葬式等方面均可看出。至于丧俗，则与中原差别不大，相异者，我们在第九章中将有介绍，故于此略而不述。

第一节　圹茔基址的选择

楚立国南方，气候湿热，在平地挖墓圹容易出水，且防潮材料又比较缺乏，故圹茔多择于山丘高地。这与地势坦阔、气温相对干燥的中原各国多于平地或城内掘穴建坟是迥然有别的。

楚地广袤，为了解各地楚墓所处的地势，以下拟分区予以说明。

一、今湖北省境

江陵楚墓。主要分布于楚郢都故址纪南城四周。因纪南城周郊基本是平原，所以凡高出平地的坡丘均被楚人占为墓地。在纪南城的西面和西北面，有八岭山墓群、川店墓群、马山墓群；北面和东北面有纪山墓群、拾桥墓群、后港墓群；东面有雨台山墓群、孙家山墓群、观音垱墓群；南面有太晖观墓群、张家山墓群、拍马山墓群等等。这数以万计的楚墓，大、中型墓葬所处山丘较高，离城较远。小型墓葬所处坡丘较矮，距城较近。如大、中型楚墓比较集中的八岭山、纪山，海拔高度一般在 70~100 米，距纪南城 5~10 千米；小型楚墓比较集中的雨台山，海拔高度一般在 33~68 米，西距纪南城仅 1 千米。所有这些布满楚墓的山丘，愈高处墓葬愈密愈大，在其下部近平地处，墓葬规格不仅很低，而且数量相当稀少。

当阳赵家湖楚墓。西去纪南城 30 千米，计 297 座。分布在杨家大山、李家堋子、郑家堋子、金家山、赵家湾和曹家岗六个墓区。除赵家湾墓区濒临湖边，地势较低外，“其他五个墓区都是分布在丘陵坡地之上，高程（按：指相对高度）一般在 20~30 米”。[①]

鄂东楚墓。黄州国儿冲 5 座，“位于黄州北约 5 千米的星火砖瓦厂南面岗地的北坡”[②]；罗汉山 2 座，位于黄冈市堵城镇旁“一处略高于四周的山丘”即罗汉山上[③]；麻城宋埠镇白骨墩 6 座，位于镇砖瓦厂旁一座高出附近地面“约 6~7 米的小土丘上”。[④]

襄阳楚墓。山湾 33 座，南距樊城约 10 千米。分布在“平面近似圆形”“直径约 0.6 千米”的“山湾土岗上”，“最高处约高出附近地面 25 米”。实际钻探表明，“墓葬集中在山湾的南部和东部地势较高的地方”。[⑤]与山湾楚墓隔沟毗邻约 1 千米处，又有一片楚墓地（11 座），位于一座名叫蔡坡的“平面略呈椭圆形的低矮山岗上”，“山岗最高处高于附近地面 30 米”，“墓葬主要发现于山岗的中部偏南的坡面上，较大的墓集中在中部偏西地势较高的地方”。[⑥]

鄂西北楚墓。郧县（今十堰市郧阳区）青龙泉 40 座，位于“郧县城东 5 千米、汉水北岸、玉泉山南麓的二级阶地上”；徐家坪 16 座，位处略高于周围地面的一个“七千平方米的大土台子”[⑦]；丹江口市萧川 5 座，分布于丹江口市西北 34 千米“一处位置较高的丘陵地带”。[⑧]

---

① 高应勤 . 当阳赵家湖楚墓形制与类别综述（未刊稿）.
② 湖北黄州国儿冲楚墓发掘简报［J］. 江汉考古，1983（3）.
③ 黄冈罗汉山楚墓［J］. 江汉考古，1987（1）.
④ 麻城楚墓［J］. 江汉考古，1986（2）.
⑤ 襄阳山湾东周墓葬发掘报告［J］. 江汉考古，1983（2）.
⑥ 襄阳蔡坡战国墓发掘报告［J］. 江汉考古，1985（1）.
⑦ 湖北郧县东周西汉墓［M］// 考古学集刊（第 6 集）. 北京：中国社会科学出版社，1989.
⑧ 丹江口市萧川战国两汉墓葬［J］. 江汉考古，1988（4）.

二、今湖南省境

湘中楚墓。1951—1952 年在长沙发掘 73 座。其中陈家大山 13 座，原处“地势较高”的“丘陵”地；伍家岭 25 座，地处“漫岗”，“地势较陈家大山为低”；识字岭 34 座，地处“较高的丘陵地”。① 其后在长沙东郊、南郊、北郊又掘出了一千余座。墓葬的位置“多在……丘陵地带的山脊或坡面上”。② 另外，益阳县 1979—1981 年也掘出楚墓 93 座。“位置多处于小山岗顶部或山腰上”。③

湘北楚墓。1978 年在临澧九里茶场附近，发现了一个分布范围约 4 平方千米、由近百座冢丘组成的大楚墓群。“墓群所在地大多是海拔 100—120 米的低矮山丘”。④1983 年于汨罗发掘 67 座东周墓，其中“有很大一部分是属于楚墓”。这批墓葬位于县城北约 2—3 千米的一片名叫黑鱼岭的丘陵区。⑤

湘西楚墓。溆浦马田坪 58 座。分布在“一片起伏的丘陵地带”。⑥ 慈利官地 6 座，位于“一处高出地面 5~10 米的土山岗”。⑦

三、今河南、安徽省境

信阳楚墓。长台关一、二号墓，位于长台关小刘庄后一条“高约 50 米，南北长 10 余千米”的“土岗上”。⑧

---

① 长沙发掘报告（前言）［M］. 北京：科学出版社，1957.

② 长沙楚墓［J］. 考古学报，1959（1）.

③ 益阳楚墓［J］. 考古学报，1985（1）.

④ 临澧九里楚墓发掘报告［M］// 湖南考古辑刊（第 3 集）. 长沙：岳麓书社，1986.

⑤ 汨罗县东周、秦、西汉、南朝墓发掘报告［M］// 湖南考古辑刊（第 3 集）. 长沙：岳麓书社，1986.

⑥ 湖南溆浦马田坪战国西汉墓发掘报告［M］// 湖南考古辑刊（第 2 集）. 长沙：岳麓书社，1984.

⑦ 高晓中，袁家荣 . 湖南慈利官地战国墓［M］// 湖南考古辑刊（第 2 集）. 长沙：岳麓书社，1984.

⑧ 信阳楚墓［M］. 文物出版社，1986.

淮阳楚墓。平粮台十六号墓等一批中、小型墓葬，位于淮阳县城东南 4 千米一块“面积百余亩”、名为“平粮台”的台地上，“台高 3~5 米”。[①] 堌李堆、王楼、孔楼、南白楼等地一些不见封冢的小墓，也“多分布在稍高地上”[②]，只要发现一座，旁边定有数座存在。

长丰杨公楚墓。9 座，型属中等，“分布在杨公中学北面的高岗向东南和西南延伸的两座小山垅上”。[③]

类似上述的例子，还可举出许多，不一一赘述。

楚人选择坡丘高地建墓葬，有一个明显特点，即特别喜占南北走向的岗丘地。贵族、尤其是大贵族几以此为习，平民亦有如此而为者。

纪南城西郊的八岭山，《江陵县志》又称“龙山”，一般以为是王陵，即夷陵所在地，也有不少贵族墓葬。大、中型古冢计有 56 座，另有陪葬小冢 218 座。这二三百个楚冢就分布在“南北长 7.7 千米，东西宽 2.2 千米”的八道纵岭上。[④]

纪南城东郊董场村的孙家山墓地，位于长湖北岸一个南北走向的岗地上，传说是楚庄王的令尹孙叔敖的家族墓地。这个墓地自北向南排列着 11 个冢墓，封土直径在 25~42 米之间。[⑤]

纪南城北郊 16 千米的包山墓地（现位于荆门市十里铺镇王场村），分布在一座南北长 600 米、东西宽 200 米、高出周围地面 2~6 米的土岗上，“岗脊中部由南往北分布着 5 个土冢”，死者为左尹邵𬊈及其家庭成员。[⑥]

---

① 河南淮阳平粮台十六号楚墓发掘简报［J］. 文物，1984（10）.

② 曹桂岑 . 淮阳楚墓论述［M］. 楚文化研究论集（第 1 集）. 武汉：荆楚书社，1987.

③ 安徽长丰杨公发掘九座战国墓［M］// 考古学集刊（第 2 集）. 北京：中国社会科学出版社，1989.

④ 杨明洪 . 楚夷陵探讨［J］. 江汉考古，1983（2）.

⑤ 陈跃钧 . 荆州地区楚文化调查与探索［M］// 楚文化研究论集（第 1 集）. 武汉：荆楚书社，1987.

⑥ 荆门市包山楚墓发掘简报［J］. 文物，1988（5）；王红星 . 包山楚墓地试析［J］. 文物，1988（5）.

今河南淅川县东南约 60 千米的下寺墓地，清理出令尹薳子冯及其家族成员的墓葬 25 座。这批墓葬由南到北，依时间早晚很有规律地分布在一条名曰龙山的纵岭上。①

分布楚墓较多的长沙南郊左家公山，“原是一座南北向狭长的山丘”②，现被夷为平地。

湖南临澧九里墓区的大峰包墓群、三峰包墓群，都是由一座主墓加上数座较大型的陪葬墓、数座中型贵族墓和若干殉葬墓自成一组。这两组楚墓，皆分处于一条南北走向的山脊。③

埋葬平民和下级贵族的雨台山墓区，“墓葬多分布在南北走向的四条岗地上”。④

由 27 座墓葬所组成的淅川毛坪墓地，又是一处楚平民葬所。这批墓葬“均分布在毛坪之上的一条土岭上”，“土岭为北高南低”⑤，也就是说，这仍是一条纵岭。

考古发掘证明：除雨台山和毛坪楚平民墓地墓向和死者头向比较复杂（以南向为主，也有东向、北向者）外，其他处于纵岭的楚贵族主墓及其陪葬、殉葬墓，墓葬皆作东西向，死者头向皆东。这里透露出一个信息：作为熊氏大宗及其支裔的楚贵族，之所以要选择南北走向的岗地作墓地，是为了将死者头躯无所遮挡的朝对东方，即楚族的起源地，以实现死者亡魂归依故土的愿念。

可见，楚人喜择山丘高地，特别是南北走向的岗丘为墓地这种葬俗，既受气候地理条件的制约，也同民族心理倾向和传统有关。

---

① 张剑．略论河南淅川下寺春秋楚墓的葬制特点［M］// 楚文化研究论文集．郑州：中州书画社，1983；王光镐．楚文化源流新证［M］．武汉：武汉大学出版社，1988：216.

② 长沙出土的三座大型木椁墓［J］．考古学报，1957（1）.

③ 临澧九里楚墓发掘报告［M］// 湖南考古辑刊（第 3 集）．长沙：岳麓书社，1986.

④ 江陵雨台山楚墓［M］．北京：文物出版社，1984：2.

⑤ 黄运甫．淅川楚墓地族葬制试析（打印稿）.

第二节　墓葬的外观与内部形制

我国先秦的墓葬形制，经历了一个由“墓而不坟”到“墓而坟”的演变过程。《礼记·檀弓上》载：“孔子既得（将父母）合葬于防，曰：‘吾闻之，古也墓而不坟，今丘也，东西南北之人，不可以弗识也。’于是封之，崇四尺。”又据《礼记·檀弓下》，深悉周礼的季札葬子，“既葬而封，广轮掩坎，其高可隐也。”《水经注》卷二十四对此释曰：“奉高县县北有吴季札子墓，在汶水南曲中。季札之聘上国也，丧子于嬴博之间，即此处。”这些记述透露：中原地区坟丘式墓葬的兴建，约始于春秋晚期。去先秦未远的汉人刘向和崔寔也曾讲过：商汤、周文、周武、周公、秦穆之墓葬“与平地齐”“无丘垅之处”。[①] 此亦见《檀弓》所记不为虚言。目前，考古工作者已在中原地区发现了不少属于春秋战国之际的坟丘，有的规模还相当之大，如河南固始侯古堆大墓，燕下都九女台墓区的十六号墓，临淄旧址南墙外的郎家庄一号墓等，说明入战国后兴建坟丘式墓葬的习俗已得到传播。但据《周礼》，墓上建坟只是士以上贵族的特权，“庶人”则“不封不树”[②]。故直到战国之末，中原平民墓葬仍不见有地面标志。

楚墓葬也分有封土和无封土两类。从淅川春秋晚期的楚墓仍未加冢土来看，楚坟丘式墓葬的兴建可能已到了战国时期。春秋及春秋以前的各类楚墓及战国楚平民墓，皆无冢丘。

入战国后，楚与中原贵族之墓皆带坟丘，这是它们的共性。但墓葬内、外部构筑形制的不同，却又成了二者葬俗差异的一个重要表现方面。

关于中原坟丘墓的外部形制，《礼记·檀弓上》有如下记述：

---

① 《汉书·楚元王传附刘向传》及崔寔《政论》。

② 《周礼》：“以爵等为丘封之度与其树数。”则士以上乃皆封、树。又《礼记·王制》：“庶人……不封不树。”孔疏：“庶人既卑小，不须显异，不积土为封，不标墓以树。”

孔子之丧，有自燕来观者，舍于子夏氏。子夏曰："……昔者夫子言之曰：'吾见封之若堂者矣，见若坊者矣，见若覆夏屋者矣。见若斧者矣，见若斧者焉，马鬣封之谓也。'"

从子夏所述孔子之言可知，中原墓葬之坟丘有多种式样：有的四方而高，像建筑的"高堂"一样；有的狭长而高，像堤防一样；有的四方广阔而两旁向上尖削，如同覆盖的大屋顶一样，这种形式又像马鬣（马颈部的一排刚毛），叫作"马鬣封"。

先秦时期中原坟丘的式样，还不限于孔子所见的四种。

《水经注》卷二十五："淄水又东径四豪冢北，水南山下有四冢，方基圆坟，或高七尺（按：'尺'应为'丈'），东西直列，是田氏四王冢也。"《水经注》此卷引《从征记》："女水西有桓公冢……墓方七十余丈，高四丈，圆坟围二十余丈。"

这种下为方台、上为半球体的坟丘，可谓之"方基圆坟"冢。

在今河北易县燕下都旧址的东城西北角，考古工作者还发现了一些战国时期的状如覆斗的坟丘，式若截尖方锥体，可谓之"方锥"冢。

还有一种更为特殊的坟丘，是在高大的封土堆上另建"享堂"。考古工作者在今河北平山附近所发现的两座中山王墓，即是如此。据复原研究，这两座墓中的一号墓，其享堂"是周绕回廊，上覆瓦顶的三层台榭建筑，每面宽 50 米左右"。①

令人奇怪的是，以上七种坟丘式样，有六种皆不见于南方的楚国。楚坟丘式样除极个别的"呈正方形"，即中原那种四方而高的"堂"形（如八岭山的冯家冢，编号 106），极个别的"呈椭圆形"（如八岭山的

① 王世民．中国春秋战国时代的冢墓［J］．考古，1981（5）．

黄家冢，编号231）[①]，极个别的“呈平顶圆锥形”（如天星观一号墓）[②]外，其余概取圆馒头状。如纪南城周郊的大批楚冢，一般直径十多米至三四十米，高二三米以至五六米，有些大冢直径一百多米，高十多米。这众多的楚冢“现存的外形都是圆馒头状”。[③]荆门市包山二号墓，直径54米，残高5.8米，“封土近似半球体，顶部圆平”。保存较好的包山一号墓，封土“呈半球形”。[④]安徽长丰杨公中型墓之封土堆为“圆形”。[⑤]湖南溆浦马田坪和益阳地区一些可辨外形的楚墓，封土亦呈“圆形”或“圆弧形”。[⑥]所谓“半球体”“圆弧形”“圆形”，与“圆馒头状”别无二致，乃是一种形体的几种措辞不同的表述方式。

以下来看看楚墓葬圹室构筑风习及其与东周中原墓之不同。

一、凡楚墓皆为土坑竖穴

楚墓葬无论时代早晚，位于楚境何地，有否坟丘，无一例外，圹室皆作土坑竖穴式。

考古资料表明：时间约自西周晚至秦夺郢都（前278）以前的当阳赵家湖楚墓（297座），时间为春秋中至公元前278年以前的江陵楚墓，以及鄂东战国楚墓（80余座），鄂西北战国楚墓（郧县59座，丹江市萧川区5座），其墓圹均为竖穴土坑。[⑦]

湖南省目前已清理春秋至战国时期的楚墓3000余座，北至澧县，

① 湖北江陵楚墓调查［M］// 考古学集刊（第4集）. 北京：中国社会科学出版社，1984.

② 江陵天星观一号楚墓［J］. 考古学报，1982（1）.

③ 王世民. 中国春秋战国时代的冢墓［J］. 考古，1981（5）.

④ 荆门市包山楚墓发掘简报［J］. 文物，1988（5）.

⑤ 杨立新. 江淮地区楚文化初论［M］// 楚文化研究论集（第1集）. 武汉：荆楚书社，1987.

⑥ 湖南溆浦马田坪战国西汉墓发掘报告［M］// 湖南考古辑刊（第1集）. 长沙：岳麓书社，1984；益阳楚墓［J］. 考古学报，1985（1）.

⑦ 这在关于赵家湖、江陵、鄂东、鄂西北楚墓的发掘报告和有关文章中皆有说明。

西至黔阳，东到浏阳，南至郴州，特别是中部地区的长沙、湘乡、益阳、常德、衡阳等，处处皆有发现。各地楚墓圹穴除宽窄、大小、深浅有别外，“土坑竖穴”则是它们共有的基本模式。[①]

河南省境的情况也是这样。淅川下寺春秋中晚期的楚墓 25 座，“均为东西向的竖穴土坑墓”。[②] 时为战国晚期的淮阳平粮台十六号墓和马鞍冢楚墓（包括南冢和北冢），墓形也取“土坑竖穴”式。[③]

“竖穴土坑”的墓圹形制，在全楚具有高度的统一性和稳定性。但细分起来，它的形状又可区划为三个类别。

第一，长方形竖穴土坑，即竖穴的上口与下底，皆为长方形。可以说，这是楚墓墓圹最为常见的一种形态。

以坑底长宽之比小于 2 ∶ 1 或大于 2 ∶ 1 为界，此类坑形又可分为长方形宽坑和长方形窄坑两种。

558 座雨台山楚墓，无椁无棺墓共 14 座。其中长方形宽坑墓 8 座，长方形窄坑墓 6 座；单棺墓 264 座，其中长方形宽坑墓 113 座，长方形窄坑墓 151 座；一椁一棺墓 248 座，其中长方形宽坑墓 243 座，长方形窄坑墓 5 座；一椁并棺墓和一椁重棺墓皆 2 座，全为长方形宽坑墓。墓葬分期断代的结果表明，几乎每一期中，两类墓坑都有，只是春秋时期窄坑墓多于宽坑墓，而战国时期宽坑墓多于窄坑墓。[④]

长方竖穴土坑墓，随着时间的推移宽者增多窄者减少的规律，在湖南等地也可找到。1980 年以前，长沙共掘出楚墓 1933 座。“可分为早、中、晚三期”（约当春秋中晚期、战国早中期、战国晚期）。早期“多数墓保存有壁龛”，即墓坑比较窄小；中期“仍然是一种长方形土坑竖穴墓，但墓室加宽，壁龛减少”；晚期“楚墓的形制没有多大的变化，只

① 高至喜，熊传新 . 楚人在湖南的活动遗迹概述［J］. 文物，1980（10）.
② 河南省淅川县下寺春秋楚墓［J］. 文物，1980（10）.
③ 河南淮阳平粮台十六号楚墓发掘简报，河南淮阳马鞍冢楚墓发掘简报［J］. 文物，1984（10）.
④ 江陵雨台山楚墓［M］. 北京：文物出版社，1984：10、11、14、44、145.

是墓坑更宽了”。[①] 常德、湘乡等地长方竖穴土坑墓的演进轨迹，亦是如此。[②]

第二，近正方形竖穴土坑，即竖穴的上口与下底，特别是上口，近似于正方形。楚墓取这种坑形者，大、中、小三型皆有之。

大型者，包山二号墓：“墓坑近正方形，上口东西长 34.4 米，南北宽 31.9 米，墓底长 7.8 米，宽 6.8 米”[③]；临澧九里一号墓：“墓室为近正方形的……土坑竖穴”，“墓口东西长 34.5 米，南北宽 32.8 米”。[④]

中型者，马鞍冢北冢：“平面近正方形，东西长 16.6 米，南北宽 15.3 米”，南冢：“墓室的平面近正方形，东西长 14.5 米、南北宽 13.48 米”[⑤]；长沙子弹库十七号墓：“墓口长 9.2l 米、宽 8.5 米”，亦“近于正方形”。[⑥]

小型者，《长沙发掘报告》中的三三〇号墓：墓口“长 3.60 米、宽 3.10 米”，“近于正方形”；黄冈罗汉山二号墓：“墓口残长、残宽均为 5.3 米……底长底宽为 4.3 米”，为标准的“方形墓坑”。[⑦]

第三，梯形竖穴土坑，即竖穴之上口与下底，特别是上口，近似于梯形。这种坑形比较少见，最明显的一例是当阳赵家塝四号楚墓——墓口“呈南宽北窄的梯形”。[⑧]《长沙发掘报告》所载 21 座带墓道的长方坑，“也有少数几座墓一端稍宽，或另端稍窄”，即墓口亦为梯形。

作为楚墓圹基本形制的竖穴土坑，不仅平面形状不甚划一，而且其“竖”的程度亦因时而别，即春秋时土坑四壁较直较陡，战国时土坑四壁较倾较缓，呈现出逐渐内收的趋向。

---

①② 高至喜，熊传新 . 楚人在湖南的活动遗迹概述［J］. 文物，1980（10）.

③ 荆门市包山楚墓发掘报告［J］. 文物，1988（5）.

④⑥ 高至喜 . 从湖南楚墓看楚国的葬制［M］. 湖南考古辑刊（第 4 集）. 长沙：岳麓书社，1987.

⑤ 河南马鞍冢楚墓发掘报告［J］. 文物，1984（10）.

⑦ 黄冈罗汉山楚墓［J］. 江汉考古，1987（1）.

⑧ 高仲达 . 湖北当阳赵家塝楚墓发掘简报［J］. 江汉考古，1982（1）.

如春秋下寺楚墓，五组墓葬的主墓及陪葬墓，其圹壁皆较垂直，其中最大的二号墓，即令尹薳子冯墓甚至取竖井形：“墓口、墓底均长 9.2 米、宽 6.5 米”①；而战国时此类墓葬，墓口则要比墓底宽大得多。如天星观一号墓，墓口长 41.2、宽 37.2 米，墓底长 13.1 米、宽 10.6 米，上举包山二号墓，口、底面积之差亦很悬殊，这都是由圹壁急剧内收决定的。

再如当阳赵家湖楚墓中的甲类墓，春秋时“坑深而陡，四壁平直，向下微收”，战国时“口大底小，壁斜坑深，越向下四壁越往内收，形成一个栌斗形状”。②

其他如襄阳山湾楚墓、江陵雨台山楚墓，其时代不同，墓葬圹壁的陡、倾差别亦略同上述。与赵家湖战国甲类墓呈“栌斗状”有异，江陵战国楚墓一般是“墓口至葬具顶部的一段墓壁呈斜坡状，葬具顶部至坑底一段的墓壁近垂直”。③

同时期中原诸国墓的圹室形制，绝大多数也是竖穴土坑。与楚相异的是，中原墓除采取此种形制外，战国晚期已开始出现了洞室墓和空心砖椁墓。如洛阳中州路 260 座东周墓葬，有“256 座是竖井墓，4 座是洞室墓”；汲县山彪镇 8 座战国墓，7 座是竖穴墓，1 座为洞室墓；长治分水岭首次掘出的 12 座墓葬中，10 座是土坑竖穴，2 座为洞室墓；郑州二里岗 212 座战国墓，186 座为土坑竖穴，26 座为竖穴空心砖椁墓。④

洞室墓均为小型墓。其建造方法，都是先打一个长方形垂直竖井坑，成为墓道，再在墓道的侧壁开一拱顶长方洞，置放棺尸。洞室一般

① 河南省淅川县下寺春秋楚墓［J］. 文物，1980（10）.

② 高应勤，王光镐 . 当阳赵家湖楚墓的分类与分期［M］// 中国考古学会第二次年会论文集 . 北京：文物出版社，1982.

③ 江陵雨台山楚墓［M］. 北京：文物出版社，1984：5.

④ 洛阳中州路［M］. 北京：科学出版社，1959：60；山彪镇与琉璃阁［M］. 北京：科学出版社，1959：50；山西长治市分水岭古墓的清理［J］. 考古学报，1957（1）；郑州二里岗［M］. 北京：科学出版社，1959.

长 2~3 米，宽（高）0.6~2 米。洞室和墓道间用木板封门，内中另辟壁龛放置陶器，葬具用一棺。

竖穴空心砖墓也是小型墓，主要流行于河南郑州、新郑、上蔡等地。这种墓是在竖穴底部的中间用空心砖筑成长方形的椁室。“其筑法是两侧壁共 8 块，（每）壁的 4 块都作两层横立排列着，椁室的长度为两块空心砖的长度。椁室两头各用两块空心砖横立重叠着。”此类墓之多数，椁底是用空心砖横行排列铺成的，有的甚至连顶盖也用空心砖来遮铺。空心砖椁距墓的四壁约 0.1 米，在椁与墓壁的空隙中填满熟土。①

叶小燕统计了 740 座中原东周墓，所得结论是：“其中洞室墓 21 座，空心砖墓 30 座，两者仅占 7%。”② 但正是这 7% 的异样墓葬形制，将中原东周墓与楚墓构筑风俗的差别，区分得清清楚楚。

再从中原土坑墓的具体形状来看，虽然一般也为长方形竖穴式，也有近正方形及梯形者③，但战国中原墓由于一般不设台阶，墓壁多比战国楚墓陡竖，即“口部较底部稍微宽大……墓壁向下略为倾倒”④，而不像楚墓那样，“墓口比墓底宽大得多”⑤，墓壁内收甚显。有些较大的中原墓，如山彪镇一号墓，竟取“长方竖井形”：“墓上口东西 7.80 米，南北 7.20 米；墓底部，东西长 7.40 米，南北 7.10 米”。⑥ 这在战国大型楚墓中是难寻其匹的。

二、大、中型及部分小型战国楚墓，带有台阶墓道

楚墓带台阶、墓道一般始于战国时期，但也只有在大、中型及部分

① 郑州二里岗［M］. 北京：科学出版社，1959：49.

② 中原地区战国墓初探［J］. 考古，1985（2）.

③ 山彪镇与琉璃阁［M］. 北京：科学出版社，1959：66、68、50；郑州二里岗［M］. 北京：科学出版社，1959：53—55.

④ 郑州二里岗［M］. 北京：科学出版社，1959：46.

⑤ 湖北省文物考古工作新收获［M］// 文物考古工作三十年 . 北京：文物出版社，1979.

⑥ 山彪镇与琉璃阁［M］. 北京：科学出版社，1959：4.

小型墓葬中才能见到。

战国楚墓型类的大小，应由带不带封土堆及封土堆的大小来决定。但由于两千多年的风剥雨蚀，封土堆已无法保持原貌，不少已残损过甚，有的甚至被夷为平地。在这种情况下，区别楚墓型类的大小，就只有审视墓口的长宽、面积了。这是因为：第一，墓葬坑口的长宽，如无外力干扰，一般不易更动变迁；第二，从考古发掘可知，“凡有封土堆的楚墓，封土堆一般略大于墓坑 1~2 米”。① 也就是说，封土堆的大小取决于墓坑的大小。无封土堆的楚墓，其墓坑当然就更小了。

大量战国楚墓资料表明：坑口长宽在 30~40 米的大型墓葬②，坑口长宽在 8~20 米的中型墓葬③，一般都设有多级台阶和较长的斜坡墓道。而坑口长宽在 2~8 米的小型楚墓④，只有少数才带有台阶或墓道。如江陵雨台山 558 座小型楚墓，其中 484 座战国墓，设墓道者计有 32 座；江陵秦家嘴 105 座小型楚墓，绝大多数为战国墓，设墓道者计有 17 座；江陵官坪 12 座战国小型楚墓，设墓道仅只 1 座；襄阳山湾 15 座战国小型楚墓，设墓道或台阶者计有 4 座；1951—1952 年所掘 73 座长沙战国楚墓，设墓道者计有 21 座。设墓道或台阶的墓，一般都为小型墓葬中之较大者，即墓口长度在 4.5 米以上的单椁单棺、单椁双棺、或单椁重棺墓。墓口长度在 4.5 米以下的单椁单棺墓，设墓道或台阶者较少。至于墓口更小的单棺墓，设墓道者就更加微乎其微了。例如雨台山 32 座带墓道的墓，单椁单棺墓 29 座；单椁重棺墓 2 座；单棺墓 264 座中，设墓道的只有 1 座。⑤

① 王从礼 . 楚墓葬制分析［J］. 江汉考古，1988（2）.

②③④ 这里划分楚墓型类的标准，是结合棺椁制度而定的，即中、大型墓一般为一椁重棺以上的多层棺椁墓；小型墓一般为一椁一棺，也有个别为一椁重棺或单棺的。

⑤ 江陵雨台山楚墓［M］. 北京：文物出版社，1984：11、14、46—49.

楚墓之设台阶，最早出现于春秋晚期[①]，数量极少，战国时期始普及开来。台阶层数，所见在1~15级之间。台阶的高度和宽度因墓而别。如赵家湖带台阶的墓共23座（3座墓设二层台阶，20座墓设一层台阶），较大的墓台阶宽度在0.2~0.4米；较小的墓台阶宽度在0.1~0.2米。所有台阶的高度在0.3~1.6米。就每座墓葬而言，台阶的高、宽亦不相同。如寿县楚幽王墓（9级），台阶一般高0.55~0.75米，宽0.65~0.85米；天星观一号墓（15级），每级高0.6米，宽0.3~0.6米；平粮台十六号墓（6级），台阶的高度（由上而下）分别为0.84米、0.4米、0.6米、0.68米、0.5米、0.85米，宽度分别为0.28米、0.36米、0.4米、0.36米、0.56米、0.94米；宜昌后坪3号墓（2级），第一级高0.84米、宽0.46米，第二级高1.45米、宽0.3米。目前所见台阶之最高者为1.60米，最低者仅0.1米。[②]最宽者为0.94米，最窄者为0.1米（藤店M_1第5阶）。还有的墓葬，台阶不是设于墓坑的四壁，而是只设于一面、两面或三面。在赵家湖墓区，一层台阶设于坑壁一面者，有杨家山M_2，设于两面者有郑家㘭子M_{15}，设于三边者，有李家㘭子M_8。雨台山地区1986—1987年间所发掘的一批小型楚墓中，有一座墓的墓壁中部开了一个状似横墓道的洞穴，内设2级台阶；另一座墓的台阶分别设在墓坑长边的两侧，每侧12级。[③]这些均属于楚墓设台阶之特例。一般楚墓的台阶均是挖成，马鞍冢等少数墓葬的台阶则是一级级夯筑而成，此亦可视为楚墓建台阶之特例。多数墓葬的台阶都较规整，均设在墓口至椁（或棺）盖板之间。

楚墓之设墓道，始于战国早期。就现今所知，除马鞍冢南冢为双墓道（墓坑东、西两面各一条）外，其余皆为单墓道。墓道一般口宽底窄，呈倒八字形。墓道的形状几乎全为斜坡式，斜度多在20°~30°

---

① 如澧县邵家咀M_{34}等。参见曹传松．澧水下游楚文化的分期及其有关的两个问题［M］//楚文化研究论集（第1集）．武汉：荆楚书社，1987.

② 高应勤．当阳赵家湖楚墓形制与类别综述（打印稿）.

③ 江陵雨台山楚墓发掘简报［J］．江汉考古，1990（3）.

之间。个别墓道为台阶式（黄冈罗汉山 M_1、常德德山 M_{27}、长丰杨公 M_4），也有墓道底部为斜坡式，两侧为阶梯形者（鄂城钢厂 M_{53}）。墓道之长度，以墓道口计算，最长者为 22.4 米（楚幽王墓），最短者仅 1.2 米（见下表）；宽度亦以墓道口计算，最宽者 15.6 米（楚幽王墓），最窄者仅 1 米（雨台山 M_{249}、M_{258}）。有的墓道两侧排列着 3~5 对铜矛和相应数量的漆盾[①]；有的墓道墙壁上镶有壶形铜片，插有旗杆（马鞍南冢东墓道），墓道底还铺有编织物（马鞍南冢东、西墓道）。墓道底尽端一般高于葬具，也有的与葬具等高，距墓底深 1.5~3 米。目前所见最小的带墓道的墓是 52・长沙 M_{826}（墓口 2.4×1.5 米至 1.6~2.7 米），最小的墓道长 1.2 米、宽 1.14 米（长沙 M_{105}）。

楚墓设台阶、墓道还有一些突出的特点或规律，下边选择一批比较典型的墓葬，在表列的基础上予以说明。

墓　号	墓口长宽至底深（米）	台阶级数	墓道长宽（米）	方向
楚幽王墓[②]	41.2×40.2~15	9	22.4×（10.3~15.6）	正东
天星观 M_1	41.2×37.2~14.2	15	19×（下 5~ 上 12.4）	185°
包山 M_2	34.4×31.9~12.45	14	19.8×4.65	东
80 九里 M_1	34.5×32.8~20	11	19× 上 5.15	90°
牛形山 M_2	20.6×18.3~19	9	19× 上 4.6	东
马鞍冢北冢	16.6×15.3	7	残长约 9 米	104°
长台关 M_2	14.5×12.1~7.05（至椁顶）	7	14.65×4.5	东
平粮台 M_{16}	14.2×10.32	6	残长 11.7× 下 2.6	107°
蔡坡 M_8	13.3×9.9~6.7	6	9.9×（下 2.5~ 上 3.5）	东

① 见于安徽长丰杨公楚墓群中某些中型墓葬，参见：楚文化研究论集（第 1 集）[M].武汉：荆楚书社，1987：43.

② 本表有关楚幽王墓的资料，引自刘和惠《关于寿县楚王墓的几个问题》（打印稿）。

续表

墓　号	墓口长宽至底深（米）	台阶级数	墓道长宽（米）	方向
望山 M_1	16.1×13.6	5	15.8×2.7	东
牛形山 M_1	13.75×11.78	5	带斜坡墓道	106°
藤店 M_1	11×9.6	5	残长 5.6×（1.9~2.9）	90°
长台关 M_1	14.5×12.3~10.35	4	14×（4~5.3）	东
望山 M_2	11.84×9.4~6.59	3	11.7×（1.8~3.6）	94°
包山 M_4	11.2×9.2~7.46	3	8.9	东
沙冢 M_1	9.96×7.8~5.68	3	9.1×（1.8~2.45）	98°
蔡坡 M_6	7.87×6.7~6.05	2	带斜坡墓道	南
后坪 M_3	6.4×5.1~4.7	2	7×（1.2~2.0）	东
赵家湖杨家山 M_1	6.3×5.2~5.1	2	4×2	南
山湾 M_4	5.04×4.3~5.6	2	带斜坡墓道	104°
蔡坡 M_{11}	4.6×3.4~4.4	2	带斜坡墓道	南
楚皇城 $WM_3$①	4.0×2.6~2.4	1	带斜坡墓道	
雨台山 M_{472}	4.6×3.6~0.5		3×1.3	180°
雨台山 M_{216}	4.6×3.6~3.7		4.9×1.3	187°
雨台山 M_{555}	4.5×3.75~10.4		9.65×2	196°
雨台山 M_{209}	3.4×2.7~0.4		3.5×1	185°
雨台山 M_{258}	3×2		3×1	180°
长沙 M_{302}	2.7×1.8~1.2		？ ×0.9	95°

从上表可以看出：墓口在 30~40 米的大型楚墓，其台阶一般在 9~15 级，墓道长在 19 米以上，宽 4.65~15 米；墓口在 8~20 米的中型楚墓，

① “W”代表魏岗（宜城县地名）。

其台阶在 3~9 级，墓道长 9~19 米，宽 1.8~4.6 米；墓口在 2~8 米的小型楚墓，其台阶在 2 级以下，墓道长在 9.65 米以下，宽 1~2 米——此类墓台阶、墓道俱全者甚少，一般是只带墓道不设台阶，少数也有只设台阶而不带墓道者。

上表大致呈现出三个递减序列：墓口长、宽递减，台阶层数递减，墓道长宽度递减。它清楚地表明：楚墓设台阶的层数及所带墓道的长短宽窄，取决于坑口面积的大小，即大型墓葬所带台阶多，墓道长、阔，中型墓葬次之，小型墓葬又次之。其次，雨台山 M_{472}、M_{216}、M_{555}，依次为战国早、中、晚期的墓葬，墓制大小基本相同，但三墓墓道的大小却明显呈渐大趋势，这说明时间愈迟，墓道愈加长加宽。最后，楚大、中型墓葬中的公族墓葬，墓道一般朝东（80°—107°属东向范围）。小型墓葬，墓道一般朝南（180°—196°属南向范围）。这两种朝向均与墓葬的头向有关（详后）。所谓楚墓设台阶、墓道的规律或特点，大致不外这些。

当然，什么事物都不是绝对的。墓葬坑口面积的大小与台阶多少、墓道长阔不相适应的例子也可举出不少。如楚幽王墓坑口长阔在目前所发掘的楚墓中，堪称为冠，但其台阶却只相当于中型楚墓之大者（如牛形山 M_2）的级数，即九层。台阶亦有高矮宽窄之别，楚幽王墓之台阶较一般大、中型楚墓台阶为大，这是实情（见上表），但该墓建于平旷之地，而非山岭高丘，故它不可能下挖甚深（如牛形山 M_2 之 19 米），这应是它台阶较少的主要原因。再者，同为中型楚墓，有的坑口面积大，台阶却少于坑口面积之较少者，如望山 M_1 之于蔡坡 M_8；有的坑口面积小，墓道却长于坑口面积之较大者，如望山 M_2 之于蔡坡 M_8。此类情况的产生，原因甚为复杂，或与时代、地域有关，或与台阶、墓道的高、宽、长度有关。如望山 M_2 之墓道虽长于蔡坡 M_8，但宽度却稍显逊色。衡量墓道的大小，不单要看长短，且应兼视宽窄，二者缺一不可。还有一种情况，即少数中、小型楚墓，其台阶和墓道的设置，出现了彼此交叉、上下错用的现象。如中型楚墓 79 九里 M_1（11.5 × 9.5~9）

和长沙子弹库 M_{17}（9.21×8.5~7.45），台阶只有二层，小型楚墓山湾 M_5（7.28×6.14 至 6.28）、宜城楚皇城 LM_1（7.62×6.43）[①]、蔡坡 M_7（5.54×4.17），台阶却有三层。中型楚墓包山 M_4（11.2×9.2~7.46），墓道长 8.9 米，小型楚墓丹江市萧川北 M_3（底 5×2.98~4）墓道则长 13.6 米。战国时期社会大变动带来了阶级的升降、制度的交替、僭越的恣漫，不同阶级、阶层墓制的错列互用，当与此有关。

战国中原墓在台阶、墓道的设置方面，与楚的上述情况则存在着重大的差别，显现了不同的特点。

差异之一，是战国中原墓一般不设台阶。在目前已发掘的数以千计的墓葬中，带台阶的只有两座，一座是河北平山一号墓，即中山王譻之墓，主室平面呈“中”字形，南北通长（含墓道）110 米、宽约 29 米、底距口深 5.7 米，“室壁呈四级阶梯”。[②] 二是山东长清岗辛战国墓。此墓东西长 46.8 米、南北宽 34.8 米，自墓口向下辟三层台阶，每层呈逐渐内收之势。第一台台面最宽，“东台 6.8 米、西台 14.2 米、南北台 6.5 米，台高 0.6~0.7 米”；第二台台面“宽 0.7~0.8 米，台高 1.1~1.2 米”；第三台台面“宽 0.7~1 米”。[③] 大墓带台阶如此之少，有的台面宽得惊人，这些都是楚墓中所不曾见到的。

战国中原墓由于一般不设台阶，圹室不需倾斜、内收而必阔大，故其型类划分与楚区别甚大。一般来说，墓口长 4~8 米、宽 3~5 米，即为大型；墓口长 3~4 米、宽 2~3 米，为中型；墓口长 3 米以下、宽 2 米以下，为小型。[④] 至于墓口长、阔超过 5~8 米的墓葬，可谓大型或特大型，仍归于大型之列。

根据这一型类划分标准，战国中原中、小型墓葬不见有设墓道者，

---

① “L”代表雷家坡（宜城县地名）。

② 河北省平山县故国时期中山国墓葬发掘简报［J］. 文物，1979（1）.

③ 山东长清岗辛战国墓［J］. 考古，1980（4）.

④ 山西长治分水岭战国墓第二次发掘［J］. 考古，1964（3）；河北邯郸百家村战国墓［J］. 考古，1962（12）.

大型墓葬除国君墓外，带墓道者亦为数不多。这是其同楚墓所存在的又一差别。

如山西长治分水岭第一次所掘的 12 座战国大、中型墓葬，包括最大者 M_{12}（8.9 × 8.6~8.1），“都无墓道”。[①] 此地第二次又掘出 19 座战国墓，其中大型 7 座，中型 9 座，小型 3 座，除 M_{35}（重椁重棺）外，余均未辟墓道。[②]

河北邯郸百家村所掘 49 座战国墓，仍“分大、中、小三型”，亦不见有墓道。[③]

大墓而不带墓道者，还见于汲县山彪镇 1 号墓（7.8 × 7.2~11.49），辉县琉璃阁区 140 号墓（6.8 × 5.6~6.2），赵固区 1 号墓（5.1 × 4.4~ 5.3）等。[④]

郑州二里岗 212 座战国墓，洛阳中州路 260 座战国墓，无一辟有墓道[⑤]，更说明中、小型墓葬不设墓道乃是铁定规律。

中原大墓辟设墓道，最早见于战国早期的蔡侯产之墓。此墓于 1959 年发现于安徽省淮南市蔡家岗赵家孤堆。墓口长 5 米、宽 4.13 米、深 3.1 米，其北壁正中辟有一斜坡墓道，“口长 3.7 米、南宽 1.75 米、北宽 1.6 米，墓道底距墓室底高 1.25 米”。[⑥] 蔡侯产死于公元前 457 年，其埋葬时间当在此年或稍后。

战国早期的中原国君或姬姓诸侯墓，并非都有墓道。死于公元前 433 年或稍后的曾侯乙，其墓葬不带墓道，即为明证。中原诸侯墓遍设墓道，已是战国中、晚期之事。随着时间的推移，此类国君墓的墓制（含墓道）也越来越大了（详下）。

---

① 山西长治市分水岭古墓的清理［J］. 考古，1957（1）.
② 山西长治分水岭战国墓第二次发掘［J］. 考古，1964（3）.
③ 河北邯郸百家村战国墓［J］. 考古，1962（12）.
④ 顺见 . 山彪镇与琉璃阁［M］. 北京：科学出版社，1959：4.
⑤ 郑州二里岗［M］. 北京：科学出版社，1959：82—94；洛阳中州路［M］. 北京：科学出版社，1959：156—167.
⑥ 安徽淮南市蔡家岗赵家孤堆战国墓［J］. 考古，1963（4）.

《左传》僖公二十五年有晋公文勤王有功，“请遂，弗许”的记载。周襄王在解释其拒请的缘由时说：“未有代德，而有二王，亦叔父（指晋文）之所恶也。”这说明按周的礼制，唯天子才可用墓道，诸侯求用墓道，此乃“二王”行为，是断乎不能容忍的。中原诸国或姬姓之国受周礼约束较深，以至到了战国初期，这些封国中的一些国君仍遵礼勿违。随着时代的巨变，周的礼制虽已不断遭到破坏，墓道的使用终于逐步降到了诸侯一级，但直到战国之末，中原低于诸侯的高级贵族之墓使用墓道的情况仍远不如楚国普遍。这种现象的产生，恐怕只有从中原各国与楚所遵行的礼制的差别上来找原因了。

战国中原墓设置墓道，还有其与楚不同的特点。

特点之一，是有的墓道凿含于墓室之中。如长清岗辛战国大墓，它的墓道就“包含在上部长方形的墓室内”，“开在墓室西壁的中部，由西向东作倾斜状，坡度 9 度”，“墓道上口长 14.2 米、下口长 14.6 米、墓道底宽 8.2 米、墓道口宽 8.7 米”。[①] 此种情况在楚墓中是绝无其例的。

特点之二，是国君及王室大墓，多带很长的南、北墓道，使墓葬平面呈现出“中”字形外观。如河北平山中山国六号墓，“主墓平面成‘中’字形，有南北两墓道，长 91 米”[②]；河南辉县固围村一号墓，墓口南北长 18.8 米、东西宽 17.7~17.4 米，南墓道长 125 米，北墓道长 47 米，南北墓道距达 190 米以上。[③] 据分析考证，此二墓分别为中山国及魏国国君之墓。[④] 楚王墓已掘出的唯寿县楚幽王墓，但此墓却只设较短的单墓道。淮阳马鞍冢虽也是“中”字形墓，但无有确证证明其为楚国君之墓，且二墓道为东西向而非南北向。

特点之三，是有些国君及王室大墓，其墓道最宽处或宽于圹穴。如固围村一号墓，“南墓道的宽度在接近墓室部分，由地面下深 0.6 米处量

① 山东长清岗辛战国墓［J］. 考古，1980（4）.

②④ 河北省平山县战国时期中山国墓葬发掘简报［J］. 文物，1979（1）.

③ 辉县发掘报告（第一号）［M］. 北京：科学出版社，2017.

宽 21.7 米”。[①] 而此墓圹穴南北壁才 18.8 米；位于一号墓两侧的二号墓及三号墓，南墓道近圹穴处，其宽度亦“略宽于圹穴”[②]。这种现象在楚墓中也是找寻不到的。

三、楚墓圹下部填土，多为白膏泥或青膏泥

楚墓圹填土分两种情况，一是仅填五花土或细砂土，一是在墓圹上部填五花土或细砂土，下部近棺椁处填白膏泥或青膏泥。

楚单棺墓、一椁一棺墓和多层棺椁墓的填土，都存在上述两种情况。不同的是，类别较高的墓有白膏泥或青膏泥者的比例相对要大些。

且看湖北江陵地区的例证。

雨台山 264 座单棺墓，“有 117 座填青灰泥（按：即青膏泥）和五花土，147 座仅填五花土”，有青灰泥者占同类墓之 44%。

雨台山 248 座一椁一棺墓，其中 183 座先填青灰泥，后填五花土；65 座仅填五花土。填青灰泥者占同类墓之 74%。

雨台山两座一椁并棺墓，均填有青灰泥。[③]

遍布于江陵纪南城周郊的大、中、小楚冢，绝大多数是多重棺椁墓，其“墓口以下的填土一般为五花土，五花土以下是青灰泥”。[④] 如已发掘的望山一号墓，沙冢一号墓，包山一、四号墓（均为一椁二棺），望山二号墓，天星观一号墓（均为一椁三棺）等，都是这样。多重棺椁墓圹穴不填白、青膏泥者亦有，如包山二号墓，但这毕竟为数极少。

在江陵以外的其他地区，各类楚墓填白、青膏泥者的比例不尽相同；如赵家湖 297 座楚墓，单棺墓很少发现有填白、青膏泥者；数十座

①② 辉县发掘报告（第一号）［M］. 北京：科学出版社，2017.

③ 江陵雨台山楚墓发掘简报［J］. 考古，1980（5）.

④ 湖北江陵楚冢调查［M］. 考古学集刊（第 4 集）. 北京：中国社会科学出版社，1984.

鄂东楚墓，“无椁单棺墓只有五花土”，而不见白膏泥。[①]1952—1956 年在长沙东南郊掘出的 209 座楚墓，其中一椁一棺及多重棺椁墓计 60 座，填白膏泥者有 21 座，占此类墓总数的 35%。[②]

楚墓填白膏泥，虽盛于战国之时，但此种习俗起码起自春秋时期。如时为春秋早中期的当阳赵家塝 7 座墓葬，为一椁一棺或单棺墓，填土上部皆为黄褐色花土，下部皆为白膏泥。[③]

楚墓填白、青膏泥者，遍及楚境各地。除楚之腹心江汉地区外，今湖南的中东部、北部、西部和南部所掘的三千余座楚墓中，都有不少是填白、青膏泥的。[④]信阳长台关一、二号墓和寿县楚幽王墓填有白膏泥[⑤]，证明今河南、安徽境内的楚墓填土，也存在这种习俗。

楚墓填白、青膏泥，其填法有几种情况。

一是仅填于墓底。如 1974 年所掘长沙识字岭基本建设工地 M_2，“坑底有二道枕木沟，沟下填有厚 11 厘米的白膏泥”[⑥]；1951—1952 年所掘 73 座长沙战国楚墓，在 24 座填有白、青膏泥的墓中，“有的墓只在墓底和椁底板附近填一薄层，厚约 0.2~0.3 米”。[⑦]

二是仅填于棺椁四周。如湖南桃源三元村 M_1，“椁室周围填满白膏泥”[⑧]；湖南慈利县官地 M_4，“椁周围填有 25~30 厘米厚的白膏泥”[⑨]；

① 王善才. 鄂东楚墓综述［C］. 湖北省考古学会论文选集（一）. 武汉大学学报编辑部，1987.

② 长沙楚墓［J］. 考古学报，1959（1）. 按：包括“头足两端有横木沟痕迹”的 29 座墓葬。既有“横木沟”，即可证明它们全是木椁墓。

③ 高仲达. 湖北当阳赵家塝楚墓发掘简报［J］. 江汉考古，1982（1）.

④ 高至喜，熊传新. 楚人在湖南的活动遗迹概述［J］. 文物，1980（10）.

⑤ 郭德维. 关于寿县楚王墓椁室形制复原问题［J］. 江汉考古，1982（1）.

⑥ 单先进，熊传新. 长沙识字岭战国墓［J］. 考古，1977（1）.

⑦ 长沙发掘报告［M］. 北京：科学出版社，1957（6）.

⑧ 桃源三元村一号楚墓［M］// 湖南考古辑刊（第 4 集）. 长沙：岳麓书社，1987.

⑨ 高中晓，袁家荣. 湖南慈利官地战国墓［M］// 湖南考古辑刊（第 2 集）. 长沙：岳麓书社，1984.

湖南益阳80益农M_3，“椁的四周填有40~50厘米厚的青膏泥”[①]；益阳赫山庙M_{33}，“墓坑下部填有厚45厘米的白膏泥，白膏泥下面残存有部分棺椁”[②]——此墓残棺椁在“白膏泥下面”，故知其填于椁之四周。

三是填于棺椁四周及棺椁盖上。雨台山304座填有白、青膏泥的楚墓，膏泥一般都填在棺、椁四周及其顶部。[③]江陵地区的其他楚墓，情况亦多同于此。如藤店M_1，“墓坑填土，上部为黄褐色的五花土……下部椁盖板上1~2米和椁室四周填塞白膏泥”[④]；太晖观M_{50}，“墓坑内填红褐色五花土深达3.8米。五花土下填约2.2米厚的青灰色白膏泥……木椁周围用20~30厘米厚的白膏泥封塞”。[⑤]江陵以外整个江汉地区的楚墓，此类填法也相当流行。

四是填于棺椁上下及四周。这种用膏泥密封棺椁的填法，也较多较广。如赵家湖楚墓墓群中，“长方形宽坑墓共29座”。“墓底、椁室四周和盖板上以青灰泥或白膏泥密封”[⑥]；数十座鄂东楚墓，在有棺椁的墓中，“椁室的上下和周围都有……青灰泥（或白膏泥）”[⑦]；上举73座长沙楚墓，在24座填有白、青膏泥的墓中，“有的墓则自椁顶以至墓底均填白膏泥或青膏泥，厚二三米不等”[⑧]；他如53·长·仰M_{25}、54·长·左M_{15}、54·长·杨M_6、73·长·子M_1、79·九里M_1、80·九里M_4、长·烈M_3、常德德山M_{25}，以及湘西辰溪米家滩M_{38}等，都是如此。这些墓葬中，既有多重棺椁墓及单棺单椁墓，也有无椁单棺

① 益阳羊舞岭战国东汉墓清理简报［M］// 湖南考古辑刊（第2集）. 长沙：岳麓书社，1984.

② 益阳楚墓［J］. 考古学报，1985（1）.

③ 江陵雨台山楚墓发掘简报［J］. 考古，1980（5）.

④ 湖北江陵藤店一号墓发掘简报［J］. 文物，1973（9）.

⑤ 湖北江陵太晖观50号墓［J］. 考古，1977.

⑥ 高应勤. 当阳赵家湖楚墓形制与类别综述（打印稿）.

⑦ 王善才. 鄂东楚墓综述［C］// 湖北省考古学会论文选集（一）. 武汉大学学报编辑部，1987.

⑧ 长沙发掘报告［M］. 北京：科学出版社，1957：6.

墓（辰·米 M_{38}）。

楚墓填白、青膏泥，不同的墓葬和同一墓葬的不同部位，厚度均不划一。棺椁顶部所填最厚者达 4 米（长台关 M_2）[①]，较厚者约 2 米（太晖观 M_{50} 等），最薄者仅 0.1 米（赵家湖长方形宽坑墓中之个别者），而一般则多在 0.5~1.5 米之间。棺椁四周白、青膏泥的厚度，以 0.3~0.4 米者为最多，也有在 0.5、0.6 米及其以上者，最薄的仅 0.1 米（郧县 M_{132}、M_{106} 等）。棺椁底部白、青膏泥的厚度，一般也在 0.3~0.4 米之间，最厚者有 0.8 米（54·长·左 M_{15}），最薄者仅 0.05 米（赵家湖金家山 M_{27}）。

楚墓填白、青膏泥的厚度，与墓的规格高低之关系，有相称应者，亦有不相称应者。雨台山单棺墓填青灰泥者，“棺盖上的青灰泥一般厚 10~30 厘米”，而有椁室的墓填青灰泥者，“椁盖上的青灰泥一般厚 50~100 厘米，最厚的有 200 厘米”。[②] 辰溪米家滩单棺无椁墓 M_{29}，“棺的四周、上下填有 5~10 厘米的白膏泥”，有三座木椁墓，“墓底有 20 厘米的白膏泥，椁室四周及盖上均用 15 厘米厚的白膏泥封筑”。[③] 上述之例属第一种类型，即“相称应者”。但属第二种类型，即“不相称应者”，亦不乏其证。仅以椁顶所填白、青膏泥的厚度而言：同为一椁一棺墓，54·长·杨 M_6 厚 0.6 米，54·长·左 M_{15} 厚 1.2 米，太晖观 M_{50} 厚 2.2 米；规格不同的墓，一椁一棺之太晖观 M_{21} 厚 1 米余，一椁二棺之 73·长·子 M_1 厚 0.8 米，一椁三棺之天星观 M_1 厚 0.6 米。这种既成正比又不成正比，甚而至于成反比的情况，说明楚墓填白、青膏泥的厚度和墓的规格高低之间，并不存在某种带规律性的对应关系。

楚墓圹填土多经夯筑。填法一般是在葬具底部及四周分层夯筑白、

---

① 据《信阳楚墓》，2 号墓“墓室 2.9 米以上……填五花土，2.9 米以下渐次填青灰土，并羼有较多的黏性强、质地细的白膏泥”。而此墓自坑口至椁顶深 7.05 米［信阳长台关第 2 号墓的发掘［J］. 考古通讯，1958（11）］，故知椁顶上白、青膏泥的厚度为 4 米左右。

② 江陵雨台山楚墓发掘简报［J］. 考古，1980（5）.

③ 米家滩战国墓发掘简报［M］// 湖南考古辑刊（第 4 集）. 长沙：岳麓书社，1987.

青膏泥，直至葬具顶部或顶部以上，然后分层夯筑五花土或细砂土，直至墓口。纯填五花土或细砂土者，也是自坑底至坑口逐层夯筑，未经夯筑或夯筑甚松者较少。

楚境广袤数千里，墓圹填土之俗不尽一致。丹江口市萧川战国墓，包括单棺及一椁一棺墓计5座，“墓坑里的填土，均为深褐色的五花土，没填白膏泥”[①]；襄阳山湾33座楚墓，与隔沟毗邻的蔡坡11座楚墓，包含单棺、一椁一棺、多重棺椁等各种类型，时代从春秋中期一直绵延到战国之末，其中除蔡坡 M_{11} 的墓底“填有厚约0.2厘米的白膏泥”外，其余各墓的填土“均为褐、黄、红三色的花斑土”，即五花土。[②]1979—1981年益阳所掘93座楚墓，圹穴填有白膏泥者，也仅4座（天 M_{22}、赫 M_{20}、赫 M_{33}、赫 M_{40}）。[③] 淮阳马鞍冢及平粮台楚墓的填土，亦属不填或基本不填白、青膏泥的范畴。

楚墓圹填土有否白、青膏泥，对葬具、葬品保存好坏，关系甚大。

白膏泥的主要成分，为含水氧化矽、氧化铝、氧化铁等金属，分子紧密，黏性极大。青灰泥也是一种颗粒较细的黏土。棺椁周围填塞一定厚度的此类膏泥，加之夯筑得宜，可使墓室与外面空气隔绝。“存于棺椁中不多的空气，用以氧化尸体的皮肉犹感不够，当然再无余力氧化随葬物及棺椁了”。[④] 再者，白、青膏泥具有相当强大的吸水性，若地下水位高及膏泥层，则可通过膏泥层的过滤，缓慢渗入墓中。水的存在虽然加速了蛋白质类物质的腐烂，但它在客观上却增强了密封作用，有利于非蛋白质类物质的保存。所以，凡是用膏泥密封得严实的墓室，内中的葬具及葬品多保存得比较完好，而密封得不好或全然不用膏泥密封的墓室，内中的葬具及葬品就保存得较差，甚或腐烂无存。《湖北江陵

① 潘佳红．丹江口市肖川战国两汉墓葬［J］．江汉考古，1988（4）．

② 襄阳山湾东周墓葬发掘报告//襄阳蔡坡战国墓发掘报告［J］．江汉考古，1983（2），1985（1）．

③ 益阳楚墓［J］．考古学报，1985（1）．

④ 长沙出土的三座大型木椁墓［J］．考古学报，1957（1）．

太晖观楚墓清理简报》有云："（这里）棺椁能保存下来的原因，主要有二：一是棺椁外有白膏泥，起了防腐作用，二是地下水位高，棺材浸在水中不易腐烂。"[①]《长沙楚墓》一文亦载："长沙楚墓中棺椁葬具保存的好坏，是与白膏泥的多少或有无成正比的。凡填有白膏泥的墓葬都能发现棺椁或残存棺椁的痕迹，反之，未填白膏泥的墓葬，决不能发见棺椁的痕迹。"[②]这里可举一典型之例，即 54·长·左十五号墓（坑口约 3×1.8 米、深 7.6 米）。此墓"白膏泥铺得甚厚"，"椁盖板上面为 1.2 米、椁底板下面为 0.8 米，木椁与四周墓壁的空间，填塞厚度为 0.35 米至 0.5 米不等"。[③]由于夯筑得宜，墓室密封甚紧，墓中不仅葬具保存完好，而且"人骨架保存得很完整，出土时腐化的肌肉尚未脱落，面貌隐约可辨"，"头骨内还保存着大量的脑髓，大脑约 2/3，而小脑约近全部，更使人惊奇的是视觉神经也有保存"。[④]此墓比马王堆一号汉墓还要早百年左右，可以说是我国古代时间最早、保存最好的一座墓葬。而白膏泥填塞较少较薄的楚墓，情况就明显不同了。如长沙小林子冲工地 M_{11}：坑内上层填红土，"下层在葬具的周围以少量白膏泥封闭，木椁木棺大部已腐朽"。[⑤]全然不填白、青膏泥的襄阳山湾 33 座楚墓，情况更差，"棺椁均腐烂，仅留有痕迹"。由此可见白、青膏泥对防腐所起的巨大作用。

春秋战国中原墓之填土，与楚有别。那些墓主身份较高的墓葬（多重棺椁墓），墓室上部填五花杂土，下部棺椁周围积石积炭，也有在近棺椁处填以蜃、炭或细砂者。而一般中、小型墓葬（包括单棺墓、一椁一棺墓和少数多重棺椁墓），则仅填五花杂土之类。

墓室下部充以石、炭，这是多数规格较高的墓葬共有之俗。如山彪镇 1 号墓（7.8×7.2~11.49），"先在墓底平铺一层木炭，木炭上再铺一层

① 湖北江陵太晖观楚墓清理简报［J］. 考古，1973（6）.

② 长沙楚墓［J］. 考古学报，1959（1）.

③④ 长沙出土的三座大型木椁墓［J］. 考古学报，1957（1）.

⑤ 湖南长沙小林子冲工地战国、东汉、唐墓清理简报［J］. 考古通讯，1958（12）.

蛮石”，而后“依墓的四壁，将成段的木炭，贴壁叠起，厚约 0.5 米，高到 2 米上下，使成一圈木炭方墙”，最后“在木椁外，木炭墙内，填塞大如鹅卵石的石子多量，令椁外的四壁充实，石子厚约 1 米”。①《吕氏春秋·节葬篇》所谓“积石积炭，以环其外”，所指即此。高诱对此注曰：“石以其坚，炭以御湿”，点明了二者的作用。他如琉璃阁 M_1、长治分水岭 M_{12}、M_{14}、M_{25}，河北平山一、六号中山王墓、燕下都的一些大墓，乃至汉水流域姬姓国君曾侯乙之墓，也是如此，只不过各墓填塞石、炭的方法有异而已。有人认为中原墓填有石、炭为战国晚期之俗。②此与事实相悖。《晋书·石季龙载记下》记石虎发掘春秋赵襄子墓，“初得炭，深丈余”，就是最好的驳证。

墓室下部充以蜃、炭，只见于春秋中期的宋国君之墓。《左传》成公二年载曰：“八月，宋文公卒，始厚葬，用蜃、炭。”蜃为大蚌蛤，这里指蜃灰；炭即木炭。《周礼·考工记》郑司农注云：“‘用蜃炭’者，用蜃灰复用木炭也”，二物皆能“御湿”。

墓室下部充以细砂，也只见于魏王室之墓，时为战国晚期。如固围村一号大墓，“椁分两重”，“重椁之间填以细砂，形成如小墓形制所谓‘二层台’。内椁之内不填砂，留出空腔，为椁棺陈器地”；“椁棺陈器、重棺钉固后，继即进行填砂。砂的填量，下自墓底起，上层距地面 8 米止，共深 9.4 米，计体积可达1000 立方米”。③固围村二、三号大墓也同一号墓一样，“都是在椁室四周和顶上，积砂直至离地面 8 米处，然后再夯土……直抵地面”。④

比重所占甚大的中原中、小型墓葬，如洛阳中州路和郑州二里岗所掘四百余座春秋至战国时期的墓葬，坑内填土全部为五花杂土。

总之，中原墓填土与楚墓最根本的区别在于不填白、青膏泥。诚

① 山彪镇与琉璃阁［M］. 北京：科学出版社，1959（4）.

② 辉县发掘报告第一号［M］. 北京：科学出版社，2017.

③④ 辉县发掘报告［Z］. 第 70、144 页 .

然，木炭、蜃灰及细砂，也有吸水防潮的功能，但由于它们的分子结构不紧密，空隙较大（与膏泥相比），因而对棺椁、葬品不能起到较好的密封作用，防腐效果不佳。加之中原比南方气候干燥，地下水位较低，墓葬如果不挖到一定深度，地下水很难渗入墓室。故中原各种规格的墓葬，其棺椁大都腐朽无存，葬品除金属和陶、玉质器物外，多无痕迹，远不如填有膏泥的楚墓那样保存得比较完好。

最后来谈谈壁龛、二层台和腰坑，因为它们也是楚墓圹室结构的有机组成部分。

壁龛，是在近墓室底部的圹壁上掏掘而成的土洞，一般开在死者头向的一端，也有开在圹壁长边的，称边龛，用来代替头箱或边箱以放置随葬器物。楚墓之带壁龛者，多为春秋至战国早期的狭长形土坑竖穴墓，墓葬规格一般不逾越单棺无椁之范畴；战国中期以后，此类小型壁龛墓明显减少。如赵家湖长方形窄坑墓 122 座，基本上为单棺无椁墓（另有少数无棺空墓），“其中三分之二是有壁龛的”，“它们的时代大致多属春秋早、中、晚三个时期”。[①] 雨台山 23 座壁龛墓，其中“单棺墓 22 座，一椁一棺墓 1 座”，也是春秋壁龛墓多于战国壁龛墓。[②] 另如湖南长沙，春秋中、晚的小型楚墓，“多数墓保存有壁龛”，到战国早、中期，小型墓“墓室加宽，壁龛减少”。[③] 楚之壁龛墓，头龛墓多于边龛墓，但个别地方也有例外。如赵家湖 Z_B 类墓 87 座，62 座带有壁龛，“其中边龛墓 32 座（多设在右壁上），头龛墓 30 座”。[④] 壁龛所处之高度，因地而有不同。雨台山 23 座头龛墓，头龛均设在南壁高出坑底 20 厘米左右的地方。湘西溆浦马田坪 9 座楚头龛墓，头龛均与坑底相平。壁龛之造型，平面有长方形与半圆形两种；龛内顶部有的较平，有的呈拱形；后壁一般凹凸不平，有的略呈弧形。壁龛之大小，由放置器物的多寡而定。从

①④ 高应勤，王光镐 . 当阳赵家湖楚墓的分类与分期［M］// 中国考古学会第二次年会论文集 . 北京：文物出版社，1982.

② 江陵雨台山楚墓“小结”之（二）. 文物出版社，1984：145.

③ 高至喜，熊传新 . 楚人在湖南的活动遗迹概述［J］. 文物，1980（10）.

雨台山楚墓来看，“最大的壁龛高 30 厘米、宽 80 厘米、深 30 厘米，距墓底高 24 厘米（M_{105}）”。[①]

二层台，是田野考古工作者给予棺室或椁室四周的土台所起的称谓。二层台的建造方法有两种：一种是先安棺或椁，再在棺或椁与墓壁之间填土夯实，直至棺或椁顶之高度，这就形成了所谓“熟土二层台”；一种是在墓底挖一个长方坑，周围留下一圈土台，然后安棺，于土台上铺设板木，构成一个护棺用的简单椁室，作为椁壁的这一圈土台，即所谓“生土二层台”。楚墓中的二层台，春秋至战国早期多见于狭长形土坑单棺墓。如溆浦马田坪 9 座“带头龛长方形窄坑”中，五座“有生土二层台”[②]；湘乡春秋中、晚期楚墓中，“绝大部分为狭长形的竖穴土坑，多有生土二层台”。[③] 战国中期以后，楚墓中出现了二层台由小墓向中、大型墓葬转移的趋向。如淮阳平粮台 4 号墓和 16 号墓中，出现了“活土二层台”[④]，寿县中型以上的楚墓（包括楚幽王墓）中，也“普遍存在有二层台”。[⑤] 二层台的设置一般是四壁皆有，但也有设于三面、二面或一面的。《长沙楚墓》所载 10 座有二层台的墓葬中，“有 6 座墓四周均有二层台，3 座墓两壁有二层台，有 1 座墓仅在一壁有二层台”；《益阳楚墓》所载 12 座有生土二层台的墓葬中，还有一种是“三面有二层台”的；长丰杨公的 9 座中型楚墓，“多数墓在后壁留有生土二层台”[⑥]，此亦为台设一壁之证。二层台的宽度和高度因墓而别。如

① 江陵雨台山楚墓［M］. 北京：文物出版社，1984：5.

② 湖南溆浦马田坪战国西汉墓发掘报告［M］. 湖南考古辑刊（第 2 集）. 长沙：岳麓书社，1984.

③ 高至喜，熊传新 . 楚人在湖南的活动遗迹概述［J］. 文物，1960（10）.

④ 曹桂岑 . 淮阳楚墓论述［M］// 楚文化研究论集（第 1 集）. 武汉：荆楚书社，1987.

⑤ 李德文 . 朱家集楚王墓的形制与棺椁制度［M］// 楚文化研究论集（第 1 集）. 武汉：荆楚书社，1987.

⑥ 安徽长丰杨公发掘九座战国墓［M］// 考古学集刊（第 2 集）. 北京：中国社会科学出版社，1989.

郧县战国 A 型楚墓（即小型竖穴土坑墓），“一般二层台宽 0.08~0.8 米、高 0.5~0.6 米”[①]，寿县中、大型楚墓，二层台则宽 0.65~2 米，高与椁盖相平。[②] 二层台有其特定的作用，对单棺墓来讲，它实际代替了木椁，对木椁墓来讲，它可以使椁室更加牢固。

腰坑，均掘于墓坑底部中央，位在死者腰部下方，故名。楚墓带腰坑者极少，目前仅发现数例。腰坑一般都不大，如信阳长台关一号墓之腰坑，“坑口椭圆形，坑底长方形，坑口长 1.15 米、宽 0.67 米、深 0.4 米”。[③] 腰坑内多置兽类，长台关一号墓腰坑中为一只小鹿，包山二号墓腰坑中为一只整羊，江陵东岳庙 M_{14} 腰坑内发现有兽牙。墓中设置腰坑，目的在礼祭神灵以为建墓奠基。

东周中原墓也有带壁龛、二层台及腰坑者。中原之壁龛，位置、造型及作用与楚墓雷同，不同的是它在春秋时出现甚少，战国时则广为流行，与楚墓中壁龛的盛衰趋向恰恰相反。中原壁龛墓发展到战国晚期，壁龛开始转为洞室以安放棺尸，出现了洞室墓，而楚国由于壁龛之渐灭，洞室墓始终不曾产生。

至于二层台和腰坑，楚墓与中原墓之间则无甚不同。

第三节　葬具的使用

楚墓使用葬具的特点：棺悬底与棺底设笭床，椁分室与棺椁盖、底铺帘席。

楚棺有悬底与不悬底之分，悬底者有二式，即悬底弧棺（盖板、边板呈弧形，底板悬空）与悬底方棺（盖板、边板平直，底板悬空），不

① 湖北郧县东周西汉墓［M］// 考古学集刊（第 6 集）. 北京：中国社会科学出版社，1989.

② 李德文 . 朱家集楚王墓的形制与棺椁制度［M］// 楚文化研究论集（第 1 集）. 武汉：荆楚书社，1987.

③ 信阳楚墓［M］. 北京：文物出版社，1986：3.

悬底者为长方盒状棺。

悬底棺的底板用薄木板做成，一般嵌在边板和挡板内侧中部或中下部的凹槽中，下用两根或三根木条垫托，横木两端插入边板未凿透之方孔中。

悬底与非悬底棺的使用，带有一定的地域特点。但相对而言，悬底棺所使用的范围和数量较广较多一些。

首先，作为楚之腹心的江汉地区，棺形几乎全为悬底。

当阳赵家湖 130 座一椁一棺墓，保存较好的有 21 座，其中属春秋时期的 18 座为方棺，战国时期的 3 座为弧棺。它们的底板，无一例外，全部“嵌于棺身的中部”，“上下悬空”。①

江陵雨台山楚墓（558 座），棺形清楚者 224 具，其中悬底弧棺 177 具，悬底方棺 45 具，平底方棺即长方盒状棺仅 2 具，悬底者所占比率为 99%。这 222 具悬底棺中，有 47 具出自单棺墓，173 具出自一椁一棺墓，2 具出自一椁并棺墓。②

需要指出的是，江汉地区的长方盒状棺一般不单独使用，而是在多重棺椁墓中与悬底棺套用。如藤店一号墓（一椁二棺），外棺为长方盒状，内棺为悬底弧棺；沙冢一号墓（一椁二棺），内棺为长方盒状，外棺为悬底弧棺；望山二号墓（一椁三棺），内、外棺皆长方盒状，中棺为悬底弧棺；天星观一号墓（一椁三棺），中、外棺皆长方盒状，内棺为悬底弧棺。

江汉地区目前已掘出楚墓二千余座，凡能辨识棺形者，情况皆如上述。正像郭德维所认定的：这一地区“楚墓中，除极个别数重棺椁的墓，或其内棺、或其外棺为长方盒状外，棺底皆悬空”。③ 这里只需作一点补充：在多重棺椁墓中，长方盒状棺不仅可以为内棺和外棺，有时也

---

① 高应勤，王光镐 . 当阳赵家湖楚墓的分类与分期［M］// 中国考古学会第二次年会论文集 . 北京：文物出版社，1982.

② 据《江陵雨台山楚墓》（文物出版社 1984 年版）统计。

③ 试论江汉地区楚墓、秦墓、西汉前期墓的发展与演变［J］. 考古与文物，1983（2）.

可为中棺。

在江汉地区以外的广大楚境，悬底棺亦到处可见，只是数量多少、比率高低各地存有差异。以下分区加以说明：

鄂东地区。这里发掘的数十座楚墓，单椁单棺者，“棺的形制，可分为悬底弧棺和悬底方棺两种”；单椁重棺者，“外棺为长方盒形，内棺为悬底长方弧形。至于它们的人殉陪棺，则为悬底长方形”；单棺墓“棺木保存不好，只见残痕”，故看不出棺之悬底与否。[①] 十分明显，这里悬底棺出现的比率和套棺使用的特点，与江汉地区别无二致。

鄂东北地区。麻城宋埠镇砖瓦厂清理楚墓 6 座，3 座一椁一棺墓（M_1、M_2、M_6）保存较好，其“棺均为悬底弧棺”。[②] 云梦虎头余、珍珠坡的一批战国楚墓，还出土有“长方形悬底棺”。[③]

湖南省境。长沙等地的湖南楚棺，基本上为长方盒状。如《长沙发掘报告》所载 73 座战国楚墓，13 座保存有木棺椁，其棺“均是方形”而无一具悬底。尽管如此，长沙等地还是有一些悬底棺出土。如长沙浏城桥 M_1、子弹库 M_{17} 均有二棺，“内棺为弧形悬底”；湘乡牛形山 M_1、M_2 均有三棺，“中棺为弧形悬底”；湘西慈利官地 M_1，一椁一棺，棺为“悬底弧形”。高至喜认为：“看来牛形山一、二号墓，浏城桥一号墓，子弹库十七号墓的墓主都是从楚都江陵派到长沙、湘乡来任官职的，故仍保存着故地的一些风俗。”[④] 此说或有一定道理。

河南省境。淅川、淮阳等地的楚墓，由于未填白、青膏泥，棺椁基本腐烂无存，故棺之悬底与否，无从得知。信阳长台关一、二号楚墓的外棺形制全同[⑤]，均为长方弧形棺，但悬不悬底，未见明言。从《信阳

---

① 王善才 . 鄂东楚墓综述［C］// 湖北省考古学会论文选集（一）. 武汉大学学报编辑部，1987.

② 麻城楚墓［J］. 江汉考古，1986（2）.

③ 熊卜发 . 试论鄂东北地区东周时期文化［J］. 江汉考古，1990（2）.

④ 从湖南楚墓看楚国的葬制［M］// 湖南考古辑刊（第四集）. 长沙：岳麓书社，1987.

⑤ 信阳楚墓［M］. 北京：文物出版社，1986：81.

楚墓》第 82 页所载“二号墓外棺结构图”来看，这两墓的外棺还是悬底的，只不过“底”悬得偏低而已。

安徽省境，楚墓所掘甚少，资料语焉不详，故暂略不计。

楚人喜用悬底之棺，已是毋庸讳言的事实。他们如此而为，是出于避湿防腐的考虑，但更重要者，当是受灵魂升天观念的支配。悬空的棺底可能象征着天界，尸陈其上，反映了生者与死者弃地升天的理想欲念。

在悬底与非悬底棺的底板上，有时可发现一块与棺底等大的用以荐尸的“雕花板”，文献上称之为“笭床”。[①] 此种葬具加于棺底，给楚国葬俗增添了一项新的内容。

“雕花板”有透雕与半透雕、髹漆与不髹漆之分，而以透雕髹漆者为最多。厚度一般在 2~4 厘米，最厚者可达 8 厘米（54 · 长左 M_{15}）。其上雕刻的图案大多为各种式样的几何形纹，也有变形龙纹、凤鸟纹、云纹等。雕工精致，线条生动。漆色非黑即红，有的“笭床”的边缘，还在黑地或红地上，用朱、墨、金三色，彩漆成双层菱形图案（如仰天湖 M_{14}、M_{26}），显得异常华贵美观。

“雕花板”放置的情形有三种：（1）紧贴平放在棺底板上；（2）在棺底板上置放三至四根横垫木，然后将棺平放其上；（3）将“雕花板”四周嵌在棺侧板内侧的浅槽中。[②]

楚棺底陈设“雕花板”，见于战国时期多种规格的墓葬。兹分类举例于下：

一椁三棺墓。望山 M_2：“内棺……有雕花笭床，上有红黑彩漆的图案”。[③]

二椁二棺墓。53 · 长 · 仰 M_{25}：“外棺紧套在内椁内，而内棺又紧

① 先秦已有“笭”床之名。《荀子 · 强国》“剡然有笭而据松柏之塞”可证。

② 江陵雨台山楚墓［Z］；荆门十里砖厂一号墓［J］. 江汉考古，1989（4）.

③ 湖北江陵三座楚墓出土大批重要文物［J］. 文物，1966（5）.

套在外棺内……（内棺）底部放一块透雕盘龙纹的花板，长 1.83 米、宽 0.45 米、厚 0.04 米”。①

一椁二棺墓。长沙子弹库战国木椁墓：“内棺底部垫有透雕的几何形花纹板，未加漆绘。厚约 4 厘米”。② 长丰杨公 M_8：“棺内人骨架下垫有几何纹雕花笭床一件”。③ 雨台山 M_{555}：“外棺长方盒状”，“内棺形状与外棺相同”，“内棺无底板，代之以一块厚 4 厘米的雕花板。雕花板平放在外棺底板上”。④

二椁一棺墓。常德德山 M_{25}：“棺在内椁”，“棺内置透雕几何形花纹的笭床”。⑤

一椁一棺墓。江陵李家台 M_4：“放尸体的笭床嵌在棺墙、挡板内侧的凿槽内。笭床长 1.8 米，宽 0.5 米，厚 0.02~0.03 米，两端透雕几何形纹组成的方块图案，髹朱漆”。⑥ 常德德山 M_{50}：“棺底板上有笭床一件，为变形龙纹的透雕花板”。⑦

单棺无椁墓。江陵拍马山 M_5：“棺内人骨架下置雕花板”，由十、丄、└、乚、亅几何形纹组成两组对称的方形图案。⑧

这里有几点需要加以说明：单棺墓中“雕花板”极其罕见，至今只发现拍马山 M_5 一座；“雕花板”所在的各种规格的墓葬，全为坑口长宽在 8~20 米，2~8 米的中、小型之墓，其中又以小型墓葬居多；多重棺椁的大型墓葬，如寿县楚幽王墓、天星观一号墓、包山二号墓、临澧九里一号墓等，皆不见其踪影。中、大型楚墓何为少设或不设此物，目前尚无由予以诠释。

① 长沙出土的三座大型木椁墓［J］. 考古学报，1957（1）.
② 长沙子弹库战国木椁墓［J］. 文物，1974（2）.
③ 安徽长丰杨公发掘九座战国墓［M］// 考古学集刊（第 2 集）. 北京：中国社会科学出版社，1980.
④ 江陵雨台山楚墓［M］. 北京：文物出版社，1984：52.
⑤⑦ 湖南常德德山楚墓发掘报告［J］. 考古，1963（9）.
⑥ 江陵李家台楚墓清理报告［J］. 江汉考古，1985（3）.
⑧ 湖北江陵拍马山楚墓发掘报告［J］. 考古，1973（3）.

楚墓棺内设“雕花板”，以江陵和长沙两地为多，而后者又多于前者。江陵雨台山单棺单椁墓248座，棺形清楚者173座，其中设有“雕花板”者12墓，比例为7%。长沙地区1951—1952年掘出战国楚墓73座，有13座“多层棺椁与一椁一棺”墓保存较好，其中3座一椁一棺墓（M_{124}、M_{125}、M_{257}）内设“雕花板”[①]，比例为23%。该市东南郊1952年以后至1956年，又掘出楚墓209座，其中“木棺椁保存较好的有21座”，它们的“棺的底板上往往垫有衬托死者尸体的透雕或半透雕的雕花板”。[②]这里的“往往”二字，透露出这批墓葬中铺设“雕花板”者的比例可能更高。

尸陈“笭床”之俗，当源于中原。《左传》昭公二十五年：“宋元公将为公故如晋……旦，召六卿。公曰：‘寡人不佞……若以群子之灵，获保首领以殁，唯是楄柎所以藉干者，请无及先君。’”杜注：楄柎，“棺中笭床也”。可见早在春秋时期，此物已在中原出现。《仪礼·既夕礼》：“乃卒，主人啼，兄弟哭，设床第当牖，即床而奠。”这种尸陈其上、当牖而受人祭奠的“床”，亦自必为“笭床”无疑。根据这些记载和先秦丧礼有关殓前浴尸的规定，可知中原人使用笭床，目的不外以下三点：一是为了承尸沐浴（“床”上镂孔，正合浴尸之用）；二是为了当牖设奠；三是为了入棺藉干。战国时楚人死后使用此物，其意显然与中原人无别。

以下来看看楚人的用椁之制。

从墓葬发掘可知，楚椁的结构是这样的：墓底置垫木，上置椁底板，再上四周垒以方木或立以大木板，以成椁之侧板和挡板，并使两端挡板的两头上下均伸出侧板之外，最后在椁墙四壁之上再铺以盖板，盖板之下或另铺一层分板，这就构成了一个形如“工”的椁室。椁室之大

① 江陵雨台山楚墓［M］.北京：文物出版社，1984：17—18；长沙发掘报告［M］.北京：科学出版社，1957：63.

② 考古学报，1959（1）.

者几成正方形，中型及小型者皆为矩形，文献上统称之“井椁”。

“Ⅱ”形的椁室内或放一棺，或放两并棺，或放多层棺；有的椁室内置垫木，其上再立四壁，或独立构成一个方框，或与外壁榫接，此被称为内椁，其内再置棺木。这样在椁（无内壁者）与棺之间，或内外椁之间就留下了一定的空间，用以陈列各种随葬品。春秋时期及春战之交楚国的椁室形制，即是如此。湖北当阳金家山九号春秋墓（一椁一棺），河南淅川下寺春秋楚墓群中四座主墓（一座不明者除外）及四座陪葬墓（六座一椁两并棺，二座一椁一棺），湖南澧县嘉山良种场邵家咀春秋晚期至春秋战国之交的楚墓邵 M_{35}、M_{34}（均二椁一棺），椁内皆无隔板，不分格，随葬品或放在椁室的一端，或放在棺椁之间、内外椁之间的空隙处。[①]

到了战国早期，楚椁室形制虽基本上仍保持着此前的状态，但个别墓葬的椁内已开始出现了分格的现象。如雨台山确知为战国早期的一椁一棺墓 46 座（不包括 M_{152}），椁室形制清楚者 36 座，其中 M_{137} 的椁内，就被一根隔梁和其下的两块隔板分成了头箱和棺室。[②] 进入战国中期，这种椁棺分室的现象迅猛增多，并逐渐成了楚人（庶民之富者及士以上阶层）普遍采用的一种用椁习俗。如雨台山确知为战国中期后段的一椁一棺墓 26 座，椁室结构清楚者 23 座，其中 16 座椁内分格[③]，所占比例达 70%。至战国晚期，这种现象就更加普及了。

楚人界分椁室的办法有多种多样：（1）以隔梁相界；（2）以隔板相界；（3）用隔梁复用隔板相界；（4）叠垒数层方木以为格界；等等。如雨台山 67 座椁室平面呈“亘”形的墓葬，设隔梁、下安隔板者 37 座，

① 当阳金家山九号春秋墓［J］. 文物，1982（4）；张剑 . 略论河南淅川下寺春秋楚墓的葬制特点［M］// 楚文化研究论文集 . 郑州：中州书画社，1983；曹传松 . 澧水下游楚文化的分期及其相关的两个问题［M］// 楚文化研究论集（第 1 集）. 武汉：荆楚书社，1987.

② 以上数据，据：江陵雨台山楚墓［M］. 北京：文物出版社，1984：17—19、20—23、157—164 诸表统计 .

③ 以上数据，据江陵雨台山楚墓第 17—19，20—23，175—178 诸表统计 .

仅安隔梁者 11 座，仅安隔板者 19 座。[①] 信阳长台关一、二号墓，则是以厚厚的方木墙区分箱室。到了战国中期后段及战国晚期，有的椁室还在隔梁和隔板间安以门扉或窗户，以使箱室间相通。在雨台山墓区，M_{169} 于头箱与棺室间设有双扉门，M_{554} 在棺室与头箱、边箱间均安有双扉门，M_{166}、M_{321} 和 M_{406} 在头箱与棺室间的隔板上辟有小窗。

用来界分椁室的隔梁、隔板和方木墙是如何安接的呢？具体情况非常复杂，这里只介绍一些常用的方法。界分头箱、棺室的横隔梁，两端插入椁侧板内侧上端的浅槽内，界分棺室与边箱的纵隔梁，一端插入头箱隔梁上的方槽内，另一端插入椁挡板内侧上端的方槽内。隔板由几块厚薄相当的木板竖拼而成。头箱隔板，两端嵌入椁侧板内侧竖凿的浅槽内；边箱隔板一端嵌入头箱隔板的竖槽，一端嵌入椁挡板内侧的竖槽；有的头箱和边箱隔板，其上端还嵌入横、纵隔梁底部的浅槽；有的隔板上无隔梁，下端有时还嵌入椁底板上的浅槽。大型木椁分室，则多采用方木垒砌的方式，方木上下用榫卯套扣结合。箱室被安好的隔梁、隔板或叠起的方木墙隔出之后，其上再盖以分板（俗称内板），或铺以方木。盖分板者，分板与椁墙板和箱室隔梁之间的结合用边缘扣接；铺方木者，方木两两以“细腰相连”[②]。对对之间再插以木楔，一字排列于隔墙之上。这样就形成了若干个密封的或有门可通的箱室。有的箱室其上不铺分板，直以椁盖板为顶，其密封的程度则显然要差些。

楚墓木椁分室，多少不一，有分双室的，有分三室、四室的，有分五室、七室的，最多者可达九室。

分二室者，仅见于一椁一棺墓。这种分法，一般是在棺前设隔障，将椁室断分为棺室和头箱。头箱的方向与棺内死者的头向一致，棺室位于头箱之后。上举雨台山 67 座平面呈“亘”形的一椁一棺墓，就是这

① 江陵雨台山楚墓［M］// 楚文化研究论集（第 1 集）. 武汉：荆楚书社，1987：16.

② “细腰”为勾连板木接缝处的卡子，一边平直，一边中部内凹，两端较中部稍厚，呈凹腰状。其大小不一，一般长 18 厘米、两端宽 4.5 厘米、腰宽 2.5 厘米，厚 4.5 厘米左右。

种分法。江陵太晖观 M_{50}，是将“仿房屋结构的板门作为头箱与棺室的隔板”[①]，这是该地区和邻省同期楚墓所不见的。另有一种分法，是在棺之一侧设隔障，将椁室分成棺室和边箱。常德德山战国后期木椁墓 4 座，即为此种椁室形制。此四墓皆因“外椁较短，椁与棺之间只构成一个边箱，而无头足箱”[②]。

分三室者，见于一椁一棺至一椁三棺或二椁二棺墓。常见的分法，是在棺之头部和一侧留有空隙，用隔障构成头箱与边箱，同棺室形成三格，椁室平面呈“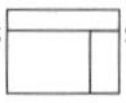”形。以与墓向一致的头箱之方向为准，边箱有在棺室左侧的，有在棺室右侧的，这要由棺木在椁室中处何位置来决定。如江陵马砖一号墓（一椁一棺，东向）：“（椁）室内用纵横木块分隔为头箱、边箱和棺室三个部分。头箱在东，边箱在南，棺室在北。”此边箱在南，即处棺室右侧；长沙烈士公园三号木椁墓（一椁二棺，西向）：“内棺紧套在外棺内，外棺放在椁室的东南部，其东、南两面与外椁墙板相接，而在外椁的西、北两面留有空隙，用薄木板隔成曲尺形（按：即“”形）的头箱与边箱。”[③] 此边箱在北，即处棺室右侧；江陵望山二号墓（一椁三棺，东向），由纵横隔梁将木椁分成“主室、前室、边室”。“主室”置三层套合的棺木。依郭德维所绘该墓椁室形制图。[④] 此“边室”（边箱）在北，即处棺室左侧。除棺室、边箱、头箱的结构外，椁分三室还有另外三种分法。其一，分成棺室、边箱与足箱，实例为长丰杨公八号墓。[⑤] 其二，分成棺室加二边箱，实例为长沙邮电局三号墓。[⑥] 其三，分成内椁室加曲尺形二边箱，实例为 53·长·仰二十五号墓。此墓二椁二棺，东向。具体分法是：“在外椁与内椁之

① 湖北江陵太晖观五十号楚墓［J］. 考古，977（1）.
② 湖南常德德山楚墓发掘报告［J］. 考古，1963（9）.
③ 高至喜. 长沙烈士公园三号墓清理简报［J］. 文物，1959（10）.
④ 此图载于《江陵楚墓论述》一文，见：考古学报，1982（2）：160，图三之“2”.
⑤ 安徽长丰杨公发掘九座战国墓［M］// 考古学集刊（第 2 集）. 北京：中国社会科学出版社，1982.
⑥ 长沙五里牌战国木椁墓［M］// 湖南考古辑刊（第 1 集）. 长沙：岳麓书社，1984.

间……南北西三面中间有较大的空隙。在西向中央竖有一根方形木柱，把南北两面分开，构成两个对称的曲尺形的边箱。”① 其椁室平面如图 6–1 所示。这种内椁室加两个对称的曲尺形边箱的分格法，在长沙地区亦属首见，是否带有地区性特点，时下尚不能论定。

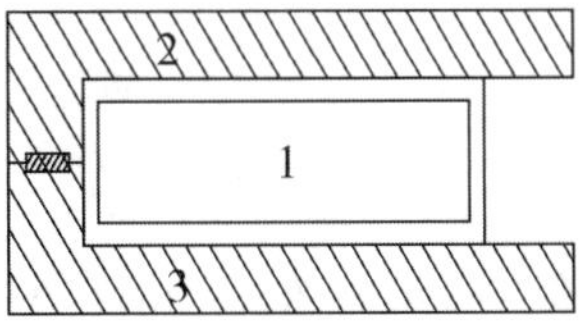

图6–1　二椁二棺墓平面图

1. 内椁室　2、3 对称之曲尺形边箱

分四室者，目前仅见于一椁一棺和一椁二棺墓。分法有多种，但都是在“棺室”的基础上，外加三个箱室：或左右边箱和头箱，或左右边箱加三个箱室，或头、足箱和边箱（单）。长沙子弹库十七号墓（一椁二棺），“有头、左、右共三个边箱”②，属第一种情况；54 · 长 · 扬六号墓（一椁一棺），“在棺与椁之间的左、右、足端用木板隔成三个小室”③，属第二种情况；常德德山战国晚期木椁墓中，有的“由外椁内棺构成曲尺形的头箱与边箱”，且“兼有足箱”④，长沙浏城桥一号墓（一椁二棺），“有头（东）、左、足三个边箱，彼此相通呈‘’形”⑤，则是属第三种情况。

分五室者，见于一椁二棺以上的多层棺椁墓。这种分法，从总体上讲只有一种，即隔出棺室或内椁室使居中，外加东、西、南、北四边箱（有的也称东、西、南、北四室，或头、足、左、右四边箱）。但在具体区分时，由于设隔存在的差异，而使椁室平面呈现出“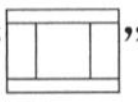”形和

① 长沙出土的三座大型木椁墓［J］. 考古学报，1957（1）.
② 57 长子十七号墓清理简报［J］. 文物，1961（1）.
③ 长沙出土的三座大型木椁墓［J］. 考古学报，1957（1）.
④ 湖南常德德山楚墓发掘报告［J］. 考古，1963（9）.
⑤ 高至喜. 从湖南楚墓看楚国的葬制［M］// 湖南考古辑刊（第 4 集）. 长沙：岳麓书社，1987.

“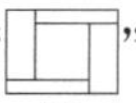”形两种图式。长沙四〇六号墓（一椁二棺），包山二号墓（一椁四棺），牛形山二号墓，80九里一号墓（皆二椁三棺），其五室分如前图；79九里一号墓（一椁二棺），其五室分如后图。各墓隔障高低宽厚不一，但不出“隔板”和“方木墙”两类。

分七室者，见于一椁二棺以上的多层棺椁墓。

这类分法的楚墓木椁，目前只发现3座，即长台关一、二号墓和天星观一号墓。长台关一、二号墓均一椁二棺，东向，椁室布局相同，分主室，前室，左、右侧室，后室，左、右后室。七室排列整齐，室间以方木墙相隔，无门可通。主室在各室的中部，四周用较大的方木垒砌成三道木墙，内置重棺。其余六室皆绕在主室的四周，木墙为单层。前室位于主室之前，左、右侧室在主室的正左、正右，后室紧靠主室之后，右后室在主室的西南隅，左后室在主室的西北隅。二墓的椁室平面如图6-2所示。天星观一号墓一椁三棺，南向，椁室布局不像长台关墓那样规整，分棺室、南室、南东室、东室、西室、北室和东北室。棺室位于椁室中部，内置三层棺木，其余六室皆环于棺室周围。南室在棺室南部偏西，南东室在棺室东南隅，东室在棺室东侧，西室在棺室西部偏北，北室在棺室北侧，东北室在棺室东北隅。各室之间以木墙或隔梁分开，椁室平面如图6-3所示。

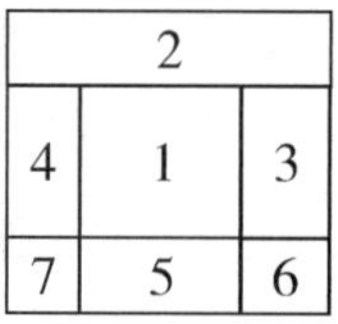

图6-2 一椁二棺墓平面图

1. 主室 2. 前室

3、4. 左右侧室 5. 后室

6、7. 左右后室

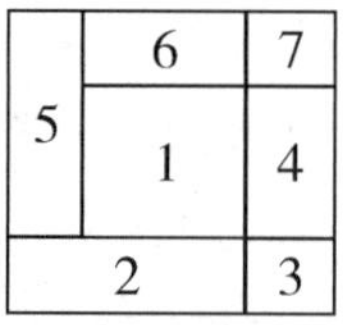

图6-3 一椁三棺墓平面图

1. 棺室 2. 南室

3. 南东室 4、5. 东室、西室

6. 北室 7. 东北室

分九室者，目前仅见一例，即寿县楚幽王墓。此墓东向，1933年、1938年曾两次遭盗掘，椁内几重棺已无可考。据参加盗掘的人员口述，此墓木椁每边两个箱室，加上“中间为一大木堆”、即周边由“四棱大木密密排比”所构成的棺室，共计 9 室。郭德维审视李景聃《寿县楚王墓调查报告》的有关记述，将此墓木椁加以复原，绘制出了“楚幽王墓椁室平面复原图”，现简化如图 6-4 所示。图中所展示的椁室平面布局是：棺室居中，周围 8 个边箱。北、西、南三面的边箱，皆两两“平列”，唯东面二边箱“略向南，北错开”。① 此八边箱郭氏原未命名，经与其面商，现命之为：东室、东北室；北室、北西室；西室、西南室；南室、南东室。箱室之间虽有方木墙或再加立柱相隔，但却有“口门”相通。② 这种室间设门的结构，虽不见于长台关、天星观等大墓，但在战国中、后期江陵雨台山、太晖观的一些楚墓中，早已是屡睹不鲜了。

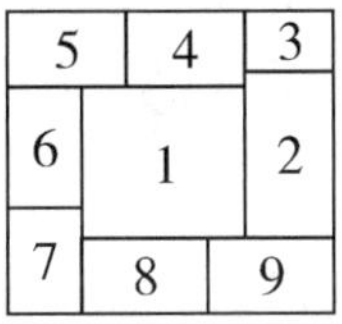

图6-4　楚幽王墓椁室平面复原图

1. 棺室　2. 东室　3. 东北室
4. 北室　5. 北西室　6. 西室
7. 西南室　8. 南室　9. 南东室

以上楚墓木椁的分室，凸显了这样一个事实：分二室者，为一椁一棺墓；分三至四室者，为一椁一棺以上的多层棺椁墓；分五室以上者，为一椁二棺以上的多层棺椁墓。这就清楚说明：楚墓木椁分室，从总体上讲，是与墓葬的棺椁层数成正比的，即墓葬的棺椁层数少，分室亦少，墓葬的棺椁层数多，分室亦多。但从上面所列举的某些例证来看，也存在着一些矛盾的现象，如同为一椁三棺墓，有的椁分三室（望山 M_2 等），有的椁分七室（天星观 M_1）；有的棺椁层数多，分室却少

① 郭德维《关于寿县楚王墓椁室形制复原问题》引李景聃《寿县楚墓调查报告》文，参见《江汉考古》1982 年第 1 期。

② 李景聃《寿县楚墓调查报告》有关于“（棺室）南面箱子二个，平列并有口门”的记载，郭德维认为：“其他几个室之间也应该有。有的可能是因淤泥糊着，淤泥没有清到底，还没有完全清出来。”参见《江汉考古》1982 年第 1 期郭文。

（53·长·仰M_{25}，二椁二棺分三室），有的棺椁层数少，分室则多（长台关M_1、M_2，一椁二棺分七室）。在这种情况下，单看棺椁的层数就不易说清问题了，而必须兼视木椁规模（长宽高）的大小。因为我们发现，木椁的规模同分室的多少，关系更为直接，更为密切。如分二室的太晖观M_{50}，椁室为$3.3 \times 1.34 \times 1.23$（米）；分三室的望山$M_2$，椁室为$5.04 \times 2.28 \times 2.26$（米）；分七室的天星观$M_1$，椁室为$8.2 \times 7.5 \times 3.16$（米）；分九室的楚幽王墓，椁室为$11 \times 10 \times 4$（米）。[①]这四座木椁墓，都是各自分室层次上的较大的墓葬。四墓木椁的不同数据表明：随着木椁规模的增大，椁内分室亦呈加增趋势。

楚墓木椁存在分室之俗，分室的多少又同棺椁的层数、特别是木椁的规模有关，这些现象应如何解释呢？

我们知道，“木椁本是作为地上居室的象征物而出现的”。[②]而地上居室因人的等级尊卑的不同，其规模与间数是存在差别的。这种情况反映到墓主身份不同的墓葬中，木椁之有规模的大小与分室的多少，就是自然而然了。至于棺椁的层数同分室的多少有关，说到底还是一个椁室规模与分室多少的关系问题。因为一般说来，棺椁的层数愈多，需要的椁室也愈大，而随着椁室的加大，椁内箱室亦必相应增多。

以下拟具体谈谈楚墓木椁分室同等级尊卑的关系。

椁分九室。“九”在中国古代的数字逻辑中最为神秘，被认为是老阳之数或阳数之极。唐五臣注《楚辞》：“九者，阳数之极。”《秦问》亦云：“天地之至数，始于一，终于九焉。”因此，“九”可引申为顶点或崇高。楚王之钟称“九龙之钟”[③]，即可为证。椁室分九格，可能就蕴含着至多、最尊之意，故除楚王墓之外，未发现木椁分室有如此之多者。十分显然，这是楚王宫室在各级贵族地面居室中位列第一的反映，

---

① 这些数据，见郭德维：楚墓分类问题探讨（表一）[J].考古，1983（3）.

② 俞伟超.汉代诸侯王与列侯墓葬的形制分析[M]//中国考古学会第一次年会论文集.北京：文物出版社，1979.

③ 淮南子·泰族训.

也就是说，椁分九室，实意味着王之地位高居于全楚各类人等之上。

椁分七室。根据周代宫室制度，诸侯有前朝（堂）、后寝（室）、左右房，房的后半部称北堂，寝之后或有下室。此种规格的地面居室反映到墓葬中，恰与战国楚墓椁分七室的情况相对应。即是说，前室（头箱）象征前朝（堂），主室（棺室）象征寝（室），左右侧室（边箱）象征房，后室及左、右后室（合之为足箱）象征下室和北堂。楚于春秋之初即已称王，故原来“周制”中的诸侯之制，自然就是楚国卿和封君等最高贵族之制。长台关一号墓出大牢九鼎。使用的是春秋中至战国早期列国之内的卿制；天星观一号墓的墓主已知为邸阳君番勳。这二例可证椁分七室之制是楚卿或楚封君一类贵族之制。①

椁分三室或四室。按照周代的宫室制度，大夫的宫室，其基本制度是有前堂与西室、东房，有的亦可有左、右房。这与楚墓木椁分三格或四格的区划相对应，即头箱象征前堂，棺室象征西室，边箱象征东房。地面居室有“左、右房”者，椁内之左、右边箱则可与当之。楚墓中采取这类椁制的墓葬一般出少牢五鼎，可证这类椁制为大夫之制。

椁分二室。其与周制中的前堂、后室相对应，即头箱象征前堂，棺室象征后寝。此类墓葬一般出特一鼎，知属士制。

另外还有一个椁分五室的问题。这种分法与椁分七室实属一类，但亦有区别之处：它的足箱（后边箱）未再一分为三（后室及左、右后室），椁室规模也相对要小些。正因为如此，这类椁制虽可归属卿制，但以亚卿或上大夫之制当之，似乎更恰当一点。

至此，关于楚墓木椁分室同墓主等级尊卑的关系问题，便可作一总结了。这就是：楚王地位最尊，故木椁规模最大，分室最多；卿或封君位在王下，故木椁规模及分室次之；大夫位列三等，故木椁规模及分室又次之；士在贵族中地位最低，故木椁规模最小，分室最少。一句

① 详参俞伟超《汉代诸侯王与列侯墓葬的形制分析》，本文采录时在文字编排与表述方法上稍有变动。

话，楚墓木椁规模的大小、分室的多少，是由贵族等级地位的高低所决定的。

以上谈了楚人所用棺椁的几个特点：棺悬底、椁分室与棺底设笭床。除此而外，楚人还有喜欢将席物之类的葬具铺垫于棺椁盖、底的习俗。

在许多楚墓的棺盖板上，都发现铺有竹席或苇席，席纹几乎全为人字形。所铺之席长宽不一，大小有别，铺时相互叠压，以铺满盖顶为原则。如天星观一号墓，铺竹席 9 张，每张 4.8×3.3（米）、五里牌四〇六号墓，铺竹席 4 张，每张 2.2×1.8（米）；望山一号墓，铺竹席 3 张，每张 3.66×2.2（米）；太晖观五十号墓，铺苇席 2 张，每张 1.55×1.36（米）；广济桥五号墓，铺竹席 1 张，长宽 3.16×1.74（米）。长台关一号墓椁盖长宽 8.9×7.58（米），其上满铺一张苇席，可谓楚墓椁顶用席之最宽大者。以上楚墓椁顶之席，均是一至数张平铺为一层。但也有于椁顶覆盖两层或三层竹席的现象。铺两层者，有长沙烈士公园三号墓、沙冢一号墓、雨台山三五四及五五五号墓等；铺三层者，为长台关二号墓——仅铺于主室上方之椁顶。楚墓椁顶为何要铺席物？这是由于组合为椁盖板的板木之间不可避免地存在着缝隙，如果在上面直接填土，椁室里就会漏积淤土，而在其上遮铺席物，就可抵御填土的下泻，故《礼记·既夕礼》将这类席物准确地称为“抗席”。既然是抗土之下漏，所盖之物则不一定非席莫属。长台关二号墓除主室上方的椁盖板覆席之外，其余六室的顶面“皆铺盖芦苇”，就是有力的一证。由于苇秆之间依旧存有间隙，所以该墓椁顶之芦苇不是铺设一层，而是铺设两层，并且“上层是由东南向西北方向铺盖，下层则呈东西方向”。[①] 这种两层交叠的铺盖法，在填土压扁苇秆后，可以达到像铺席一样的阻土渗漏的效果。

在一些楚墓的棺盖上，还发现置放有竹帘或竹席等物。雨台山 558

① 信阳楚墓［M］. 北京：文物出版社，1986：73.

座楚墓，约有 20 座墓葬的棺盖上可见到竹帘或竹帘的痕迹。[①] 在江陵其他不少楚墓和鄂东、湖南地区一些楚墓的棺盖上，竹帘亦多有所见。需要说明的是，此物一般不直接接触棺面，而是被放在盖板“棺束”之上。如雨台山平面呈“𫝀”的一椁一棺墓，有十副棺木的盖板上铺有竹帘，它们都是搁在棺束上的。[②] 所谓棺束，就是捆扎棺身的绳条，其多为麻绳，也有用丝帛、麻布、葛布或皮革而为之者。束棺之法，一般为三横三竖，每道三或四周，然后用木楔楔紧；也有五横一竖，三横一竖，或五横、三横及二横者。[③] 棺束上置放的竹帘，一般以几根至几十根纵列的竹片为经条编连而成，用以横串的纬条，可以有多种品物。如雨台山三二三号墓棺盖上的竹帘，是由 11 根纵列的竹片和四组细篾编连而成；鄂城钢厂五十三号墓棺盖上的竹帘，是由 30 根纵列的竹片与一些布带编结而成；江陵溪峨山五号墓棺盖上的竹帘，是由 19 根纵列的竹片与 14 根横向竹片分七道编织而成，等等。[④] 这种用不同数量的经、纬条带串编起来的竹帘，压放在楚墓棺盖上，应该就是《礼记·丧服大记》所讲的起装饰作用的“池”。《丧服大记》所载棺上的饰物有多种，其中和“池”相关联的是“荒”。据郑玄解释，“荒”覆于棺面，为丝织物；“池”如“小车笭”（即古代车子前后两旁遮蔽风尘的竹帘），用竹片做成，悬于“荒”的下端。楚墓中的竹帘，位于棺盖板上，而非悬于棺的四周。这可能是《礼记》和郑注所记为中原地区的葬俗，故与楚棺之“池”有异。至于竹席覆于棺盖，仅发现于沙冢一号墓中。此

① 据《江陵雨台山楚墓》“叁、墓葬分类”中的诸表及文字叙述统计。

② 江陵雨台山楚墓［Z］. 第 19 页及第 20—23 页“表”。

③ 棺束用麻绳多见于江汉地区的楚墓，用丝帛多见于长沙楚墓，用麻布见雨台山三五四号墓，用葛布见于长沙子弹库战国木椁墓、五里牌四〇六号墓，用皮带见于长沙烈士公园三号墓。束棺之法，三横二竖见于藤店一号墓、沙冢一号墓、望山二号墓，长沙五里牌四〇六号墓，五横一竖者，见于赵家湖金家山九号墓，三横一竖者见于雨台山三五四号墓，五横者见于江陵马砖二号墓，三横者见于雨台山多数墓葬，二横者见于赵家湖赵家湾二、八号墓。

④ 陈振裕. 楚国的竹编织物［J］. 考古，1983（5）.

席长 0.52 米、宽 0.24 米，由髹红、黑漆的篾片编织成方格十字形图案，艳丽无比。这种面积不足掩棺的彩席被置于棺顶，更是一种纯粹的装饰品。

楚墓内棺底板或雕花板上铺设席物，发现更多。所铺之席多为竹席，也有芦席（太晖观 M_{50}）和蒲席（见于雨台山楚墓），席纹皆人字形。这种席子也有大小之别，一般铺设一张，也有铺 2~3 张者，其用途为荐尸或包裹尸体。望山一号墓内棺棺底雕花板上，“平铺三张竹席”，每张长 0.85 米、宽 0.53 米，铺法是“先铺两端的两张，再置中间的一张”。[①] 这显然是单纯用作荐尸的。浏城桥一号墓棺底板上的竹席，所铺张数因席朽烂不详，其中一张长 0.46 米、宽 0.34 米，看来也是用以荐尸。但比较而言，席物用来裹尸比单纯用于荐尸者，数量要多得多。如数量很多的雨台山楚墓，“人骨架大部裹有编织成‘人’字纹的竹席，方法是先将席子垫入棺内，再将尸体放入，然后将席子从两边向中间包裹”。[②] 江陵太晖观十八号及二十一号楚墓，棺底竹席裹尸同雨台山楚墓一样，“出土时，竹席的两边叠交于棺之中线部位”[③] 的情状，仍历历在目。棺中之尸以席包裹，还见于墓葬规格稍高的江陵藤店一号墓。至于规格最低的无棺无椁墓，这种葬法就更加普遍了。以席荐尸和以席裹尸，尸体均陈于席上。楚人死后之所以这样体不离席，是因为楚地湿热，席子生前即是他们的主要卧具。在他们看来，死与生本无甚不同，故死后沿用生前的习好，就很平常自然了。在有些楚墓的棺底板上，发现了一些用丝帛包边的竹席[④]；在另一些楚墓的器物箱中，还发现了一些为备用而卷起放入帛袋的竹席。[⑤] 这些都反映了死者在另一世界，保护和爱惜竹席，并欲长久以为卧具的真实心理。

在少数楚墓的椁底板上，也有席物或席物痕迹的发现。如长沙黄泥

---

①④⑤ 陈振裕．楚国的竹编织物［J］．考古，1983（5）．

② 江陵雨台山楚墓［M］．北京：文物出版社，1984：8．

③ 湖北江陵太晖观楚墓清理简报［J］．考古，1973（6）．

坑二十号墓的外椁底板上，垫有人字形纹的竹席[①]；长沙子弹库战国木椁墓，其头箱北端铺有苇席一块，长约40厘米、宽约20厘米[②]；长沙五里牌四〇六号墓，其“内椁外面的西北角”，发现有席物残片[③]；鄂城七里界战国木椁墓，也在“随葬物下面垫有一层篾席”。[④]显而易见，这些席物“都是专用于陈放随葬器物”的。[⑤]

楚地盛产竹子、芦苇、蒲草，这为楚人生前死后铺用席、帘，提供了丰富的物质前提；战国时期楚冶铁手工业的高度发展，锐利的铁制手工工具的广泛使用，使大量席、帘的制作成为可能。这些，就是楚人多以席、帘为葬具这种时尚赖以形成的客观必具条件。

东周时期中原人使用葬具与楚国的异同，有许多方面已经难言其详。这是因为：中原墓由于不填白、青膏泥和其他地理、气候的原因，“棺椁都已腐朽”[⑥]，“不能知道它们原来的形状和构造”[⑦]；少数墓葬的棺椁即便有板木存留，其“榫槽结构”也都很难弄清[⑧]。在这种情况下，要想论断当时中原墓中的葬具，棺为何种式样，是否有悬底棺的存在，棺底是否铺设雕花板，棺外椁内是否分室，已基本上不大可能了。尽管如此，考古发掘毕竟提供了一些有助于说明问题的物质遗存，文献记载在某些方面也可弥补地下出土资料的缺环。将这二者结合起来进行考察，关于东周时中原人与楚人所用葬具的异同，还是可以看出一个大概。

先看中原用席。东周中原墓中，尚能窥见些许以席物为葬具的踪影。洛阳中州路“第二四一五号墓椁盖和椁底并有席纹痕迹”[⑨]，即是

① 长沙黄泥坑第二十号墓清理简报［J］. 文物参考资料，1956（11）.
② 长沙子弹库战国木椁墓［J］. 文物，1974（2）.
③ 长沙五里牌发掘报告［M］. 北京：科学出版社，1957：54.
④ 熊亚云 . 湖北鄂城七里界战国木椁墓［J］. 考古通讯，1958（8）.
⑤ 陈振裕 . 楚国的竹编织物［Z］.
⑥⑧⑨ 洛阳中州路［M］. 北京：科学出版社，1959：62.
⑦ 辉县发掘报告［Z］.

其证。但有的墓葬椁顶以“厚泥皮一层”取代“抗席”[①]，说明席物在当时中原墓中使用得不如楚墓广泛。至于中原墓中席物的质料，当应以黍稷秆叶为主，而以竹、苇、蒲等物为辅。

次看笭床。根据上引《左传》昭公二十五年、《仪礼·既夕礼》及《荀子·强国》的有关内容，可知东周中原人也有在棺底置垫笭床之俗，并且楚人的同种好尚，很可能就是从中原学承而来的。所相异者，是中原有的国君喜欢死后以笭床为垫，而在楚王及楚高级贵族墓中此物至今尚不曾发现。

再看椁制。东周时中原地区流行的椁室形式，就是《仪礼·士丧礼》所谓的“井椁”。胡培翚对此释曰：“其形方，又空其中，以俟下棺，有似于井，故云‘井椁’。”[②]前述楚国的近似正方形或矩形的椁室形制，就是地道的“井椁”，这显然也是袭承周制的。不同的是，楚人从中原搬来“井椁”外形，且又在椁内设隔分室；中原的“井椁”，仅于棺椁间留出空隙以陈放随葬品，而不加任何区划，《仪礼·丧服大记》所谓“棺椁之间，君容柷，大夫容壶，士容甒”就清楚说明了这一问题。除此之外，中原椁制有别于楚者，是它还出现了三种新的椁室形制。其一是开始使用“题凑”之制。《吕氏春秋·节丧》和河北平山中山王墓出土的《兆域图》，都有关于“题凑”的记载。题者，头也；凑者，聚也。构筑椁室的木头在围成一定高度的“井”形边框后，皆渐次内向为椁盖，上尖下方，如屋檐四垂，谓之“题凑之室”。这是彼时国君的一种椁制，而楚地这种椁制直到西汉中期才在诸侯王一级的墓葬中出现。其二是使用外藏椁，即在墓室内椁室外，设置形似椁室的器物库，实例有河北平山中山国一号墓、六号墓等。此二墓椁室皆位于墓室中部，一号墓椁室周边有“东库”“东北库”和“西库”，六号墓椁室两侧有“东库”和“西库”。三是将墓室一分为二，一置棺椁，一作器物

① 如固围村二号大墓，见：辉县发掘报告［Z］，第 89 页。

② 见《仪礼正义》“士丧礼”部分。

坑。这种墓葬在中原地区所见更多。①

可以相信，随着东周墓葬考古工作的深入开展，楚与中原所用葬具之俗的差异，将进一步被揭示出来。

第四节　头向与葬式

墓葬的头向和葬式，在中国古代是区别不同部落、不同国族的葬俗的重要标志。二者尤以头向为关键，它或与先祖的流迁路线相联，或为某种宗教迷信所制。透过头向好尚，往往可获知关于民族迁徙、民族心理状态及民族文化交流方面的重要信息。

“头向”，是指人骨架头部所在的方向。人骨架无迹或头部方位不清者，墓坑短边放置器物的一端，或头龛、头箱及墓道开口处，均可作为判断头向的依据，因为它们都与死者头部所在的方向相吻合。

楚人墓葬头向的特点，是较低规格的墓葬头向尚南，中、高规格的墓葬头向尚东。

所谓较低规格的墓葬，主要是指士庶小墓，即一椁一棺及无椁单棺墓，有时也含指一些规模较小的一椁重棺墓。

楚小型墓葬头向尚南，在江汉地区及江南一带表现比较明显。

先看江汉地区。

第一次所掘江陵雨台山楚墓558座，头向南者（160°—200°）369座②，约占总数的66%；第二次所掘雨台山楚墓73座，头向南者（165°—214°）46座③，约占总数的63%；江陵秦家嘴楚墓105座，除头

① 关于中原“井椁”之外的三种新椁制，参见何介均《战国楚贵族墓葬制的几个问题》（载《楚史与楚文化研究》一书，“求索”杂志社，1987年版）本书在引录时文字上作有变动。

② 江陵雨台山楚墓发掘报告［J］. 考古，1980（5）.

③ 江陵雨台山楚墓发掘简报［J］. 江汉考古，1990（3）.

向不明的12座外，头向南者（150°—200°）居多，计46座[①]，约占总数的49%；江陵拍马山楚墓27座，头向南者（170°—225°）19座[②]，约占总数的70%；江陵太晖观楚墓10座，头向南者（180°—203°）5座[③]，占总数的50%；1963年前所掘江陵张家山等处楚墓57座，头向南者37座[④]，约占总数的65%。江陵东临的潜江龙湾小黄家台楚墓6座，头向南者（176°—190°）3座[⑤]，占总数的50%。江陵西临的当阳赵家塝楚墓8座，“均头向正南”[⑥]；当阳窑湾陈家坡楚墓8座，头向南者（皆180°）5座[⑦]，约占总数的63%。

襄阳山湾和蔡坡小型楚墓40座，头向南者（170°—200°）35座[⑧]，约占总数的87%；郧县（今十堰郧阳区）“属于楚文化系统的墓葬”59座，除三座头向不清外，头向南者（148°—196°）24座[⑨]，约占总数的43%，在该墓区东、西、南、北四类头向墓中所占比例最高。

在地近郧县的今河南省淅川县的毛坪，掘出楚墓27座，除一座墓头向不明外，其余为：“南偏西，8座；南偏东，12座；北偏东，6座。”[⑩]即是说，头向基本朝南的墓为20座，约占总数的77%。

次看江南地区。

这里的小型楚墓，墓主头部朝南者，比江汉地区相对为少，但在同

---

① 江陵秦家嘴楚墓发掘简报［J］. 江汉考古，1988（2）.

② 据《湖北江陵拍马山楚墓发掘简报》后附“江陵拍马山楚墓登记表”统计，参：考古，1973（3）：160.

③ 据《湖北江陵太晖观楚墓清理简报》后附“表二”统计，参见：考古，1973（6）：344.

④ 郭德维. 江陵楚墓论述［J］. 考古学报，1982（2）.

⑤ 潜江龙湾小黄家台楚墓［J］. 江汉考古，1988（4）.

⑥ 王光镐. 当阳赵家塝楚墓略析［J］. 江汉考古，1983（1）.

⑦ 当阳窑湾陈家坡东周墓葬清理简报［J］. 江汉考古，1990（1）.

⑧ 据《襄阳山湾东周墓葬发掘报告》和《襄阳蔡坡战国墓发掘报告》后附“墓葬登记表”统计，顺见：江汉考古，1983（2）；1985（1）.

⑨ 据《湖北郧县东周西汉墓》“附表一”统计，参见：考古学集刊（第6集）［M］. 北京：中国社会科学出版社，1989.

⑩ 黄运甫. 略谈淅川毛坪楚墓的分期及其特征［J］. 中原文物，1982（1）.

一墓地不同头向的墓葬中，头南之墓的数量和所处位次仍较可观。

长沙小林子冲工地战国楚墓 14 座，头向南者 8 座①，约占总数的 57%；保靖四方城战国楚墓 12 座，头向南者 7 座②，约占总数的 58%。

溆浦马田坪战国楚墓 58 座，头向可知者 55 座，其中北向者 16 座，数量最多，南向者 15 座，位列第二③；1977—1981 年所掘益阳楚墓 93 座，头向属东向范围者 27 座，数量最多，属南向范围者 24 座，位居第二。④像这样在同一楚墓地中，头南之墓数居第二的例证，还有汨罗楚塘村、永青村墓区，澧县九里墓区，溆浦江口墓区等⑤，这里就不一一列举了。

江汉地区及江南一带，在作为楚国统治阶层的主体民族楚族（即楚之公族）到来之前，一直是土著楚蛮及其先民的栖生地。考古资料证明，创造了大溪文化和屈家岭文化的楚蛮先民，早在新石器时代就有了“墓向多头南足北”⑥的埋葬习俗。如《巫山大溪遗址第二次发掘》一文说到“大溪墓葬共 133 座，其中头向从南者多达 120 座”，“常德地区大溪文化墓葬和屈家岭文化墓葬头向一律从南”等⑦，就是明显的例证。东周时期地处楚国统治中心的江汉地区及江南一带，众多的小型墓葬头向之所以从南，显然是土著楚蛮承继其先民固有埋葬习惯的结果。由于楚公族文化习俗、包括尚东之俗长期、强烈的辐射影响，至战国时期楚蛮的民族特征已逐渐泯灭，但即使在这种情况下，楚蛮仍较多地保留了

① 湖南长沙小林子冲工地战国、东汉、唐墓清理简报［J］. 考古通讯 .
② 据《湘西保靖县四方城战国墓》后附“保靖战国墓登记表”统计，参：湖南考古辑刊（第 3 集）［M］. 长沙：岳麓书社，1986.
③ 据《湖南溆浦马田坪战国西汉墓发掘报告》后附“表三：楚墓登记表”统计，参见：湖南考古辑刊（第 2 集）［M］. 长沙：岳麓书社，1984：64—66.
④ 据《益阳楚墓》后附“益阳楚墓登记表”统计，参见：考古学报，1985（1）：113—115.
⑤ 湖南考古辑刊（第 3 集）［M］. 长沙：岳麓书社，1986：81—84、110—111、120.
⑥ 罗开玉 . 中国丧葬与文化［M］. 海口：海南人民出版社，1988：155.
⑦ 张胜琳，张正明 . 上古墓葬头向与民族关系［C］. 湖北省考古学会论文选集（一）. 武汉大学学报编辑部 .

头向从南的葬俗，这充分说明了头向这种民族的观念习俗是最难予以改变的，即令国破家亡也不易消除。

楚中、高规格（即中、大型）的墓葬头向尚东，本章第一、第二两节已多有列举。那些墓主人，凡能确知姓名者，族属几乎全为熊氏大宗及其支裔，如寿县朱家集李三孤堆楚墓墓主“楚王酓悍”（即楚幽王），淅川下寺二号墓墓主令尹薳子冯，荆门市包山二号墓墓主左尹邵𬬻，江陵望山一号墓墓主邵固，等等。他们的位秩，从国君、卿、亚卿（一说左尹为上大夫）至大夫，各级均有，墓葬规格也恰属大、中型范畴。如果说若干单个公族墓葬头向从东，尚不足以断定楚公族贵胄有头向尚东的葬俗，那么下寺和包山两个楚墓区所提供的情况则可说清这个问题。下寺北岭龙山山脊上共掘出春秋楚墓 25 座，其中包括大、中型墓 9 座，小型墓 16 座。这 25 座墓葬，依各墓间位置邻聚者为一组，可自然判分为 5 组。每组中各有一座主墓，主墓南北两旁有陪葬墓，有的还有殉葬墓，主墓之西有车马坑，同组各墓出土物年代基本相同。5 组中，相邻的组与组之间，间隔仅 20 ~ 40 米，依次由南向北作规整排列，时间从春秋中期一直绵延到春秋之末。根据这些情况，以及第 3 组二号墓墓主为令尹薳子冯的确凿事实，考古学界一致得出结论：这里是春秋时期楚国公族薳氏家族的一处墓地。发掘表明：这 25 座楚墓墓主的头向除一座不明外，其余皆朝东！[①] 再看包山墓地：此处共掘出战国中晚期楚墓 5 座，规格有大（M_2）、中（M_1、M_4）、小（M_5、M_6）三型。这里同下寺一样，墓葬也是按时间早晚从南到北作规整安排。其中，M_2 和 M_1 东西紧邻，时间相当，位置在南；M_4 和 M_5 亦东西紧邻、时间相当，位置在北；且 M_2 和 M_4 墓主为男性，M_1 和 M_5 墓主为女性，两两皆在一条南北

① 淅川下寺春秋楚墓［M］. 北京：文物出版社，1991：345—348；“淅川下寺春秋楚墓登记表”.

纵轴线上。[①] 由于 M_2 的墓主已确知为左尹邵𬸚，故考古学界普遍认为这 4 座楚墓“实际上是两对有着父子亲缘关系的夫妻合葬墓”，即楚公族邵𬸚一家的一块“以核心家庭成员为主体的墓地”。[②] 一个同下寺楚墓地惊人合拍的现象是：这 4 座楚墓墓主的头位也一律东向！[③] 至于 M_6，其“坑位及方向与上述墓葬完全不同”，则显然“不属于上述家庭成员”。[④] 下寺和包山两墓地死者头向朝东，揭开了这样一个奥秘：凡属楚公族范畴之人，其墓葬皆遵循头向从东的定俗。由此不难知晓，所谓楚中、高规格的墓葬头向尚东，实质是讲的楚公族贵胄墓葬头向从东。由于楚盛行血亲选官制，全国中、高级官位几乎全为公族贵胄所垄断，因此才相应出现了中、高规格的楚墓头向尚东这一事实。中等以上规格的楚墓也有头向不从东者，江陵天星观一号墓墓主邸阳君番勳头向从南即是一例，这是由于番氏非楚国公族的缘故。长丰杨公 M_1、M_2、M_3 墓主头向从北（0°—9°），看来也是这个原因。

楚中等以上规格的墓葬头向尚东，遍见于楚境各地，这里还可再举出些例证。如襄阳蔡坡 M_4，墓口 14.1×11（米），头向 90°。[⑤] 麻城宋埠镇砖瓦厂 M_1，墓口 10.5×7.4（米），头向 87°。[⑥] 长丰杨公 M_4，墓口 12.5×10（米），头向 88°；M_5，墓口 12.4×10.1（米），头向 86°；M_6，墓口 13.4×11.4（米），头向 82°；M_7，墓口 14.6×12.2（米），头向 85°；M_8，墓口 16.9×14.7（米），头向 85°；M_9，墓口 16.3×13.9

①② 王红星．包山楚墓墓地试析［J］．文物，1988（5）．王是包山楚墓发掘队的主持人之一，其观点发表至今，尚无人对之持有异议，故可看作已为考古学界所普遍接受。

③ 此四墓皆“东边有斜坡墓道”，即墓主头向皆东。参见：荆门市包山楚墓发掘报告［J］．文物，1988（5）．

④ 王红星．包山楚墓墓地试析［J］．文物，1988（5）．

⑤ 襄阳蔡坡战国墓发掘报告［J］．江汉考古，1985（1）．

⑥ 麻城楚墓［J］．江汉考古，1986（2）．

（米），头向 80°。[①]79 九里 M_1，墓口 11.5×9.5（米），头向 100°；81 九里 M_4，墓口 9×7.7（米），头向 95°；81 九里 M_{17}，墓口 8.1×6.6（米），头向 125°。[②]依照楚之定俗，这些墓葬的墓主必为楚公族贵胄无疑。

由于楚公族集团人数的膨胀和长期的分化，大量的公族成员被抛入士庶队伍，再加上土著楚蛮在楚公族尚东之俗持久影响下民族习尚的转变，楚公族墓葬头向从东的特点后来逐渐扩大到了社会较低层，普遍见于各地较低规格的楚墓。如第一次所掘雨台山楚墓 558 座，头向东者（80°—120°）69 座[③]，约占总数的 12%；第二次所掘雨台山楚墓 73 座，头向东者（90°—115°）11 座[④]，约占总数的 15%；江陵秦家嘴楚墓 105 座，除头向不明的 12 座外，头向东者（80°—120°）17 座[⑤]，约占总数的 18%；当阳窑湾陈家坡东周楚墓 8 座，头向东者（90°—100°）3 座[⑥]，约占总数的 38%；郧县（十堰郧阳区）“属于楚文化系统的墓葬 59 座”，除 3 座头向不清外，其中头向东者（64°—100°）13 座[⑦]，约占总数的 23%；长沙小林子冲工地战国楚墓 14 座，头向东者（皆 90°）6 座[⑧]，约占总数的 43%；溆浦马田坪战国楚墓 58 座，头向东者（60°—105°）11 座[⑨]，约占总数的 20%；保靖四方城战国楚墓 12 座，头向东者（80°—108°）4 座[⑩]，约占总数的 33%。在有些规格较低的楚墓区，头东

① 安徽长丰杨公发掘九座战国墓［M］// 考古学集刊（第 2 集）. 北京：中国社会科学出版社，1982.
② 临澧九里楚墓发掘报告［M］// 湖南考古集刊（第 3 集）. 长沙：岳麓书社，1986.
③ 江陵雨台山楚墓发掘报告［J］. 考古，1980（5）.
④ 江陵雨台山楚墓发掘简报［J］. 江汉考古，1990（3）.
⑤ 江陵秦家嘴楚墓发掘简报［J］. 江汉考古，1988（2）.
⑥ 当阳窑湾陈家坡东周墓葬清理简报［J］. 江汉考古，1990（1）.
⑦ 湖北郧县东周西汉墓［M］// 考古学集刊（第 6 集）. 北京：中国社会科学出版社，1989.
⑧ 湖南长沙小林子冲工地战国、东汉、唐墓清理简报［J］. 考古通讯 .
⑨ 据《湖南溆浦马田坪战国西汉墓发掘报告》后附“表三：楚墓登记表”统计，参见：湖南考古辑刊（第 2 集）. 长沙：岳麓书社，1984：64—66.
⑩ 据《湘西保靖县四方城战国墓》后附“保靖战国墓登记表”统计，参见：湖南考古辑刊（第 3 集）［M］. 长沙：岳麓书社，1986：126.

之墓在各种头向中所处的位次，甚至跃居到了榜首。如麻城宋埠镇砖瓦厂有小型楚墓 4 座，其中头东者 3 座，头南者 1 座[①]；《长沙发掘报告》所载 73 座战国楚墓，头东者 36 座，头北者 20 座，头西者 11 座，头南者 6 座[②]；1979—1981 年所掘益阳楚墓 93 座，其中头东者 27 座，头南者 24 座，头西者 22 座，头北者 20 座[③]；1979 年和 1981 年所掘临澧九里楚墓 20 座，头向清楚的小型楚墓 16 座，其中头东者 10 座，头南者 6 座[④]；溆浦江口战国楚墓 23 座，其中头东者 11 座，头南者 6 座，头西者 5 座，头北者 1 座[⑤]；辰溪米家滩战国楚墓 38 座，头向清楚者 36 座，其中头东者 21 座，头北者 9 座，头西者 6 座。[⑥]

大量的民族学资料证明："墓葬的头向与民族的来向相同，而与其流向相反。"[⑦]之所以如此，是因为深具迷信思想的古代部族，一般都有着根深蒂固的"灵魂不灭"的观念和"灵魂返祖"的夙愿。而死后让头部朝向祖先始居地，则是表示灵魂返祖的重要方式之一。所谓"狐死必首丘"[⑧]，正是时人这种强烈的宗教信仰从心底所发出的呐喊。楚祖颛顼，原与东夷邻居[⑨]，后其族始迁中原，再迁江汉，方位均略处东夷之西。楚公族墓葬头向从东，正反映出他们对本族始兴地的眷念，对祖先故居处的向往，由此可看出他们笃守"狐死必首丘"这一信条的忠实

① 麻城楚墓［J］. 江汉考古，1986（2）.

② 据该书后附"表一""表二""表三"统计，见该书第 169—170 页。

③ 据《益阳楚墓》后附"益阳楚墓登记表"统计，参见：考古学报，1985（1）：113–115.

④ 据《临澧九里楚墓发掘报告》后附"九里楚墓登记表"统计，参见：湖南考古辑刊（第 3 集）［M］. 长沙：岳麓书社，1986：110—111.

⑤ 据《溆浦江口战国西汉墓》后附"溆浦江口战国墓登记表"统计，参见：湖南考古辑刊（第 3 集）［M］. 长沙：岳麓书社，1986：120.

⑥ 据《米家滩战国墓发掘简报》后附"米家滩战国墓登记表"统计，参见：湖南考古辑刊（第 4 集）［M］. 长沙：岳麓书社，1987：45—47.

⑦ 张胜琳，张正明 . 上古墓葬头向与民族关系［C］. 湖北省考古学会论文集（一）. 武汉大学学报编辑部，1987：195.

⑧ 楚辞・九章・哀郢 .

⑨ 参徐旭生《中国古史的传说时代》的有关章节。

程度！江汉地区及江南一带的土著楚蛮，其墓葬头向从南，道理也应与上相同，说明楚蛮及其先民，原本是来自南方的。

下面来看看楚人的葬式。

葬式，指死者的埋葬姿势。不同的葬式人体都反映了一定的观念。

楚人的葬式，可以说几乎全为仰身直肢葬。

如第一次发掘的雨台山楚墓 558 座，“仅有 29 座骨骼保存较好，其葬式皆为仰身直肢”[①]；江陵秦家嘴楚墓 105 座，“葬式清楚的仅有 8 座，其葬式皆为仰身直肢”[②]；江陵拍马山楚墓 27 座，葬式可辨者 3 座，均为仰身直肢[③]；江陵望山 M_1、M_2，沙冢 M_1 “人骨架保存均较完整，皆为仰身直肢”[④]；包山 M_2、M_4 人骨架保存“完好”或“较好”，亦皆仰身直肢[⑤]，等等。目前江陵地区共掘出楚墓千余座，除太晖观 M_{50} 的死者为“侧身屈肢葬”外，其余皆为仰身直肢葬。

当阳赵家塝楚墓 8 座，有 3 座葬式可辨，皆“头向南、面上，上肢略屈，双手交于腹上，下肢直伸”。[⑥] 此亦属仰身直肢葬范畴。因为在考古学上仰身直肢的意涵最基本的只有两点，即胸体面上和下肢直伸，而不管其上肢是否屈交，头部是否偏朝一方。

襄阳蔡坡楚墓 11 座，葬式可辨者 4 墓 5 具骨架，皆仰身直肢。[⑦]

丹江口市萧川战国楚墓 5 座，“仅副 M_2 尚有人骨痕迹，葬式为仰身直肢葬”。[⑧]

郧县属于楚文化系统的战国墓 59 座，“其葬式可辨者有 52 座，都是仰身直肢葬。其中两手交于腹者 43 座，两手置于腹部不相交者 4 座，

---

① 江陵雨台山楚墓发掘简报［J］. 考古，1980（5）.
② 江陵秦家嘴楚墓发掘简报［J］. 江汉考古，1988（2）.
③ 湖北江陵拍马山楚墓发掘简报［J］. 考古，1973（3）.
④ 湖北江陵三座楚墓出土大批重要文物［J］. 文物，1966（5）.
⑤ 荆门市包山楚墓发掘简报［J］. 文物，1988（5）.
⑥ 商仲达 . 湖北当阳赵家塝楚墓发掘简报［J］. 江汉考古，1982（1）.
⑦ 襄阳蔡坡战国墓发掘报告［J］. 江汉考古，1985（1）.
⑧ 丹江口市肖川战国两汉墓葬［J］. 江汉考古，1988（4）.

手臂已朽不明者 5 座”。[①]

邻近郧县的淅川下寺楚墓 25 座，骨骸为“仰身直肢”[②]；毛坪楚墓 26 座，“葬式多为仰身直肢单人葬，但也有两手交于胸前的”。[③] 据上可知，毛坪楚墓人架包括“两手交于胸前”者，实皆仰身直肢葬。

鄂东楚墓 80 余座，“从保存较好的几具人骨架来看，均为仰身直肢”。[④]

长丰杨公楚墓 9 座，“7 座墓的人骨架已全朽，葬式无法知道。M_8 的人骨架基本保存完整，死者为老年男性，俯身直肢葬，两手向后背于臂部相交。M_9 人骨架虽经盗掘者扰乱，但原来仰身直肢葬式仍可辨认”。[⑤] 在至今已经掘出的五千余座楚墓中，杨公 M_8 的“俯身直肢葬”为仅见的一例。

长沙楚墓因该地土壤中含有酸性的关系，死者尸骨几乎都已腐朽无迹。仅长沙 M_{406}、54・长・杨 M_6、73・长・子 M_1 等少数几座墓葬式可辨，均为仰身直肢葬。[⑥]

以上例证表明：楚境各地之墓葬型类不拘大小，葬式皆高度划一。即为仰身直肢葬。其他葬式，如侧身直肢葬、俯身直肢葬等，虽亦偶有所见，但可忽略不计。

在先秦时期我国各地区、各民族的多种葬式中，仰身直肢葬是最流行的一种。这种葬式一般认为是代表睡眠的姿势，含有让死者放心安睡

① 湖北郧县东周西汉墓［M］// 考古学集刊（第 6 集）. 北京：中国社会科学出版社，1989.

② 张剑 . 略论河南淅川下寺春秋楚墓的葬制特点［M］// 楚文化研究论文集 . 郑州：中州书画社，1983：184.

③ 黄运甫 . 略谈淅川毛坪楚墓的分期及特征［J］. 中原文物，1982（1）.

④ 王善才 . 鄂东楚墓综述［C］// 湖北省考古学会论文选集（一）. 武汉大学学报编辑部，1987：109.

⑤ 安徽长丰杨公发掘九座战国墓［M］// 考古学集刊（第 2 集）. 北京：中国社会科学出版社，1982.

⑥ 长沙发掘报告［M］. 北京：科学出版社，1957：18；长沙出土的三座大型木椁墓［J］. 考古学报，1957（1）；长沙子弹库战国木椁墓［J］. 文物，1974（2）.

之意。

和楚墓的头向与葬式有异，东周中原墓头向尚北而葬式多屈肢。《礼记·檀弓下》载："葬于北方北首，三代之达礼也，之幽之故也。"这就是说，在居邑之北建墓以埋葬死者，并使死者的头部北向，乃中原地区三代以来相沿不革的葬俗。盛行此种葬俗，是因为鬼神性喜幽暗，而北方正为达于幽冥之衢路也。可见，先秦时期中原之人这种墓葬头向的好尚，也是以一种共同的宗教迷信思想为其基础的。

考古发掘与《檀弓》所记基本吻合。《洛阳中州路》所载东周竖穴墓葬256座，除1座头向不明外，其中头北之墓（355°—20°）222座[①]，约占总数的87%；《郑州二里岗》所载战国墓葬212座，其中头北之墓（347°—30°）202座[②]，约占总数的95%；《山彪镇与琉璃阁》所载山彪镇战国大墓1座，小墓7座，大墓"头宜向北"，"各小墓葬，也都是足南头北"[③]；《山西长治市分水岭古墓的清理》所载战国竖穴墓10座，其中9座为头北之墓（6°—24°）[④]，占总数的90%。鉴于大量的客观事实，考古学界一致得出结论：先秦中原墓采取"北首"的葬法，"是当时最普遍的一种习惯"。[⑤]

屈肢葬是战国时期与仰身直肢葬并行于中原的一种葬式。这种葬式是指下肢骨的胫骨与股骨夹折有一定角度而言。屈肢葬在中原地区分布范围很广，在属于燕境的今河北唐山，属于齐境的今山东历城城子崖，属于魏境的今河南安阳大司空村、辉县琉璃阁，属于韩境的今河南禹县白沙，属于周境的今河南洛阳等地，都有发现。

屈肢葬与直肢葬的比例，与墓葬年代的早晚及地域的不同有关。如琉璃阁80座战国墓的葬式，战国早期为伸肢，战国中期前段有屈肢，

---

① 据该书后附"表四"至"表十一"统计。

② 据该书后附"表二一"统计。

③ 见该书第4页。

④ 考古学报，1957（1）.

⑤ 郑州二里岗[M].北京：科学出版社，1959：46.《洛阳中州路》第63页也是这种结论。

战国中期后段多屈肢，战国晚期屈肢者更多[①]，即是说，时间愈晚，屈肢者比率愈高。再如，洛阳中州路256座东周竖穴墓，“人架屈肢的215座，直身的30座，葬式不明的11座”[②]，屈肢者约占总数的88%；而郑州二里岗212座战国墓，在葬式可辨的207具人架中，直肢者159具，屈肢者48具[③]，屈肢者仅占总数的23%。但不管怎样，比起楚墓中高度划一的仰身直肢葬，屈肢葬毕竟是东周中原墓在葬式上的一个十分突出的特点。

关于战国中原墓屈肢葬的意涵，有多种说法。有人以为屈肢是合乎休息或睡眠的自然姿态；有人判定这种姿态是用绳索捆绑起来阻止死者灵魂出走，免其向活人作祟；有人认为这种姿势像胎儿在胎包里的样子，含有怎样来到人世，还怎样离开人世之意；有人指出一种卷屈特甚的屈肢葬是秦的屈肢葬东渐的结果，实为跪坐，当时称“跽”，象征执事奉主的姿态。[④]诸种见解虽有区别，但一个基本点却是共同的，即都认为这种葬式与某种共同的文化心态或原始的宗教意识有关。

墓葬的头向与葬式，同其他埋葬习俗一样，具有加强共同的民族文化、民族心理的功能。它们通过唤起、巩固共同的祖先崇拜意识，起到团结族人、抵制外部文化的作用。楚墓头向及葬式与同期中原墓之不同，乃是中国在实现大一统之前的一种正常的文化现象。

---

① 山彪镇与琉璃阁［M］. 北京：科学出版社，1959：72.

② 洛阳中州路［M］. 北京：科学出版社，1959：63.

③ 郑州二里岗［M］. 北京：科学出版社，1959：52.

④ 参见韩伟《试论战国秦的屈肢葬仪渊源及其意义》注释①，中国考古学会第一次年会论文集［M］. 北京：文物出版社，1979：210。另见罗开玉：中国丧葬与文化［M］. 海口：海南人民出版社，1988：33.

第七章　节日

与世界各民族文化相比较，中国文化最突出的两大特点是源远流长和博大精深。外部世界认识中国文化的这两个特点，主要就是通过年节文化。中国传统年节的特点：一是节日数量多，几乎每个月份都至少有一个节日；二是节日形式成熟，构造复杂，单纯性质的节日较少，综合性质的节日却较多，每个节日都有一套相应的节日传说、节日饮食、节日娱乐、节日礼仪、节日禁忌，构成了一个个繁复的习俗系统；三是在每个节日中都可找到一些最为古老的文化遗存因子；四是作为大文化系统的一个层面或支系统，中国年节更集中、更强烈地反映出传统的内容和色彩。

中国传统年节，一部分在先秦时期即已形成，一部分滥觞于先秦时期，形成于秦汉及其以降，一部分在历史上消失了，或迁置到其他节日中成为某种有机构成因子，一部分则几经嬗变一直传延至今。统观中国年节的形成、嬗变过程，我们发现了这样一件重要事实，那就是先秦时期的楚人及楚国的文化民俗氛围对于中国一些年节的形成起到至关重要的作用。端午节源于楚人驾舟拯救、纪念屈原，这早已是举世皆知的了，除此之外，像春节、中秋、冬至等年节的形成，也与楚人和楚文化的参与有关。

楚人与楚文化之所以在中国年节的形成、发展过程中起到如此重要的作用，原因有三点：（1）楚国盛行巫风，楚人信鬼好祠；（2）楚人性情奔放活泼，好群聚游戏歌舞；（3）楚国较之中原，地广人稀，自然资源丰饶，劳作少而所得多，因此，闲暇时间也较多。我们知道，定期举行的祭祀和歌舞游戏，是节日形成的两大普遍性因素和途径（祭祀和联欢是两种最基本的节日形式）。而充裕的闲暇时间，则为节日的产生与存在提供了可能性。再加之先秦时期对于中国年节形成过程来讲，正处在由原始岁时活动或原始节日向古代节日过渡的转型阶段，这就为楚人和楚文化参与中国古代年节的酝酿、形成和确立的过程提供了历史机遇。

楚人在中国古代年节建设过程中所起的作用，主要有这么三点：（1）创造了具有南方民族特点的重要节日，并为整个华夏文化圈所认同；（2）丰富了华夏文化圈内已有的或正在形成中的节日的内容；（3）楚人传承的一些岁时活动为后世若干节日的形成作了历史铺垫。

下面，我们就按传统的农历时序，对楚国传承的年节和若干岁时活动，逐一展开介绍和探讨。

第一节　春季的岁时、节日活动

一、正月立春节与祭火神节

农历一月，有喜庆规模最为隆重的春节（旧称为元旦）和元宵节，由正月初一至十五形成了一个具有连续性的节庆时段。但在先秦时期，农历一月的岁时活动是以“立春”这个具有特殊意义的日子为中心展开的，活动的中心内容也是与农事有关的以祈求五谷丰登为目的的祭仪。立春及其前后的农事祭仪有祭祀上帝、农具之神、大地母神和农神等项目。

《夏小正》云：“初岁祭耒”，耒是一种较原始的手耕农具。祭耒就是春耕前祭祀农具之神。这个春耕祭仪在北半球有着极为古老的传承渊源，传承范围也极其普遍。如分布在今俄罗斯伏尔加河流域的乌拉尔语系、阿尔泰语族、突厥语族和蒙古后裔，在每年开始春耕或春播的时节，均要欢度“犁节”或“祈犁节”。庆典或行于郊野，或行于圣林，祭祀对象为地母和其他神祇。“犁节”或“祈犁节”显然与我国夏代的“祭耒”仪式具有同源、同构关系。到了周代，祭耒仪式发展为春耕前的祈年籍田典礼，这个典礼有固定日期——立春日，由礼仪性的春耕，祭祀天、地、四方之神及祖先，贵族和庶民分别群聚饮酒欢庆等事项组成。因此，它已不是一个单纯的农事祭祀日，而是一个初步具有综合性质的节日了。至迟从春秋时期开始，楚国即在保留自身文化传统的基础上，较为全面、完整地学习和吸收了周人的文化、习俗，像立春日的籍田礼及欢庆仪式，自然也被楚人完整地移植过来。除移植过来的周人的立春节庆外，楚人自身传承的正月岁时活动，主要有如下几项：

（一）设置厌胜、辟邪之物。从先秦及后世有关文献所透露的信息来看，农历十二月和一月，均被楚人视为鬼疫流行的月份，所以楚人在这两个月份的岁时活动多与避疫驱鬼有关。《荆楚岁时记·正月》注引《庄子》佚文云："有挂鸡于户，悬苇索于其上，插桃符于旁，百鬼畏之。"又，应劭《风俗通》记：汉代"县官以腊、除夕饰桃人、垂苇索，画虎于门，效前事也"。所谓"效前事"，就是沿袭楚国故俗。我们知道，汉代的文化风俗带有浓厚的楚文化色彩，因而，此项岁时活动在先秦时的楚国虽然行于农历十二月的腊与除夕两日，但它实际上一直延续到正月，所以，到了魏晋时期便干脆定在了正旦之日。

（二）进食和佩戴各种除疫之物。《荆楚岁时记》注引《庄子》佚文云："春正月饮酒、茹葱，以通五藏也。"楚人在春正月所饮的酒当是椒酒。早在先秦时期椒酒就是楚人享神的酒醴（周人享神不用椒酒，而多用掺和了郁金香末的"郁鬯"）。《楚辞·九歌·东皇太一》有句云："奠桂酒兮椒浆。"至迟在曹魏时期饮椒酒成了正月初一的一项普遍性的节日饮食内容。时人董勋即云："俗有岁首酌椒酒而饮之。"[1]楚人在春正月的"茹葱"之俗，到了晋代演化为"元日造五辛盘"的节日饮食习俗。[2]"五辛"指的是大蒜、小蒜、韭菜、芸薹、胡荽五种蔬菜。食"五辛"的目的主要是为了散发"五藏之气"和辟厉、消疫、延寿。除

① 《荆楚岁时记》注引。

② 风土记。

了正月的节令食俗外，楚人还传承着相应的节令佩俗。《荆楚岁时记》注引佚书《天医方·序》，并云：

> 江夏刘次卿见鬼。以正旦至市，见一书生入市，众鬼悉避。刘问书生曰："子有何术，以至于此？"书生曰："我本无术。出之日，家师以一丸药绛囊裹之，令以系臂，防恶气耳。"于是刘就书生借此药，至所见诸鬼处，诸鬼悉走。所以世俗行之。其方用武都雄黄散二两，蜡和，令调如弹丸。正月旦，令男左女右带之。

从《天医方》所记故事发生的背景为楚国故地"江夏"来看，以绛囊裹丸药系臂防御恶气的正月佩俗，有可能在先秦时期的楚国即已存在。《山海经》《楚辞》及近年在楚地出土的汉初医书，均表明楚人传承着各种极其繁复、神秘的佩戴习俗。

（三）向主谷女神祈年，卜谷。《庄子·逍遥游》记云：

> 藐姑射之山，有神人居焉。肌肤若冰雪，淖约若处子，不食五谷，吸风饮露，乘云气，御飞龙，而游乎四海之外。其神凝，使物不疵疠而年谷熟。

这个藐姑射山的山神即是楚地民间信仰和崇祀的一个主谷女神。在后世她演变为兼主禾谷、桑蚕的紫姑（或作"子姑"）神。《荆楚岁时记》载：正月十五夜"迎紫姑，以卜将来蚕桑，并占众事"。直至近世，湖北监利人仍每于"元夜，迎紫姑，卜问丰歉"。[①]据此，我们推测先秦楚人迎祭该女神、卜问年谷的时间也应在正月。

（四）庆贺楚人先祖和火神诞辰。南朝时期民间传承着正月晦日（月底）送穷的仪俗。《荆楚岁时记》云："晦日送穷。"隋杜公瞻注曰：

---

① 中华全国风俗志（下篇卷六）[M]. 上海：上海书店，1986.

按《金谷园记》云："高阳氏子瘦约，好衣敝食糜。人作新衣与之，即裂破，以火烧穿着之，宫中号曰'穷子'。正月晦日巷死。"今日作糜、弃破衣，是日祀于巷，曰"送穷鬼"。

南朝时期的"晦日送穷"之俗，是由先秦楚人的二月祭饮食之神和庆贺火神兼祖神祝融两项岁时祭祀活动复合而成的。"食糜"和祭饮食神是楚人的典型食俗和独特的祭祀项目。《史记·封禅书》记汉高祖诏命治祠，荆巫祠"施糜"，《索隐》引郑氏云："主施糜粥之神"可证。所谓"高阳氏"，即传说中的帝颛顼。《史记·楚世家》载：

> 楚之先祖出自帝颛顼高阳……高阳生称，称生卷章，卷章生重黎。重黎为帝喾高辛居火正，甚有功，能光融天下，帝喾命曰祝融。共工氏作乱，帝喾使重黎诛之而不尽。帝乃以庚寅日诛重黎，而以其弟吴回为重黎后，复居火正，为祝融。

上引记载表明，重黎、吴回曾先后担任了"火正"一职，这个职务的神圣称号就是"祝融"，它的性质则为司火之神。前引《金谷园记》说："高阳氏子瘦约"，按古汉语习惯，"子"可用来指"子孙"，不一定特指"儿子"，而"祝融"与"瘦约"，在语音上又极为接近，此外，瘦约要将衣服放在火中烧过后再穿着身上，也透露出他的原型为火神。将这些综合起来看，我们认为"瘦约"就是楚祖"祝融"。

关于上引的一段《楚世家》文字的深层含义，前此萧兵曾作过精辟的分析，他说：

> 上引《楚世家》说，帝喾于庚寅诛重黎，有人就说"庚寅"是楚的凶日（此非无据，《楚世家》言楚昭王疾甚，将战，而庚寅日卒于军中）；但屈原却以"惟庚寅吾以降"为吉日良辰。很可推测，"庚寅"乃是楚国的圣节，是日诛有罪，易新君，以寓吉凶相易、生死交替、新陈代谢之深意。所以细味《楚世家》文意，似乎

> 重黎诛于庚寅，其弟吴回复居火正为“祝融”亦于是日。庚寅宜为楚人之祖先节，太阳庆，光明日。有些后进部落就是在部落大节或庆典里诛杀不称职或已尽责之酋长而更立“新君”的。李嘉言先生就说，屈原之所以说自己生于“三寅”之际，“恐怕就是纪念其始祖于寅日受命于祝融之故”。所以生于日月交会之际，作为太阳神（颛顼、帝舜）精神后裔的屈原降于庚寅圣诞就能独得天地高阳之正气，可以名正则而字灵均。①

萧兵的上述分析非常中肯，按他的说法，《金谷园记》说瘦约“正月晦日巷死”，也就很好解释了。所谓“巷死”，实际上就是从重黎受诛的传说嬗变出来的。需要补充的是，“庚寅”这个楚国的圣节，应该处在一个特定的月份，庚寅为干支日名，六十天复现一次，每年有六个月存在这一天，如果没有一个特定的月份，那么，这个圣节也就无从庆贺和纪念了。这个特定月份，我们认为就是夏历（农历）正月。屈原在《离骚》中自诩伟大的生日时是这样说的：“摄提贞于孟陬兮，惟庚寅吾以降。”王逸注曰：“太岁在寅曰摄提格。孟，始也……正月为陬。”这表明屈原是生于正月的庚寅日。这一天恰恰又正是老火神重黎受诛、新火神吴回受命的一天——实际上《楚世家》所载故事是先秦楚人根据正月生新火、灭旧火的改火古俗编造出来的。屈原之所以那样自豪地夸诩自己的生日，也就在于他是生在正月的庚寅日，而不是其他月份的庚寅日。

先秦楚人传承的正月祭火神兼祖神的圣节，作为一种节日习俗播散到了西南地区，并一直遗存到近、现代。如《陆凉州志》载：

> （近世云南曲靖正月）朔四日，俗名烧火星纸。每里约会，或十家二十家，当首之家，具牲醴钱马五谷，请众诣火神祠祀，回即

① 楚辞与神话［M］. 南京：江苏古籍出版社，1987：226.

> 剁生（牲）饭众。至午宴。次日送神牌于明岁当首之家。复请宴饮，阖郡行之。[①]

现代彝族在每年正月的头几天要择日举行祭火的仪式，即属于上述“烧火星纸”祭火神习俗的一种民族性类型。现代汉族在民间正月元宵节前即开始舞龙，到了十六日要将龙灯烧为灰烬，以及白天舞一般的龙，夜晚舞火龙，并伴以火把助阵，也分别含有祭火神和送火神瘦约的遗存意味。后世多以二月为各种神祇的诞辰，在部分地区也有将祝融的生日定在二月，并举行盛大的赛会以示庆贺。如屈大均《广东新语·器语·铜鼓》记：“二月十三，祝融生日，粤人击之（铜鼓）以乐神。”

先秦楚人在正月间传承上述四项岁时活动和重大祭祀节庆，不仅丰富了华夏民族在春节期间的岁时活动，而且对后世元旦和元宵两大年节的形成、发展产生了极为重大的影响，除夕至正月初悬挂鸡头、桃符、苇索于户演为后世的贴春联和门神像，祈祭主谷女神演为现在民间广为传承的正月十五祈卜瓢姑姑的习俗，祭火神圣诞的节庆则演为舞龙灯——火龙的习俗。正月饮椒酒、茹葱的习俗，虽然没有传延至今，但从两汉以迄南朝、隋、唐，却一直是元旦的节日饮食内容，而且今天仍为中国人所重视的除夕吃团圆饭和春节宴请宾客亲戚的习俗，实际上也正是从岁首饮椒酒、茹葱等饮食习俗逐渐地变化、衍生而来的。可以说，先秦楚人传承的这几项岁时活动与节庆构成了后世元旦、元宵两大年节的主干。

二、二月春社节

在我国的传统节日中，同属于一个季节的节日间通常具有较多的共性、连续性和相关性。春季的三个古代节日：立春、春社和三月上巳（后世定为三月三）间便正是这样。这三个节日虽然所在月份不同，但

① 中华全国风俗志（上篇卷十）［M］. 上海：上海书店，1986.

都具有至少三个共同的主题：（1）祭祀地母或社神（或生命之神、农神、媒神、至上神）；（2）祈求丰年；（3）男女聚会联欢。而且，在我国的一些地区或民族中，往往将立春开始的迎神、春嬉活动一直延续到三月三之后，形成一个长时段的春季庆典。

二月春社节在我国产生于父系氏族社会末期，正如《史记·封禅书》所说："自禹兴而修社祀，郊社所从来，尚矣。"及至战国时期，春社节尚无固定的节期，而是通过龟卜来选择。《礼记·月令》载：仲春之月"择元日，命人社"。元日，即是一个卜择的吉利的天干日。战国时期春社的祭祀对象主要是社神。对于先秦各民族来讲，社神往往由祖先神兼任，楚族的社神就正是祖先神重黎，郑玄《礼记·月令》注曰："后土亦颛顼之子，曰犁（按：即重黎），兼为土官。"

在远古，祭社就是一项带有浓厚的狂欢色彩的节庆活动。而在春秋至汉初这一段时期内，虽然社祭的狂欢情绪受到统治者和礼法的压抑，但在个别侯国或远离政治中心的村寨中，春社活动仍带有狂欢节的色彩，如《国语·鲁语上》记："夫齐弃太公之法而观民于社。"《淮南子·精神》云："今夫穷鄙之社也，叩盆拊瓴，相和而歌，自以为乐矣。"与其他地区相比，荆楚地区的春社节狂欢气息还要更为浓烈一些。《荆楚岁时记》载："社日，四邻并结宗会社，宰牲牢，为屋于（社）树下。先祭神，然后享其胙。"《隋书·地理志》又载：南郡、襄阳"二郡又有牵钩之戏，云从讲武所出，楚将伐吴，以为教战，流迁之改，习以相传，钩初发，皆有鼓节，群噪歌谣，震惊远近。俗云以此厌胜，用致丰穰。其事不传于他郡。梁简文（帝）临雍部，发教禁之。由是荆楚于社日，以猪羊肉调和其饭，谓之社饭，以葫芦是颇息"。按："牵钩之戏"即现代的拔河游戏，不过楚人参与拔河游戏的人数、规模要比现代大得多，据《荆楚岁时记》"立春"条下载是"绵亘数里，鸣鼓牵之"。由此可见，春社在楚地不仅是一个祭社、厌胜、祈求收成丰穰的节日，而且是一个借游戏形式群体狂欢的节日。从"牵钩之戏"只传于楚故地南郡、襄阳二郡不传于他地，而且民间传说该游戏源于楚伐吴的兵嬉活动这两点来看，它的产生时间绝不是南朝，至迟在战国时期就应有了这种春社节游戏狂欢的风俗。据介绍，近世湖北武昌县“二月二为土地会，鼓乐喧天以迎地，家家必礼之，宴会一堂，宴罢继之以博，尽欢而散，会费公派”。[①] 近世湖北监利春、秋二社皆有庆典，“社日，赛会宴饮，每岁二月朔、八月朔，即春祈、秋报之意。”[②] 近世湖北农村的春社习俗显然仍含有先秦楚人祭社、聚饮酒、集体狂欢的遗风。

楚人在春社日的节令食品主要是干饭屑，此种食品便于在春嬉活动中随身携带。《楚辞·九章·惜诵》：“梼木兰以矫蕙兮，凿申椒以为粮。播江离与滋菊兮，愿春日以为糗芳。”即是以楚人制作春社日食用的干粮为写本的。先秦的祀社与祭高禖往往是结合在一起进行的。古汉语禖、妣音同，高禖即高妣（始祖母），但她同时又是职司爱情、婚姻与生育的女神。祭高禖的目的主要是祈生育。如《礼记·月令》记：仲春之月“以太牢祀于高禖。天子亲往，后妃率九嫔御，乃礼天子所御，带以弓韣，授以弓矢，于高禖之前”。弓韣、弓矢均为求子之祥。先秦祀社和高禖时常以少女担任神尸，并伴有模拟或实施性交的行为，青年男女围观如堵。这样，就使得春社日的嬉游具有讴歌生育、放纵性欲的狂欢节的性质。《墨子·明鬼》记曰：“燕之有祖，当齐之社稷，宋之有桑林，楚之有云梦也。此男女之所属而观也。”所谓“属而观”，就是男女青年聚集在一起观看灌尸（性交）表演，然后分散择偶野合。春社节的这种性放纵，在先秦时期是受到统治阶级的鼓励和保护的，如《周礼·媒氏》即云：“中春之月，令会男女。于是时也，奔者不禁。”与中原列国相比较，楚人春社日的云梦之会，似在参加的人数和狂欢的气氛上均要更胜一筹。《老子》：“众人熙熙，如享大牢，如登春台”，即写出了楚国云梦之会盛大、欢腾的景象。

在仲春二月除祭社活动外，楚人还有祭饮食神和司命神两大节庆。《韩非子·五蠹》曰：“夫山居而谷汲者，膢腊而相遗以水。”膢

①② 中华全国风俗志（下篇卷六）[M]. 上海：上海书店，1986.

为楚人的一种祭祀习俗,《风俗通》卷八记云:“楚俗常以十二月祭饮食也。”“十二月”系“二月”之讹,《说文》曰:“楚俗以二月祭饮食,曰膢剑。楚人谓治鱼。”如上节所述,楚人二月祭饮食的对象实际上是饮食神,也就是楚人传说中教导人们播种五谷、生火烹食,摆脱原始的茹毛饮血状态的“先农”(农神)。此俗起源甚早,原先并不为楚族所独有,楚人说的膢剑或治鱼即是《夏小正》记载的二月“祭鲔”。《夏小正·传》曰:“祭不必记,记鲔何也?鲔之至有时,美物也。鲔者,鱼之先至者也。而其至有时,谨记其时。”又《礼记·月令》云:仲春之月“荐鲔于寝庙”。《淮南子·记论》高诱注曰:“鲔,大鱼,长丈余。仲春二月,从西河上,得过龙门,便为龙。”由此可见,楚人膢祭的对象既是先农、饮食神,又是祖先神和生命之神的象征“龙”。在楚国,这四种神及其神性皆集于祝融一身。所以,后世个别地区也有在二月庆贺祝融诞辰的习俗。

大约在战国时期,原传于齐国的生命二联神大司命和少司命也成为楚人崇祀的对象。据《楚辞·九歌》的描述,二位司命分别主宰人的生死寿夭和婚配、生育。《风俗通》记云:“今民间独祀司命耳。刻木长尺二寸,为人像。行者檐箧中,居者别作小屋,齐地大尊重之,汝南余郡亦多有,皆祠以猪,率以春、秋之月。”楚人祀司命的风俗与此稍有不同,楚人是仲春祭祀大司命,仲秋祭祀少司命,祭大司命表现为一个迎神仪式,祭少司命则表现为一个送神仪式。而仲春二月迎祭大司命实际上就是迎接生命之神的回归。

三、三月出火祭仪与祓禊活动

先秦时期季春三月的岁时活动与节日庆典主要有两个,一个是“出火”时的祈福仪式,一个是上巳日的祓禊活动。这两大活动与庆典,均传于楚国。

(一)秉火祈福仪式

我国远古先民普遍有着崇火的观念,并将天蝎座(我国古代所称二十八宿中的心宿第二号星）称为“大火”，也就是主火的星神。远古时人非常注意观察大火的出没和所在位置，专司观察的官员称作“火正”或“祝融”。“祝融”在传说中渐与火神相复合，成了主火的一位天神。在远古至上古时期，人们普遍以大火昏见于东方作为开始农耕的信号，而以大火西沉，作为一年农事结束的标志。《礼记·郊特牲》云：“季春出火，为焚也。”意思是大火三月昏见后便开始焚草莱，烧荒备耕。《夏小正》：“九月内火，辰（大火）系于日”，则说的是季秋之月大火与太阳一道沉入西方的地平线下。在大火初见和西伏的时候，先民要分别为之举行盛大隆重的“出火”与“内火”的祭祀仪式。[①] 这一组祭祀仪式的深层意味与结构，也是迎接生命之神的复活与哀悼它的死亡。三月的“出火”祭仪，以燃燎举火迎祭火神、庆贺火神再生、祈福禳灾、祓除不祥为主要内容。杜笃《祓禊赋》“巫咸之徒，秉火祈福”，即是上古三月“出火”祭仪在后世的遗风。

先秦时期，楚人的崇火习俗较其他方国和部族尤盛，火正祝融又是楚人神圣的先祖，所以，楚人的三月“出火”祭仪也远较他国隆重。《楚辞·招魂》“乱”章所云“悬火延起兮玄颜烝”，指的是楚王亲率千乘之众，于“献岁发春”之际，在浩渺广袤的云梦之地，夜“悬镫（灯）林木之中，其火延及，烧于野泽，烟上烝天”[②]，这实际上也就是楚国的“出火”祭仪。当然，在《招魂》篇中三月“出火”祭仪与上巳节的招魂续魄活动已构成了一个有机的完整的仪式。

需要指出的是，早在商代中期，大火星的出没时间已不适合于作为农事起讫的星象标志，人们已将观测目标改为形如鸟喙的鹑火星。鹑火既是主火星神，同时也具有鸟的属性，其化身是一只五彩斑斓的朱雀。按战国时期的星宿分野说，鹑火的分野虽为周地，但鹑尾的分野却为楚，因此，这个新的火星神仍与楚人关系密切。楚人的“出火”“内火”

① 张正明.楚文化志［M］.武汉：湖北人民出版社，1988：271–272.

② 楚辞章句.

祭仪实际上也是围绕着鹑火的出现与隐没来展开的。

（二）上巳祓禊活动

三月上巳节在我国大致出现于春秋时期，这个节日的主题也是迎接生命之神的复活，以此为核心，展开了沐浴祓禊、招魂续魄，祭祀社神、祈年求福、舞雩求雨、辞旧迎新、跳傩驱疫、歌舞狂欢、男女春嬉等一系列丰富多彩的节庆活动。由于这个节日具有过分强烈的性放纵色彩，加之这个节日的形成与古印度婆罗门教文化的传入有关，是我国上古文化与外来文化耦合的产物，在民族文化土壤中根须扎得并不深，先秦时期也仅只传流入华夏文化圈的部分区域，不是一个全民性的传统节日，所以，从秦代开始，统治阶级即以禁遏淫风、整齐民俗的名义对之进行了严厉的干预，秦汉及其以降，这个节日在汉族中仅以水滨祓禊、流水泛觞、士民踏青、招魂续魄等形式继续传承了数百年。及至唐、宋，它的部分节庆事项与功能便融汇、迁置清明节中。

先秦时期上巳节主要传流于郑国。《荆楚岁时记》："三月三日，四民并出江渚池沼间，临清流，为流杯曲水之饮。"注曰："按《韩诗》云：'唯溱与洧，方洹洹兮；唯士与女，方秉蕑兮。'注谓：'今三月桃花水下，以招魂续魄，祓除岁秽。'"按：注文提到的《韩诗》即《诗经·郑风·溱洧》。《溱洧》是一首写郑国男女在季春三月出郊祓禊、祭社，自由择偶野合的诗。《续汉书·礼仪志》注引《郑风·溱洧》韩诗云："郑国之俗，三月上巳之溱、洧两水之上，招魂续魄，秉兰祓禊不祥。"也说的是与《溱洧》一诗有关的郑国上巳风俗背景。

文化学与历史文献两方面提供的证据表明，三月上巳的节日风俗也同样为楚人所传承。其一，三月上巳的节日风俗中含有婆罗门教因子，而古印度文化东渐的线路，一般是先由缅甸传至我国的"西南夷"地区，再至于黔中、巫郡及巴蜀，然后传入楚腹地，通过楚国传入中原地区。因此，上巳节虽最终形成，盛行于郑国，但构成这个节日的若干文化因子却先存在于楚国，楚国也较他国更容易接受和移植这个节日。其二，楚、郑两国在春秋时期关系极为密切，楚、郑两国的文化、习俗也比较接近。其三，构成上巳节的主要节庆活动与事象，在楚国的岁时活动中也均可找到。如从《九歌·云中君》“浴兰汤兮沐芳”，《少司命》“与女沐兮咸池，晞女发兮阳之阿”，我们可以看到楚人在三月上巳沐浴除秽的习俗。从《礼魂》“春兰兮秋菊，长无绝兮终古”，《招魂》“皋兰被径兮斯路渐……目极千里兮伤春心，魂兮归来哀江南”我们又可看到楚人秉兰祓禊、招魂续魄的习俗。其中，季春出郊为生人招魂续魄的习俗，在先秦时期尤以楚国为盛，朱熹在《楚辞集注》中即指出：“而荆楚之俗，乃或以是（按：即招魂续魄）施之生人。”

第二节　夏季的岁时、节日活动

一、五月竞渡之俗

提到五月竞渡，人们自然就会想到端午节和伟大的楚国诗人屈原。在中国的十几个传统节日中，端午的地位仅次于大年春节，而高于其他所有的节日。今天的端午节习俗，是历史上不同地区、不同民族、不同时间的多种文化、民俗因子相复合的产物。它的起源、结构与构成因子，较之任何一个节日均要复杂。构成端午节主干的是先秦时期的三大节日，一个节日是五月蠲毒、采药，一个节日是纪念、祭祀某个亡者，一个节日是五月举行水上赛神大会，驾舟竞渡。

《夏小正》记云：“此月蓄药，以蠲除毒气。”五月采药之俗，不独为中国古代民族所有，斯拉夫民族及许多欧洲民族也有此俗。据苏联谢·亚·托卡列夫介绍，斯拉夫人称夏至节为“伊万—库帕拉”节，“据民间迷信观念，每年（公历）6月24日夜，女妖欢聚，蕨花盛开，以显示地下宝物埋藏之处，百草具有医病之灵效，如此等等。每逢节期来临，则燃起篝火，年轻人从火上越过，并跳民间之圈舞为乐。”[①]五月采药蠲毒原是起源于远古、播散于欧亚大陆的古五月节和夏至节的构成内容。从《离骚》等《楚辞》篇什的描述来看，这个古老的五月节及采药之俗也同样传流于先秦时期的楚国。如《离骚》“朝搴阰之木兰兮，夕揽洲之宿莽”，《九歌·山鬼》“采三秀兮于山间”，便均是对楚人五月采药之俗的曲折写照。

在我国上古，五月又被视为恶月，不祥之月。如《风俗通》云：“俗说五月五日生子，男害父、女害母”，[②]又云：“俗说五月到官，至免不迁”，“五月盖屋，令人头秃”。[③]《论衡·四讳篇》云：“讳举正月、五月子。以正月、五月子杀父与母，不得举也。已举之，父母祸死。”较《风俗通》及《论衡》早的文献《吕氏春秋·仲夏纪》亦云：

> 是月也，日长至，阴阳争，死生分。君子斋戒，处必掩，身欲静无躁，止声色，无或进，薄滋味，无致和，退嗜欲，定心气，百官静，事无刑，以定晏阴之所成。

这段文字的大意是：五月是阴与阳、死与生激烈斗争的一个月，君子须保持身心的安定，禁绝各种欲望，尤其是色欲，以静待阴阳的成败。《吕氏春秋·十二纪》属于官方颁定的“月令”书，反映上层社会的看法与意志。因而，可以说将五月视为毒月、恶月、死月，在先秦时期已是上至王侯、下至庶民的一种共识。五月为恶月，那么五月五日就更是灾日了。在这种观念背景下也就自然而然地产生了一系列的死亡型故事。如宋刘敬叔《异苑》云：“新野庾寔，尝以五月曝席，忽见一小儿死在席上，俄而失之。其后，寔子遂亡。”《荆楚岁时记》称“屈原以

① 世界各民族历史上的宗教［M］.魏庆征，译.北京：中国社会科学出版社，1985：222.

② 吴树平.风俗通义校释·佚文二十［M］.天津：天津人民出版社，1980.

③ 《史记·孟尝君列传》司马贞《索隐》引.

五月五日投汨罗江死”。《隋书·地理志》称屈原死于五月十五日。东汉蔡邕《琴操》记：“（晋）文公令民五月五日不得举火”，以纪念、伤吊介子推的死日。东汉邯郸淳《曹娥碑》记：曹娥父死于五月五日，曹娥哭了七日七夜后也投江而死。从汉代于五月五日祭钱塘潮神伍子胥来看，伍君的死期也在这一天。这些均属于五月死亡型故事。由五月或五月五日的死亡型故事，又衍生出了各种纪念、祭奠习俗。如《初学记》卷四《岁时部下》引谢承《后汉书》说：东汉陈临曾任苍梧郡太守，“推诚而理，导之以孝悌”，一郡为之风化。陈临迁任后，苍梧土著每年五月五日齐集在城门下，“令小童洁服舞之”，追念陈临。以上所引文献虽出于汉代及其以降，但五月或五月五日追念、祭祀死者的习俗，显然是可以追溯到先秦时期的。晋王嘉《拾遗记》卷十云：“屈原以忠见斥，隐于沅湘，披蓁茹草，混同禽兽，不交世务，采柏实以和桂膏，用养心神，被王逼逐，乃赴清冷之水，楚人思慕，谓之水仙。其神游于天河，精灵时降湘浦。楚人为之立祠，汉末犹在。”从后世以五月五日或五月十五日为屈原死期和祭日来看，战国后期楚人祠祭屈原的时间也应该是在五月五日或五月十五日。

关于五月龙舟竞渡的起源，文献记载甚夥。

《荆楚岁时记》注云：

> 按五月五日竞渡，俗为屈原投汨罗日，伤其死所，故并命舟楫以拯之。舸舟取其轻利，谓之“飞凫”，一自以为“水车”，一自以为“水马”。州将及土人悉临水而观之。盖越人以舟为车，以楫为马也。邯郸淳《曹娥碑》云：“五月五日，时迎伍君。逆涛而上，为水所淹。”斯又东吴之俗，事在子胥，不关屈平也。《越地传》云：“起于越王勾践。”不可详矣。

《事物原始·端阳》引《越地传》云：

竞渡之事起于越王勾践，今龙舟是也。

又，清顾禄《清嘉录》说：

五月竞渡，相传吊三闾大夫而作，本《荆楚岁时记》之说，但于吴地无涉。赵晔《吴越春秋》以为起于勾践，盖怜子胥之忠而作。周栎园《因树屋书影》，以为（越国）习水报吴，托于嬉戏……然则荆楚自为灵均，吴越自为子胥耳。

上引记载表明，两汉时期虽然楚、吴、越三国的故地均盛行龙舟竞渡之俗，但竞渡的内涵、目的、纪念对象却并不统一。在楚故地是吊屈原，在吴、越两国故地则或是纪念勾践卧薪尝胆、苦练水军、大败吴师的历史事迹，或是祭祀、迎接钱塘江潮神伍子胥或孝女曹娥。但事实上这些竞渡习俗及有关解释，均属于较晚的习俗类型和后起的解释。

龙舟竞渡习俗，既具有时间上的古老性，也具有文化来源上的多样性。从总体上及原生态的角度看，隐藏在龙舟竞渡活动深处的潜结构和集体无意识，主要就是崇龙和祈龙。在我国南方农历五月为多雨季节，山洪聚集到江河中形成滔滔巨流。东南及南方沿海一带，每年五至十月，也是台风频至、暴雨时降。先民们根据这些现象，便产生了五月为龙生之月的想象和传说，《岳阳风土记》“五月十三日，谓之龙生日”，即是这种古老的传说在后世的遗存。《太平广记》引《西山十二真君传》说：淮水恶龙“每至春夏之间，常旅游江湖”，无疑也是根据龙生五月的传说附会出来的。在我国上古时期，庆祝某神生日的意义与后世的意义不同，庆祝某神的生日就是庆祝该神的死而复生，它实际上不是后世意义上的生日庆典，而是一种“阿都尼斯”型的仪式，即某神在每年的几个月中要死去一次，然后到了第二年它又复生或苏醒了，人们为此要举行仪式加以庆祝。原始型的龙舟竞渡也含有很浓厚的庆祝龙神再生的意味，具有“阿都尼斯”庆典的性质。这一点至今犹有遗存，其表现形式为竞渡前的“请龙”“接龙”“祭龙”仪式。

需要在此指出的是，将五月作为龙神的生月，是包括楚国一部分土著在内的上古南方民族特有的观念。中原民族也有一套与龙的再生和死亡有关的神话和祭仪。《易·乾卦》：“初九，潜龙勿用”“九二，见龙在田”“九四，或跃在渊”“九五，飞龙在天”“上九，亢龙有悔”“用九，见群龙无首”，此六爻描写的是东方青龙七宿一年中的位置变化轨迹，其中“见龙在田”是说春分时青龙宫的角宿始见于东方地平线上，“亢龙有悔”是说秋分前后青龙宫的亢宿低悬在西方地平线上，“潜龙勿用”则是说冬天青龙宫全体隐没在地平线下。从“见龙在田”到“潜龙勿用”，既是东方青龙七宿从生到死，从现到没的过程，也是神话想象中的“龙”的一个生死周期。它表明中原民族庆祝龙神（在中原神话中也是生命之神）再生的时间是在二月，而不是五月。五月庆祝龙神再生并进行相应的龙舟竞渡活动是南方水居民族的传统祀典和节日习俗。闻一多曾指出，端午节是古代自称为“龙子”的吴越人民祭龙的“龙子节”，在这一天，他们要划着画成龙状的独木舟，把用竹筒或树叶装裹的食物投入江中祭龙，然后竞渡作乐。凌纯声也曾说：

> 龙船，以民族学眼光视之，即越人祭水神时所驾之舟。①

容观琼也著文说：

> （越人的龙舟）像柬埔寨一年一度“蒙奥姆水祭”举行独木舟竞赛一样，也是古代越族人民举行水祭（祭水神）的重要组成部分。②

---

① 南洋土著与中国古代百越民族［J］. 学术季刊，1954（3）：811. 萧兵 . 楚辞与神话［M］. 南京：江苏古籍出版社，1986.

② 竞渡传风俗——古代越族文化史片断［J］. 中央民族学院学报，1981（1）.

以上几位先生的分析均是很有见地的，美中不足的就是没有指出龙舟竞渡具有庆祝龙神再生的涵义。

除了庆祝龙神再生的涵义之外，龙舟竞渡在上古还有祈求龙神保佑、赐予丰收和甘霖以及禳灾等涵义。这因为在南方水居民族的观念中，龙是大水神、大图腾神，是级别最高的神。《武陵竞渡略》云：

> 划船不独禳灾，且以卜岁。俗相传歌：“花船赢了得时年。”只此一句，无上下文。不知所始，而颇有其验。储光义《观竞渡诗》曰：“能令秋大有，鼓吹远相催。”然则其来已久。盖未有好事划船非乐岁也。

武陵地区的竞渡船歌与禳灾、卜岁风俗，即保留了龙舟竞渡的最古老的民俗内涵与形式。

五月龙舟竞渡的最早渊源虽然是南方水居民族的庆祝龙神再生的祭典，但应该指出的是，龙舟竞渡能够成为中国年节活动中最具全民性和狂欢色彩的一项活动，端午节能够成为除春节之外的第一大节，与中原民族的崇龙信仰、祈龙求雨习俗注入、整合到了五月竞渡习俗中也有莫大关系。《吕氏春秋·仲夏纪》载云：

> 是月也，命乐师修鞀鞞鼓，均琴瑟管箫，执干戚戈羽，调竽笙埙篪，饬钟磬柷敔。命有司为民祈祀山川百原，大雩帝，用盛乐。乃命百县雩祭祀百辟卿士有益于民者，以祈谷实。

由此可见，中原民族在仲夏五月要修备全套乐器，以祈雨水和谷实为目的，举行以上帝、山川百源之神及所有有功于民的祖先之神为祭祀对象的盛大的“雩祭”。雩是祈龙降雨的一种舞蹈。服虔《左传》注云：“龙见而雩。”“山川百原（源）”，指的是万水之源，而主水、生水及兴云作雨的灵兽就是“龙”。北方五月酷旱少雨，故自上古开始便有祈龙降雨的仪式。如《山海经·大荒东经》载：“应龙处南极，杀蚩尤与夸父，不得复上，故下数旱。旱而为应龙之状，乃得大雨。”所谓“为应龙之状”，就是用布帛或土、木制成偶龙，向之祈祷，或以之为雩祭的舞蹈道具。如《淮南子·坠形》：“云母来水，土龙致雨。”即说的是制作土龙求雨。在中原民族的观念中，龙既是祈雨的对象，又是祈年的对象。如《汉书·宣帝纪》载宣帝诏曰：“夫江海，百川之大者也，今阙焉无祠。其令祠官以礼为岁事，以四时祠江海雒水，祈为天下丰年焉。”中原民族在仲夏夏至日还要举行盛大的迎祭地祇的活动。《史记·封禅书》引《周官》曰：“夏日至，祭地祇。皆用乐舞，而神乃可得而礼也。”中原民族夏雩和夏至日的祈雨、求年、拜龙、舞龙、迎神等活动，与南方水居民族的五月龙舟竞渡之俗，在目的、内涵、程式、功能及深层结构上具有高度的一致性，因而两者间很易于发生交融与耦合，并形成统一的端午龙舟竞渡节日风俗。

上古南北两大文化区五月节庆活动的交融、整合，是在楚文化的中介、滋润作用下完成的。楚人性躁，俗好淫祀，且富有酒神型热狂，在历史上又一直是介于中原文化区与南方少数民族文化区之间的一个中间型文化区，充当了南北文化交流的中介与桥梁。所以，楚人很容易兼收并蓄多种文化因素及风俗习尚，并通过为历史、传说人物立祠奉享，或围绕一个传统的小型节令活动聚合多种习俗因子等途径，渲染、升华和组合出一个又一个大规模的节庆活动日来。端午节的形成途径与方式便正是这样。

先秦时期的楚人有以角黍（即“粽子”，古又称“楝实”）类熟食投享獬豸神兽的习俗。如《拾遗记》卷二载：

（周昭王）时东欧献二女，一名延娟，二名延娱……此二人辩口丽辞，巧善歌笑，步尘上无迹，行日中无影。及昭王沦于汉水，二女与王乘舟，夹拥王身，同溺于水。故江汉之人，至今思之，立祠于江湄。数十年间，人于江汉之上，犹见王与二女乘舟戏于水际。至暮春上巳之日，禊集祠间。或以时鲜甘味，采兰杜包裹，以沉水中。或结五色纱囊盛食，或用金铁之器，并沉水中，以惊蛟龙水虫，使畏之不侵此食也。其水傍号曰招祇之祠。

又如《尔雅翼》卷九“楝”字注云：“宗懔引《风俗通》，以为‘獬豸食楝，原将以信其志也’。”按：獬豸是先秦楚人（和齐人）崇拜的一种独角神羊，传说它能分辨曲直，充当神判兽，又能决犹豫、定吉凶。从《风俗通》和《荆楚岁时记》有关佚文来看，獬豸应是居于水中，与蛟龙共处，奉享獬豸的方法是投楝实于水中，为了免被蛟龙窃食，就以具有辟邪、厌胜功能的“五色丝”缠缚楝实。据此分析，水居的獬豸当是上古江淮居民崇拜的江水女神奇相、淮水女神无支祁和决疑神羊獬豸的一个综合体——奇相、无支祁的动物原形也是一种独角怪兽，在形象上易与獬豸相混。而投楝实于水中，也应是奉享奇相和无支祁（二者实际上是同一个神）的祭仪，其起源非常古老。正因为江、淮、汉地区原就有投楝实于水中祭享东欧二女与奇相（无支祁）的古老风习，所以到了战国与秦汉之际便很容易地被附会和置换成了吊享赴水而死的屈原的祭仪和蛟龙与屈原争食的故事。如梁吴均《续齐谐记》载：

屈原五月五日投汨罗而死，楚人哀之，每至此日竹筒贮米，投水祭之。汉建武中，长沙区曲白日忽见一人。自称三闾大夫，谓曰：“君当见祭，甚善。但常所遗，苦为蛟龙所窃。今若所惠，可以楝树叶塞其上，以五采丝缚之。此二物蛟龙所惮也。”曲依其言。世人作粽并带五色丝及楝叶，皆汨罗之遗风也。

大约在汉、晋之际，楚地人民又将南方民族传承已久的龙舟竞渡习俗，纳为五月五日（或十五日）吊享屈原的节日活动内容，并赋予竞渡活动以拯救屈原、为屈原招魂的新的涵义。《隋书・地理志》载：

屈原以五月望日赴汨罗，土人追至洞庭不见，湖大船小，莫得济者，乃歌曰："何由得渡湖？"因而鼓棹争归，竞会亭上。习以相传，为竞渡之戏。其帆楫齐驰，棹歌乱响，喧振水陆，观者如云。诸郡率然，而南郡、襄阳尤甚。

唐刘禹锡《竞渡曲》自注曰：

竞渡始于武陵，及今举楫而相和之，其音咸呼云"何在"，斯招屈之义。事见《图经》……去古渐远，不闻"何在"之声，第相呼曰："拿桡，拿桡。"

《武陵竞渡略》云：

竞渡事，本招屈，实始沅湘之间，今洞庭以北武陵为沅，以南长沙为湘也。故划船之盛甲海内，盖犹有周楚之遗焉。……龙船抵暮散船，则必唱曰："有也回，无也回，莫待江边冷风吹。"其来甚远……乃数千年之语也。

上引记载表明，古老的龙舟竞渡活动一旦被注入了拯救屈原、为屈原招魂的意义后，五月五（或五月十五日）就由一个祭祀性节日转型为一个纪念性节日。这个节日不仅在内涵上不同于原始形态的龙舟竞渡节，而且在节日传说、节日饮食、节日民歌诸方面也有别于后者。这个新的节日就是端午节。晋代以下、唐朝以上的人，一致将端午竞渡的起源和主旨，说成是为屈原招魂，这与端午节竞渡的实际面貌和性质是完全相符的。我们追溯龙舟竞渡的起源或原始形态，一定要提到上古南方水居民族的迎龙、祭龙习俗，但追溯端午节龙舟竞渡的起源，只要说到楚人驾舟拯救屈原，为屈原招魂和投粽吊享屈原的故事与习俗，就完全可以了。事实上，端午节龙舟竞渡、祭吊屈原的习俗，也正是形成于楚地、盛行于楚地，并以楚地为中心向外播散开来的。从南朝至今，端午竞渡之风，均以两湖地区最为盛行，其次为四川、江浙，再次为闽、粤等地。影响所及，朝鲜、日本和越南等东亚和东南亚国家也接受了端午竞渡之俗，文化传播的线路，也有力地证明了这个节日是由楚地人民创造出来的。

端午节的正式形成时间虽然不是在先秦，而是在汉、晋之际，但这个节日酝酿期却是在先秦时期，孕育、滋养这个节日的土壤也是楚文化氛围与楚国民俗传统。作为政治实体的楚国是在战国末际亡于秦国之手，但作为一种地区性文化，楚文化却继续存在和发展了将近一千年之久，甚至直到今天，我们仍能发现楚文化的不少遗绪。从这个意义上，我们说端午节是烙上了楚文化鲜明印记的一个节日。《五杂俎》说："古人岁时之事行于今者，独端午为多……有司禁之不能也。"《武陵竞渡略》说：官府对端午竞渡之俗，是"先禁后弛"。端午节及其竞渡之俗为什么具有如此之大的传承伟力，原因就在于它的根深植于楚文化的土壤之中。

二、六月的祭火神庆典

农历六月，在我国恰处一年之半，是新谷成熟的时节，也是大火星亮度最强的一个月，先秦时期的楚人在这个月又要举行一次隆重的祭祖神兼火神祝融的节庆活动。这个节日的主要活动事项为：祭祖、尝新、祈年、聚餐和歌舞联欢。在楚国年节构成中，这个节日占有非常重要的地位。道光年《云南通志》引《临安府志》云："僰夷，以六月属蛇日为节，十月属蛇日为年，至期搭松棚，以敬天祭祖。"云南僰夷的这种年节习俗即颇能代表先秦楚人的年节习俗。《礼记·月令》云："季夏之月……昏心中……其神祝融……其祀灶。"所谓"昏心中"，是说六月大火星正处在南天空的中心。大火处中的时候，光亮最强，所以，在这个月华夏诸国和楚国均有祭大火神祝融和小火神灶神的庆典。不过，对于楚人来讲，祭火神祝融，兼有祭祖先神的意味，而且庆典气氛、规模也要热烈、隆重得多。换言之，对于其他侯国来讲，这只是个岁时祭祀活动，对于楚人来讲，却是一个盛大的节日。秦统一后，楚人的这个节日逐渐分化成或者说是融入到三个节日中。这三个节日分别是：至今仍传流于一部分西南少数民族的火把节、伏日节庆、六月六节。

由于西南地区交通闭塞，与外界文化交流较少，社会、文化发展也较为稳定，因而，许多古代民俗得以较原始的形态保存下来。火把节即较多地保存了楚人祭火神节庆的习俗因子。火把节又称“火节”或“星回节”。明江盈科《雪涛谈丛·滇中火节》云：

> 滇俗每于六月二十八日，各家俱束苇为槁，高七八尺，遇夜炳燎，其光烛天……总称曰火节。

旧云南《建水州志》载：

> （六月）二十五日为星回节，于燃松炬，醵饮村落，以炬插田，设牲醴致祷，即《诗》“田祖有神，秉畀炎火”之意。

《中华全国风俗志》下篇卷八记：

> 六月二十五日，农民持炬，照耀田间以祈年，（云南）通省皆然。

据现在的民俗调查资料，各地彝族在欢庆火把节时除祭火神、田神外，还要进行各种以辟恶、灭虫为主题的活动。火把节的节期多在六月二十五、二十八，但云南彝族是在农历六月二十四左右过火把节，贵州彝族则是在六月六前后过火把节。

谨据以上引述，我们可将火把节的活动事项归纳为：祭火神、田神、祈年、聚饮和辟恶、灭虫。其中，祭火神是最重要的活动事项，占据了核心的地位。楚人六月祭火神的仪式及相关习俗在云南地区还有若干变型的遗存。如据旧《建水州志》载：云南建水县六月“中旬经管义仓绅士，请于府州，将去冬所余仓米，分给通郡鳏寡穷民”。这种习规就是从楚人祭火神后的聚饮仪式转化而来的。远古时期火正同时又是氏族长，统管氏族各项事务，其中六月（或五月）祭享火神与聚饮的食物均由火正从公田收入中开支。如旧云南《嶍峨县志》载：

村庄之中，每年自相轮值火头，以司一村之事。凡田主往来，或过往行商，另有客房一座。饮食草料毕备去不取值，住宿则备酒肴。有公田，各村多寡不等，取租以供客，犹有上古淳风焉。

旧时惟江南吴中汉族在六月二十四日要群聚庆祝雷神的诞辰，此种节日习俗与火把节一样，也是从上古楚人祭火神仪式嬗变而来的。上古时期，雷神往往同时又兼为火神，先民们通过雷击起火现象，直观地将雷与火联系到了一起。除吴中以外，六月祭火神的节庆与习俗在汉族地区便很难找到较为原始型的遗存了。秦汉及其以降，火神祝融降为灶神，祭灶的仪式及有关的传说愈趋完善和繁多。祭火神的仪式、习俗一部分移置祭灶仪俗中，一部分自然地消失了。柴萼《梵天庐丛录》曰：

《风俗通》以颛顼子重黎为灶神。《五经异义》以高阳氏后苏吉利为灶神。

东汉高诱注《吕氏春秋》曰：

吴回，回禄之神，托于灶，是月（六月）火王，故祀之也。

又注《淮南子·时则》云：

> 祝融吴回为高辛氏火正，死为火神，托祀于灶。

由此可证，秦代及西汉的灶神就是火神吴回或重黎，六月的祭灶仪式也是由楚人的六月祭火神兼祖神祝融的庆典转化而来的。西汉时期民间六月祭灶要聚饮联欢，许多官员也不能免俗，《汉书·孙宝传》记："后署（孙）宝为主簿，宝徙入室，祭灶请比邻。"祭灶时要邀请或组织邻里乡党聚饮，即是先秦祭火神后聚饮联欢习俗的遗存。

东汉时期，灶神的神性和形象又与司命发生了叠合——后世汉族因此习称灶神为"一家之主"或"司命主"，祭灶的时间也因司命形象及神性的掺入而改在了农历十二月二十三（或二十四）日，日期未变（西南民族过火把节多在六月二十四日左右），月份变了。此种变化情况，正如梅荫深所说：

> 祀灶本以为祀火神，故时在六月，其后乃由火神而为司命，于是不得不改在十二月，以便将一年家事，白于上天。[①]

寄寓了先秦六月祭火神节庆的一部分习俗的另一个节日"伏"，原是春秋时期产生于秦国的一个御蛊、禳毒、避暑的节日。具体时间为夏至后的第三个庚日。《史记·秦本纪》载："德公二年（前676），初伏，以狗御蛊。"《集解》引徐广曰：伏，"祠社，磔狗邑四门也"。《正义》云："六月三伏之节起秦德公为之，故云初伏。伏者，隐伏避盛暑也。""蛊者，热毒恶气为伤害人，故磔狗以御之。""磔，禳也。狗，阳畜也。以狗张磔于郭四门，禳却热毒气也。"另据《风俗通》与《后汉书·和帝纪》的记载，"伏"日磔狗之俗，还具有驱阴气、逐厉鬼和抑制金气（秋杀之气）的作用与意味。但是，在汉代由于楚国六月祭火

① 梅荫深.事物掌故丛谈［M］.上海：上海辞书出版社，2011：105.

神节庆习俗的浸入，遂使“伏”由一个以禳毒、避暑为主题的小节日发展成了仅次于大年——腊的一个大节日。《汉书·杨恽传》引杨恽《报孙会宗书》云：

> 田家作苦，岁时伏腊，烹羊炰羔，斗酒自劳。家本秦也，能为秦声。妇，赵女也，雅善鼓瑟。奴婢歌者数人，酒后耳热，仰天拊缶而呼乌乌……是日也，拂衣而喜，奋袖低卬，顿足起舞，诚淫荒无度，不知其不可也。

汉代伏日节庆的这种歌舞、饮酒之俗，即源于楚人的祭火神节的聚饮联欢活动。汉代以下伏日又由大节日逐渐降为小节日。但在受楚文化影响较深的南方，直至唐代“伏”仍被列为大节，如唐刘恂《岭表录异》云：

> 岭表所重之节：腊一、伏二、冬（至）三、年四。

六月六节，本身是一个起源古老的节日，它的传播范围非常广泛，先秦楚人的六月祭火神节习俗汉代以降基本上被六月六节所吸附、转置于过去。要恢复和构拟出先秦的六月祭火神节，主要就得依据六月六节。

从汉代以迄现代六月六节的构成因子与事项主要为：

1. 祭神或庆贺神诞，或纪念神逝　最早的文献记载，是说庆祝和迎祭大禹的生日。晋皇甫谧《帝王世纪》云：

> 鲧纳有莘氏，臆胸坼而生禹于石纽。郡人以禹六月六日生，是日熏修裸飨，岁以为常。

此风至宋代犹存。苏轼《过濠州涂山》诗自注云：

淮南人传禹以六月六日生，是日数万人会于山上。

汉代以下，在不同地区、不同时期六月六迎祭的神祇又各各不同。《月令广义》说六月六是北极玄武真君的生日。北宋真宗时又钦定六月六为“天贶节”。南宋时敕定六月六祭东汉人崔真君。此后，则有祭观音、谷神、鲁班、二郎神、土地公婆、城隍、藤将军、杨泗菩萨、龙母娘娘等等。在一些少数民族中六月六的祈神节、神诞节或神逝节的意味也非常明显。湘西土家族则传说六月六是土垦（即“后土”）遇难日。侗族在这一天要祭牛魔王。布依族以这一天为祖先盘古忌日，过“敬盘古节”。苗族则在六月的第一个卯日祭狗图腾。古今不同地区、不同民族均以六月六为祭神（尤其是祖先神）节或神诞节，与先秦楚人六月大祭火神的影响是分不开的。

2. 祈年、祈谷　《中华全国风俗志》上篇卷十《云南》记：

六月朔日至六日，各郡礼南斗祈年。

广东《广宁县志》载：

六月村落各建小棚，迎巫者歌舞其上，名曰跳禾楼，用以祈年。

现代苗族在六月的第一个卯日，要将各种谷物的新穗挂在门上、堂屋里、犁耙、谷斗和牲畜圈栏上，以祈丰年。布依族则在六月六这一天杀狗，做五色糯米饭，以祈五谷丰登。

云南、广东和苗族、布依族分别是历史上与楚文化有着密切联系的地区和民族，因而，上述六月祈年风俗，均应是楚国同类风俗的变型遗存。其中，广宁县的祈年之俗当更接近于楚俗。

3. 尝新　这是一种起源古老的习俗，它的内容是将成熟的谷子做成新米饭，荐献给祖先和田神等神灵，然后再自己品尝。通常又称这种习俗为“吃新”。传承于不同民族和地区的六月六节也多伴有尝新这一仪式。如胡朴安《中华全国风俗志》下篇卷六介绍说：

（近世湖北武昌）每年夏至后逢卯日，名曰过半年，亦曰吃新。俗谚曰：“乡里人两餐荤，过了年望吃新。”亦农夫之典也。所谓吃新者，庆新谷已萌也。摘新谷一穗，归而荐之祖。

除此之外，苗族在六月的第一个卯日，要过“吃新节”，湖南江永地区的瑶族在每年六月初五新谷收割后，也要请亲戚尝新，其仪式是先以新饭荐天地、祖先，然后按年龄、辈分依序尝新米饭。近世武昌及苗、瑶两个民族的尝新习俗，同样可以说是先秦楚人六月祭火神节庆中尝新仪式的变型遗存。

综括以上考述，我们可为楚人六月祭火神节勾勒出这样一个大致的轮廓：六月“大火”处中之夜，在郊野燃起柴燎，隆重地祭祀祖神兼火神祝融。另外，在田间搭棚（或设帷帐）表演巫歌巫舞，祭享田神和谷神，以祈求丰收。同时，将一部分已熟的谷物做成新饭，先荐祖先、神灵，然后依序尝新，仪式告毕，就饮酒狂欢，纵情歌舞。

第三节　秋季的岁时、节日活动

一、七月祭织女星神节——“七夕”

七夕，是我国妇女在农历七月七日所过的传统节日，它又称乞巧节、双七节，属于我国特有的重大节庆中的一个。明罗颀《物原》曾谓楚怀王初置七夕，学者多不置信。其实，这一说法并非没有根据。追溯到七夕节形成的过程，我们可以清楚地看到，这个节日确实产生于楚国。

七夕节的形成，与织女、牵牛二星的传说有关，这个传说至迟产生于西周时代。《诗经》中除《小雅·大东》外，还有一首与织女有关的诗篇——《周南·汉广》。该诗云："南有乔木，不可休思。汉有游女，不可求思。"汉代的鲁人申培及燕人韩婴解诗均谓"游女"是汉水女神。这个解释只说对了一半。诗中的"汉"其实既指汉水，又指天汉（银河）。如《左传》昭公十七年记鲁申须曰："汉，水祥也。"这"汉"便指的是天汉。上古时人具有很浓厚的感应观念，天汉与汉水是可以相通相感的。"汉有游女，不可求思"这一句诗隐含着我国最早的一个"天鹅处女"型故事，这故事的原型和完整内容早已失传和散佚了，但我们可从后世若干变型了的传说和残存于民俗中的神话片断与仪式中将其重构出来。《拾遗记》卷二记：

（周昭王）时东瓯献二女，一名延娟，二名延娱……。及昭王沦于汉水，二女与王乘舟，夹拥王身，同溺于水。故江汉之人，到今思之，立祀于江湄。数十年间，人于江汉之上，犹见王与二女，乘舟戏于水际。

同书卷四又记：

（燕昭王）好神仙之术，玄天之女，托形作此二人。昭王之末莫知所在，或云游于汉江，或伊洛之滨。

另据《韩诗内传》载：

郑交甫遵彼汉皋台下，遇二女，与言曰："愿请子之佩。"二女与交甫，交甫受而怀之，超然而去。十步，循探之，即亡矣。回顾二女，亦即亡矣。

这三则记载中提到的“二女”，即是“汉之游女”——天汉之滨的织女星神和汉水女神（她们实际上是同一位女神）。而有关周昭王、燕昭王以及郑交甫的传说，都有后世附会的成分。从上引记载来看，二女形迹飘忽，可遇不可求。我们认为，其原因不是她们不常现形，而是她们不常降莅汉滨。她们偶尔降莅汉滨，是为了在汉水中沐浴。晋葛洪《西京杂记》载：西汉“至七月七日，临百子池，作于阗乐。乐毕，以五色缕相羁，谓为相连爱”。所谓“临百子池”，即是对织女星神沐浴于汉水的模仿。《中华全国风俗志》下篇卷七《广西》载：“阴历七月七日，百色县之人民，谓是日，寅卯未通光之前，仙姬下河沐浴，此日天水之味，较平时格外清洌甘爽，可以治病长寿，因此人人皆分外早起，多往河中取水，竟有全夜不睡者。”广西百色的七夕传说，也源于古老的织女星神七夕下凡沐浴的神话。

“七夕”，俗又称“鹊桥会”，《淮南子·万毕术》载，“乌鹊填河而渡织女”。意谓每逢七夕乌鹊便相联成桥，使织女与牛郎相会。按上古神话的构成规律，神性人物的动物伙伴和助手，往往也就是他（她）的化身，因此，可以认为喜鹊即是织女星神的化身。织女下凡沐浴的过程是，先变作喜鹊降莅汉滨，然后脱掉羽衣下河沐浴。而这便正是流行于欧亚两洲的最著名的一个神话母题——“天鹅处女”型故事的基本结构和因子。以此为基础再丰富和发展，便很自然地产生了牛郎与织女、天仙配一类更富情味的故事。牛郎织女故事见载于文献的最早时间是在汉代。除前引《淮南子》外，《史记·天官书》载：“织女，天女孙也。”宋裴骃《集解》引徐广曰：“孙，一作‘名’。”也就是说，织女是天帝女儿的名字，而不是天帝的孙女。说织女是天帝女，表明牛郎织女爱情纠葛的神话至迟在战国中后期便已成型了。因为，《史记》作于汉初，它所反映的星象学及星象神话均传承自战国中后期；在牛郎织女的神话故事中，织女为天帝女这一角色身份，是 个重要的结构因了。

到了东汉牛郎织女的神话故事传述得更为广泛。如《岁华纪丽》卷三引东汉应劭《风俗通》云："织女七夕当渡河，使鹊为桥，相传七日鹊首无故皆髡，因为梁以渡织女故也。"写成于东汉末的文人诗《古诗十九首·迢迢牵牛星》云："迢迢牵牛星，皎皎河汉女。纤纤擢素手，札札弄机杼。终日不成章，泣涕零如雨。河汉清且浅，相去复几许？盈盈一水间，脉脉不得语。"牛郎织女神话在东汉还被人们用作绘画与雕刻的重要题材，如在河南南阳发现的一块东汉画像石的右上方刻画着河鼓三星，其下为持鞭牵牛的牛郎，牛郎左下方为头挽高髻跽坐的织女。[①]

由牛郎织女神话形成民俗节日，时间当在战国，地点则在楚国。根据之一是，楚人雄踞江汉地区，祠祀"汉女"的应是楚人。《左传》哀公六年记楚昭王说："江、汉、雎、漳，楚之望也。"亦证楚人甚重汉水祠祀。楚人祠祀汉水的偶像便是"汉之游女"——织女星神。根据之二是，在楚地民间牵牛星与河鼓三星常被弄混淆了。如《荆楚岁时记》注文云："牵牛星，荆州呼为'河鼓'。"而在前述那块东汉南阳画像石上，便正是以河鼓为牵牛。由此可证，盛传于汉代的牛郎织女传说带有明显的楚文化胎记。根据之三是，在楚人隆祭的神祇少司命（婚姻爱情女神、儿童庇护神及职掌生育的处女神）、湘夫人（湘水女神）、云中君（具有喜鹊化身的仙女）身上均叠化着织女星神的影子。兹以少司命为例，《楚辞·九歌·少司命》云："夫人自有兮美子，荪何以兮愁苦！"东汉王逸注曰："荪，谓司命也。言天下万民，人人自有子孙，司命何为主握其年命，而用思愁苦也。"《少司命》又云："与女沐兮咸池，晞女发兮阳之阿。"咸池，王逸注曰："星名，盖天池也。"少司命主生育兼为儿童庇护神以及天池沐浴这三点，正是后世织女传说的三个构成要素。据此，我们既可以说屈原在《九歌》少司命形象中糅合了织女星神的形象及有关传说，也可以说楚人在传述织女神话的过程中糅入了少司命的形象及有关传说。自汉代开始，司命神的形象、传说日渐隐微，

① 周到．南阳汉画像石中的几幅星象图［J］．考古，1975（1）．

织女神话传说却日渐丰满、完整，祭祈织女成为民间广泛传承的节日、信仰习俗，一个重要的原因，便是织女星神在文化、民俗结构中置换了少司命，成功地代偿了少司命在民俗结构中所曾经具有的功能。根据之四是，《礼记·月令》及《吕氏春秋·孟秋纪》均只记立秋之日迎秋于西郊和尝新、荐庙两项仪式，而未记祈祷织女之俗，可见七夕节在战国时期仅为楚国独有的一个地区性节日。根据之五是，汉代的七夕节日习俗已呈定型化，在此之前应有一个发生、发展的过程。根据之六是，从比较民俗史的角度看，南方居民要比北方居民更为重视“七夕”。宋刘克庄《即事四首》即云：“粤人重巧夕，灯火到天明。”而这与楚文化、习俗的历史影响是密不可分的。

二、七月十五祭鬼节

农历七月十五，是我国传统的“鬼节”，道教称之为“中元节”。后一称呼乃是基于“三元”之说。古汉语“元”与“圆”通，所谓“三元”指的是正月十五、七月十五、十月十五三个月圆之日。道教经典称正月十五为上元，七月十五为中元，十月十五为下元。秦汉以下，中元节的活动内容大致有如下几项：

祭奠先祖亡魂；

设食燃烛荐享无主孤魂；

超度新死之鬼；

道观开斋醮会，僧寺作盂兰盆斋；

放江灯；

普度众生；

驱逐疫鬼。

从以上所列中元节的八项活动内容来看，佛教文化的影响非常明显。但是从中元节的渊源和形成过程来看，又必须承认，它是我国土生土长的民俗节日。在我国的文化、民俗土壤中具有深远悠长的根底。

我们知道，构成节日的三要素是：较为固定的节期、明确的主题和广泛的群众性。至于节日的名称、活动内容以及与节日有关的传说，均属于节日构成中的可变因素，而不是基本要素。据此，我们可将中元节的萌芽期一直追溯到传说中的夏代甚至远古。崇拜月亮，视月亮为时间、生命女神（或男神）是远古时期的一个具有世界普同性的文化现象。远古时期的氏族男女们每逢月圆之夜（月亮女神的苏生之夜）都要集会于广场，举行歌舞庆典，也就是“跳月”。中国以十五为节日的，除了“三元”外，还有著名的八月中秋节。这四个节日都源于“跳月”，是从十二个跳月日中经过民俗的自主性筛选和人为性筛选产生出来的。在长期的筛选、传承过程中，这四个跳月日均被赋予了特定的主题和有意义的神话传说，其中正月十五和八月十五，较多地保留了祈拜月亮和生命之神的意味，七月十五和十月十五则被赋予了祭奠鬼魂和主杀之神的主题。不过具体说来，中元节的形成，还与我国上古的迎四时之气、祭四时神和四时祭享先祖的礼俗有关。《礼记·月令》载：七月“立秋之日，天子亲帅三公、九卿、诸侯、大夫，以迎秋于西郊”。迎秋时，须祭秋季主神——刑杀之神（死神），故郑玄注曰：“迎秋者，祭白帝（少皞）白招拒于西郊之兆也。”立秋属农历七月的节气，其时间与十五日相近。四时祭享中与中元节有关的是“秋尝”。《月令》：孟秋“农乃登谷，天子尝新，先荐寝庙”。即指的是“秋尝”。据《后汉书·章帝纪》注引《续汉书》载，汉代上至贵族，下至民间，还有“三伏立秋尝粢盛酎”的盛会称为“尝酎会”。

七月秋尝具有的祭祖、尝新、聚宴及迎拜刑杀之神四项活动，与流传时间更久远的十五跳月相结合，便由岁时活动升华、转型为节日了。实现这一结合与过渡的时间、地点，我们认为也是战国时期的楚国。理由有如下两点：

1. 楚人于四时祭享中尤为重视春、秋二祀。《九歌·礼魂》云：“成礼兮会鼓，传芭兮代舞，姱女倡兮容与。春兰兮秋菊，长无绝兮终古。”王逸注曰：“言春祠以兰，秋祠以菊，为芬芳长相继承，无绝于终古之道也。”《礼魂》在《九歌》中实际上可能不是一首独立的祭歌，而是从《东皇太一》至《国殇》等九篇祭神乐歌的“卒章”或“乱”。这也就是说，楚人祭东皇太一等天神、地祇及人鬼的时间，主要为春、秋二时。这一点还可从《九歌》中找到根据，如楚人崇祀二司命，其祭大司命的时间为春季，祭少司命的时间则为秋季。《大司命》有句云：“折疏麻兮瑶华。”疏麻又写作“寿麻”，该草可能是靡草，它生长于春季，夏四月感至阳而死。也可能是“草麻黄”，春季生长，夏季开花。《少司命》中有两句云：“秋兰兮蘼芜”“秋兰兮青青”。秋兰的生长时序自不用说，蘼芜，据《本草》记载，是“七八月开白花”。除二司命外，《湘君》与《湘夫人》二联神也是一个春祠，一个秋祭。如《湘夫人》：“与佳期兮夕张。”王逸注曰：“言愿以始秋薠草初生平望之时，修设祭具，夕早洒扫，张施帷帐，与夫人期歆飨之也。”即证楚人祭湘夫人是在孟秋（始秋）七月。日本学者青木正儿曾经指出：“《九歌》以为整套舞曲时，则重复有二处——即《湘君》与《湘夫人》，《大司命》与《少司命》。以余之见，此四篇盖分春秋二祠，而各奏其中一曲。即《湘君》《大司命》用于春祠，《湘夫人》《少司命》用于秋祠。”[①] 此说便很有见地。由于楚人有在七月大祭鬼神的习俗，有较固定的日期、场合和盛大的规模、广泛的民众基础，这就为秋尝和七月十五跳月的结合、升华、转化为中元节提供了一个现成的节日框架、机制和民俗基础。值得注意的是，《九歌》中的《国殇》是公祭为国战死的厉鬼的招魂、安魂曲，《礼魂》虽可能为《九歌》各篇的卒章，但它本身也可单独作为一首超度、祭奠、安抚祖先亡魂的乐歌。《国殇》《礼魂》的主题及在楚国祭鬼民俗中的功能，与后世道教搞中元斋醮、佛教办盂兰盆斋是完全一致的。后二者极有可能就是滥觞、脱胎于前者。《中华全国风俗志》上篇卷五引顾景星咏中元节诗云：“礼魂本楚俗，设食哦灵篇。”“吹螺高乌乌，击鼓声渊渊。何以名收兵，此名绝可怜。鬼中有国殇，闻螺来独先。死时鼓角急，魂听犹辛酸。”此诗表明前人不仅发现了中元祭鬼渊

① 楚辞九歌之舞曲结构［J］. 孙作云，译 . 国闻周报，12（30）.

源于楚人的祭“国殇”和礼“魂”，而且发现了后世在七月朔称迎鬼为“放兵”，中元夕送鬼为“收兵”，以及中元夜吹螺击鼓招徕群鬼催其上路，在名称、方式上也均脱胎于楚人祭国殇。诗文告诉我们，国殇皆是为国捐躯、战死疆场的将士，所以后世继承楚俗称“鬼”为“兵”，而且要用军中乐器螺号和鼓来召唤、号令。这短短几句诗文，真是远远胜过了一篇详烦的考证文章。

2. 传世文献与民族学调查资料表明，原生型和次生型中元节习俗，在南方的民俗传承内容总体上所占的比重比北方更大，而且原生型、古老型的中元节俗在南方比北方更为多见。如阿昌族每年七月初一要按家族举行“烧包会”，以酒肴祭献家族祖先，并焚化一袋金银纸钱。壮族在七月十三至十五过“鬼节”，规模如同春节，格外隆重。布朗族逢年过节皆设香案祭祖，但七月十五的祭祖活动却最为隆重。另外，俗传七月十五鬼魂要赶赴“云南大会”。此说或有典故，但也说明七月十五在西南地区或民族中是一个尤为重大的节日。今日南方中元节之所以比北方更为隆重、盛大，更具有节日气氛，我们认为原因就在于原生型的中元节产生于楚国，是带有浓厚的南方文化色彩、符合南方民族的文化、民俗及心理传统和需要的一个节日。同样值得一提的是，构成后世中元节重要活动内容的盂兰盆斋，兴起于南朝梁时的荆州，荆州在萧梁先为西境重镇，至荆州刺史萧绎击败武陵王萧纪时，幕下楚籍人士甚夥，在这些“楚人”的主议下，梁元帝萧绎迁都并即位于江陵。由此看来，盂兰盆斋的兴起不但与佛教势力在南朝的炽盛有关，与楚都故地的传统文化背景也有关。

事实上，像盂兰盆斋这类佛事活动和佛教文化因子，可能在春秋之末即已传到了楚国。早在原始时期南亚次大陆即与中国本土有着密切的经济、文化交流和人种的混合。在春秋后期以前主要是巴、蜀、滇、濮诸族与印度交通。至迟在春秋后期，随着楚国势力、境土向西南扩张，楚国的商贾即已直接开辟了与印度的贸易线（承著名学者张正明见告，他在云南调查得知，横断山脉并不难走，现代马帮从滇北走到印度北部只需 14 ~ 15 天)。近年在楚故地长沙出土了大量的印度与中、西亚所产蜻蜓眼琉璃珠，便是楚、印交流的有力物证。现代的印度学者也已注意到楚、印历史交流的现象，并尤其注意到在神秘教派和医学理论两方面的交流。[①] 从古印度神秘教派和医学理论的东传这一方面来看，确实是有证据的，如楚人编定的《山海经》中提到某些三头六臂操蛇啖蛇的怪神和某些具有神奇的药用功效的草木，便可能分别得自印度婆罗门教和佛教寺观中的造像与印度药典。多头多面及操蛇怪神像又见于荆门出土的巴人(楚籍巴人)遗物“大武铜戚”与长沙子弹库楚帛书。《老子》书中大量出现的一些与房中御女术、长生吐纳术及女阴(玄牝、谷神)崇拜有关的名词、观念，也带有古印度性文化的明显痕迹。据此，我们可以有把握地说，印度佛寺于七月十五大做道场，超度亡魂的仪式及传说，应该在春秋中后期即已传入了楚国。楚国固有的孟秋祭祖祀神活动与印度佛教的七月十五超度亡魂活动相契合，便产生了中元节的次原型节日。

三、八月望日的祈月节

在我们传统的岁时节日中，春节、端午和中秋是三个最大的节日(或说还要加上正月十五元宵节，共为四大节)。八月十五中秋节见诸文献记载较晚，某些节日习俗的形成也较晚。最早提到八月十五中秋的是唐诗，最早提到“中秋节”这一名称的是宋吴自牧《梦粱录》。从唐代以下的文献记载及近现代的民族、民俗调查资料来看，中秋节节日习俗的构成大致有如下十项：

赏月；

供月；

迎拜四仲之气(按：四仲指仲春、仲夏、仲秋、仲冬)；

---

① 金克木. 比较文化论集 ·《梨俱吠陀》的招魂诗及有关问题 [M]. 北京：三联书店，1984.

家族或家庭团圆聚餐；

祈子；

望月占年；

嫦娥神话及由此引发的对登月、成仙、不死药、长生水和妇女美容驻颜之物的追求；

祛灾厌疫；

集体性联欢或男女青年跳月结情的活动；

庆丰年，酬农神、谢地母。

上述十项中秋节节日习俗的原型因子在上古时期的大多数地区均已存在，但仍处在分散、自为的状态中，并没有凝聚组织在一个节日中，形成一个有机的节日习俗系统。

资料表明，上古的这些分散的习俗与观念因子，首先是在战国时期的楚国实现了部分的凝聚、补充和组织化，然后在荆楚故地上继续吮吸楚文化的丰沛乳汁，到了南朝梁时便完成了它的中期的生成过程。这就是说，楚文化对于中秋节的酝酿与形成起到了至为关键的作用。

楚文化与中秋节酝酿形成的关系，主要体现在如下几个方面：

1. 早在战国时期楚人已将迎四仲之节气（惊蛰、芒种、白露、大雪）列为盛大的庆典。《拾遗记》卷十记：

> 洞庭山，浮于水上，其下有金堂数百间，玉女居之。四时闻金石丝竹之声，彻于山顶。楚怀王之时，举群才赋诗于水湄，故云潇湘洞庭之乐。听者令人忘老，虽《咸池》《九韶》，不得比焉。每四仲之节，王常绕山以游宴，举四仲之气以为乐章。仲春律中夹钟，乃作《轻风流水》之诗，宴于山南。时中蕤宾，乃作《皓露秋霜》之曲。

今按：“玉女”是战国时期偏重于“房中”“导引”之术的楚国黄老道家经常提到并最为崇拜的女神。玉女，在文献中或称作“素女”“玄女”和“处女”。她是天帝的少女，经常代传天帝的旨意和法术，永远保持着圣洁的童贞（即使她曾经生育过），但她同时又是性交和生育的指导者和庇护神。对玉女的崇拜属于圣处女崇拜现象。洞庭山由大、小君山组成，在殷代中期及其以前，沅湘土著曾在两座山上立祠崇祀湘灵及其夫人，也就是《九歌》中提到的湘君和湘夫人。到殷代中期以后，随着殷商部分族团的南下，又带来了帝尧之二女，帝舜二妃娥皇、女英的传说。这一传说后来又与沅湘土著原始的“二湘”传说杂糅、叠印在一起了，《楚辞·九歌》“二湘”两章便反映了这种综合，《山海经》称“洞庭之山，帝之二女居之”。则保持着殷人传说的原始面貌。战国南派道家称洞庭山有玉女居之，也是对殷人旧传的附会。大约到了战国中后期，复合了“二女”神性与传说的“二湘”便被纳入了楚国王室的祭典，《九歌》有“二湘”篇即是明证。上引《拾遗记》文字表明，在怀王时期楚人已开始以洞庭山为中心，在四仲节气开始进行绕山、歌舞、奏乐、赋诗、祈享玉女和集体宴飨等节庆活动，并一直延续到中气的到来。文中还特别提到仲春和仲秋要分别作诗，宴于山之南、北，反映出楚人在“四仲”中尤重春、秋二仲。其中，仲秋之曲名《皓露秋霜》。“皓露”即八月的节气“白露”，“秋霜”则可能指的是九月的中气“霜降”。楚人在仲秋奏《皓露秋霜》之曲[①]，说明楚人祀秋也是在仲秋之月。在四仲之节气和中气之间举行隆重的庆典，以及择仲月迎庆春、夏、秋、冬四季，是战国时期楚国文化、民俗不同于其他侯国的两个显著的特点。

楚人秋季的祈神及秋社活动特别隆重、热火的特点甚至一直传流到了近世。如《中华全国风俗志》下篇卷六载：湖南人祭湘灵、南岳神多值秋季。衡山“南岳圣帝为主神，每值秋季，各处进香者相望于道”。又载：湖北武昌（实际上也包括整个荆州地区）又有“所谓花鼓戏者，

① 仲春之曲除《轻风流水》外，还有宋玉提到的《阳春》。与《阳春》齐名的《白雪》则是楚人迎仲冬之节气“大雪”的乐曲。

状甚猥亵，秋夏之间夜必有之”。楚人喜秋祀、秋社的民俗特点，无疑也为中秋节的形成预置了一个八月节的框架、机制、气氛与民俗心理上对于八月节的强烈需要，换言之，就是楚人的秋祀、秋社活动本身就为后世中秋节来置换它提供了可能性。

2. 楚人在仲秋祭湘夫人（或“玉女”）时，有在水畔设帐和在水中筑房的习俗。《九歌·湘夫人》云：“与佳期兮夕张。”“佳期”，据王逸注是“始秋”，亦即孟秋七月，但从前引《拾遗记》的记载来看，则是在仲秋之月。很可能楚王室祭湘夫人的时间为仲秋，沅湘土著祭湘夫人的时间则为孟秋。“夕张”，是“修设祭具”，“张施帷帐”，在月华初上之时迎降、歆享湘夫人。《湘夫人》又云：“筑室兮水中，葺之兮荷盖。”说的是在水中筑干栏式木房作为迎歆湘夫人之所。在仲秋之夕于水畔设帐和水中筑房歆享女性神祇，是构成后世较原始型的中秋赏月、拜月习俗的几个基本因子。近世部分地区的壮族过中秋节的传统方式是在水畔或水中搭竹排房赏月并在水房中过夜，我们认为，这便是对战国楚人“与佳期兮夕张”和“筑室兮水中”的秋夕迎神古俗的继承和发展。

3. 楚人在十五之夕有荡舟赏月之俗。汉刘向《说苑·善说》记庄辛对（楚）襄城君说：

> 君独不闻夫（楚）鄂君子皙之泛舟于新波之中也？乘青翰之舟，极蔺芘，张翠盖而擒犀尾。班丽袿衽。会钟鼓之音毕，榜枻越人拥楫而歌。歌辞曰：……鄂君子皙曰：“吾不知越歌，子试为我楚说之。”于是乃召越译，乃楚说之曰：“今夕何夕兮，搴舟中流。今日何日兮，得与王子同舟。蒙羞被好兮，不訾诟耻。心几顽而不绝兮，知得王子。山有木兮木有枝，心说（悦）君兮君不知。”于是鄂君子皙乃擒修袂行而拥之，举绣被而覆之。

在这段记载中，值得注意的有三点：

（1）越女歌辞中有“今夕何夕兮”句，说明鄂君子晳是在月圆夜朗的时候（也就是十五月望之时）泛舟；

（2）子晳的夜游之舟装点得非常华美，像是一座活动的水上花房；

（3）越女（楚籍人）拥楫歌的性质是一首可用于对唱的情歌。

以上三点透露出楚人在战国时已有十五之夜泛舟赏月和青年男女对唱情歌的习俗了。这两个习俗也是后世中秋节的两项重要的节日习俗。

4．中秋节成为我国传统的三大民俗节日之一，与嫦娥奔月神话传说的关系也尤为密切。嫦娥神话与崇拜最早传于殷民族中，甲文中有女神“䨼”，此字被释为“娥”和“帝俊之妻娥皇”①，也就是月神女和、常仪，这两个名字后来合成为“嫦娥”，但嫦娥的神格、神性已远远不能与生月母神常仪相比拟，而且嫦娥神话的内容与生月、司月之神常羲神话的内容也是大相径庭的。文献中最早提到月中玉兔神话的是《楚辞·天问》，屈原在该篇中发问曰：“夜光何德，死则又育？厥利维何，而顾菟在腹？”前一句说的是月亮为什么能死而复生，后一句是说有一只兔子“居（踞）兔之腹”。由此可以肯定，作为后来月亮神话的一个重要构成内容的玉兔神话产生于楚国。现存文献中最早提到嫦娥神话和月中蟾蜍神话的是汉初南派新道家的集体著作《淮南子》。《淮南子·览冥》云：“羿请不死之药于西王母，姮（嫦）娥窃以奔月，怅然有丧，无以续之。”《精神》云：“日中有踆乌，而月中有蟾蜍。”《淮南子》成编于淮南王刘安及其门人之手，淮南国建殖于楚国故地，刘安本人长于楚地，酷爱楚辞，其门下谋主也为楚人伍被，因而，《淮南子》可以说是集楚文化之大成的一部书。《淮南子》所谓“月中有蟾蜍”，当系月中灵兽“菟”的异文，是楚国神话在传承过程中发生的讹变。而《淮南子》记载的嫦娥窃药奔月神话可能也是由战国时期的楚人发端、造说出来的。《离骚》有句云，“前望舒使先驱兮”。王逸注曰：“望舒，月御也。”洪兴祖补注引《淮南子》云：“月御曰望舒，亦曰纤阿。”“纤

① 郭沫若．卜辞通纂·世系，第360片．

阿”的“阿”，上古读音与“娥”“仪”“羲”相同，与“和”音相近，“纤阿”速读，与“嫦娥”音亦相近，可证楚人神话中的月御望舒、纤阿与殷人传说中生月、浴月的大母神常仪和《淮南子》提到的奔月仙女嫦娥，有着承前启后的关系。楚人令常仪前驱奔走，说明常仪的神格和神性在楚神话体系中已不及在殷商神话体系中那样高大了。而这种态度、观念上的改变，实际上也就为生月母神常仪向奔月小女神嫦娥的转化提供了可能性。我们知道，战国时期的楚人俗好淫祀，巫师聚集祀所，结为巫社，往往要定期性地表演巫降仪式。如果是祀月的巫社，那么就要表演嫦娥奔月的情节。据旧《庆远府志》载，广西阳山人“八月中秋不供月，惟以被覆妇女，用土音咒诵，妇女晕去，他人生魂即附其身，能歌能唱，名曰厌禁”。我们认为，此种风俗应是女巫表演嫦娥奔月神话的一种变型的遗存。它很可能源于荆楚祀月巫社的表演。

通过以上四个方面的论证，可以认为在战国时期的楚国这个地域范围内，构成后世中秋节习俗的各种零散的因子与活动，开始按民俗节日的结构要求形成了初步的聚合与组织化，完成了中秋节的前期酝酿过程。

文献记载表明，“中秋节”后期的定型、成熟化仍与荆楚故地文化、民俗的孕育、滋润有关。《荆州府志》引《荆楚岁时记》佚文云：荆楚故地俗以“七月采瓜犀以为面脂”。此种美容习俗后来分别被七夕和中秋节所吸收，并由此产生出了妇女（或少女）向织女星神和月亮女神祈求容颜美好、长驻的仪式。后世中秋节厌疾和采月露两个习俗也最早产生在楚国故地。《荆楚岁时记》载：“八月十四日，民并以朱水点小儿头额，名曰‘天灸’，以厌疾。又以锦彩为眼明囊，云赤松子以八月囊承柏树露，为宜眼。后世以金箔为之，递相饷遗。”隋杜公瞻又引前代书对上述习俗作了追溯，其注文曰：

按《述征记》云：“八月一日作五明囊，盛取百草头露洗眼，令眼明也。”《续齐谐记》云：“弘农邓绍尝以八月旦入华山采药，见一童子，执五彩囊，承柏叶上露，皆如珠满囊。绍问：‘用此何为？’答曰：‘赤松先生取以明目。’言终，便失所在。”今世人八月旦作眼明袋，此遗像也。

今按：饮露和赤松分别是先秦楚人的习俗和楚道家传说的神仙人物。如《离骚》云：“朝饮木兰之坠露兮。”传为楚人宋玉所作的《楚辞·远游》云：“闻赤松之清尘兮，愿承风乎遗则。”南朝梁代的楚地居民专门要“承柏树露”洗眼，显然是先秦楚俗的一种变型的遗存。“柏树”既是所有承露草木的代表，也暗含有“赤松子”的名字在内，以露水明目则是从先秦楚人饮露求仙行为引申、发展而来的。至于为什么非要用八月十日（或十四日）的露水明目，则与楚人对中秋月华的神秘崇拜有关了。《离骚》：“朝饮木兰之坠露兮，夕餐秋菊之落英。”王逸注曰：“言己旦饮香木之坠露，吸正阳（太阳）之津液；暮食芳菊之落华，吞正阴（月亮）之精蕊（秋菊是秋月和秋祀的女神的化身和属类，秋菊之蕊及所沾夜露，涵有月华的精气），动以香净，自润泽也。”将《离骚》本文与王逸注文结合起来看，楚道家与学仙之徒已有秋夜餐月华精气的导引、吐纳活动了。宋玉《远游》也曾提到“餐六气而饮沆瀣兮”，沆瀣即是清露、月华之水。《三辅故事》记：汉武帝时“建章宫承露盘高三十丈，大七围，以铜为之。上有仙人掌承露，和玉屑饮之”。汉武帝饮露食玉的求仙活动也受到了楚国故俗和楚方士的影响。总之，后世在中秋节厌疫、采药或作眼明囊的习俗，一方面与月亮死而复生或“不死”传说母题有关，另一方面便与楚道家的饮露习俗有关。后世在中秋节举行“秋禊”和有关仙女在中秋夜降临下界、向人间洒甘露的传说也分别源于这两点。

另据《荆楚岁时记》载，南朝梁时荆楚故地还传承着八月丰年祭——“秋社”的习俗。如《岁时记》正文云：

秋分以牲祠社，其供帐盛于仲秋之月。社之余胙，悉贡馈乡里，周于族。掷教于社神，以占来岁丰俭。或折竹以卜。

注文云：

教以桐为之，形如小蛤。言教、教令也。其掷法，则半府（俯）半仰者为吉也。此其所以为教也。

今按："掷教"（或"折竹以卜"）是楚国传统的占卜方法，《离骚》有"索藑茅以筳篿兮"句，"筳篿"即是"掷教（筊）""折竹以卜"。另外，"供帐"也就是《九歌·湘夫人》所说的"与佳期兮夕张"。这说明梁时楚人秋分祠社、设帐降神、掷筊占年均有着古老的传承渊源，均是上古楚俗的遗存。除了"秋分"为八月中气，时间稍后于十五月望而与中秋节不合之外，这三个活动事象均是后世中秋节的重要传承内容。值得特别加以注意的是，上引文字中有这么一句话："其供帐盛于仲秋之月"，仲秋之月毫无疑问指的是十五月夕，既云"供帐盛于"十五月夕，那么在这天夜晚肯定地要祈神、降神了，而这个被祈、降的神除了月仙嫦娥外，又会是谁呢？由此，我们可以肯定地说：有着固定的节期、特定的祈祷对象，深厚的民俗背景及广泛的群众参与，也就是具备了节日的全部特征与要素的中秋节，最早见载于《荆楚岁时记》。而且可以肯定，它的形成期绝对不是在南朝梁时，而要早得多。

四、九九重阳节

重阳是我国古代一个非常重要的重日节，它的起源甚早，在漫长的传承过程中，几经嬗变，耦合了多种民俗因素和神秘的数理逻辑，因而具有功能繁复、俗信驳杂、神秘色彩浓厚等特点。

据文献所示，在先秦时期的楚国已有雏形的九九重阳节存在，"重阳"之名也最早见载于《楚辞》。楚人在这个节日传承的民俗事象主要为哀悼火神、饮菊花酒、佩茱萸、食蓬饵和登高求仙。其中，哀悼火神和登高求仙属于基本的、原生型的习俗因子，饮菊花酒等三项则属于次生型习俗因子。

楚人崇拜大火星，将之作为祖神兼火神祝融的化身。而在农历九月，大火星就隐没不见了。《夏小正》云："九月内火。"内，是"入"的意思，"内火"就是说大火星隐入了。在楚人的神秘想象中，大火星的隐入便意味着火神休眠或暂时地死亡了。于是，就有一个与"内火"现象相应的哀悼送终的仪式。由于文献失载，我们已无法完整、具体地想象和复显这个仪式，但是，我们从汉代及其以后人们在九九重阳日采取的种种辟邪、消厄方法，却可以多少看出一些这个古老仪式的遗影来。如《西京杂记》云："汉武帝宫人贾佩兰，九月九日佩茱萸，食蓬饵，饮菊花酒，云令人长寿。相传自古，莫知其由。"晋周处《风土记》云："九月九日，律中无射，而数九，俗尚此日折茱萸以插头，云辟除恶气，而御初寒。"又云："汉俗（九月）九日饮菊花酒以祓除不祥。"梁吴均《续齐谐记》载："汝南桓景随费长房游学累年，长房谓之曰：'九月九日，汝家当有灾厄，急宜去，令家人各作绛囊盛茱萸以系臂，登高饮菊花酒，此祸可消。'景如言，举家登山，夕还家，见鸡狗牛羊一时暴死。长房闻之曰：'代之矣。'今世人每至九日登山饮菊花酒，妇人带茱萸囊是也。"通过上述记述，我们可以发现关于九月九的传说中存在着这样的两层结构：

1. 表层结构：辟邪、消厄——佩茱萸、登高、饮菊花酒；
2. 深层结构：逃避死亡。

表层结构的辟邪方式中，有一部分因子如佩茱萸、食蓬饵，本身也属于非常古老的佩俗和食俗。上古巫书《山海经》中有许多与之相类似的记载，汉代以迄南朝梁时，人们只知佩茱萸、食蓬饵可以辟恶消灾，但不知为什么要如此，即说明九月九的辟恶、消厄习俗的形成，绝不是汉代，而是远在汉代之前。因为，每一种文化和风俗在它产生的时候，都有两个系统存在，一个是操作系统，一个是解释系统，当操作系统仍然存在，而解释系统已被人遗忘的时候，则说明此种文化和习俗已传流了相当长的时间了。表层结构的辟邪方式中，还有少数因子，如登高，我们认为是后来羼入的因子，很可能是将与九月九有关的另一个神话传说——升天、成仙和远古时逃避洪水的记忆均掺入进去了。由于掺入了远古先民们逃避洪水的记忆，导致上古时的在九月哀悼火神死亡这一深层结构，为逃避死亡（洪水）所置换。但是，九月九作为死亡节的历史，并没有被人们彻底遗忘，在我们十几个传统节日中，事实上存在这么一组隐层结构：

三月三——复活节；九月九——死亡节。

《西京杂记》：

三月上巳，九月重阳，士女游戏，就此祓禊登高。

即表明这两个节日之间存在着极为密切的对应关系。我国民间传说北方真武大帝（玄武神）生于三月三，卒于九月九，无疑也与这组隐层结构有关。

九月九饮菊花酒的表层含义是祈寿，深层含义则是逃避和抗御死亡。相对于九月哀悼火神死亡的习俗来讲，它属于次生性习俗。这个习俗也最先产生于楚国。《离骚》有云："夕餐秋菊之落英"，意思是吃菊花瓣，楚人有此食菊癖，那么，最早饮菊花酒的难道不会是楚人么？《三辅黄图》卷四记汉高祖刘邦与戚夫人在长安宫百子池畔，边下围棋，边饮菊花酒，"胜者终年有福，负者终年疾病，取丝缕就北斗星辰求长命乃免"。从汉文化对楚文化存在着直接的继承关系来看，刘邦饮菊花酒和向北斗求寿，无疑应是先秦楚国九月九的节日习俗。《中华全国风俗志》上篇卷十记：云南"九月朔日至九日，礼北斗祈年"。又记云："礼斗，滇俗九月朔至九日最虔。"云南传承的这种九月朔至九日礼斗祈年的风俗，显然也是楚俗的遗存。

与九月九重阳节有关的一种节日传说和神秘观念是九月九日登天、成仙。我国民间有黄帝于九月九日登遐升天的传说。这个传说产生的时间可能不晚于汉代。在这个传说之前，还有一个传说和神秘观念，那就是九月九是最容易登天成仙之日。《楚辞·远游》云：“集重阳入帝宫兮，造旬始而观清都。”句中的“重阳”，旧注家有两种解释，一种解释是，清气为阳，上亦为阳，充溢着清气的天空则为重阳，一种解释是，天是阳气构成的，天有九层，故曰重阳。这两种解释并无本质上的区别，我们也基本同意这两种解释，但认为此句中的“重阳”的特定意义，应是指的清气。因为“集”与“积”意相通，积的对象只能是清气，而不能是天空。积清气的目的是飞升、登遐。不过，此句中的“重阳”与九月九这个时间概念也并不是完全没有关系。按先秦两汉时的神秘的阴阳象数逻辑与文化解释系统，阳气的叠合、聚集，可以说是“重阳”，阳数的叠合也可以说是“重阳”。在此逻辑的与解释的系统中，凡奇数均为阳数，阳数中的三与九又尤为神秘，其中九被认为是老阳之数或阳数之极。王逸《楚辞·九辩》注云：“九者，阳之数。”唐五臣注云：“九者，阳数之极。”《素问》云：“天地之至数，始于一，终于九焉。”因此，九月九日被作为重阳之日，是非常合乎当时的数字逻辑的。宋吕希哲《岁时杂记》云：“九者，老阳之数，九月九日，谓之重阳。”宋吴自牧《梦粱录》云：“重九，九为阳数，其日与月并应，故号曰重阳。”均说明九月九日为重阳，原因就是阳数的叠合。天有九层故称重阳，清气聚集称为重阳，阳数叠合称为重阳，九月九日称为重阳，这就是存在于先秦两汉时人观念中的一组完整的演绎系统和解释系统。据此，我们有理由推测，将九月九称为重阳日的时间，很可能是在战国。另根据“重阳”之名，首见于《楚辞·远游》，我们有理由认为，最早将九月九作为一个神秘日期的先秦民族就是楚人。楚人赋予九月九以神秘、特殊的属性，将之纳入先秦阴阳象数逻辑之中。对于九月九重阳节的形成、发展产生了三个重要的影响。一是它使先秦时传承已久的各种九月岁时活动有了一个固定的日期——九月九，因而，使之实现了节日化；二是它使九月九成为人们迷信观念中的登天、成仙之日，人们认为这一天清气上扬，浊气下沉，地势越高，清气聚集得越多，登临高处自然就可以乘清气而升天，由此产生了重阳节登高的习俗；三是登高原是为了求仙和升天，但这在事实上是不可能的，于是求仙、升天便转为祈寿，祈寿成了传统重阳节的一个重要的主题活动。

第四节　冬季的岁时、节日活动

一、十月朔大蜡庆典

十月朔，又称“十月朝”，即农历十月初一。先秦时期姬姓和姜姓民族的大年就是十月朔。《风俗通》引《礼传》云：“夏曰嘉平，殷曰清祀，周曰大蜡。”嘉平、清祀、大蜡，分别是夏、商、周三代的大年节，其时间分别在三代历的岁末之月。周大蜡的具体时间即在十月朔。这个大年节庆典是由庆丰年、酬百神、乡饮酒、息老物、祭先祖、祈来岁等活动所组成。它既是一个具有综合性的大型年节，又是一个典型的全民性的狂欢节和酒神节。

春秋战国时期，各族、各侯国间的文化交流日趋频繁，有些与周民族接触密迩的民族，在充分吸收周人文化与礼制的同时，将周人的大蜡也吸收过来了。其中，有文献作依据的，是芈姓楚族。《国语·楚语下》记有楚观射父评论“蜡祭”的一大段言语，它也是先秦文献中有关蜡祭的最早、最详的记载。观射父曰：

> 天子遍祀群神品物，诸侯祀天地、三辰及其土之山川，卿、大夫祀其礼，士、庶人不过其祖。日月会于龙豵，土气含收，天明昌作，百嘉备舍，群神频行。国于是乎烝尝，家于是乎尝祀，百姓夫妇择其令辰，奉其牺牲，敬其粢盛，絜其粪除，慎其采服，禋其酒醴，帅其子姓，从其时享，虔其宗祝，道其顺辞，以昭祀其先祖，肃肃济济，如或临之。于是乎合其州乡朋友婚姻，比尔兄弟亲戚。

韦昭注曰：

品物，谓若八蜡所祭猫、虎、昆虫之类。豵，龙尾也。谓周十二月，夏十月，日月合辰于尾上。

显然，上引观射父的一大段论祀言语，正是一篇完整的周人和楚人的蜡祭祭典。观射父语中提到的“日月会于龙豵”，是我国部分地区于每年农历十月初一仍能看到的一种天文现象。如在浙江省海盐南北湖风景区的鹰巢顶，每年农历十月初一早晨七点钟左右，只见海面上一轮红日冉冉升起，不久就与下沉中的月亮会合重叠，又一起上升，十几分钟后，月亮逐渐淡入。太阳与月亮叠合的位置，正是我国古代天文学说的“龙豵”所在地方——东方天际。太阳与月亮叠合的时间，也正是古人说的“十月朝”。

当然，观射父所说的是官方的祭典，不仅楚国民间的蜡祭活动不会完全按照礼制规定的繁文缛节来进行，就是楚国统治阶层内部也并不一定恪守祭典教条。从后世文献透露的消息来看，楚人对周人的大蜡节庆也作了若干改造。其一，是在大蜡祭先祖这一活动中注入了祭火神兼祖神祝融的特定内容。《中华全国风俗志》上篇卷八介绍说：近世广东“十月朔日，以五敛杂芥菜食，辟寒气，举火星醮。广州禳回禄、阛阓次第行之，自十月朔至于岁暮”。此种十月朔举火星醮的习俗，即应是楚人蜡祭祝融的遗风。其二，周人大蜡祭酬谢的主要对象为八位神祇：先啬神农，司啬后稷，田畯（农夫之神），田间草舍之神，猫、虎之神，沟渠之神与河堤（或城墙）之神，楚人大蜡祭酬谢的主要对象则为河堤（城墙）之神。上古称此神为“水庸”，汉代以下则称为“城隍”。清梁绍壬《两般秋雨盦随笔》说：“城隍之有庙，则始于吴。”但从文献记载来看，祭城隍、设城隍庙之风在荆楚故地也非常盛行，开风气之先的，也可能为楚地之人。如《北齐书·慕容俨传》载：郢城中“先有神祠一所，俗号‘城隍神’，公私每有祈祷”。唐张说《祭荆州城隍》云：“城隍是保，甿庶是依。”又，《韩昌黎全集·外集》卷四《记宜城驿》

说：故宜城内“旧庙屋极宏盛，今惟草屋一区。然问左侧人尚云：‘每岁十月，民相率聚祭于前’”。我们认为，楚地故宜城在唐代以前岁十月聚祭的庙屋也可能是城隍祖庙。由此可见，楚地设城隍神祠也有悠久的传统。这一传统无疑发端于楚人蜡祭水庸之神。

二、冬至祭太一庆典

冬至是太阳抵达南回归线的一天，这天白昼最短，夜晚最长。冬至后，白昼一天比一天长，再经过一段时间的酷寒，天气就渐渐转暖了。因此自古以来即将冬至视为节气的起点或一年的开端，赋予冬至日以特殊的意味和重要的地位。在周代，冬至和夏至均是重要的祭祀节日，祭祀对象主要为天神和祖妣。《周礼·春官·大司乐》载：

> 凡六乐者……六变而致象物，及天神……凡乐，圜钟为宫，黄钟为角，大蔟为徵，姑洗为羽，雷鼓、雷鼗，孤竹之管，云和之琴瑟，云门之舞。冬日至，于地上之圜丘奏之，若乐六变，则天神皆降，可得而礼矣。凡乐，函钟为宫，大蔟为角，姑洗为徵，南宫为羽，灵鼓、灵鼗，孙竹之管，空桑之琴瑟，咸池之舞，夏日至，于泽中之方丘奏之，若乐八变，则地示皆出，可得而礼矣。

《春官·神仕》又载：

> 以冬日至，致天神人鬼，以夏日至，致地示物魅，以禬国之凶荒，民之札丧。

在楚国，冬至也是一个盛大的祭祀性节日，但楚人在这个节日中掺入了自身的一些民族文化内容。其突出之点是：

1. 楚人在冬至节祭祀的主神为太一。太一，在南派道家学说中是混沌、宇宙本体和原初的物质与精神的存在，在楚人的观念中则是北极星神和至上神。《楚辞·九歌·东皇太一》是祭太一的乐歌，楚人为了表达对太一的尊崇，特加上了“东皇”二字。如王逸《章句》曰：“太一，星名，天之尊神。祠在楚东，以配东帝，故云东皇。”从《东皇太一》这首乐歌中，我们可以看到楚人在冬至节迎祭太一神的盛大场面：神殿内铺陈着瑶席、玉瑱，神案上供设着香气扑鼻的蕙肴，觞爵中满盛着桂酒和椒浆，乐人扬枹拊鼓、吹竽弹瑟，歌者安歌浩倡，一群衣着鲜丽、面貌姣好的女巫应节合拍、婀娜优美地表演着降神的舞蹈。楚人冬至隆祀太一的习俗，对汉一代的祭祀礼俗产生了深刻的影响。郑玄《周礼·春官·大司乐》注曰：“（冬至祭）天神则主北辰，（夏至祭）地祇则主昆仑。”这反映的既是汉代的、也是楚国的冬至祭祀习俗。《汉书·郊祀志》载：汉武帝元鼎五年“十一月辛巳朔旦冬至，昒爽，天子始郊拜泰一”。是汉代从武帝开始正式沿用楚国的冬至祭礼。晚至唐代，受楚文化影响甚深的武陵土著仍然隆祀太一，唐刘禹锡《武陵书怀五十韵》即云：“倘尚东皇祀。”

2. 楚人冬至祭太一时既用华夏文化圈共同传承的“六代大乐”，也用楚人自创的祭神曲。《楚辞·远游》有句云：“张《咸池》奏《承云》兮。”《承云》即《云门》，相传为黄帝臣大容所创作，周人用之于冬至祭天神，楚人冬至祭太一时同样用此乐舞，但楚人另外还有自己的祭太一乐曲——《白雪》。《拾遗记》卷十云：

> 每四仲之节，（楚怀王）常绕（洞庭）山以游宴，举四仲之气，以为乐章。

按：十一月的中气即是“冬至”。《襄阳耆旧记》卷一记：楚有人歌《阳春》《白雪》《朝日》《鱼丽》。其中，《白雪》即是用于十一月大雪、冬至两个节气的祭祀乐章。《淮南子·览冥》云：“昔者师旷奏《白雪》之音，而神物为之下降。”东汉高诱注曰：“《白雪》，太乙（太一）五十弦乐名也。”可证《白雪》是楚人冬至祭太一的迎神曲。

第八章　歌舞

第一节　歌唱习俗及其特点

先秦楚国的歌唱习俗，既含有原始时代的遗风，又具备了中古歌舞表演的基本因素。在战国时期，楚国文化发展臻于鼎盛，成了包括歌舞乐在内的文学艺术的中心，楚都可以说是当时的歌之都、乐之都和舞之都。楚国的歌唱习俗，有几个突出的特点。

一、楚人唱歌无拘无束，一唱众和，具有自由、即兴式和热情、奔放的特点

习凿齿《襄阳耆旧记》卷一记宋玉答楚王问曰："昔楚有善歌者，王其闻与？始而曰《下里》《巴人》，国中属而和之者数万人；中而曰《阳阿》《采菱》，国中属而和之者数百人。"一人发倡，自发的和歌者就达数百人或数万人，足见楚人喜好唱歌尤其是一倡众和这种歌唱形式。群起和歌的形式，在黄河中下游地区也非常盛行。如《公羊传》宣公十五年何休《解诂》云："男女有所怨恨，相从而歌。饥者歌其食，劳者歌其事。"这说的是《诗经》中《国风》的由来，所谓"相从而歌"，就是"和歌"。又，《论语·阳货》："孔子曰：'诗可以兴，可以观，可以群，可以怨。'"《礼记·乐记》："礼以道其志，乐以和其声，政以一其行，刑以防其奸。礼乐刑政，其极一也，所以同民心而出治道也。"这两条记载表明，先秦时期中原地区的统治阶层已经自觉地将"和歌"形式作为整齐民心、加强群体凝聚力的一种重要手段了。在这一点上，楚国上层社会与中原不同。楚国上层社会提倡、欣赏的是"美

和”，即“和歌”本身的形式美，而不是“和歌”在整齐民心、教化民俗上的政治功能。如《淮南子·说山》云：“欲美和者，必先始于《阳阿》《采菱》。”高诱注曰：“《阳阿》《采菱》，乐曲之和声。”这两首乐歌均为楚歌，可见“美和”是楚人对“和歌”形式美的一种追求和称呼。由于楚国上层社会追求的主要是“美和”，而不是整齐、教化，这样，楚国下层社会的歌唱习俗便比中原保持了更多的原始集体歌唱的遗风，更为无拘无束、热烈奔放。

二、唱歌在楚国社会生活中是一种极其重要的组织形式和娱乐、表达方式

在楚国，恋爱、祭祀、岁时节庆、宴飨、婚丧、战争、农事均离不开歌唱。因此，在楚国许多重大的社会活动都带有“歌会”的性质和色彩，如王逸《楚辞章句》云：“昔楚国南郢之邑、沅湘之间，其俗信巫而好祠，其祠必作歌乐鼓舞以乐诸神。”这就是楚人把重大的祭祀活动变成盛大的歌会的一个生动的记载。楚人的这一习俗一直传承到了后世。《岳阳风土记》载：“荆湖民俗，岁时会集或祷祠，多击鼓，令男女踏歌，谓之歌场。”现代壮、瑶、畲、侗、苗、土家等少数民族均将岁时节庆作为歌唱的节日，举行各种类型的歌唱大会，与当年楚人的歌堂和歌会是颇相仿佛的。

三、楚国上层社会的歌伶和歌巫，演出意识强，产生了艺术和表演上的自觉，节目精于编排，结构严密

如前引《淮南子·说山》“欲美和者，必先始于《阳阿》《采菱》”，即反映出楚国上层社会对歌唱节目的次序及编排是非常讲究的。与歌伶的表演相比，歌巫的表演更胜一筹。陈本礼《屈辞精义》说：“‘九歌’之乐，有男巫歌者，有女巫歌者，有巫觋并舞而歌者，有一巫倡而众和者。”孙景琛也说：“从《九歌》来看，楚国的祠神歌舞，艺术水

平是很高的，其中已经出现了‘人物’和‘情节’，更有趣的是，这种大场——小场（歌、舞、或有情节的小品）——大场的结构，一直到今天还是我国民间歌舞主要的结构形式。”[①] 巫术性的歌舞表演之所以取得了极高的艺术成就，与战国时期楚国尚巫之风空前炽盛有关。巫歌、巫舞受到上层社会的高度重视，并被精心改编，使其艺术水平得以大大提高，成为融巫术、祭祀和艺术表演为一体的优美的歌舞节目。由于楚国上层社会注重歌唱的听觉快感，所以，盛行于楚国上层社会的除楚歌外，还有其他诸国的歌曲。在楚国贵族宫室内，楚歌和其他地区的歌曲常常是同堂演唱，如《招魂》云："吴歈蔡讴，奏大吕些……郑卫妖玩，来杂陈些。"又《大招》记云："代秦郑卫，鸣竽张只。伏戏《驾辩》，楚《劳商》只。讴和《扬阿》，赵箫倡只。"这是先用竽、篪等乐器吹奏代、秦、郑、卫等地的乐曲，歌伶和歌巫以人声伴唱；继之，弹奏古老的伏羲氏瑟曲《驾辩》，伴唱与之同一曲调的楚歌《劳商》；然后，以赵箫吹奏序曲，众歌伶和歌巫徒歌《扬阿》。

四、楚俗喜好音调高昂的歌曲

《襄阳耆旧记》卷一记宋玉答楚王问曰："昔楚有善歌者，王其闻与？始而曰《下里》《巴人》，国中属而和之者数万人；中而曰《阳阿》《采菱》，国中属而和之者数百人；既而曰《阳春》《白雪》《朝日》《鱼离》，国中属而和之者不至十人；含商吐角，绝节赴曲，国中属而和之者不至三人矣。其曲弥高，其和弥寡也。"自古及今，都以为"曲高和寡"指的是歌曲高雅，唱起来难度大，有的学者更从中得出《阳春》《白雪》不是楚歌的结论来，如宋沈括在《梦溪笔谈》中说：

> 世称善歌者皆曰郢人，郢州至今有白雪楼。此乃因宋玉问曰："客有歌于郢中者，其始曰《下里》《巴人》，次为《阳阿》《薤

① 中国舞蹈史·先秦部分［M］.北京：文化艺术出版社，1983：109.

> 露》，又为《阳春》《白雪》，引商刻羽，杂以流徵。”遂谓郢人善歌，殊不考其义。其曰：“客有歌于郢中者”，则歌者非郢人也。其曰：“《下里》《巴人》国中属而和者数千人，《阳阿》《薤露》和者数百人，《阳春》《白雪》和者不过数十人，引商刻羽，杂以流徵，则和者不过数人而已。”以楚之故都，人物猥盛，而和者止于数人，则为不知歌甚矣。故玉以此自况。《阳春》《白雪》，郢人所不能也，以其所不能者名其俗，岂非大误也。

此种看法其实是错误的。“引商刻羽”或“含商吐角”，有音律婉转滑动之意，也有声调高脆之意。“绝节赴曲”或记作“绝伦（纶）赴曲”，“绝节”是指箫、篪、竽等乐器被吹到了最高音，“绝伦”则指琴、瑟、筑一类击弦乐器也被弹、拨到了最高音。晋张华《博物志》云：“《白雪》以其调高和寡，自宋玉以来，迄及千祀，未能歌《白雪》者。”“调高和寡”一句便说到点子上去了。楚人推崇高音，还有一些史料可为佐证。如《大招》曰：“四上竞气，极声变只。”据洪兴祖《楚辞补注》，“四上”分别指的是：（1）代、秦、郑、卫四国的竽曲和伴歌；（2）传为伏羲创作的瑟曲《驾辩》；（3）楚国的《劳商》之歌；（4）赵国的箫歌。至于“竞气”“极声”，更明显地指的是用高音歌唱。清毛奇龄《竟山乐录》云：“‘四上竞气，极声变只’者，言宫声由商而争上，至极而变，则四清声生焉，盖五声之上，又加四声为九变，即变声也。”按此说法，则“四上竞气，极声变只”两句，指的是宫、商、角、徵、羽五声的高音再加上变徵、变羽等四个清声（又称“变声”），并以这九个高音为歌。又《招魂》记云：“宫廷震惊，发《激楚》些。”“激”是清声，《激楚》之歌唱起来声音既高且急。《九歌·东皇太一》：“疏缓节兮安歌。”五臣注云：“使曲节希缓而安音清歌。”这是一种唱起来缓慢但声音很高的祭歌。唐欧阳衮《听郢客歌阳春白雪》诗云：“连连贯珠并，袅袅遏云频。”诗题“阳春白雪”乃是代指楚歌，但诗中描写透露出迄及唐代楚人唱歌仍崇尚高音。当然，先秦时期也不独楚人崇尚高音。在北方歌曲《风》《雅》《颂》三种样式中，《颂》音低缓，《雅》音较为轻快，《风》音更加明快高朗。春秋时期出现的变《风》、变《雅》，曲调就更急且高了。明董说《七国考》卷七《田齐音乐·房中之乐》说："《钟石书》：'齐宣王房中之乐，金迟石缓，丝竹合奏，秦、汉淫声之祖也。'或云：'金迟石缓，谓用金石之音少，专尚丝竹也。'余按：迟缓之义，非废金石，盖丝竹密而金石疏。"其说甚是。先秦文献称"郑声淫"，也主要指其繁弦急管、声音尖细而言。战国时期普遍要求学歌之人声调必须达到一定的高音域。如《韩非子·外储说右上》记云："夫教歌者，使先呼而诎之，其声反清徵者，乃教之。""诎"，是屈曲转音的意思。据此条记载可见，学歌者至少要唱出"清徵"这种高音才符合受教的条件。《史记·刺客列传》记：燕太子丹等送荆轲"至易水之上，既祖，取道，高渐离击筑，荆轲和而歌，为变徵之声，士皆垂泪涕泣"。"变徵"即"清徵"，这种高音调式唱起来有感人肺腑的强烈效果。

五、楚人喜好坐而长歌

张衡《南都赋》云："齐僮唱兮列赵女，坐南歌兮起郑舞。"《西京赋》曰："女娥坐而长歌，声清畅而委婉。"这种坐唱的习俗及表演方式，就是先秦楚俗的遗存。据吴开婉《云南青铜文化中的乐舞艺术》一文介绍，"石寨山出土的八人混合表演铜饰物，表演者分为两种，均为坐式"。石寨山出土物的下限为汉代，因而这种坐着表演的习俗，也有可能是从楚国传去的。坐唱是歌与舞的分离及歌唱的独立，作为一种表演样式，它是由自娱性、参予性歌舞向表演性、欣赏性歌舞转化后的产物。

第二节　歌曲的种类

对楚歌可按多种标准进行分类。按配乐与否，可将之分成“歌”“谣”两类，《诗经·齐风·猗嗟》毛传曰：“曲合乐曰歌，徒歌曰谣。”谣，又称作“讴”。按演唱方式，可将之分成独唱、齐唱与相和歌三类。而按配乐与歌词内容、性质及文化民俗功能等多种因素，则可将之分成政事歌、童歌、饮酒歌、劳动歌、祭歌、岁时节庆歌、丧歌、琴歌、箫歌、瑟歌、乞歌、记史歌、射歌、凯歌等等。现在我们就按最后一种分类法，对楚歌的种类略加介绍。

一、政事歌

政事歌是抨击、讽谏或赞颂时政和当政人物的歌曲。《论语·阳货》孔子所谓诗“可以怨”，“远之事君”，就揭示了歌曲在议论、干预政事方面的文化功能。政事歌也是楚歌中的一个重要种类。《史记·滑稽列传》记春秋时的楚宫廷乐长优孟在楚庄王前歌曰：

> 山居耕田苦，难以得食。起而为吏，身贪鄙者余财，不顾耻辱。身死家室富，又恐受赇枉法，为奸触大罪，身死而家灭。贪吏安可为也！念为廉吏，奉法守职，竟死不敢为非，廉吏安可为也！楚相孙叔敖持廉至死，方今妻子穷困负薪而食，不足为也！

又，《说苑·正谏》记楚庄王修层台，延壤百里，延石千里，搞得国困民疲，怨声鼎沸。诸御已谒见楚王，陈说利害，庄王纳其言，“遂解层台而罢民”，楚人歌之曰：

> 薪乎，莱乎，无诸御已讫无子乎！莱乎，薪乎，无诸御已讫无人乎！

《至公》记楚令尹子文之族“有干法者”，执法官“廷理”欲宽宥之，但子文却坚决主张依法处置，终“致其族人于廷理”，国人歌之曰：

> 子文之族，犯国法程。廷理释之，子文不听，恤顾怨萌，方正和平。

《史记·孔子世家》载：

> 楚狂接舆歌而过孔子，曰：“凤兮凤兮，何德之衰！往者不可谏兮，来者犹可追也！已而已而，今之从政者殆而！”

这四首歌均属于政事歌，它们或抨击政事、时局，或对为民请命、执法无私的人进行由衷的歌颂，在楚国政治生活中起到了极为重要的作用。除上引四首歌外，著名的《楚人谣》“楚虽三户，亡秦必楚”，也可说是一首政事歌，它表达了楚人亡秦复楚的坚强信念。由于政事歌直接反映了人民对当权者和重大国事的褒贬与意向，所以先秦时的统治者往往通过倾听“民风”来“察得失”“观民心”，其中“国人歌”“舆人谣”，出自都城中人和士卒之口，尤其受到统治者的重视。

二、儿歌

儿歌是儿童传唱的歌曲，风格稚拙，曲调简单，唱起来明快上口，内容上富于知识性、趣味性，带有寓教于乐的性质。如《说苑·辨物》记：“楚昭王渡江，有物大如斗，直触王舟，止于舟中。孔曰：‘此名萍实。’令剖，食之。小儿谣曰：‘楚王渡江得萍实，大如拳，赤如日，剖而食之美如蜜。’”这歌就既具有浓郁的儿童情趣，也具有知识传承的作用。先秦及其以下，儿歌往往还是成人针砭、怨诽时政的一种隐蔽的方式，具有这种意味的儿歌实际上就是时政歌。楚国也有这种时政歌和儿歌混而为一的歌曲，如《孟子·离娄下》记孔子听孺子歌曰：

沧浪之水清兮，可以濯吾缨；沧浪之水浊兮，可以濯吾足。

这首歌又见载于《楚辞·渔父》，乃楚渔人鼓枻之歌，含有讽讥时政的意味。我们推测，它开始是渔歌，后来便由楚儿童传唱开了。

三、情歌

情歌应是在楚歌中占有相当大比重的一种歌曲。先秦时的北方诗集《诗经》中，情歌便占了大半，尤其是《国风》。《左传》服虔注曰："风，放也。牝牡相诱谓之风。"朱熹《诗集传序》云："风者，多出于里巷歌谣之作，所谓男女相与歌咏，各言其情也。"按这两家的说法，则《诗经·风》几乎全部皆是情歌。令人遗憾的是单纯的楚国情歌，流传下来的极少。《说苑·善说》录有一首楚译越女歌：

今夕何夕兮，搴舟中流。今日何日兮，得与王子同舟。蒙羞被好兮，不訾诟耻。心几顽而不绝兮，知得王子。山有木兮木有枝，心说（悦）君兮君不知。

这首越歌歌词，是意译，而不是硬译成楚语的，它无疑参照了楚国的情歌，并且带有楚国情歌的鲜明的风格与特征。因而，这首《越人歌》，我们可以将它算作一首楚国情歌。除此之外，《九歌》中有几首祭歌，也很明显地吸收了楚情歌的形式与内容。如《九歌》中的《湘君》《湘夫人》《少司命》《河伯》《山鬼》诸篇，就均带有浓郁的情歌（或婚礼歌）的色彩。特别是像《湘君》中的"望夫君兮未来，吹参差兮谁思""隐思君兮悱恻""心不同兮媒劳，恩不甚兮轻绝"，《湘夫人》中的"沅有茝兮醴有兰，思公子兮未敢言"。《少司命》中的"满堂兮美人，忽独与余兮目成""悲莫悲兮生别离，乐莫乐兮新相知""望美人兮未来，临风怳兮浩歌"，《山鬼》中的"既含睇兮又宜笑，子慕予兮善窈窕”“怨公子兮怅忘归，君思我兮不得闲”等，更属于千古传诵的言情佳句。通过《九歌》和《越人歌》，我们可以想见，当年楚人传唱的情歌、恋歌和婚礼歌，是何等的优美动人。

四、乞歌

乞歌是饥者沿门乞讨时唱的歌。即“饥者歌其食”[①]之类，其特点是声韵凄切、悲凉。《宋书·乐志第九》记：

> 又有韩娥者，东之齐，至雍门，匮粮，乃鬻歌假食，既而去，余响绕梁，三日不绝。左右谓其人不去也。过逆旅，逆旅人辱之，韩娥因曼声哀哭，一里老幼，悲愁垂涕相对，三日不食。遽而追之，韩娥还，复为曼声长歌，一里老幼，喜跃抃舞，不能自禁，忘向之悲也，乃厚赂遣之，故雍门之人善歌哭，效韩娥之遗声。

上引记载的是战国时韩女适齐行歌乞食的故事。

楚国也有乞歌。《淮南子·说山》记：“老母行歌而动申喜，精之至也。”高诱注云：“申喜，楚人也。少亡二母，闻乞人行歌声，感而出视之，则其母也，故曰精之至。”值得特别加以强调的是，行歌乞食是我国歌曲、曲艺、戏剧传承、发展的一种重要方式。尤其是秦汉以降，我国主体民族汉族的性格渐趋内向、深沉，自由即兴歌舞的习惯逐渐丧失，歌舞的传承与表演，一赖岁时节庆的娱乐惯俗，二赖行乞者鬻歌求食。有歌舞表演特长的行乞者聚集在一起演出，并固定地以表演为乞食方式，就形成了最早的民间表演班子。我国的许多地方戏曲，都是经过行乞歌者和勾栏艺人加工、创造、提高而成的，如传承于我国一些地区的道情戏，其最初的形态是渔歌，渐演为“渔鼓”，再经乞食者（包括一部分逃荒农民）、算命先生的传唱与提高，就形成了道情戏。花鼓戏

① 何休.春秋公羊传解诂·宣公十三年.

的形成经过与道情戏也完全相同。根据鬻歌乞食方式在后世所起的作用，我们可以推见乞歌及其歌唱方式，既是楚歌中的一个重要种类，也是楚歌传承及传播的一个重要途径。

五、丧歌

丧歌是哀哭死者的歌曲。它通常是由初卒时家人跳踊时唱的歌、设祭堂时唱的歌和出殡时执绋唱的挽歌三部分所组成。跳踊哭歌，又称"跳丧"。楚人跳丧的特点是"鼓盆而歌"。《庄子·至乐》记庄子丧妻，惠子吊之，庄子"箕踞鼓盆而歌"。庄子为宋人，但此俗也同样传承于楚人中。《明史·陈钢传》记："楚俗居丧，好击鼓歌舞。"另据周耘介绍，今鄂西南许多地区都流传着跳丧鼓的习俗，跳丧的基本曲式就是"歌"加"乱"，与《楚辞》相同，巴东跳丧时还以《楚辞·国殇》为丧歌，而沙市地区则至今保存了鼓盆（或在盆上放鼓）的遗风。[①]类似于鼓盆而歌的风俗也传承于西南和岭南地区，据唐嘉弘《巴史三题》一文介绍，贵州的苗、瑶等少数民族"有丧则举家以杵击臼，更歌迭和"。又据张鹭《朝野佥载》记载，岭南"不复更祈死则打鼓鸣钟于堂北"。这两种风俗或系楚人"鼓盆而歌"的变型样式。楚人奠祭死者或为死者招魂时，也要唱丧歌，如《招魂》"招具该备"，永啸呼些"，就是唱丧歌。此俗一直传到了近世。胡朴安《中华全国风俗志》下篇卷六《湖北》记：监利"丧事报讣延宾吊，名曰开堂。发引先一夕，凡陈设奠献诸仪，悉准家礼，祭用童子数人。歌《蓼莪》之意，谓之唐祭"。楚人在牵挽柩车下葬时唱的丧歌中有一种名为"下里"。《襄阳耆旧记》卷一记宋玉曰："昔楚有善歌者……始而曰《下里》《巴人》，国中属而和之者数万人。"闻一多认为"下里"就是"蒿里"。[②]"蒿里"是与《薤露》齐名的一首古老的挽歌。崔豹《古今注》说："《薤露》《蒿里》并丧歌

① "荆楚跳丧"研究［J］. 文艺之窗，1989（13）.

② 闻一多全集·辛集·乐府诗笺.

也……一谓人死魂归乎蒿里。”从上引宋玉关于《下里》的一段话中，我们可以发现两点问题：（1）《下里》是一首相和歌，一倡众和，具有整齐执绋者的节奏、步调和动力的作用；（2）楚人爱唱《下里》这首丧歌，不单出殡时唱，平时也唱。后一习俗为汉代人所继承。《后汉书·周举传》记大将军梁商暱在洛水上宴饮，酣醉之时大唱《薤露》。丧歌与乞歌一样，在我国歌曲发展史上占有不容小觑的地位。丧歌有其独特的韵味、声腔和效果。它虽凄凉、悲惋，但却高曼抒情，有利于大幅度地宣泄郁积，因而即使在节庆的气氛中也同样可以唱。现代湖北的地方剧种楚戏和潜江花鼓戏的声腔，均带有明显的哭丧调，我们认为这两个剧种都有可能是从丧歌发展出来的，它们的形成与楚人偏好丧歌遗风的影响有着密切的关系。

六、军歌

军歌的种类主要为凯歌和射歌。凯歌，是战争胜利后唱的祝捷歌。《周礼·春官·乐师》记曰：“凡军大献，教恺歌，遂倡之。”此种性质的歌，楚国也有。《左传》僖公二十二年记：楚、宋泓水之战，楚军取胜，返回时经过郑国，“郑文夫人芈氏、姜氏劳楚子于柯泽。楚子使师缙示之俘馘”。师缙是楚军中的乐师，使师缙示俘馘，含有献捷的意思，同时意味着楚军这时正在高唱凯歌。射歌，是举行“大射”“乡射”等礼仪与活动时唱的歌，它也具有军事歌曲的性质。《汉书·韩延寿传》记：“歌者先居射室，望见延寿车，噭咷楚歌。”这“楚歌”就是先秦楚人所唱的射歌。

七、劳动歌

劳动歌的种类非常之多，它包括农事歌、采摘歌、渔猎歌等等。农事歌又可细分为：祈田歌、播种歌、耕作歌和收获、舂谷歌。

楚国的祈田歌，未见于文献记载，但可能仍存留在荆楚地区的民歌中。现在，我们还能见到的是一首《耕田歌》。《风俗通》卷九记：汉朱虚侯刘章入宫侍吕后宴，“章进歌舞，已而复曰：‘请为太后《耕田歌》。’太后笑曰：‘顾汝父知田耳。若生而为王者子，安知田乎？’曰：‘臣知之。深耕广种，立苗欲疏，非其种者，锄而去之。’”这首楚人传下来的《耕田歌》的四句歌词包括了春耕、播种、育苗、锄草等一系列农事作业内容，当是压缩、改写的结果，它的原词及歌唱段落，应远比记录下来的复杂。楚国的“耕田歌”在后世演变为“扬歌”。“扬歌”也写作“秧歌”，但其内容并不止于插秧。宋《太平寰宇记》曰：“扬歌，郢中田歌也。其别为三声子、五声子。一曰噍声，通谓之扬歌。一人唱，和者以百数。音节极悲，水调歌或即是类。”《随州志》亦记曰：“明日缘涧过山脊，闻郢中田歌，历历数十里，不绝其调，曰噍声子，一曰扬歌。其别为三声子、五声子，甚可听，然声悲哀，视安陆人所为黄花叶落，凄然有风土之感。”枫波曾对传承至今的荆楚“扬歌”作过深入的研究，他说：扬歌，“一指人们在田间劳动时的歌唱活动；一指人们在田间边劳动、边喊歌的一种唱腔牌名”。“‘扬歌’这一唱腔板口在一天的歌唱中，多以歌头的形式出现。在人们下田前，由专司鼓、锣、唢呐的歌师，站在田边喊‘早扬歌’。这是一种以歌代言的召唤；亦是全天歌唱的‘序歌’。‘扬歌’之后便要接唱其他内容，改换其他的唱腔‘板口’。”“‘扬歌’的内容，一是以歌师早晨路上见闻为题，触景生情的即兴之作；一是请神。以早晨见闻为题者，称之为‘露水词’，以请神为题者，谓之‘参拜词’，内容多为请五方神，安营扎寨之类。”“‘扬歌’除用作一天劳动的‘序歌’之外，还用于午饭后下田前和全天劳动结束之时。用于午饭后下田前的扬歌叫‘午扬歌’‘正扬歌’。当一天劳动行将结束之时，由歌师喊‘晚扬歌’或‘扬歌休’。”[①] 通过流传在今日荆楚地区的“扬歌”，我们可以推见昔日楚人的田间劳动歌唱非常红火热烈，其田歌的曲体结构也为大型套曲，歌唱样式为相

① 扬歌·扬声·阳春［J］. 文艺之窗，1989（13）.

和歌。

除“扬歌”外，楚歌的田歌还以“秧歌”“薅草锣鼓”等名称与形式传承于一些地区。如《广东新语》载：“农者每春时，妇子以数十计，往田插秧，一老挝大鼓，鼓声一通，群歌竞作，弥口不绝，是曰秧歌。”“薅草锣鼓”又名“薅草歌”，流行于今荆州以西包括整个鄂西南地区二十几个县的范围。其歌唱形式是，“一伙人薅草时，由两名歌师傅带上锣鼓，站在薅草人对面，用响亮的锣鼓声和动人的歌唱来掌握作息，协调动作，平衡进度，鼓舞干劲，实际上由他们来组织生产……云南也有唱这种歌的。”①“薅草歌”，显然是从汉初刘章所唱的“非其种者，锄而去之”发展出来的，它属于楚“农事歌”中的一种。

“舂米歌”在先秦时期也是很流行的农事歌②，歌唱者多为妇女。《礼记·曲礼上》云：“邻有丧，舂不相。”“相”，旧注为“送杵声”，意为“舂米劝力之歌”。实则它还含有“相和”的意思。楚国也流行有舂米歌，如《汉书·外戚传》记：刘邦死后，吕后用事，囚戚夫人舂米，“戚夫人舂且歌曰：‘子为王，母为虏，终日舂薄暮，常与死为伍！相离三千里，当谁使告汝？’”戚夫人唱的就是楚国的舂米歌调，不过，歌词内容却是她幽囚劳作生活的写照。

“采摘歌”，又称“采秀歌”，是先秦时期妇女在山、原采摘野菜、蔬果时唱的歌。这种歌唱起来轻松、愉快，富于抒情性，因而统治阶级往往将此种歌曲纳入庙堂之乐中，如《诗经·召南》中便有《采蘩》《采蘋》。采秀歌也是深受楚人喜爱的一种歌曲样式，《楚辞·招魂》即记云：“《涉江》《采菱》，发《扬荷》些。”其中《采菱》当是荡舟湖上采摘菱角时唱的歌，《扬荷》则是采摘莲实时唱的歌，汉代流行的《江南可采莲》这首民歌，可能就是从《扬荷》演变而来的。《采菱》《扬

① 杨匡民．楚声今昔初探［J］．江汉论坛，1980（5）；吴超．中国民歌［M］．杭州：浙江教育出版社，1989：97—98.

② 现代台湾高山族和海南黎族还分别传承有《杵乐》（即舂谷歌）和“舂米舞”。

荷》均属相和歌，《淮南子·说山》云：“欲美和者，必先始于《阳阿》《采菱》。”《阳阿》即《扬荷》。《扬荷》又是一种舞蹈的名称，如《淮南子》又曰：“足蹀《阳阿》之舞。”傅毅《舞赋》亦云：“《激楚》《结风》《阳阿》之舞，材人之穷观，天下之至妙。”除《采菱》《扬荷》外，《楚辞·九歌·山鬼》也含有采秀歌的因子或借取了采秀歌的样式。如该歌中有一句为：“采三秀兮于山间”。“三秀”旧解为“灵芝”，但也可解为采摘各种野菜、野果，“三”乃是泛言其多，“秀”指的是“秀实”。

渔歌也是在楚国很流行的一种劳动歌。《楚辞·渔父》记渔父鼓枻而唱的《沧浪歌》，便饶有渔歌的风味。《越绝书》卷一《荆平王内传第二》记楚渔人歌曰：“日昭昭，侵以施，与子期甫芦之碕。”“心中目施，子可渡河，何为不出？”也是很典型的渔歌。由于楚国民间的性观念较为原始、开放，不少渔家女也每每驾舟摇橹，故楚国的渔歌大多具有浓郁的情歌色彩。像《九歌·湘君》所云：“君不行兮夷犹，蹇谁留兮中洲？美要眇兮宜修，沛吾乘兮桂舟……望夫君兮未来，吹参差兮谁思！”便显然是以渔家女所唱的一首优美的情歌改编而成的。

楚渔人在秋八月拉网和春三月“起汕”（布网）时均要齐唱声调悲壮的渔歌。此俗至后世犹存。《中华全国风俗志》上篇卷五《湖北》引《池北偶谈》云：

> 夷陵风俗，渔人春则起汕，秋则了系。每三月初八、十八、二十八三日，起汕。相率扣拍，令声振水而歌，连彻昏晓，必悲怆慷慨，乃获多鱼。惟三游洞以下，十二碚以上，数十里内为然，谓之起汕。八月九日，捕取鲟鳇，先布网而后用了。

又引《带经堂集》王士禛《西陵竹枝词》曰：

> 峡江三月橹声齐，扣拍哀歌高复低。十二碚边初起汕，日斜还

过下牢溪。金钗系接髻了枋，了系年年聚此乡。江上夕阳归去晚，白蘋花花卖鲟鳇。

八、节庆歌、祭祀歌、巫歌和歌会

在先秦时期，盛大的节庆日子，同时也就是盛大的巫术性祭祀节日和歌会。因此，节庆歌、祭祀歌和巫歌实际上是同一种类型和性质的歌曲。从殷墟卜辞与文献记载中，我们可以找到不少先秦及后世祭祀与节庆、歌唱融为一体的例证。如殷卜辞有“出入日，岁三牛”，反映出殷人在祭日时要杀三头牛作为牺牲，同时割下牛尾，作为“葛天氏之乐”的歌舞道具。又如《礼记·月令》记：孟夏之月“命乐正入学习舞，乃修祭典，命祀山林川泽”。《风俗通》卷九记：汉代民间祭城阳景王祠，“杀牛，远迎他倡，赋会宗落，造设纷华”。张衡《南都赋》记：汉代三月上巳节举行祓禊巫术时，“齐僮唱兮列赵女，坐南歌兮起郑舞”。直至现代，苗族的春季“坡会”、端午“花坡会”，粤北连南“八排瑶”从农历十月十六日开始举行的“歌堂会”，壮族的“三月三”与“中秋歌会”，湘、桂、黔边罗蒙山区侗族的三月“大戍日歌会”[①]，都是祭祀与节庆、歌唱相结合的大型歌会活动。

由于节庆歌、巫歌、祭祀歌的一体化，所以在先秦时期，不同月份和季节的节庆歌，往往采用不同的调式，换言之，就是节庆歌调式与季节、月份之间存在着一种按当时迷信观念体系演绎出来的神秘配合。如《周礼·春官·大师》郑玄注曰：“黄钟，子之气也，十一月建焉，而辰在星纪；大吕，丑之气也，十二月建焉，而辰在玄枵。”《淮南子·天文》曰：“冬至音比林钟”“夏至音比黄钟”。在楚国，节庆歌、祭祀歌、巫歌三者的一体化与歌会化，以及节庆歌调式与季节的配合，均表现得非常典型和充分。《九歌·礼魂》：“成礼兮会鼓，传芭兮代舞，姱女倡

① 吴超．中国民歌［M］．杭州：浙江教育出版社，1989：208、209、203.

兮容与。春兰兮秋菊，长无绝兮终古。”《拾遗记》：“每四季之节，楚（怀）王常绕（洞庭）山以游宴，举四仲之气以为乐章。仲春律中夹钟，乃作《清风流水之诗》，宴于山南。仲夏时中蕤宾，乃作《皓露秋霜之曲》。”均表明楚人在每年春、秋二季和四仲之月，要举行盛大的祭祀性歌会。此种祭祀性歌会，又称“赛神”和“歌场”。楚地居民的岁时性歌舞“赛神”之风，至于后世愈演愈炽。《岳阳风土记》云：“荆湖民俗，岁时会集或祷祠，多击鼓，令男女踏歌，谓之歌场。”刘禹锡《阳山庙观赛神》诗云：“荆巫默默传神语，野老婆娑启醉颜。日落风生庙门外，几人连踏竹枝还。”

将先秦及后世的文献记载和楚文化区后世的民俗传承内容综合起来看，楚国的祭祀性歌会大致有这样一些：

1. 献岁迎春歌会。在南方民族中此种性质的歌会非常盛行，如明代《泗城府徭人献岁碑》云：“广西泗城府（今陵乐）徭族，每岁正月首偕诸寨徭人，诣府行献岁礼，击铜鼓、錞于，一歌百合。”在楚国及后世的楚地，献岁迎春歌会被称为“贺阳春”，其祭祀性、巫术性对象和目的，是娱禾神、祈丰年、迎芒神（春神句芒，化身为燕子）。其歌唱的曲子中就有著名的《阳春》之歌。[①] 在举行了盛大的献岁迎春歌会后，楚人就开始春耕。春耕时也要击鼓唱《阳春》之歌，所以湖南农村至今仍谓从事春耕为“作阳春”或“作春”。[②] 而湖北夷陵农村则仍盛行边插秧、边击社鼓、边唱歌的风俗，如《岁星堂录》引雷思沛诗云：“樵歌社鼓插秧归，肯放江头乐事稀。”清代两湖地区闹元宵活动中每每要张灯唱花鼓戏、杨花柳戏或采茶歌、耕田曲。这些或属于楚地献岁迎春歌会的遗风，或属其变体。

2. 二月庆楚祖祝融生日。屈大钧《广东新语·器语·铜鼓》载：“二月十三，祝融生日，粤人击之（铜鼓）以乐神。”这一祭祀性歌舞

① 枫波. 扬歌·扬声·阳春［J］. 文艺之窗，1989（13）.
② 易重廉《九歌》成因新论［J］. 江汉论坛，1986（7）.

集会活动，我们认为应该源于先秦楚人的信仰和节庆习俗。

3. 冬至日祭太乙，歌《白雪》。太乙是先秦楚人信仰的至上神，《九歌》中称之为“东皇太一”，并有一首迎享太一的乐章《东皇太一》。祭太一的《白雪》之歌，《战国策》说为楚人所作，《淮南子》《论衡》则说春秋时晋国的乐师师旷奏《白雪》。如《淮南子·览冥》曰：“昔者师旷奏《白雪》之音，而神物为之降。”高诱注：“《白雪》，太乙五十弦乐名也。”《论衡·感虚》曰：“书传言，师旷奏《白雪》之曲，而神物下降，风雨暴至。”后人因师旷名重于世，又善于弹琴，遂谓《白雪》为师旷所作。我们认为，《白雪》的著作者，仍应是楚人。因为，在先秦民族中，最信仰太一的就是楚人。宋玉《高唐赋》曰：“有方之士……进纯牺，祷璇室，醮诸神，礼太一。”刘禹锡《武陵书怀五十韵》曰：武陵“俗尚东皇祀”。狭义上的汉文化和宽泛意义上的道家文化均可以说是楚文化的继续和发展。汉《郊祀歌·天地》云：“千童罗舞成八溢，合好效欢虞泰一。《九歌》毕奏斐然殊，鸣琴竽瑟会轩朱。”《水经·沔水注》曰：“好道之俦，自远方集，或弦琴以歌太一。”透过这两条记载，我们可以发现，冬至日的太一祭祀，在先秦时期的楚国应是一个规模非常盛大的节庆和祭祀性歌舞大会。

九、琴歌

琴歌是楚人比较喜好的伴奏歌唱形式。《尔雅义疏》引《释名》曰：“歌有弦歌、笙歌，要以人声为主。”琴歌即“弦歌”的一种。楚歌富于抒情性，具有缠绵悱恻、低沉哀婉的特点，凡琴歌多是悲歌。如《吴越春秋·阖闾内传》记：吴兵入郢，楚几乎亡国，后因秦助才转危为安。楚乐师扈子“非荆平王信谗佞杀伍奢、白州犁，而寇不绝境，乃至掘平王墓，戮尸奸喜，以辱楚君臣，又伤昭王困迫……乃援琴为楚作《穷劫之曲》，以伤君之迫厄之畅达也”。又如《七国考》卷七《楚音乐》引《古琴录》云：“楚王子无亏有琴曰‘青翻’。后质于秦，不得归，因抚琴歌曰：‘洞庭兮木秋，涔阳兮草衰。去千里之家国，作咸阳之布衣。’”除上述两首歌曲外，著名的楚辞体悲歌《离骚》和《九辩》也是琴歌。《太平御览》卷五七八引大周正乐云：“屈原自伤怀忠而见疑，忧愁幽思，面目黎黑，临河而哀思，著《离骚》《九歌》……之辞，仰天而叹，援琴而鼓之。”王夫之《楚辞通释》则称《九辩》“绍古体为新裁，可以被之管弦，其词激昂淋漓，异于风雅，盖楚声也”。

第三节　歌曲的特点

“楚歌”在先秦时期属于“南风”的一个重要部分。“楚歌”与“南风”在概念和范围上有大小、宽窄之分，但在许多场合，“南音”又往往被用来特指“楚歌”。“南音”和“楚歌”与北国的“风”“雅”“颂”，在方言、音调、曲体结构和表达方式上均存在着明显的区别，时人很容易分辨“南音”和“北音”，如《左传》襄公十八年记：“晋人闻有楚师，师旷曰：‘不害。吾骤歌北风，又歌南风，南风不竞，多死声，楚必无功。’”“南风”指的就是包括楚歌在内的江汉流域民歌。春秋、战国时期，因经济、文化交流日趋频繁，传唱“南风”的范围也扩大到了北国和东南吴越地区。《左传》昭公十二年记录的鲁人南蒯乡人歌，哀公五年记载的齐莱人歌，哀公十三年记录的吴申叔仪歌，以及《国语·晋语》记录的暇豫歌，便均属于典型的“南风”。由于“南音”的传唱范围突破了地域和民族的界限，所以，在战国末期便产生了涂山氏女妾始造作“南音”的传说，如《吕氏春秋·音初》记：“禹行功，见涂山之女。禹未之遇，而巡省南土。涂山氏之女乃令其妾候禹于涂山之阳。女乃作歌，歌曰：‘候人兮猗！’实始作南音。”南音在其成熟与发展的过程中，也吸取了北国民歌的一些形式与内容方面的因素。如最具楚民歌特色的《九歌》，《九歌·礼魂》中有句云：“长无绝兮终古。”“终古”即是齐方言语。《周礼·考工记·车人》郑玄注曰：“齐人之言‘终古’，犹言常也。”可证《九歌》吸取了齐国民歌的因素。又，楚人喜欢演唱远古歌曲，《离骚》提到夏后启与夏后康演唱《九辩》与《九歌》,《大招》提到伏戏氏演唱的《驾辩》,这些歌曲便皆传于齐国,《礼记·乐记》曰:“齐者,三代之遗声也,齐人识之,故谓之齐。”詹安泰在评论屈原的艺术成就时曾指出:

> 我们看他《九章》里的《抽思》一篇,在“乱曰”之前并且有“少歌曰”和“倡曰”,这种形式,以前没有看到,以后也没有人仿效,只有比他稍后的荀卿赋篇诡诗之后有“少歌”。荀卿在齐国住得很久,屈原曾出使齐国,和齐国有相当的好感,这就可能不是单纯的楚调,而已是吸取了齐国民歌的风格。[①]

闻一多在《什么是九歌》一文中也曾指出:

> “赵代秦楚之讴”是汉武因郊祀太一而立的乐府中所诵习的歌曲,而《九歌》中九章的地理分布,如上文所证,又恰好不出赵代秦楚四国的范围,然则我们推测《九歌》中的九章即《汉志》所谓“赵代秦楚之讴”是不至离事实太远的。

前辈学者的这些议论,都是颇具参考价值的。春秋、战国时期的楚歌确实是多方面地吸收了北国歌曲的因素。但是,楚歌在不断丰富和发展自身的过程中,并没有丧失个性和特质。直至汉代,楚歌仍然保持着鲜明的民族性和地区性特征。左思《三都赋》云:“登东歌,操南音。”《汉书·礼乐志》曰:“高祖乐楚声,故《房中乐》楚声也。”《西京杂记》卷一记戚夫人善楚声。《史记·留侯传》记高祖曰:“吾为若楚歌。”

楚歌的特点主要体现在如下几个方面:

1. 浓郁的楚地方音。《大戴礼·保傅》云:“夫习与正人居,不能

---

① 屈原·辉煌的艺术成就[M].上海:上海人民出版社,1957.

不正也，犹生长于楚，不能不楚言也。”方言语音上的特点，直接影响到诗歌的朗诵和歌唱。《史记·酷吏列传》：“买臣以楚词与（严）助俱幸。”就指的是这两人能够用楚音来朗诵楚辞。方言包含语音和语义两个方面。楚方言的特殊语义，也是构成楚歌的鲜明特质的要素之一。吴世尚《楚辞疏》曰：“楚辞中凡施于句首之字，如纷、汩、忽、羌、謇、耿、溘、时云者，大抵多属方言。而其意之或承上，或总下，或发端，或继事，或转语，或证言，或正疏，或反仆，读者各就其上下文意以意会之，斯可矣。”除方言外，出现在楚歌中的大量楚方物、地理名称，也是构成楚歌地区性特色的一项重要因素。宋黄伯思《新校楚辞序》说：

> 盖屈宋诸骚，皆书楚语，作楚声，纪楚地，名楚物，故可谓之《楚辞》。若些、只、羌、谇、蹇、纷、侘傺者，楚语也。顿挫悲壮或韵或否者楚声也。沅、湘、江、澧、修门、夏首者，楚地也。兰、茝、荃、药、蕙、若、苹、蘅者，楚物也。

这番话虽是专指《楚辞》的，但也同样适用于包含《楚辞》在内的楚歌。

2. 音韵清切、悲凉。这是在楚人中长期积淀而成的一种歌唱和欣赏的习尚。不过，音韵悲凉不等于内容也悲凉。对于楚民族来讲，音韵悲凉的歌，可以广泛地运用于各种喜庆的场合中。楚歌的这一特点，一直保持到隋、唐时代，并对竹枝歌产生了非常重要的影响。《隋书·经籍志》载：“隋时有释道骞，善读之（楚辞），能为楚声，音韵清切。”刘禹锡《插田歌》描写郢中人唱田歌的情景说：“……农妇白苎裙，农父绿蓑衣。齐唱郢中歌，嘤咛如竹枝。但闻怨响音，不辨俚语词。时时一大笑，此必相嘲嗤。”所谓“嘤咛”“怨响音”，均是对楚田歌音韵悲切的写状。古老的楚歌及其演唱习俗，在后世的苗族民歌和巴渝竹枝歌中顽强地遗存下来了。苗族在唱悲歌时，还保持着《离骚》“一篇之中，三致意焉”的习惯。①而唐代及其以下的巴渝竹枝歌也以悲切、愁绝为特色。《白居易诗集·忆梦得自注》云：刘禹锡“能唱竹枝，听者愁绝”。黄遵宪《人境庐诗草已亥诗》云：“土人旧有山歌……每一词毕，辄间以无词之声，正如‘妃呼嘘’，甚哀厉而长。”白居易《竹枝词四首》云：“《竹枝》苦怨怨何人，夜静山空歇又闻。”刘禹锡《踏歌词四首》云：“日暮江南闻《竹枝》，南人行乐北人悲。”楚歌及受其影响的竹枝歌之所以“音韵清切”，使人听之产生“愁绝”的心理感受，与楚歌“引商刻羽（或‘角’），杂以流徵”的唱法和调式有关。

3.“引商刻羽，杂以流徵”的歌唱特点与调式。在宫、商、角、徵、羽五种调式中，楚人用得最多的是商、羽两种调式。以商、羽为主要调式的歌唱习俗，在楚地一直得到传延。如“西曲歌”属于“清商曲”的范围，据《乐府诗集·古今乐录》载：它“出于荆、郢、樊、邓之间”。它的调式就是以商调为主。在晚唐时，人们甚至径以“楚商”作为传统的楚调，时人陈康士作琴曲《离骚》，即采用“楚商”调。②楚地的羽调式也饶有特点，杨匡民曾指出：“不仅这个地区的商、羽调式占有重要的地位，而且这里的羽调式与湘东、赣北以及江南的商羽调式是有不同的特色。这里的羽调式，就是较多以单一窄声韵［6$\dot{1}\dot{2}$］为基调行腔或是以它为主复合其他的行腔为歌的商或羽调式，因而给人们留下的异采印象。”③也正因为楚人多以［6$\dot{1}\dot{2}$］为行腔基调，所以楚地乐曲使人听起来有“非商非羽”、商羽不分的感觉。④“杂以流徵”，据音乐界的研究，主要指的是，楚歌少徵音，但徵音在乐曲中又占有十分重要的地位。徵音的位置通常放在非常关键的地方，有时是乐句的终止处，有时是全曲的终止处。“流徵”是楚地歌曲转调的基本音和支撑点。由于“‘流徵’的出现，使歌腔不仅商羽不分，而且商徵也有相混的现象，使旋律有多

① 石华森．楚国主体民族初探［J］．吉首大学学报：社会科学版，1984（1）．
② 黄翔鹏．释“楚商”［J］．文艺研究，1979（2）．
③ 楚声今昔初探［J］．江汉论坛，1980（5）．
④ 张汉卿．龙船调、竹枝词、流徵曲［J］．音乐研究，1988（3）．

层次调式的朦胧美，曲调则更动听，表现力更强”。[①]除了“流徵”之曲外，楚地流传至今的徵调式歌曲也尤需重视。据杨匡民研究，“楚墓出土的编钟，如‘敬事天王钟’‘王孙浩钟’‘倗钟’‘䣄篙钟’，最佳的音响是徵、羽、宫三种音阶（五声与七声音阶），其次是商与角音阶”。他由此推断，楚地的音阶也就是《管子·地贡》篇中提到的以徵声为首的“徵羽宫商角”音阶。[②]我们认为，这个推测是正确的。无疑，“徵”是楚歌中最重要的乐音，徵调也是楚歌中最重要的调式。以“徵”为重要乐音和调式的歌曲，均适于表达悲凉、激昂而又低沉的感情。《乐记》曰：“徵乱则哀。”《史记·刺客列传》曰：燕太子丹与荆轲等人“至易水之上，既祖，取道，高渐离击筑，荆轲和而歌，为变徵之声，士皆垂泪涕泣”。“变徵”纯是音符概念，“流徵”则含有作曲法的意义，二者在概念上不能混同，但“变徵”却属于“流徵”的表现内容之一。使人“垂泪涕泣”也正是徵调式和流徵曲的效果之一。由于“流徵”之曲具有哀凉、凄婉之美，所以后世在喜庆的场合，也乐于歌唱“流徵”之曲，如《盐铁论》记：“中山素女流徵于堂上，鸣鼓巴俞作于堂下。”这自然也是楚风的流韵。

4．穿插唱和、多层次地宣泄情感的歌唱形式与曲体结构。楚歌和《楚辞》与《诗经》相比，在歌唱形式上的一个显著特点，就是“兮”字多在句中。如《楚辞》中以《九歌》最接近于楚民歌，也最具有楚声的本来风貌，而《九歌》的基本句型即为：□□□兮□□□。楚歌“兮”字在句中，主要起衬字作用，并以“和声”的形式加以演唱，即主歌人唱了前一个三字节奏后，周围的人齐唱“兮”声帮腔。这种在歌行中穿插“兮”声帮腔的歌唱特点，对后世的南方民歌，尤其是巴蜀和楚地的民歌，产生了非常重大的影响。如著名的“竹枝歌”（又名“巴渝辞”）的歌行结构为：□□□□（竹枝）□□□（女儿）。在“竹枝歌”中做

① 张汉卿．龙船调、竹枝词、流徵曲［J］．音乐研究，1988（3）．
② 杨匡民．楚南调式考［J］．文艺之窗，1989（13）．

和声的“竹枝”“女儿”，无疑分别是从《楚辞》句中的“兮”和句尾的“兮”演变而来的。后世传唱于鄂西的《龙船调》《社巴歌》及鹤峰山歌等，普遍以感叹词为歌行中的和声，也均源于楚歌“兮”在句中的歌唱特点。[①] 黄中骏说：“兮在《楚辞》中这种比较固定出现的模式，给人增添了韵律感、节奏感，也孕育了一种体式意味。特别是出现于句中的‘兮’，与《竹枝词》出现于句中的和声，与穿插体民歌断句式穿插法相合。”[②] 潜思荃说：“从音乐上看，‘兮’字在句中，很可能是一种接腔唱法。今南方尚有前台唱前半句，后台接腔唱后半句，以此进行音乐烘托的地方。‘兮’在句中的唱法，很可能就是这种唱法。这也正是民间戏曲的特色之一。”[③] 这两种看法都是正确的。现今湖北穿插体民歌断句式穿插法与南方民歌中的前台唱半句、后台接腔唱后半句的唱法，显然都与楚歌“兮”在句中的歌行唱法有着渊源关系。值得注意的是，从《九歌》句型我们还可看出，楚歌和《楚辞》的基本构成单位是三字节奏，两个三字节奏构成一句歌诗。从中国诗歌发展史的角度看，以三字节奏为基本句型的《楚辞》，比以二字节奏为基本句型的《诗经》要成熟了一大步。此正如林庚曾经指出过的：“如果五七言从本质上说是三字节奏的发展，那么大力发展三字节奏最早的就是楚辞。”[④]

楚歌、《楚辞》比《诗经》在形式上更为成熟，因而，在情感的宣泄和思想的表达上，也更充分、更自由。《诗经》因其形式与内容双重的简约，这就使得引《诗经》、用《诗经》极为自由，可以不顾诗本义，随意断章取义加以引申，一部《诗经》，在先秦时期几乎被弄成了一部“隐语”大全。而《楚辞》的情况却与之基本相反。第一，从总体上看，《楚辞》不论是以歌行为单位，还是以全篇为单位，均比《诗经》的体量要大。形式上的体量大，有利于用更多的字句来表达思想、感情。第

① 彭秀枢，彭南均．竹枝词的源流［J］．江汉论坛，1982（12）．
② 湖北民歌曲体结构与《楚辞》体式因素［J］．文艺研究，1990（4）．
③ 《诗》有楚声论［J］．江汉论坛，1980（4）．
④ 诗人屈原及其作品研究［M］．上海：上海古籍出版社，1981：64.

二，在表现手法上，《楚辞》虽对《诗经》的“赋、比、兴”三种手法都有所吸收和继承，但却主要是强化和发展了“赋”的直陈性功能。《楚辞》以直陈为特点，自然其思想、情感就表现得比较直露了。第三，从全篇来看，《楚辞》结构层次多，“一篇之中三致意”，属于回旋、反复上升型结构。

具体来讲，楚歌和《楚辞》大致由这样几个部分和层次构成：（1）“艳”，如《乐府诗集》卷二十六云：“诸调曲皆有辞，有声，大曲又有艳，有趋，有乱……艳在曲之前，趋与乱在曲之后，亦犹吴声、西曲前有和，后有送也。”所谓“荆艳楚舞”也证明了这一点。艳是歌曲的序歌，一般用作舞蹈伴歌的序歌。（2）“倡”，它采取独唱的形式，一般放在和唱前，它的功能也是序歌，如王逸《九章·抽思》注曰：“起倡发声，造新曲些。”但有时“倡”也被穿插在主歌中，如《九章·抽思》。（3）主歌，也就是歌曲的主体部分。（4）“少歌”，又称“小歌”，《抽思》中有一段歌词，名为“少歌”，它的功能是承上启下，采取的是浅声低唱的形式。（5）“乱曰”，是歌曲的卒章，它的功能是对全歌词意加以总结。王逸《九章·抽思》注曰：“此章有少歌，有倡，有乱。少歌之不足，则又发其意而为倡。独倡而无与和也，则总理一赋之终，以为乱辞云尔。”又于《离骚》注曰：“乱者，理也。所以发理词指，总撮其要也。”在曲调与形式上，“乱”与主歌均有所不同。在一般情况下，“乱”常常显得情绪更热烈、高昂。彭丹说：“‘乱’辞置于卒章，则‘乱’似乎是乐曲结尾的高潮这一部分。在语义上，‘乱’可能是众声相杂的意思。即在乐曲临终之前，大家合唱，乐器伴奏，洋洋盈耳。”[①] 黄中骏说：“《楚辞》中注明‘乱’的章节，往往词格形式较前都有一些变化。”“要求在速度、节奏方面较前文有新的变化”，“用于情感抒发高潮的地方。用于文后，形成了独具表现力的一个段落、一

① 评“《诗》有楚声”说［J］. 江汉论坛，1981（2）.

个部分”。[①] 这两种说法无疑都是正确的。需要补充的是，用于喜庆场合的楚歌，其结尾部分的“乱”，有时干脆就是用一首欢快、热烈的短歌来代替。如《招魂》云：“《激楚》之结，独秀先些。”王夫之《楚辞通释》曰：“《激楚》，曲名。……结，曲尾也。独秀先者，曲终而奏《激楚》，独秀于先作之乐也。”在有些楚歌中，没有“乱”，但有与“乱”之功用大致相似的“重曰”和“曰”。如《楚辞·远游》有“重曰”，“重曰”之后又有“曰”。“重曰”和“曰”的功用，一是总理前文，二是反复陈辞。王逸《远游》注“重曰”：“愤懑未尽，复陈辞也。”楚歌、《楚辞》之所以具有上述多层次、大体量的复杂结构，原因仍在于充分地抒发、直陈思想与感情的需要。而这种需要，与春秋战国时期的人们思维更精密，情感更充沛，宣泄需要更强烈，是完全合拍的。也正因为此，在春秋战国时期，楚歌便为列国所接受，成为传唱于南北的一种流行歌曲。

第四节　舞蹈习俗及其特点

在我国上古时期，舞蹈是集体性的娱乐，也是重要的社会活动和学习课目。舞蹈在当时的文化、民俗结构中所占的位置和发挥的功能，远远超过了后世。摩尔根在《古代社会》中说：“舞蹈是美洲土著的一种敬神的仪式，也是各种宗教的庆典中的一项节目。世界上任何地方的野蛮人也没有像美洲土著这样专心致志地发展舞蹈。他们的每一个部落都有 10~30 套舞蹈；每一套舞蹈都有其专门的名称、歌曲。”我国上古舞蹈的传述形式及情景，较之古代的印第安人毫不逊色。

在我国上古传说中，黄帝、帝喾、颛顼、尧、舜、禹、启、汤和文、武、周公等天神和神性人王，都曾经制作过传世的歌舞，其中最著名的一个传说是《山海经》记载的夏后启上三嫔于天，得《九辩》与

① 湖北民歌曲体结构与《楚辞》体式因素［J］. 文艺研究，1990（4）.

《九歌》以下。

至迟在周代，我国开始有了非常正规而完善的舞蹈教学体系和舞仪规范。周代王室将舞乐分为大舞、小舞、夷舞等，令贵族子弟从幼年起即入学受教，教育的最主要的课目就是舞乐，主教之人则为“大司乐”或“乐正”。《周礼·大司乐》记：“学成均之法，以治国之学政，而合国子弟焉。”《礼记·王制》曰：“乐正崇四术，立四教，顺先王诗书礼乐以造士。春秋教以礼乐，冬夏教以诗书。”按周代礼制，贵族及其子弟不仅需要谙熟舞乐，而且在礼仪场合，甚至是平日行走、乘车时，也必须使动作、节奏合于特定的乐谱和舞步。如《周礼·春官·乐师》记：“教乐仪，行以《肆夏》，趋以《采荠》，车亦如之，环拜以钟鼓为节。”由于动作的节奏声来自于身上悬挂的玉环，所以《礼记·曲礼上》又要求“君无故玉不去身”。事实上，大夫、士也都身佩环玦。

周人厘定的这些与舞乐有关的教育体系和礼仪、制度，楚人大部分都接受过来了。《国语·楚语上》记申叔时论楚太子受教科目时说：“教之乐，以疏其秽而镇其浮。”河南信阳长台关战国楚墓出土的竹书上也记载说：“□□教篮（瑟）晶（星）岁（一年）。”[①]《离骚》：“鸣玉鸾之啾啾”，《九歌·湘君》：“夕弭节兮北渚”，“捐余玦兮江中，遗余佩兮醴浦”，则反映出楚人不论行车，还是安步，均是默诵乐谱和步诀，使车铃和佩玉发出有节奏的乐声。据《左传》和《吴越春秋》记载，楚人在乐官称谓上也与周人相一致，军中司乐之官称为“师 ×”，宫中乐长则称为“乐师”。又《周礼·春官》小胥职记：“掌学士之征令而比之，觵其不敬者。巡舞列，而挞其怠慢者。”这“小胥”，用现代术语说，就是舞蹈督导。在长沙黄土岭出土的一件楚漆奁上，我们看到了一幅生动的“小胥巡舞图”。图上有三个少女在练舞，五个少女在侧室休息，两个少女练完舞正向侧室走去。练舞厅内，旁立着一个老年女舞师（女胥），手执荆束，双眉拧立，正在严厉地督促那三个少女练习。

① 谈信阳长台关出土的竹书［J］. 文物，1976（6）.

以上对比表明，楚舞与周舞是共处在一个大系统内的，具有基本相同的面貌、内容及传习程式。不过，在某些表演和欣赏的习尚、礼仪上，在对各种舞蹈的制作、传承和偏重点上，以及对舞蹈的热衷程度上，周、楚之间还是存在着一些明显区别的。它们突出表现在：

1. 从春秋后期起，楚国尚舞之风均较列国为浓烈。桓谭《新论·言体》记：楚灵王“躬执羽绂，起舞坛前”。一个大国的王公亲自披羽执绂充当主舞，这在先秦时期，在此前的楚国历史上，均非常少见。联想到楚灵王及其以后，楚国骤然出现了一些古印度的文化因子，我们认为，楚灵王亲为主舞，可能也与来自古印度的文化影响有关。在世界各民族中，没有比古印度人更为崇尚歌舞的。据介绍，“印度人最普遍尊敬的大神是‘湿婆’，湿婆的另一称号便是‘舞王’”，“在南印度的 Cidambaram 舞王湿婆神殿上，曾雕刻了一百二十二幅健舞的姿势”。[①]我们似可推测，楚灵王亲舞是对古印度至上神兼舞王湿婆的一种模仿。

2. 战国时期楚国巫舞之风盛行。《吕氏春秋·侈乐》记云：“楚之衰也，作为巫音。”“巫音”，包括了巫术性的音乐、舞蹈、歌唱三个方面。楚国上层社会盛行的巫舞，不是原始、粗率、低级的巫舞，而是经过加工、提高，艺术形式极其优美、成熟的一种祭祀性歌舞。《楚辞·九歌》就是由楚国巫觋演出的一组连场（大、小场相套）歌舞和雏形情节剧，其形式、结构之优美，令百代为之倾倒。

3. 楚国较早地实现了乐与礼的分离，产生了对舞蹈形式美的自觉追求。在周文化中，常常礼、乐并称，礼、乐构成了一种既具有互补性，又具有主从性的关系。乐服务于礼，归旨于礼，又维系着礼，所谓“礼崩乐坏”，即反映了这种礼、乐共存的关系。由此出发，乐舞不是单纯的审美对象，而是具有明显的政治、道德和功利目的的活动。周人对什么样的乐舞用于什么样的场合和等级以及演、奏的次序，都作了繁缛的规定。如周人在宴飨宾客时，要歌《奏鸣》奏《新宫》。在行乡饮酒

① 常任侠．中国古典艺术［M］．上海：上海出版公司，1954：131、135.

礼时，要奏《小雅》逸篇《南陔》《白华》《华黍》等。与此同时，主、宾和所有参与人员也要脚踏与乐曲相应的舞步。此外，周人早期的传统规定还有，庄重的乐舞不能在野外演奏[①]，四夷献舞只能在城门外表演等。[②]与周文化圈内的各封国相比，楚国上层社会较早地出现了纯粹为娱耳目而演出的歌舞，如《史记·楚世家》记：楚庄王“左抱郑姬，右抱越女，坐钟鼓之间”。对纯娱乐性歌舞的嗜好，自然地导致了这样几个结果。

（1）周人礼乐统一的僵化程式被打破。

（2）四方乐舞堂而皇之地进入楚国上层社会，被糅在一起作综合性同堂演出，形成舞乐“杂陈”的局面。《楚辞·招魂》：“二八齐容，起郑舞些”“吴歈蔡讴，奏大吕些”“郑卫妖玩，来杂陈些”。《大招》：“代秦郑卫，鸣竽张只”“讴和《阳阿》，赵箫倡只”便均描写的是这种“杂陈”的场面。据周紫芝《楚辞说》，楚怀王幸姬郑袖，早先即是一个美而工舞的郑女。需要指出的是，“郑卫妖玩，来杂陈些”的风气，不独盛行于楚国，在齐国，在战国末期的秦国也同样盛行。[③]据《史记·货殖列传》记载，战国至西汉早期，中山、赵、郑等国和地区的女子为了谋生计，自幼练习歌舞，练成后奔赴大国充当女乐。但是开“杂陈”风气之先的，我们认为当推楚国。楚人这种四方之舞来杂陈的欣赏趣味，影响了有汉一代风气。长沙马王堆三号汉墓遣册记载，歌舞俑中有“郑竽、瑟”“郑舞者”“河间舞者”，甚至还有“胡人”。[④]《盐铁论·散不足》载：汉代富室“中山素女流徵于堂上，鸣鼓巴俞作于堂下”，“中者鸣竽调瑟，郑舞赵讴”。张衡《南都赋》记三月上巳的歌舞

---

① 《左传》定公十年记：“嘉乐不野合。”

② 据《周礼·春官》记载，旄人、鞮鞻氏掌教夷乐及其歌舞，并可在祭祀、宾飨时表演。这反映的是东周以降的状况。

③ 战国中期以后，楚与齐弱于国势，但文化上却出现了发展的高潮，如刘勰《文心雕龙·时序》曰：“春秋以后，角战英雄。六经泥蟠，百家飚骇。方是时也，韩魏力政，燕赵任权，五蠹六虱，严于秦令。唯齐、楚两国，颇有文学。”

④ 王世民，周世荣．马王堆二、三号汉墓发掘的主要收获［J］．考古，1975（1）．

活动说："齐童唱兮列赵女，坐南歌兮起郑舞。"

（3）追求大场面、强刺激，"以金石匏竹之昌大、嚣庶为乐"[①]。《招魂》："竽瑟狂会，搷鸣鼓些。宫廷震惊，发激楚些。"《大招》："叩钟调磬，娱人乱只。四上竞气，极声变只。"也是指的这种情景。与乐声相应，楚国宫舞也以急速、回旋为特色。如《招魂》"衽若交竿，抚案下些"即证楚舞有急旋的特点。长沙出土的战国楚漆奁上舞女皆戴圆顶帽并结带于颔下，戴帽的目的就是避免发髻因急旋而脱落。当然，急旋也并不一定就是典型的传统楚舞的特点，而是楚国上层社会欣赏的一种舞蹈风格，如成公绥《琵琶赋》中即描写有："飞龙列舞，赵女骈罗，进如惊鸿，转似回波。"说明不独楚人，赵地女优也擅长急旋之舞。

（4）楚人追求演出场面及形式的新奇。汉、魏皇室醉心于"楫櫂越歌"、舞于大船的嗜尚，即滥觞于楚人。早在春秋后期楚鄂君子皙就曾泛青翰之舟听越女击櫂而歌，由此再向前发展，便是以大船为舞榭了。秦汉时期的宫中骑吹场面也非常壮观，《三辅黄图》记：秦始皇在上林苑中建宫，"庭中可受十万人，车行酒，骑行灵，千人唱，万人和"。这种类型的骑吹歌舞，其实楚人在战国后期即已有之。《离骚》："屯余车其千乘兮，齐玉轪而并驰。驾八龙之婉婉兮，载云旗之委蛇。抑志而弭节兮，神高驰之邈邈。奏《九歌》而舞《韶》兮，聊假日以愉乐。"这段文字描写很显然是以楚国王室的骑吹歌舞为摹本的。汉代黄门骑吹，歌以楚国风味的相和大曲为主，舞以杂舞为主，表现出对楚国骑吹歌舞形式的更明显的继承性。

（5）商代的酒神型迷狂、淫靡的歌舞在楚国得以复兴。《史记·殷本纪》载：纣王"好酒淫乐，嬖于妇人……于是使师涓作新淫声，北里之舞，靡靡之乐……大聚乐戏于沙丘，以酒为池，悬肉为林，使男女裸相逐其间，为长夜之饮"。《拾遗记》亦载：商纣乃令其乐长师延"更奏

① 《国语·楚语下》伍举语。

迷魂淫魄之曲，以修长夜之娱”。殷纣时盛行的这种以饮酒伴歌舞，以歌舞助酒兴，夜阑酒酣大肆淫乱的风气，就是一种典型的酒神崇拜和迷狂，其歌舞也是典型的酒神狂欢性歌舞。此种风气和歌舞，在战国时期的楚国得以完全地复兴。《招魂》：“士女杂坐，乱而不分些……铿钟摇簴，揳梓瑟些。娱酒不废，沈日夜些。”记载的就是这种酒神型歌舞及迷狂、沉醉的场面。类似于殷、楚的这种歌舞，战国时期也曾出现在郑、宋、卫、齐诸国，如《礼记·乐记》载子夏曰：“今夫新乐，进俯退俯，奸声以滥，溺而不止，及优侏儒，獶杂子女，不知父子，乐终不可以语，不可以道古，此新乐之发也。”又曰：“郑音好滥淫志，宋音燕女溺志，卫音趋数烦志，齐音敖辟乔志。此四者，皆淫于色而害于德，是以祭祀弗用也。”但是，这种“新乐”，只淫于色，而未耽于酒，不属酒、色结合的那种典型的酒神迷狂性歌舞。

（6）个体舞在楚国得到进一步的发展。从舞蹈发展史的角度看，个体舞的出现要晚于集体舞，优美的、表演性的个体舞出现就更晚了。周代已有了小型歌舞，被称作“燕乐”或“房中乐”，它用于宾燕。《仪礼·燕礼》记：王室“有房中之乐”。郑玄注曰：“弦歌《周南》《召南》之诗，而不用钟磬之饰也。”由此可见，周人的“房中乐”，比奏《雅》《颂》时的乐器配置要少，表演人数相应也少。不过，既然被用于宾燕，则规模、场面也不会太小。到了战国时期的楚国，就出现了仅一人舞蹈、数人伴奏的真正的个体表演性舞蹈。如信阳长台关楚墓锦瑟画上有两排共十个司乐人员，但舞蹈者只有一人。此外，在秦汉之际及汉代，也非常盛行一人伴歌、一人起舞的歌舞形式。如《楚汉春秋》记项羽悲歌，虞姬和之且伴以舞。《史记·留侯世家》记刘邦楚歌，戚夫人伴以楚舞。《西京杂记》卷一则说：戚夫人善楚声，又“善为翘袖折腰之舞”。这些个体舞无疑都是楚人习尚并传承的房中舞。《汉书·礼乐志》载：“周有《房中乐》，至秦名《寿人》。凡乐，乐其所生，礼不忘本。高祖乐楚声，故《房中乐》楚声也。”我们认为，汉代的《房中乐》用楚声，与高祖是楚人有一定关系，但也不能否认楚国房中乐舞的形式当是先秦同类乐舞中的佼佼者，否则，汉代会兼用周、秦王室的房中乐舞，而不会专用“楚声”的房中乐舞。我们只要对两汉文献稍加留意，就可发现，行列舞这样的集体舞，为齐、赵、郑这三国的舞女所擅长，但独舞之美却由楚女表演到了极致。与房中乐相伴的独舞之所以在楚国得到长足的发展和完善，与楚人追求单纯娱乐性的乐舞表演有关，因为只有存在这种追求，才会在大场面的歌舞和小场面的独舞两个向度上同时得到发展。

第五节　舞蹈的种类

一、踏蛇舞

根据出土文物来判断，此种舞蹈在先秦至秦汉时期主要盛行于南方民族中。如云南晋宁石寨山 M_{13} 出土了一件双人舞铜饰牌，牌上铸有“二人反向躬身曲膝而舞，口张开似在边歌边舞，二人脚下踏一蜿蜒长蛇”。[①] 湖北荆门战国楚墓中出土了一件镌有“大武辟兵”四字的铜戚，铜戚正反两面铸有相同的图案，图案刻绘的是一位头冠长羽、身布重鳞的神人，双耳珥蛇，左手操一蛇，右手操一双头怪兽（当为双头联体蛇），左足踏月，右足蹬日，胯下乘一龙。[②] 关于此墓墓主，现在学术界

① 彭松．中国舞蹈史・秦汉魏晋南北朝部分［M］．北京：文化艺术出版社，1984：49.

② 参见俞伟超．“大武辟兵”铜戚与巴人的“大武”舞［J］．考古，1963（3）．有学者认为，“大武铜戚”上的神人就是夏后启，因《山海经・大荒西经》记载有：“西南海之外，赤水之南，流沙之西，有人珥两青蛇，乘两龙，名曰夏后启。”但我们认为，《山海经》是先有图，后有文，产生在后的文字记载，有时并不符合《山海图》的原意，如对同一幅图，《海外西经》的解释则是：“大乐之野，夏后启于此舞《九代》。乘两龙，云盖三层，右手操翳，左手操环，佩玉璜。”因此，这幅图上的人物是否为夏后启，他是否在表演舞蹈，而且表演的是否为踏蛇舞，尚需作深入的研究，不能遽下结论。

较一致的看法是楚籍巴人。刻绘有同类舞蹈，又为地道的楚人遗物的是信阳长台关楚墓出土的锦瑟。该锦瑟上绘出的“巫师的形象有三种：第一种身穿红色长衣，袖口略束，头戴黄色的前有鸟首后有鹊尾的帽子，双手似鸟爪，各持一蛇，似在执行巫术；第二种身穿银灰色大衣，头戴黄色高顶上平细腰的帽子，双手合持一法器，伫立在蟠曲的蛇身上面，似乎在显法降灵；第三种形体奇异，扁头，粗颈、大腹，腹前有一龙首，左侧侍立一龙身，而巫师两腿微启，临危不惧，作缓步前进状”。[①] 我们认为，长台关锦瑟上所绘三幅巫师舞均属于“踏蛇舞”。[②]

在远古至上古时期，蛇是世界上许多民族的崇拜对象，在许多民族的神话传述中，蛇（尤其是巨蛇）都是原初动物、混沌神和生命之神的化身和象征。蛇及其变形体“龙”在我国从远古开始直至秦汉时期，也曾被作为生殖和生命之神的象征，据《山海经》记载，大造化主女娲的外形或化身就是一条巨蛇，人民得以栖居的九州（九丘）则是巨蛇相柳的断躯残骸所化，照亮幽冥寒冰之地的也是身躯巨大的“烛龙”。汉石刻像中最常见的题材是人首蛇身的伏羲、女娲交尾，长沙马王堆一号汉墓非衣画上占据了最显著位置的也是下尾盘结相交的两条巨龙。因此，我们认为，踏蛇（或弄蛇）舞应属于一种祈求生育、颂祭生命之神的巫术舞蹈。这种舞蹈有一个基本的造型动作，就是大腿外分，裆部下沉，俗称“蹲踞”或“骑马裆”，有时则伴以大臂齐肩平伸，小臂上举的动作，“大武铜戚”上的神人动作造型就是如此。先秦两汉文献记载的舞“蹲蹲”，也指的是这种动作造型。在内蒙古阴山、广西花山等地的为数众多的、发端于远古、辍笔于中古的崖画中，也可发现大量的这类造型，处在画面中心地位的大神造型尤其如此。

① 裴明相 . 楚人服饰考［M］// 楚文化觅踪 . 郑州：中州古籍出版社，1986.

② “踏蛇舞”也传入了中原地区，如河南辉县琉璃阁 M_{59} 出土的一件画像铜壶上，有一羽人形象，他头珥一蛇，两手各操一蛇，胯下又有一条蛇逶迤爬行。羽人一腿前伸，一腿弯曲并承受身体的重心，两手向两侧伸开，微微上举，显然是在进行踏蛇舞的表演。

据笔者所知，目前还没有人指出过这种舞姿的象征意味。我们认为，这种造型源于远古时期祭颂生命母神，讴歌生育的舞蹈。这种两腿外分下沉、双手高扬的动作，就是对女性受媾、生育时的动作的惟妙惟肖的模仿。进入父系氏族社会后，至尊神一般由女性改为男性，但是扮演男至尊神的舞者（或巫师）却将这种造型动作原封不动地承袭下来了，并一直传到现代成为一种很常见的舞蹈动作。笔者还注意到，在我国传统的刺绣、铜器（如铜帐钩）、木雕乃至专供摩挲的“玩钱”上，普遍存在着一种装饰、象征味很浓的符箓文“寿”字，这“寿”字就与“大武铜戚”上的神人造型完全一致。这“寿”字从上往下看，是一个蹲踞舞人，倒过来看亦复如此，而且也有一个人头，但这人头实际上是一个抽象的男根。此外，就像香炉、宝鼎是对生命母神（孕妇形象）的抽象模拟一样，我国传统的香案及供奉于香案上的烛台也是对蹲踞舞者和符箓文“寿”字的一种抽象模拟。这里，我们附带对“大武铜戚”再作点分析。不少学者因为铜戚上刻有“大武”，就认为铜戚上铸着的神人就是一个（巴式）大武舞舞者。这实在是一种误会。铜戚上的神人表演的是踏蛇、弄蛇舞，而不是大武舞，因为大武舞的道具，文献记载得很清楚，是“朱干（楯）玉戚（钺、斧）”。

二、蚩尤戏

蚩尤戏属于杂伎的类别，但含有舞蹈的成分，杂伎与歌舞在汉代统称为“百戏”。蚩尤戏是从祭祀蚩尤的舞蹈转型而成的。蚩尤是九黎族的首领，《史记·五帝本纪》载：黄帝时“蚩尤最为暴”，“蚩尤作乱，不用帝命。于是黄帝乃征师诸侯，与蚩尤战于涿鹿之野，遂禽杀蚩尤”。《龙鱼河图》载：“黄帝摄政，有蚩尤兄弟八十一人，并兽身人语，铜头铁额，食沙石子，造立兵仗刀戟大弩，威震天下，诛杀无道，不仁慈。万民欲令黄帝行天子事，黄帝以仁义不能禁止蚩尤，乃仰天而叹。天遣玄女下授黄帝兵信神符，制伏蚩尤，帝因使之主兵，以制八方。蚩尤没后，天下复扰乱，黄帝遂画蚩尤形象以威天下，天下咸谓蚩尤不死，八方万邦皆为弭服。”据此可见，蚩尤虽然兵败身死，但威灵犹在，并被黄帝族团尊为“主兵”的战神。蚩尤戏因此带有浓厚的武嬉色彩。《史记·乐书》曰：冀州“其民三三两两，头戴兽角而相抵，名唤‘蚩尤戏’”。梁任昉《述异记》曰：“冀州有蚩尤神，谓蚩尤人身牛蹄，四目六手……秦汉间说蚩尤耳鬓如剑戟，头有角，与轩辕斗，以角抵人，人不能向。今冀州有乐曰《蚩尤戏》。”显然，蚩尤戏是一种戴角相抵的角力游戏。

值得注意的是，上引文献所描述的蚩尤形象，实际上已叠合了驱鬼的方相氏的形象，如蚩尤四目，方相氏也是黄金四目，蚩尤戏头戴兽角（或牛角）模拟蚩尤形象，方相氏也是头戴兽角，脸罩兽形面具，湖北随县曾侯乙墓内棺漆画上的方相氏头上有兽角，面部似牛首，耳鬓须发如剑戟一般地暴伸着，就更与蚩尤的形象别无二致了。曾文化与楚文化具有整体上的同一性，我们可由此推见，在楚、曾（随）等楚文化圈内的国家中，蚩尤戏是与傩舞相结合，以比冀州（春秋时为晋国之地，战国时属三晋之一的赵国地域）戴角相抵在程式上更复杂、表演内容更丰富、文化内涵也更深厚的状态传流着的。《史记·高祖本纪》载，刘邦起兵之始，“祭蚩尤于沛庭”。《集解》引应劭曰：“蚩尤好五兵，故祠祭之求福祥也。”刘邦起兵隆祭蚩尤，说明楚人与北方民族一样崇拜兵神蚩尤。在后世的贵州少数民族地区，蚩尤戏不仅与傩舞融为一体，而且还复合了“大武”舞的表演内容，形成了一种富有地区性和民族性色彩的剧种——军傩戏，一直传延至今。我们认为，“军傩戏”的滥觞之地也应在楚国。春秋及其以降的楚地居民中混融了相当一部分九黎（三苗）族的后裔“南蛮”，因此在楚国的部分地区还应传承着一种具有祭祖意味的“蚩尤舞”。据孙景琛介绍，广西马山县的瑶族人民，至今还传流着表现蚩尤“带领部落从平地迁往高山开荒种地的事迹的‘蚩尤舞’”。[1] 瑶族的“蚩尤舞”显然是世世代代地传延下来的，因为，凡是

① 中国舞蹈史·先秦部分［M］.北京：文化艺术出版社，1983：38、39.

农业民族，其农神必然同时又是其祖神。瑶族将蚩尤作为农神，说明蚩尤就是其祖神，其世代传习的“蚩尤舞”无疑也就是祭祖舞。这种舞蹈与冀州人民表演的蚩尤戏在性质上是完全不同的，后者源于胜利的民族对战败者威灵的畏惧与模拟。由于九黎族的后裔南蛮并非楚国的主体民族，所以“蚩尤舞”在楚国的传流范围限于部分地区的下层社会中。

先秦时期还有一种武嬉项目，名为“角抵”。角抵，即现代的中国式摔跤与日本相扑的前身。据《汉武故事》记载，角抵或传为“六国时人所造”，或传为“楚人造”。两种说法当以后一说法近是。角抵的产生至迟是在春秋时期，《左传》僖公二十八年载：“晋侯梦与楚子（成王）搏，楚子伏己而盐其脑。”又载：楚令尹“子玉使斗勃请战，曰：‘请与君（晋文公）之士戏，君冯轼而观之，得臣（子玉）与寓目焉’”。《传》文所说的“搏”与“戏”均指的是“角抵”，而且很明显地透露出楚人比晋人更精于角抵。在今湖北云梦地区曾发现了角抵的汉石刻画，画中两男子除腰股缠裈外，几乎一丝不挂，头发向上束起，与今日本相扑士绝无二致。这石刻画可以说就是对楚人角抵之戏的生动描绘。到了秦汉时期，角抵也与“蚩尤戏”出现了混合的趋势，有时人们说角抵就是蚩尤戏，如《述异记》云：“汉造角抵戏，盖其（按：指蚩尤戏）遗制也。”有时又以角抵为杂伎的总称。包括蚩尤戏在内的角抵成为秦汉宫廷百戏的重要构成内容，如《史记·李斯列传》说：“是时二世在甘泉，方作觳（角）抵优俳之观。”《汉武故事》说：“内庭常设角抵戏。”

三、十二神兽舞

据文献记载，这种舞蹈最早产生于汉代，并成为当时方相舞的主要形式。如《后汉书·礼仪志》记：“方相氏黄金四目，蒙熊皮，玄衣朱裳，执戈扬盾。十二兽皆衣毛角。……周作方相与十二兽舞。”而《周礼·方相氏》的记载则是“帅百隶而时傩”。但是，我们有根据认为，十二神兽舞实际上在战国时期的楚国已产生了。十二神兽舞，是结合远古传下来的像人舞、蜡祭舞和殷人创作出的傩舞这三种舞蹈形式产生出来的。而文献记载表明，这三种舞蹈在楚国均非常盛行。

先秦时期较为典型的像人舞是《韶》舞。《尚书·尧典》记：帝舜命夔典乐，夔曰："於！予击石拊石，百兽率舞。"这舞即是《韶》舞，"百兽"则是周代方相氏所帅"百隶"的前身。在《韶》舞中，主角是凤凰。《尚书·益稷》云："笙镛以间，鸟兽跄跄，箫韶九成，凤皇来仪。"《史记·夏本纪》则记云："于是夔行乐，祖考至，群后相让，鸟兽翔舞，《箫韶》九成，凤凰来仪，百兽率舞，百官信谐。"以凤凰为舞蹈的主角和祈迎对象，带有鲜明的东方民族的文化风格，如东方民族的大帝高辛氏（帝喾）相传也命人制作过《九韶》。《吕氏春秋·古乐》记："帝喾命咸黑作为声歌：《九招（韶）》《六列》《六英》……帝喾乃令人抃，或鼓鼙击鼓磬，吹苓展管篪，因令凤鸟天翟舞之。"为《韶》舞伴奏的乐器，据文献记载，主要为琴瑟、鼗鼓、柷、敔、笙、镛。《韶》舞的道具主要是"箾"，所以《韶》又名《韶箾》，箾是一种舞竿，竿上系着五彩缯条，箾也是祭社稷之神的绂舞的道具。因为《韶》乐须演奏九遍，故又称《九韶》，《韶》舞的伴歌则名为《九歌》。

据《汉书·礼乐志》记载，西周时期《韶》乐传承于虞舜后裔妫姓陈国，春秋前期传入了齐国。楚与陈接触密迩，估计接受《韶》乐不会晚于齐国。春秋、战国之交，楚灭陈国，迁徙了一部分陈民于楚国南方地区，故在战国时期，舞《韶》之风，楚国最盛[①]，《离骚》"奏《九歌》而舞《韶》兮"，《远游》"二女御《九韶》歌"，皆系其证。《楚辞·九歌》无疑也是仿自舜、陈之《九歌》。楚人不仅接受了《九韶》，而且还增加了迎神的气氛，扩大了拟兽表演的规模，从《远游》中，我

① 不过，也可推测《九韶》是商周之际，由一部分南迁的殷民率先带到楚国的南方地区的。因《九韶》也是商文化传承的重要内容，《吕氏春秋·古乐》记载商汤命伊尹"作为《大护》，歌《晨露》。修《九韶》《六列》，以见其善"。《九韶》经伊尹增修后称为《韶护》，大概是融入了商人乐舞（大护）中的某些内容。

们可以清楚地看到这两点。楚人对《九韶》的增修，还导致了一种新的大型综合性连场歌舞演出形式的出现，它就是被汉代人经常提到的“总会仙倡”（说详下）。另外，楚人还赋予《九韶》以各种新的民俗功能。如《楚辞·大招》：“魂乎归徕！凤皇翔只。”就是将《九韶》中的一场像人舞——凤凰舞，用于引魂归宅。在考古中出土的一些楚国乐器（如建鼓、悬鼓、琴、瑟、编磬等）及若干舞具（如漆盾、铜鸾杖首）的造型、图案和装饰物上，我们发现凤鸟是最常见的表现母题，其次，则为龙、虎、鹿等。这些乐器及舞蹈道具，并不一定全是用于《九韶》乐舞，但可肯定它们是经常被用来演奏《九韶》的。

蜡祭舞是周人在夏正十月庆丰年时举行的祭祀百神的舞蹈。它既是为了酬神报功，也是为了自娱。《礼记·杂记下》载：“子贡观于蜡，孔子曰：‘赐也，乐乎？’对曰：‘一国之人皆若狂，赐未知其乐也。’”《周礼·地官·党正》记，大蜡“则以礼属民而饮酒于序”。《诗经·豳风·七月》云：“十月涤场。朋酒斯飨，曰杀羔羊，跻彼公堂，称彼兕觥，万寿无疆。”“十月获稻，为此春酒，以介眉寿。”上引记载，反映的是周人大蜡庆丰年、全民性自娱、狂欢这一方面的内容。大蜡的另一方面的内容，是酬神报功。《礼记·郊特性》曰：“郊之祭也，大报本反始也。天子大蜡八。伊耆氏始为蜡。蜡也者，索也，岁十二月（按：实应为夏正十月）合聚万物而索飨之也。蜡之祭也，主先啬而祭司啬也。”郑玄注曰：“蜡祭有八神，先啬（农业发明神）一，司啬（较先啬低一等的司农之神）二，农（古之农官，如后稷）三，邮表畷（田舍）四，猫虎五，坊（堤防）六，水庸（沟渠）七，昆虫八。”其实，大蜡又称为“八蜡”，乃是概言酬神对象之多，并非仅限于八位神祇。大蜡祭祀的主要对象是农神，其次便是山川之神和一切有益于农业丰收的神祇。《周礼·春官·籥章》对大蜡乐舞有甚为简略的记载，其文曰：“国祭蜡，则吹豳颂，击土鼓，以息老物。”所谓“豳颂”即前引《诗经·七月》第八章。此外，《诗经·小雅·甫田》：“我田既臧，农夫之庆。琴瑟击鼓，以御田祖。”据说也是蜡祭的乐歌。另据《郊特牲》记载，在蜡祭飨神之前，要先迎接猫、虎等有益于农事的神祇。先秦时期凡迎神都要设“尸”，也就是安排一个人扮演这位神祇，因此，大蜡迎神的仪式显然应表现为一场拟兽舞：有人扮猫，有人扮虎，有人则扮各种形状的山神——如《山海经·中山经》记载的“马身而龙首”，“状如人而载蛇，左右手操蛇”，“鸟身而龙首”之类奇形怪状的山神。苏轼在《东坡志林》中即曾作过这种推测，他说：“八蜡，三代之戏礼也。岁终聚戏，此人情之所不免也，因附以礼义，亦曰不徒戏而已矣。祭必有尸，无尸曰奠……今蜡谓之祭，盖有尸也。猫虎之尸，谁当为之？非倡优而谁？葛带榛杖，以丧老物，黄冠草笠以尊野服，皆戏之道也。”这种拟兽之戏，无疑也是十二神兽舞的先导。在夏正十月（孟冬）举行丰年祭，不是周族一个民族的风俗，我国上古相当多的民族也有在十月举行丰年祭的风俗，如汉代居于乐浪之东的濊貊族和高句丽民族都在十月举行祭天盛会，居于我国西部的羌族至今仍在农历十月敬神祭祖，这些民族的十月祭便都是从上古传承下来的。先秦时期的楚族受周文化影响，也于夏正十月举行蜡祭，《国语·楚语下》观射父与楚昭王“论祀”时说的“日月会于龙豵（时在夏正十月），土气含收，天明昌作，百嘉备舍，群神频行。国于是乎烝尝，家于是乎尝祀”，便指的是楚国的大蜡祭。楚国既有蜡祭，那么，相应也就有蜡祭中的拟兽舞。

傩舞，相传是商汤八世孙微制作、厘定的。如《太平御览》卷五二九引《世本》曰：“微作禓、五祀。”又曰：“微者，殷王八世孙也。禓者，强死鬼也，谓时傩索室驱疫，逐强死鬼也。”周代，傩舞在包括楚国在内的大华夏文化圈中蔓延成风。据《礼记·月令》记载，周代一年要举行三次傩舞，最后的一次傩舞安排在季冬十二月，规模最大，被称为“大傩”。据《周礼·春官·方相氏》记载，周代傩舞的一般形式是：“方相氏蒙熊皮，黄金四目，玄衣朱裳，执戈扬盾，帅百隶为之驱疫厉鬼也。”“百隶”在傩舞时要与方相氏一样化装为兽形怪物。在湖北随县出土的曾侯乙墓内棺左右两侧的漆绘图案上，我们看到了一共 16 个傩舞怪人，这些怪人均双手执戈，张口呼噪。以戈柄击地顿足而舞。① 曾文化与楚文化在春秋、战国之际具有较高的一致性，因此，通过曾侯乙墓棺画中的傩舞怪人，我们可以看到楚国方相氏及其所帅兽人的大致形象。而值得特别注意的是，类似曾侯乙墓棺画上的那种大头、方面、戴角的怪人形象，在长沙子弹库出土的楚帛书边缘所画的十二月怪神像中至少可以找得出来六个。另外六个月份的怪神像，有的像鸾鸟（又像兽身鸟首），有的像蛇（或戴蛇怪物，或两条蛇身共一个兽头），有的像夔龙（或牛怪）。② 此外，在长沙子弹库帛书上的六个大头怪神像中，还包括了一个三头怪神，一个四头怪神。与之相类似的怪物（面具），我们在汉代乃至近代的傩舞中也能找到，如沂南汉墓画像石刻中有一驱鬼神兽，一手执戟，一手持竿，头上又生出了五个人头，现代江西“傩舞”面具中也有一个怪物，头上插羽，羽下有三个人头。③ 前此，已有若干学者推测这十二神像与汉代大傩中的十二神、十二兽以及十二生肖有关。④ 我们认为，这种推测无疑是正确的，因为，只要对照一下曾侯乙墓棺画上的驱疫方相氏及兽人的形象，我们就可发现两者之间实在是太相似了。显然，《韶》舞、蜡祭舞、傩舞这三种拟兽色彩较浓的舞蹈，是在战国时期的楚国十二月月神崇拜观念的作用下耦合成了一种有别于殷、周的新型傩舞——十二神兽傩舞。历史上的楚文化有相当一部分因子积淀、传承于现代的彝族中，而彝族便正是使用一种“十二兽历”，并有一种相应的十二兽神舞。刘尧汉《“十二兽”历法起源于原始图腾崇拜》一文介绍说：

> 哀牢山及其邻近地区的彝族，都使用“十二兽历”，即以十二兽——虎、兔、穿山甲、蛇、马、羊、猴、鸡、狗、猪、鼠、牛来

① 战国曾侯乙墓出土文物图案选［M］. 武汉：长江文艺出版社，1984：23.

② 有关帛书的摹本，现在至少有六幅之多，本文所作描述，参照了这六幅摹本。李零 . 长沙子弹库战国楚帛书研究［M］. 北京：中华书局，1985.

③ 孙景琛 . 中国舞蹈史・先秦部分［M］. 北京：文化艺术出版社，1983：100、101.

④ 李零 . 长沙子弹库楚帛书研究［M］. 北京：中华书局，1985：34.

> 纪日、纪月、纪年。其中，以虎为首。过去每隔三年的首月（即虎月）的第一个虎日，哀牢山上段南涧彝族自治县南境虎街的山神庙就要举行一次大祭。这时，庙外有男女青年欢乐歌舞，庙内则由以女巫为首的十二个巫人，举行十二兽神的舞蹈，气氛庄严肃穆……舞蹈的主要情节，是由为首女巫带头表演仿效十二兽的声音和动作，以象征纪日十二兽神的降临。

彝族的十二兽神舞，无疑是以楚国的十二兽神舞为原型发展而成的。

四、百戏

这是一种包括歌舞、杂伎、马戏等多种内容的综合性大型表演节目。通常认为汉代始有百戏，但我们认为实际上至迟在战国时期的楚国宫廷中已开始演出百戏了。我们的理由是，从构成汉代百戏的许多单项节目来看，楚国几乎都有，从综合性的大型百戏演出来看，楚国也有。

首先我们来看单项节目。张衡《西京赋》记汉代百戏表演中有这么三个节目："程角抵之妙戏""跳丸剑之挥霍""弯弓射乎西羌，又顾发乎鲜卑"。我们在前文中已提到过角抵戏有可能为楚人所造，而且楚人最长于角抵。所谓"跳丸剑之挥霍"，就是用双手投、接三四只丸球或短剑，而不使之落地，楚国早在春秋时期就出了一个"弄丸"圣手熊宜僚，《淮南子・主术》载，郢都"市南（熊）宜僚弄丸，而两家之难无所关其辞"。至于表演射艺，《九歌・东君》记载的楚国神尸的表演也非常生动优美："驾龙辀兮乘雷，载云旗兮委蛇……举长矢兮射天狼。操余弧兮反沦降"。而且值得注意的是，汉代百戏中的射艺表演，与《东君》一样，也是在急驰的战车上进行的。

"蹴鞠"是先秦的一种游戏，鞠球的形制、大小略同于现代的网球。刘向《别录》曰："蹴鞠，黄帝所造，本兵势也。"所谓"兵势"，包含军事技艺和军舞两层意思。在汉代，蹴鞠也被列为"百戏"中的表演项目。在河南南阳、山东曲阜等地的汉画像石上，常见一人或数人踢球，踢球姿势中揉入了舞蹈的动作。或边踢球，边击建鼓，旁边有时则刻着吹排箫、摇鼗鼓为之伴奏的乐人。此种舞“蹴鞠”的习俗，在先秦时期当以楚地最盛。据文献记载，楚人刘邦就是一个蹴鞠迷。两汉蹴鞠之风大盛，与他的身体力行不无关系。《荆楚岁时记》载，梁代楚人每于立春之日为“打毬（蹴鞠）”之戏，足证“蹴鞠”在楚地有着极为深厚的传承土壤。

汉代百戏中又有猴戏和猿戏。《西京赋》“猿狖超而高援”，说的就是猿戏。《汉书·盖宽饶传》：“长卿少府檀长卿起舞为沐猴与狗斗，坐皆大笑”，说的是人扮猴戏。然先秦时期已盛传“楚人沐猴而冠”。又《楚史梼杌·养由基第二十》载：“楚庭尝有神白猿。”这楚庭之猿无疑就是“猿戏”中的动物演员。《西京赋》还提到了“象戏”，曰：“白象行孕，重鼻辚䡅。”周代畜象、驯象并驱使大象参与战争的只有楚国，如《左传》定公四年载：楚昭王使箴尹固“执燧象以奔吴师”。杜预注曰：“烧火燧系象尾，使赴吴师，惊却之。”楚人可以驯象作战，自然也能驯象为戏。据叶大兵介绍，山东沂南汉墓画像石《角抵百戏图》中描绘有“梧桐引凤舞”，其中，“一个戴假面具的人，高鼻大眼，头戴软脚幞头，身穿荷叶领的彩衣，腰系垂着流苏的革带，一手前指，一手执梧桐树引凤前进”。在铜山洪楼发现的一块画像石上“刻有虎戏、龟戏、鱼戏，中间还有一个兽形人在击鼓”。[①] 这两块汉画像石中描绘出的拟兽舞，楚国也都有相应的节目流传。我们知道，长沙马王堆三号汉墓属于楚文化色彩非常浓厚的一座西汉前期墓葬，该墓中的内棺漆画上即绘有羊首怪人（象人所扮）导引凤鸟的情节。

战国初年的曾侯乙墓出土的鸳鸯漆盒上也绘有一个拟兽怪人击鼓的场面。“幻人”吞刀吐火、呵气成云，也是汉代百戏中的重要表演项目，而在刘向《列女传》中就有楚人钟离春为齐宣王表演“遁术”（又称“身遁之术”和“隐身之术”）的记载。在先秦大华夏文化圈内最早进行

① 中国百戏史话［M］. 杭州：浙江人民出版社，1985：46、47.

幻术表演的可能就是楚人。《列子·周穆王》载："周穆王时，西极之国有化人来，入水火，贯金石；反山川，移城邑；乘虚不坠，能实不碍。千变百化，不可穷极。"《拾遗记》载："周成王七年，南陲之南，有扶娄之国，其人善能机巧变化；易形改服，大则兴云起雾，小则入于纤毫之中。"这两条记载的可信之处仅在于幻术确是从西亚、南亚和东南亚三条路径传入我国的，但在时间和接受对象上绝不可能是西周时的成王和穆王。现有的文献与考古资料透露出，大约在春秋后期，西亚、印度和埃及文明通过西南夷、巴蜀传到了楚国。因而，我们推测，盛行于西亚与南亚的幻术也应是在这一时期先于中原诸国传到了楚国。

汉代百戏中还插有滑稽优俳的表演，而早在春秋中期的楚国宫廷中就已出现了这类表演。如《史记·滑稽列传》即记载了著名的楚国"优孟衣冠"的故事。优孟是楚庄王时的一位乐人，他能揣摩角色，模仿已故的楚令尹孙叔敖"抵掌谈语"，从神、形两方面演活了孙叔敖。他还能歌善舞，"庄王置酒，优孟前为寿"，祝寿必须献舞。接之，他又唱了一首针砭时政的讽谏歌。另外，他扮演孙叔敖与楚庄王进行的一番巧妙的带有戏谑性的对答，无疑还是我国最早的戏剧科白。在由连场歌舞、杂耍组成的汉"百戏"中，最大、最重要的一个歌舞场面是"总会仙倡"。出现在"总会仙倡"中的角色有优人所扮仙人、女伶、神禽怪兽，也有地地道道的动物演员。如《西京赋》记"总会仙倡"云：

> 华岳峨峨，冈峦参差，神木灵草，朱实离离。总会仙倡，戏豹舞罴，白虎鼓瑟，苍龙吹篪。女娥坐而长歌，声清畅而委蛇；洪涯立而指麾，被毛羽之襳襹。度曲未终，云起雪飞，初若飘飘，后遂霏霏。复陆重阁，转石成雷，礔砺激而增响，磅礚象乎天威。巨兽百寻，是为曼延。神山崔巍，欻从背见。熊虎升而拿攫，猿狖超而高援。怪兽陆梁，大雀踆踆……海鳞变而成龙，状蜿蜿以蝹蝹。含利颬颬，化为仙车。骊驾四鹿，芝盖九葩。蟾蜍与龟、水人弄蛇。

类似“总会仙倡”这样的大场面综合性演出，楚国也早已存在了，最重要的证据就是传为屈原、实为宋玉所作的《楚辞·远游》。《远游》记云：

> 轩辕不可攀援兮，吾将从王乔而娱戏……仍羽人于丹丘兮，留不死之旧乡……驾八龙之婉婉兮，载云旗之逶蛇……凤皇翼其承旂兮，遇蓐收（西方刑神，其化身为白虎或麒麟）乎西皇……召玄武（化身为龟蛇合体或水人）而奔属……祝融戒而跸御兮，腾告鸾鸟迎宓妃（洛神）。张《咸池》奏《承云》兮，二女（女英、娥皇）御《九韶》歌。使湘灵（化身为蛟龙）鼓瑟兮，令海若《北海之神》舞冯夷（河伯）。玄螭虫象并出进兮，形蟉虬而委蛇。雌蜺（神女）便娟以增挠兮，鸾鸟轩翥而翔飞。音乐博衍无终极兮，焉乃逝以徘徊。

上引《远游》的描写，确有文学想象和夸张的成分，但又不是凭空想象、无限夸张，而是以现实的优人、象人和动物演员大型同场演出为摹本和依据的。从上引描写中，我们可以明显地看出歌舞动作程式的进行与顺序，以及场面的调度和演出人员的转换，简言之，也就是带有很明显的演出痕迹。另外，我们还可发现，汉宫“总会仙倡”的演出内容，几乎都可从楚宫的同类演出中找到原型。如“女娥坐而长歌”与《远游》“二女御《九韶》歌”[①]，仙人“洪涯立而指麾”与《远游》“吾将从（仙人）王乔而娱戏”，“白虎鼓瑟，苍龙吹篪”与《远游》“使湘灵鼓瑟兮，令海若舞冯夷”，“海鳞变而成龙，状蜿蜿以蝹蝹”与《远游》“玄螭虫象并出进兮，形蟉虬而委蛇”。这种简单的对比，即足以使我们相信，楚国不仅有“总会仙倡”类型的演出，而且一直传到

① 汉王褒《九怀·思忠》：“静女歌兮微晨”，《昭世》：“闻素女兮微歌，听王后（宓妃）兮吹竽”，既是对《远游》的模仿，也是对汉宫“总会仙倡”的描写。

了汉代，汉宫“总会仙倡”就是源自楚宫的同类演出。汉宫“总会仙倡”中的大型拟兽（假形）表演，又称“鱼龙曼延”，其演出角色主要为巨龙、巨鱼和巨兽。“鱼龙曼延”有时可从“总会仙倡”中抽出来进行单独演出。这样的演出，楚国也早已有之。如《天问》“焉有虬龙，负熊以游？雄虺九首，倏忽焉在？”“鲮鱼何所？鬿堆（奇兽）焉处？”“鳌戴山抃[①]，何以安之？”《招魂》“蝮蛇蓁蓁”“赤螘若象”，《大招》“螭龙并流，上下悠悠只”。便部分地是以“鱼龙曼延”型演出为描写的“粉本”的。

五、童子舞

童子在先秦时期有广、狭两义，广义指未及冠、笄的男女，狭义指十五岁（或十三岁）以下的男女儿童。女子十五岁则届及笄之年，可称为成年女子，男子十五岁以上、廿岁以下，未冠之时，称为“成童”，贵族子弟则称为“国子”。我们这里说的“童子舞”，主要指的是狭义的童子的舞蹈，同时也兼涉成童的舞蹈。

童子舞在先秦时期是一种很流行的舞蹈，它不限于某一种具体的舞蹈，凡舞蹈的表演者为童子，就是童子舞。《左传》昭公三十一年记，晋卿“赵简子梦童子羸（裸）而转以歌”，“占诸史墨”，史墨解释说：“吴其入郢乎？”（《风俗通》卷九记此事作：“犹赵鞅梦童子裸歌，而吴入郢也。”）“转而歌”，沈钦韩《左传补注》曰：“转者，舞之节以应歌也。《淮南子·齐俗训》‘古者歌乐而无转’，又《修务训》‘动容转曲’。”这种赤身裸体，一边歌唱，一边应节旋转的童子舞既具有浓郁的吴越民族的风格特点[②]，同时也属于华夏童子舞的一种原始表演形

① “抃”是起舞的意思，《吕氏春秋·古乐》记：“帝喾乃令人抃，或鼓鼙击钟磬，吹苓展管篪，因令凤鸟天翟舞之。”

② 浙江绍兴出土的图腾柱铜房屋内共有六个乐人，均为裸体，其中有两名为女性（见：吕树芝．图腾柱铜房屋［J］．历史教学，1984（12）），也证明吴越民族有裸体歌舞的习尚。

态。《礼记・内则》：童子“十有三年，学乐诵诗，舞勺。成童，舞象，学射御。二十而冠，始学礼，可以衣裘帛，舞大夏”。此则记载说二十岁“可以衣裘帛”，指的是舞蹈时穿戴端冕（或皮弁）、素禯（或裘服，加罩裼衣），腰束绅带，并不是说二十岁以下舞蹈不需穿着衣裳，而是说童子和成童在舞蹈时穿着比较简单，但由此可看出华夏族原始形态的童子舞也曾是裸体舞。华夏族童子所舞的“勺”，是《大武》的第四章。《周礼・春官・乐师》贾公彦疏曰：“勺，即《周颂・酌》,《序》云：‘酌告成大武也，言能酌先祖之道以养天下也。’郑注云：‘周公居摄六年所作是也。’”勺，按周人的划分，属文舞、羽舞、小舞的性质和类别。小舞，动作难度较小，易于掌握。孔颖达《内则》疏云：“舞勺者，熊氏云：勺篇也，言十三之时学此舞龠之文舞也。”舞龠又称作“夏龠”（夏龠也是乐器名），郑玄注《礼记・文王世子》曰：“夏龠为文舞，器用羽、龠。”羽是雉尾，龠是一种形似笛子、三孔而短小的吹奏乐器。[①]《周礼・春官・龠师》：“掌教国子舞羽吹龠。”郑玄注引《诗》曰：“左手执龠，右手秉翟。”可见舞龠具有且奏且舞的特点，翟（鸟羽）是道具之一，龠既是乐器，也是道具。龠舞在先秦时期主要用于祭祀和宾飨两种场合。成童所舞的《象》，又称《象武》,《象武》的舞具为干、戈（或戚），它属于“武舞”类中的“小舞”。郑玄《周礼・乐师》注说它“象用兵时刺伐之舞”。《象武》原是殷人传习的舞蹈，商器《匿卣》铭云：“懿王才射卢作象舞，匡甫象牙二。”周人后来将此舞吸收过来，变为一种象功和祭祀性的舞乐，如《礼记・祭统》曰：“夫大尝禘，升歌清庙，下而管象。”有的古籍将《象武》的制作者说成是周文王或武王，如《帝王世纪》云：“文王作武象之乐”,《墨子・三辩》曰：“武王自作乐，命曰《象武》。”这些说法都是错误的。从春秋后期

① 《闻一多全集》选刊之四《诗选与校笺・风诗类钞・简兮》注中说：龠是一种“三管的小笙”，其音似雉鸣。郭沫若在其《甲骨文字研究・释和言》中也曾指出，卜辞有“龢”字（前2・45・2），字乃象编管之形，器为比竹，大者为笙。闻、郭二位的说法，与现在较普遍的看法不同。

开始，童子和成童除了舞《勺》和《象》外，还参与表演祈雨的雩舞和各种世俗乐舞，如前引《乐记》所谓“獶杂子女”，即包括了男女童子。与华夏童子舞相比，楚国童子舞的表演内容与样式更为丰富多彩，舞童子的风尚也更为浓烈。在楚国宫廷歌舞内有女童裸体表演这一项目，如《楚辞·远游》：“二女御《九韶》歌。”二女，指的是传说中舜之二妃女英、娥皇，洪兴祖《楚辞补注》曰：“《孟子》所谓二女婐也。”“婐”也就是“裸”。楚国的舞童，不仅要掌握各种“小舞”，而且要学会表演程式与动作难度更大的各种“大舞”。《国语·楚语上》记：鲁昭公至楚参加章华台的落成礼，楚灵王使“富都那竖”充作礼宾、司仪人员——“赞”“相”。韦昭注曰：“富，富于容貌。都，闲也。那，美也。竖，未冠者也。”这就是说，楚灵王派出迎候鲁公的傧赞人员中有一些是面貌姣好的舞童。先秦时期，外国君主来访，正相须由被访国的卿级官员充当，一般性的傧赞人员则由成年的中射之士充当。不论是正相，还是傧赞，都须是舞步娴熟、趋转优美、谙于“乐仪”的舞蹈家，如《楚语下》记王孙圉使晋，晋卿赵简子“鸣玉以相”。所谓“鸣玉”，如前已述，就是迎接来宾时，步法要应节合拍，身上悬挂的珠玉相互撞击发出悦耳的乐声。《周礼·春官·乐师》：“教乐仪，行以《肆夏》，趋以《采荠》，车亦如之，环拜以钟鼓为节。”《荀子·乐论》：“步中《武》《象》，驺（趋）中《韶》《护》（《濩》）。”《礼记·仲尼燕居》：“两君相见，揖让而入门，入门而县（悬）兴，揖让而升堂，升堂而乐阕，下管《象武》，夏籥序兴。”上引记载提到的各种乐仪，包括了舜舞、夏舞、商舞和周舞，其中有属于“六代舞”性质的大舞，也有小舞，傧赞人员只有精通各种舞蹈，才能在司仪时凭借步法踏出相应的乐声及节奏。楚灵王使“富都那竖”赞，反映出楚国的童子和成童所接受的舞蹈训练更严格，学习的舞蹈种类更多，在舞蹈表现技巧上更为早熟，作为一种舞蹈样式，童舞所占的比重也更大。汉代文化主要承袭楚风，故从整体上看，以童子为歌舞表演者的风尚较先秦时期更盛，如《汉书·礼乐志》载：“高祖既定天下，过沛，与故人父老相乐，醉酒欢哀，作

《风起》之诗，令沛中童儿百二十人习而歌之。至孝惠时，以沛宫为原庙，皆令歌儿习吹以相和，常以百二十人为员。”先秦及汉代，歌诗必舞，所以这一百二十个童子不但要合歌，而且还踏节起舞。汉《郊祀歌·天地》歌词有曰：“千童罗舞成八溢。”可见至武帝时，宫廷内童子歌舞的场面更为盛大。①不惟汉家宫廷，民间的豪强富户也多蓄养有歌舞童子，如《盐铁论·散不足》记，富室“歌儿数曹”，“中山素女流徵于堂上”。所谓“素女”，即处女、女童。据长沙马王堆三号西汉墓出土的简牍记载，该墓随葬有数百名男女“明童”（童俑）。②这些“明童”中相当大部分就是歌舞俑。此墓葬在楚国故地，时间又在西汉初期，这就表明，汉代盛行童子舞，主要就是受到楚文化的影响。

六、云门舞

又名《承云》《咸池》，相传此舞乐为黄帝臣大容所造，周人不仅继承了此舞，而且将之列为大舞、六代舞之首。郑玄《周礼·春官·大司乐》注曰：“黄帝乐曰《云门大卷》。”《路史·后纪》曰：黄帝“命大容作《承云》之乐，是为《云门大卷》……今曰《咸池》”。在周代，《云门》是祭天神的乐舞，《周礼·春官·大司乐》载：“乃奏黄钟，歌大吕，舞云门，以祀天神。”而当时祭天神的大典，主要是春祈和冬烝。所谓春祈，就是在孟春或仲春祭天祈年，求上帝保佑五谷丰登；所谓冬烝，就是在孟冬之月酬谢上帝及百神。《通鉴外纪》：“仲春之月，乙卯之辰，日在奎始奏之（《承云》），命曰《咸池》。”即是说的春祈。《周礼·大司乐》：“云门之舞，冬日至，于地上之圜丘奏之，若乐六变，则天神皆降，可得而礼矣。”即是说的冬烝。春祈、冬烝祈、报的主题均为五谷的丰收。《云门》之所以又名《咸池》，原因就在于“咸池”是主谷物和生殖的女性星神，《春秋元命包》曰：“咸池主五谷，其

① 汉代傩舞也吸收了一百二十个手摇鼗鼓的童子参加，这些童子被称为“侲子”。
② 周世荣．谈谈马王堆三号汉墓的简牍［N］．光明日报，1974-10-16.

星五者各有所职。咸池，言谷生于水，含秀含实，主秋垂，故一名五帝车舍，以车载谷而贩也。”在战国以前，祭咸池星神本来安排在秋季丰收之后或夏正十月大蜡时举行，《周礼》将舞《云门》(《咸池》）安排在冬至，与战国时日渐盛行的太一崇拜有关。太一之神的诞辰便在冬至（西方将耶稣的复活日定在邻近冬至的日子，或与我国古代信仰、习俗的西传有关）。《云门》在楚国也被列为最重要的乐舞节目，《离骚》及《九歌·少司命》均曾提到了“咸池”。《远游》云“张《咸池》奏《承云》兮”，联系上下文，可知其意思是在洞庭之野聚集上万名舞童和乐人，排成盛大的舞阵表演《咸池》之舞，高奏《承云》之曲。洞庭是楚国神圣的天然郊宫，也是楚国表演盛大祭神歌舞的场所，在洞庭表演《咸池》，足证楚人对《咸池》之舞是何等的热爱和重视了。《庄子·天运》说：黄帝“张《咸池》之乐于洞庭之野”，其原型也是楚人在洞庭“张《咸池》奏《承云》”。1970 年，在楚纪南城南约两千米处发现了一座残高 2 米、直径约 20 米的圆形土台，台中出土了呈半圆形叠置的 25 件彩绘石磬。这座埋有编磬的圆土台，无疑就是楚人当年用于祭天的圜丘和小型郊宫。宋玉《高唐赋》记云：“有方之士……进纯牺，祷璇室，醮诸神，礼太一。”所谓“璇室”，即圆室，也就是圜丘上的圆形建筑。不过，值得我们注意的是，楚国谷物星神的化身是一只凤鸟，如江陵出土战国楚丝织品上便绣有凤鸟衔穗图，长沙子弹库楚帛书冬十月旁所绘神像也是一只歧冠凤鸟。这说明楚国的丰年祭和舞《咸池》的时间与齐、鲁等东方国家不同，它是在孟冬十月之始。据《西京杂记》载，西汉宫女“十月五日共入灵女（按：即咸池女星神）庙，吹笛击筑，歌《上云》《承云》》之曲。既而相连臂踏地为节，歌赤凤皇来”。汉代十月五日舞《承云》即源于楚国故俗。在《云门》舞的表演内容、程式及乐器的组合上，楚人均作了创新。《周礼·大司乐》记舞《云门》的伴奏乐器为“雷鼓雷鼗，孤竹之管，云和之琴瑟”以及“钟”。这反映的是齐、鲁与周室舞《云门》时的乐器配置情况。从前述纪南城南郊圜丘发现编磬和汉代舞《上云》时“吹笛击筑”这两点来看，楚人至少增加了磬和筑两种乐器。楚人对《云门》的改进与创新，在个别文献中被附会为楚祖颛顼所作，如《吕氏春秋·古乐》载：“惟天之合，正风乃行，其音若熙熙凄凄锵锵，帝颛顼好其音，乃令飞龙作效八风之音，命之曰《承云》，以祭上帝。乃令鱓（鼍）先为乐倡——鱓乃偃寝，以尾鼓其腹，其音英英。”此则记载反映出两点：（1）楚人演奏《承云》，是以钟为主要乐器，因为楚人习惯用龙（也是乐神夔的形象）来与钟相比附，而且常常在悬钟的簴架上雕铸飞龙之形，高诱《淮南子·泰族》注即云：“楚为九龙之簴以悬钟也。”（2）楚人演奏《承云》时是先击鼓为前奏。晋傅玄《云门篇》曰：“黄《云门》，唐《咸池》，虞《昭虞》，夏《大夏》，殷《护》。列代有五，振铎鸣金，延《大武》。清歌发唱，形为主。”以“清歌发唱（倡）”与楚人以鼓“先为乐倡”不同，或许属于华夏诸国舞《云门》的奏乐、伴唱程式。在舞蹈方面，文献对先秦其他侯国及王室的情况记载阙失，但对楚人舞《云门》的情况却留下了一二记载。如前引桓谭《新论》那一段文字的完整记载是：“昔楚灵王骄逸轻下，简贤务鬼，信巫祝之道。斋戒洁鲜，以祀上帝。礼群臣，躬执羽绂，起舞坛前。吴人来攻，其国人告急，而灵王鼓舞自若，顾应之曰：‘寡人方祭上帝，乐明神，当蒙福佑焉，不敢赴救。’”从楚灵王“祀上帝”“躬执羽绂”，可以看出，楚人舞《云门》的道具主要就是“羽”和“绂”。在周人传习的“小舞”中有“帗舞”和“羽舞”，前者用于祭祀社稷之神，后者用于祭祀四方之神。羽舞的装束及道具就是手执鸟羽。帗舞的装束及道具，汉代经师有两种解释，郑玄《周礼·乐师》注引郑司农的说法是“帗舞者，全羽”，意为舞蹈者头戴羽冠，腰缠羽毛编成的围裙，手上也持一束鸟羽作为道具。但郑玄自己则认为：“帗，析五采缯，今灵星（后稷星神）舞子所持是也。”我们认为，二郑的说法其实是可以通融的，五采缯条作为舞具来讲，与鸟羽意味相同，可用于置换、模拟鸟羽，如陈暘《乐书》一一六“建鼓”条：“汉以五彩为饰，竿首为翔鹭。”即证明五采缯与鸟羽的象征意义是同一的。从“绂”字从“糸”来看，楚灵王是一手执鸟羽，一手执五采缯。

又，古汉语“躬”训“身”，“躬执羽绂”，说明楚灵王头上可能戴有羽冠，身上也披挂着五采缯条（或穿着“彩衣”）和鸟羽。而这些也就是楚人舞《云门》的装束及道具。另从前引《西京杂记》的记载来看，楚人舞《云门》的动作模式是“连臂踏地为节”，它属于环阵舞的范围，是一种很古老的舞蹈样式。青海大通县上孙家寨出土的新石器彩陶盆上即绘有这种“连臂踏地为节”的舞蹈。但在周代，中原地区盛行的主要是“行列舞”，“环阵舞”则主要传流于包括楚人在内的南方和西南民族中。如据吴开婉《云南青铜文化中的乐舞艺术》一文介绍，云南“江川李家山西汉群舞铜扣饰，有十八个垂尾人连臂环舞”。又，《文选》左思《魏都赋》李善注引何晏曰：“巴子讴歌，相引牵连手而跳歌也。”

七、武舞

武舞是一个广义的模拟战争和狩猎的舞蹈概念，与周人用以象功的“大武”舞不能相混淆。武舞产生的时间，远远早于文舞，当人类从猿群中走出来的时候，就产生了武舞。最初的武舞形态非常粗率，它是对原始初民集体狩猎活动的简单模拟、预演和重温。初民们在狩猎之前要跳武舞激发斗志，协调动作，狩猎回归后也要跳武舞进行庆贺，重温猎获禽兽时的快感。由于跳武舞是先民谋生的需要和手段，其最初的动因纯粹在于功利性，故武舞的产生要比更偏重于情感抒发和审美愉悦的文舞早。随着氏族、部落间冲突、战争的机会增多，武舞又成了操练作战阵容、演习格斗动作的重要方式。此正如高罗斯（Ernest Groose）所说：跳舞“也是对于战争最好的准备之一，因为操练式的跳舞有许多地方相当于我们的军事训练”。[①] 在古汉语中，“武”与“舞”既相通假，也可互训，与“戏”也可相通，如《说文》曰：“戏，三军之偏（编）也，一曰兵也。”“三军之编”即是指的军队的阵容及战术编队。有学者指出，原始的舞蹈，有行列舞与环阵舞两种形式，行列舞是对敌对兽的进

① 闻一多. 神话与诗・说舞［M］. 北京：古籍出版社，1954.

击，环阵舞是对敌或兽的包围。古来的所谓八佾、六佾、四佾、二佾，应是八列六列四列二列的意思。这见解也非常精辟。原始社会寓武于舞的传统，在我国上古时代不仅得到保存，而且还被统治阶级有意识地加以强调，将武舞列为贵族子弟入学受教的重要内容，使之“习兵于乐舞之间”，如《礼记·文王世子》规定：“凡学世子及学士必时，春夏学干戈，秋冬习羽龠，皆于东序。”《内则》规定：“成童舞象，学射御。”《乐记》：“单出曰声，杂比曰音”，“杂以干戚谓之乐”。则进一步说明，在上古时人的心目中，没有干、戚（斧、钺）作道具的舞蹈，不能称之为“乐”。据文献记载，虞、夏、商、周四代各有其传统的武舞。《韩非子·五蠹》记：“当舜之时，有苗不服……（舜）乃修教三年，执干戚舞，有苗乃服。”《淮南子·缪称》记：“禹执干戚，舞于两阶之间。”周代所传六代舞中的“大夏”，即是夏代的武舞。《礼记·明堂位》曰：“皮弁素积，裼两舞《大夏》。”商代的武舞名为“大护”（韶护），郭宝钧在《1950年春季殷墟发掘报告》中曾介绍说：

> 武官村殷墓中，椁室西侧有殉葬的女性骨架二十四具，随葬的还有乐器和小铜戈三件。铜戈皆有绢帛，其中之一并有鸟羽残迹。据考古学家考证，这三枚小铜戈不是武器，而是舞蹈的道具。

我们认为，这三枚小铜戈有可能就是殷人舞《大护》的道具。周人的武舞，有《大武》和《象武》两种，前者为雅乐、大舞，被列入“六代舞”之中，后者则属于成童所习小舞。除虞、夏、商、周外，环中原而居的“四夷”也各有其传统的武舞。《史记·孔子世家》记齐景公与鲁定公会于夹谷，“齐有司趋而进曰：‘请奏四方之乐。’景公曰：‘诺。’于是旍旄羽袚矛戟剑拨（大楯）鼓噪而至。”《白虎通·礼乐》曰：“东夷之乐持矛舞，南夷之乐持羽舞，西夷之乐持戟舞，北夷之乐持干（楯）舞。”《周礼·春官·鞮鞻氏》贾公彦疏则谓：“南夷之乐曰任，持弓助时养；西夷之乐曰侏离，持钺（鏚）助时杀。”在

“四夷”中，巴蜀的武舞更著盛名，《华阳国志·巴志》载：“周武王伐纣，实得巴蜀之师，著乎《尚书》。巴师勇锐，歌舞以凌殷人，前徒倒戈，故世称之曰：武王伐纣，前歌后舞也。”《后汉书·南蛮西南夷列传》亦载：“阆中有渝水，其人（板楯蛮，巴人后裔）多居水左右，天性劲勇，初为汉前锋，数陷阵，俗喜歌舞。高祖观之曰：‘此武王伐纣之歌也。’乃命乐人习之，所谓‘巴渝舞’也。”对于四夷武舞，周王室及其封裔、姻亲均非常重视，并且纳入了自己的传习范围。如《周礼·鞮鞻氏》：“掌四夷之乐，与其声歌。”《旄人》：“掌教舞散舞，舞夷乐。”先秦时期楚人是以尚武著称的民族，阮籍《乐论》即说：“楚之风好勇”，“故有蹈火赴水之歌”。与此相应，楚人也非常勤于武舞的传习和表演，其掌握的武舞种类及样式当比北方诸国有过之而无不及。将文献与文物两方面提供的资料综合起来看，楚人自己制作的和接受过来加以传习的武舞，大致有如下几种：

1. 荆尸　《左传》庄公四年记：“楚武王荆尸，授师孑焉以伐随。”杜预注曰：“尸，陈也（引者按：陈与阵，古通用）。荆亦楚也，更为楚陈兵之法。扬雄《方言》：‘孑者，戟也。’然则，楚始于此参用戟为阵。”孔颖达疏曰：“楚本小国，地狭民少。虽时复出师，未自为法式。今始言‘荆尸’，则武王初为此楚国陈兵之法，名曰‘荆尸’，使后人用之。”我们知道，兵阵即舞阵，兵器即武舞的道具，因此，“荆尸”显然也就是楚人创造的一种武舞，这种武舞的道具是戟，舞蹈的风格、样式或许近于《白虎通·礼乐》所说的“西夷舞”。

2. 施钩之戏　梁宗懔《荆楚岁时记》载：梁代楚人在立春之日“为施钩之戏，以绠作蔑缆相罥，绵亘数里，鸣鼓牵之”。隋杜公瞻注曰：“按施钩之戏，求诸外典，未有前事。公输子（鲁班）游楚，为舟战，其退则钩之，进则强之，名曰‘钩强’，遂以时越。以钩为戏，意起于此。”关于“施钩之戏”的源起及早期的游戏方法，杜公瞻的说法胜于宗懔的说法。“施钩之戏”，又称为“钩拒”，它是春秋、战国之际楚人在鲁人公输般的指导下创造的一种水战战法。其具体方法是，当楚国水军取胜于吴（或越）国水军时，为了防止敌船逃逸，便用长竿上所套的钩具拖住敌船；当楚国水军形势不利时，为了摆脱追击，便用长竿抵住敌船，以免其接舷追杀。由此可见，“钩拒”包含着拖和抵两种基本的动作程式。但是到了南朝梁代乃至后来的隋代，“钩拒”之戏便只有“拖”这一种动作程式流传下来，并演成了现代“拔河”运动的前身。据上引宗懔的记载，可知梁代楚地“施钩”之戏的规模非常之壮观，参加人数非常之多，“绵亘数里，鸣鼓牵之”。这样的情景，现代是看不到了。隋代此风尤盛，《隋书·地理志》载：楚地“又有牵钩之戏，云：从讲武所出。楚将伐吴以为教战。流迁不改，习以相传。钩初发动，皆有鼓节，群噪歌谣，振惊远近。俗云：以此厌胜致丰穰”。在梁代及隋代，“牵钩之戏”是一种涵有祈年求穰意义的体育竞技活动和群众性的春季狂欢节目。但在先秦时期，“钩拒之戏”，主要是一种兵舞，一方面可以在平时操练实战中实施的战术动作，另一方面又是一种船上舞蹈。它以拖（后仰）和抵（前屈）为基本动作，再辅以其他的组合性动作和相应的步法，便形成了一种颇为雄健、刚劲的舞姿。钩拒作为兵船上的战术器械，不仅形制上接近于戟，而且有可能就是从戟演化而来。据此，我们推测，“钩拒之戏”当与持戟而舞的“荆尸”在动作程式上有某些相同之处。河南汲县山彪镇出土的水陆攻战铜鉴，故宫博物院藏宴乐铜壶，四川成都百花潭出土的嵌错图像铜壶，均刻绘有战国时期的兵船，兵船上皆是船头建旌旗，船尾建金鼓。金，主要指錞于、铙钟、铎、钲（丁宁），鼓，主要为建鼓。这些也就是为楚人舞“钩拒”伴奏的乐器。

3. 棘舞　棘舞是“棘”这种乐舞的舞蹈部分。《天问》曾提到“启棘宾商”。其中“商”乃“帝”字之讹。这句话的意思是，夏启用“棘”这种乐舞来祈降、娱悦上帝。夏族属西部民族，《礼记·王制》曰：“西方曰棘”。由此可见，棘是夏族所传的乐舞。棘舞和棘乐后为周人所继承。《淮南子·齐俗》云：“周人之礼，其乐《大武》《三象》《棘下》。”棘舞属于武舞的性质，它所用的道具主要是戈。长沙东南郊五二号长砚

M_{784} 是一座战国楚墓，墓中发现了一件带“棘”字的铜戈[①]，这“棘戈”就是楚人舞《棘》的道具。

4. 剑舞　剑在先秦时期是士以上贵族随身佩带[②]、用于战争中格杀和平时防身自卫的一种冷兵器。剑舞就是从击剑武技发展出来的。临淄东周墓出土的《漆盘画房宇图》中描绘有二女子持剑对舞，其中一女右手执铎为节。这幅漆画表现的应是齐女舞剑的情景。又据《孔子家语》记载，“子路戎服见孔子，拔剑而舞曰：‘古之君子固以剑自卫乎？’”这说明鲁国也盛行剑舞。另外，文献中还记载说，越国出了一位驭剑之术已臻化境的女剑客。这说法是可信的。吴越民族习惯用剑这种短兵器作战，近几十年内出土了一些镌有鸟虫篆“攻敔”和“勾践”名的吴、越青铜剑，确实均是考古所见青铜剑中的极品。先秦时期，楚人制作的青铜剑和铁剑，也同样享有盛名。吴、越的制剑良师和制出的名剑，也是历代楚王极力罗致的对象。在今江陵、长沙等地发掘的楚国墓葬中，凡士及其以上贵族均无一例外地随葬有一柄制作精美的利剑。腰佩长剑与头戴高冠，成了先秦时期识别楚人的两个重要标志。将此综合起来看，不难发现，楚人爱剑、舞剑之风当尤盛于列国。《九歌・东皇太一》有这样两句诗：“抚长剑兮玉珥，璆锵鸣兮琳琅。”王逸注曰：“乃使灵巫常持好剑以辟邪，要（腰）垂众佩周旋而舞，动鸣五玉锵锵而和，且有节度也。”这以鸣玉为节、翩跹周旋的剑舞，给人的感觉是极为优美的。剑除了作舞具外，还可用作歌唱时的节奏乐器。即所谓“弹剑而歌”。与剑相近的冷兵器刀也同样被用作节奏乐器，如《离骚》：“吕望（姜太公）之鼓刀兮”。“鼓刀”就是“鸣刀”，以刀击地或盾牌、木板，使之发出与歌节相合的声音来。弹剑、鼓刀，均应是楚国歌舞中的表演项目。剑舞之风在秦汉之际及汉代，更为盛行，如《史记・项羽本纪》

---

① 湖南省博物馆．长沙楚墓［J］．考古学报，1959（1）．

② 秦国晚至战国早期才允许士吏自由佩剑。《史记・秦本纪》载：“简公六年（前409），令吏初带剑。”

记鸿门宴上范增使项庄前入寿，“寿毕，请以剑舞”。这显然属于楚人俗尚的遗传。

5. 弓矢舞　又名“射舞”。先秦时期射箭的重要性和地位高于其他武技，被列为贵族子弟必须受教的“六艺”之一。对射箭的重视可以一直追溯到石器时代，那时金属兵器尚未出现，攻杀禽兽（尤其是飞禽）最有效的远程武器，就是装上了石弩头的弓箭。因此，很自然地就产生了弓矢舞。至迟在原始社会末期，弓矢及射箭这项活动，相继被注入了若干宗教、习俗和政治的内涵，如以射箭来遴选氏族武士、首领和部落联盟长，以弓矢来暗喻男性，以射箭行为暗喻交媾。这些仪式及观念，一部分传流到先秦，一部分一直传延到近代。在周代，“大射”是一项非常重要的礼仪，用于分封诸侯、遴选参与祭享祖先的武士，如《礼记·射义》云：“天子将祭，必先习射于泽，泽者，所以择士也，已射于泽，而后射于射宫，射中者，得与于祭。”其次，是用于燕飨的“燕射”和岁终“乡饮酒”时的“乡射”。在举行各种射礼时，均要奏乐，并跳弓矢舞。《周礼·大司乐》记：“大射，王出入，令奏《王夏》，及射，令奏《驺虞》。诏诸侯以弓矢舞。”《钟师》记：“凡射，王奏《驺虞》，诸侯奏《貍首》，卿大夫奏《采蘋》，士奏《采蘩》。”《乐师》记：“燕射，帅射夫以弓矢舞。”关于射舞的姿势，郑玄《大司乐》注曰：“舞谓执弓挟矢揖让进退之仪。”贾公彦疏曰：“此诸侯来朝将助祭，预天子大射之时，则司乐诏告诸侯射之舞节。”又郑玄《周礼·天官》“王大射”注曰：“射者可以观德行，其容体比于礼，其节比于乐，而中多者，得与于祭。”综此可知，周民族的弓矢舞，动作重点在于步法，要求不同等级的贵族踏着与其等级相应的乐节，翩翩投足移步。在周王室举行大射礼时，还有瞽人伴唱。《周礼·春官·大师》记：“大射，帅瞽而歌其节。”据《春官》“大师”“小师”，《夏官·射人》及其注疏，为大射伴奏的乐器主要有建鼓、鼙鼓、拊鼓、朄鼓、錞于、排箫、编磬和编钟等。周人的各种射礼及与射礼有关的射舞、射歌、射乐，楚人完全吸收了过来。如《战国策·楚策四》记楚王近侍由“中射之士”担任。《楚史梼杌·好猎十九》记楚庄王曰："吾猎以求士也。""猎以求士"实际上是从射以择士制度发展出来的。又《楚辞·大招》云："昭质既设，大侯（箭靶）张只。执弓挟矢，揖辞让只。"王逸注曰："言楚王选士，必于乡射，明旦既设礼，张施大侯，使众射之，中则举进，不中退却，各以能陞，民无怨望也。"另据文献记载，先秦列国中以楚人射艺最为高明。其中，西周时的楚君熊渠之子（见《新序》卷四）、养由基（见《左传》及《吕氏春秋·博志》）、陈音（见《吴越春秋·勾践外传》）、蒲且子（见《淮南子·览冥》）皆为闻名遐迩的神射手。楚国制作弓矢的技艺在先秦时期也是首屈一指的。西周时期，楚人向周王室进贡一种用于巫术祓禳的"桃弧、棘矢"；春秋时期，楚人又制作出举世无匹的"大屈之弓"。在两湖楚文化考古中，还发现了若干制作精良的楚国青铜弩机。根据文献记载楚人习于"矰射"的资料来分析，系朱丝于矢尾的射猎方式可能也是由楚人创造出来的。楚人如此好射，那么，除了吸收周人的弓矢舞、乐外，楚人肯定还传承有自己民族的射舞和射歌。《周礼·春官·鞮鞻氏》贾公彦疏："南夷之乐曰任，持弓助时养。"这种弓舞，也有可能就是指的楚人的弓舞。在信阳长台关楚墓出土的锦瑟上，我们看到了一组射舞图案。一是"上身穿贴身短衣，腰部裹银灰色围裙，裤腿狭窄，头戴黄色尖锥形帽，右手执弓，左手张弦，作射击野兽状"；一是"头戴黄色高顶上平细腰的帽子，银灰色的长衣曳地，持弓张弦，疾箭待发"。[①]当然，严格说来，这两幅图案中的弓舞应是糅在狩猎舞中来表演的。在云南开化的青铜鼓上，也曾见到一种弓舞的图像，内容为八名男子裸上身，头插三根雉羽，下着前短后长的幅裙，一手持弓前举，围着方形箭靶跣足而舞。[②]从楚文化及民族习性具有开放、包容的特点来分析，西南夷的这种弓舞可能也被楚人吸收了

① 裴明相．楚人服饰考［M］// 楚文化觅踪，郑州：中州古籍出版社，1986.

② 彭松．中国舞蹈史·秦汉魏晋南北朝部分［M］．北京：文化艺术出版社，1984：48.

过来，作为一种表演项目。楚人传承的射歌种类相当多，有的还属于极为古老的射歌，如《吴越春秋·勾践阴谋外传》记楚人陈音对越王勾践说："臣闻弩生于弓，弓生于弹，弹起于古之孝子不忍见父母为禽兽所食，故作弹以守之，绝鸟兽之害。其歌曰：'断竹，续竹，飞土，逐宍（肉）。'"通过陈音的这番话，我们还发现，楚国在举行乡射活动时，要讲与先民生活状况和弓矢起源有关的"古老话"。楚国的射歌，在汉代仍为重要的传唱内容。《汉书·韩延寿传》载："歌者先居射室，望见延寿车，嗷咷楚歌。"先秦两汉时期，还有一种性质的弓矢舞——巫师的傩舞。《周礼·春官·男巫》记："冬堂傩，无方无算。"郑玄注引杜子春曰："堂赠谓逐疫也；无方，四方可为也。无算，道里无数，远益善也。"又自注曰："冬岁终以礼送不祥及恶梦皆是也，其行必由堂始。"上引记载表明，先秦在方相氏率百隶岁终逐疫驱鬼的同时，还要由巫师表演用弓矢射逐疫鬼的巫舞，这种巫舞所用的弓矢是楚地出产的"桃弧、棘矢"，它是一种仅具巫术的象征作用的弓矢，并不能用于实战，但却可起到神秘的辟邪作用，疫鬼一见到这种弓矢就逃窜得无影无踪（"无方无算"）。楚国既然是"桃弧、棘矢"的传统产地，而且赠射法可能也是楚人创造出来的，那么，无须怀疑，楚国肯定盛行这种巫师的赠舞。河南信阳长台关楚墓出土锦瑟上有一图案描绘的是，巫师戴面具，张弓待发，一鸟兽状的疫鬼惊惶欲逃。这可以说就是楚国的一幅典型的巫师赠舞图。长沙马王堆一号汉墓内棺外壁漆画上描绘了一组组羊首"象人"（巫师所扮）张弓射怪的图案，无疑也是脱胎自楚地的巫师赠舞。云南晋宁石寨山 M_{13} 出土的一具铜鼓上也绘有一个巫师头梳山字形发式，颈后插鸟羽，身穿甲衣，手持弓箭待发。这巫师装扮与云南开化铜鼓上的弓舞舞者相似，可见他表演的是一种原始气息更浓的巫术弓舞。楚人的巫术赠舞当介乎华夏赠舞与"南夷"弓舞之间，除自己的传统巫术性表演因素外，还吸收了南北两方面的表演因素。

6. 万舞　"万舞"之名，起源甚早。《大戴礼·夏小正》载：二月丁亥"万用人学"。《墨子·非乐》亦曰："启乃淫溢康乐，……万舞翼翼。”这里透露，夏时已有“万舞”。由于彼时并无文字记载，更无实物为证，故夏代是否确存“万舞”这一舞乐形式，至今尚无由定论。行至商代，“万舞”的出现和流行已为不争的事实。如《诗经·商颂·那》：“庸鼓有斁，万舞有奕。”《诗经·小雅·鼓钟》：“以雅以南，以籥不僭”，郑笺：“雅，万舞也。”甲骨卜辞所记，就更多了：（1）《殷墟拾缀》385：“叀万舞盂田，又雨。”（2）《甲骨文合集》（以下简称《合集》30028：“王其乎万舞，……吉。”）（3）《合集》3103：“叀万舞，大吉。”（4）《合集》28461：“乎万舞。”（5）《合集》31025：“……王其乎万奏。”（6）《殷契粹编》84：“甲申卜，今日万，不雨。”（7）《合集》30028：“叀戌乎又大雨。”殷人信天命，重淫祀。故而当旱灾发生时，他们往往就会以虔诚的态度，起跳“万舞”，乞佑上天（实为祖先神）赐恩降雨，以除祸患。据上引甲文可知，舞者的祈雨活动，灵验者甚多，其验辞上所记之“雨”“大雨”“吉”“大吉”即为明证。祈雨者当时所跳的“万舞”，属于何种形制？有关学者多以为属于武舞。甲骨文的“万”，可写为“”。他们认为，从甲骨构形特点看，很像人执盾牌（或斧钺）之状。舞者手执战器，铿锵起舞，非武舞而何？①

进入两周时期，“万舞”已从单纯的拜神祈雨，发展到武事、公庭祭祀礼仪、声色情思等方面，即兼俱文、武双重职能。最能反映“万舞”这一特征的，莫过于《诗经·邶风·简兮》：简兮简兮，方将万舞。日之方中，在前上处。硕人俣俣，公庭万舞。有力如虎，执辔如组。左手执籥，右手秉翟。赫如渥赭，公言赐爵。山有榛，隰有苓。云谁之思，西方美人。彼美人兮，西方之人兮。此诗是说，某天正午时分，舞者在宗庙公庭正表演着“万舞”。舞者先武而后文：“执辔如组”，是说舞者手握马缰，模拟驾驭车马之状，此显为武舞的特征之一。其动作有条有理，节奏分明。“左手执籥，右手秉翟”，是讲舞者换执籥、羽，而变文舞之姿。“赫如渥赭，公侯赐爵”，是讲舞者的壮美表演，使观者为

① 何华莹、魏鸿雁：“万舞”与殷商祈雨仪式［J］. 文教资料，2016（17）.

之动容，当场即获得了公侯大人所赐的美酒。后世注家朱熹则按舞者手执道具的不同，分为文、武，其曰：“万者，舞之总名。武用干戚，文用羽也。”执辔或执干戚，以显示舞者的威势和力度；吹笛秉羽，则倾向于展现舞姿和魅力。闻一多纵观全诗，联系到“有力如虎”“硕人俣俣”“云谁思之，西方美人”诸诗句，撰文分析道：此“似亦男女爱慕之诗。爱慕之情生于观舞者，此则舞之富于诱惑性，可知”。此乃一家之见，对否可留待研判。

“万舞”分文、武二式，但它常常以单一形式出现。《逸周书·世俘解》记载周武王在牧野举行盛大“献捷”仪式时，即将“万舞”列入重要仪程（所谓“进万”）。这里入周后“万舞”展示其军事性质的最早记录。《春秋》隐公五年（前718年），在鲁惠公夫人仲子的神主进入宗庙的典礼上，“初现六羽”，“将万焉，公问羽数于众仲。”这里的“万”舞即与“羽”和“羽”的数量有关，明显为文舞无疑。

春秋之时，“万舞”也普及到了南方的楚国。《左传·庄公二十八年》有载：

楚令尹子元欲蛊文夫人，为馆于其宫侧，而振万焉。夫人闻之，泣曰：“先君以是舞也，习戎备也。今令尹不不寻诸仇雠，而于未亡人之侧，不亦异乎？”御人以告子元。子元曰：“妇人不忘袭雠，我反忘之！”

春秋时，郑文公之妻也称“文夫人”。这里的“文夫人”是指楚文王夫人息妫。息妫是其时各诸侯国美色之冠。楚文王于鲁庄十九年（前675年）去世后，身为文王之弟的令尹子元，欲将寡居的息妫占为己有，便在王宫侧边建了馆舍，就在馆内聚众振铎以为节拍，大跳“万舞”，以此来蛊惑文夫人。文夫人不耻其所为，泣而斥曰：先君生前为习武备敌，也常使军中演练此武，今令尹不去讨敌却把心思用在女人身上，这岂不是一种十分反常的举动？！子元得此信息，为了进一步讨好息妫，立马兴兵去讨伐郑国，结果败兵而归，使国力大受损伤。从上文息妫所言“习戎备”和子元所谓“袭仇”来看，文中所指的“万”舞，显然是执干戚的武舞，而非吹笛执羽之文武。

7. 大武舞　至迟在春秋早期，楚人便吸收了周人的“大武”舞，并将之列为自己的传习范围。《左传》宣公十二年记楚庄王阐述《大武》乐章的篇次及要旨说：周武王克商后，“又作《武》，其卒章曰：‘耆定尔功。’其三曰：‘铺时绎思，我徂惟求定。’其六曰：‘绥万邦，屡丰年。’夫武，禁暴、戢兵、保大、定功、安民、和众、丰财者也。故使子孙无望其章”。收载于《诗经》中的《大武》乐章编次杂乱，今人构拟、恢复《大武》章次的主要依据，就是上引楚庄王所说的这番话。见载于先秦文献的阐发《大武》“武德”思想最为完整、精彩的言论，也是楚庄王的这番话。据此，我们有把握说，楚人不仅传习《大武》舞，而且演练得非常精彩。《大武》传为武王或周公所作，属于周人所传习的六代大舞之列。《大武》又名《武宿夜》，《礼记·祭统》曰：“舞莫重于武宿夜，此周道也。”《大武》除用于军事操练外，也用于祭祖，演出气氛异常庄严隆重。如《周礼·大司乐》曰：“乃奏无射，歌夹钟，舞大武，以享先祖。”《礼记·祭统》又曰：“夫大尝禘，升歌清庙，下而管象，朱干玉戚，以舞《大武》，八佾以舞《大夏》。此天子之乐也，康周公，故以赐鲁也。”《明堂位》曰：“朱干玉戚，冕而舞《大武》。”《乐论》曰：“绅、端、章甫，舞《韶》歌《武》，使人心庄。”综此可见，《大武》在西周时被厘定为天子之乐，仅限于周王室和周公之后鲁公享用；一般的封国根本不允许传习，更遑论楚国。而且，《大武》舞者须穿着礼服：冕（玄端）、章甫（绣有十二象的衣、裳）和绅（束腰的宽边锦带）。据《诗·周颂·有瞽》描述，周人的祭祖乐器有编钟、悬鼓、鞉、磬、柷、圉和排箫等。据晋傅玄《云门篇》，舞《大武》时还要“振铎”为节。《国语·晋语五》记：“战以錞于、丁宁，儆其民也。”具有兵舞性质的《大武》自然也应配置有这两种伴奏乐器。关于《大武》的乐舞程序及舞蹈动作，据《史记·乐书》的记载、引述和“三家注”所引汉儒师说，大抵为：（1）坐歌发倡，击鼓示警，舞者齐举干盾（“总干而立山”）；（2）舞者持干戚站立起来走三步，履迹为方形（或解释为：原地举足或顿足）；（3）以急疾的步法侧身向前、后、左、右砍伐，并作旋转动作（“发扬蹈厉”“奋疾而不拔”“夹振之而四伐）；（4）鸣铙（钲铎）示意舞毕，全体舞人席地而坐，摆出一种“坐阵”来（“武乱皆坐”)。《大武》直至汉代仍被列为一种重要的宫廷武舞，这当与楚人喜好演练《大武》习尚的影响是有很大关系的。《左传》宣公三年记：“楚子（庄王）伐陆浑之戎，遂至于雒，观兵于周疆。”“观兵”，有检阅军容和表演大型兵舞两层意思。我们推测楚庄王在周郊“观兵”，很可能就是布戎于平坦广阔的郊野（据《国语·周语》载，周王便曾“以黄钟之宫布戎于野”)，演出场面、声势壮观的《大武》舞。在楚文化考古中发现了一些刻有跳舞人形的铜戚和彩绘漆纹盾。这些戚、干有可能被楚人用于舞《大武》，但并不是只用于舞《大武》。一见到楚漆盾就说是《大武》道具，是不正确的。干、戚，在上古是我国各族先民很常用的两种舞具，如虞舜、夏禹均曾执干戚舞，前引《乐记》甚至像这样说道：“杂以干戚谓之乐。”《礼记》《白虎通》及有关注疏，也有“北夷之乐持干舞”之类的记载。商代后期的武官村大墓中也曾出土了用于乐舞的玉戚与玉干头。[①] 难道我们能说舜、禹及商代的乐人、周代的北夷，是在舞周代的《大武》吗？另外，楚国的漆盾、铜戚（斧）和丝织品图案上常绘有舞人，他们的装束特点，有的是佩环首刀，有的是头戴盔，“盔顶饰有长尾”，“一手持剑，一手持盾牌”[②]，有的则是头插羽翎。这些人物的装束均与文献记载的《大武》舞的穿着、佩挂不同，我们仅凭此点就能肯定他们不是在舞《大武》。吴开婉《云南青铜文化中的乐舞艺术》一文，介绍了云南晋宁石寨山与开化出土的铜鼓上刻绘的几种武舞图案，“石寨山出土铜鼓与开化鼓腰方格有持斧与盾的武士形象，毛羽冠裙，同羽舞者装束大同小异，舞者右手操斧欲砍，左手持刀防范，视其穿戴，与石寨山铜贮器盖所铸古

① 郭宝钧．中国青铜器时代［M］．北京：三联书店，1978：156.

② 彭浩．绚丽的楚国丝绸珍品［J］．文物天地，1985（3）.

战场参加者殊异，全为舞人打扮。另一铜鼓上刻画的舞人则是戴鸟形羽冠，双手秉持饰以羽毛的盾牌，坐地而舞。广南铜鼓图案上也有类似的舞人形象。”我们认为，这几种西南武舞中，有的可能属于楚人传去的周人《大武》舞，有的属于当地民族的传统武舞，有的则可能与上面列举的楚人戴羽干舞属于同一类型，即用于祭山神和社神的一种武舞。这种祭山神的武舞，可以一直追溯到原始的狩猎时代。在那个时代，人类视域狭窄，因而在其迷信观念中，至上神不是天神，而是山林之神。为了狩猎的平安与成功，除四时享祭之外，在每次出猎前后，也都得向山林之神献上狩猎舞。此种风俗一直传到了商、周时期，并见载于《山海经》等书。如《山海经・中山经》记云：“熊山，帝也，其祠羞酒太牢，婴毛一璧，干舞，用兵以禳祈，璆冕舞。”又记：祠首山之神，“干舞，置鼓”。这两条记载没有提到献舞者头戴鸟羽，是因《山海经》初本为周巫所作，所以糅入了《大武》舞的演出装扮。然被周人列在小舞中的帗舞、羽舞，均以冠羽、披羽为装束，并以鸟羽为道具，却被用于祭山神和四方地祇，即说明周人祭山神也还是要戴羽、披羽和执羽的。据文献记载，楚人在春秋后期祭九冈山，战国时期先后祭洞庭君山、九嶷山和泰山。在祭祀这些神圣山的时候，楚人献演的无疑就是干羽之舞。

第九章　巫觋

尚巫之风是从战国时期开始炽盛于楚国的。《吕氏春秋·侈乐》云："荆之衰也，作为巫音。"《史记·范雎列传》记秦昭王曰："吾闻楚铁剑利而倡优拙（黜）。夫铁剑利，则士勇，倡优拙，则思虑远。"以歌舞娱神的灵子、巫女班在"倡优"之列。楚势衰弱和楚国武士见黜、倡优见幸的时代，毫无疑问是在战国。王国维《宋元戏曲考》谓："周礼既废，巫风大兴；楚越之间，其风尤盛。""周礼"废弛的时代是在春秋末季，旋踵即届战国，故王氏的这一论断也是比较准确的。后世有不少关于楚俗尚巫的记载，如《吕氏春秋·异宝》《淮南子·人间》曰："荆人畏鬼"，《汉书·地理志下》记楚地之民"信巫鬼，重淫祀"，王逸《楚辞章句》云："昔楚国南郢之邑，沅湘之间，其俗信鬼而好祠。"《列子·说符》云："楚人鬼。"先儒、时贤多据以认为楚国巫风尚行已久，有的学者更将楚文化断为"巫官文化"。对于这类目前颇占上风的意见，我们的看法：一是某种文化和习俗样式盛行于某一地区，不一定就滥觞和形成于该地区，文化的存在方式是动态的，可以通过各种途径向外扩散，譬如海潮升涨时往往会将栖息于浅海甚至深海中的鱼类尸骸卷到海滩，我们绝不能因为鱼类尸骸遗留在海滩上便说那里就是它原来的栖息之处；从传世文献与考古出土的实物和文献资料两方面来考察，华夏文化圈内缘的殷商、西周王室，春秋时的陈、齐、卫诸国，华夏文化圈外缘的吴、越、巴、蜀和西南滇濮，都是巫风盛行的地区。[①]而楚国尚巫则炽盛于战国，楚国与上述地区巫风盛行的时间差，说明后者是

① 商代尚有"巫帝"一说，如甲骨刻辞"巫帝"，一犬（《新获卜辞写本》），"賁土，征巫帝"（《铁云藏龟拾遗》）。又，周人尚巫从《周易·巽卦》"用史巫纷若"，即可窥见。

传播源，而楚国则是接受者。二是对我国文化发展史作长时段考察，秦以前处于发生、组构和活跃期，秦以后则为成型和相对滞缓期，各地文化的发展与成型也基本上可作如此区划，故而，我们既可将汉代（或战国）史料中有关各地区文化面貌的记载作为了解各地区后世文化面貌的参照材料，也可透过有关各地区的后世记载以逆推各地区在汉代（或战国）的文化面貌，然而不论是将汉代史料还是后世记载用以逆推春秋时期的文化面貌，就都不尽合适了。同样是基于这两点看法，我们认为，战国乃至后世楚国和楚地人民尚巫风气浓厚也是丝毫不容怀疑的。《汉书·地理志》除了说楚人“信巫鬼”外，另一处便是说淮阳陈国“好祭祀，用史巫，故其俗巫鬼”。这说明汉代巫风最盛的地区，一是原楚国的腹心地带江汉地区，二是淮阳（战国时亦属楚地），而这两个地区的文化风气和俗尚无疑是可以上溯到战国的。

第一节 巫觋的地位及其组织

巫术的性质是一种虚构的超自然力，巫师则是所谓天生异察或掌握了某种超自然法力（特别是沟通人神）的人。施用巫术的目的，简而言之，就是通过与神明的直接交通来祈福和禳灾。

春秋末至战国时期的楚人对巫师的天生异禀和超自然法力非常推崇，如《国语·楚语下》观射父答楚昭王问时说：“民之精爽不携贰者，而又能齐肃衷正，其智能上下比义，其圣能光远宣朗，其明能光照之，其聪能听彻之，如是则明神降之，在男曰觋，在女曰巫。”又如《论语·子路》记：“南人有言曰：‘人而无恒，不可以作巫医。’”此外，见诸《楚辞》，楚人还习称巫为“灵”或“灵子”，古汉语“灵”“神”同义，可见楚人将巫也视为神。王国维在《宋元戏曲史》中说：“《楚辞》之灵，殆以巫而兼尸之用者也。其词谓巫曰灵，谓神亦曰灵，盖群巫之中必有象神之衣服形貌动作者，而视为神之冯依，故谓之曰灵，或谓之曰灵保。”此说甚确。

与楚人对巫师的推崇态度相比，中原有些诸侯国反而逊色了。《荀子·王制》称巫觋为“伛巫跛击（觋）”。荀子是赵人，以伛偻、跛足等身患残疾的男女充当巫觋，可能是赵国的特点。《韩非子·显学》云：“今巫祝祝人曰：‘使若千秋万岁！’千秋万岁之声聒耳，而一日之寿无征于人，此人之所以简巫祝也。”这说明巫师在韩国也被人所简慢鄙视。又《管子·权修》言：“上恃龟筮，好用巫医。”这番话对巫医也含有贬义，或许反映的是齐国稷下学士们的意见。从甲骨刻契可见，殷商盛行焚（或暴）巫祈雨的仪式，如“烄婞㞢雨”“烄妏亡出其雨”（佚1000）“于甲烄般”（邺·三下，48）。此风晚迄春秋时期尚遗存于鲁国，如《左传》僖公二十一年记：“夏，大旱，公欲焚巫尪（男巫）。”但像这一类打算通过焚巫、暴巫以祈雨的事例，在楚国一次也没有发生过。

一般说来，先秦巫觋的职司范围为占筮、天官、医药、赛祷、祈雨、禳灾、祓禊、娱神、降神、诅咒、设蛊、算命、相面、发布预言和表演巫术性歌舞等。如《荀子·王制》曰：“相阴阳，占祲兆，钻龟陈策，主攘择五卜，知其吉凶妖祥，伛巫跛击之事也。”《竹书纪年》载，殷“太戊十一年，命巫咸祷于山川”。《史记·天官书》云：“昔之传天数者……殷商，巫咸。”《世本·作篇》称：“巫咸作筮。”《古史考》曰：“殷巫咸，善占筮。”《庄子·应帝王》曰：“郑有神巫曰季咸，知人之生死、存亡、祸福、寿夭，期之岁月旬日若神。”《周礼·春官》载：“司巫掌群巫之政令。若国大旱，则帅巫而舞雩。国有大灾，则帅巫而造巫恒。祭祀则共匰主，及道布，及蒩馆。凡祭事守瘗。凡丧事掌巫降之礼。”“男巫掌望祀，望衍，授号，旁招以茅。冬堂赠，无方无筭。春招弭，以除疾病。王吊，则与祝前。”“女巫掌岁时祓除衅浴。旱暵则舞雩。若王后吊，则与祝前。凡邦之大灾，歌哭而请。”又载：“凡以神仕者，掌三辰之法，以犹鬼神示之居，辨其名物。以冬日至致天神人鬼，以夏日至致地示、物鬽，以禬国之凶荒，民之札丧。”郑玄注曰：神士，“男巫之俊，有学问才知者”。上引诸种记载，反映的是不同时间、空间范围内的巫师的职司情况。但在巫风炽盛于楚国时期，楚巫的职司范围不仅包括了上述所有种类的活动，而且还包括了一些为中原巫师所不曾从事过的活动，如招魂、驭鬼、巫觋与神恋爱等。

战国时期存在着两种性质的巫觋，一种是列国王室豢养的巫觋，也就是《周礼·春官》编制中所列的司巫、神士、女巫、男巫，他们享禄食廪，专为王室效命。楚国也有一大批这种巫觋，《楚辞·九歌》中婆娑起舞、迎神娱神的灵子，便是这种巫觋。另一种是民间巫觋，他们靠直接敛取钱财、糈米维生。民间巫觋的活动方式有三种类型：一是游方；二是附聚于祠、社，形成小型的巫师社团（也有为王室或官方豢养的巫社和巫祠），如《墨子·号令》曰“巫舍必近公社”，《迎敌祠》曰“巫必近公社，必敬神之”；三是住家，即家巫。楚巫的活动方式为前两种类型，并尤以第二种为著，楚巫常以祠、社为中心举行大型的赛祷活动。至于后一种活动方式，可能仅存在于齐国，如《汉书·地理志下》载：“始桓公兄襄公淫乱，姑姐妹不嫁，于是令国中民家长女不得嫁，名曰巫儿，为家主祠，嫁者不利其家，民至今以为俗。”

战国乃至秦汉时期，巫、觋在人数上的比例基本上都是巫多、觋少。如云梦睡虎地出土的秦简《日书》849、1137 简云：“女子为巫”，1139 简云：“女子为（巫）医。”楚国的情况也是如此。《晏子春秋》载楚巫嬂姿色姣好，齐“景公悦之”。《离骚》中给屈子以规劝的“女媭”即是楚人对女巫的一种习称。《汉书·武五子传》记广陵王刘胥“迎女巫李女须，使下神祝诅”。颜师古注曰：“女须者，巫之名也。”实则，女须不是这一李姓女巫的真名，而是楚人对女巫的通称。楚国巫觋从业人员中巫多觋少的状况，在“屈骚”中也留下了深刻的印记。“屈骚”具有浓郁的女性文学的气息，处处表现出一种阴柔的、女性化的情感，这与“屈骚”作者受到的巫歌巫舞的强烈熏陶和影响是分不开的，作者在借鉴、改著巫歌的过程中不自觉就会流露出巫歌主唱者原本的女性色彩。

第二节　巫觋的医疗活动

巫觋医病，一是靠医术，二是靠巫术，有时两种方法兼而用之。战国以前巫、医不分，巫就是医，医就是巫，医字因之有写作“毉”的。《广雅·释诂》：“灵子、医、禜、觋，巫也。”中国远古至上古医学、药学经验的摸索积累，皆是由巫师来进行的。《吕氏春秋·勿躬》《世本》说：“巫彭作医。”《山海经·大荒西经》云：“有灵山，巫咸、巫即、巫盼、巫彭、巫姑、巫真、巫礼、巫抵、巫谢、巫罗十巫从此升降，百药爰在。”《海内西经》云：“开明东，有巫彭、巫抵、巫阳、巫履、巫凡、巫相、夹窫窳之尸，皆操不死之药以距之。”这六位巫师，郭璞注曰：“皆神医也。”在《山海经》这部巫书中详细记载了各地的动植物及人吃了之后的各种生理反应，由此可见，《山海经》中有相当一部分文字来自于药物试验的记录，而从事这种药物试验的就是采药于山中的历代巫师。

及至战国时期，巫、医开始分职，擅长于医术的巫变成为医，擅长于巫术除疾的巫仍然为巫。《史记·扁鹊列传》记云：“信巫不信医，不治。”《淮南子·说山》云“医之用针石，巫之用糈藉”是汉代文献对巫、医区别甚明。但这种区分当可追溯到战国时期，如蓝本为齐、鲁官书的《周礼》中不论是司巫、男女巫或是神士的职司内容均不包括医药，唯在《夏官》司马所辖师胥中有一“巫马”，其职为“掌养疾马而乘治之，相医而药攻马疾”，这“巫马”就是一个兼具兽医、巫师双重身份的人，但整个周官系统中也只有这一个巫、医合一的职务。

与北方诸国形成对照的是，在战国楚人的头脑中，巫、医仍是同一个概念，如《楚辞·天问》云：“化为黄熊，巫何活焉。”“巫何活焉”的意思就是巫医岂能使之死而复生。楚国的巫医既懂得用针石药物治病，又擅长通过祈禳、祝说和驱疾等巫术来求瘳。《楚辞》中提到了许多草木及果实，如三秀（灵芝）、瑶华、白芷、桂枝、辛夷、杜若、菌桂、江蘺等，都具有药用价值[①]，这些草本和木本植物，当是楚巫治病经常用到的药物。巫术是较针石药物更常用的一种治病手段。《素问·移精变气论》云："古之治病，惟移精变气，可祝由而已。"注云："祝说病由，不劳针石。"《韩诗外传》卷十记云："上古医曰茅父，茅父之为臣也，以莞为席，以刍为狗。北面而祝之，发十言耳，诸扶舆而来者，皆平复如故。"这两条记载就是说的巫术治病的一般情况。其中以刍狗为供神之物当是北方巫师的习惯，楚巫的供神、迎神之物是糈藉。

以巫术为手段治病，并非没有积极的作用和效果，问明病由后，巫师向鬼神祝祷，并对病人施以催眠、暗示和激发等手法，使病人相信自己的病是由于特定的鬼神作祟，在巫师象征性地祈求某神的原谅或驱使某鬼遁逃的过程中，病人内在的防御机能便被充分地诱发出来，这也就是《素问》所谓"移精变气"，与此同时因生病而产生的忧郁、恐惧心理也在不知不觉间得到了排解。对于心理障碍性疾病和一些小病症，巫术疗法往往比较灵验，但对于大疾病和沉疴，巫术疗法则难以见效。据裴明相介绍，信阳楚墓锦瑟上绘有三种巫师形象："第一种身穿红色长衣……双手似鸟爪，各持一蛇，似在执行巫术；第二种……双手合持一法器，伫立在蟠曲的蛇身上面，似乎在显法降灵；第三种形体奇异，扁头、粗颈、大腹，腹前有一龙首，左侧持立一龙身，而巫师两腿微启，临危不惧，作缓步前进状。"[②]我们认为，锦瑟上不仅绘出三种不同形象的巫师，而且绘出了三幅巫术治病的情景。

汉代及其以降，楚地人民患病，仍多延请巫师作法，而不是请医治病。《岳阳风土记》曰："荆湖民俗……疾病不事医药，惟灼龟打瓦，或以鸡子占卜，求祟所在，使俚巫治之。皆古楚俗也。"据《宋书·刘清之传》载，南朝"鄂俗计利尚鬼，病者不药而听于巫"。明陶晋英《楚书》载，施州保靖、永顺之俗，"疾病则击铜鼓沙锣以祀鬼神"。《崇阳

① 何崇恩．楚巫散论（未刊稿）；王人恩．说"灵""巫"［J］．西北师院学报，1984（2）．

② 楚人服饰考［M］//楚文化觅踪．郑州：中州古籍出版社，1986．

县志·序》称，当地“病者事师巫不重药饵”。[1]

第三节　巫觋的降神活动

降神，即迎神、接神，与神灵交通。这是巫最重要的一项职司和特长。降神仪式常是其他巫术仪式——祈祝、赛祷、望祭、祈雨的前奏，它与各种巫术仪式互相配合，组成为不同的节目。如《楚语下》：“如是则神明降之，在男曰觋，在女曰巫。”《说文》：“巫，祝也。女能事无形，以舞降神者也。”《商书·伊训》传云：“事鬼神曰巫。”《周礼》司巫，“凡丧事，掌巫降之礼”，神仕，“以冬日至，致天神人鬼，以夏日至，致地示物鬽”，无不证明巫主接神。

楚巫的降神方法主要为如下四种：

一、歌舞迎神

这是一种非常古老的降神方法。殷商卜辞中“巫”或作[illegible]，此字即是舞。[2]《商书·伊训》云：“恒舞于宫，酣歌于室，时谓巫风。”（另见《墨子·明鬼》）《周礼·大司乐》云：“舞云门以祀天神，舞咸池以祭地祇，舞大磬以祀四望，舞大夏以祭山川，舞大护以享先妣，舞大武以享先祖。”这些舞蹈皆属于接神、娱神的巫舞。《诗经·陈风》：“东门之枌，宛丘之栩，子仲之子，婆娑其下。”颜师古曰：“言于枌榆之下歌舞以娱神也。”王符《潜夫论》曰：“诗刺不绩其麻，市也婆娑，今多不修中馈，休其蚕织，而起学巫祝，鼓舞事神。”歌舞降神之风先炽于北方，后炽于楚国。楚国上至王庭下至沅湘土著的歌舞降神场面在《楚辞·九歌》中有非常生动、精彩的描述，如《东皇太一》：“扬

① 转引自吴永章《楚辞与楚俗》。

② 陈梦家曾谓：“卜辞祝从示从兄，兄像人跽地张口而呼，或于一手画舞饰。故知祝者即舞者，舞即巫也。”商代的神话与巫术［J］.燕京学报（20）可参。

枹兮拊鼓，疏缓节兮安歌，陈竽瑟兮浩倡。灵偃蹇兮姣服，芳菲菲兮满堂。”洪兴祖补注云：“‘灵偃蹇兮姣服’，言神降而托于巫也。”又《云中君》：“灵连蜷兮既留”，王逸注曰：“连蜷，巫迎神导引貌也。”

二、糈椒降神

这是最具楚国巫俗特点的一种降神方法。《离骚》：“巫咸将夕降兮，怀椒糈而要之。百神翳其备降兮，九疑缤其并迎。”王逸注曰：“椒，香物，所以降神。糈，精米，所以享神。”“言巫咸得己椒糈，则将百神蔽日来下；舜又使九疑之神，纷然来迎，知己之志也。”《山海经》造说、传述于殷周王室，春秋战国传于楚国，由楚国巫士最后编定。在《山海经》中也屡有祭用糈的记载，如《西山经》祭昆仑“糈用稌米”，《南山经》“糈用稌米”[①]，楚巫以糈享神、降神的习俗可能是从周人“握粟出卜”之俗变通而来的。李遇孙辑《日知录续补正》“握粟出卜”条云：“古者卜筮先用精凿之米以享神谓之糈，故《诗》有‘握粟出卜’之句……《东山经》曰：‘糈用稌米’，《淮南·说山》曰：‘巫用糈藉’，郭璞、高诱皆云：‘祀神之米’。”至于用椒降神则肯定无疑地是楚巫独有的传统。

三、设帐招神

《九歌·湘夫人》：“与佳期兮夕张。”王逸注曰：“佳，谓湘夫人也……张，施也。言己愿以始秋薠草初生平望之时，修设祭具，夕早洒扫，张施帷帐，与夫人期歆飨之也。”五臣云：“张帷帐，冀夫人之神来此歆飨。”此种招神法，亦为北方巫觋所传习，如《周礼》中提到的“张事”，即是设帐于郊野以招徕神灵。

① 翁银陶.《山海经》产于楚地七证［J］. 江汉论坛，1984（2）.

四、供馐酒享神

此法最为普遍。《晏子春秋》载楚巫嫰侍坐齐景公三日，言“请致五帝，以明君德”，景公诺，“令百官供斋具于楚巫之所”。“斋具”包括了享神的酒肴牢食。又《九歌·东皇太一》云：“惠肴蒸兮兰藉，奠桂酒兮椒浆。”这就是说楚巫在歌舞降神的同时，还要供奉香洁的酒肴。备酒肴既是为了享神，也是为了降神。

第四节　人神恋爱巫术及其表演

在楚巫降神的活动中，最具有地区性和民族性的一项巫术习俗便是人神恋爱。此点前人已充分地注意到了。如朱熹《楚辞集注》云：“昔楚南郢之邑，沅湘之间，其俗信鬼而好祀，其祀必使巫觋作乐，歌舞以娱神。荆蛮陋俗，词既鄙俚，而其阴阳人鬼之间，又或不能无亵慢淫荒之杂。”人神恋爱巫术的特征为，降神的过程就是情人期会和婚配的过程。换句话说，降神的形式表现为异性人神间的恋爱和婚配，降男神用妙音好色的少女，降女神则用貌比子都的娈童。亦如朱熹在《楚辞辩证》中说的：“楚俗祭祀之歌，今不可得而闻矣。然计其间，或以阴巫下阳神，或以阳巫接阴鬼，则其辞之亵慢淫荒，当有不可道者。”

楚国的这种巫降之俗较为集中地反映在《九歌》和《离骚》中。《九歌》中的人神恋爱较少故事性的因素，而较多仪式性、歌舞性的因素，是直接从巫觋娱神、恋神和杀人祭神两种类型的降神仪式中蜕化出来的。如《少司命》：“满堂兮美人，忽独与余兮目成……悲莫悲兮生别离，乐莫乐兮新相知……与女沐兮咸池，晞女发兮阳之阿。”这几句话即写的是男巫与少司命神按原始、质朴的恋爱、定情方式，由眉目传情到双栖于“咸池”的过程。在实际表演中，当由一女巫饰少司命表演委身于男巫的过程。《湘君》《湘夫人》《河伯》三篇的结构较为复杂，它们既是神与神、人与神两种非现实的恋爱结构的叠化，又是巫觋娱神和杀人祭江（河）两种仪式的杂糅，其实际表演过程是，祭湘君由一女巫（或少女）出场扮湘夫人，祭湘夫人则由一男巫（或娈童）出场扮湘君，祭河伯与祭湘君大体相同，首先表演企盼不至的情景，然后以花船载之沉江（河），或者是虚拟性的沉江（河）表演。同样是祭湘灵，仪式的隐层结构也大致相同，但官方巫觋的表演便和沅湘土著巫觋的表演有着很大的差别。官巫的表演更具仪式性、虚拟性，发乎情，止乎礼，土巫的表演严格说来只是简单的模拟，呈现在人眼前的只是狂野、淫亵的性交或性挑逗场面。《九歌》所记当属于官巫的表演场面。

《离骚》不具祭祀歌舞的外壳，因而也缺乏仪式性的因素和痕迹，但《离骚》是含有故事情节的抒情长诗。《离骚》中一个比较重要的故事就是“求女”。被主人公追求的这些神女是高丘（高唐）神女、宓妃、有娀氏女和二姚。要解开“求女”的奥秘，先得明了《离骚》的抒情主人公是一个神巫、“男巫之俊者”（神士），追求神女的故事转型为巫术仪式即是祈降神女和巫、神恋爱，这正是神巫的职司所在。

在沈从文早年写作的小说《神巫之爱》中，我们看到近世湘西尚存在着神巫，充当神巫的为相貌俊美的男子，他几乎吸引了所经山寨中所有的女子（《离骚》中提到的“下女”即是这种女子），她们为了他如癫如狂，但在他的心旌中激不起一丝涟漪，这是因为神巫的身份不允许他爱慕下女，他必须终生独身，禁绝情欲。为什么对神巫作出这种僧侣式的戒律，小说中未作介绍，湘西故老可能也遗忘了这戒律的由来。其实这戒律的由来很简单，神巫是神女的配偶，如果他再与下女婚配，或者是仅仅暗恋下女，都属于忤逆神灵的行为。《后汉书·宋均传》记：庐江郡“浚遒县有唐、后二山，民共祠之。众巫遂取百姓男女以为公妪。岁岁改易，既而不敢嫁娶。前后守令莫敢禁。均乃下书曰：‘自今以后，为山娶者皆娶巫家，勿扰良民。’于是遂绝”。东汉庐江郡属战国楚地，故这种神婚之俗当系楚风遗传。这种以百姓男女为山神公妪的神婚与巫、神相配的神婚不同类型，但基于同一原型——人神婚配。这两种神婚类型都存在于楚国。

《离骚》故事和《少司命》属于巫、神婚配型，庐江唐、后二祠的神婚与《九歌》之《河伯》《山鬼》属于民家男女与神婚配型，《湘君》《湘夫人》介于两型之间，属于复合型。从文化发生学的角度看，人神恋爱的故事当产生在前，因为神是人以自身为原型创造出来的，人有七情八欲，神自然也有七情八欲，远古不存在一夫一妻的专偶关系，也没有固定的性对象，神可以与神交媾，同样也可以与人交媾。从《山海经》《世本》《史记》关于各族姓早期世系的陈述中，我们可以抽绎出许多优美的人神恋爱神话，由于这些神话皆呈破碎的片断状态，所以合理的推测是，在远古曾存在着一个人神恋爱神话创作与传述的繁盛期。人神婚配的巫术仪式则产生在后，《山海经》所谓夏后启“上三嫔于天”，是关于人神婚配仪式的最早的记载，可见神婚仪式不是产生于楚国，只是在楚国得到发扬光大，演为一股炽热的巫术风尚。

第五节　巫觋的禳灾、祓禊活动

禳灾的内容为除灾、驱疫和辟邪。按时间概念划分，禳灾的形式有两种，一种是灾至而禳，在时间上不固定；一种是灾未至而禳，属于预防性的禳灾，在时间上有固定的日期，纳入了岁时活动的节目中。《周礼·春官》：女巫“凡邦之大灾，歌哭而请”，司巫“国有大灾，则师巫而造巫恒”。郑玄注曰：“恒，久也，巫久者，先巫之故事。造之，当按视所施为。”意思是，从先巫禳灾的记录和传述中找到应付当前灾祸的对策和巫术手法。女巫“歌哭”和司巫“造巫恒”皆属于灾至而禳。《春官》：男巫职“冬堂赠，无方无筭”。堂赠就是大傩、驱疫，无筭即无算，也就是不计道里远近，将瘟疾、恶梦等不祥的事物驱赶得愈远愈好。《礼记·月令》：季冬“命有司，大难（傩）旁磔，出土牛，以送寒气、征鸟、厉疾”。寒气即阴气，与阴气相伴的有厉鬼，按星占迷信的说法，季冬日行于虚危二宿，虚危有坟墓四司之气。郑注《论语》“乡人难”云：“十二月命方相氏索室中驱疫鬼。”郑注《周礼·春官·占梦》曰：难，“谓执兵以有难却也。方相氏蒙熊皮黄金四目玄衣朱裳执戈扬盾帅百隶为之驱疫厉鬼也”。方相氏是由巫觋扮演的十二神祇，这两条均说的是“冬堂赠”的情形。“冬堂赠”属于预防性、岁时性的禳灾活动。除此之外，《春官》神仕“以冬日至致天神人鬼，以夏日至致地示物鬽，以禬国之凶荒、民之札丧”，也属于预防性的岁时禳灾活动。

长沙子弹库出土的楚帛书上绘有十二怪神像，有学者认为，十二神像与大傩中的十二方相氏扮演的十二神兽有关。[①] 我们认为，此说有一定根据，可作为楚国在战国时已有舞傩风的物证。《荆楚岁时记》曰：“十二月八日为腊月。谚语：‘腊鼓鸣，春草生。’村人并击细腰鼓，戴胡头，乃作金刚力士以逐疫。”后世楚地人民传承的这股舞傩风便始于战国。苏东坡《黄州安国寺记》云：黄州“岁正月男女万人会庭中饮食作乐，且祠瘟神，江淮旧俗也”。祠瘟神即送瘟神，亦即逐疫，是大傩的活动内容。

属于禳灾类别的还有很多繁碎的小型操作和手法。如先秦时俗在棺柩下葬前后均要由巫师在棺柩和墓圹内外祓除不祥。《周礼·夏官》方相氏职“大丧，先柩，及墓入圹，以戈击四隅，殴方良（魍魉）”。楚国也有此俗。《左传》襄公二十九年载：楚康王卒，鲁襄公之楚吊丧，“楚人使公亲襚，公患之。穆叔曰：‘祓殡而襚，则布币也。’乃使巫以桃、茢先祓殡。楚人弗禁，既而悔之。”襚，是为死者穿衣，此处的“襚”则是将赗赠的衣物置于柩[②]，以桃、茢祓殡是巫师以桃棒和扫帚在棺柩上扫除不祥。这一祓殡的施行者虽为鲁巫，但无疑也在楚巫的职司范围内。《左传》昭公十二年记楚右尹子革曰：“昔我先王熊绎，辟在荆山……唯是桃弧、棘矢，以共御王事。”杜预注曰：“桃弧、棘矢，以御不祥。”《史记》“集解”引服虔曰：“以御其灾。”以桃弧、棘矢供

① 安志敏，陈公柔．长沙战国缯书及其有关问题［J］．文物，1963（9）．

② 杨伯峻．春秋左传注［M］．北京：中华书局，1981．

献西周王室，作为祓除不祥、避御灾祸的法具，说明楚人施行禳灾巫术由来已久。汉张衡《东京赋》云：“卒岁大傩，驱除群厉。方相秉钺，巫觋操茢；侲子万童，丹首玄制。桃符棘矢，所发无臬。”是汉代仍以“棘矢”和与桃弧作用相同的“桃符”作为驱疫逐鬼的法具。中国上古时代流传着桃木崇拜，视桃木为避邪的利具。这一习俗一直传到后世，如《荆楚岁时记》记：正岁“饮桃汤……造桃板著户，谓之仙木”。注文引《典术》云：“桃者五行之精，厌伏邪气，制百鬼也。”又记：“悬苇索于其（户）上，插桃符其傍，百鬼畏之。”

除桃木崇拜的习俗，上古时还有关于“木精”的神秘观念。长沙楚帛书四隅绘有四种颜色的树木，“东北隅的青色，东南隅的红色，西南隅的白色，西北隅的黑色”①。李零说：“这里的四木也就是四神所立的四根擎天柱。在帛书的布图中，这四木的作用与古代出土占盘上面的四维相同（四兽镜当中的四瓣花也是起同一作用）。”②商承祚说：“木属太阴之精，其气可以厌御鬼魅（如‘刚卯’之用木制），故此云云。”又说：“古人认为鬼与神是居于对立地位的，神福人而鬼祸人，故用五木之精来事先防止或事后捍卫其作祟，确保四时正常和人神安宁。”③商承祚的论断紧扣帛书避邪性质，所说尤是。以五木之精厌灾辟邪，与以桃弧、棘矢辟御不祥源于共同的巫术观念和手法。

属于禳灾性质的一项定期性大型活动是“祓禊”。

祓禊，即禊祠（祭）。祓是除的意思，又称“祓除”，禊指清洁，应劭《风俗通》云：“禊者，洁也，故于水上盥洁之也。”祓禊是中夏古俗，举行该仪式的时间为春季，战国及秦汉时将之固定在暮春三月上巳日，以后又改为三月三日。先秦时期祓禊的主持人为女巫。《周礼·春官》记：“女巫掌岁时祓除衅浴。”郑玄注曰：“岁时祓除，如今三月

① 李学勤．再论帛书十二神［M］// 湖南考古辑刊（4）．长沙：岳麓书社，1987.
② 长沙子弹库战国楚帛书研究［M］．北京：中华书局，1985：70.
③ 战国楚帛书述略［J］．文物，1964（9）.

上巳如水上之类。衅浴谓以香薰草药沐浴。”祓禊的目的是除不祥和招魂续魄，如《通典》卷四十三引韩婴解《郑风·溱洧》说：“郑国之俗，三月上巳之溱、洧两水之上，招魂续魄，秉兰祓禊不祥。”

祓禊的方式除秉兰临水和香薰草药沐浴外，还有其他几种方式。一种是直接在水中洗濯，如《续汉书·礼仪志》云：“是月上巳，官民皆洁于东流水上，曰洗濯祓除去宿垢疢为大洁。”一种是秉火，杜笃《祓禊赋》云：“巫咸之徒，秉火祈福。”另据孙诒让《周礼正义》说，以牲血涂身也是祓禊的一种方式。《周礼·春官》男巫“春招弭，以除疾病”。据郑玄注，招弭是招福、安祸，其礼与望祀、望衍相同，即用牺牲、粢盛或玉币遥祝或遥致山川之神。“春招弭”的目的、功用与祓禊相同，但不属于同一仪式。

在流水中洗濯宿垢和举火祈福是上述几种祓禊方式中最为古老的方式。在我国远古时代曾存在过一年一度的死亡和复活仪式和对“圣水”的崇拜和出生受洗仪式。远古先民认为，不论是草木牲畜，还是人类、火神，每年冬季都要死亡一次，直到第二年春季才复活。对于人来讲，复活要像出生一样到水中去受洗礼，水能赋予人生命的元质。《大荒西经》：“有鱼偏枯，名曰鱼妇。颛顼死即复苏。风道北来，天乃大水泉，蛇乃化为鱼，是为鱼妇。颛顼死即复苏。”《淮南子·坠形》：“后稷垄在建木西，其人死复苏，其半鱼在其间。”高诱注：“南方人死而复生，或化为鱼，在都广建木间。”《续齐谐记》：“晋武帝问尚书挚虞曰：‘三日曲水，其义何指？’答曰：‘汉章帝时，平原徐肇以三月初生三女，而三日俱亡。一村以为怪，乃相携之水滨盥洗，遂因流水以滥觞。曲水之义起于此。’”在古人的观念中，水能使人甦生或逃避死亡。

在战国时期尚遗存着若干冬死春生和送死迎生的阿都尼斯仪式的次生形态。如战国时周室和大多数方国都于夏历十月举行大蜡和蜡祭典礼。大蜡祭仪中的一个重要内容为“息老物”，郑玄《礼记·郊特牲》注曰：“送终丧杀，所谓老物也。”然则“息老物”也就是为所有在冬季死去的生灵送终。《荆楚岁时记》云：“共工，氏有不才子以冬至日死。”郑玄《周礼·司烜氏》注又曰：“为季春将出火也。”是火神于夏正三月复活（后世于农历十二月二十三为“灶王”升天日当是火神死亡祭仪的变型）。与火神同时或较早于火神复活的还有所有的生灵和生命的元质。韩诗说祓禊时要于水上“招魂续魄”，也是迎接人类生命复归的一种仪式。这“招魂续魄”是招生魂、续生魄，而不全是为真正的死人招魂续魄。

为生人招魂之风最盛于楚地，朱熹《楚辞集注》卷七谓：荆楚之俗，招魂“乃或以是施之生人”。此说在近世的民族学调查中得到了证实。《招魂》乱辞云：“献岁发春兮”，又云：“目极千里兮伤春心”。《大招》有句云：“青春受谢，白日昭只。春气奋发，万物遽只。”从这几句来看，《楚辞》“二招”所记似是楚人在春季为生人招魂续魄之俗。

由于春季是生命甦醒的季节，所以它又是人类、动物恋爱或择偶、交媾、生育的季节。《礼记·月令》仲春之月“玄鸟至。至之日，以大牢祠于高禖，天子亲往”，季春之月“乃合累牛腾马，游牝于牧”。《周礼·媒氏》“中春之月，令会男女。于是时也，奔者不禁”。《郑风·溱洧》记春秋郑国的祓禊春游景象曰：“溱与洧，方涣涣兮。士与女，方秉蕑兮”，“维士与女，伊其相谑，赠之以芍药”。相同的景象在楚国也能看到，《老子》“众人熙熙，如登春台”，《离骚》“折琼枝以继佩。及荣华之未落兮，相下女之可诒”，《九歌·湘君》“采芳洲兮杜若，将以遗兮下女”即是与“秉蕑”和“赠之以芍药”相类似的举动。又《墨子·明鬼》云：“燕之有祖，当齐之社稷，宋之有桑林，楚之有云梦也，此男女所属而观也。”属是聚集，观指观看，男女间互相观看和共同观看由女巫所饰“女尸”的性表演。郭沫若、孙从云等训“观”为“灌”（性交隐语），便是以后一点立论。《初学记》卷四引《汉书》“武帝即位数年无子，平阳主求良家女十余人饰置家，帝祓灞上而过焉”，是祓禊还寓有求子的目的，男女“所属而观”的目的也在于此。

“以香薰草药沐浴”的“衅浴”习俗也盛行于楚国。《九歌·云中君》句云：“浴兰汤兮沐芳。”王逸注曰：“言已将修飨祭以事云神，乃使灵巫先浴兰汤、沐香芷。”此句所言虽是巫降前的斋沐行为，然斋沐的目的是祓除不祥，清洗污垢，与祓禊目的相似，因而可知楚人的祓禊活动也包括有与中原郑国等方国相同的“衅浴”节目，《荆楚岁时记》云“三月三日，士民并出江渚池沼间，为流杯曲水之饮”，即是此俗的流风余韵。

第六节 畏鬼习俗及驭鬼巫术

鬼的概念导源于灵魂不灭的观念。在华夏民族中，“鬼”的最初含义是死去的长辈和祖先。“楚人畏鬼”，史不绝书，如《淮南子·人间》云：“荆人鬼。”《汉书·地理志》云：“楚人信巫鬼。”习凿齿《襄阳记》云：襄阳民“信鬼神”。《隋书·地理志下》云：“大抵荆州率敬鬼，尤重祠祀之事。”《湖南风云记》云：长沙“俗信鬼，好淫祀”。畏鬼也就是敬鬼，敬鬼的前提是信鬼，它属于迷信风尚。畏鬼虽与巫术、巫风关系密切，但并不是一回事。不过，若由巫师以超自然法力来驾驭、操纵鬼魅，那么，这畏鬼风尚也就纳入了巫文化的范畴。楚国的畏鬼之风即是如此。

敬鬼之风源起甚早，曾特盛于殷代。《礼记·表记》云：“殷人尊神，率民以事神，先鬼而后礼。”殷人认为死去的殷王及其大臣皆上天庭列于帝之左右，故其事鬼如事神，视神、鬼与已故长辈为同一概念，以极热狂的态度和极高的等级祭祀先人。此风至周稍杀。如《表记》又记云：周人“事鬼敬神而远之”。《周礼·大宗伯》职云：“以吉礼事邦国之鬼神祇。”

周人这种礼事鬼神的倾向，对西周至春秋中期的楚文化产生了深刻的影响和有力的制约作用。在这一段时期内，楚人的事鬼之俗与敬祖观念是结合在一起的。如《左传》宣公四年记出身于若敖氏族的令尹子文预见到本氏族覆灭的结局后悲泣曰：“鬼犹求食，若敖氏之鬼，不其馁而？”从令尹子文这段话中，我们便看不到丝毫的巫术热狂，而只有与尊祖敬宗相结合的事鬼观。这种事鬼观浸透着对鬼的深切关怀。楚人的这种事鬼观也是当时华夏列国共同的事鬼观。

按当时的观念，狭义的鬼专指正常死亡的人，而非正常死亡的人或绝后的死者则被称作“厉”。《左传》昭公七年记云：“鬼有所归，乃不为厉。”“厉”也可称作鬼（或厉鬼），但是一种形象可怕的恶鬼。时人非常畏惧厉鬼。如《左传》成公十年记：“晋侯梦大厉，被发及地，搏膺而踊，曰：‘杀余孙，不义。余得请于帝矣！’坏大门及寝门而入。公惧，入于室。”后晋公疾，“如厕，陷而卒”。《国语·晋语八》晋韩宣子告知郑子产曰：“寡君之疾久矣，上下神祇无不遍谕，而无除。今梦黄熊入于寝门，不知人杀乎，抑厉鬼邪？”韦昭注曰：“厉鬼，恶鬼。”《左传》昭公七年记被杀的郑卿伯有鬼魂显灵，“郑人相惊以伯有，曰：‘伯有至矣！’则皆走，不知所往。铸刑书之岁二月，或梦伯有介而行，曰：‘壬子，余将杀带也。明年壬寅，余又将杀段也。’及壬子，驷带卒，国人益惧。齐、燕平之月，壬寅，公孙段卒，国人益惧。其明月，子产立公孙洩及良止（伯有子）以抚之，乃止……及子产适晋，赵景子问焉，曰：‘伯有犹能为鬼乎？’子产曰：‘能。人生始化曰魄，既生魄，阳曰魂。用物精多，则魂魄强，是以有精爽至于神明。匹夫匹妇强死，其魂魄犹能冯依于人，以为淫厉，况良霄（伯有），我先君穆公之胄，子良之孙，子耳之子，敝邑之卿，从政三世矣。”

上引三条记载表明，至迟在春秋时期人们已认为厉鬼能依附于人（即后世所谓“鬼魂附体”），能使人生病，甚至死亡。及至战国秦汉，时人以为疾病皆由厉起，故将厉直称作“疫”。如《礼记·月令》季春之月“命国难，九门磔攘，以毕春气”。郑玄注曰：“此难，难阴气也，阴寒至此不止，将及人，所以及人者，阴气右行，此月之中日行历昴，昴有大陵积尸之气，气佚则厉鬼随而出行，命方相氏帅百隶索室殴疫以逐之。”又如汉刘熙《释名》云：“厉，疾气也，中人如磨厉伤物也。”“疫，役也，言有鬼行役也。”清王先谦《释名疏证补》引王启原云：“按疫有鬼，自昔云然。周世之傩即逐疫之意。秦汉世则直言逐疫鬼。”但在先秦时期有两种厉并未被列为疫气、恶鬼之列，而受到隆重的祭祀和礼遇，这两种厉分别是《礼记·祭法》提到的“泰厉”“公厉”和《楚辞》中提到的“国殇”。泰厉、公厉分别为前代帝王、诸侯绝后者，国殇则是在战争中为国捐躯的将士。

大抵是从春秋后楚灵王在位时开始，楚国单纯的鬼魂迷信骤变为巫鬼结合的敬鬼狂热。楚国鬼文化的这一骤变，与当时居于西南地区的尚鬼部族和东南越族的巫鬼文化影响有关。西南尚鬼部族源于殷代的“鬼方”。《易·未济》“震用伐鬼方”，《诗经·大雅》“覃及鬼方”，《竹书纪年》“高宗三十二祀伐鬼方”，《山海经·海内北经》“鬼国在贰负之尸北”，都是对这尚鬼之邦的记载。据陈天俊说：“一切乞卜于鬼，以祭鬼者为首领的‘鬼戎’部落，分布在商王朝的西北……‘鬼戎’中的一些部落，在春秋战国时期向西南迁徙同原有土著部落形成的昆明人，沿袭了‘尚鬼’的习俗，他们‘以鬼神为征验’，‘谓主祭者曰鬼主，故其酋长号都鬼主。’‘大部落则有大鬼主，百家二百家小部落，亦有小鬼主。’……因部落众多，最大首领被‘诸部推为长，号都大鬼主’，其国邑名称为‘鬼国’。”[①]上引叙述是比较可信的。关于西南少数民族的“鬼主”崇拜问题，徐嘉瑞曾作过介绍，他说：“当部落时代，政教杂糅，宗教领袖即政治领袖，宗教祭师即部落酋长。此种酋长，在西南者名曰耆老、鬼主。”又说：“大理现存的本主庙，若稽其来源，皆历史甚古，今大理之七十一村中，几乎各有本主庙。窃意本主庙本为‘本村鬼主庙’之缩写。”[②]直至近世，不少西南的少数民族的语汇中，仍只有“鬼”，而没有“神”，也透露出西南民族的迷信崇拜习俗具有鬼本位的特点。这种以鬼为祭祀中心，以部落长为“鬼主”的尚鬼习俗，在楚灵王时期也传入了楚国（说详后）。东南越族有着独特的巫鬼习俗，

① 从《山海经》看古代民族的崇拜、信仰及其遗俗［M］// 山海经新探 . 成都：四川省社会科学院出版社，1985.

② 大理古代文化史［M］. 昆明：云南人民出版社，2005：166、277.

越巫以视鬼、下鬼见长，西汉时尤见重于武帝，其巫鬼之风也广传入中原。但楚国因与越国关系密迩，春秋后期楚人入越，越人居楚的现象日渐增多，故楚人较之中原居民更早地接受了越人的巫鬼之俗。楚灵王时楚国巫鬼之风骤兴的原因就在于楚人同时接受了这两种内涵不同的鬼文化。从此以降，楚国的巫鬼崇拜就有四点突出表现。

一、遍设鬼祠

前引《秦律答问》中提到的“擅有鬼位”，也就是擅立鬼祠，这一现象在秦楚两地都非常突出。江陵天星观一号楚墓简文中记载的祭祀对象“东城夫人”[①]，即是一个“鬼”，其祠所自然便是鬼祠。《史记·秦本纪》“索隐”引臣瓒说提到的南阳“叶君神”祠，也是一座鬼祠。《楚辞·九歌》中有《山鬼》篇，山鬼是山魈，而不是人鬼。王逸《章句》云：“《庄子》曰：‘山有夔。’《淮南》曰：‘山出嗥阳。’楚人所祠，岂此类乎？”据此，则“鬼”的概念在战国楚人的心目中又有所扩大，不再单指人鬼，而包括了各种自然物化生成的精怪。祭祀这些精怪的祠所也得称之为鬼祠。《史记·陈涉世家》载陈涉、吴广欲起事，“乃行卜。卜者知其指意，曰：‘足下事皆成，有功。然足下卜之鬼乎！’陈胜、吴广喜，念鬼，曰：‘此教我先威众耳。’乃丹书帛曰：‘陈胜王’，置人所罾鱼腹中。卒买鱼烹食，得鱼腹中书，固以怪之矣。又间令吴广之次所旁丛祠中，夜篝火，狐鸣呼曰：‘大楚兴，陈胜王。’卒皆夜惊恐。”“卜之鬼”的鬼，《集解》引苏林曰：“狐鸣祠中则是也。”“丛祠”，《集解》引张晏曰：“丛，鬼所凭焉。”《索隐》：“《墨子》云：‘建国必择木之修茂者以为丛位。’高诱注《战国策》云：‘丛祠，神祠也。丛，树也。’”然则秦汉之际，鬼的概念也包括了狐怪之类的野兽精灵在内。由于野兽多出没于林木茂盛之地，故祭兽怪的鬼祠或鬼位多依丛木而设。据《世家》，陈胜为阳城人，吴广为阳夏人，阳城为春秋

① 天星观一号楚墓［J］. 考古学报，1982（1）.

时楚附庸戎蛮、陆浑戎栖息地，战国归韩，阳夏为战国楚地，地近淮阳（楚都陈城），陈胜起事地大泽乡也为战国楚地，因而这种为狐怪设鬼祠的迷信习尚，亦当属于楚风。在楚国的鬼祠中占多数的就是这种类型的丛祠。

二、尊崇厉神

《九章·惜诵》云："昔余梦登天兮，魂中道而无杭。吾使厉神占之兮，曰：'有志极而无劳'。"王逸注曰："厉神，盖殇鬼也。"欠确。所谓"厉神"，当是司掌厉鬼的神，也就是鬼官之长。按星占家言，虚北二星即是鬼官之长。阮元《诂经精舍文集》卷七引胡缙《文昌星象祀典考》云："案《楚辞·九歌》有二司命，所云少司命者，当即《星经》所云鬼官之长。"《隋书·天文志》云："虚北二星亦曰司命，主举过行罚，灭不祥，故在六宗之祀。"郑玄《礼记·月令》"季冬"注曰："虚、危有坟墓四司之气为厉鬼，将随强阴出害人也。"孔疏曰："熊氏引《石氏星经》云：司命二星在虚北。"综上诸说可见，厉神的品格非常复杂，它既是鬼官之长，又是《楚辞·九歌》中的"少司命"，它在天便是虚北二星，散而为"坟墓四司之气"，凝而为厉鬼，它既主罚过，灭不祥，又时常"随强阴出害人"。它还有一个主要的职司便是"杀人"，前引《国语·晋语八》提到与厉鬼同具有黄熊化身的"人杀"——主杀人的神、死神，无疑便是厉神。又《天问》云："伯强何处？"伯强意为强死鬼之长，王逸注："伯强，大厉，疫鬼也，所至伤人。"伯强当是厉神的另一楚名。在中原各国居民的头脑中，厉神是一个使人不寒而栗、毛骨悚然的恶灵，故祀之惟恭。《礼记·祭法》："巫为群姓立七祀……曰泰厉"，泰厉，即大厉。但在楚国厉神却是一个为人占梦解疑的善神，在《九歌》中厉神更化身为一个仪态万方、顾盼生情、"荷衣兮蕙带"的女性神。在《少司命》篇中只有两处显出了厉神的本色，一处是"夫人自有兮美子，荪何以兮愁苦！"王逸注曰："荪，谓司命也。言天下万民，人人自有子孙，司命何为主握其年命，而用思愁苦也。”握人年命正是死神的职司。另一处是“登九天兮抚彗星”，意谓少司命抚持彗星以除秽扫恶。这一点也与《隋志》所记司命职相同。不过从这两处文字反映出来的仍是一个善神形象。中原的黄熊身厉神在楚国一变为占梦神，再变为美女神，并成为男巫追求的对象，说明楚国与中原存在着两种对比鲜明的“厉神”形象和对待厉神的态度。造成这一差异的原因，从根本上说，还是因为对鬼和厉的态度、观念不同。

三、隆祀国殇

殇、伤相通，所谓殇也就是因伤而死的鬼，殇鬼属于厉鬼的一部分。《小尔雅》“无主之鬼谓之殇”，则是将殇等同于厉。《淮南子·俶真》云：“伤死者其鬼娆。”娆，即妖，“鬼娆”是说这种鬼喜欢作怪危害人。楚人与中原居民一样畏惧殇鬼，日常多借助巫术来制御殇鬼作祟，如《礼记·郊特牲》记有“乡人禓”，禓即殇，郑玄注曰：“禓，强鬼也。”乡人禓就是乡人集体驱殇逐疫。又《世本》云：“微作禓”，意思是殷先王甲微发明了傩仪，故注云：“谓时傩索室殴逐强死鬼也。”畏惧殇鬼的习俗在中国一直传延到近世，文化人类学的经典大师J.G.弗雷泽曾引他人的话说：

> 中国人的鬼魂观念，制止了令人发指的非正义行为，因为受屈的一方绝对地相信自己的灵魂脱离肉体后的复仇力量，总是毫不畏惧地自杀，使自己变作厉鬼，以便在死后对压迫者进行他生前无力做到的复仇。在中国，据说怀着这种意图自杀的例子并非罕见。[①]

不独我国民族畏惧殇鬼，世界上许多民族都对殇鬼怀有一种特殊的恐惧

① J.G.弗雷泽.魔鬼的律师——为迷信辩护［M］.北京：东方出版社，1988：143-144.

感，如弗雷泽又说：

> 无论朋友还是敌人，所有死于暴力的鬼魂在某种意义上说都是一种社会的危险，因为他们的脾气自然会变得乖戾，很容易会遇见第一个人就和人家冲突，不去辨别有罪还是无辜。例如，缅甸的克伦人认为所有这种人的幽灵既没有到上界天国，也没有去下界地狱，而是在大地上游荡、彷徨，别人却又无法看见他们。他们偷走别人的灵魂，让这些人病死。所以，这些吸血鬼似的东西让人感到恐怖万分，人们企图用抚慰的祭物和最诚恳的祈求来平息他们的愤怒，制止他们残忍的袭击。他们将红、黄、白三色米放进篮子，把篮子留在森林里，祝道："树上摔死鬼的鬼魂、饿死鬼的鬼魂、老虎吃掉、毒蛇咬死鬼的鬼魂、挨刀死鬼的鬼魂、麻疹霍乱死鬼的鬼魂、麻风病死鬼的鬼魂，噢，不要虐待我们，不要抓走我们的人，不要伤害我们！噢，待在这个树林里吧！我们会将红米、黄米、白米拿到这里来给你们吃。"①

但对于为国死难的殇鬼，楚人却给予了极高的礼遇。《九歌》中有《国殇》篇，王逸《章句》云："国殇，谓死于国事者。"《国殇》尾句曰："身既死兮神以灵，子魂魄兮为鬼雄。"王逸注云："言国殇既死之后，精神强壮，魂魄武毅，长为百鬼之雄杰也。"称国殇的魂魄为灵、为鬼雄，与楚俗尚武有关，它是楚国尚鬼文化中富有地区性特色的一项内容。不过，从世界文化史的角度来看，此种风俗也并非楚族所独有。据弗雷泽介绍：

> 西里伯斯中部讲巴雷埃语的托拉查人非常关心那些在战斗中

① J.G. 弗雷泽 . 魔鬼的律师——为迷信辩护［M］. 北京：东方出版社，1988：125-126.

被杀者的灵魂。他们大概认为，在战斗中被杀而不是因病死亡的人还没有耗尽生命力，因此他们死后的幽灵要比普通的鬼魂有力量得多。他们由于自己不自然的死亡方式而不能进入灵魂的国土，所以就继续在大地上徘徊，对那些使他们壮年早夭的敌人大发雷霆，要求自己的朋友对敌人作战，每年都去发动远征杀死敌人。如果活下来的人不注意嗜血的鬼魂们的这种要求，他们自己就会面临这些愤怒幽灵的报复，这些幽灵会降下疾病和死亡来报复那些不尽本分的朋友和亲属。因此，对于托拉查人来说，作战是一种神圣的职责，群体中每个成员都有义务去分担这一职责。即使不能真正参战的妇孺也必须在家中模拟战斗：用竹剑乱砍一个陈旧的敌人脑壳，同时用刺耳的声音发出战斗呐喊，因此在这些人之中，就像在许多其他未开化人部落中一样，对灵魂不朽的信仰，已经通过维持相邻群体之间永久的战斗状态而成为杀戮的最主要起因之一，这些群体由于害怕会大大冒犯死者的幽灵而不敢相互缔结和平。①

四、祷求先祖

出土楚简表明，战国时期的楚人非常笃信先祖鬼灵的力量，几乎凡事均要祷求先祖庇佑。如江陵望山一号墓墓主昭固染疾后，多次向柬（简）大王、圣（声）王、昭（悼）王、东宅公、王孙巢等先王先公祷求。天星观一号墓墓主番乘染疾后也多次向章公、惠公等先公祷求。②祷求方法为“遡祷”“赛祷”，与祭祀、祷求四望及山川之神的方法相同。在祷求过程中还伴随着巫舞，也就是《周礼·大司乐》“舞云门以祀天神，舞咸池以祭地祇，舞大磬以祀四望，舞大夏以祭山川，舞大濩以享先妣，舞大武以享先祖”之类的巫术舞蹈。《九歌》有《礼魂》篇，

① J.G. 弗雷泽 . 魔鬼的律师——为迷信辩护［M］. 北京：东方出版社，1988.

② 陈振裕 . 望山一号墓的年代与墓主［C］. 中国考古学会第一次年会论文集；天星观一号楚墓［J］. 考古学报，1982（1）；江陵昭固墓若干问题的探讨［J］. 中山大学学报，1977（2）.

其辞云："成礼兮会鼓，传芭兮代舞，姱女倡兮容与。春兰兮秋菊，长无绝兮终古。"王逸注曰："礼，一作祀……或曰：礼魂，谓以礼善终者。"然则礼魂即祀鬼，其祀时为春、秋二季，其场面则为欢歌狂舞。

畏鬼、信鬼、敬鬼只是巫鬼文化的一个方面，巫鬼文化的另一个方面便是降鬼、驭鬼、制鬼。在创造出一个鬼神的同时，又找到了制驭这个鬼神的神秘方法，这是巫术不同于一般迷信的一个显著特点，也是巫术发生、发展的一条基本规律。同理，说"楚人鬼"，主要指的也并不是楚人如何信鬼、畏鬼，而是楚人信奉巫师的制鬼法术和辟御鬼祟的各种繁缛、琐碎的禁忌与仪式。

降（招）鬼，是巫师对鬼魂实施的一种最基本的超自然力。《周礼·春官·序官》云："凡以神仕者……以冬日至致天神人鬼"，《易经》云："载鬼一车"，《礼记》云："有祷则索鬼祭之"，这些记载表明，周巫亦习降鬼之术。不过，周巫皆隶于王官，服务于上层，故在巫官解体之前对民间影响不大，未酿成弥漫全社会的降鬼之风。降鬼之风盛行期是在战国、秦汉之世，如《史记·封禅书》载：汉武帝时巫师五利将军（栾大）"常夜祠其家，欲以下神，神未至而百鬼集矣，然颇能使之"。楚巫的降鬼术集中体现在《楚辞》"二招"中，"二招"虽为招魂辞，但游离出人体之外的"魂"与鬼并无大异，故招魂辞可改用作降鬼辞，招魂仪式也可变作降鬼仪式。

视鬼，是巫师以所谓超自然力发觉潜匿的鬼魅。《国语》韦昭注云："巫觋，见鬼者。"许慎释云：觋，"见鬼者也，故从见"。视鬼是巫师为人治病时常用的一种巫术。按巫术迷信的说法，人之所以生病均是因为鬼神作祟，如《韩非子·解老》云："凡所谓祟者，魂魄去而精神乱。鬼不祟人则魂魄不去，魂魄不去而精神不乱。"《抱朴子·内篇九》云："巫祝小人，妄说祸祟……故其（病人）死亡，便谓鬼不见赦。"所以巫师治病的第一步便是找到作祟的鬼，然后再作法将其驱除。《汉书·田蚡传》云："蚡疾，一身尽痛，上使视鬼者瞻之。"《费长房传》载："遂能医疗众病，鞭笞百病，乃驱使社公。"《史记·封禅书》记云："越人俗鬼，而其祠皆见鬼，数有效。昔东瓯王敬鬼，寿百六十岁，后世怠慢，故衰耗。"又记云：汉武帝"病鼎湖甚，巫医无所不致，不愈。游水发根言上郡有巫，病而鬼神下之。上召置祠之甘泉。及病，使人问神君。神君言曰：'天子无忧病。病少愈，强与我会甘泉。'于是病愈，遂起，幸甘泉，病良已"。上引汉代资料表明，巫师视鬼除疾的方法有两种，一种是用厌胜法驱鬼，一种是用讨好法媚鬼，使之反过来佑人无恙。

制鬼，是较降鬼、视鬼更高级的一种巫术手段。《国语·楚语上》记："灵王虐，白公子张骤谏。王患之，谓史老曰：'吾欲已子张之谏，若何？'对曰：'用之实难，已之易矣。若谏，君则曰：'余左执鬼中，右执殇宫，凡百箴谏，吾尽闻之矣，宁闻他言。''"其中"左执鬼中，右执殇宫"两句，历来解释甚夥。韦昭注云："中，身也。礼曰：'其中退然。'夭死曰殇；殇宫，殇之居也。执，谓把其录籍，制服其身，知其居处，若今世云'能使殇'矣。"王念孙《经义述闻》曰："韦说非也，宫读为躬，中、躬皆身也，执殇躬犹言执鬼中，作宫者假借字耳。"董增龄《国语正义》云："《周礼》司巫掌巫降之礼。郑康成谓巫下神之礼。今世或死既敛就巫下禓（殇），其遗礼。盖人无贤愚皆有魂魄。魂魄分去则病，尽去则死。故分去则术家有录人之法，尽去则典礼有招魂之义……使殇犹下殇，即巫降之礼。"董说较迂曲，其意质言之，就是谓"执殇宫"为"下殇"和"巫降之礼"。今按：释"宫"为"躬"良是，然"中"当训为盛简器，王国维《观堂集林·释史》谓中为盛筴器，江永《周礼疑义举要》谓中为簿书，吴大徵《说文古籀补》谓"史"字为手执简形，也就是释中为简。王说盖得中字古谊。《仪礼·乡射礼》有"闾中""虎中""兕小""鹿中"，《礼记·投壶》云："主人奉矢，司射奉中，使人投壶"，中为投壶时装载筹签的器物。据此，"鬼中"也就是记载诸鬼名号、住处及相应降伏方法的筹策的器具。掌握了"鬼中"也就可以任意地役使鬼怪。《汉书·艺文志》录有《执不祥劾鬼物》八卷，当是汉世流传的"鬼中"一类书。另据《后汉书·解奴辜传》载，"河南有麹圣卿，善为丹书符劾，厌杀鬼神而使命之。又有编盲意，亦与鬼物交通。初，章帝时有寿光侯者，能劾百鬼众魅，令自缚见形”。汉代劾缚鬼物的丹书符劾也属于“鬼中”的性质。从楚灵王“右执殇宫”可知楚国“殇中”一类的录籍，记载了殇、厉的名号、居处。楚灵王“左执鬼中，右执殇宫”，驱使殇、鬼侦伺大臣的箴谏之言，俨然为一大巫、大鬼主和司掌人命的厉神。

J.G. 弗雷泽指出，在美拉尼西亚“酋长们的权力完全依赖于这样的信仰，即他们能与厉鬼来往，拥有超自然的力量，或如他们所称的‘玛那’（mana），借助这种力量，他们能够以鬼力治生人。如果酋长要征收罚金，人们定会照付不误，因为他们深信酋长能降下灾祸和疾病去惩罚那些反抗他们的人”[①]。掌理人命和鬼物历来属于同一神祇或神官系统的职司，古今皆然。

《博物志》：“太山，天帝孙也，主召人魂，东方万物始，故知人生命。”《遁甲开山图》云：“泰山在左，亢父在右，亢父知生，梁父主死。”《论衡・订鬼》引《山海经》佚文曰：“沧海之中，有度朔之山，上有大桃木，其屈蟠三千里，其枝间东北曰鬼门，万鬼所出入也。上有二神人，一曰神荼，一曰郁垒，主阅领万鬼。恶害之鬼，执以苇索，而以食虎。”这三则记载为同一传述本文在不同时期演化成的文本。楚灵王“左执鬼中，右执殇宫”，根据的是这同一文本的一种较早的文本，即司生、司死、司鬼神合一的文本。从楚灵王这段话可以看出，制鬼、降鬼和视鬼之风，至迟在春秋后期即已在楚国上层社会和巫觋阶层中弥漫开来了。

驱鬼，实质上也是制鬼。驱鬼之风在战国时期也颇盛于楚国。当时以驱鬼为中心内容的大型活动就是时傩和大傩。湖北随县曾侯乙墓内棺左右侧板上，画有八位兽面人身、手执双戈、两臂曲举、状若起舞的怪物。其中，处在上层的四位，大头小身，头戴似熊头的四目假面具，足

① J.G. 弗雷泽 . 魔鬼的律师——为迷信辩护［M］. 北京：东方出版社，1988：4—5.

踩火焰纹；处在下层的四位，头上有角，颇似羊首。据认为，“头戴熊首假面的怪物，是古代‘傩仪’中的方相氏；下面四位羊首怪物，是由百隶装扮的神兽”。[1]整幅棺画表现的是大傩的场面，其具体功用是在墓中驱逐鬼魅不祥。曾文化隶属于楚文化圈，故曾侯乙墓棺画中表现出来的大傩场面，实际上也是楚人舞傩驱鬼之风的生动写照。在南朝梁宗懔撰写的《荆楚岁时记》中，我们可以看到许多种驱鬼、辟鬼的习俗。如：“正月一日……鸡鸣而起，先于庭前爆竹、燃草，以避山臊恶鬼……服却鬼丸。”“悬苇索于其（户）上，插桃符其傍，百鬼畏之。岁旦，绘二神披甲持钺，贴于户之左右，左神荼，右郁垒，谓之门神。”“正月夜，多鬼鸟度。家家捶床打户，捩狗耳，灭灯烛以禳之。”“十二月暮日掘宅四角，各埋一大石为镇宅。”这些流传于南朝楚地的习俗，有些保存着先秦楚俗的古朴风貌，有些则是从先秦楚俗变化而成的。

第七节　巫觋的卜筮、算命、祝诅和祈福活动

卜筮原是巫的职司之一，如《广雅》曰：“古者卜筮之事亦使巫掌之。”随着专职贞人的出现，王室和侯国的卜筮事务改归贞人（太卜、卜人、卜师）专司，而与巫觋之职无关了。但在民间巫、卜并未分职，巫觋仍然兼司卜筮。从《楚辞》可见，屈子在想象的世界中乃请“灵氛”等神巫为其占筮，而在现实生活中则是请太卜为其分策布卦。至于民间仍由巫觋占卜，如唐元稹诗云：楚地“巫占瓦代龟”。

算命即预言生死寿夭和祸福。《左传》文公十年载：“楚范巫矞似谓成王与子玉、子西曰：‘三君皆将强死’。”强死即死于非命。这预言后来得到应验，城濮之战后令尹子玉自缢而死，楚成王和司马子西则相继为楚穆王（太子商臣）所杀。此条记载虽出自楚巫的造说，但反映出楚巫精于算命术。《史记·封禅书》记荆巫祠司命。《楚辞·九歌》有两

① 祝建华，汤池．曾侯墓漆画初探［J］．美术研究，1980（2）．

章分别为祭“大司命”“少司命”的乐歌，《大司命》云：“何寿夭兮在予！”洪兴祖补注曰：“此言九州之大，生民之众，或寿或夭，何以皆在于我，以我为司命故也。”参合这两条记载可见，楚国有祀大司命或司命的大型祠所。除此之外，楚国还有一个与之性质相同、但供奉对象是云中君的大型祠所“寿宫”，《云中君》云：“蹇将憺兮寿宫”，王逸注曰：“寿宫，供神之处也。祠祀皆欲得寿，故名为寿宫也。”注欠确凿，寿宫应系云中君的专祠。依附于大司命祠和寿宫祠的女巫社团的职司，一是祈迎大司命和云中君两个司掌人寿的神祇，二是通过神祇附体的方式向人们发布关于各自寿夭与否的消息，三是为人祈寿。据此，我们可以说，算命也是楚巫的一个非常有特点的巫术传统。

祝诅，又称“诅咒”，属于“黑巫术”中的感致巫术，是巫师（尤其是邪派巫师）常用的伎俩。祝诅的具体形式有两种，一种是用语辞或兼用降神的方法来祝诅，一种是通过模拟性的实物和模拟动作来实现祝诅。从传世的先秦两汉文献中很难找到楚巫实施祝诅的直接记载，而其他侯国或民族的女巫和普通人使用祝诅术的记载反倒有不少。如《左传》隐公十一年记：“郑伯使卒出豭，行出犬、鸡，以诅射颍考叔者（鬼魂）。”《战国策·燕策三》记苏子说齐王曰：“今宋王射天笞地，铸诸侯之象，使侍屏匽，展其臂，弹其鼻。”又记苏代曰：“宋王无道，为木人以写寡人，射其面。”《汉书·江都易王传》载：易王“与其后成光共使越婢下神祝诅上”。《匈奴传》张晏注曰：“范氏能胡诅者。”除文献外，出土石刻秦《诅楚文》详记了秦人祝告巫咸等大神、诅咒楚怀王的辞语，更是一篇不可多得的完整的祝诅文字。以上征引表明，祝诅术在先秦、汉代运用得非常普遍。像郑、宋、秦、越等侯国或民族与楚国的文化联系和交往一直都很密切，因而我们有理由相信，祝诅也是楚巫经常使用的方术之一。《汉书·广陵厉王传》载：“胥见上（昭帝）少无子，有觊觎心，而楚地巫鬼，迎女巫李女须，使下神祝诅……胥多赐女须钱，使祷巫山。”女须（媭）是楚巫，那么她“下神祝诅”的巫术也应是从故地习得的。这条记载可以说是楚巫施用祝诅术的孤例。祈福的内容包括乞雨、祈年和疾病求瘳等活动。对于王室和侯国官方蓄养的巫觋阶层来讲，比较重要的一项活动是乞雨。乞雨常在夏季，方法为“舞雩”。《左传》桓公五年记：“龙见而雩”，于时为夏正四月。《周礼・司巫》：“若国大旱，则帅巫而舞雩。”《春秋公羊传》桓公五年何休注曰：“雩，旱请雨祭名。”《说文》释雩曰：“夏祭乐于赤帝以祈甘雨也。”可见舞雩即祈雨舞乐。作为舞蹈它又称为“皇舞”。《周礼・地官・舞师》云：“教皇舞，帅而舞旱暵之祀。”郑玄注曰：“旱暵之事，谓雩也。暵，热气也。郑司农云：‘皇舞，蒙羽舞，书或作䍿，或为议。’玄谓：皇，析五采羽为之，亦如帗。”皇舞实际上就是凤凰舞。《东坡诗话录》引《百斛明珠》云：“南海有五色雀，常以两绛者为长，进止必随，俗谓之凤皇；云，久旱而见辄雨，潦则反是。”[①] 然则雩持五色雀（凤凰）羽舞，乃是因凤凰具有见旱辄雨的灵性。这种舞的性质为模拟性巫舞。舞雩之俗也传承于楚国和楚巫阶层中。长沙子弹库战国楚帛书记曰：“非九天□，则大䖋，则毋雩。”[②] 帛书所记即是战国时楚巫舞雩之明证。

第八节　招魂巫术

招魂与降神、下鬼的程式、手法基本相同，俱属于巫降之礼的范围。招或写作“袑”，如《庄子・天运》：“巫咸袑曰：‘来，吾语之女’”。招是巫觋迎（降、下）鬼神的一项必不可少的程序，《周礼・春官・男巫》：“掌望祀、望衍，授号，旁招以茅”，二望的对象为山川之神，可证“招”的对象不单限于“魂”。招魂之俗可能起于周代，《国语・楚语》昭王问于观射父曰：“《周书》所谓重黎实使天地不通者何也？若无然，民将能登天乎？”张光直由此条记载展开论证说：

① 萧兵．护是祈雨舞［J］．求是，1981（3）．
② 商承祚．战国楚帛书述略［J］．文物，1964（9）．

> 这个神话的意义及其重要性，以后将有详细的讨论。但在这里，有几点不妨提出来一说，以作本题下面所叙述的这一方面的神话资料上若干问题的澄清。第一点我们可以马上指出来的，即在商周仪式上，假如不在商周观念上，人神之交往或说神仙世界与人间世界之间的交通关系，是假借教士或巫觋的力量而实现的。在商人的观念中，去世的祖先可以直接到达神界；先王对死去的祖先举行仪式，死去的祖先再去宾神，因此在商人的观念中，祖先的世界与神的世界是直接打通的，但生人的世界与祖先的世界之间，或生人的世界与神的世界之间，则靠巫觋的仪式来传达消息。但东周时代的重黎神话，说明祖先的世界或是人的世界都需要靠巫觋的力量来与神的世界交通，因此代表商周神话史的一个关键性的转变，即祖先的世界与人的世界为近，而与神的世界直接交往的关系被隔断了。它进一步地说明东周时代的思想趋势是使这神仙的世界“变成”一个不论生人还是祖先都难以达到的世界；另一方面使这个世界成为一个美化的乐园，代表生人的理想。①

张光直的上述看法，对于我们确定招魂的源起时间颇具价值。招魂习俗的出现就因为商、周之际生人、祖先、神三界关系发生了变化。在商人的观念中，祖先的世界与神的世界是同一的，殷商甲骨卜辞屡有已故殷王某宾于帝的记载，即证殷人认为人死后灵魂直接升于神界。及至周代，观念发生变化，鬼魂不再能够直接升于神界了，《招魂》“君无上天些。虎豹九关，啄害下人些。一夫九首，拔木九千些。豺狼纵目，往来侁侁些，悬人以娭，投之深渊些。致命于帝，然后得瞑些”，《离骚》“吾令帝阍开关兮，倚阊阖而望予”即均透露出神界或天门拒纳甚至惩罚魂灵的消息来。鬼魂既不能升天，势必得为之安排新的归宿，

① 张光直. 中国青铜时代［M］. 北京：三联书店，1983：271.

这新的归宿就是墓穴。而使盲目游窜的灵魂归附尸骨的方法就是招魂。周人于人将死或甫死之际，要行“复”礼。复礼包括招魂、分祷五祀两项内容。招魂的出发点是将逸出体魄之外的游魂召回来。周人以为人的生命是由魄与魂两部分所组成的，人的死亡是因为“魂魄离散”，魂是永远不死的，魂与魄相分离后便到天上或四方到处游窜，如果能将魂灵招引回来，死者就可复生，如果招引无效，就开始为死者洗敛，准备葬仪。《礼记·檀弓下》曰：“骨肉归复于土，若魂气则无之也。”“无之”即指没有归宿，到处游荡。《礼运》云：“及其死也，升屋而号，告曰：‘皋某复’。然后饭腥而苴孰。故无望而地藏也。体魄则降，知气在上。故死者北首，生者南乡，皆行其初。”“皋某复”句，郑注云：“招之于天。”《曲礼下》：“复，曰天子复矣。”郑注云：“始死呼魂辞也。”孔疏云：“复，招魂复魄也。夫精气为魂，身形为魄。人若命至终毕，必是精气离形……故使人升屋北面招呼死者之魂，令还复身中，故曰复也。”《丧大记》：“复有林麓，则虞人设阶，无林麓，则狄人设阶……凡复，男子称名，妇人称字。”孔疏云：“复，谓升屋招魂。”《丧大记》又云：“复而后行死事。”孔疏云：“复而犹望生，若复而不生，故得行于死事。”

据《仪礼》与《礼记》载，招魂的具体程序和方法是：（1）手持死者衣物登上房顶；（2）面向北方，每长声呼唤一阵后，即高喊死者名字（男子喊名，女子喊字），最后附上一声“复”，如此连喊三次。如《仪礼·士丧礼》记：“复者一人……升自前东荣中屋，北面招以衣曰：‘皋，某复’，三，降衣于前。”郑注云：“皋，长声也。”《檀弓下》又云：“复，尽爱之道也。有祷祠之心焉，望反诸幽，求诸鬼神之道也。北面，求诸幽之义也。”郑注云：“复，谓招魂且分祷五祀，庶几其精气之反。”“鬼神处幽暗，望其从鬼神所来。”“礼，复者升屋，北面乡（向）。”孔疏云：“言招魂之时于平生馆舍求魂欲反，又于五祀祷请求之。复与五祀总是祈祷，故云‘祷祀之心焉’以总结之……招魂者是六国以来之言，故楚辞有招魂篇。”需要在此指出的是，所谓“北面，求诸幽之义”，也就是北向招魂，可能是战国秦汉后学的说法，也可能是战国后期才定型化的一种招魂程式，早期的招魂并不限于北向。此因先秦时巫降鬼神通常四面下招，如男巫“旁招以茅”，旁招，即四面招引。又《礼记·祭统》：“铺筵设同几，为依神也，诏祝于室，而出于祊，此交神明之道也。”郑注云：“‘出于祊’谓索祭也。”孔疏云：“‘而出入祊’者，谓明日绎祭而出庙门旁广求其神于门外之祊。‘此交神明之道也’者，神明难测，不可一处求之，或门旁不敢定是与神明交接之道……。案《郊特牲》索祭祀于祊，故云谓索祭也。”今按：索通招，所谓索祭也就是不固定祭处和方向（事实上是不知道神明的方位、居处），先招后祭的一种祭法。由此可证，早期的招魂也是旁招。

楚国也行复礼，《楚辞》中有《招魂》《大招》二篇，是仅存的两篇先秦招魂辞，也是最富有文学性质和巫术色彩的招魂辞。湖北荆门包山二号战国楚墓竹简记载有墓主病笃时分祷五祀。将这两者合起来，便是所谓“复”。

不过，楚人招魂与中原诸国招魂有很大的不同：

从前引二《礼》文字来看，北方招魂仅限于招甫死者之魂。而楚人既招生者之魂，也招甫死者之魂。所谓生者又包括两种人，一种是无恙之人，一种是患疾之人。招无恙者之魂即是三月滨水祓禊时的招魂续魄。招病人之魂，是除恙求瘳时经常采用的一种巫术手段。清胡文英《屈骚指掌》云：“生人招魂，吴楚风俗有之，谚谓之‘叫魂’。精神恍惚者皆用之。”杜甫《彭衙行》云：“暖汤濯我足，剪纸招我魂。”此诗本是杜甫生病，县令孙宰剪纸象人形为其招魂。剪纸招病者魂当是从楚风传衍而来的。

北方招魂程序简单，设阶，持衣升屋，北面长呼三声，语辞仅为“皋，某复”数字。相比之下，楚人招魂的程序和语辞便要复杂、繁详得多了。从“二招”的描述来看，楚人招魂的程序大致为：（1）由男女巫师各一人分别扮演上帝和巫阳，帝命巫阳下招，巫阳先筮占魂灵所在，然后下招呼唤。（2）待将魂灵呼唤回来后，便由其他的巧辩之巫，一步一步地将魂灵引入城门，直到设有招具之所。设招具之所亦即享堂。招具主要为“秦篝齐缕，郑绵络些”。篝为熏衣用的笼荅，缕为缕线，绵络，作动词用，指缝纫缠缚衣物。王逸注云：“言为君魂作衣，乃使秦人职其篝络，齐人作彩缕，郑国之工缠而缚之，坚而且好也。”以衣物为招具，楚人与华夏相同。为招魂所设的享堂，《招魂》称之“像设君室”，王逸解为“法象旧庐”，当是为死者专门修设的居室，其造型、布局及室内陈设略仿其生前居室，室内“撰设甘美”，陈列酒肴和钟鼓女乐，无所不备。招魂之际，死者的宗族齐集于享堂。也就是《招魂》“室家遂宗”。（3）以声色佳肴诱惑、安抚、羁縻死者之魂，使其因留恋人间欢乐，而回归体魄。显而易见，楚人招魂不仅程序复杂，而且仪式性、表演性的因素比华夏招魂要多得多，招魂的场面也要大得多。由“巫阳”扮演者呼喊的招辞，“外陈四方之恶，内崇楚国之美”，洋洋数百言，极尽渲染夸耀之能事，也远非华夏招魂“皋，某复”三声所能比拟。招辞的繁复，决定于招魂仪式的繁复性。

华夏为北向招魂，楚人则是六方或四面下招，如《招魂》为天上、幽都、东、南、西、北六方下招，《大招》为东、南、西、北四面下招。值得注意的是，“二招”均将北面招放在最后。专向下招和多向下招的不同，根源于宇宙图式的不同。华夏北向招魂，是基于五行观，以北方配冬季，配黑（幽）色，为死亡象征，又以北方玄武七宿中的虚宿以北二星为鬼官之长，司鬼魂之气。这一宇宙图式产生于中原并影响到中原地区的招魂仪式，它也传播到了楚国，并对楚国的上层文化发生了影响，但对楚国的招魂仪式却未发生什么影响。曾侯乙墓出土的一件箱盖上绘有青龙、白虎二象，中间为北斗图像，箱盖画的作用殆在于灵魂升天时供其辨识方向，尤其是北方，指引灵魂升入北天空。但这在性质上属于引魂升天，而不是招魂。不过，战国时期就在楚郢都居民中仍有相当一部分人沿用华夏的复礼。如《襄阳耆旧传》卷一记宋玉曰：“昔楚有善歌者，始而曰《下里》。”《下里》即是北面求诸幽的招魂歌。据《汉书·武帝本纪》载，泰山侧有一座小山，俗称“篙（高）里”。颜师古注曰："死人之里，谓之高里，或呼下里。"由此可见，"下里"就是幽冥地府的别称。

楚国有一套完整的招魂辞和招魂仪式。其中《招魂》为招一死者之魂，《大招》为全民性的春禊招魂辞，《国殇》为招死于国事的将士魂辞，《礼魂》则为春、秋岁祠时招抚鬼魂的颂词。

《大招》之得名，与其性质有关。李善因《楚辞》有《大招》，便以《招魂》为"小招"[①]，可谓枉发中的。《大招》的"大"确是相对于《招魂》的"小"。大招与招魂的关系，正如大傩与时傩的关系。《礼记·月令》季春"命国难"，孟秋"天子乃难"，季冬"命有司大难旁磔"，为什么独称季冬之傩为"大傩"呢？原因是季冬大傩为天子、官司、庶民共同参加的全民性傩祭，如孔颖达疏谓："此月（季冬）之时命有司之官大为难祭，今难去阴气言大者，以季春唯国家之难，仲秋唯天子之难，此则下及庶人，故云'大难'。"照此，《大招》当为全民性的招生魂，《招魂》则为宗族室家性的招甫死者魂。细绎"二招"语辞，我们是不难发现二者间的这种性质之别的。《大招》既未记卜魂和导魂举动，也没有设招具和"象设君室"，辞中又找不到丝毫的悲切之意。因而很明显地不像是为甫死者招魂，而像是春禊时巫师社团于春台之上为所有生者招魂续魄的一篇语辞，该篇首句"青春受谢，白日昭只"，亦点明发招时间是在春季。

《国殇》是不同于春禊大招和为某一死者招魂的另一种"招魂"公祭仪式。萧兵曾对这个问题有所揭示，他说："招祭'国殇'的政治目的要比'起殇''下殇''殴傩'重大，积极得多。这在古籍里也有记载。《礼记·檀弓》：邾娄'复'之以矣，盖自战于升陉始。'郑注：'战于升陉，鲁僖公二十二年秋也。时师虽胜，死伤亦甚，无衣可以招魂。'孔疏：'无衣可以招魂，故用矢招之也。时邾人志在胜敌，矢是心之所好，故用所好招魂，冀其复反。''复'就是招魂……一般用死

① 洪兴祖.楚辞补注［M］.

者上衣为道具，但招战死之魂亦可用矢。其目的在‘冀其复反’‘志在胜敌’。”[①] 箫说大体可从。我们认为公祭“国殇”与一般性质的招魂有两种不同：（1）招具不同，招引的表演也不同，祭国殇的招具为兵器，将《国殇》语辞付诸表演，则为一位或数位巫师“操吴戈兮被犀甲”“带长剑兮挟秦弓”，扮演殇厉化成的“鬼雄”，这一表演也就是祭国殇时的巫降的内容。（2）祭国殇与招魂的性质不同。招魂是让魂灵归附体魄，使死者复生，祭国殇则是让其升天为鬼雄。战死者为既死之人，与正常的将死、甫死之人不同，后者为之招魂除冀其复生外，也是殓葬前必不可少的一项仪式，目的是让灵魂附于尸骨，长眠于墓穴中，而“殇”的魂灵则归入殇宫，列在厉鬼之班，蒋骥《山带阁注楚辞》曰：“不成丧曰殇”，“按古者战阵无勇而死，葬不以翣，不入兆城。故于此历叙其生前死后之勇，以明宜在祀典也”，即表明战死者不入宗兆，不举行包括“复”在内的丧仪，其灵魂居于殇宫，而不在墓穴中。据两点可见，祭国殇是与招魂不同类型的一种“招魂”，准确的称呼应是“祭殇”。

“礼魂”是“春祠”“秋尝”时祷告酬谢既死祖先父母考的鬼魂的仪式及其语辞。《楚辞》中的《招魂》《大招》《国殇》《礼魂》四篇，是楚人在不同的时间、场合，招引、安抚不同对象的魂灵的四种语辞，这四种语辞及与之相应的表演仪式构成了楚人“招魂”的一组完整的乐章。在“招魂”的语辞、表演、巫术手法和场面诸方面，中原诸国都难以与楚人同日而语。楚人“招魂”巫术系统的构成比较复杂。构成该系统的主源是华夏的招魂风尚，也就是“复”。其中“招魂”组章中的《大招》，和《礼魂》中的“代舞”，据龚维英考证，即分别源于夏后启得之东夷的《九招》和《九代》之舞。其结论云：“如果溯本求源，《大招》实乃东夷族团祭祀帝俊的娱神歌舞乐曲。”[②]《楚辞·远游》：“二

① 招魂·起殇·却敌［J］. 上海师范大学学报，1979（1）.
② 《招魂》《大招》题义新说［J］. 中学历史教学，1985（2）.

女御，《九韶》歌。”《史记·五帝本纪》云：“于是禹乃兴《九韶》之乐。”《索隐》曰：“招音韶，即舜乐《箫韶》。九成，故曰《九招》。”《山海经·大荒西经》载：夏启“始歌《九招》”。《古本竹书纪年》云：“启登后九年，舞《九韶》。”《海外西经》云：“大乐之野，夏后启于此舞《九代》。”蔡邕《独断》记云：“舜曰《大招》。”《周礼·春官·大司乐》：“舞《大磬》以祀四望。”谨按上引可知，《九招》是夏、商、周三代相传不辍的一种祭神乐舞，《九招》在夏代奉为天乐，其招祭娱乐的对象也为天帝、天神，降至周代则变为祭祀地祇四望的乐舞，其名称也易为《大磬》。磬即招，《大招》也就是《九招》，“九”举歌舞的段落数“九成”言之，一成即一阕、一章，“大招”之大是相对于小招言，小招是招、祀特定的山川之神，大招则是大型的望祀、望衍，其手法是旁招以茅，亦即广招四望及山川之神。《大招》经周人再传至楚国，就变成了春禊招魂续魄的乐舞。《九招》由祭天帝、合鬼神之乐，一变为祭地祇之乐，再变为招人魂之乐，是因夏、商、周、楚各自的文化组合关系不同，因而对《九招》位置的置措和文化功能的规定也各不相同。《周礼·大司乐》“乃奏黄钟，歌大吕，舞云门，以祀天神；乃奏大蔟，歌应钟，舞咸池，以祭地示”，是周人自有“云门”歌舞祭天神，有“咸池”歌舞祀地祇，故夏人祭天神的《九招》便只能用来祀四望了。

依据同一原理，楚人也当有自身传习的一套祭天神、地祇、四望、山川之神及人鬼的乐舞，故《九招》也就相应被改铸成招引生人之魂的乐舞了。不过，需要指出的是，楚人只是借用了“大招”的名称、音乐旋律、舞蹈语汇及道具，在歌辞上则全部换上了新的内容。此诚如龚维英所说的，“今天所见的《大招》或《招魂》，是‘旧瓶装新酒’”。[①] 从周人的复礼中吸取到招魂仪式的基本因素，借用了华夏古老的《九招》乐舞，这是楚人招魂风俗对华夏文化具有继承性的一面，说明招魂的主源是复礼。除华夏文化的影响外，楚人招魂风俗的形成还与古印度吠陀

① 详见：《招魂》《大招》题义新说［J］. 云南社会科学，1985（1）.

文化的影响有关。招魂之所以在仪式的程序、规模和下招模式上与复礼具有极大的差异，主要便归因于吠陀文化的影响。金克木曾指出：

> 《易》《诗》《书》中未见有完整如《楚辞》的招魂和对待鬼魂的篇章……我们若把现存《楚辞》各篇合起来看，就可将其中的鬼魂和早于它一千年左右的《吠陀》中的死去的人的情况相比较。当然最明显的是前引《吠陀》诗第五十八首和《招魂》的相似；都呼唤那已远去四方上下或者自然界天、地、山、海等处的魂归来……但两者都更像是指生魂而不是招死鬼……我们可以看出《吠陀》所招的魂和《楚辞》所说的魂是一种观念的认识对象，即脱离身体的人的精神……看来《吠陀》和《楚辞》虽有时地之隔，而这一点风俗和思想却是相通的。但楚俗和北方却不相通。《诗》《书》《易》都没有这类提示。到南北交通频繁的战国时代，楚人信鬼神也较北方强烈。因此，一个萦绕于许多人心中的问题是：中国的楚文化和印度的东部及南部的沿海文化有无从古相交通的可能？印度有些学者提出过这个问题。他们尤其注意在神秘教派和医学理论方面。上古时人的海路交通比陆路并不一定更艰险，而且文化信息的传播途径也和现在不一样，这是可以理解的。①

我们完全同意金克木所作的以上分析。文献及考古学、民族学三方面提供的资料业已证明，战国时期楚国与古印度在海、陆两路均有交通。交通的方式有直接的，也有间接的，即通过哀牢夷、西南夷、沅湘土著和交广百粤的间接交通。从文化学考察，《楚辞・招魂》与《梨俱吠陀》在六方下招和招生魂这两个基本程式和因子上的高度一致，绝对不属于文化普同或偶同现象，而且只能归结到文化交流和传播。其传播源当是古印度。宋沈括《梦溪笔谈》卷三《辩证一》说："《楚辞・招魂》句

---

① 《梨俱吠陀》的招魂诗及有关问题［M］// 比较文化论集 . 北京：三联书店，1984.

尾皆曰‘些’，今湖湘南北江獠人，凡禁咒句尾皆称‘些’。此楚人旧俗，即梵语‘萨嚩诃’也。三字合言之，即‘些’字。”由此可见，早在北宋就已有人看出《楚辞》中的《招魂》与印度的招魂习俗有关。现有的民族学和人类学资料，也为我们提供了若干重要的证据。英弗雷泽《金枝》第18章第2节介绍说：

> 缅甸的加伦人不断地为他们的灵魂而焦虑，只恐怕灵魂远离人身而陷人于危险。如果有人猜疑自己的灵魂将要离开了，于是便举行个留住它或召回它的仪式，全家人都得参加。人们预备好一顿宴席，内有一公鸡，一母鸡，米，一把香蕉。于是家长拿着泡米的碗，在引到屋内去的阶梯的最高级上打三下，念道：“啊！回来呀，我的灵魂，别在外边停留呀！天若下雨，你便要淋湿了。太阳若出来，你便太热了。小蝇们将刺你，蚂蝗们将咬你，老虎们将吞你，雷电将劈你。啊！回来呀，我的灵魂。这儿恰相反，你将异常舒适。你什么都不会缺少。来吃吧，狂风暴雨都不会袭你。”以后全家都吃那桌菜，而仪式便完结了，每人在右腕上系着巫师所施过法的线。

缅甸即汉代的哀牢夷，属于“西南夷”的一部分。古印度招魂风俗从陆路东向传播的第一站，便是哀牢夷。如果将古印度招魂术东向传播的轨迹比作一把汤勺的话，那么作为传播源的印度就是勺把，哀牢夷是勺颈，中国广大的西南及南方地区就是勺身了。中国长江以南及西南方的汉族居民和少数民族，都传流着与楚人相似的招魂风俗。据龚维英转介民族学资料说：“云南佤族有为初生儿叫魂的习惯。‘佤族人认为，婴儿降生前小孩的灵魂还没有附体，仍然在村外四处游荡，必须叫魂，否则会使婴儿死亡。’另外，‘佤族人还认为病是灵魂遇到了某种鬼的阻拦，使灵魂与肉体分开，因此他们治病的方法是把灵魂喊回来。’……苗族对重病休克者的看法是，病人魂魄为恶鬼囚禁于洞中。洞内情状十分恐怖，如‘只见许多大蛇与蜈蚣，来来往往，一见了人，就张口要咬’之类。”[①]有些南方民族甚至还有为动物招魂的风俗，如壮家于每年农历四月初八“拜秧节”时，都要为耕牛脱轭“招魂”。景颇族则有“叫谷魂”的风俗。据湖南汨罗骚坛诗社的任国瑞介绍，在湘西、北地区和江西九江一带，“生人招魂已分离成两种形式。一种是相对成年人的追魂，一种是相对小孩的叫魂”。“追魂的程序：（1）巫师向菩萨占卜。（2）根据占卜指引的方向去追魂。这其间又有规矩，即巫师走前，抬着菩萨走中，五个装扮的神兵扛三叉戟走后。（3）到达地点便焚香祷告菩萨，由巫师吐火施法，施法毕再由巫师带领‘神兵’在菩萨周围来回呈8字形穿梭追魂。追到‘魂’后，再敬菩萨，为菩萨显灵而‘带红’（将一溜红布或红绸系到菩萨头上）。（4）再按巫师在前，菩萨在中，神兵在后的顺序回家，一路呼喊：‘某某某喂，屋里来哟！’后面神兵便齐声应和：‘屋里来了！’”叫魂的程序为：（1）占卜；（2）备礼；（3）祷告；（4）献礼；（5）叫魂。[②]任国瑞介绍的湘赣招魂风俗与楚人招魂的程序、结构几乎如出一辙，如招魂前先行占卜，招魂过程中巫师先出城门召唤，然后一步步将魂灵引回故居。两者之间的差别只是前者对后者的若干因素进行了某些置换和变异，如帝置换成菩萨，巫阳扮演者大巫带领的小巫置换成“神兵”“带红”“吐火”等举动则属于变异性或添加性的因素。鄂南赤壁等地旧日小儿受惊吓，其父母或祖辈于天黑前举小儿衣物于屋檐上，高呼小儿名字，并长嗥曰：“隔山隔岭，隔河隔水回来睡。”另据宋克顺说：“按罗子国的风俗，要招死者的魂魄，就得把他生前的贴身衣高高撑起。魂魄听见呼唤自己的名字，又嗅到自己的汗气，知道亲人在召唤，就一定回来。”[③]罗子国故址在今湖南湘江支流汨罗江畔的汨罗城。赤壁、汨罗

① 试解《招魂》之谜［J］. 贵州社会科学，1986（10）.
② 任国瑞.《招魂》辨证（打印稿）.
③ 招魂［M］// 屈原的传说. 长沙：湖南人民出版社.

的招魂风俗均保持着复礼设阶持衣升屋的古朴面貌，与楚人招魂习俗的亲缘关系反不如湘西、湘北某些地区的招魂习俗为近。与楚人招魂风俗最为接近的当推居于湘、黔边界地区的苗族了。据龙文玉介绍：

> 苗族把招魂形式分为两大类：一是为病者招游魂，二是替死者招亡魂。为病者招游魂的形式是“难贵”“柳贵”“追魂”。
>
> “难贵”相当于邻近汉族地区的“喊魂”，由病者亲属两人配合，前者拿病者衣物呼唤病者的姓名，后者在后面随声而答。在过沟过桥、转弯岔路处，喊声要高，答声要响。“喊魂”之后，病者不愈，便认为“魂魄”已被“贪财鬼”锁进了“关魂牢”，就举行“柳贵”活动，意译成汉语是“赎魂”，由苗族巫师代赎，除了备齐斋粑豆腐，还要加公鸡“刀头”，摆好病者衣物，烧纸焚香，请求“拘魂鬼”领享祭物，然后放回病者魂魄。如果赎不回魂魄，就强行“追魂”。其声势较大，杀猪宰羊，祭巫师的祖师“普楚”即楚爷爷，请他发“鬼雄”，协助巫师，“追剿”野鬼，强行“索回”魂魄。举行这种活动时，巫师骑长板为“飞马飞龙”，头戴菖蒲，手拿桃木刀，边舞边唱，有时要闹腾一天一夜。替死者招亡魂，一般是病人死后的十天至十二天之间，有时也在死者家属和巫师都认为比较恰当的时候，由巫师举行隆重的招魂活动。苗语叫“岔乃”即找死人的魂魄，简译招魂，也叫大型招魂，即像屈原的《大招》所描写之类，活动共分六场，从天黑到次日吃早饭。每场都由巫师主持，他头戴菖蒲，手拿竹枝，敲响竹节做的“冬”“卜筶”（冬或筶都是巫具）。坛边熏蜂蜡驱邪，坛前放死者衣物接魂。[①]

从龙文玉所作的介绍与描述来看，苗族的招魂仪式已离原型甚远，它是以招魂为最高目的和组织框架，将盛行于汉族地区的“下殇”“傩

① 苗族的招魂风俗与屈原的招魂作品［J］. 吉首大学学报，1982（1）.

仪”“驱疫”“祓除”的疾病求瘳及后世做“道场”超度亡魂等多种迷信活动，全部整合、编排进了招魂仪式中。因而，苗族的招魂仪式，实际上是一个“杂糅”的体系，一种综合性的赛会。但是，在招魂这一方面，苗族却令人钦佩地保持了与楚人招魂辞最为接近的、形式较为古老的传本。这些传本可与《楚辞》中的《招魂》《国殇》《礼魂》等篇相对应。如湖南凤凰县落潮井高云侗苗巫伍金升的招魂导辞为：

师傅教我，有人病在地上，我要帮他，今日在这，魄魂去了，我得枝竹枝树，让我来住，耐烦引招，送回去家，好不好招，先卜一筶，请祖老显灵教我。

招辞正文，苗巫吴正中的传本云：

东方有“假嗄”（高脚鬼）的关魄的牢，魄魂啊，不能去呀！归来！归来！南方有蛇毒的关魄的牢，魄魂啊，不能去呀！归来！归来！西方有旋风大鬼的关魄的牢，魄魂啊，不能去呀！归来！归来！北方有大鬼散雪的关魄的牢，魄魂啊，不能去呀！归来！归来！九虎九豹有牢在中，九鬼九妖有牢在地，魄魂啊，不能去呀！归来！归来！

苗巫世传的“岔乃”词中的请“鬼雄”（国殇）词云：

七位、七个“鬼肉”，八位、八个“鬼雄”，七个、七把戈长，八个、八把大弓，给我三千“靠偷”（法师），给我三百“靠岔”（法师），喊哟嗬，喊哟唆，去杀“辽毒”（鬼名）的崽，去杀“辽铁”（鬼名）的孙。

凤凰县两林叭果苗巫隆拉品的“领魂辞”（即《礼魂》）云：

（祭）成了啊，费苦。捆魄啊，就好。打鼓、打锣，舞脚、舞手，宽心回去啊，（英）雄（得）很。开花结果，永远长久，千年百岁（均引见龙文玉上文）。

苗族世传的招魂辞表明，中古或者上古时期苗族先民传习的招魂术与楚人传习的招魂术不只是相似，而是共属于同一范型和母本，苗家先民的招魂术也就是楚人的招魂术。先秦时期苗族的先民散居在今湖南境内，《左传》称之为“蛮”，属于楚人的附庸。经哀牢夷、西南夷传至苗先蛮人，再传至楚人，这就是古印度招魂术东传的基本轨迹。需要在此着重指出的是，文化现象的运动和传播，通常都不是单向的，而是多向或双向的，文化因素的移植也从来不是完整不变的楔入，而是存在着一个自律性的重新整合、修改和调适的过程。因此，我们说楚人的招魂术虽吸收了吠陀文化的招魂因素，但绝对不能混同于古印度式的招魂。楚人从华夏传统的复礼中，吸收了持衣招魂的因子，又从吠陀文化中吸收了六方下招和招生魂的因子，在多向吸收的过程中，楚文化又作出了自身独特的创造，这就是在招魂前楔入一个巫阳与上帝对话的表演，又楔入一个卜魂的程序，在招魂过程中又添注了一个巫师由野外引魂进城入舍的节目。这三点因素是华夏传统的复礼和吠陀招魂术均不具备的。此外，《楚辞》“二招”对六合的描写和想象，完全是基于楚人特有的和华夏集团共有宇宙神话与图式，其中《大招》中有一部分因素（如神怪名）与《山海经》具有亲缘关系，而《招魂》则带有较浓的楚文化特质。故而，楚人的招魂即是楚式招魂。楚式招魂定型化后旋即开始了它自身的传播运动，其传播区域主要就是今两湖地区。卜魂、帝巫对话、引魂三因子，不见于吠陀经典，也不见于缅甸加伦人的招魂习俗，只见于今湘、赣、黔数省，即证明楚式招魂曾反向播及到这一带。苗族保存有较原始形态的招魂辞，与其所处地理、交通与文化环境有关，在旧日的苗家山寨文化的传承性大于变异性，古老的风习较易得到沿袭。我们判断特定文化现象的年轮，不是看其文字精粗，而是看其观念意识的早晚，因子配置得合理与否，产生愈早的文化现象，其内含的观念意识便愈朴拙，其因子配置也愈欠合理性。以此为标准，我们就可很容易地看出来，《楚辞》所记招魂风俗为原型本、古老本。传于苗族的招魂风俗则为变异本、新近本。应作澄清的是，说楚式招魂风俗影响到了苗族先民，与说楚人经苗先民中介吸收到了吠陀招魂术，是分属于两个文化传播层面和阶段的两件事，两者并不矛盾。

第九节　引魂升天巫术

引魂升天是与“招魂”相衔接的一项巫术仪式。招魂中的招死魂，是防止亡灵无目的地乱窜，将亡灵招引回来重新附着于尸骨上，安居于墓穴中，接受子孙的岁时享祭。《左传》襄公十三年记楚共王遗言云：“获保首领以殁于地，唯是春秋窀穸之事，所以从先君于祢庙者。”杜预注曰：“窀，厚也。穸，夜也。厚夜，犹长夜。春秋，谓祭祀。长夜，谓葬埋。”参以杜注，可知楚共王这段话说的即是，死后魂灵地居，接受春秋时祠。这种灵魂地居的观念，从春秋末开始为灵魂升天的观念代替。

灵魂升天观念曾炽于殷代，甲骨文中的“宾于帝”“在帝左右”即是这种观念的反映。此种观念在西周至春秋中期这一段时期内为周人的灵魂地居观念所压抑，直至春秋末才重新炽盛起来。与此相适应，也就产生了引魂升天的仪式。灵魂升天的观念不属于巫术，引魂升天才属于巫术的范畴，因为引魂凭借的就是巫术的超自然力。引魂升天与招魂并不矛盾，只有先将盲目游窜的魂灵招引回来，才能按一定的巫术程式将之引上天界。罗希吾戈说：“彝族长时期以来有着这一传统观念：认为人有三个灵魂，当人亡故后，一个灵魂守护着死者的尸体，一个灵魂经毕摩制作成佬思（亦称马嘟）贡〔供〕奉在家中，一个灵魂需请毕摩咏

《送魂经》，让其回到列祖列宗的所在地方，否则即成游魂、野鬼。”[①]这一说法对于我们理解引魂升天和招魂两个仪式的关系，无疑也具有很大的参考价值。招魂仪式结束后，就开始收殓，收殓毕即择日下葬，引魂升天的仪式与安葬仪式同时进行，确切地说，这两个仪式是有机地结合在一起的。

楚人的引魂升天仪式不像招魂仪式那样富于动作性、表演性，而是以象征性为主要特征。其具体手法是，在墓室中放置飞鸟漆器和各种图画物。图画物上通常的表现母题是龙、凤、龙舟、四象、北斗和天、地、幽都三界的图景。四象、北斗图象的功用是为灵魂指引升天的方向及路径，具有“地图”的性质，龙、凤（包括飞鸟漆器）、龙舟等是灵魂升天的向导与载具，天、地、幽都三界图景则表现的是升天的全过程，它的功能也是引导灵魂升天。其中，凤画飞鸟漆器除作为灵魂向导外，可能还被作为魂灵的化身，也就是魂灵的具体外化物。一只木胎漆鸟或一幅画上的龙、凤图案，按巫术思维的逻辑，完全无异于一只活的神鸟和龙、凤，因而它们也就可以担负起灵魂向导的职司。这一思维和手法属于象征或模拟巫术的范畴。飞鸟漆器在战国楚墓中较为多见。其中比较典型的样式为“虎座飞鸟”，“它们均为木胎雕成，基本形态为一展翅飞鸟立于一虎座之上，在鸟背上还插一对鹿角”。[②]

除漆器飞鸟外，湖北随县曾侯乙墓里东室主棺旁出土了一件青铜铸造的头插鹿角的立鹤[③]，其神秘意味与功用当与楚器虎座飞鸟相同。郭德维认为，所谓虎座飞鸟“就是古代的风神，名称叫飞廉”。他分析说：“把飞廉埋在墓葬里又起什么作用呢？《太平御览》卷九引《河图帝通纪》：‘风者天地之使。’放在墓里，大概是伴随墓主的灵魂上天的。正如屈原遨游太空，由飞廉来启路作先驱一样。”[④]这一分析非常精当。飞廉的原型就是鸟，《广雅》：“风伯谓之飞廉。”《淮南子·本经》高

① 彝族传统文化与葬族渊源［M］// 民族文谈. 北京：中国民间文艺出版社，1985.

②③④　郭德维. 楚墓出土虎座飞鸟初释［J］. 江汉论坛，1980（5）.

诱注曰："大风，风伯也，能坏人屋舍，一曰鸷鸟。"《汉书·武帝纪》颜师古引晋灼曰：飞廉，"身似鹿，头如爵，有角而蛇尾，文如豹文。"《史记·司马相如列传》"集解"引郭璞云："飞廉，龙雀也。"将飞廉（风伯）坐实为鸷鸟，或将之描绘成禽、兽组合型的灵物，都是较晚的说法，飞廉的原型不过是普通的鸟。鸟在殷商神话观念中是沟通人神的使者，如甲骨中有"帝使凤"的刻辞。《诗经》"帝命玄鸟降而生商"，《离骚》"凤皇既受诒兮""吾令鸩为媒兮"，也很明显是脱胎于"帝使凤"。《离骚》："后飞廉使奔属"，王逸注曰："风为号令，以喻君命。言已使清白之臣，如望舒先驱求贤，使风伯奉君命于后，以告百姓。"说明殷人以鸟为帝使观念为楚人所接受。

由于鸟为帝使，所以它也就成为人类魂灵升天的必不可少的助手、伴侣和向导。这正像鱼是水神之使，因而可以导魂进入水宫一样。两者基于同样的神话逻辑。《河伯》"乘水车兮荷盖，驾两龙兮骖螭……乘白鼋兮逐文鱼……鱼隣隣兮媵予"，即描写的是魂灵在龙、螭、白鼋、文鱼等水族的引导、迎迓和帮助下，与河伯相会的情景。《离骚》："前望舒使先驱兮，后飞廉使奔属。鸾皇为余先戒兮，雷师告余以未具。吾令凤鸟飞腾兮，继之以日夜。"说的是生者之魂在各种神鸟的先导、扈从之下遨游天界。对于死者的魂灵，鸟同样可起到引导的作用，如《楚辞·大招》"魂兮归来，凤皇翔只"。又如《三国志·魏志·东夷传》记弁辰人"以大鸟羽送死，其意欲使死者飞扬"。萧兵曾对大鸟引魂的风习作过广泛、深入的研究，他说："在民族学方面，从前生活在云南的傣族富人要用纸扎的大神鸟引丧，用其头尾装饰棺头、棺尾，跟缅甸那加船棺头尾刻成翠鸟形状非常相似……《吴越春秋·阖闾内传》吴王小女下葬，陵墓之前'舞白鹤'。高本汉曾用以推测铜鼓图纹里的飞鸟或'鸟人'可能表示葬仪上的'神鸟舞'。从而可见鹤鹭之类涉禽可与葬仪导魂相关。”[①]

从萧兵所作的以上介绍中，我们发现了两个问题：

1. 大鸟引魂仪式在某些南方和南洋民族中，不只是以象征性和静态模拟巫术为其主要特征，而且还非常富于动作性和表演性，也就是在引魂升天的仪式上有一段模拟飞鸟的歌舞表演——《楚辞·大招》“魂兮归来，凤凰翔只”，可以解读为引魂凤凰舞，不过还需更多的资料来加以证实。

2. 从传世文献和现代民族学资料来看，大鸟引魂习俗主要盛行于中国古代的南方和东方民族中，属于东、南文化的独特传承内容。楚人以大鸟为引魂的向导，当与东、南文化的浸假影响有关。楚人在墓中随葬虎座飞鸟和东、南方民族“以大鸟羽送死”、表演“神鸟舞”，可能还有另一重意味，就是以鸟为灵魂的化身，希望灵魂鸟顺利地飞升天空。灵魂化鸟的观念在先秦时代也非常盛行。如《天问》：“大鸟何鸣，夫焉丧厥体？”王逸注：“言崔文子取王子侨之尸，置之室中，覆之以弊篚，须臾则化为大鸟而鸣，开而视之，翻飞而去。”《山海经·北山经》载：发鸠之山，“有鸟焉，其状如乌，文首、白喙、赤足，名曰精卫，其鸣自詨。是炎帝之少女名曰女娃，女娃游于东海，溺而不返，故为精卫，常衔西山之木石，以堙于东海。”《说文》于“巂”字下云：“蜀王望帝淫其相妻，惭，亡去为子巂（即子规）鸟。”我们知道，灵魂化身多是图腾本相，如巴人廪君魂魄化为白虎，夏祖鲧、禹化为黄熊，东北民族的大帝颛顼化为鱼妇（龚维英说颛顼为女性帝，甚得），楚人出于颛顼，则鱼为其始妣图腾，其始祖图腾及其精魂所化，先秦文献未载，仅崔豹《古今注》记楚怀王死“化而为鸟，名楚魂”。但此则资料晚出，不可作为力证。从《离骚》描写来看，楚魂遨游皆以大鸟为前导、后扈，未见自身化为大鸟的说法，因而说虎座上的飞鸟是引魂之鸟较之灵

① 引魂之舟——楚帛画新解［M］// 湖南考古辑刊（第2辑）. 长沙：岳麓书社，1984；萧兵. 羽人、相鸟、观风鸟［J］. 兰州大学学报，1980（2）.

魂化身无疑更为靠得住。至于我国东、南民族和南洋民族，扎大纸鸟或表演“神鸟”舞，则可能是飞鸟引魂和魂化飞鸟两种意味均有之。

画幡及画衣、漆棺画等图画物是较虎座飞鸟更为常见的引魂道具。长沙陈家大山战国楚墓中出土过一幅《人物龙凤帛画》，画中有一老妇人，其左右分别为奋爪向上的龙和凤，熊传新认为这幅画表现的是女墓主“希望飞腾的神龙、神凤引导或驾御的幽灵早日登天升仙”。[①]

除此画外，长沙子弹库战国楚墓中还出土了一幅《人物御龙帛画》，画面表现的一高冠博袍的男子，立于一艘龙舟上，舟尾还有一只仙鹤。萧兵认为这幅帛画上的舟是“魂舟”，所言甚是。但他又将《人物龙凤帛画》和《人物御龙帛画》联系起来得到一种启示：“战国时代的楚人可能是有灵魂乘驾舟船越海升仙之迷信的。”[②]这便失之于无据了。从《楚辞》尤其是“二招”对六合或四方的描写来看，在战国时期楚人的观念中，灵魂的理想归宿，一是天庭，二是昆仑和南昆仑九嶷山，三是水死为神，至于大海则是灵魂必须躲避的危险的所在。如《大招》曰：“魂乎归徕！无东无西，无南无北只。东有大海，溺水浟浟只。螭龙并流，上下悠悠只。”《招魂》曰：“魂兮归来！东方不可以托些。长人千仞，惟魂是索些。十日代出，流金砾石些。彼皆习之，魂往必释些。”虽然《招魂》对上天也提出过警告，如谓：“虎豹九关，啄害下人些。一夫九首，拔木九千些。豺狼纵目，往来侁侁些。悬人以娭，投之深渊些。致命于帝，然后得瞑些。”但这说的是天门守卫者的可怕，而不是说的天庭本身的可怕，而且天庭守卫者之所以对灵魂施虐，是因该灵魂是冒然撞到天门外的，没有经过巫术导引和引魂鸟的呵护，若在后一种情况下，便可不受诘难和惩罚顺利地通过天门。《楚辞》中有关驾龙舟飞天的描写，如《九歌·湘君》“驾飞龙兮北征，邅吾道兮洞庭”，可与

① 对照新旧摹本谈楚国人物龙凤帛画［J］. 江汉论坛，1981（1）.

② 引魂之舟——楚帛画新解［M］// 湖南考古辑刊（第 2 辑）. 长沙：岳麓书社，1984.

子弹库《人物御龙帛画》相映证。《离骚》“济沅湘以南征兮，就重华而陈词”。济，即指的是舟渡。《离骚》又有“朝吾将济于白水兮”，白水是传说中发源于昆仑山的不死之水和神泉。《离骚》还有云：“麾蛟龙使梁津兮，诏西皇使涉予。”津，特指“西海”，渡过西海也就邻近昆仑和极乐境界了。济白水、沅湘，渡西海，升昆仑、九嶷，均是为了登遐升仙，属于“羽化”的说素和观念，与引魂升天不是一回事，与传承于南洋岛居民族中的乘“黄金船”到达天国的神话则可能源于共同的原始信仰。

不过，《离骚》所记皆为生魂遨游，龙舟既可载生魂遨游，自然也可搭载灵魂升天。将龙舟作为载魂之具，与南方弄舟民族的文化影响有关，但这一影响较微，楚魂升天仍以龙凤导护为主要方式。在江陵马山一号战国楚墓中出土了一件绣罗禅衣，衣上绣有一凤、一虎、两龙[①]，这禅衣上的龙、凤、虎也具有引魂升天的功能，从性质上说它也属于画幡。

曾侯乙墓中曾出土过一个漆箱，盖上绘有青龙、白虎、北斗图象，并写有一个“斗”字，其外圈有作右旋排列的二十八宿，这箱盖漆画的性质属于天象图，其作用在于指引魂灵升天的路径，曾文化属于楚文化圈的范围，故以天象图引魂升天也应是楚人引魂升天巫术的一种常见手法。

这一手法及其包蕴的神秘观念在战国时播散于他国并传于后世。如《史记·秦始皇本纪》载：秦始皇陵中“上具天文，下具地理”。据安志敏说：“汉代以后，棺内多施七星板，考古发掘的若干汉墓、高句丽墓及唐墓、高昌墓的墓顶多饰有天象图，天象图的基本构图内容为伏羲、女娲、日、月、金乌、蟾蜍和玉兔，并有星宿作为背景。”[②]这些天象

① 江陵发现战国“丝绸宝库”——马山砖瓦厂一号楚墓发掘简记（图版一）［J］. 江汉考古，1982（1）.

② 长沙新发现的西汉帛画试探［J］. 考古，1973（1）.

图的目的都在于指引墓主灵魂升天的路径。长沙马王堆一号汉初墓出土的帛画，与这些天象图在功用上完全一致，在若干构图要素上也有相同之处。它是呈T字形的彩绘帛画。该画从构图上看，可分为三个层次。最上一层为天国。天国顶部正中为人首蛇身像，可能是伏羲，其右侧有三只鸾鸟（或说是鹤），左侧二只，其下又有两只相对的鸾鸟，共衔一铎形器，铎的两旁各有一兽首人身的动物（或说是熊）骑在异兽（或说是飞廉，恐非是）上。骑兽怪物之下，为天门阙，阙上伏有二豹，阙内两个帝阍拱手对坐。天国的右上方有红日，日中有金乌，下为扶桑树。枝叶间有八个小型太阳，或说还有一个太阳隐于枝叶间。天国左上方为新月，月上载有蟾蜍、玉兔。其下为伸手托月的嫦娥。日、月之下还有两条相对飞升的巨龙。该画中层为人间图景，其上部为一华丽的车伞盖，盖上伫立着两只凤凰，盖下为兽形有翼的飞廉。中层画面的主体为两首反向、身躯盘结交织的两只巨型蛟龙。两龙首中间下部有一持杖缓行的老妇人，其后有三个侍女，其前有两个戴弁侍者举案跪迎。老妇等所立的阶下有相向的双豹，豹下有两个身着复陶羽衣的舞女（或说为羽人，也就是仙人），两女之下悬挂着一只巨磬，磬下有一珍馐备设的食案，案之左右分别有三个跪拜祈祷的人，左边有一直立之人，可能为击磬的乐人。中、下两层相交处为一举手托案的蛙形、络腮的力士，案上放着盛食的鼎、敦和装酒浆的壶。力士两脚分别踏在相交的两条巨鲸上，力士胯下穿过一条长蛇。力士两侧为两只背上立着鸱（或说为鸠）的灵龟。两巨鲸尾上分别站着两只长角怪兽，此怪兽与曾侯乙墓棺画上的羊怪同形，后者或说是土伯，此问题还待研讨，暂名之冥府怪物较为稳妥。[①]

对于这幅帛画的功用和表现的内容，目前学术界意见非常统一，均认为是引魂升天和魂灵升天的情景。孙作云说，它的正式名称应该叫

① 安志敏.长沙新发现的西汉帛画试探［J］.考古，1973（1）；孙作云.长沙马王堆一号汉墓出土画幡及释［J］.考古，1973（1）.

作“画幡”或“引魂幡”。安志敏认为它“当属于旌旗画幡一类东西”。马雍则为它找到了先秦、两汉时期的通称——铭旌（明旌）。[①] 据《礼记・檀弓》郑玄注，明旌为“神明之旌”，也就是寄托和附载着魂灵的旌帜。铭旌又称为“柩”，《汉书・薛宣传》说薛宣令书廉吏王立之柩“以显其魂”。因而，帛画为引魂升天幡和展现升天情景当无疑义。据马雍考证，铭旌是先有图画，后有文字，单书文字的铭旌逐渐地取代了图画铭旌和图、文并著的铭旌。据此，他认为马王堆一号汉墓帛画“是原始铭旌的残余”。[②] 我们完全同意这一看法。该帛画保留着“原始铭旌的残余”因素中有相当大的一部分是从楚文化继承而来的。《楚辞・离骚》“前望舒（月御）使先驱兮，后飞廉使奔属。鸾鸟为余先戒兮，雷师告余以未具”“吾令帝阍开关兮，倚阊阖而望予”“百神翳其备降兮，九疑缤其并迎”“为余驾飞龙兮，杂瑶象以为车”“凤皇翼其承旂兮”，《天问》“焉有虬龙，负熊以游？”“鸱龟曳衔，鲧何听焉？”“厥利维何，而顾菟在腹？”以及《招魂》“虎豹九关”“土伯九约”等神话因子在该帛画中被完美地整合在一起，构成一幅从冥府、人间到天界的完整的宇宙图式。因此，这幅帛画虽比长沙陈家大山、子弹库所出的两幅帛画图像、笔法繁复、工细得多，艺术风格也有所不同，但在引魂升天的功能和程式上（以龙、凤作为引魂使者），却是完全相同的。这幅帛画虽不是战国楚人的作品，却是带有楚文化印记的作品。

第十节　巫社活动

如前已述，不论是官方巫觋，还是民间巫觋，通常都依附祠、社，以祠、社为主要的活动场所。战国时期楚人尚巫的一个重要特征是祠、

① 安志敏．长沙新发现的西汉帛画试探［J］．考古，1973（1）；孙作云．长沙马王堆一号汉墓出土画幡及释［J］．考古，1973（1）．

② 论长沙马王堆一号汉墓出土帛画的名称和作用［J］．考古，1973（2）．

社设置过多、过滥，供奉的神鬼又多不在《祭典》中。这种状况也就是《汉书·地理志》及王逸《楚辞章句》所说的“重淫祀”“好祠”。《新唐书·狄仁杰传》“吴、楚多淫祠”，说明此风传至唐代仍未丝毫减衰。据《汉书·地理志》，传于汉代的楚祠，有庐江郡天柱山祠、会稽郡历山祠、临淮郡江海会祠等。《史记·封禅书》云：“荆巫祠堂下、巫先、司命、施糜之属。”堂指明堂，据《索隐》指的是祖庙。巫先，《索隐》云：“谓古巫之先有灵者，盖巫咸之类也。”又引郑氏云：施糜，“主施糜粥之神”。除这几个大祠外，汉高祖故里的丰枌榆社也成为一大祠，“常以四时春以羊彘祠之”。另据《秦始皇本纪》，徐州有彭祖祠，湘阴北有湘山祠，据《秦本纪》索隐，南阳有叶君神祠。近十年左右出土的江陵天星观一号战国楚墓和望山一号战国楚墓中的简文记载又透露出，楚人隆祀的神祇除已见载于《楚辞》的“东君”“司命”外，还有“大水”、“句土”（后土）、“司祸”、“地宇”、“东城夫人”等。[①]这些神祇也皆有各自的祠社和专职巫觋。以上列举的一些楚祠只是见载于文献和出土资料中的一部分，在曾经遍布于楚国境内的各种祠社中更只是极小的一部分。云梦睡虎地秦简《秦律问答》记云：“‘擅兴奇祠，赀二甲。’可（何）如为‘奇’？王室所当祠固有矣，擅有鬼立（位）殴（也），为‘奇’，它不为。”所谓奇祠，即不在秦王朝《祭典》中的淫祀，鬼位即祠中所奉的鬼神之位。这条律令虽为秦人所制，但对南郡楚人巫祀也是具有针对性的。秦简《语书》是秦王政二十年南郡守腾颁发属下各县、道的文书，文中说：“今法律令已具矣，而吏民莫用，乡俗淫佚之民不止，是即废主之明法也，而长邪僻淫佚之民，甚害于邦，不便于民……今法令已布，闻吏民犯法为间私者不止，私好乡俗之心不变，自从令、丞以下知而弗举论，是即明避主之明法也，而养匿邪僻

① 江陵昭固墓若干问题的探讨［J］. 中山大学学报，1977（2）；战国楚竹简概述［J］. 中山大学学报，1978（4）；天星观一号楚墓［J］. 考古学报，1982（1）.

之民。”[①] 这篇《语书》是直接针对南郡楚民的，篇中提到的“乡俗”包括了楚人的淫祀之俗，而所谓“邪僻淫佚之民”，也应包括了好祀之人。

在楚国由官方组织的大型祭祀活动中，巫觋是参加、执行者，而不是组织者。这些大型祭祀活动比较重要的一项是“望祭”。“望”的概念指星辰山川，尤指守国境内的山川。《左传》昭公十三年追叙说：楚共王“乃大有事于群望”。哀公六年记楚昭王说：“江、汉、睢、漳、楚之望也。”昭公十一年记：楚灵王杀蔡国隐太子祭冈山。可见春秋时期楚王室即定期和不定期地举行大祭山川的活动。

战国时期楚人祭山川的活动规模较前更大。董说《七国考》卷九四引陆玑《要览》：“楚怀王于国东遍起沉马祠，岁沉白马，名飨楚邦河神，欲崇祭祀拒秦师。”《越绝书》云：“无锡历山，春申（君）时岁祠以牛，立无锡塘，去吴百二十里。”《拾遗记》卷十载：“洞庭山浮于水上，其下有金堂数百间，玉女居之。四时闻金石丝竹之声，彻于山顶，楚怀王之时，举群才，赋诗于水湄，故云‘潇湘洞庭之乐’。听者令人忘老，虽《咸池》《箫韶》不能比焉。每四季之节，楚王常绕山以游宴，举四仲之气以为乐章。仲春律中夹钟，乃作《轻风流水》之诗，宴于山南。仲夏律中蕤宾，乃作《皓露秋霜》之曲。”据《周礼》，望祭要舞羽舞，《地官·舞师》云：“教羽舞，帅而舞四方之祭祀。”郑玄注曰：“羽，析白羽为之，形如帗也。四方之祭祀，谓四望也。”持羽而舞者就是女巫，楚国也有此俗。

战国楚贵族昭固墓中竹简记墓主祈祷的名目中有“赛祷”“罷祷”“胸祷”三项，祭品则有酒食、绿玉、戠牛、白犬等等。[②] 这祭祷名目和祭品皆属于望祭的范围。“赛祷”或写作“塞祷”，又称“赛神”，《史记·封禅书》曰：“名山五，大川祠二……冬赛祷祠。”《索隐》曰：

① 李学勤．新出简帛与楚文化［M］// 楚文化新探．武汉：湖北人民出版社，1981.

② 江陵昭固墓若干问题的探讨［J］．中山大学学报，1977（2）.

“赛，今报神福也。”“罷祷”之罷正字作羽（或翳），羽祷即羽舞祭望。“胸祷”即《周礼・春官・大宗伯》“以疈辜祭四方百物”的疈辜。《山海经》由楚人编定，其中《五藏山经・中次九经》曰：“熊山，帝也，其祠：……干儛，用兵以禳；祈，璆冕舞。”郭璞注曰：“禳，祓除之祭品；儛者，持盾武舞也。”

汪绂《山海经存》曰：“求福祥则祭用璆玉，舞者用冕服以舞也。”据此，则楚人望祭除羽舞外，还有求福祥的冕服舞和祓除不祥的持盾舞两种舞蹈。《周礼・大司乐》云：“舞大磬以祀四望，舞大夏以祭山川。”宽泛地说，祀四望与祭山川的性质、类别基本相同。楚国民间的巫觋也以各自的社、祠为单位举行各种望祭活动。前引《要览》说楚怀王于国东遍设沉马祠，所谓“沉马祠”，也就是江、淮水祠。这些祠所多为半官半民性质，其中有些可能就是所谓民间“淫祠”，《庄子・人间世》云：“解之以牛之白颡者，与豚之亢鼻者，择其好者，展如在之诚敬，庶冥感于鬼神。今乃有高鼻折额之豚，白额不骍之犊，痔漏秽病之人，三者既不清洁，故不可注入灵河而设祭奠者也。”这种以人为牺牲的望祭之俗当系民间水祠巫觋所为。《史记・滑稽列传》褚少孙补记云：魏国邺巫“常岁赋敛百姓，收取其钱，得数百万，用其二三十万为河伯娶妇”。这种以人神恋爱或婚配的形式表现出的杀人祭河之俗也盛行于楚国的沅湘流域。《九歌・湘君》《湘夫人》是以沅湘土著祭湘灵的乐歌和祭祀场面为摹本写成的。其中“捐余袂兮江中，遗余佩兮醴浦”“捐余袂兮江中，遗余褋兮醴浦”等句，便隐约地显现出杀祭的情形。

与官方的望祭相比，民间巫觋组织的望祭（赛祷）活动的气氛更为欢快、热烈。《盐铁论》记云：“今富者祈名岳，望山川，椎牛击鼓戏倡舞象；中者南居当路水上云台屠羊杀狗鼓瑟吹笙。”汉俗对楚俗多有继承，因而这段记载虽然说的是汉代的民间望祭活动，但作为楚国民间望祭活动的写照也未尝不可。祭水神在包括沅湘地区在内的南部中国各部族中是一项非常隆重的祭典，作为一种巫术风尚有着极其久远的传统。据介绍，“在骆越地区发现的铜鼓如越南玉缕鼓、黄下鼓的船纹中，有杀人祀河的图像”，在广西左江岩怀山上绘出的画上，有三条船，船前后两边，各有一群歌舞者，场面隆重而热烈，“是所谓‘铜鼓赛江神’的先制”。[①]

除望祭之外，旅祭上帝和岁时伏腊常祭，也是以巫祝为中心的大型祭祀活动。江陵昭固墓简中提到的“遡祷”即是郊祭上帝的旅祭。在楚国旅祭主持人多为巫祝，东汉桓谭《新论》曰：“楚灵王信巫祝之道，躬执羽绂，起舞坛前。吴人来攻其国，人告急，而灵王鼓舞自若，顾应之曰：‘寡人方祭上帝，乐明神，当蒙福佑焉。’”[②] 此条记载作为信史当然谈不上，但作为一则反映楚俗的资料来讲却是有其说本的。伏、腊常祭是指伏日与腊日的祭祀，伏日为夏至后第三个庚日，又称“初伏”。腊祭的时间，夏、商、周各不相同，楚人腊祭与周人相同，均为夏历十月，周、楚腊祭名为“大腊”或“蜡祭”。蜡祭的规模超过望祭和伏祭，是一年中最盛大的祭祀节日，《国语·楚语下》观射父说的“日月会于龙豵，土气含收，天明昌作，百嘉备舍，群神频行。国于是乎蒸尝，家于是乎尝祀”，便是指的蜡祭。与王室蜡祭相比，民间蜡祭更为盛大、热狂。唐元稹《长庆集》卷三有诗云：“楚俗不事事，巫风事妖神。事妖结妖社，不问疏与亲。年年十月暮，珠稻欲垂新。家家不敛萩，赛妖无富贫。杀牛贳官酒，椎鼓集顽民。喧阗里闾隘，凶酗日夜频。”《岳阳风土记》云：“荆湖民俗，岁时会集（包括了蜡祭）或祷祠，多击鼓，令男女踏歌，谓之歌场……皆古楚俗也。”以上引记载可见，楚民间蜡祭是以“妖社”为狂欢场所，所谓“歌场”实即“妖社”所在的“社场”，如《盐铁论》云：“贫者鸡豕芳卫保散腊（蜡）倾盖社场。”在这场中集体击鼓踏歌赛妖（神）。

---

① 王克荣．巫术文化的遗迹——广西左江岩画剖析［J］．学术论坛，1984（3）．

② 《抱朴子·道意》“楚之灵王，躬自为巫”，无疑又是以《新论》为说本的。

第十章　占卜

龟卜、筮占等通神明的法术，在先秦时代既是知天命、定犹疑、趋吉避凶的迷信手段，也是社会政治、精神生活中的一项重要内容。占卜法术的思想根源是兆验迷信和前逻辑思维。进入文明阶段后，占卜法术一方面与人们集体无意识中的前逻辑思维保持着千丝万缕的联系，另一方面又随着人们认识的日益深化，而与宇宙图式、哲学思想等高级思维形式和成果相互渗透、影响，从而渐趋精致和玄学化。民族或地区共同体之间，宇宙图式、哲学思想和文化传统的建构不同，占卜法术也就相应呈现出差异。如《史记·太史公自序》云："齐、楚、秦、赵为日者，各有俗所用。""三王不同龟，四夷各异卜，然各以决吉凶。"《龟策列传》又称："蛮、夷、氐、羌虽无君臣之序，亦有决疑之卜。或以金石，或以草木，国不同俗。然皆可以战伐攻击，推兵求胜，各信其神，以知来事。"先秦时期最主要的占卜方式为龟卜和筮占两种，除这两种方式之外，还有十数种后起的和地区性的占卜法术。如《史记·日者列传》记："越王勾践放（仿）文王八卦，以破敌国，霸天下。"又如燕国有"三九之数书"，有"五位之卦"——燕易，又有"蠡卜"法术[①]。楚与燕，一处南，一处北，在与中原文化的关系上，燕、楚文化具有一个共同的特点，这就是以中原文化为主源和轴心，分别融汇了北狄和南蛮的众多文化因子，形成具有鲜明的地区性色彩的亚型文化。在占卜法术方面，楚国也与燕国一样，既接受了中原传统的占卜模式，又有自己独特的占卜方法。《礼记·缁衣》引孔子曰："南人有言曰：'人而无恒，不可以为卜筮。'古之遗言舆。"郑玄注："恒，常也。不可为卜筮，言

① 引见明董说《七国考》卷十四《燕琐征》。

卦兆不能见其请定其吉凶也。”孔颖达疏曰：“南人，殷掌卜之人有遗余之言。”我们认为，孔子生当春秋、战国之际，《礼记》成编于战国、秦汉间，在这两种时代中，“南人”的概念均应指的是楚人，而不是殷人（或宋人）。“人而无恒，不可以为卜筮”，一方面是对卜筮人员有着很高的素质要求，另一方面反映出楚人对卜筮之术抱有非常虔诚笃信的心理。战国时期，术数之学在楚国日臻风行发达，《吕氏春秋·去宥》曰：“威王好制，有中谢佐制者。”注曰：“制，术数也。”楚人好制，这就使得楚国占卜之术，愈来愈趋于精密和神秘化。

第一节　龟卜

龟卜（包括与之占验、操作方法相同，属于同一占卜系统的骨卜），是我国上古时期起源最早、影响最大的一种贞卜方法。在河南龙山文化及甘肃齐家文化遗址中均曾发现了卜骨。[①] 降至商代，龟（骨）卜发展成手法繁复、程式固定、占测与解释更趋精密与神秘化的贞卜法术。数以万计的殷商甲骨表明，殷人异常笃信甲骨卜兆，几乎达到了无事不卜、无日不卜的程度。龟、骨卜在殷文化和殷人生活中占据了极其重要的地位。楚人处在殷商南服及龟卜文化影响的范围内，商周之际，楚人南徙江汉，在这一地区与殷商、西周相对应的文化层中，已发现了多处含有卜甲的遗址，如沙市周梁玉桥商代遗址、安陆晒书台商周遗址和蕲春毛家嘴西周遗址。[②] 这就是说，商周之际和西周时期楚人虽已不再受到殷商及其续祀国宋国文化的直接影响，但仍受到江汉地区方国的龟卜文化圈的包围。在这种历史背景下发育起来的楚文化，自然选择了龟卜

① 方西生. 略论河南龙山文化的社会性质［J］. 江汉考古，1980（2）；梁星彭. 齐家文化起源探讨［J］. 史前研究，1984（3）.

② 李天元. 沙市周梁玉桥商代遗址中的扬子鳄［J］. 江汉考古，1984（2）；余从新. 安陆县晒书台商周遗址试掘［J］. 江汉考古，1980（1）；湖北蕲春毛家嘴西周木构建筑［J］. 考古，1962（1）.

作为最主要的贞卜方法。与“尔卜尔筮”的周人不同，春秋时期的楚人只卜不筮。春秋时期凡楚人言卜，均指的是龟卜。如《左传》昭公十三年载：“初，（楚）灵王卜，曰：‘余尚得天下。’不吉。投龟。”卜不吉而投龟，自然是龟卜。有学者认为楚国自有其独特的贞卜方式，也就是属于“筳篿”“小折竹”类型的“枚卜”，这实属误解。“枚卜”的“枚”乃是“微”的通假字。微卜就是隐匿命龟之辞不让人得知而灼龟占兆，或如杜预所注：“不斥言所卜以令龟”，并不是龟卜之外的另一种卜法。它与一般情况下龟卜的不同之点是态度更庄敬、气氛更神秘，常用于决定、卜问重大事务。《史记·鲁世家》载：“太公、召公乃缪卜。”缪、穆通作，如《史记·周本纪》载：“武王病。天下未集，群公惧，穆卜。”穆，诚敬、静默貌，“穆卜”即敬默地占卜。上古音穆、枚为明母双声，于音甚近。穆、默为明母双声，觉、职旁转，《文选》东方朔《非有先生论》：“于是吴王穆然。”李善注：“穆犹默。”故“穆卜”也就是“枚卜”“默卜”。

春秋时期，楚人在朝则有“卜尹”视高作龟[①]，在军则有“司马令龟”[②]，龟卜的程序、禁忌和习惯与殷、周龟卜完全相同。《尚书·洪范》：“三人占，则从二人之言。”郑玄注：“卜筮各三人。”《左传》哀公十七年记：“枚卜子良以为令尹。”参加占卜的为楚惠王、叶公子高和沈尹朱三人，与《洪范》“三人占”的人数规定相吻合。《周礼·春官》大卜职：“凡国大贞，卜立君，卜大封，则视高作龟。大祭祀，则视高命龟。凡小事，涖卜。国大迁、大师，则贞龟。凡旅，陈龟。凡丧事，命龟。”楚人卜选令尹相当于“卜大封”。按礼，卜尹（大卜）只能做些准备工作，不参与命龟和占兆，而据上引《传》文，枚卜令尹时，涖卜、占兆的三人中果然没有卜尹，这说明楚为卜尹规定的职掌范围也与周制及周人沿袭的商制相同。

---

① 左传·昭公十三.

② 左传·昭公十七.

殷、周龟卜往往要一卜、再卜，卜兆相同则称为“习”。如甲骨刻辞有云：“弜卿，子其卿，习二卜，癸未卜，习一卜，在䢵。”（何一二片）《书·金縢》云：“乃卜三龟，一习吉。”“习”这一占卜术语和程式，也为楚人所吸收。《左传》襄公十三年记郑石诿言于楚令尹子囊曰：楚“先王卜征五年，而岁习其详（祥），详习则行。不习，则增修德而改卜”。杨伯峻《春秋左传注》曰：“‘习’一本作‘袭’。习与袭通用，重复也。祥，吉祥。岁习其祥，谓五年之中每年卜征都吉。”所言甚确，“习”即是“袭”。“习”这一名称又见于江陵望山一号墓楚简，如简 48 记云：“□之，瞥佗占之□吉。病以黄靁习之。”[①] 值得注意的是，简文“瞥佗”即“无它”，这一名词也是殷虚甲骨中常见的占卜术语。

战国时期楚人贞卜法术的种类增多了，但龟卜仍占据着最重要的地位。在江陵天星观一号楚墓、望山一号楚墓及荆门包山二号楚墓相继出土了一批卜筮记录简[②]，从这些记录简可见，龟卜的使用较筮占更为经常，卜问的内容也非常广泛，其中较主要的事项为：（1）卜病况，如江陵望山一号楚墓四十八号简“病以黄靁习之”；（2）卜官运，望山墓二十一号简“□贞：走趋事王夫：（大夫），以其未有雚立（爵位），尚速得事。占之吉，将得事□”。荆门包山二号墓简文中也载有墓主左尹邵𣃁卜问官运的命辞：“出入侍王……尚毋有咎。”

在包山二号墓中还有数种卜筮用具：长灵、彂灵、长恻等。其中长灵、彂灵当是龟卜用具。汉代习称龟为“玉灵夫子”，有时又连称“灵龟”，或径以“灵”代“龟”。[③] 这种习称与楚国的俗语和习称有关。望山一号楚墓简文中“龟”字写法皆为“靁”，从灵省，龟声，或灵亦声，即灵的楚方字。《尔雅·释鱼》：“二曰灵龟。”郭璞注曰：“今江东所

① 陈振裕．望山一号墓的年代与墓主［M］．北京：中国考古学会第一次年会论文集，文物出版社，1979.

② 江陵天星观一号楚墓［J］．考古学报，1982（1）；陈振裕．望山一号墓的年代与墓主，包山二号墓竹简概述［J］．文物，1988（5）．

③ 史记·龟策列传，尔雅·释鱼．

用卜龟黄灵黑灵者，此盖与天龟灵属一也。”然则望山楚简所谓“黄䨓”者，也就是“黄灵”。

楚人在春秋时期用龟卜不用筮占，与殷商以来的传统影响有关。《礼记·曲礼》郑玄注云：“大事卜，小事筮。”《左传》僖公四年记：“卜人曰：‘筮短龟长，不如从长。’”僖公十五年记韩简子曰：“龟，象也；筮，数也。物生而后有象，象而后有滋，滋而后有数。”《仪礼·士丧礼》郑玄注曰：“龟重，威仪多，”“筮轻，威仪少”。《礼记·表记》云：“天子无筮，诸侯有守筮。”郑玄注云：“天子至尊，大率皆用卜也。”上行文字中龟长筮短，龟重筮轻，天子用龟，诸侯用筮等说法，实际上反映的是龟、筮并用的周人的观点。春秋时的楚人在这一点上与周人不同，楚人只用龟，无所谓龟长筮短。楚人甚至与作为龟文化的崇尚者和传播者的殷人也有所不同，楚人的龟卜纯是龟卜，而不包括骨卜，先秦文献和出土简文中也没有楚人用骨卜的记载，但殷人源于畜牧民族，龟甲多赖南方民族贡给，兽骨则所在多是，故用骨卜远甚于龟卜，余永梁曾介绍说：殷墟“出土的甲骨，正是兽骨占十之七八，龟甲才十之一二而已”。[①] 楚人只用龟卜，不用骨卜，与长江流域盛产龟类有关。《竹书纪年》载：周厉王“元年戊申，楚人来献龟贝”。《史记·夏本纪》载，荆州贡品有“大龟”。《国语·楚语下》记龟为楚国的名贵物产。

对于用过了的龟甲的态度，楚人同于周人，而不同于殷人。《史记·龟策列传》记褚少孙语曰：“略闻夏殷欲卜者乃取蓍龟，已则弃去之，以为龟藏则不灵，蓍久则不神。至周室之卜官，常宝藏蓍龟。”《礼记·礼器》“诸侯以龟为宝”，《周书·大诰》“宁王遗我大宝龟”，也均说明周人注意宝藏龟甲。楚人同样注意扃藏宝龟。《国语·楚语下》记楚王孙圉曰：“龟足以宪臧否，则宝之。”这“宝之”殆有两层意思，

① 易卦爻辞的时代及其作者［M］// 古史辨（第三册）. 上海：上海古籍出版社，1982.

一是珍视之，二是扃藏之。另《庄子·秋水》云："吾闻楚有神龟，死已三千岁矣，王巾笥而藏之庙堂之上。"亦证楚人有藏龟之俗。

楚人的藏龟、宝龟之俗及种种神话龟灵的谣俗传语，在汉代还具有很大的影响和生命力。《史记·龟策列传》称："今高庙中有龟室，藏内以为神宝。"又记曰：

> 余至江南，观其行事，问其长老，云龟千岁乃游莲叶之上，蓍百茎共一根……江傍家人常畜龟饮食之，以为能导引致气，有益于助衰养老，岂不信哉！
>
> …………
>
> 神龟出于江水中，庐江郡常岁时生龟长尺二寸者二十枚输太卜官，太卜官因以吉日剔取其腹下甲。龟千岁乃满尺二寸。
>
> …………
>
> 臣（褚少孙）为郎时，见《万毕石朱方》，传曰："有神龟在江南嘉林中。嘉林者，兽无虎狼，鸟无鸱枭，草无毒螫，野火不及，斧斤不至，是为嘉林。龟在其中，常巢于芳莲之上。左胁书文曰：'甲子重光，得我者匹夫为人君，有土正，诸侯得我为帝王。'求之于白蛇蟠杅林中者，斋戒以待，凝然，状如有人来告之，因以醮酒佗发，求之三宿而得。"
>
> …………
>
> 近世江上人有得名龟，畜置之，家因大富……杀之后，身死，家不利。人民与君王者异道。人民得名龟，其状类不宜杀也。

上引记载皆与楚故地之民的造说和传言有关，这证明在汉代的楚故地，尚龟、宝龟的风习仍是非常浓厚。汉袭秦政，但在文化上发扬光大的却是楚文化。汉设太卜官，凡占家、五行家、堪舆家、建除家、丛辰家、历家、天人家、太乙家诸色人等，皆为其属僚，是仍以龟为至宝，以龟卜为上法。据《汉书·艺文志》载，汉代有《南龟书》28卷，《巨龟》36卷，《夏龟》26卷，此三书当与楚人有关。《左传》昭公十三年曾记楚观从言：“臣之先，佐开卜。”按，《周礼·春官·卜师》：“掌开龟之四兆。”郑玄注：“开，开出其占书也。《书·金縢》曰：‘开龠见书。’”则“佐开卜”即是在灼龟得兆后取阅卜书加以验证。这说明楚人在传习龟卜的同时也传习龟卜书。《汉志》所录《南龟书》，应是关于“南龟”的卜书，而“南龟”无疑就是楚地之龟。《夏龟书》例应同上，是关于“夏龟”的卜书。夏，训大，夏龟即大龟，大龟也为楚地所出。《通典》记：“广济县蔡山出大龟。”前引《龟策列传》说庐江郡出大龟，该郡在战国时属楚。又，大龟即“灵龟”，《尔雅·释鱼》郭璞注：“涪陵郡出大龟甲，可以卜。绿中文似蝳蝐，俗呼为灵龟。”此种龟，江东也出产，名为“黑灵”。《巨龟书》所言巨龟，当系海龟，海龟产于东南沿海及南洋。饶宗颐曾谓：“殷墟发掘到《屯乙》4330号，为最大之龟腹甲。据研究所得，乃马来半岛之龟类（全龟长440毫米，宽约350毫米，钻凿共204处），是即南服远夷所贡之元龟矣。”[①] 按《诗经·鲁颂·泮水》曰：“元龟齿象，大赂南金。”郑笺曰：“南谓荆扬也。”据此可知，“巨龟”虽不产于楚，但被列为楚方贡物，楚人通过与沿海部族贸通有无极易获取巨龟腹甲。从南龟、夏龟、巨龟的产地可推出《汉志》著录的这三本《龟书》的产地应为楚国。《史记·龟策列传》及篇中所引《龟书》一向受到学者讥评，如《索隐》谓：“褚先生所取大卜杂占卦体及命兆之辞，义芜。辞复沓，殆无足采。”然细绎《龟策列传》文，可知褚少孙所引《龟书》至少在三部以上，以“卜乂”起头为一部，以“命曰”起头又为一部；以“此乂”起头则为第三部。三部龟书皆将居官吉凶之兆作为一项重要的内容来介绍，对以龟卜占测官运表现出异乎寻常的热情，而这也正是战国楚卜筮记录简所载内容上的一大特点，从这一点分析，褚少孙从太卜官处所见的这三部龟书，很有可能就是楚人的遗著或具有浓厚楚文化色彩的龟卜书。

① 饶宗颐．殷代贞卜人物通考·论卜辞中关于“龟”之记载．

大约在战国时楚人还从龟卜发展出了一种名为“瓦卜”的占卜方法。唐元稹诗云：楚人“巫占瓦代龟”，其自注云：“楚人列肆，悉卖瓦卜。”按，《周礼》太卜掌“三兆之法：一曰玉兆，二曰瓦兆，三曰原兆”。瓦兆，当是瓦片烧裂后似龟兆纹的裂纹，《左传》宣公十二年《正义》：“今人谓瓦裂龟裂者皆为衅”，亦可证。既然瓦兆与卜龟的一部分兆象相同，那么通过烧瓦也就可以得到这部分龟兆，而直接捡取碎瓦片比之捕龟、衅龟、剖龟、磨龟、凿龟等龟卜前繁琐的准备工作无疑要简便得多，这应该就是楚地民间“悉卖瓦卜”的主要原因。

第二节　《易》筮

《易经》是周文化的结晶和传承内容，蓍占也是周族传统的贞卜方法。《易》典制作于周，传习于诸姬和姜姓侯国，如王应麟《困学纪闻》即谓：“《易》《象》在鲁。”《易》传入姬、姜以外的侯国的时间较晚，《左传》庄公二十二年记：“周史有以《周易》见陈侯者，陈侯使筮之。”鲁庄公二十二年为公元前670年，时当春秋早、中期之交，这应是《周易》和筮法外传的最早时限。但终春秋之世，《易》、筮却未传到楚国，寻诸《左传》《国语》等记春秋史事的先秦史籍，找不到一处楚人用《易》筮的记载，所见皆是龟卜。而到了战国，不论是文献记载，还是出土的楚、汉帛书及卜筮记录，均表明楚人大量地使用筮法，非常精通《易》理，传习着具有明显的楚文化色彩的《易传》。由此可知，《易》、筮传入楚国当在战国之时。战国时期筮占在楚国虽次于龟卜，但却同是楚人常用的两种重要的占卜方法。《楚辞·卜居》记楚太卜郑詹尹“端策拂龟”，“策”即是筮占用的蓍草。《史记·日者列传》记楚司马季主言“分策定卦”，也说的是揲蓍占卦。从望山楚简来看，战国时楚人占卜的次序为筮先卜后，此点与文献记载相合，如《周礼·春官·筮人》：“凡国之大事，先筮而后卜。”郑玄注云：“当用卜者，先筮之，即事有渐也。于筮之凶，则止而不卜。”又，湖北荆门包山二号墓是一座战国楚贵族的墓葬，墓主为王族出身的左尹邵（昭）㰾，墓中出土了二十余组卜筮祭祷记录简，卜筮用具的名称为“长灵”“骒灵”“长恻”等。[1]“长恻”有可能是筮占用具。据透露，荆门包山楚墓出土的一批卜筮简文中记录了一些本卦、之卦的卦象。[2]“本卦”“之卦”均属于筮占用语，是与“卦变”（或称“爻变”）有关的概念。所谓“之”就是“变”。《周易》六十四卦之间存在着某种变化联系，即此一卦往往是由彼一卦变化而来的。据汉人研究，“卦变”的方法有“旁通”“上下变易”“往来”“消息”“互体”“倒象”等6种。[3]在先秦筮占中，卜师们为了在解释的时候左右逢源，自圆其说，便经常利用“卦变”的方法，在取得“本卦”之象后，又拟出一个“之卦”之象。如《左传》宣公六年记：“郑公子曼满与王子伯廖语欲为卿，伯廖告人曰：‘无德而贪，其在《周易》“丰”䷶之“离”䷝，弗过之矣！’间一岁，郑人杀之。”此处筮占所得本卦为“丰”，之卦为“离”，“丰”卦上爻由阴变阳，就是《离》卦。又，《左传》僖公二十五年记：“筮之遇‘大有’䷍之‘睽’䷥。”“睽”卦是“大有”卦九三爻由阳爻变阴爻转化而成的。在先秦习惯用语中，本卦又称为“贞”，之卦称为“悔”，如《国语·晋语》“得贞‘屯’䷂悔‘豫’䷏”。先秦时期也有不变爻的筮占，即只有本卦，没有之卦，这是因为只取本卦就可以自圆其说了。荆门包山楚墓出土的本卦、之卦卦象记录表明，战国时期楚人已将周人的一套筮占理论及其程式，完整地接受了过来。战国早、中期陆续出现了一些释《易》的文字，被统称之为《易大传》。其中，如《文言》《象》《象》均出自思孟学派之手，体现了周民族鲜明的“尚中”意识，如“正中”“中正”“得中”“中心为正”“时中”“美在其中”等皆为其常用语。这些被称为“中”的卦爻，无一例外地均是吉卦、吉爻。在《楚辞》中，我们发现以“中”为吉卦、吉爻的思想，也被楚人所接受。如

①② 包山二号墓竹简概述［J］. 文物，1988（5）.

③ 刘大钧. 周易概论［M］. 济南：齐鲁书社，1986.

《离骚》云："耿吾既得此中正"，这"中正"既指"中正之道"，也指吉卦，因屈原出生后卜名即筮得一吉卦，刘向《九叹·离世》云："兆出名曰正则兮，卦发字曰灵均。"闻一多《离骚解诂》说："正则""灵均"这名、字"得于卦兆，则是卜于皇考之庙，皇考之灵因赐以此名字也"。

筮占的理论根据是《易》，先秦时列国所传《易经》基本相同，但繇辞和传文却不尽相同，如魏襄王墓出的竹书中"其《易经》二篇，与《周易》上下经同。《易繇阴阳卦》二篇，与《周易》略同。繇辞则异。卦下《易经》一篇，似《说卦》而异。《公孙段》二篇，公孙段与邵陟论易"。[①] 值得注意的是，与公孙段论《易》的邵陟，极有可能是楚人，邵通昭，乃楚昭王子族的氏称，楚简中常见。据李学勤介绍，马王堆帛书中的《周易》，"有经有传，经文与今本有较多差异，卷后《易传》更有很大不同。其中一篇原题为《昭力》，昭力是人名。按屈、昭、景为楚国贵族，合称'三族'，所以帛书《易传》与楚有关是无疑的。"[②] 今按，昭力即劭力，上古音力、陟叠韵，发声俱从舌尖，故而，著有《易传》一篇的劭力和论《易》的邵陟很有可能是同一个人。如准此说，则在司马季主之前，战国中期，楚国即出了一位《易》学大师劭力（陟）。又据李学勤，"《史记·仲尼弟子列传》载，孔子传《易》于商瞿，商瞿传楚人馯臂子弘（弓），可见楚国有《易》学的传流。《荀子·非十二子篇》称道子弓，可能就是由于荀卿居楚的缘故。《易传》十翼中所蕴含的丰富的辩证法思想，与《老子》很有共通之处。这种思想与楚文化究竟有哪些关系，是极其引人注意的问题。"[③] 李学勤的分析甚有见地。楚人确实不是被动地接受和传习周家《易》学，而是在接受和传习的过程中予以改造、丰富和升华，将南方固有的数术和《老子》思想融

① 晋书·束皙传.
② 新出简帛与楚文化［M］//楚文化新探.武汉：湖北人民出版社，1981.
③ 新出简帛书与楚文化［M］//楚文化新探.武汉：湖北人民出版社，1981.

注入《易传》中，使其内涵更趋精深博大。楚人在研习、升华《易》理的同时，还将《易》理引入自身传习的其他术数中，增加后者的神秘感和精密的程度。如李学勤即曾指出：长沙子弹库楚“帛书（《月忌篇》）各章多有一些语句，在形式上类似《周易》卦爻辞，如第一章的‘武□其敂’……”。[①] 我们知道，帛书《月忌篇》中十二神与十二度（次）、十二辰有关，与四时也相配合，而用卦爻辞的辞例写月忌语辞，这就意味着楚人将八卦的因素也注入了月忌中。汉代流行的“六日七分”术是以八卦与四季相配的占卜法。另据《史记·太史公自序》太史公“论六家之要指”言，“夫阴阳四时、八位、十二度、二十四节各有教令，顺之者昌，逆之者不死则亡”。《集解》引张晏曰：“八位，八卦位也。”“各有禁忌，谓日月也。”是阴阳家将八卦援入岁月、日禁之书，使其“大祥而众忌讳”。现在看来，汉代的“六日七分”术和讲求“八卦之位”的阴阳术，在楚帛书中便已见端倪。

第三节　茅卜和筳篿

这是楚国特有的两种占卜法术。《离骚》云：“索藑茅以筳篿兮，命灵氛为余占之。”王逸注曰：“藑茅，灵草也。筳，小折竹也。楚人名结草折竹以卜曰篿。”五臣注曰：“筳，竹筭也。”《后汉书·方术传》曰：“挺专折竹。”注云：“挺，八段竹也。”《说文》“篿，圜竹器也。”段玉裁注曰：“盛物之器而圜者。篿与圜音同也。《离骚》王注曰：‘楚人名结草折竹卜曰篿’，别一义也。”又，唐柳宗元《天对》云：“折篿剡筳，午施旁竖。”剡，意思就是削。从上引诸说来看，茅卜和筳篿可能是两种占卜方法。茅卜是以藑（琼）茅之类的“神草”作为占卜工具，方法是在草上打结。王充《论衡》载：“子路问曰：‘猪肩羊膊可以得兆，雚苇藁毛可以得数，何必蓍龟？”茅卜盖类似于“雚苇

① 李学勤．再论帛书十二种［M］．长沙：湖南考古辑刊第4辑，1987.

蒿毛”以卜和蓍占，即通过奇、偶数的排列占测吉凶。在西南少数民族中，一直传习着《楚辞》中提到的这种茅卜或与之相类似的占卜法术。《图书集成》称“大猡猡”用签略如蓍法；《楚雄府志》载“黑猡猡”也用草签；《旧云南通志》记爨蛮（先秦濮裔）或取山间草茅束而拈之，略如蓍法。[①]《楚峒志略》载：苗人“出行无论远近，必断草卜休咎，以定行止”。清李宗昉《黔记》载：贵州台拱古州清江属之黑山苗“能卜茅草卦，预告吉凶”。另据宋周去非《岭外代答》云：

> 南人茅卜法：卜人信手摘茅，取占者左手自肘量至中指尖而断之，以授占者，使祷所求，即中折之。祝曰：奉请茅将军、茅小娘，上知天纲，下知地理云云。遂祷所卜之事，口且祷，手且捏，自茅之中捏至尾，又自茅中捏至首，乃各以四数之余一为料，余二为伤，余三为疾，余四为厚。料者，雀也，谓如占行人，早占遇料，行人当在路，此时雀已出巢故也，日中占遇料，则行人当晚至，时雀至暮当归尔，晚占遇料则雀已入巢，不归矣。伤者，声也，谓之笑面猫，其卦甚吉，百事欢欣和合。疾者，黑面猫也，其卦不吉，所在不和合。厚者，滞也，凡事迟滞。茅首余二名四料贯伤首，余三名曰料贯疾余，余皆仿此。南人卜此最验，精者能以时辰与茅折之委曲分别五行而详说之，大抵不越上四余，而四余之中各有吉凶，又系乎所占之事。当卜之时，或遇人来则必别卜，曰：外人踏断卦矣。余以此法即易卦之世应揲蓍也。尝闻楚人篿卜，今见之。

根据以上记载，我们可以大致推测，早期的茅卜便是筮占的源端，筮占是茅卜的一个精密化、哲学化的分支。但筮占一经哲学化后又反过来对

① 余永梁. 易卦爻辞的时代及其作者[M]//古史辨(第三册). 上海：上海古籍出版社，1982.

各种较原始的茅卜法术产生了重大的影响。因而，茅卜与筵占之间存在着包容与反包容及双向影响的辩证关系。

筳篿属于竹卜类型。筳又名“八段竹”，这透露出一个消息，就是筳由八根长短不同或刻画符号不同，代表八种基本卦象的竹签组成，装在圆形竹筒“篿”中，需要卜问时，便从“篿”中抽取两根，组成六十四卦中的一卦。这种方法较拈蓍草为占简便，竹签又可反复使用，不必专门去采摘蓍草。除此之外，对“筳篿”还可作两种推测：（1）“篿”可通“转”，如马王堆汉墓帛书《战国纵横家书》中“槫”分别借为“转”“抟”，转的意思就是翻覆，据此，可得筳篿理解为掷筊。掷筊是将两片蚌壳或形如蚌壳的竹木掷下，视其阴阳向背。《荆楚岁时记》载：楚国故地于社日“掷教（筊）于社神，以占来岁丰俭，或折竹以卜”。后世，掷筊占卜法传流时间长，地域也广，如韩愈《谒衡岳庙遂宿岳寺题门楼》云：“手持杯珓导我掷，云此最吉余难同。”清江湜《龙岩州除夕醉后赋长句》云：“掷珓问卜愁转加。”又，《中华全国风俗志》上篇卷五《湖北》引《文昌杂录》云：“余昔知安州，见荆湘人家，多以草竹为卜。”掷筊（竹杯筊）的方法也传习于苗族中，并被较完整地记载下来了。《苗防备览·风俗上》记云：“苗中其水旱疾疫，亦知卜筵。曰抛木卦，剖木为二，掷之于地，视其仰覆向背。”据此可知，掷筊实际上是一种较龟卜、筵占简易的阴阳占。（2）筳篿与茅卜基本相同，方法是折竹，具体程式与周去非所记岭南茅卜的程式相同。

容肇祖曾在《占卜的源流》一文中列了一个《占卜源流表》[①]，表中龟卜与筳篿分属两列：

殷墟甲骨——《龟策传》——《玉灵秘本》；
筳篿——筊杯——《灵杯图》。

① 古史辨（第二册）[M].上海：上海古籍出版社，1982.

从容肇祖的分类可以看出，他是主张筳篿即筊杯一说的。

茅卜和筳篿均不属于楚国传统的占卜方法，而属于南方蛮族和濮人的占卜方法。江陵望山一号战国楚墓出土了一批“卜筮记录”，内中没有一条与茅卜和筳篿有关，这说明直至战国后期茅卜和筳篿之术还未被大多数的楚国贵族所吸收，而只是在小范围内传播。

先秦时期楚国与南方越族和濮族在文化上存在着极为密切的联系，越、濮皆习用鸡卜，这种占卜方法，估计在先秦时已被楚国的下层人民所接受了。《汉书·郊祀志》载：汉武帝“命粤（越）巫立粤祝祠，安台无坛，亦祠天神帝百鬼，而以鸡卜；卜信之，粤祠鸡卜自此始用”。《史记·孝武本纪》张守节《正义》云：“鸡卜法用鸡一，狗一，生，祝愿讫，即杀鸡狗煮熟，又祭，独取鸡两眼，骨上自有孔裂，似人物形则吉，不足则凶。”《旧云南通志》载爨（濮）蛮“取雏鸡雄者，生刳取两髀束之，细剖其皮骨，有细窍刺以竹签，按多寡向背顺逆之形，以占吉凶”。《东川府志》载：乾猡猡（彝族一支，属于濮裔）“信巫祝，卜以鸡骨”。谨按上引，越人鸡卜与濮人鸡卜又有所不同，越人鸡卜是取兆于鸡眼，濮人鸡卜则是取兆于鸡髀。濮式鸡卜殆与先秦中夏民族艾灼兽类的肩胛（又名枚子骨、琵琶骨）、髀骨在性质上属于同一类型。而越式鸡卜则属于越文化独特的传承内容，宋范致明《岳阳风土记》称荆湖之民“或以鸡子占卜”。荆湖民间传习的鸡卜之术当是先秦时楚、濮、越文化交流的结果。

第四节　神判

神判具有两种形式，一是直接神判，二是间接神判。前者是神职人员或屈原这样一类具有深厚的神学素养的人采取的形式；后者则是常人采取的形式，它通常用于卜选嗣君和辨别罪犯。神判的由来极其久远，是兆验迷信中一个古老的构成因子。世界上所有的民族在历史上均曾采用过这样或那样的神判形式，如以手捞油锅、饮毒药、以人饲虎豹、两人决斗等。直接、间接两种神判形式，均为楚人所习用。《左传》昭公十三年载：“初，（楚）共王无冢嫡，有宠子五人，无嫡立焉。乃大有事于群望，而祈曰：‘请神择于五人者，使主社稷。’乃遍以璧见于群望曰：‘当璧而拜者，神所立也，谁敢违之？’既乃与巴姬密埋璧于大室之庭，使五人齐（斋），而长入拜。康王跨之。灵王肘加焉。子干、子皙皆远之。平王弱，抱而入，再拜，皆厌（压）纽（璧纽）。”以压纽与否来卜选嗣君，即属于间接神判法。先秦时期非常著名而且使用广泛的神判法是所谓“神羊（解廌、獬豸）决疑”。《说文》云：解廌兽一角，“古者决讼，令触不直”。《神异经》云：“东北荒中有兽，如牛，毛青，四足，似熊，见人斗辄触不直，闻人论则咋不正。名曰獬豸。一名任法兽。”《后汉书·舆服志》记云：“獬豸，神羊，能别曲直。”先秦时唯一一件见载于书的以神羊决疑的实例发生在齐国。《墨子·明鬼上》载：“昔者齐庄君之臣，有所谓王里国、中里徼者。此二子者，讼三年而狱不断，齐君犹谦杀之，恐不辜，犹谦释之，恐失有罪。乃使二人共一羊，盟齐之神社。二子许诺，于是泏洫，㩟羊而漉其血。读王里国之辞，既已终矣。读中里徼之辞，未半也，羊起而触之，折其脚，祧神之社而槁之，殪之盟所。当是时，齐人从者莫不见，远者莫不闻，著在齐之《春秋》。诸侯传而语之曰：请盟先不以其情者，鬼神之诛。”楚国虽然没有“神羊决疑”的直接实例记载，但据文献中有关记载与出土文物图像分析，楚人也崇拜神羊（或羊怪）。《淮南子·主术》载：“楚文王好服獬冠，楚国效之。”蔡邕《独断》记云：“法冠，楚冠也。一曰柱后惠文冠。……秦制，执法服之。今御史廷尉监平服之，谓之解豸冠。”“楚文王好服獬冠”透露出楚国历史上曾经实行过“神羊决狱”这种古老的神判仪式。

直接神判形式是直接将是非曲直诉诸神灵，以求神灵裁断。这种神判仪式多见于《楚辞》中，如《九章·惜诵》便是一篇完整的求神裁判的投诉辞。该篇云：

惜诵以致愍兮，发愤以抒情。所作忠而言之兮，指苍天以为正。令五帝以柎中兮，戒六神与向服。俾山川以备御兮，命咎繇使听直。

按：诵，通“颂”，颂是占卦的繇辞，也是大祝祈祷神明所用的一种文体、乐歌和一种程式化的朗读、歌唱的声调（腔），如《诗经》中的《商颂》《周颂》等。“指苍天以为正”，既是指天为誓，也是请天公断明察。“柎中”，即折中、析中，王逸注曰：“言已复命五方之帝，分明言是与非也。”“戒六神与向服”，王逸注曰：“言已愿令六宗之神，对听已言事可行与否也。”“备御”“听直”，与“柎中”“向服”意思相同，均指的是受理投诉、分别曲直。通过《惜诵》，我们可以发现，楚人祈请的神判对象，主要为天、五帝（《楚辞·离骚》中主要为舜帝“重华”）、六神（又名“六宗”，即四时、寒暑、日、月、星辰和水旱之神）、山川之神和咎繇一类传说中的执法官。除《惜诵》外，《天问》也可以说是一篇诘天问神、祈求神判的诉状。此外，《离骚》也有“跪敷衽以陈辞兮”“济沅湘以南征兮，就重华而陈词”“指九天以为正兮”等指天为正、祈神听直的文字。《楚辞》中的这些文字透露出，在战国时期的楚国贵族和巫觋卜史阶层中，直接与神灵交通，投诉神灵的神判仪式非常盛行，其情景大约就像《国语·楚语下》中观射父曾经说过的那样：

民神杂糅，不可方物。夫人作享，家为巫史，无有要质。民匮于祀，而不知其福。烝享无度，民神同位。民渎齐盟，无有严威。神狎民则，不蠲其为。

可以这样说，只有了解了楚国这种直接投诉神灵，祈求神明裁判的文化、民俗背景，才能真正理解《楚辞》，找到文体华美，文气哀婉、缠绵，具有浓郁的神话幻想色彩的《楚辞》体诗歌发生、发展的一个至关重要的原因。《楚辞》体的产生可用算式表达为：

祝颂＋祈神状＋诗经＋楚地民歌（包括“南风”）=《楚辞》

第五节　占梦

在先秦时期梦兆也被视为一种极其重要的兆验。《汉书·艺文志》称：“众占非一，而梦为大，故周有其官。”班氏所言至当。虽然按《周礼·春官》太卜职所述是“以八命者赞三兆（龟兆）、三易（筮卦）、三梦之占”，梦占排在龟、筮之后，但实际上先秦时人笃信梦兆远甚于龟兆、筮卦。此因当时人不了解做梦是潜意识活动的反映，而误以为梦是与神明直接的交通，所以将梦兆看得非常神圣。但做梦具有偶然性，尤其是梦境清晰，醒后在大脑皮层残留的印象较鲜明的梦并不多见，所以从实用价值方面看，梦兆就远不如龟兆、筮卦那样可以根据需要随意获取。《周礼》将三兆、三易列在三梦之前，反映的是龟、筮使用的经常性，而不是迷信程度。要比迷信程度，首当推梦兆。

揆诸先秦文献，有关梦兆的记载甚多，但不信梦兆的实例几乎找不出一件来。另外，当时人为了取得适意的兆象，往往一卜、再卜，一筮、再筮，或先卜后筮，而对于梦兆则通常是一次性地信从。如《国语·楚语上》记殷武丁梦见傅说，遂“旁求四方之贤，得傅说以来，升以为公”。较之殷人，周人对于各种兆验的态度相对来说要审慎一些，因此，在得到梦兆后，有时还要再卜、筮一次加以验证，不过采取这种方法往往是因所涉事体关系重大。如《周语下》引《周书·大誓》武王语：“朕梦协朕卜，袭于休祥，戎商必克。”《左传》昭公七年记卫孔成子与史朝并梦康叔传语立公子元为卫嗣，孔成子以《周易》筮之，得二吉卦，史朝云：“筮袭于梦，武王所用也。”

在通常情况下，周人及列国人士对梦兆却是笃信不疑，也不像对待龟兆、筮卦那样采用别种方法来加以验证的。据《周礼·太卜》所记，梦兆有三种基本形态，“一曰致梦，二曰觭梦，三曰咸陟”。致梦、觭梦、咸陟又是解梦之占验法，致梦为夏制，觭梦为殷制，咸陟为周制。《周礼》占梦职："掌其岁时，观天地之会，辨阴阳之气，以日月星辰占六梦之吉凶。一曰正梦，二曰愕梦，三曰思梦，四曰寤梦，五曰喜梦，六曰惧梦。季冬聘王梦，献吉梦于王，王拜受之，乃舍萌于四方，以赠恶梦，遂令始难殴疫。"六梦，郑玄注谓：正梦，"无所感动，平安自梦"；愕梦，"惊愕而梦"；觉梦，"觉时所思念之而梦"；寤梦，"觉时道之而梦"；喜梦，"喜悦而梦"；惧梦，"恐惧而梦"。实际上，先秦梦兆一般的形式、种类绝不止于这六种，梦兆的基本形态也不止于致梦、觭梦、咸陟三种，解释梦兆的方法也不都像《周礼·占梦》所说的那样将天地、四时、阴阳、日月星辰与梦兆结合起来加以解释，《周礼》所说的是一种比较高级的、精致化的占梦方法。

从《左传》《国语》等书的记载来看，与殷、周民族相比，春秋时期楚人似乎不如后两者那样笃信和遵从梦兆，如《左传》僖公二十八年记："楚（令尹）子玉自为琼弁玉缨，未之服也。先战（城濮战前），梦河神谓己曰：'畀余，余赐女孟渚之麋。'（按：孟渚属宋地，河神以此暗示帮助子玉在城濮之战中打败晋师，吞并宋地）弗致也。大心与子西使荣黄谏，弗听。荣季曰：'死而利国，犹或为之，况琼玉乎？是粪土也，而可以济师，将何爱焉？'弗听。"像楚令尹子玉这样固执地违悖梦兆的事例在先秦其他侯国中是根本找不到的。不过，此条记载同时也表明了楚国大多数的贵族成员还是非常笃信和遵从梦兆的。

及至战国时期，楚人迷信梦兆的程度更趋加深，占梦的方法也日渐精密。如《九章·惜诵》云："昔余梦登天兮，魂中道而无杭（航）。吾使厉神占之兮，曰有志极而无旁。终危独以离异兮，曰君可思而不可恃。"这段文字记载的是，屈子梦见自己升上了天空，但中途为大河阻隔无以为渡。醒来后，他便请厉神为他占这个梦，厉神说："人梦登天无以渡，犹欲事君而无其路也。但有劳极心志，终无辅佐。"厉神，王逸注曰："盖殇鬼也。"按：殇鬼（厉）是夭死者的鬼魂，厉神当是掌管殇鬼的神祇。《礼记》郑玄注曰："厉主杀罚。"从《惜诵》记述来看，厉神在楚国卜史巫觋阶层心目中还是一位掌管生者魂灵的神祇。先秦时人认为，人是由魂、魄两部分组成的，魂主精神，魄主肉体，人的死亡是魂、魄永久性的分离，做梦则是魂、魄暂时的分离，人在做梦时能与死者或神灵交通，就是因为魂灵游荡到了幽冥或神明所在的世界中去了。《周礼·大卜》贾公彦疏曰："梦者人精神所寤可占者，谓人之寐，形魄不动，而精神寤见，觉而占之。"贾氏所言便颇能代表先秦时代乃至后世人们对于梦的一般理解。由于做梦是魂的自由游荡，所以主管殇鬼魂灵的厉神，自然也就可以兼管生者的游魂，并可以为生者（主要是卜史巫觋等神职人员）占梦了。

楚国另一位管理魂灵并职司占梦的大神是"掌梦"。《招魂》记云："帝告巫阳，曰：'有人在下，我欲辅之。魂魄离散，汝筮予之！'巫阳对曰：'掌梦。上帝其难从（按：此处脱简，或本作'其命难从'，难从者，一说上帝难从掌梦之官，一说掌梦不从上帝）。若必筮予之，恐后之谢，不能复用巫阳焉。'"帝、掌梦、巫阳三者间的关系，王逸及其以下注家均未能厘清。蒋骥《山带阁注楚辞》卷六谓："掌梦句，疑有脱误。"恐怕未能厘清的原因便在于此。巫阳，又见载于《山海经》，郭璞注曰："神医"，也就是神巫。在《招魂》中巫阳又职掌神筮和招魂。帝，即天帝。按蒋骥说，帝则为黄帝。因巫阳为黄帝的主筮巫官。掌梦，据王逸注："招魂者，本掌梦之官所主职也。"是掌梦兼理占梦和招魂二事。王注上引《招魂》文字曰：此"言天帝哀闵屈原魂魄离散，身将颠沛，故使巫阳筮问求索，得而与之，使反其身也"。"巫阳言如必欲先筮问求魂魄所在，然后与之，恐后世怠懈，必去卜筮之法，不能复修用，但招之可也。"五臣注云："若必筮而招之，恐后世懈怠，去卜筮之法，但以招魂为事。（巫）阳意不欲以筮与招相次而行，以为不筮而招，亦足可也。"蒋骥注曰："巫阳以为帝命有不可从者，盖必待筮而后予，恐身先萎谢。巫阳虽予之魂，而不能复生，此其所以不用筮而用招也。详末章语意，此篇疑作于《怀沙》之后，盖其去死无几矣。凡人七情所激，皆能率然失其精魂。（屈）原于《远游》，固曰：'神倏忽其不反’‘形枯槁而独留’，况当近死之时，烦冤转甚，其神魂必有惝然不能自持者，故言‘魂魄离散’，而设为此篇。”王逸、五臣说与蒋骥说各有其合理之处。以上征引表明，在楚国主管占梦和招魂二事的，除了“掌梦”之外，还有神巫和一般的巫觋。占梦和招魂均不用卜筮，而用专门的一套解释和求索方法，也就是直接占梦和招魂的方法。

前引巫阳所云：“若必筮予之，恐后之谢，不能复用巫阳焉。”王逸注为：“恐后世怠懈，必去卜筮之法，不能复修用。”其实不确。巫阳所担心的事实上是先筮占魂之所在，然后下招，后之人就会崇信卜筮，而轻视招魂术了。从巫阳语可见，楚人虔信招魂术和梦兆的程度更甚于卜、筮和龟兆，蓍卦，对精神（魂灵）可以离开人（或魄）自由游历的说法也是深信不疑的。《招魂》所记的这套方法不同于《周礼·占梦》记载的方法。不过，后一种方法在战国后期也传到了楚国，楚国著名的天文学家和星占家甘德将之改造、加工成了一套更为精致的占梦术。《汉书·艺文志》杂占家类列有《甘德长柳占梦》二十卷，其《总叙》曰：

> 数术者，皆明堂羲和史卜之职也。史官之废久矣，其书既不能具，虽有其书而无其人。《易》曰：“苟非其人，道不虚行。”春秋时鲁有梓慎，郑有裨灶，晋有卜偃，宋有子韦。六国时楚有甘公（甘德），魏有石申夫。

甘德著有《天文星占》，该书后与石申夫所著《天文》八卷合编为《甘石星经》。甘德的学术根柢，一是天文学，二是数术，从这两点出发来解释梦兆，建立占梦方法，就与《周礼·占梦》“掌其岁时，观天地之会，辨阴阳之气，以日月星辰占六梦之吉凶”的路数非常接近了。

第六节　望气

望气又名“视祲”。《周礼·春官》视祲职云：“掌十辉之法，以观妖祥，辨吉凶。一曰祲，二曰象，三曰镌，四曰监，五曰暗，六曰瞢，七曰弥，八曰叙，九曰隮，十曰想。掌安宅、叙降。”按：辉，为日光云气，十辉即日旁的十种云象；祲，为阴阳二气相侵所成氛祥；象，为“赤鸟”一类酷似动植物的云象；镌，通觿，为有尖角向日的云气；监，谓日之上下两旁有云气内向，似监守状；暗，谓白天如黑夜般不见日光；瞢，谓日光暗淡不明；弥，谓有云气遮日而旁出；叙，谓云状如山在日上；隮，即虹；想，谓杂气在日旁可想象为各种人物之形者；安宅，谓禳祛居宅妖祥，使之趋吉避凶；叙降，谓见妖祥，则以方位日辰占法次序推定凶祸下降的位置，可禳者，禳却之，不可禳者，则令迁徙以就吉。[①]除“视祲”外，《周礼》保章氏职亦云：“以十有二岁之相，观天下之妖祥；以五云之物辨吉凶水旱，降丰荒之祲象。”云物，指的是云色。郑玄引郑司农说云：“青为出，白为丧，赤为兵荒，黑为水，黄为丰。”据文献所示，楚人至迟在春秋时期已比较注意观察祲氛了。《国语·楚语上》记楚伍举曰：“先君为匏居之台，高不过望国氛”，又曰：“台不过望氛祥。”韦昭注云：“氛，祲气也。”“凶气为氛，吉气为祥。”陆贾《新语》载：“楚灵王作乾溪之台，五百仞之高，欲登浮云，窥天文。”天文当包括星象、日辉、云物等现象。不过，根据文献记载来分析，春秋时期楚人视祲的水平并不高。如《左传》哀公六年载：“是岁也，有云如众赤鸟夹日以飞，三日。楚子问诸周大史。周大史曰：‘其当王身乎，若萗之，可移于令尹、司马。’”“有云如众赤鸟夹日以飞”属于十祲中的“象”。楚人注意到了这种祲象，却不知如何占卜（破译），而需专门派人去周室求问，这说明当时占云视祲的学问主要为周室太史所典藏和修习。《周礼·大卜》“其经运十”，郑玄注云：“运或为辉，当为辉，是视祲所掌十辉也，王者于天，日也，夜有梦，则昼视日旁之气，以占其吉凶。”又，前引“视祲”职谓其兼掌“叙降”

① 郑玄.《周礼》注，孙诒让.周礼正义，林尹.周礼今注今译［M］.北京：书目文献出版社，1985.

之法，即以方位日辰推占妖祥之法。凡此表明，周人视祲并非单纯观察日旁云气，而是将日旁云气与十二辰、时日、妖祥、方位与梦兆等诸种因素综合起来加以推占。这种视祲法可以说是更高级、更具神秘性的视祲法术。周室太史所掌的就是这种操作程式更高级、复杂的视祲法。战国时期，望气的范围由观察日辉发展到观察星旁云气，正如《史记·天官书》所载："臣主共忧患，其察禨祥候星气尤急。"在"候星气"方面，楚国产生了两位大占家，一是太史唐举（勒），一是甘德。张华《感应类从志》云："有苍云围轸（轸，楚之分野，南方朱雀之象中的一宿），是不善之征。楚太史唐勒乃夜以葭灰遗于地，乃更灭拂之。其苍云为之半灭。"《春秋文耀钩》云："楚有苍云如霓，围轸七蟠，中有荷斧之人，向轸而蹲。于是楚唐史画遗灰而云灭，故曰：'唐举之策，上灭苍云。'"又《北堂书钞》载："楚有苍云如霓，唐史曰：'君慢令简，宗庙以无礼见患；七国皆谋，皆怀屠君。'于是立礼正推，祷醮于庙堂之前曰：'唐史之策，上灭苍云'，谓之神史也。"上引记载表明，唐举不单能候察星气，还能以符箓、祷醮等多种方术禳除灾兆。候星气属于星占的范围，我们在下一节再作介绍。

战国时楚人的望气活动，在长沙马王堆汉墓出土的帛书《天文气象杂占》中也可得到若干反映。该墓帛书的写定年代可推到秦代乃至战国末，其内容带有很浓厚的楚文化色彩。《天文气象杂占》的候气内容分为云、气两部分。其第 101 条至第 114 条记载了楚、赵、韩、魏、中山、宋等十四国、族的云，楚云列在最前。帛书画着动、植物及各种器物的形象，都是代表云的形状的。这些图画也可以说是十煇的象形符号。气分为四种情况：（1）地气（蜃气）。《天文气象杂占》帛书第二列云象后面，"画的是树木和一些不知名的东西，下面既没有标名称，亦没有解释。不过从排列的次序和树木等画法来看，很可能代表蜃气的"。[1]（2）晕。晕是卷层云冰晶折射、反射日月光线所形成的种种现象，如

① 顾铁符．马王堆帛书《天文气象杂占》内容简述［J］．文物，1978（2）．

华盖、弧、假日、假月等。《周礼·视祲》“十辉”，主要指的是日晕现象。《天文气象杂占》绘出的各种图像中以晕象最多，候察也最仔细。帛书明确提到了日晕和月晕，绘出了许多太阳和月亮，在旁边又画上了各种圈、线。帛书第205条至第523条提到了“六提”“四提”，“提”即“珥”，乃是晕象之一。帛书还记载了“二月并出”“四月并出”“有白环”等假月和假日环现象。（3）虹。帛书上绘有两条单虹和两条双虹。（4）风气。是空气流动和气压变化现象，亦即《周礼·保章氏》所观察的“十二风”。帛书第606条提到“敦布”（引布）、第607条三次提到“杍”，这都是描写风气变化的专用术语。[①] 观察风气与根据风向定吉凶的风角之术又有密切的联系。值得注意的是，帛书在各种云、气图像及解释性语辞之后，还写有占辞，这说明楚人观察气、云及日月晕象的主要目的是卜测吉凶，而该帛书则是指导这种卜测的一部占书。

第七节　占星

占星的对象为日、月、五大行星、恒星和彗星、流星、新星等星变现象。春秋时期的星占是以日月与五大行星（尤其是其中的木星——岁星）为主要对象，以恒星“二十八宿”为参照系的星占，汉代术数中的“七政”之术即是在这种行星占的基础上发展起来的。

西周春秋时期的星占术，主要掌握在周室王官及诸姬和姜姓封国的贵族、卜史阶层手中。如《周礼·春官》记：“保章氏掌天星以志星辰日月之变动，以观天下之迁，辨其吉凶，以星土辨九州之地，所封域皆有分星，以观妖祥。”《淮南子·泛论》载：“昔者苌弘，周室之执数者也，天地之气，日月之行，风雨之变，律历之数，无所不通。”又张衡《思玄赋》云：“慎、灶显以言天兮，占水火而妄讯。”慎即鲁国的梓慎，灶是郑国的裨灶。《日知录》卷四“天道远”条谓：“春秋时郑裨

① 顾铁符．马王堆帛书《天文气象杂占》内容简述［J］．文物，1978（2）．

灶、鲁梓慎最明于天文。”

相比之下，楚国的占星学起步较晚，迟至战国才有显名于世的星学家出现。春秋时期楚人于日月、星变现象似不甚留意。《左传》成公十六年记鄢陵之战前晋郤至称楚军“阵不违晦”“以犯天忌”。晦，即月终晦日，也就是月亮晦隐之日。按阴阳感应说，月主兵刑，月终不宜列阵作战，楚人晦日列阵用兵也就违反了“天忌”。楚人这种不避晦日的情况至春秋后期才有所改变。《左传》昭公二十三年载：“戊辰晦，（吴、楚）战于鸡父……楚师大奔。”这是吴兵乘楚人遵守月晦不用兵的禁忌，疏于防范之际，奇袭楚军，使之猝不及防，大败而归。又，《尉缭子·天官》载：“昔楚将军子心与齐人战，未合，初夜彗星出，柄在齐。‘柄所在胜，不可击。’公子心曰：‘彗星何知！以彗斗者，固倒而胜焉。’明日与齐战，大破之。”此条所记楚、齐战事疑当发生在战国中期，从这条记载可以看出，楚人在战国时已非常留意天象，产生了分野“星土”概念，并且有了占星之书，如前引文中彗星“柄所在胜，不可击”，即为占星书中语。

楚国星占术虽然炽盛和成熟期偏晚，较之中原诸国存在着接受传播上的时间差，但却后来居上，而且有着一些比较独特的传习内容，如独特的楚月名，最早产生出四宫（四象）的概念，等等。《史记·天官书》云：“近世十二诸侯七国相王，言纵横者继踵，而皋、唐、甘、石因以时务论其书传，故其占验，凌杂米盐。”又云：“昔之传天数者……在齐甘公，楚唐昧。”齐甘公实则是楚甘德[①]，这样在战国时期的四位天文学家和星占家中，楚人便占了两位。这反映出楚国天文学和星占术在战国时期处于领袖群伦的地位。据《开元占经》记载，甘德著有《岁星经》一书，该书主要是讲利用岁星占卜农事，如“摄提在寅，岁星在丑……其国有德，乃熟黍稷。其次失……其岁旱水而晚旱”，等等。以岁星占测农事，这是自周代开始中原地区已有的传统。但楚国天文学

① 史记正义 .

与星占术的勃兴也不尽然是殷、周文化影响所致，战国时期楚通过巴、蜀、西南夷吸收了一部分印度文化和印度文化中包含的巴比伦文化因子，这其中便包括有天文学和星占术。

从长沙子弹库楚帛书、湖北云梦秦简《日书》和长沙马王堆汉墓帛书中，我们可以窥见楚国星占术的大致轮廓。子弹库帛书文字分作三个部分，《四时》《天象》《月忌》。《四时》篇主要讲的是包牺、炎帝、祝融、共工等神性英雄整顿、制定宇宙秩序，“咎（规）天步〔地〕”，规定四时，“奠三天”，“奠四极”，推步“十日”，确定置闰，区分昼夜宵朝的事迹。该篇充满了客观唯心主义的色彩，为《天象》篇和《月忌》篇中的星占术和时日禁忌迷信奠定了神学理论基础——天象时日是按照神的意旨来运用的，四时分别有神，他们的名字是：青□榦、朱□兽、□黄难、□墨榦。率领四神的是大神祝融。日月乱行，四时失序，也就意味着天降灾祸于人间。[①]《天象》篇涉及的内容为日月星辰、彗星和有关气象、地理、物候现象，其中主要谈的是月和彗星。如该篇第一节说：“惟□□□，月则赢屈（盈缩），不得其当。”月则盈缩指月行失道，《开元占经》卷十一《月行盈缩》引石氏云：“明王在上，月行依道；若主不明，臣执势，则月行失道。大臣用事，背公向私，兵利失道，则月行乍南乍北；女主外戚擅权，则或进退朓肭，皆君臣刑德不正之咎也。”“乍南乍北”是月行偏离常轨。“进退朓肭”，朓，是指每月的最后一天——晦日，月见于西方；肭，又称缩肭、侧匿，是指每月的第一天——朔日，月见于东方。按星占术的通常理解，月则盈缩的这四种现象都属于灾兆。《天象》篇中还有句云：“月餀之勿行。”据《汉书·郊祀志》颜师古注曰：“昒爽，谓日尚冥，盖未明之时也。”商承祚释曰：“此意谓正当月冥未明之时，不宜有所举动，如祭祀种种。”[②]该

① 李学勤．长沙楚帛书通论［M］// 楚文化研究论集（第一集）．武汉：荆楚书社，1987（1）．

② 战国楚帛书述略［J］．文物，1964（9）．

篇在谈到彗星时说：“卉木亡常，□□□。天地作殃，天棓将作伤，降于其□方，山陵其丧，有渊其溃，是谓孛。”孛即彗星，“天棓”又名危星，《占经》卷八十五《天棓》说：“天棓，本类星，末锐，长四丈也。”按帛书的说法，天棓的出现将给下界的某一方带来山崩水溃的巨大的灾难。帛书还指出，彗星见于一至三月，将要“□□其邦”；见于四至五月，则将“□□二岁，西国有吝”；“如日月既乱”，又发现彗星，则“东国有吝，□□乃兵，虐于其王”。[①] 帛书认为侧匿、彗星皆有神，二神相伴出入，状貌为“土身亡须”。[②] 人民必须了解避灾的方法，惟“天象是则”。[③] 帛书《四时》篇提到天以五木之精赐予炎帝，《天象》篇则又提到“五正乃明，其神是享”。该篇不少地方又类似于《洪范五行传》，由此可见帛书具有浓厚的五行说和天人感应迷信。[④]

长沙马王堆三号汉墓出土了一篇长约八千字的《五星占》，这篇文字直接继承了楚国的星占术和甘德的天文、星占学，具有浓厚的楚文化色彩。《五星占》以五大行星分配五行和五方，说：“东方木，其神上为岁星，岁处一国，是司岁”；“西方金，其神上为太白，是司日行”；“南方火，其神上为荧惑，□□□”；“中央土，其神上为填星，宾填州星”；“北方水，其神上为辰星，主正四时”。[⑤] 五大行星的运行也被楚人用以占测用兵吉凶，如《五星占》谓：“太白不出，将军死。太白□出，破军杀将”，“太白与营惑遇金火也，命曰乐（铄），不可用兵”。[⑥] 该墓出土的另一篇帛书《天文气象杂占》，关于月象的文字有三条：“月食星”“目星入月”“月衔两星”。恒星图像有两个，一个是现在的天蝎座（中国二十八宿中的房、心、尾三宿），其下有占文曰：“火出营惑，

①② 李学勤．论楚帛书中的天象［M］// 湖南考古辑刊（第 1 辑），长沙：岳麓书社，1982.

③④ 长沙楚帛书通论［M］// 楚文化研究论集（第 1 集）．武汉：荆楚书社，1987.

⑤ 席泽宗．中国天文学史的一个重要发现——马王堆汉墓帛书中的《五星占》［M］// 中国天文学史文集．北京：科学出版社，1978.

⑥ 马王堆二、三号汉墓发掘的主要收获［J］．考古，1975（1）.

天下相惑，甲兵尽出”；一个是北斗七星。此外便都是彗星图像及占文，兹引若干条占文如下：

1. 赤灌，兵兴，将军死。北宫。
2. 白灌见，五日，邦有反者。北宫。
3. 天箭出，天下菑，小人负子逃。
4. 天箾，北宫曰：小人啼号。
5. 毚（天欃）出，邦亡。
6. 彗星出，有兵，得方者胜。①

值得注意的是上引第6条占文与《尉缭子·天官》楚将子心部将所引《占书》文字“柄所在胜，不可击”非常相似。这说明类似于《天文气象杂占》这样的望气、占星书早在战国时期即已传流于楚国了。《五星占》和《天文气象杂占》既是星占家书，也是兵阴阳家书，尤其是《天文气象杂占》几乎将每一种彗星的出现均与战争情况作了比附，如谓：秏彗，“兵起有年”；帚彗，“有内兵”；蒿彗，“兵起，军饥”，“军叛”；苫彗，“天下兵起，若在外归”，“天下兵起，军在外罢”；癗星，“小战三，大战七”；抐星，“兵也，大战”；“蚩尤旗，兵在外，归”；翟星，“冬见小兵战”。②《尉缭子·天官》曰：“世之所谓‘刑德’者，天官、时日、阴阳、向背者也。”帛书《天文气象杂占》即与这种传为黄帝所作、以天象占验兵事的“刑德”之书性质相同。

①② 席泽宗.一份关于彗星形态的珍贵资料——马王堆汉墓帛书中的彗星图[J].文物，1978（2）.

第八节　木人占

在长沙马王堆汉墓中还出土了一篇《木人占》帛书。据李学勤介绍，“《木人占》记载了一种有鲜明地方色彩的占卜方法。帛书说：‘为木象人，长□寸，眉目肩北（背）具。’把这个木偶放在每边长一尺二寸的方形木盘中，然后进行一定的巫术仪式，根据木偶的移动情况来占验吉凶，文中反复提到‘尽食其糈’‘不食其糈’‘番（翻）越其糈’等语，‘糈’见于《楚辞》”。[①]

第九节　故记

故记是一种专记妖祥琐征及相关占辞的卜书。《楚史梼杌·射兕第十八》记载了这样一个故事：

> 庄子猎于云梦，射随兕中之，申公子倍劫而夺之。王曰：“何其暴而不敬也。”命吏诛之，大夫谏曰：“子培，贤者也，此必有故，姑察之。”不出三月子倍病死。两棠之战大胜晋，归而赏功。申公子培之弟请进赏于王曰：“人之有功也，赏于车下。”王曰：“奚谓也？”对曰：“臣之兄尝读《故记》曰：‘射随兕者，不出三月’。臣之兄争而得之，故夭死也。”王命发平府之书而视之，于《故记》果有焉，乃厚赏焉。

此事另见载于《吕氏春秋·至忠》与《说苑·立节》，说明它有一定的史实依据，而非空穴来风。《故记》即故往的记载，其内容多是将人的寿夭祸福及其他人事与各种“前兆”现象之间作出神秘的联想，后人在遇到相同的“前兆”时，即可根据《故记》预知相应的吉凶。晋太康二

① 新出简帛与楚文化［M］// 楚文化新探．武汉：湖北人民出版社，1981.

年汲郡战国魏襄王墓出土的《琐语》，是与楚《故记》在内容、性质上颇为相近的书。《晋书》卷五一《束皙传》载："《琐语》十一篇，诸国卜梦妖怪相书也。"胡应麟《少室山房笔丛·二酉缀遗》中说：《汲冢琐语》"皆春秋人作也"。兹引马国翰《玉函山房辑佚书》卷六三所辑《古文琐语》佚文三条如下：

范献子卜猎，占之，曰："其繇曰：'君子得鼋，小人遗冠。'"范献子猎无所得，而遗其豹冠。

晋平公梦见赤熊窥屏，恶之而有疾。使问子产，子产曰："昔共工之卿曰浮游，既败于颛顼，自没沉淮之渊。其色赤，其言善笑，其行善顾，其状如熊，常为天下祟。见之堂则王天下者死；见堂下，则邦人骇；见门，则近臣忧；见庭，则无伤。窥君之屏，病而无伤，祭颛顼、共工则瘳。"公如其言而疾间。

初，刑史子臣谓宋景公曰："从今已往五祀日臣死。自臣死后五年五月丁亥，吴亡。已后五祀，八月辛巳，君薨。"刑史子臣至死日，朝见景公，夕而死。后吴亡，景公惧，思刑史子臣之言，将死日，乃逃于瓜圃，遂死焉。求得，已虫矣。

谨据上引三条文字来看，《琐语》所记内容甚是杂乱，有龟卜繇辞、占梦语辞，也有吉凶预言，其中第一条、第二条可作为通用性的卜繇辞，即凡狩猎遗冠者为小人，凡梦赤熊则祭颛顼、共工，而第三条便没有什么实用的占卜价值了。楚《故记》的性质当与第一条、第二条《琐语》的性质更为相近，即遇有相应"前兆"，不用另外占卜，只需翻书即可预知吉凶的卜书。刘知几《史通·杂说上》曾谓："《孟子》曰：'晋谓《春秋》为《乘》。'寻《汲冢琐语》，即《乘》之流耶？"今按，《孟子·离娄篇》原话是："晋之《乘》，楚之《梼杌》，鲁之《春秋》，一也。”赵岐注曰：“此三大国史记之异名。”刘知几说晋《乘》与《琐语》相类，其实并无多少凭据，若说楚《梼杌》与《琐语》相类，倒是多少有些根据，如《七国考》引《湘东纪闻》云：“梼杌之兽，能逆知未来。故人有掩捕，辄逃匿。史以示往知来，故名《梼杌》。”然则《梼杌》这一书名所注明的“能逆知未来”的功用与性质，不就正是《琐语》和楚《故记》的功用、性质吗？另值得注意的是，《七国考》又引《列国纪闻》云：“楚史曰《梼杌》，亦曰《书》，曰《志》，曰《记》。”《记》与《故记》只差一字，这样看来，孟子所说的楚《梼杌》很可能就是《故记》。

第十节　时忌

时忌包括月忌和日忌两种时间上的禁忌。《论衡·调时篇》曰：“世俗起土兴功，岁、月有所食。所食之地，必有死者。假令太岁在子，岁食于酉，正月建寅，月食于巳。子寅地兴功，则酉巳之家见食矣。又岁月有神，日亦有神，岁食、月食，日何不食。”《讥日篇》接之曰：“世俗既信岁时，而又信日，举事若病死灾患，大则谓之犯触岁月，小则谓之不避日禁。岁、月之传既用，日禁之书亦行。世俗之人，委心信之，辩论之士，亦不能定。是以世人举事，不考于心而合于日，不参于义而致于时。时日之书，众多非一。”“葬历曰：葬避九空地臽，及日之刚柔，月之奇耦，日吉无害，刚柔相得，奇耦相应，乃为吉良。不合此历，转为凶恶。”又《荆楚岁时记》曰：“俗人月讳，何代无人？”上引张衡、宗懔所谓“月食”“月传”和“月讳”，即是与月忌有关的术数和书传。楚国的月忌迷信在长沙子弹库楚帛书《月忌》篇中较为充分地反映出来了。《月忌》文字分为十二章，以应十二月、十二辰，环列帛书四周，每边三章，即以四时、四方与十二月相配。其格式与栻盘相似。《月忌》每章都有神像，记有每月的神名，神名下即是当月的禁忌文字。兹将其引录如下：

（1）取，于下

曰取：犯则至，不可以杀。壬子、丙子凶，作（？）北征，率（帅）有咎，武□其敫。

（2）女，□武

曰女：可以出师、筑邑，不可以嫁女。取臣□，不夹；得，不成。

（3）秉，司春

曰秉：……畜生，分……

（4）余，取女

曰余：〔不可〕以作大事。少杲其□龙其□，取（娶）女，为邦笑。

（5）欱，出（？）暑

曰欱：贼率□得，以匿不见，月在□□，不可以享祀，凶。娶〔女〕，□为臣妾。

（6）叡，司夏

曰叡：不可出师，大师不复，其败其复，至于它□□。不可以享。

（7）仓，莫得

曰仓：不可以川□，大不顺，于邦有枭，内于上下。

（8）臧，□□

曰〔臧：不〕可以筑室，不可〔以〕□□脨不复，其邦有大乱。娶女，凶。

（9）玄，司秋

曰玄：可以筑室……吁□□逸（？）乃……

（10）易，曰羕

〔曰〕易：不燬事；可……折，除去不义，于四……

（11）姑，分长

曰姑：利侵伐，可以攻城，可以聚众，会诸侯，刑（首）事，戮不义。

（12）荃，司冬

曰荃：不可以攻……除……[①]

关于帛书《月忌》篇的性质，郭沫若、陈梦家认为与《管子·幼官篇》《周书·月令篇》《王居明堂礼》等月令书相同。[②]李学勤、李零则认为《月忌》与"月令"有所不同，它"所涉及的行事，虽有出师、侵伐、作大事、会诸侯等统治者的活动，也有嫁女、娶女、筑室、畜生等民间日常的行为"。因而性质近于"历忌之书"。[③]我们倾向于后一种看法。

据李学勤分析，帛书十二月神与六壬栻盘上刻的十二神和十二月所舍星宿均有关联，而后二者又与五行、四时、四方进行了组合配置。准此，则楚帛书《月忌》篇所规定的每月禁忌，也就是避免与十二天神、十二辰、十二月宿及与之对应的五行、四时、四方相冲犯的种种忌讳。《论衡·难岁篇》云："式上十二神，登明、从魁之辈，工伎家谓之皆天神也，常立子丑之位，俱有冲抵之气，神虽不若太岁，宜有微败，移徙者虽避太岁之凶，犹触十二神之害。"《月忌》所要避讳的也正是这"十二神之害"。

日忌，也就是《论衡》所说的"日禁"。是以十干或十二支记日，或十干、十二支相配记日（甲子记日），然后根据每日的干、支名与太岁、岁星所处辰位、方位和日所行黄道、月舍（或相应的日之刚柔、月

① 李学勤．再论帛书十二神［M］// 湖南考古辑刊（第4辑）．长沙：岳麓书社，1987.

② 郭沫若．古代文字之辩证的发展［J］．考古，1972（3）；陈梦家．战国楚帛书考［J］．考古学报，1984（2）．

③ 李学勤．再论帛书十二神［M］// 湖南考古辑刊（第4辑）．长沙：岳麓书社，1987；李零．长沙子弹库战国楚帛书研究［C］．中国古文字研究会第三届年会论文．

之奇耦)、五行、四时等因素相配以占测吉凶，规定相应的日禁。我国最早的日忌书当推殷墟出土的“甲子表”。懿恭介绍说：它“在骨版或龟甲上刻出六十甲子或者前三十个甲子，这是为占卜时排列日子或检查之用，是一种占卜用的工具”。[①]春秋、战国时期日忌之学愈演愈繁。《史记·日者列传》“集解”引《墨子》曰：

> 墨子北之齐，遇日者，日者曰：“帝以今日杀黑龙于北方，而先生之色黑，不可以北。”墨子不听，遂北，至淄水。墨子不遂而反焉。日者曰：“我谓先生不可以北。”

这即是以占日吉凶为术的日者的最早记载。战国时期日者之术在楚国非常盛行。如《离骚》：“灵氛既告余以吉占兮，历吉日乎吾将行。”“吉占”在此指的是出行的吉日，“历吉日”的“历”，据朱熹说是“遍数而实选也”。也是指的占卜行日吉凶。除卜行日，楚人也占卜吉利的祭日、生日和入家之日。如《史记·日者列传》记楚人司马季主言：“正时日，乃后入家；产子必先占吉凶，后乃有之。”又如《九歌·东皇太一》云：“吉日兮辰良，穆将愉兮上皇”，《离骚》云：“摄提贞于孟陬兮，惟庚寅吾以降。”按：摄提（格）是太岁在寅之年，陬，即帛书提到的“取”，也就是夏历正月、建寅之月，“庚寅”为干支日，从十二支说就是寅日，寅年、寅月、寅日，当是楚人“日禁”之书中的大吉之日。[②]关于楚人的日禁之俗，在云梦睡虎地出土的秦简甲、乙两种中的楚“除”里面也有较具体、详细的记载，囿于篇幅，这里，我们就不作介绍了。

① 我们最古的书［J］. 文物参考资料，1954（5）.

② 朱熹《楚辞辩证》说：摄提是星名，“乃谓斗柄正指寅位之月耳，非太岁在寅之名也。”说可参。另参见：林庚. 摄提与孟陬［M］// 诗人屈原及其作品研究，上海：上海古籍出版社，1981.

第十一节　栻占

这是一种以栻盘为工具的占卜方法。栻盘又称作“式”和“天时”，《周礼·春官》大史职：“大师，抱天时，与大师同车。”郑玄注引先郑说云：“大出师，则大史主抱式，以知天时，处吉凶。”栻盘是由天盘和地盘两部分构成，它们联结在一起，形如⧈。天盘圆，法天；地盘方，象地。天盘可以转动，地盘不能转动。

目前所能见到的栻盘均为汉代的制品，其形制、盘上文字和使用、计算方法不尽相同。因其不同，故有“六壬式”“太乙式”和“遁甲式”等名称。如安徽阜阳汉汝阴侯墓出土的一件六壬栻盘，天盘中心为北斗星，周边有两圈篆文，内圈是十二月将（十二神）名，分别为：征明（亥将、正月将）、天魁（戌将、二月将）、从魁（酉将、三月将）、传送（申将、四月将）、胜先（未将、五月将）、小吉（午将、六月将）、太一（巳将、七月将）、天罡（辰将、八月将）、太冲（卯将、九月将）、功曹（寅将、十月将）、大吉（丑将、十一月将）和神后（子将、十二月将）。天盘外圈则为二十八宿。地盘的四周有三层篆文，内层是八干四维，中层是十二支，外层是二十八宿。[①]同一座墓中，还出土了一件“太乙九宫占盘”，该盘的特点为，天盘是一个九宫，地盘刻有二分、二至、四立的日数和“当者有忧”“当者病”等八条占文。[②]汉代还有一些器具是从栻盘衍生出来或吸收了栻盘因素的，这些器具是日晷、六博棋局和刻有四兽十二辰的规矩镜。[③]《汉书》记哀帝建平四年，京师万民设祭，张博具，歌舞，祠西王母。这“博具”实际上就是栻盘，可证博具在形制上与栻盘非常相似。

构成栻占理论的，是一套非常复杂、繁琐的术数体系。十二辰和十二神，源于太岁纪年法。太岁是假拟的一个岁星，古人将黄道附近一

①② 严敦杰.关于西汉初期的式盘和占盘［J］.考古，1978（5）.

③ 李零.长沙子弹库战国楚帛书研究［M］.北京：中华书局，1985：35—36.

周天由东向西划分为子丑寅卯等十二支，假设太岁每年移动一支（或“次”“辰”）。稍后，这十二支又被神化为十二个天神，如《论衡·难岁》说：“式上十二神，登明、从魁之辈，士伎家谓之皆天神也。”在天盘中心刻绘北斗星，源于斗建理论。我国先民很早就以斗柄指向的地平方位来指示月份，如《夏小正》曰：正月“初昏参中，斗柄悬在下”，“六月初昏，斗柄正在上”。斗柄所指方位也同样标以十二支的名称，如正北为子，正南为午，正东为卯，正西为酉，正北偏东为丑，正东偏北为寅，等等。后来，人们又以与天上十二辰相对应的二十八宿来代指斗柄所指的方位。这样，在古占星术中，二十八宿、十二地支、十二辰以及阴阳四时等，就发生了一种神秘的联系，演绎成一套复杂的占卜体系。

从这套占卜体系发展出的栻占，又将八卦学说结合了进来，演成了一套更为复杂的占卜体系，如《史记·龟策列传》记卫平以六壬栻盘为宋元王占梦，“卫平乃援式而起，仰天而视月之光，观斗所指，定日处乡。规矩为辅，副以权衡。四维已定，八卦相望。视其吉凶，介虫先见。乃对元王曰：‘今昔壬子，宿在牵牛。河水大会，鬼神相谋。汉（天河）正南北，江河固期，南风新至，江使先来。白云壅汉，万物尽留。斗柄指日，使者当囚。玄服而乘辎车，其名为龟’”。栻盘的使用方法较之栻占的理论和占测的方法要简单一些。《史记·日者列传》司马贞《索隐》云：“栻之形上圆法天，下方法地，用之则转天纲加地之辰，故云旋式。”据李学勤介绍，“长沙马王堆汉墓出土的帛书中有几幅附表格的式盘图，另外还有相当一部分文字专门讲述这种式盘的使用方法的”。[①] 所谓使用方法，当包括了占测的方法在内。

楚以栻盘为占卜工具，可能开始于战国时期。据《史记·日者列传》记载，汉初有楚人司马季主在长安东市卜肆以占卜为生。褚少孙云：“夫司马季主者，楚贤大夫，游学长安，通《易经》，术黄帝、老

① 再论楚文化的传流［M］// 楚文化觅踪 . 郑州：中州古籍出版社，1986.

子，博闻远见。”《索隐》曰：“云楚人而太史公不序其系，盖楚相司马子期、子反后，芈姓也。”司马季主在与贾谊、宋忠二人对话时曾提到卜者的营生操作为“分策定卦，旋式正棋”。“旋式”，即是旋转栻盘，“正棋”的“棋”也指的是栻盘。这反映出司马季主的占卜法具，第一是龟甲，第二是蓍草，第三就是栻盘。同时又说明楚人在战国时期已开始使用栻盘占卜法了。

从传世文献及出土楚帛书等资料分析，楚国的栻盘应属于六壬式，也就是六壬占具。所谓“六壬”，即六十甲子中的六个“壬”：壬申、壬午、壬辰、壬寅、壬子、壬戌。六壬占法分为六十四课，用刻有干支的天盘、地盘相叠，转动天盘后即得出所值的干支及时辰的部位。其计算方法是，某月将某日某时得某占，月将是以地支表示，日名以干支表示，时辰以地支表示。[①]然后在月将、时辰和日名干与日名支间进行加、减、乘法运算，同时参合阴阳、五行与八卦等术数理论来占卜吉凶。楚人伍子胥在与吴王夫差的对话中曾以“《金匮》第八”为据，谈到了六壬吉凶。《吴越春秋》卷五《夫差内传》载：“子胥曰：‘今年七月辛亥平旦，大王以首事。辛，岁位也，亥，阴前之辰也。合壬子岁前合也，利以行武。武决胜矣，然德在。合斗击丑，丑，辛之本也。大吉为白虎而临辛，功曹为太常所临亥。大吉得辛为九丑，又与白虎并重。有人若以首事，前虽小胜，后必大败，天地行殃，祸不久矣！’”李学勤曾分析说：“这一记载虽未必能上溯到春秋，也可能有一些根据。”[②]

又，长沙子弹库楚帛书《月忌》篇绘画并记载了十二个神像及其名称，这十二人神名与《尔雅·释天》十二月名基本相同，属于同一系统，与六壬栻盘上的十二神也有关联。李学勤指出：“从《月忌》有十二神来看，与所谓六壬有相近之处，或许有一定的渊源关系……帛书

① 严敦杰．跋六壬栻盘［J］．文物参考资料，1958（7）．

② 再论帛书十二神［M］// 湖南考古辑刊（第4辑）．长沙：岳麓书社，1987；再论楚文化的传流［M］// 楚文化觅踪．郑州：中州古籍出版社，1986．

上的十二神和六壬的十二神，虽然名号不同，它们的位置和意义却彼此相似。”[①]又透露说，长沙马王堆汉墓帛书中有杂占图和神像图，其中也包括有较详细的六壬数术。[②]六壬式在先秦两汉用于军事、射覆、预占阴晴风雨等等，范围非常广泛。六壬与用八卦和四季相配占卜的“六日七分”，以建除十二辰定日之吉凶的“建除”术，以及利用天干地支搭配日辰占卜的“孤虚”，乃至根据甲子演成的隐遁术“遁甲”也均有一定的联系。此外，栻盘还可用于看风水，即选择、卜占适于建城、筑邑和造宅居住的地方，这一法术又特称“堪舆”[③]和“形法”。“堪”原指栻盘中的天盘，“舆”原指地盘。用于勘探风水中的栻盘中心还加上了一个磁针，这也就是最早的“罗盘”。《汉书・艺文志》著录的《堪舆金匮》《宫宅地形》，即是汉代传流的两部堪舆书。《楚辞》中有《卜居》一篇，五臣注云：“卜己宜何所居。”由此可见楚人迷信堪舆。卜居之风始于商代，甲骨刻契文字有云：“王乍（作）邑，帝若（诺）。[王乍]邑，帝弗若。”[④]及至周代，卜居的程式更加繁复、精密。《六经天文编・土中篇》载：“周公卜洛以为天地之所合，四时之所交，风雨之所会，阴阳之所和。”这种卜居法术也就是堪舆。《吴越春秋》卷四《阖闾内传》记载了伍子胥以堪舆术为吴王阖闾筑城的故事，“阖闾曰：‘……夫筑城郭，立仓库，因地制宜，岂有天气之数以威邻国者乎？’子胥曰：‘有。’阖闾曰：‘寡人委计于子。’子胥乃使相土尝水，象天法地，造筑大城。周回四十七里。陆门八，以象天八风。水门八，以法地八聪。筑小城，周十里，陵门三。不开东面者，欲以绝越明也。立阊门（西门）者，以象天门通阊阖风（西风）也。立蛇门者，以象地户

①② 再论帛书十二神［M］// 湖南考古辑刊（第4辑）. 长沙：岳麓书社，1987；再论楚文化的传流［M］// 楚文化觅踪 . 郑州：中州古籍出版社，1986.

③ 堪舆还被作为栻占的别称。《论衡・讥日篇》云：“堪舆历，历上诸神非一，圣人不言，诸子不传，殆无其实。天道难知，假令有之，诸神用事之曰也，忌之何福，不讳何祸？”所谓“历上诸神”即指的是栻盘上的十二月将。

④ 甲骨文编・乙编 . 北京：中华书局，1965：570、594.

也。阖闾欲西破楚，楚在西北，故立阊门以通天气，因复名之破楚门。欲东并大越，越在东南，故立蛇门以制敌国。吴在辰，其位龙也，故小城南门上反羽为两鲵鳑，以象龙角。越在巳地，其位蛇也，故南大门上有木蛇，北向首内，示越属于吴也。”根据上引文字可知，堪舆包括相土、尝水、观天、察地，以十二支配十二方位，辨明阴阳、四时和天气之数、厌敌佑己等内容。伍子胥为楚人，东南吴越故地又属楚文化影响深厚的地区，故《吴越春秋》虽成书于东汉，但我们仍能从中窥测到楚人传习的堪舆术的大致面貌。

第十二节　相人

相人即今所谓“看相”“相面”，属于相术的一种，也具有占卜的性质。早在春秋时期楚国即传流着相人的风俗，如《左传》宣公四年载：“初，楚司马子良生子越椒。子文曰：‘必杀之。是子也，熊虎之状，而豺狼之声，弗杀，必灭若敖氏矣。谚曰：狼子野心。是乃狼也，其可畜乎？’”不过，这种相人还停留在朴素、直观、经验性的阶段上，与杂糅了多种迷信因素，具有一套精致、繁复的演绎体系的相人术还有很大的距离。严格来讲，战国时期楚国的相人之术才开始盛行起来，并产生了若干闻名遐迩的大相术家。如《吕氏春秋·贵当》记：“荆有善相人者，所言无遗策，闻于国。庄王见而问焉，对曰：‘臣非能相人也，能观人之友也。观布衣也，其友皆孝悌纯谨畏令，如此者其家必日益，身必日荣矣，所谓吉人也。’”这显然不是一个真实的故事，故事的背景也不会是在春秋的楚庄王时期，但它含有真实的因素，即楚国在春秋之后的战国时期产生了为数不少的相人家，其相人的理论水平也相当高。

第十一章　凤龙

在楚人的风俗文化中，尊凤崇龙之俗表现得非常突出。无论是地下出土资料还是文献记载，都清楚地说明了这一点。诚然，诸夏亦不无此俗，但二者相异的是，楚人尊凤崇龙是以尊凤为主，诸夏崇龙崇凤则是以崇龙为主。

第一节　尊凤崇龙的表现

楚俗尊凤崇龙表现在楚文化的各个方面，不仅突出地表现在物质文化方面，而且鲜明地表现在精神文化方面。

一、在物质文化方面的表现

楚人创造了丰富多彩的物质文化，可以说，楚人在其物质文化的各个方面，处处都表现了他们尊凤崇龙的习尚。

首先，从兵器与祭器方面来看。

“古之大事，在戎与祀。”楚人在军戎和祭祀两件大事之中，尊凤崇龙的好尚是表现得非常突出的，这从用于戎与祀的器物上，看得很清楚：

湖北当阳金家山四十五号楚墓出土的铜戈，内上有错金变形凤鸟纹。[①]

湖南桃源三元村一号楚墓出土的铜戈尊，腰部两侧铸有对称的高浮

① 张正明 . 楚文化史［M］. 上海：上海人民出版社，1987：150.

雕凤鸟纹。[①]

安徽寿县楚幽王墓，棺前正中放有一把长约三尺的铜剑，剑柄之上，雕有精美的龙纹。[②]

《越绝书》载，楚昭王曾命人铸成三把有名的铁剑，其中之一者，即命名为“龙渊”宝剑。[③]

湖北江陵李家台楚墓和湖南长沙五里牌四〇六号楚墓出土的漆盾均绘饰龙凤纹。[④]

可见楚国从君王到国人，无论是在进攻击杀性的武器戈、剑等物上，还是在防御性的武器盾牌上，都好以凤以龙为饰或为名。

在祭祀礼器中的反映也很突出。

湖北江陵望山二号楚墓出土的龙凤纹铜尊就是一个典型的代表。[⑤]

铜尊为凸盖直腹平底短足。高 17.1 厘米，直径 24.4 厘米。尊盖四周雕塑着四个鸟形钮，腹侧有两个对称的活动铺首衔环，足为兽形蹲式，盖面和腹面满布镶银花纹。盖顶作云纹，纹饰巧丽，袅袅纤纤细若游丝。以四个鸟形钮为分界，将尊盖分成四个区间：每一区间内饰有六龙六凤，龙凤之间错落有致地穿插着云纹。凤飞龙游，极尽婉转、袅娜、飘曳和妩媚。腹面纹饰又分为六个单元，每个单元又有六龙。全器共镶有银龙 60 条，凤鸟 24 只。在它威武的外表下，精藏着绚丽和纤柔。见后给人留下深刻的龙凤形象的美感。[⑥]

---

① 桃源三元村一号楚葬［M］// 湖南考古辑刊（第 4 辑）. 长沙：岳麓书社，1987.

② 邓峙一 . 李品仙盗掘楚王墓亲历记［C］. 安徽文史资料（第 1 集），1964.

③ 《博物志》和《蜀志》称为“龙泉”宝剑。

④ 江陵李家台楚墓清理简报［J.］江汉考古，1985（3）；长沙发掘报告［M］. 北京：科学出版社，1957.

⑤ 江陵楚墓出土龙凤纹铜尊［J］. 江汉考古，1980（6）.

⑥ 此处有关龙凤纹尊的描述，笔者参照了徐蓝清《中国古铜樽——楚文化断想》一文的有关部分。徐文载《光明日报》1991 年 5 月 18 日。

另外随县擂鼓墩楚系曾侯乙墓出土的铜簋亦为龙凤饰。①

楚人灭鲁后，在泰山南麓（今山东泰安城西南）祭泰山而埋于地下的六件铜罍，件件与龙凤有关，如蟠凤纹罍、双鼻虺龙罍等。②

作为祭祀祖宗山川的礼器是最能够反映出一个民族之风尚的。楚人在祭祀天地神灵的各种青铜礼器上，铸上各种各样形态生动可爱的龙凤形象，有力地说明了他们对龙凤的崇尚和钟爱。

其次，从衣、食、住、行日常生活中来看。

衣　从衣冠服履组成的服饰中，我们可以看出楚人是好尚龙凤的。《左传》宣公十二年记晋国的随武子称楚国“君子小人物有服章”。古代章服十二章纹中，有龙亦有凤（“华虫”）。③根据这一记载，我们可以得知，楚国朝野、贵族平民，皆有在服饰上绘龙画凤的习俗。

楚墓出土文物与文献记载亦恰相吻合。

江陵马山一号墓出土的、保存完好的丝织刺绣衣物中，多绣龙凤花纹。

如在绵袍上绣舞凤飞龙纹，在单衣上绣龙凤相蟠纹或龙凤虎纹，在緥衣上绣凤鸟蛇纹，在绵袴上绣凤鸟花卉纹，在绢衾上绣对龙对凤纹或蟠凤飞龙纹，等等。

在这些丰富多彩的龙凤纹绣衣物中，凤的形象特别鲜明突出。在已知的十八幅龙凤纹样之中，有凤鸟图案的就占十七幅之多。诸如回首舞凤纹、变形凤鸟纹、三首伴花凤鸟纹、花卉飞凤纹、花冠凤舞纹、衔花凤鸟纹、凤鸟花卉纹、花冠舞凤饮露纹、凤鸟蛇纹、凤龙虎纹、飞凤蟠龙纹、舞凤舞龙纹、舞凤飞龙纹、一凤二龙纹、一凤三龙纹、龙凤戏珠

---

① 张正明主编《楚文化志》（湖北人民出版社 1988 年版）第 43 页：“曾侯乙墓的簋……以绿松石镶出色彩绚丽的龙凤纹饰。”

② 袁明．山东泰安发现古代铜器［J］．文物参考资料，1954；杨子范．山东泰安发现战国铜器［J］．文物参考资料，1956（6）．

③《周礼·春官·司服》注疏指明了这点。另，《尚书·益稷》亦载：“予欲观古人之象，日、月、星辰、山、龙、华虫（凤鸟）作绘。”

纹、龙凤共体纹等。凤的形象既丰富多彩，又流放自然而美丽动人，真是极尽构思之能事，把楚人尊凤爱凤的思想感情完全显露出来了。

在这些凤鸟纹饰衣物中，有一件三头凤绣花绵袍给人印象尤深。三头凤与大花朵组成长条形图案。主凤颈项挺直，头部高昂，两眼圆睁面向观者。凤头高束大花冠。以圆形花冠为中心，八条花带高高分悬头上，而花冠的尾端则分别垂落到凤首的两侧，对应整齐，蔚为壮观。主凤的左右两翅分别从两侧张开而上翘，在两侧上翘的翅端而又分别变为以主凤颈项为中轴线的两只对称的凤首，两首相向，组成三头凤。三头凤共两足一腹。凤的两腿略弯作半蹲状，腹部圆滚似有所孕，其寓意当为生命的繁衍。此三头凤作为楚人的图腾祖先，看来是很明显的。①

另外，我们还可以从江陵望山一号楚墓中，见到一种铁质的龙凤衣带钩。该物正面用金丝金片嵌出凤鸟纹，带钩形为龙首，亦饰嵌金丝金片。② 形制神异，纹饰巧丽，给人以爱不释手、难以忘怀的感觉。

楚人在衣、袍、袴、衾和衣带钩上饰以千姿百态的龙凤形象，足以表达他们尊凤崇龙的心态。

食　在楚人的饮食器皿中亦可见其尊凤崇龙之风尚。

湖北随州义地岗所出春秋战国四鼎，或饰凤鸟蟠龙纹或饰蟠螭纹。③

江苏吴县发现有铭文“楚叔之孙途为之盉”的青铜龙形提梁盉。④

湖北江陵马山楚墓出土的漆盘绘有八对凤鸟。⑤

湖南临澧九里楚墓出土的漆盒彩绘龙凤纹。⑥

---

① 江陵马山一号楚墓［M］. 北京：文物出版社，1985；皮筱蔚 . 三头凤试释［J］. 江汉考古，1989（4）.

② 张正明 . 楚文化史［M］. 上海：上海人民出版社，1987：159.

③ 随州东城区发现东周墓和青铜器［J］. 江汉考古，1989（1）.

④ 江苏吴县何山东周墓［J］. 文物，1984（5）.

⑤ 张正明 . 楚文化志（“漆器”部分）［M］. 武汉：湖北人民出版社，1988.

⑥ 临澧九里楚墓发掘报告［M］// 湖南考古辑刊（第 3 辑）. 长沙：岳麓书社，1986.

湖南长麻 M_1 出土的尊，盖面饰凤纹或变形凤纹，器腹亦饰凤纹。[①]

河南淅川下寺楚墓出土的方壶，颈有双龙形耳，下有龙形支座。[②]

湖南临澧九里楚墓出土的漆耳杯，两耳饰凤嘴纹。[③]

湖北江陵雨台山519号楚墓出土的木质漆耳杯，口沿内侧和耳面均饰凤鸟纹。[④]

特别引人注目的是，湖北荆门包山二号楚墓出土的一件三凤双连杯。全器做成凤鸟负双杯状。前端为凤鸟头颈，后端伸出凤尾可作柄用。双翅展开在两杯的前侧，似在飞翔。凤头昂起与两杯上口沿齐平，两眼向前，喙衔一珠。胸之下二足聚拢，背负双杯。两杯底外侧又各接一雏鸟形支足，雏凤双翅上展，两足弯曲作飞翔状。三凤面向三方，昂首分立，又仿佛一个家族，母子聚合、上下有别，给人一种兴旺发达的感觉。[⑤]

住　《楚辞·大招》写楚国离宫建筑的囿园部分时说“孔雀盈园，畜鸾皇只”，是说楚离宫囿园养满孔雀、凤凰，可供尽情游观。

《楚辞》描写楚国宫室：外看，“刻桷”之上画有龙蛇[⑥]；内观，宫室之中或为“龙堂”，即是说，堂室器物以龙蛇为饰。[⑦]

《新序·杂事五》载：楚“叶公子高好龙。钩以写龙，凿以写龙，屋室雕纹以写龙”。

考古材料亦显示了这点。

安徽寿县城南柏家台子楚宫殿建筑遗址，发现有大量饰有凤鸟纹的

① 周世荣．湖南的战国漆器［M］// 楚文化研究论集（第1集）．

② 张正明．楚文化志［M］．武汉：湖北人民出版社，1988：44—45．

③ 临澧九里楚墓发掘报告［M］// 湖南考古辑刊（第3辑）．长沙：岳麓书社，1986．

④ 张正明．楚文化志［M］．武汉：湖北人民出版社，1988：76．

⑤ 荆门市包山楚墓发掘简报［J］．文物，1988（5）；皮筱蔚．三头凤试释［J］．江汉考古，1989（4）．

⑥ 《招魂》：“仰望刻桷，画龙蛇些。”

⑦ 《河伯》：“鱼鳞屋兮龙堂。”

圆形瓦当。[①]

湖北江陵纪南城古郢都遗址，亦发现不少有龙纹图案的当年楚国的装饰砖残片。[②]

行 楚人好以龙凤为舟车之饰或以为其名。

《楚辞·离骚》："鸾皇为余先戒兮"，"鸾皇"即凤凰，"先戒"犹先驱，言凤车在前。

《楚辞·九歌》："驾龙辀兮乘雷"，"龙辀"即"龙车"，此云驾龙车而乘风雷。

湖南临澧九里楚墓，出土有铜质车马器凤鸟车辕和青铜错金回首凤鸟纹饰车马器。[③]

湖南长沙浏城桥一号楚墓和固始白狮子地一号楚墓都出土有铜质凤形车饰。[④]

湖北江陵天星观一号楚墓出土有龙首车辕和龙凤纹车马器等。[⑤]

以上这些，都充分地表现了楚人在衣食住行日常生活中尊凤崇龙的习尚。

下面再从其他方面来看楚人的尊凤崇龙之俗。

贡献物 《尹文子·大道上》载："楚人担山鸡者，路人问：'何鸟也？'担雉者欺之曰：'凤皇也！'路人曰：'吾闻有凤皇，今直见之。汝贩之乎？'曰：'然。'则十金，弗与。请加倍，乃与之。将欲献楚王，经宿而鸟死。路人不遑惜金，惟恨不得以献楚王。国人传之，咸以

① 见邹衡 1985 年在合肥楚文化研究会第三次年会上关于寿县柏家台子遗址的学术报告。

② 杨权喜. 湖北省的楚文化考古发现与研究［C］. 湖北省考古学会论文选集（第 1 集）. 武汉大学学报编辑部，1987.

③ 临澧九里楚墓发掘报告［M］// 湖南考古辑刊（第 3 辑）. 长沙：岳麓书社，1986.

④ 长沙浏城桥一号墓［J］. 考古学报，1972（1）；欧潭生. 固始白狮子地一号楚墓的年代及其他［M］// 河南省考古学会. 楚文化研究论文集. 郑州：中州书画社，1983.

⑤ 张正明. 楚文化史［M］. 上海：上海人民出版社，1987：190—191.

为真凤皇，贵欲以献之，遂闻楚王。王感其欲献于己，召而厚赐之，过于买鸟之金十倍。”

楚人爱凤，以献凤于王为荣；楚王尊凤，遂厚奖献凤之人。这个故事极其生动地说明了楚国上下尊凤爱凤的至诚心理和风尚。

工艺品　楚人在工艺品中，深深地倾注了他们尊凤崇龙的爱意。

江陵战国楚墓出土了六件玲珑精致的小座屏。其中，天星观一号墓出土了五件，均为彩绘木雕。座屏由凸形座和长方形屏两部组成。屏中均以彩绘立木为界将屏面分为左右两部分。有一件立木两侧各透雕一龙，龙首反向昂起，龙尾相连。有四件立木两侧各透雕两龙。从每一侧看，两龙昂首背向，龙尾相连；从全屏看，立木左右两龙昂首相对，气宇轩昂。龙身分用红、黄、金三色彩绘，鲜艳夺目，光彩照人。

双龙屏长 49 厘米，高 13.2 厘米；四龙屏长 48.8 厘米，高 12.8 厘米。都是工艺精品。①

另一件出自望山一号墓。通高 15 厘米，长 51.8 厘米。屏座上面浮雕的动物，计有凤和鹿各四只，凤鸟形象生动，是全屏的主体形象。还雕有大、小蛇 41 条，青蛙两只，总共 55 物，它们彼此穿插交错相映成趣。其雕刻刀法之圆熟精细，其众多形象之逼真传神，都无与伦比。将其誉为艺术之杰作，工艺之珍品，是毫不过分的。②

楚人喜佩饰物。

在荆楚大地之上，多处都有楚国玉佩出土，而且其形制与纹饰多为龙凤。

东部，安徽长丰出土的玉佩，有的为透雕龙凤合体形：龙头作昂首回顾状，龙身屈呈 S 形，龙尾连凤身，凤头下瞰，凤尾翘起；有的为一龙双首形，造型生动，惟妙惟肖。③

① 江陵天星观一号楚墓［J］. 考古学报，1982（1）.
② 湖北江陵三座楚墓出土大批重要文物［J］. 文物，1966（5）.
③ 安徽长丰杨公发掘九座战国墓［M］. 考古学集刊（第 2 集）.

北部，河南叶县出土的透雕玉佩，质地细腻温润，图案为四龙、四凤、二蛇相互盘联一体，并精心施以纤细的网纹、线纹、变形云纹等组成精美的图案。整件玉佩造型优美、玲珑剔透，实为珍品。[①]

中部湖北随州、南部湖南长沙等地，也都有龙形玉佩出土。[②]

在湖南长沙黄土岭还出土有彩漆凤奁。

刻奁为精工彩漆凤奁。艺人匠心独具，在奁表上用针尖或刀尖精心刻点，点点相连，缀成线条，线条细如游丝，游动自如，巧成凤鸟形象。此物工艺精巧，别开生面，堪为陈设观赏之佳品。[③]

工艺装饰品是人们的爱物。楚人在专供观赏的精致小座屏上，在随身佩带的心爱玉佩上，在日常生活中每日必用的漆奁上，到处都以龙凤为饰，或雕或刻或绘或画，楚人的这些所作所为，其目的意义也就不言而喻了。

随葬器物　楚随葬器物多见虎座立凤、龙凤笭床和龙凤纹棺。

虎座立凤。虎座立凤在楚墓中的出土量很大。湖北、河南、湖南等省都有出土。凤鸟昂首雄立，展翅欲飞。凤身着彩，气宇非凡，显示了华贵而伟大的身姿。有的凤背插有鹿角应为龙的象征，从而构成龙凤共身的神物。[④]

龙凤笭床。笭床为楚墓棺底所习见。是一种形制华丽的长方形雕花板，多镂刻龙凤花纹。如江陵、长沙一带出土的薄板笭床大都如此。[⑤]

龙凤楚棺。楚棺多饰龙凤纹。

湖北荆门包山大冢出土的楚棺，内棺为彩绘方棺。棺盖和侧板均彩绘龙凤纹，龙凤相配共组成十八组对称图案。橘红色的内棺，绘以金龙

① 河南叶县旧县一号墓的清理［J］. 华夏考古，1988（3）.
② 曲石. 楚玉研究［J］. 江汉考古，1990（3）.
③ 沈福文. 中国髹漆工艺美术简史［M］. 北京：人民美术出版社，1964.
④ 张正明. 楚文化志［M］. 武汉：湖北人民出版社，1988：91—92.
⑤ 王从礼. 楚墓葬制分析［J］. 江汉考古，1988（2）.

黄凤，绚丽非凡。[①]

安徽寿县李家孤堆楚幽王墓，棺材为朱红色，上面及四周都饰有浮雕的龙。[②]

河南信阳长台关一、二号楚墓，所出之棺均为金银彩绘龙凤纹棺。[③]

湖南长沙烈士公园三号楚墓棺，壁上饰有刺绣龙凤纹图案的丝织物。[④]

以上从军戎、祭祀和衣食住行及其他等九个方面，集中说明了一点：楚人确实是尊凤崇龙的。

二、在精神文化方面的表现

楚人创造了光辉灿烂的精神文化。楚人在其精神文化方面，更集中地表现了尊凤崇龙的风尚。

以下分别从哲学与法律、文学与艺术、语言与文字等几个方面加以考察。

一看楚国的哲学与法律。

楚国的哲学以鬻、老、庄、屈为代表。鬻子和屈子哲学，主要是政治哲学，讲的忠君、爱国、抚民及其关系。这里主要讲老庄哲学。

老庄哲学的精髓在于辩证法。其具体内容主要是讲的道与德，自由和平等。

在老庄哲学中，龙凤的灵光亦常闪耀。如老子讲哲学在很多地方常以凤为喻。

《诸子集成·老子本义附录》载："老子见孔子徒弟子五人，问曰：'前为谁？'对曰：'子路勇且多力。其次，子贡为智，曾子为孝，颜回

① 荆门包山大冢出土一批重要文物［J］. 江汉考古，1987（2）.

② 邓峙一 . 李品仙盗掘楚王墓亲历记［C］. 安徽文史资料（第一集），1964.

③④ 张正明 . 楚文化志［M］. 武汉：湖北人民出版社，1988：85，393.

为仁，子张为武。’老子叹曰：‘吾闻南方有鸟，名为凤。凤之所居也，积石千里，河水出下，凤鸟居止，天下生食，其树名琼枝，高万仞，以璆琳琅玕为实。天又生离米，一人三头遞起以伺琅玕。凤鸟之文，戴圣婴仁，左智右贤。’”

这是老子以赞颂的感情用凤喻孔子的话。从中我们可以看出凤的形象是崇高而伟大的。

在这段话中，老子表述了矛盾的主次关系：被喻为凤的孔子是矛盾的主要方面，孔子徒弟子五人是矛盾的次要方面。矛盾的主要方面决定事物的发展趋向，决定事物的性质。有了孔子，就会“戴圣婴仁”；有了孔子，就有“左智右贤”。如果没有像凤一样高尚的孔子的存在，则其“徒弟子”就都散而无“章”了。

作为楚人的老子，在表述矛盾的主次关系时，用形象崇高的凤来喻孔子，除了说明孔子的伟大外，还突出地表现了楚人对凤的尊崇。

再说庄子哲学。

在庄子哲学中，也时有龙凤的闪光。

庄子在讲高尚与低贱、自由与束缚的辩证法时，也是以凤为喻。他说：“南方有鸟，其名鹓鸲（即凤凰）[①]……夫鹓鸲发于南海而飞于北海，非梧桐不止，非练实不食，非醴泉不饮。”[②]

可见在庄子的心目中，凤的形象同样是伟大而高尚的。

庄子哲学中也时常讲到龙，并均施以赞颂之辞。如庄子讲偶然与必然、现象与本质时曾设喻说：“夫千金之珠必在九重之渊骊龙颔下。”[③]可见在庄子的心目中，龙为神物，是“千金之珠”的守护神。

庄子在谈论哲理的过程中，以龙为喻的例子是很多的。如“一龙一蛇”“一若龙，一若虎”等等。[④]

① 郭庆藩《庄子集释》（世界书局影印本）：“鹓鸲，鸾凤之属，亦言凤凰也。”

② 郭庆藩．庄子集释（世界书局影印本）．

③④ 见《庄子》之《列御寇》《山木》和《田子方》篇。

楚国的法律也是尊凤的。

1. 楚国的法典以凤为名。

刘向《别录》载曰："楚法书曰《鸡次之典》，或曰《离次之典》。"

《战国策·楚策一》亦载："吴与楚战于柏举，三战入郢。君王身出，大臣悉属，百姓离散。蒙谷（楚将）……遂入大宫，负鸡次之典以浮于江，逃于云梦之中。昭王返郢，五官失法，百姓昏乱；蒙谷献典，五官得法，而百姓大治。"可见此法在楚至关重要。

"鸡次"，《战国策》鲍注："'鸡'，一作'离'"。

其实，"鸡"与"离"实为一义。这点，前人早已指明。《周易·说卦传》中就有"离为鸡（雉）"的记载。

"鸡次之典"或"离次之典"是什么意思呢？

《易》曰："离为火。"《春秋元命苞》："火离即凤皇。"《鹖冠子》："凤鹑火禽，阳之精也。"又："凤，火鸟。"《春秋考异邮》："火者，阳之精也。"《艺文类聚》："鸡为积阳……火阳精物。"《孝子传》："舜父夜卧，梦见一凤皇，自名为鸡。"可见楚之《鸡次之典》或《离次之典》实为《凤典》[①]，鲍注称其为楚之"国法"。

鸡雉为凤之原型。楚先民以凤为图腾。楚国法大典名之"凤典"，亦有"祖典""古典"之寓。意示楚法的历史传统、神圣和权威，亦表明楚人对凤的尊崇和信拜。

2. 楚国府藏的原始法典有不准捕杀凤鸟的规定。

《说苑》卷四载有这样一个故事："楚王猎于云梦，射科雉得之。申公子倍夺之。王将杀之，大夫谏曰：'子倍自好也，夺王雉必有说，王姑察之。'不出三月，子倍病而死。邲之战，楚大胜晋，归而赏功。

① 徐俊与我们不约而同，亦认为："刘向说的《鸡次之典》或《离次之典》，也就是《凤雉之典》。"见：释《鸡次之典》[J]. 江汉论坛，1986（3）。又见：楚青铜器铭中的"鸟篆文字"为"凤饰篆字"辨析（打印稿）。

子倍弟进，请赏于王曰：‘人之有功也，赏于车下。’王曰：‘奚谓也？’对曰：‘臣之兄读《故志》曰：“射科雉者，不出三月必死。”臣之兄争而得之，故夭死也。’王命发于府而视之，于记果焉，乃厚赏之。”“科”借作“窠”，科雉即在窠之雉。楚府藏《故志》所载即为不准射杀窠雉之意，因雉为楚先民图腾凤鸟的原型。

透过这一故事，我们即可窥见：正是由于楚人尊凤，所以保护凤鸟就作为专项条文而列入楚之要法大典。

二看楚国的文学与艺术。

以屈原的诗歌和庄子的散文为代表的楚国文学，其基本特征是活泼浪漫，富于神话色彩。它们都具有丰富多彩的奇特想象和广博深远、层出不穷的绝妙意境。在这些特点之中，有很多是借助龙凤的形象而展现出来的。

以《楚辞》为例。

在《楚辞》一书中，凤先后出现了 24 次，龙也出现了 24 次。[①]

《离骚》中有这样的描写：“凤皇翼其承旂兮，高翱翔之翼翼。”凤凰展翅托起旌旗，在空中上下飞舞，这种图景是多么神奇而瑰丽！

《离骚》又云：“驾八龙蜿蜿兮，载云旗之委蛇。”龙行云霓，车驾长空，旌旗随之翻滚。这种图景又是何等的奇异绝妙，缥缈莫测！

屈子的上述描写，把一种乘龙御凤，飘然升天的情景，栩栩如生地展现在人们的面前。

庄子的散文也是如此。

《逍遥游》落笔写鹏（鹏即凤[②]）：“鹏（凤）之徙于南冥也，水击三千里，抟扶摇而上者九万里。”鹏（凤）有回天之力：远，“水击三千里”可到八荒之极；高，直“上九万里”能达苍穹之外！这样伟大

① 姜亮夫《楚辞通故》（齐鲁书社 1985 年版）所统计。

② 《诸子集成·庄子集释》：鹏，“音凤。云鹏即古凤字……《说文》云朋及鹏皆古文凤字也”。

神奇的凤鸟，楚人对之顶礼膜拜也就理所当然了。

《逍遥游》继又写道："乘云气御飞龙游于四海之外。"看，在庄子的眼里，龙同样是能周行天际的神灵！

庄子散文的这种无拘无束、奔放不羁的浪漫色彩，不少地方正是借助龙凤的形象来展开的。

不论是《庄》《骚》载龙凤，还是龙凤负《庄》《骚》，几千年来龙凤的光辉形象一直是楚国文学的瑰宝，一直闪耀在神州大地上，给人留下了鲜明而又美好的印象。

楚国的艺术，于美术、音乐、舞蹈诸方面，亦多与龙凤有关。

1. 美术

楚国的绘画美术、雕刻美术和建筑美术都非常有名。其特点之一就是构思谲怪，立意新奇。

楚国的绘画，现在所能见到的主要是帛画，其次就是壁画和竹木器上的彩漆画、彩粉画等。

楚国的帛画，现存的完整实物主要有两幅。

一是"人物龙凤帛画"，1949 年 2 月出土于湖南长沙陈家大山的一座楚墓①，为战国中期作品。此画以深褐色的平纹绢为本。高 31 厘米，宽 22.5 厘米。帛画的构图布局，分上中下三层，上层为天，中层为人（间），下层为地。画的右下方，为一中年贵妇侧身立于地上，身着宽袖细腰曳地的曲卷纹饰长袍。头上后脑挽一垂髻，表情肃穆，面向左上方的龙凤，合掌作虔诚祈祷状。凤与龙均昂首向天。凤居其右，占据了帛画上部的三分之二，显为主体形象。凤身弯曲，头顶上有一长飘带形的凤冠。凤尾卷曲高翘，尾端为孔雀羽毛状花纹。两足奋力犹登云直上。凤的形象是妖娆而伟岸的。

龙在其左，占帛画上部的三分之一。龙的形象生动有力，矫健雄劲。龙头奋起两眼朝天，身躯蜿蜒，尾端曲卷似正在着力摆动。躯体两

① 孙作云．长沙战国时代楚墓出土帛画考［J］．人文杂志，1960（4）．

侧各有一足同时用力向上，头与凤并齐，龙口、凤嘴均向云天，为龙凤紧相呼应一齐飞天之势。从画面的构图可清楚地看出：此画的构思当为“龙凤引魂升天”。[①]

另一幅为“人物御龙帛画”。1973 年 5 月出土于湖南长沙子弹库一号楚墓（即 1942 年出土帛书的楚墓），也是战国中期的作品。画面上一中年男子头戴高冠侧身持缰立于龙身。龙奋首扬尾作龙舟状。人上有华盖象天，龙下有游鱼象水，远处天水一色、云水相连。龙，奋力向前，犹有随时离水升天之势。[②] 此画的主题当与前画相同，亦为“引魂升天”。只是前者在于祈祷龙凤引魂升天，后者则是希望“乘龙升天”而已。

仅见的楚国两幅帛画，都以龙凤为题材，并都以龙凤“引魂升天”为主题，这绝非偶然。可以肯定地说：楚人在绘画美术中，在对龙凤伟大而神圣的形象描写之中，寄寓了他们对龙凤的敬意与崇拜，好尚和企冀。

2. 音乐

在楚国的音乐领域里，很多地方都与龙凤有关联，并且楚人都是怀着崇敬的心理以崇高的形象来表现龙凤的。

首先，楚人好以龙凤的形象饰于乐器。

楚国是酷爱音乐的国家，音乐在楚国是很普及的。从出土情况看，楚国所用的乐器很多，如钟、鼓、琴、瑟、箫、竽等，这与文献记载是相符合的。

鼓是楚国上下通用、非常普及的一种常见乐器。在《九歌》的尾声《礼魂》中，就有“成礼兮会鼓”的记载。从出土情况看，楚国的乐鼓

① 孙作云. 长沙战国时代楚墓出土帛画考［J］. 开封师范学院学报，1960（5）；杨宽. 战国史［J］. 上海人民出版社，1981（508）；熊传新. 对照新旧摹本谈楚国人物龙凤帛画［J］. 江汉论坛，1981（1）；萧兵. 引魂之舟——楚帛画新解［M］// 湖南考古辑刊（第 2 辑）. 长沙：岳麓书社，1984.

② 《长沙楚帛画》说明［J］. 文物，1973（7）.

可分为悬鼓、手鼓、建鼓、鹿鼓四种。楚国从宫廷到民家或大或小都有乐鼓。吉日喜庆、祭祀求神随时随地都可击鼓奏乐。

楚人爱乐爱鼓，常常以龙凤的形象饰于鼓上。如湖北、湖南、河南等地都有发现的、出土很多的虎座凤架鼓，都是以两只昂首雄立的凤凰连架一鼓。其造型为：两凤背向，头颈高昂，乐鼓悬架在两凤的头颈之间，鼓下以两凤的背与尾相托。两凤的头、尾分别用环钮与鼓壁相连，牢固而实用，颇为美观。亦有龙座凤架鼓的。①

其次，楚人还爱以龙凤饰钟②、饰瑟③、饰琴④等等。

此外，在楚人所写的《庄子》《山海经》等书中，音乐之神的形象均为龙蛇之形的“夔”。

十分明显，楚人尊凤崇龙的好尚，在音乐方面也留下了鲜明的印记。

3．舞蹈

楚国有万舞。⑤万舞就是大舞之乐舞的别名⑥，亦称干戚之舞。⑦1960年在湖北荆门出土了一件有铭为“大武开兵”的楚国铜戚，当为楚国演奏万舞的道具。⑧该戚两面铸有同样的图案：都是一位头上有长羽作冠饰的神人手操一龙，胯下又乘一龙。“长羽”当是指代凤鸟

① 张正明 . 楚文化史（“乐舞”部分）[M] . 上海人民出版社，1987.

② 据《淮南子·泰族训》，楚有“九龙之钟”；随县曾侯乙楚系墓出土的楚王酓章钟上饰有双龙钮。

③ 当阳曹家岗出土的漆瑟尾端浮雕龙凤，通体满饰蟠龙纹，参张正明 . 楚文化志（“漆器”部分）[M] . 武汉：湖北人民出版社，1988.

④ 长沙五里牌邮电大楼 M_3 出土的十弦琴，尾下轸头浮雕凤纹，底板绘凤鸟。参周世荣 . 湖南的战国漆器 [M] // 楚文化研究论集（第一集）. 武汉：湖北人民出版社，1987.

⑤ 《左传》庄公二十八年有令尹子元“振万”的记载。

⑥ 《初学记》引《韩诗》云：“万，大武也。”

⑦ 《大戴礼记·夏小正》：“万也者，干戚舞也。”

⑧ 马承源 . 关于“大舞戚”的铭文及图像 [J] . 考古，1963（10）.

的。[①]这样，铜戚、铭文及图像就集中地说明了万舞与龙凤有关。

不但万舞与龙凤有关，而且楚人亦好以龙凤为舞名或形容舞姿。《楚辞·远游》：上言张“咸池”，奏“承云”，歌“九韶”，舞“冯夷”，下即承以“玄螭虫象并出进兮，形蟉虬（龙）而逶蛇。雌蜺便娟以增挠兮，鸾鸟（凤）轩翥而翔飞”。这就是以龙凤为舞名或形容舞姿。[②]汉傅毅《舞赋》描写汉初宫廷舞女“体如游龙，袖如素蛇”，亦是继承楚人的龙凤舞姿。因刘邦为楚人，素爱楚舞楚乐。

三看楚国的语言与文字。

楚人好以龙凤为名或以龙凤为喻，这是楚国语言称谓习惯的一个特点。《论语·微子》所载《接舆歌》：“凤兮，凤兮，何德之衰！”此为楚人接舆以凤指代孔子。

前引《诸子集成·老子本义附录》也有一段楚人老子以凤比称孔子的记载（见前）。

《史记·楚世家》记楚庄王答进隐者的话说：“三年不蜚，蜚将冲天；三年不鸣，鸣将惊人。”这个飞将“冲天”、鸣则“惊人”的神鸟非凤莫属。进隐的楚人原是以凤比庄王，这里楚庄王也是以凤喻自己。《九章·怀沙》：“凤凰在笯兮，鸡鹜翔舞”；《抽思》：“有鸟自南兮，来集汉北”；《离骚》：“鸷鸟（凤凰）之不群兮，自前世而固然。”

这都是屈原在以凤自喻。

宋玉《九辩》“凤愈飘翔而高飞”，则是以凤喻圣贤。

楚人以龙凤为名亦是常事。名家的代表人物楚人公孙龙子即是以龙为名。[③]

《楚辞·远游》说：“顺凯风以从游兮，至南巢而壹息。”“南巢”

① “长羽”多为雉的长翎，雉的长翎美丽富于文彩，常作冠饰，鸡雉为凤的原型，故“长羽”可代凤而视之。

② 参阅马茂元主编《楚辞注释》的《远游》部分和姜亮夫《楚辞通故》中有关龙凤的文字。

③ 张纵逸．屈原与楚辞［M］．长春：吉林人民出版社，1957.

为南方凤鸟之巢[①]。这是楚人以凤巢称南国之地。

《楚辞・哀郢》云："过夏首而西浮兮，顾龙门而不见。""龙门"为郢都东城门[②]。这是楚人以龙名城门。

另外，如前所述，楚人还有以龙称剑、以龙称钟、以凤称法典的，等等。

语言是风俗文化最外在的标记。一定的语言特点反映出一定的风俗特点。楚人这种习惯性的称谓语言特点，正好反映出楚人尊凤崇龙的风俗特点。

楚国的文字亦有其特殊的风格，如"鸟书"即为一例。

"鸟书"或名"鸟虫书"，亦名"虫书"或"鸟篆"。清段玉裁在《说文》"鸟虫书"下作注说："鸟虫书，谓其或像鸟，或像虫，鸟亦称羽虫也。"唐人颜师古为《汉书・艺文志》中的"虫书"作注说："虫书谓为虫鸟之形，所以书幡信也。"段玉裁注"幡信"说："幡，常作旛。书旛谓书旗帜，书信谓书符节。"可见"鸟书"的使用非同寻常，它使用于非常严肃的地方以示一种标志或信记。

楚国所用的"鸟书"所标明的是什么呢？

唐人唐玄度在《论十体书》中为我们提供了研究的线索。他说鸟书是写"赤雀""丹鸟""二祥者焉"。[③]

"赤雀""丹鸟"中之"赤""丹"二字，均有"火""红"或"朱"之意。"赤雀"即"朱雀"亦即汉宫之铜雀（铜即红色），实为凤凰；"丹鸟"即"朱鸟"。李贤等注《思玄赋》曾明确指出，"朱鸟"就是凤凰。

可见，楚国文字中的"鸟书"是书写的凤凰，即是说，楚人的文字中有"凤书"或"凤篆文字"。[④]

---

① 洪兴祖、朱熹均有此说。参马茂元主编《楚辞注释》。

② 马茂元主编《楚辞注释》一说："龙门，郢都的城东门……王逸说：'龙门，楚东门也。'"

③ 《佩文斋书画谱》鉴一《论书》。

④ 徐俊.楚青铜器铭文中的"鸟篆文字"为"凤饰篆文"辨析（打印稿）.

楚系鸟书（或称“凤篆”）多见于楚国王公贵族的用器之上。如楚王酓璋戈、楚王孙渔戈等。其他如楚公室出土的钟、鼎、剑上亦有铸刻鸟篆铭文的，如王子午鼎铭文等。

楚国青铜器铭文中出现的用“凤”装饰的“凤饰篆字”，正是楚人尊凤爱凤的民族习俗在其文字上的一种强烈反映。

据上所述，我们可以清楚地看到：楚人在精神文化的各个方面，有如在其物质文化各个方面一样，处处表现出尊凤崇龙的风习和好尚。

三、尊凤崇龙在楚国各地的表现

楚俗尊凤崇龙是否有地区的局限呢？征之以考古资料和文献记载，就春秋战国而言答案是否定的。也就是说，在“地方五千里”的荆楚大地，东西南北都尊凤，国野上下均崇龙。以下特列表予以说明。

表 11-1　楚国各地尊凤崇龙简表

原楚国方位	现属省市县		尊凤崇龙的表现	备　注
东北部	山东	泰安	出土六件楚国铜罍都饰龙或饰凤，如蟠凤纹罍、双鼻虺龙罍等	袁明《山东泰安发现古代铜器》，《文物参考资料》1954 年 7 月
东部	江苏	吴县	发现有铭文“楚叔之孙途为之盉”的青铜龙形提梁盉	《江苏吴县何山东周墓》，《文物》1984 年第 5 期
		邗江	发现凤纹漆盘	此盘现存列于扬州市博物馆
		盱眙	发现错金银梅花钉饰虬龙套铜壶	姚迁《江苏盱眙南窖楚汉文物窖藏》，《文物》1982 年第 11 期

续表

原楚国方位	现属省市县		尊凤崇龙的表现	备　注
东部	安徽	寿县	出土龙凤青铜塑像及楚幽王龙剑、龙棺	殷涤非《关于寿县楚器》，《考古通讯》1955年第2期 邓峙一《李品仙盗掘楚王墓亲历记》，《安徽文史资料》1964年第1辑
东部	安徽	长丰	出土龙形玉佩	《安徽长丰杨公发掘九座战国木椁墓》，《考古学集刊》第2辑 香港中文大学杨建芳《战国玉龙佩分期研究》，《江汉考古》1985年第2期
东部	湖北	鄂城	出土虎座凤架鼓	《鄂城楚墓》，《考古学报》1983年第2期
南部	湖南	临澧	出土彩绘凤鸟漆案、凤鸟漆奁、凤嘴耳杯、凤鸟车辕、回首凤鸟纹车马器和蟠螭纹铜鼎、蟠螭纹漆盒、蟠龙纹漆瑟等	《临澧九里楚墓发掘报告》，《湖南考古辑刊》第3辑
南部	湖南	桃源	出土高浮雕凤鸟纹铜戈镈和蟠螭纹铜壶、铜剑等	《桃源三元村一号楚墓》，《湖南考古辑刊》第4辑
南部	湖南	长沙	出土人物龙凤帛画、人物御龙帛画、龙凤纹漆盾、龙凤纹木琴、凤纹尊、龙凤纹棺、飞仙龙纹铜镜等	中国科学院考古研究所《长沙发掘报告》，科学出版社1957年版

续表

<table>
<tr><th>原楚国方位</th><th colspan="2">现属省市县</th><th>尊凤崇龙的表现</th><th>备　注</th></tr>
<tr><td>西部</td><td>川、鄂</td><td>鄂西川东一带</td><td>闻一多据古文夔字考证夔人（楚后裔）崇龙。李惠芳据传说和地名考证：三峡一带先民（楚人）崇龙
利川发现古代巴人岩孔埋葬遗迹，遗迹的三个“岩孔内顶部均刻有太阳、凤凰”等图案。巴楚紧连，关系密切，崇尚之俗亦有相同之处，从楚西境受楚影响的巴人崇凤亦可知楚西部楚人尊凤</td><td>《神话与诗》《三峡一带“龙”的传说与民俗》，《武汉大学学报》1983 年第 3 期
《利川发现古代巴人岩孔葬遗迹》，《人民日报》1990 年 7 月 2 日</td></tr>
<tr><td rowspan="5">北部</td><td rowspan="5">河南</td><td>淮阳</td><td>出土龙形玉佩等</td><td>《河南淮阳平粮台十六号楚墓发掘简报》，《文物》1984 年第 10 期</td></tr>
<tr><td>叶县</td><td>出土龙凤联体透雕玉佩。史载：“叶公子高好龙，钩以写龙，凿以写龙，屋室雕文以写龙”</td><td>《河南叶县旧县 1 号墓的清理》，《华夏考古》1988 年第 3 期
刘向《新序·杂事五》</td></tr>
<tr><td>淅川</td><td>出土玉柄雕夔龙纹铁剑等</td><td>《河南省淅川县下寺春秋楚墓》，《文物》1980 年第 10 期</td></tr>
<tr><td>信阳</td><td>出土大型连尾凤架鼓和金银彩绘龙凤棺等</td><td>《信阳楚墓》，文物出版社 1986 年版</td></tr>
<tr><td>固始</td><td>出土铜质鸟形车饰</td><td>欧潭生《固始白狮子地一号楚墓的年代及其他》，《楚文化研究论文集》，中州书画社 1983 年版</td></tr>
</table>

续表

原楚国方位	现属省市县		尊凤崇龙的表现	备　注
中部	湖北	襄阳	出土立龙器镈和四龙相蟠器箍等	《襄阳蔡坡战国墓发掘报告》，《江汉考古》1985年第1期
		荆门	出土错金银龙头手杖和龙凤彩绘棺及三凤双连杯等	《荆门市包山楚墓发掘简报》，《文物》1988年第5期
		当阳	出土浮雕龙凤纹漆瑟等	张正明主编《楚文化志·漆器》
		随州	出土凤鸟纹饰五弦琴等	《随县曾侯乙墓》，文物出版社1980年版
中部	湖北	江陵	出土龙凤纹木盾、凤饰漆盘、龙凤纹丝织品刺绣衣物、龙饰装饰砖残片等	《江陵李家台楚墓清理简报》，《江汉考古》1986年第3期。《江陵马山一号楚墓》，文物出版社1985年版。杨权喜《湖北省的楚文化考古发现与研究》，《湖北省考古学会论文选集》第一集

仅从上表的大致罗列，我们就可清楚地看出：在楚国辽阔的土地上，东西南北中，包括今天的山东、江苏、安徽、湖南、四川、湖北、河南七个省二十多个县市，都毫无例外地尊凤崇龙。可见楚国的尊凤崇龙之俗，是一国楚民所共具的主要习尚之一。

第二节 尊凤崇龙的原因

楚人尊凤崇龙，既有历史渊源，又有地缘因素和思想认识上的原因。

先说历史渊源和地缘因素。

近些年来，随着地下出土文物的大量发现和最新科研成果的提出，应该说，楚族渊源的问题越来越清楚了。这中间一个最有力的证据就是，地下发掘的大量楚墓资料证明：在楚国公族墓葬习俗中，墓向和头向都是朝东的。① 而科学研究的结论是：墓向和头向与民族的来向相同而与流向相反。②

楚公族墓头向朝东，雄辩地表明了楚先民是由东而西流，即是说楚先民源于东方，“所住地方最东”。③ 由楚墓头向所推论出来的楚族渊源与传统的楚族“东来说”是一致的。④ 不过，在很早的时候，楚先民由

---

① 见本书第六章第四节。

② 张胜琳，张正明．上古墓葬头向与民族关系［C］．湖北省考古学会论文选集（一）．武汉大学学报编辑部，1987.

③ 徐旭生在《中国古代的传说时代》一书中说：“高阳所住地方最东”，“与东夷集团有很深的关系”，“受东夷集团的影响很大”。

④ 楚族渊源的问题，一般有“东来说”“北来说”“西来说”“南方土著说”四说。郭沫若、胡厚宣、王玉哲、宿白、杨宽、孙作仁等早在三四十年代即主楚族“东来说”。见郭沫若《中国古代社会研究》（1930 年版）；胡厚宣《楚民族源于东方考》（北京大学潜社《史学论丛》第一册，1934 年 7 月）；王玉哲《楚族故地及其迁徙路线》（刊《周叔弢先生六十生日纪念论文集》），宿白《颛顼考》（刊《留日同学会季刊》第五辑，1943 年 9 月）；杨宽《中国上古史导论》（载《古史辨》七卷，上册第 93 页）；孙作云《九歌湘神考》（刊《留日同学会季刊》1942 年，第 9 号）。20 世纪 50 至 70 年代“东来说”一直不断地得到学者们的支持和补充。八九十年代，虽说主楚族“北来说”者甚众，而坚持楚族“东来说”者亦不在少数，并且不断地有人从不同的角度用新的材料或出专著或撰论文从各个方面加以论证。这方面的代表专著和论文有顾铁符《楚国民族述略》（湖北人民出版社 1984 年版第 14 页）；萧兵《颛顼考——兼论楚文化里的东方因子》（《活页文史丛刊》第 173 号，1982 年版）；徐俊《试论立国江汉地区的楚人来自东方》（《华中师范学院学报》1984 年第 2 期），又《楚青铜器铭中的“鸟篆文字”为“凤饰篆字”辨析》（打印稿）；孙作云《〈楚辞〉与上古史研究》（《史学月刊》1990 年第 6 期）。

东而西迁，在中原地区居住过很长的时期，受中原地区的影响也是很大的。后来又由于种种原因，楚先民又逐渐南迁，最后在江汉流域南蛮之地才定居下来。其源流如图 11–1。

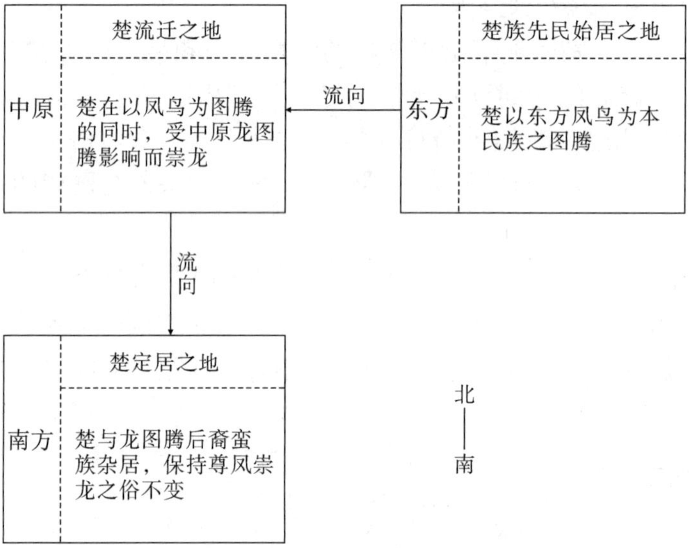

图 11–1　楚族源流图

通过此图，我们可以得出如下三点认识：

1. 说楚人来于北方中原，如图所示似乎不错。因南蛮之地所定居之楚人，确是来于北方中原地区。不过这只是“来于”而不是“来源”。因北方中原地区只是楚人流迁过程中的一段“流程”，而不是其“渊源”。楚公族墓头向朝东不朝北[①]，正有力地说明了楚人源于东方而不源于北方中原地区。

2. 楚人尊凤、以凤为图腾，是因为楚族源于东方民族鸟图腾集团，

① 王光镐在《楚文化源流新证》（武汉大学出版 1988 年版，第 273 页）一书中说：“楚国，楚地，楚人的文化是一个多元文化系统，其中只有楚公族集团的文化才是最有典型意义的楚文化。”

是来源于楚人原初的固有信仰。如果说楚人不是源于东方而是源于北方中原，那么楚墓头向朝东，楚以凤鸟为图腾就都不好解释了。

3. 楚人虽是尊凤又崇龙，但我们不能因此而认为楚人同时以凤和龙为图腾。因为正如杜尔根（DUTK hei M）在《宗教之原初形态》一书中所指明的那样："氏族的图腾起源及始祖由来，似乎只是一个。"楚人"原初"阶段的图腾崇拜也只能是"一个"，不可能是两个或多种。楚人氏族阶段的这"一个"起源图腾就是凤而不是龙或其他。有的学者把熊、羊、鱼、荆（楚）、桃、龙、凤等多种动植物同列作为"楚族先民的图腾崇拜"[①]，这是有待商榷的。我们不能把"图腾"与"崇拜"混为一谈。虽然图腾之物必为崇拜之物，但并非所有的崇拜之物都是图腾之物。一个氏族的崇拜之物可以有多种，而其原初的图腾之物只有一个。其他崇拜之物则仅仅只是崇拜之物而已，而不可一概视作图腾。如楚人崇龙就主要是受其地缘关系的影响，在其流迁中原和定居南蛮之地的过程中所形成的崇尚之俗并不是图腾崇拜。这就是楚俗尊凤与崇龙的辩证关系。

历史的传递是很重要的。传说时代的楚人远祖都与龙凤有关，从中也可看出楚人尊凤崇龙是有其历史渊源的。

《史记·楚世家》载："楚之先祖出自帝颛顼高阳。"颛顼为东方民族之大君。[②]而东方民族又以鸟为其图腾，故颛顼与凤鸟的关系密切。《大戴礼记·五帝德》记颛顼"洁诚以祭祀，乘龙至四海"。这又说明颛顼与龙有关。可见颛顼与龙凤有不解之缘。

楚之远祖祝融亦然。

据《史记·楚世家》载，祝融即重黎，是颛顼高阳的四代孙。《山海经·海外南经》称"祝融……乘两龙"。《白虎通·五行篇》说祝融"其精为鸟，离为鸾"。鸾即凤。张衡《思玄赋》云："前祝融使举麾兮，

① 马世之.略论楚族先民的图腾崇拜［J］.楚史与楚文化研究·求索增刊，1987.

② 宿白.颛项考［J］.留日同学会季刊（第五辑），1934.

缅朱鸟以承旗。”李贤等注曰：“朱鸟，凤也。”

这些记载都透露了祝融与龙凤相关联的信息。

楚人的另一远祖是羲和，为重黎的后代。[①]神话传说，羲和是太阳的车夫，驾六龙而行。[②]羲和以龙车侍日，而“日中有踆乌”[③]，踆乌就是凤鸟。[④]这就是说，羲和驾龙车于前，载太阳、凤鸟于后，可见羲和是经常与龙凤打交道的。

据上所述，可以看出：楚人的先祖与龙凤有着千丝万缕的关系。楚之先祖与龙凤相关联，其后代楚人尊凤崇龙也就理所当然了。

以上是楚人尊凤崇龙的历史渊源和地缘因素。

下面我们再来看看楚人尊凤崇龙的思想认识基础。

《说文解字》说：凤，“神鸟也……五色备举……生于东方君子之国……见则天下大安宁”。透过汉人的著述，我们似乎可以窥见当年始居东方的楚人在思想上对凤的认识。凤是美丽的、神圣的，是东方人民和平生活的象征。鉴于这种深刻的民族心理倾向，在楚人的心目中，他们与凤实际上是合而为一的。他们着意标榜凤，把凤打扮得异乎寻常地美丽和壮观，就是在标树本民族自身的风貌与形象。凤是至真至善至美的，它是楚民族和国家至真至善至美的体现。为此，楚人尊凤爱凤，以凤为图腾，视凤为东方的象征、先祖的象征、民族和国家的象征。这就是楚人尊凤爱凤的思想基础。

楚人崇龙则主要是把龙作为王权的象征。

早在春秋时期，楚人就铸“九龙之钟”于廷。[⑤]这除了说明楚人爱

① 《史记·历书》：“尧复遂重黎之后，不忘旧者，使复典之，而立羲和之官。”

② 《尔雅·释天》：“日御谓之羲和。”《初学记》引《淮南子·天文训》说：“爰止羲和，爰息六螭。”徐坚注曰：“日乘车，驾以六龙，羲和御之。”

③ 淮南子·精神训.

④ “踆乌”，传统的解释为：“踆，犹蹲也。谓三足乌。”（高诱注）其实“踆”字右为“夋”，“夋”当为“踆”之古文。甲骨文“夋”字是凤鸟的象形。又王逸注《离骚》说：“鸾（凤），俊鸟也。”故说“踆乌就是凤鸟”。

⑤ 淮南子·泰族训.

钟外，也足以显示楚人对龙的高度尊崇。

诸夏视“九鼎”为王权的象征，称之为重器，楚则以“九龙之钟”而代之。关于这点，应该说，春秋时期诸侯各国都是明白的。为此，公元前506年，当吴军攻入郢都之后，首先就是“烧高府之粟，破九龙之钟”。[①] 张正明对此曾作过鞭辟入里的分析，他指出：“烧（高府之）粟，是为了削弱楚国的经济实力；破（九龙之）钟，则象征着击碎楚国的王权。”[②] 在这里，张正明在客观上对“龙钟”与“王权”的关系是揭示得非常明白的。

故宫博物院所藏的楚器中，有一件“王命传龙节”，亦见“龙”为一种权力的象征。[③]

当然，楚人尊凤崇龙，也还有其精神上的追求。张光直曾经指出：“中国古代文明最主要的一个特征”，就是“把世界分成天地人神等不同层次”。[④] 楚人的观念正是如此。

“楚国社会包容着原始社会的若干精神因素，因而楚人的精神生活散发出浓烈的神秘气息”[⑤]。他们在理解人生和自然的种种现象的时候，往往借助于一种超现实的奇特的神秘想象。如《离骚》中就有“吾令帝阍开关兮”的描写。这里的“帝”指“天帝”，“帝阍”则是指替天帝看守天门的神人。足见在楚人的观念中，不但有天、地、人之分，而且天上还有天帝以及保卫天帝的一个警卫系统。当年的楚人是相信“灵魂不灭”的。他们认为：人死后其灵魂或升天堂或入地府，或苦或乐，还能生活在另一个世界并与人发生某种关系。因此，楚人敬鬼神而近之。其目的就是为了使自己的灵魂不要沦入地府，而能飞升天界。

凭什么飞升天界呢？《左传》宣公三年说：“铸鼎象物……用能协

①② 张正明 . 楚文化史［M］. 上海：上海人民出版社，1987：121，405.
③ 王海文 . 故宫博物院所藏楚器［J］. 江汉考古，1986（4）.
④⑤ 张光直 . 考古学专题六讲［M］. 北京：三联书店，2010：4，98.

于上下以承天休。”张光直更明确指出：“青铜器上的动物纹样是巫觋通天工具的一个重要部分……其他原料的艺术品上面的动物纹样，也应该有同样的作用，也是……通天的一部分。”①

可见，楚国青铜器上的，竹木漆器上的，丝绸织物刺绣品上的和帛书②、帛画上的龙凤，都是借以升天的工具——在楚人的心目中，则应该说：龙凤都是能够引魂升天的神灵。

在我国古代神话传说中，人神乘龙凤升天的记载很多。《史记·五帝本纪》云：“鼎湖舟成，乘龙升天。”《太平御览》载：“昔夏后启土乘龙，飞以登于天。”

古代神话中也有“跨凤上天”③和“驾鸾凤以上游”④的故事。在古人看来，凤可以来往于天地人神之间传诏报信。《荀子·解惑篇》引诗曰“有凤有凰，乐于帝心”，是说凤凰在天帝左右，天帝以凤凰为使者通于上下。商代卜辞中就有“帝吏（使）凤”的刻辞。

在楚辞中，也有很多乘龙驾凤飞升天界的描写。如《离骚》：“吾令凤鸟飞腾兮”“鸾（凤）皇为余先戒兮”；《远游》：“前飞廉（凤）以启路”；⑤《大司命》：“乘龙兮辚辚”；《湘君》：“驾飞龙兮北征”；《东君》：“驾龙辀兮乘雷”；《九辩》：“左朱雀（凤）之茇茇兮，右苍龙之跃跃”，等等。

楚人正是相信龙凤能引魂升天，把龙凤看作引魂升天的神灵而对之崇拜。《楚辞·大招》中的“魂乎归来，凤皇翔只”，长沙出土的人物龙凤帛画和人物御龙帛画等，都典型地体现了楚人的这种思想观念。这就是楚人尊凤崇龙的另一原因，即精神追求方面的原因。

---

① 张光直 . 考古学专题六讲［M］. 北京：三联书店，2010.

② 长沙出土的战国帛书，四周亦绘有龙蛇凤鸟形象。

③ 沈从文 . 龙凤艺术［M］. 北京：作家出版社，1960：67.

④ 刘向 . 九叹 · 远游 .

⑤《史记 · 司马相如列传》裴骃“集解”引郭璞说：“飞廉，龙雀也。”汉宫所谓“雀”，通常为凤。如建章宫里的铜凤，别名“铜雀”。可见“飞廉”即凤的一种。

由于楚人在现实生活和精神生活中对龙凤都赋予种种伟大、神圣而美好的意向，久而久之，龙凤的外部形象就成了楚人生活中美的象征。到后来——春秋战国时代，楚人就把龙凤形象作为一种美的欣赏和美的享受，逐渐地把龙凤形象作为装饰之用。这是历史发展的必然结果。

楚俗为什么尊凤崇龙？总而言之：

1．楚人尊凤，是因为凤是楚人先祖的图腾崇拜，是其在始居东方之地时的固有信仰；楚人崇龙则是由于在其流迁中原和定居南蛮之地的过程中，受中原和南方龙图腾民族的影响而形成的一种崇尚之俗，是由于地缘关系的影响所至。

2．楚人尊凤崇龙，是由于楚之历代远祖都与龙凤有千丝万缕的关系。楚人尊凤崇龙，是楚人继承楚族历史传统的一种具体表现。

3．楚人尊凤，是由于在楚人的思想观念中：凤是楚之祖先，楚之民族，楚之国家的象征；楚人崇龙则是楚人视龙为王权象征的缘故。

4．楚人尊凤崇龙，在其精神上的追求，就是期望龙凤引魂升天。

这就是楚人尊凤崇龙的原因。

第十二章　楚风余论

楚人的崇尚风习，除了前边列作专章讲述的崇巫重祀、尊凤崇龙之外，还表现在其他许多地方，本章仅摘其精要，介绍三个方面：曰尚武，曰尚左，曰好细腰。

第一节　尚武

楚人尚武，名扬两周，誉称后世。

楚人为何重军崇武？一部楚国发展史表明：这是由楚人所处的特定历史条件及其生存发展的切身经历所决定的。自商朝至西周，楚部落、国族一直在强邻的夹缝中顽强地求生，在穷乡僻壤里奋发图强。不尚武，何以立足？不尚武，何以继宗？自西周后期至春秋前期，楚终于从雎荆山区走向江汉平原，继而兵锋北指，辟地千里，数战强晋，称雄中原。春秋后期至战国中期，楚又拓土扩疆，奋力竞进，发展成了一个“地方五千里，带甲百万”[①]的泱泱大国。这种自弱化强、由小至大的历史巨变，何以实现？一言以蔽之，乃曰“尚武”。尚武是楚人求生自强的武器，争霸称雄的法宝，同时也是一种奋发向上的民族精神。

尚武作为一种特有的精神风习，它深深根植于楚民族的土壤之中，成为从楚君、大臣到士庶百姓共同崇信、竞相实践的最高道德原则。

楚君是尚武精神的提倡者、培植者，同时也是典型示范者。

《左传》宣公十二年引栾武子曰：“楚自克庸以来，其君无日不讨国人而训之，于民生之不易，祸至之无日，戒惧之不可以怠。在军，无日

① 战国策·楚策一.

不讨军实而申儆之，于胜之不可保，纣之百克而卒无后。”这是说楚庄王经常坚持向军民进行居安思危、警戒御敌、确保楚国永立不败之地的战备教育。可想而知，这种有关国家生存安全的说教，对增强军民的敌情观念、牢固国族的武备意识，无疑起有重要作用。

楚君选官用人，也主要以通晓军事为标准。其对全国最高职官令尹的选择，就突出表现了这一特点。如子重于庄王时期，同令尹孙叔敖、司马子反等“征陈，服郑，败强晋”①，继又参加围宋之役，屡立战功，表现了良好的军事素养和相当的指挥才能，故庄王死前托以国事，共王即位授之宰辅。子西于昭王十年（前506）吴军破郢后，与子期汇集兵众，力战定楚，建立了匡危扶倾的不世之勋，固于昭王复国之年（前505）被任为令尹。他如吴起、昭阳等被任为令尹，也都是由于“善用兵”，有突出的攻城略地之功。楚君的这一任官原则，意在利导臣下经军重武，提高群臣的军事素质，以便为对外争战造就更多的合格将吏。

楚君还一再祭起惩败奖胜的法宝，对军民进行掷地有声的教育。“城濮败，诛子玉；泜水退，诛子上”。② 这是楚君惩败以儆众的例子。“楚庄王既胜，狩于河雍，归而赏孙叔敖”③；“楚公孙宁……败巴师于鄾，故封子国（宁之字）于析”。④ 这是楚君奖胜以励众的例子。奖惩结合，双管齐下，目的都在于培育军民喜征战、重成败的习尚。

楚君不但以尚武的精神教育国人，且能奋身自励，争做一国尚武之表率。

“楚有图北方之志，其君多居于申”。⑤ 这是说楚君最为关注与宋、晋等国逐鹿中原的争霸战争。可作为这方面之代表者，有成、共、灵等王。公元前632年（城濮战前），成王“居申”，将“西广、东宫与若

① 新序・义勇．
② 顾栋高．春秋大事表・楚令尹表序．
③ 韩非子・喻老．
④ 左传・哀公十八年．
⑤ 顾栋高《春秋大事表》卷九引“林氏曰”。

敖之六卒”[①] 补充给正在围宋前线的令尹子玉，希图他破宋败晋，一举建霸；公元前 564 年，楚之与国秦行将与晋交兵，共王“师于武城（申县之北）以为秦援”[②]；公元前 538 年，灵王会诸侯于申，谋划“伐吴”“灭顿”之事。[③] 申县春秋时为楚之北大门。作为一国之君的楚王，离开地处后方、比较安全的郢都，多在靠近中原主战场的边防重镇运筹战事，处理军务，这在中原国君中是闻所未闻的。这不能不说是楚君尽瘁军事的一个重要表现方面。

躬事戎机，亲赴战地指挥，是楚君尚武的另一突出表征。著名者有：熊渠伐庸，克杨粤，至于鄂；蚡冒启濮，服陉隰；文王取息，伐申；成王战泓，围宋；庄王克庸，征陆浑。灭舒蓼，伐陈，战邲，围宋，等等。据统计，春秋十六楚君，除霄敖、堵敖、郏敖因短祚或幼弱而无戎事，其余楚君皆戎马倥偬，冒矢疆场。有些楚君甚至不顾老迈、病孱，辗转征战，最后病死军中。公元前 690 年，武王抱病伐随，“卒于樠木之下”[④]；公元前 675 年，文王被巴军战败于津，转而伐败黄国，归途“及湫有疾，夏六月庚申卒”[⑤]；公元前 489 年，昭王攻吴救陈，“卒于城父”[⑥] 等等，皆是典型之例。有些楚君在征战中身先士卒，骁勇无比，为全军将士树立了可贵的榜样。如邲战时庄王率左广竞先突入晋方阵地，楚三军受其鼓舞，遂“车驰卒奔”[⑦]，掩杀而前，迅速摧垮了晋军。有的楚君战时身负重伤，却仍忘我奋战。如鄢陵战时，共王身处大军前沿，不幸被晋将吕锜射中眼睛，但他仍带伤指挥战斗，召来射手养由基将吕锜射杀。不但报了一箭之仇，而且也压住了晋方嚣张一时的气焰。

楚君如果在军事斗争中无所作为，或出战告败，就会愧疚不安，深

① 左传·僖公二十八年.
② 左传·襄公九年.
③ 左传·昭公四年.
④ 左传·庄公四年.
⑤ 左传·庄公十九年.
⑥ 左传·哀公六年.
⑦ 左传·宣公十二年.

自为责，这也是尚武之风浓浸其意识的一种反映。如康王即位五年，国无战事，他就命令正卿子庚火速出兵攻郑。如此急不可待，据说是祖宗已经定下了坚持对外经略以强大国家的基本国策，谁不执行，谁就背弃了“先君之业”，死后甚至连进入宗庙接受祀享的资格也没有，即所谓“死不从礼”。[①] 康王之父共王，因楚败鄢陵、霸权旁落，而一直如蒙大耻，愧不自持。直至死前，他还念念不忘此事，嘱令大臣给他以恶谥：“请为‘灵’若‘厉’，大夫择焉。”[②] 其实，共王一生，“抚有蛮夷，奄征南海”[③]，勋绩著卓。即使在鄢陵之战中，他也表现了少有的胆气和韧性。这样武功赫赫的君主责己如此之严，这充分反映了楚君尚武精神之强烈！

臣如其君。楚民族的尚武风习，在楚国大臣中也有同样突出的表现。

楚大臣是楚国军事任务的全面承担者。即以“执一国之柄”的令尹来说，就肩负了制定争霸、争强方略，督管各项战备工作（包括督建军事要塞、辖制兵赋、负责战前整训练兵等），以及外出统兵作战等诸项要务。[④] 特别是坚持对外征战，这是楚国尚武之风的集中表现，而在几乎每次重要战役中，都可以看到被称作楚之“二卿士”的令尹及司马勇武的身影。据《左传》统计，春秋二百多年，令尹单独率军出征三十八次，司马单独率军出战十三次，二者共同率军出征十二次，总计令尹、司马外出征战达六十三次。[⑤] 可以说，这是中原任何诸侯国之“二卿士”所不能比拟的。

令尹、司马之下，楚官以千百计。专职武事者如左、右司马，左、右领及环列之尹等，以兵刃战事为己任，自不待言；值得注意的是，那些文武兼职、甚或纯职文事者，也都能率军征战。见于《左传》的此类

① 左传·襄公十八年.

②③ 左传·襄公十三年.

④ 宋公文.楚史新探［M］.开封：河南大学出版社，1988：123—137.

⑤ 宋公文.楚史新探［M］.开封：河南大学出版社，1988：137—142.

官职有：莫敖、左尹、右尹、师保、王尹、寝尹、宫厩尹、工尹、箴尹、连尹、莠尹、监马尹、陵尹、嚣尹、芋尹、史、左史以及县尹县公等[①]，多不胜举。这些职官的出任者，军事才能突出的亦为数不少，他们往往以主将或副将的身份独当一面，在重大战役中战绩辉煌。如武王五十一年（前690）莫敖屈重与令尹斗祁率军“伐随”，迫其与楚签订了屈辱性和约[②]；庄王十七年（前597）沈尹巫在邲战中任中军将，指挥中军同左、右军一起战败了强晋[③]；惠王十二年（前477）寝尹吴由于、工尹薳固佐助令尹子国大败巴军于鄾[④]等等，皆是有力证据。从上所述，可以看出什么问题？概而言之，可以看到楚国官员经军重武的普遍程度，以及他们军事指挥才能的高超和技艺的娴熟。

楚国官员在征战中所显现的雄勇刚烈精神也是至为感人的。

共王十六年（前575）鄢陵之战时，楚军一度被扼于险阻之地。面临危机的形势，置身大军前沿的楚将养由基和叔山冉以无畏的气概勇斗强敌。养由基使出其善射的本领，连发数箭，箭箭皆毙敌命。叔山冉力大如山，徒手与敌搏斗，他抓起晋兵奋力投掷，正中晋国战车，以至车前的横木断裂。这种超凡的箭技和勇力吓煞了晋军，使其勿敢继续进逼，楚军因此得以脱险。[⑤]

平王四年（前525）吴楚战于长岸，决誓败吴以扬楚威的司马子鱼，率领部属冲锋在前，与敌人殊死拼杀，英勇献身。楚大军为其激励，继踵奋战，终于大败吴军，并俘取了已故吴君所乘坐过的一条名叫“余皇”的战舰。[⑥]

昭王十年（前506）吴国联合蔡、唐大举攻楚，楚军将吏在柏举、

① 这些官职的出任者率军出征的实例，宋公文作有集中引证，参：宋公文.《楚史新探》（春秋楚官表）[M].开封：河南大学出版社，1988：319—371.

② 左传·庄公四年.

③ 左传·宣公十二年.

④ 左传·哀公十八年.

⑤ 左传·成公十六年.

⑥ 左传·昭公十七年.

雍澨等战役中的英烈壮举，更加可歌可泣。柏举战役是吴入郢之战中的首次大战，此战楚军虽败，但楚军中的一些将领却临败不降，宁死不屈，一直坚持搏战到生命的最后一息。将军莫敖大心，“深入吴军”，身陷重围，被敌“断脰（项也）决腹”，以其英勇悲壮的死，被后世楚人列为社稷名臣。[①] 另有文臣曰“史皇”者，在此战中也率领一支车队，与敌厮杀，最后全部为国捐躯。[②] 雍澨之战中，楚军统帅左司马戌的牺牲更为壮烈。他在“三战皆伤”、体废肢残的情况下，为免被敌擒，乞令属下吴句卑斩取、带走他的头颅。句卑遵命“刭而裹之，藏其身，而以其首免”[③]。

楚官与战者的上述撼天动地、惊鬼泣神的雄武烈魄，并非水流无源，无本自生，一国浓烈的尚武之风，彪悍骁勇的民族性格，就是其生成的精神氛围和社会根源。

楚官尚武还有一种特殊的表现形式，就是失职于武事者往往自惩甚严。如武王四十二年（前 699），莫敖屈瑕率军“伐罗”告败，“莫敖缢于荒谷，群帅囚于冶父以听刑”，武王因见主将已死，乃下令赦免了其他将吏。[④] 共王十六年（前 575），楚因主将司马子反醉酒而兵败鄢陵，令尹子重援引成例，促令子反自杀，子反言：“侧（子反字）亡君师，敢忘其死？”即引剑自尽。[⑤] 康王元年（前 559），令尹子囊攻吴失利，“遂伏剑而死”[⑥]。平王十年（前 519），吴太子诸樊率军攻楚，掳走了出居于郹地的平王夫人，“楚司马薳越追之，不及”。他说：“亡君夫人，不可以莫之死也”，乃自缢于薳澨。[⑦] 同时期中原诸国的情况则不是这样。公元前 627 年秦主将孟明视为晋败于殽底，公元前 607 年宋主将华

① 战国策·楚策一.
②③ 左传·定公四年.
④ 左传·桓公十三年.
⑤ 左传·成公十六年.
⑥ 吕氏春秋·高义.
⑦ 左传·昭公二十三年.

元为郑败于大棘，公元前597年晋主将荀林父为楚败于邲，均未自杀，且官任如初。这一对比说明了什么？说明在楚国武事是高于一切、重于生命的，楚官尚武远较中原列国官吏突出。

楚君臣尚武，有其深广的社会基础，这就是一国“卒民勇敢”[①]，喜武乐斗，具有一往无前、视死如归的气概。

从考古发掘可知，楚国士民有爱剑之风。如江陵雨台山558座楚墓中，出土剑213把（其中匕首41把）；张家山等处的56座楚墓中，出土剑21把；拍马山27座楚墓中，出土剑15把；太晖观10座楚墓中，出土剑6把，等等。正像郭德维所指出的：“铜剑是江陵楚墓中最重要的一种兵器，成年男性墓中几乎都有一件铜剑随葬。”[②]江陵以外的士庶楚墓，随葬铜剑也很普遍。如湖南永州市鹞子岭楚墓，约有50%的墓中出剑[③]；长沙东南郊的楚墓，约有39%的墓中出剑。[④]剑是习武的工具，是防身与进攻的利器。楚国士民佩剑成习，说明武事活动已成为他们生活的重要内容。同时期中原诸国士民墓中，则极少随葬铜剑。洛阳中州路东周墓葬260座，出剑只有24把[⑤]；郑州二里岗战国墓葬212座，出剑仅2把。[⑥]两地出剑墓的比例，一不足十分之一，一不足百分之一。这些数字显示了彼时中原下层社会的“武风”远不如楚国浓厚。

从考古资料中，还可以看到楚国士民那种克难犯险、敢于搏斗的勇武风貌。

湖北孝感地区博物馆藏有一枚Ⅲ型战国铜镜（藏品号0383），镜的反面阴刻着这样一幅斗兽图案：“两个武士头戴盔甲，赤足裸膊，各持剑、盾，正与双豹紧张搏斗：一豹昂首翘尾跳跃而起，一爪扑向武

① 淮南子·兵略训.
② 江陵楚墓论述［J］.考古学报，1982（2）.
③ 永州市鹞子岭战国墓发掘简报［M］// 湖南考古辑刊（第4辑）.长沙：岳麓书社，1987.
④ 高至喜，熊传新.楚人在湖南的活动遗迹概述［J］.文物，1980（10）.
⑤ 洛阳中州路［M］.北京：科学出版社，1959：97.
⑥ 郑州二里岗［M］.北京：科学出版社，1959：65.

士，武士毫不怯懦，昂首弓步，手持盾牌猛力抵挡；一豹斗败逃窜……顾首探视，武士持盾握剑，乘胜追击。”[①] 整个画面给人以惊心动魄的感觉。

湖南长沙南郊颜家岭战国楚墓中，出土了一件狩猎纹漆奁，反映的则是猎人勇斗野牛的情景：“一猎人持长戟，很勇敢地向一头野牛刺杀，牛则低首扬角，俯身前扑，抵御敌人。牛后面有一人正作引弓待发状。”[②]

像这样以武士与猛兽搏斗为主题花纹的画面，还出现在信阳长台关一号楚墓的漆瑟首端与尾端上，以及江陵马砖一号墓的绦带上。[③] 这些勇士的形象可以和文献中所记载的荆佽非“赴江刺蛟、遂断其头”[④] 的刚勇品性互相印证，它们都闪耀着楚士民尚武的精神光芒。

从尚武的士庶阶层中所选拔的楚军战士，其劲勇素质就更堪称胜了。以下我们以屈原的《国殇》为例，来具体说明这一问题。

《国殇》记叙的是一场敌强我弱、敌胜我败的战事，但作品所描绘的具体交战过程表明：作为失败者的楚军战士，并非怯阵退逃、不堪一击的懦夫，而是英勇杀敌、宁死不屈的英雄。

“出不入兮往不返”，楚军战士踏上征途，就抱定了这种以身许国、不胜不入国门的必死信念。

战斗伊始即相当紧张激烈：双方战车交错，短兵相接。敌方人多势众，“蔽日”的战旗和“如云”的军队，排山倒海似地压向楚军，楚军战士则毫不示弱，他们身披“犀甲”，手执“吴戈”，与敌奋力拼杀，在“交坠”的箭雨中舍死忘生，“争先”向前。

由于敌众我寡，嚣张的敌人终于犯入楚阵，左冲右踏，打乱了楚

① 孝感地区博物馆馆藏铜镜简报［J］. 江汉考古，1990（2）.

② 杨宗荣 . 战国漆器花纹与战国绘画［J］. 文物参考资料，1957（7）.

③ 陈振裕 . 楚国漆器的装饰艺术［J］. 中原文物，1989（4）；彭浩 . 绚丽的楚国丝绸珍品［J］. 文物天地，1985（3）.

④ 淮南子・道应训 .

军队形，楚方伤亡惨重，不少拽车的战马都死伤倒地了。值此危机时刻，楚军将士没有丝毫的畏缩，反而斗志更坚，士气更旺。他们“埋轮絷马”，死守阵地；“援枹击鼓”，坚持血战。这场鏖战只杀得天惊地动、鬼号神泣，楚军将士败而不降，直至全部壮烈牺牲。更悲壮的场面是：这些为国牺牲者横尸原野，首身分离，可身上还带着“长剑”，挟着“秦弓”，虽死而不改英武之容，虽死而报国之心不悔。

全辞以写实的手法记录了楚军参战的几个场面：由出征而始战、由始战而死战、由死战而牺牲，段段都突出了与战者勇武、坚毅的刚烈品格。“诚既勇兮又以武，终刚强兮不可凌”，屈原于辞末直接而着力地点出了楚军战士的这一精神特征。

楚国底层社会“武”风浓烈，还表现在以士民为主体的广大国人对国家军事征战的成败，有着强大的舆论监督权。凡因渎职而招致军败的将帅，国人均要予以严厉的追究，他们强大的舆论导向，常常能决定肇事者的死生和命运。如成王四十年（前 632）令尹子玉兵败城濮，成王在遣使令其自杀时只讲了一条理由：“大夫若入，其若申、息之老何？”[①]此语向人披露：逼杀令尹子玉，与其说是成王的旨意，毋宁说是申、息二县广大国人的意志。另如令尹子重，共王二十一年（前 570）率军攻吴，因“所获不如所亡”，引起国人的愤慨。他们“以是咎子重”，子重痛不欲生，“遂遇心疾而卒”。[②]国人的这种只许成功、不许失败的意向，说明了他们对国家武事的重视程度，这对促进将帅恪守军职、奋扬国威，显然起有重要作用。

综观上述，不难发现楚人尚武有这么几个明显特征：其一为广泛性，即从王公贵族到士庶百姓，无不重军崇武，气质刚勇；其二是传承性，即从楚立国到亡国，尚武传统代代相袭，盛而不衰；其三为坚毅性，即勇武爱国，乐战轻死，粉身碎骨在所不惜。不言而喻，楚人尚武

① 左传·僖公二十八年.

② 左传·襄公三年.

的这种广泛性、一贯性、彻底性，远非两周中原人和他方人所能相比。因此，说先秦“尚武”楚人为冠，是一点也不为过分的。

楚人尚武，有其巨大的历史作用。

首先，尚武必然重军，重军方可施展武功。在尚武思想指导下，楚国统治者着意从多方面振军经武。第一是根据实战需要、地形特点，建立起了一支多兵种、多层次武装相结合的规模庞大的军队。多兵种，指车兵、骑兵①、陵师（徒兵）和舟师（水军）；多层次武装，指中央直属部队、地方兵团和贵族“私卒”。春秋后期，楚仅车兵一个兵种，已近万乘之数。②战国中期，更有“带甲百万”之称。这在当时的列国，都是数一数二的。第二是坚持进行平日和战前的整训练兵。孙叔敖“择楚国之令典”③以开展对军队的大规模整训，是“寓军政于常职”④、即平日练兵的典型之例。至于战前练兵（史称“治兵”），更为楚之成规，《左传》所记多不胜举。⑤史载楚军与战“疾如锥矢，合如雷电，解如风雨”⑥，就是对整军带来部队战斗力提高的最好说明。第三是刻意求精，改进武器装备。楚于春秋中期已创制出当时最先进的战车车种“楼车”和“巢车”。⑦战国时期又发明了双孔连发弩。⑧使用最广的“宛钜铁釶”（宛地所产之戟和矛），更是“惨如蜂虿”，号称天下之最。⑨这些精良的武器，无疑大大增加了战时对敌人的杀伤能力。总之，楚国统治者尚武而重军的结果，是建成了一支兵员众多、训练有素、装备精良的堪称

① 《战国策·楚策一》说楚有“骑万匹”，以此知道有一支强劲的骑兵队伍。此当战国后期事。

② 杨范中 . 论春秋时期楚国兴盛的军事原因［J］. 武汉大学学报，1990（6）.

③ 左传·宣公十二年 .

④ 〔日〕竹添光鸿 . 左氏会笺·宣公十二年（《传》笺）.

⑤ 宋公文 . 楚史新探［M］. 开封：河南大学出版社，1988：125—126.

⑥ 淮南子·兵略训 .

⑦ 《左传》宣公十四年、成公十六年 .

⑧ 江陵秦家咀楚墓发掘简报［J］. 江汉考古，1988（2）.

⑨ 荀子·议兵 .

“天下之强敌”[1]的武装力量，这正是楚国战胜攻取的根本手段之所在。

其次，尚武作为一种奋发有为的民族精神，是可以转化成巨大的物质力量的。有了强烈的尚武精神，楚军将士在征战中就表现得分外英勇，他们拼死杀敌，不怕牺牲，战胜了一个又一个强敌，夺取了一次又一次胜利。有了强烈的尚武精神，楚国军民在斗争中就表现得分外坚毅，他们也曾遭遇到多次战争的失败，但由于志坚意拔，不畏强敌，故能于败后奋身再起，去夺取新的胜利，在挫折与胜利的交织中将国家日益引向强盛。

由于楚人尚武，而使国家有了一支强大的军队；由于楚人尚武，这支军队又被赋予了一种特别骁勇坚韧的国民性格，从而进一步强化了这支军队的战斗力。正是靠了这支特别能战斗的军队，楚国才能于数百年间称霸于列国。尚武与楚国发展壮大有何干系，历史事实已作出了最好的回答。

第二节　尚左

“楚人尚左”，明确见记于《左传》桓公八年。毋庸回避，这显然是相对于姬周集团，特别是中原诸国的“尚右”而言的。但征诸文献和考古资料，楚与中原之国这种“尚左”“尚右”的区别，主要反映在军事编制和葬俗方面，而不是表现在社会礼制、观念和习俗的各个方面。

楚军事编制单位，名类较多。如作为国之正军的左、中、右三军，作为王之亲兵的左、右二广，作为太子卫队的“宫甲”，作为地方兵团的“县师”，作为贵族家兵的“私卒”，以及作为战时正军两翼的左、右二拒和机动兵车的“游阙”等等。这些军事编制单位，其中凡是有“左”“右”对应称谓者，皆以“左”者为上。而中原除宋以外的其他诸国的情况则恰恰与之相反。

① 吴越春秋（第四）.

将楚左、右二军尊屈关系讲得最清楚的，是《左传》桓公八年中的一段文字。其文曰：

> 楚子伐随，军于汉、淮之间……随侯御之。望楚师。季梁曰："楚人上左，君必左，无与（楚）王遇，且攻其右，右无良焉，必败。偏败，众乃携矣。"

鲁桓公八年为楚武王三十七年，公元前704年。此战双方各出二军，即楚之左、右军对随的右、左军。季梁之所以恳请随侯身处随之左军，避开武王所在的楚左军以攻其右军，原因即在于"楚人尚左"，左军精锐而右军"无良"。文中特别点出了楚右军为"偏"师，这样楚左、右二军孰主孰从、孰上孰下就划然分明了。

如果楚三军同时出战，中军无疑为中坚主力。但若却中军而不计，仅以左右二军相较，其格局仍然是左军尊上。这可从《左传》记楚、晋间三次大战时楚左、右军排列的秩序中看出。楚成王四十年（前632）城濮之战时，"子玉以若敖之六卒将中军"，"子西将左，子上将右"①；楚庄王十七年（前597）邲之战时，"沈尹将中军，子重将左，子反将右"②；楚共王十六年（前575）鄢陵之战时，"司马将中军，令尹将左，右尹子辛将右"。③依左氏成例，先书为尊，后书为卑。此三战楚左军皆列于右军之前，说明左军较右军为尊乃是铁定的规律。

中原诸国正军也都有"左""右"之建制，但尊上者却为"右"而不为"左"。下且以周、晋为例说明之。

先看周室。周桓王十三年（前707），周、郑间在郑地繻葛爆发了一场规模较大的战争，史称繻葛之战。《左传》桓公五年载此战周方的阵势为："王为中军；虢公林父将右军，蔡人、卫人属焉；周公黑肩将左军，陈人属焉。"这种"右"序于"左"前的笔法，证实了周室的军制是以

①②③ 左传·僖公二十八年、宣公十二年、成公十六年.

右为上的。

次看晋国。晋三军的幡号为“上”“中”“下”。城濮之战，晋上军在右，以挡楚左军，下军在左，以挡楚右军，而《传》则列上军于下军之前，即“使狐偃将上军，让于狐毛而佐之……使栾枝将下军，先轸佐之”①。这明显是以“上”“下”示右、左之主次。邲之战与鄢陵之战时,《传》序晋上（右）军于下（左）军之前的顺秩不变②。晋景公十二年（前 588），晋军制扩大，在原三军的基础上又增设了新三军,《传》记新三军之将佐为：“韩厥、赵括、巩朔、韩穿、荀骓、赵旃。”③杜预对此注曰：“韩厥为新中军，赵括佐之；巩朔为新上军，韩穿佐之；荀骓为新下军，赵旃佐之。”十分清楚，“新上军”对“新下军”亦处于尊上地位。依晋军建制，低将佐一级者称“军大夫”,《左传》宣公十二年记是年晋军大夫的顺次是：“赵括、赵婴为中军大夫，巩朔、韩穿为上军大夫，荀首、赵同为下军大夫。”这说明在晋正军的各个级别中，“上”高于“下”乃是普遍规律。晋正军中还有徒兵部队名曰“三行”，始建于晋文公五年即鲁僖公二十八年（前 632）。其年《传》对此记曰：“晋侯作三行以御敌，荀林父将中行，屠击将右行，先蔑将左行。”这里也是先书右，后书左，以右尊于左。总之，晋正军以“右”（或“上”）为尊，是完全袭用了周室的衣钵。

春秋战国时期，楚与中原之国战时都有在正军之外设置左、右二拒的情况，双方“二拒”之尊屈关系也恰好相反。据《左传》宣公十二年，邲战时楚为右拒“以逐（晋）下军”，为左拒“以从（晋）上军”。这种以“右”对“下”，以“左”对“上”的局面，和楚正军交兵时布阵原则全同，它反映了楚师中的左、右二拒同左、右二军的尊屈关系是一致的，即左拒尊于右拒。繻葛之战时周方“郑曼伯为右拒，祭仲足为

① 左传 · 僖公二十七年 .
② 左传 · 宣公十二年、成公十六年 .
③ 左传 · 成公三年 .

左拒”，则表明姬周集团之师右拒较左拒为尊。

以下再来看看楚王亲兵左、右广的尊屈关系。

据《左传》宣公十二年载，载王的“乘广”三十乘由左、右两广各十五乘组成。每日从凌晨到黄昏，以午时为界，分作两班上岗守营。守营的时间，在邲战之前，是右广在先，左广在后，即所谓“右广鸡鸣而驾，日中而说（杜注：‘舍也’），左则受之，日入而说”。邲之战时，因庄王于右广守营时率左广出击晋军获胜，故“自是楚之乘广先左”，即从邲战之后，作为“日中……受之，日入而说”的左广，代替了右广的地位，改为“鸡鸣而驾”了。

从庄王“乘左得胜”[①]而变换两广守营的顺次，可知“先左”“先右”，不只是一个值班时间先后迟早的问题，其本质内涵则是表明左、右广地位的上下和尊卑。诚然，右广在一段时期曾尊于左广，但从发展趋势和左广此后数百年一直尊于右广来看，我们认为楚军制左广较右广尊上，大体上也是可以成立的。

关于葬制方面楚礼俗尚左的问题，楚公族墓葬中有明显反映。如下寺北岭由南到北、依时间早晚作规整排列的五组墓群，每组中皆有一座头部东向的主墓。考古学界一直认为，这是春秋中期至晚期楚薳氏家族的一处墓地，且每相邻的两组主墓的墓主皆是父子关系。这样，就相邻的两座主墓来看，皆是父在左，子在右，葬制左尊右卑不言而喻。时为战国中期偏后的包山墓地，埋葬着楚左尹邵𬯎父子两代人，头向皆东，墓穴也是依时间早晚作南北排列，即作为父亲的二号墓在南，作为儿子的四号墓在北。显然，这里父左子右、以示左尊右卑的情况与下寺无异。楚公族贵胄的墓葬如果单独以夫与妻妾的异穴合葬的形式出现，则作为丈夫的主墓均位居于南，作为妻妾的陪葬墓，不论是一座还是两座，均位于主墓之北。如：“湘乡牛形山二号墓（主墓）居南，一号墓居北。淮阳马鞍冢南冢墓室中字形，东、西各一条墓道，应为主墓；北

① 竹添光鸿 . 左氏会笺 · 宣公十二年（《传》笺）.

冢墓室甲字形，为陪葬墓。安徽长丰杨公八号墓与七号墓并列，八号墓为主墓，在南，七号墓为陪葬墓，在北。”[①] 由于楚公族墓葬头向皆东，故上列男南女北的异穴墓葬，所显示的仍然是夫尊妻卑、左尊右屈的规律。楚公族贵胄的墓葬如果以夫妻同穴合葬的形式出现，则一个椁室内并列的两棺，也是左棺葬男性，右棺葬女性，如下寺二号墓、九里十七号墓等皆是如此。

东周中原墓主墓与陪葬墓的排列，似无严格的尚左或尚右规程。同墓地尚右者有之：“如浚县辛村（卫国）墓地的一般排列是：主人墓在右，陪从墓在左”，“男子墓在右，女子墓在左”。[②] 同墓地尚左者有之：如“山彪镇八十号墓和五十五号墓是一对夫妇的异穴合葬墓，八十号是男，在左，五十五号墓是女，在右”，同墓地的墓甲和墓乙，也是男的在左，女的在右。[③] 同墓地尚左尚右兼备者亦有之：如“属于韩国贵族墓地的长治分水岭，曾发现多对夫妻异穴合葬墓，两墓并列，男性墓或在左，或在右”[④]。

楚军事编制与葬制中的墓穴、棺椁排列尚左，与中原列国有异，已如上述。但由于随着时间的推移楚受周制的影响越来越深，楚俗尚左、尚右呈现出了比较复杂的状况。即除了在某些礼制上表现特有的尚左习俗外，在社会生活和典章制度的不少方面，也存在着同中原划一的尚右现象。如楚服装“右衽”，同于中原而异于戎狄。楚座次以东向（右座）为尊，楚职官有左、右副职者以右职为尊等，也与中原列国相合。这些问题，前人和今人早已作出定论[⑤]，这里就不一一详说了。

---

①④ 何介钧 . 战国楚贵族墓葬制的几个问题［J］// 楚史与楚文化研究 · 求索（增刊），1987：287—288.

② 张永康 . 略论周代的族葬制度［J］// 先秦史论文集 . 人文杂志（增刊）.

③ 郭宝钧 . 山彪镇与琉璃阁［M］. 北京：科学出版社，1959（55）.

⑤ 楚上衣“右衽”，参见：熊传新 . 长沙出土楚服饰浅析［M］// 湖南考古辑刊（第 2 辑）. 长沙：岳麓书社，1984；楚座次以东向为尊，参《新序 · 杂事一》；楚官有副职者以右为尊，参见：何浩 . 尚左、尚右与楚、秦、宋官的尊卑［J］. 中国史研究，1989（2）.

第三节　好细腰

楚人好细腰，一般是指楚女以细腰为美，楚辞《大招》所谓“小腰秀颈，若鲜卑只”，即可为证。

“鲜卑”除作族称之外，古代亦用为带钩之名。“小腰秀颈”的楚女，为何用“鲜卑”作比？于省吾有比较清楚的解释：

> 近年来出土的晚周带钩甚多，十之八九皆以铜为之……至于形制则往往作鸟兽形，其长短、大小、宽扁、方圆变化多样，故《淮南子·说林》以“满堂之坐，视钩各异”为言。今择摹近年来出土战国时代的带钩两件于下（引者按：见图12—1）。从……所摹的两种带钩来看，其左端向上弯曲处谓之“钩”，正面横长部分谓之“身”，“身”之中部谓之“腰”，背面偏右直立者谓之“柱”。带钩的体制往往模仿各种鸟兽形。既利用左端之曲钩以为鸟兽之首与颈，又利用其正面横长部分以为鸟兽之身。古人用带钩以扣结束带之两头，带之一头结于带钩的柱上，柱之下端有冒，以防带之脱落。带之另一头则结于钩上。本文（《大招》）是以带钩之形制比拟女人之腰颈，“小腰”指带钩身部中间言之，“秀颈”指带钩左端弯曲处而言之。

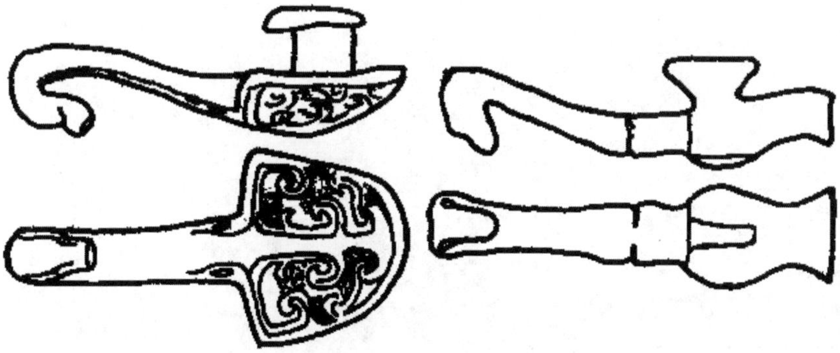

图12-1　带钩形制

于省吾以“鲜卑”的形制释楚女之体态，可谓神形酷肖，妙不可言！①

楚墓出土的资料，也为楚女之腰细提供了佐证。湖南常德德山晚期楚墓出土木俑 23 件，其中，“女侍俑十件，体瘦，细腰长裙，下有一对薄木片制成的脚板，身高 53~55 厘米”②。

楚俗以细腰为美，而以灵王时尤甚。《韩非子·二柄》说：“楚灵王好细腰，而国中多饿人。”楚灵王所好的，无疑主要是女子细腰，故后世诗人骚客争咏其事。如李商隐诗云“虚减宫厨为细腰”，杜牧诗云“楚腰纤细掌中轻”，汪遵诗云“贪向春风舞细腰”，等等，说的都是妙龄女郎。但从《墨子》等书所记来看，楚灵王所好的，也包括男子细腰。如《墨子·兼爱中》说：“昔者楚灵王好士细腰。故灵王之臣，皆以一饭为节，胁息然后带，扶墙然后起。比期年，朝有黧黑之色。”同书《兼爱下》说：“昔荆灵王好小腰。当灵王之身，荆国之士饭不逾乎一，固据而后兴，扶垣而后行。”这些细腰的“士”或“臣”，显然为男而非为女。

楚灵王“好细腰”，“好”到了国中男、女人多饿饭，面带菜色、非扶墙则无力起行的地步，可见时人的腰身“细”到了何种程度！楚灵王对人体美的这种病态的审美观，显然与一以贯之的楚俗以细腰为美的审美观有着原则的区别。

---

① 社会科学战线（“文艺学”专栏），1979（4）.

② 湖南常德德山楚墓发掘报告［J］. 考古，1963（9）.